COMENTARIO EXEGÉTICO AL
TEXTO GRIEGO DEL NUEVO TESTAMENTO

1ª y 2ª
PEDRO

COMENTARIO EXEGÉTICO AL TEXTO GRIEGO DEL NUEVO TESTAMENTO

1ª y 2ª PEDRO

editorial clie

Samuel Pérez Millos, Th.M.

EDITORIAL CLIE
C/ Ferrocarril, 8
08232 VILADECAVALLS (Barcelona) ESPAÑA
E-mail: clie@clie.es
Internet: http://www.clie.es

COMENTARIO EXEGÉTICO AL TEXTO GRIEGO DEL NUEVO TESTAMENTO
1ª y 2ª PEDRO

ISBN: 978-84-16845-46-0

ISBN obra completa: 978-84-8267-547-3

Impreso en USA / *Printed in USA*

Depósito Legal: B 11188-2018

Clasifíquese:
REL006070
Comentarios bíblicos
Nuevo Testamento
Referencia: 225028

26 27 28 29 30 31 TRM 8 7 6 5 4 3 2

DEDICATORIA

Dedico este libro a: Iván, Julián, Dani, María, Nate, Eli, Benjamín y Sara, jóvenes profesionales en su vida secular, comprometidos firmemente con el ministerio en la Iglesia Unida de Vigo, que cada sábado se reúnen conmigo en casa para estudiar más profundamente la Palabra y la Teología Bíblica, formándose más para servir mejor. Una generación preparada que mantendrá la iglesia en la exclusiva verdad de la Escritura.

ÍNDICE

I PEDRO

II PEDRO.

PRÓLOGO

EPÍSTOLAS PASTORALES.

"Con la ayuda de Silvano, a quien considero un hermano fiel, os he escrito brevemente, para animaros y confirmaros que esta es la verdadera gracia de Dios".
1Pedro 5:12.

Pedro siempre ha llamado mi atención de un modo especial. Los detalles de su vida, y su persona, lo que podemos saber de él por el relato bíblico y lo que nos dejan entrever sus cartas a las iglesias de los expatriados de la dispersión en lo que es la actual Turquía. Me permito usar un poco la imaginación para intentar conocerle un poco más íntimamente.

La Biblia le menciona por primera vez, como un curtido pescador, en el mar de Galilea, donde ponía sus fuerzas, su corazón y toda su pasión en alcanzar aquellos ideales que seguramente llenaban su mente, como la espuma de las olas del mar, que burbujeaban en la playa arenosa junto a su barca y sus redes. Su trabajo consistía en una pequeña empresa familiar, ya que el oficio de pescador lo aprendió de su padre junto a su hermano Andrés. En cuanto tuvieron edad suficiente para ayudar, le acompañaron cada día aprendiendo los secretos de la pesca y del comercio que les harían prosperar, tanto en el oficio como en la vida.

Pedro, quién nos ocupa, tenía un talante impetuoso. Sus sueños e ilusiones se acrecentaron en su adolescencia y juventud, por lo que procuraría tener redes más fuertes, adquirir una barca más grande, y navegar más adentro buscando zonas más profundas para conseguir una mejor pesca. Tenía planes, sin duda alguna, quería prosperar. Estaba en la mejor etapa de la vida. Se había casado con una mujer que le amaba y apoyaba en sus planes de expansión, y además se sentía seguro, ya que no estaba solo, pues contaba con los más cercanos y los más confiables; su padre Jonás, con su experiencia de años y su hermano Andrés, a quien conocía y con quién se entendía a la perfección para hacer juntos el trabajo y llevar a buen puerto los sueños que día a día se iban convirtiendo en realidad.

Pero había algo más. No todo pasaba por alcanzar los sueños que darían un buen pasar a la familia y a los soñados hijos que un día llegarían. Sus padres le habían enseñado el temor de Dios, la esperanza de un Mesías que vendría, la realidad de una presencia divina que sustentaba a diario sus fuerzas y que hacía de él un mejor hombre y un mejor pescador. Las leyes divinas, el mandamiento sagrado, el amor a Dios por sobre todas las cosas, marcaba cada día su comienzo y su final. Las oraciones matutinas, la lectura de la ley, la memorización de las Escrituras que guardaba en su corazón para no pecar contra Dios. Pedro haría suya la bienaventuranza del Salmo uno, de aquel varón que no anduvo en consejo de malos, ni estuvo en camino de pecadores, ni en silla de escarnecedores se ha sentado.

Pero aquellos eran tiempos de inquietud. La situación política era muy convulsa, los romanos ejercían su poder sobre sus vidas cotidianas, lo que ensombrecía sus planes, sus sueños e ilusiones. La vida espiritual del pueblo en general dejaba mucho que desear, los sacerdotes no eran buenos ejemplos, sino que, por el contrario, manipulaban y tergiversaban para su propio beneficio la consagración y las ofrendas que con espíritu de obediencia y respeto las gentes del pueblo traían anualmente a la casa del Señor. Esto no era nada nuevo. Ya en tiempos de Elí las familias sacerdotales habían sacado beneficio propio de aquellos que venían a rendir culto y no por eso las familias de Israel dejaron de cumplir sus obligaciones con temor ante Dios. Lo mismo sucedía con esta familia de pescadores. Por esa razón cuando la voz de un profeta se levanta y resuena con poder después de más de cuatrocientos años de silencio, los corazones de aquella familia se encuentran receptivos para recibir el mensaje y volverse al Señor. Juan, el bautizador inquieta con su mensaje a la sociedad de aquellos días, y la familia de Pedro responde a su llamado. Todos ellos estarían conmovidos por el poderoso mensaje del bautista. Andrés es uno de los discípulos de Juan que decidieron seguir a Jesús al oír el testimonio que este daba señalándole como el Cordero, el Hijo de Dios. Y luego de estar con Jesús, Andrés encuentra primero a Simón, su hermano y le comenta sobre su hallazgo y le trae junto a Jesús.

Así es como el Maestro entra en la vida de Pedro. El heraldo, ha cumplido su tarea, tal como el profeta Isaías lo anunciara setecientos años antes. El camino ha sido preparado en el corazón de muchas personas para la manifestación de la gloria del Señor. En aquel encuentro con Jesús su alma quedará cautiva por aquella voz que pronuncia su nombre de nacimiento: *"Simón"* y el que habrá de llevar: *"Pedro"*, una vez que el Maestro transforme el corazón del pecador de Galilea.

El mar ahora ha de quedar atrás, para recorrer caminos polvorientos junto a Jesús y sus discípulos. Simón Pedro no pierde detalle de lo que el Maestro hace y enseña, observa día tras día y aprende. Comprende, y en su mente destella una nueva dimensión de la gracia y el poder de Dios que se adueña de todo su ser. Poco a poco una nueva luz irrumpe en lo más recóndito para comenzar a discernir la más grande de las verdades: Jesús es el Mesías; Emanuel, Dios con nosotros. ¡Es el Hijo de Dios!

Será Pedro el primero en confesar esa verdad. Su respuesta irrumpe desde lo más profundo de su corazón, ante la pregunta del Maestro, aunque aún llegarían momentos de duda, de miedo y debilidad. El quebrantamiento llegará con las lágrimas de arrepentimiento por su ignorancia y presunción, por su temor y cobardía. Pero el amor restaurador del Maestro le sanará de las heridas, le levantará de su fracaso de negar a Jesús y abrirá nuevos horizontes para alcanzar metas más altas y duraderas, ya no sacando más las redes llenas de pescados para comerciar, sino almas preciosas ganadas para la eternidad.

Pedro ahora es un pastor. Su amor por Jesús ha marcado su destino, su tarea y su objetivo en la vida. *"Apacienta mis ovejas"*, le había dicho Jesús y Pedro, lo hace. Recorre las iglesias, aconseja, enseña, llora, ríe, se goza y anuncia el evangelio. La tarea es inmensa y urgente y se dedica por entero a ella. Es la voluntad de Dios para su vida, es el llamado para el cual el Maestro le preparó. No tenemos muchos detalles de su ministerio, pero tenemos sus cartas. Inspiradas por el Espíritu Santo, están llenas de pasión, de gratitud y sabiduría práctica. La vida no es fácil para los cristianos en aquellos días. La batalla espiritual que se libra es encarnizada, el enemigo ataca con ferocidad a la iglesia naciente y la sangre de sus mártires comienza a derramarse a raudales por todos los rincones del imperio.

Y Pedro, entonces, les escribe. Necesitan consuelo, aliento, dirección, esperanza y convicción. Todo esto y mucho más encontramos en estas líneas eternas que salen del corazón del pastor y que se plasman con urgencia por el amanuense que transcribe lo que por la gracia de Dios se ha preservado para que hoy podamos, no solo recibir la palabra santa, sino tener contacto con el corazón transformado del pescador de Galilea.

Siempre he sentido una gran bendición en mi vida al leer las cartas de Pedro. Ellas marcaron mi experiencia espiritual de una manera muy especial. Al leerlas otra vez, no solo me siento cerca del corazón de su autor, este apasionado siervo de Dios, cuya vida y carácter me inspira, sino que también sus palabras han sido la clave para mi percepción de la naturaleza del amor de Dios y la persona de Jesucristo. Aquel ejemplo grabado *(2.21 "hupogramos")* sobre el que nuestras vidas deben trazar sus líneas para ser semejantes al Maestro, o aquel *"prosagoges"* (3.18 el que conduce), que nos introduce en la presencia del Rey, siguen siendo un poderoso impacto que se repite vez tras vez en mi relación personal con Dios. Fue meditando las palabras del capítulo 2 versículos 21 a 24, cuando en mi juventud, la obra de la cruz tomó una dimensión tal para mí, que nunca leo estos párrafos sin sentir nuevamente aquella conmoción interna ante la obra magna y la entrega absoluta del Hijo de Dios.

Cuando mi querido amigo y consejero Samuel Pérez Millos, me pidió hacer el prólogo para este comentario sobre las cartas de Pedro, sentí una gran alegría. Agradezco a Dios por estas dos maravillosas cartas con las que mi vida ha sido enormemente bendecida y en las cuales miles y miles de personas a lo largo de los años han encontrado aliento y consuelo y así será hasta que el Señor venga.

Quiero animar a los lectores a disfrutar de cada página, de cada párrafo, de este excelente estudio, documentado y profundo, pero a la vez fácil de comprender, de modo que aquellos que carecemos del conocimiento de los idiomas originales, podemos encontrar las explicaciones que nos ayudarán a percibir el significado de lo que Pedro quiso decir y lo que el Espíritu de Dios nos quiera enseñar a cada uno hoy.

Pero también hay una razón personal por la que agradezco a Dios el poder escribir este prólogo, y es la de poder dar testimonio de la influencia que Samuel, como siervo de Dios, ha tenido en mi vida y ministerio. Le conocí en Argentina, compartiendo en casa de amados hermanos, una taza de té y unos deliciosos pasteles, a la vez que le contaba de nuestro interés por la obra en España. Yo andaba por los 30 años y hacía cinco, que con mi esposa Elisabeth, habíamos dedicado nuestras vidas por completo al ministerio. De aquel encuentro nació una amistad y compañerismo que se han mantenido hasta hoy. Dios usó a Samuel para guiarnos a venir a España, a Galicia, donde a partir de septiembre del año 1994 hemos servido al Señor con alegría. Los mejores años de nuestras vidas, los de mayor fortaleza física y salud los hemos invertido gustosamente trabajando para Dios en esta amada tierra gallega. No hubo ni habrá nada mejor que haber hecho la voluntad de Dios. Él nos ha colmado de bendiciones, ha enriquecido nuestras vidas y nos ha hecho fructificar para gloria de Su Nombre. Cuando miramos el camino recorrido, cómo Dios nos guardó y nos bendijo tan abundantemente, entre tantos motivos de gratitud, damos gracias a Dios por la vida, el ejemplo, el consejo y la ayuda que siempre hemos encontrado en este siervo de Dios.

Al tener entre mis manos las páginas de este extraordinario estudio, estoy seguro de tener un tesoro, fruto de muchas horas de trabajo y dedicación, y elevo un clamor para que como yo, muchos más sean bendecidos en su lectura, estudio y meditación. Una sorprendente herramienta que, sin duda, ayudará a cuantos quieran utilizarla, para sacar mayor provecho de las cartas que el pescador de Galilea escribiera para hacernos saber que esta es la verdadera gracia de Dios.

Walter Hofkamp Tosini
Pastor en la Iglesia Evangélica *Revive*.
Cangas, Pontevedra.

I PEDRO

CAPÍTULO I

ESTILO DE VIDA EN LA GRACIA.

Introducción.

Acercarse al estudio de la *Primera Epístola de Pedro*, para hacer una exégesis de su contenido, supone un notable desafío. Especialmente por tratarse de un escrito que forma parte del Canon del Nuevo Testamento y, por tanto, inspirado por Dios, siendo Su misma palabra dirigida a nosotros para que le conozcamos y vivamos conforme a Su voluntad expresada en la Biblia.

La *inspiración plenaria* de esta *Epístola*, condiciona necesariamente el respeto que merece y la forma en que ha de ser tratada. Esto demanda en primer lugar, una profunda reverencia al hacer la exégesis de su contenido, porque se trata de explicar lo que Dios quiso decir por medio de este escrito. En segundo lugar, por tratarse del desarrollo autoritativo, procedente de un apóstol de Jesucristo, que enseña sobre el modo de enfrentar la vida cristiana, que es la manifestación visible en todos los órdenes de la transformación que la gracia ha hecho posible en el cristiano.

No debe olvidarse que el estudio de la Escritura es de vital importancia, especialmente el sistemático de la misma, porque produce el crecimiento espiritual (2 Ti. 3:16). Los escritos del Nuevo Testamento, fueron elaborados por hombres escogidos por Dios para ello, y son la base de fe firme para la iglesia (Ef. 2:20). La enseñanza de la Palabra produce creyentes *maduros*, mientras que lo contrario genera el *infantilismo espiritual*, los *niños en Cristo*, con las serias consecuencias que comporta (Ef. 4:14). Por tanto, el estudio de esta *Epístola* reviste una gran importancia. Muchos creyentes suelen detenerse especialmente en otros escritos del Nuevo Testamento, que llegan a conocer medianamente, pero no siempre ocurre esto con los otros, como es la *Primera Epístola de Pedro*, al considerarlas, en algunas ocasiones como menos importantes, no teniendo en cuenta que es un escrito apostólico al mismo nivel que las restantes Escrituras.

En el acercamiento a esta *Epístola*, es preciso plantearse una metodología que se puede sintetizar en tres niveles: a) *Introducción General*, donde deben considerarse aspectos relativos al escrito en el contexto general de la Biblia y de forma especial en la coordinación con los otros libros del Nuevo Testamento. Ello hace necesario comprender como se ha mantenido y conservado el escrito en los primeros tiempos del cristianismo y como se ha transmitido hasta nuestros días. Tal aproximación requerirá hacer una breve consideración sobre el *Canon* del Nuevo Testamento. Por consiguiente, no puede dejar de hacerse una aproximación al testimonio de los manuscritos del texto griego. Luego de esta *introducción general*, será necesario hacer una *introducción especial* a la *Epístola* que se estudia. En ella se tendrá que considerar la estructura general, el propósito, la autoría, la datación, precisando también, en lo que sea posible, los destinatarios del escrito. Antes de concluir esta *introducción particular* debe entrarse, con la brevedad que exige este trabajo, en el comentario textual de la *Epístola*, para lo que se confeccionará el *interlineal greco-castellano* de la misma, con referencia a las alternativas de lectura más importantes.

Sin embargo, debe apreciarse que el comentario a la *Epístola*, está pensado no tanto para especialistas en Biblia, sino para todos los lectores interesados en ella, presentándoles un escrito de referencia con información general y comentario exegético del texto griego en que se compuso, dentro del primer *corpus* de escritos cristianos. De otro modo, se intenta que el comentario sirva de guía para cuantos deseen leer y considerar en profundidad este escrito del apóstol Pedro. Pero, el fin principal de esta obra es generar interés en la lectura, estudio y aplicación personal de la *Primera Epístola de Pedro*. Por esa razón sólo se considerarán las discusiones técnicas en la dimensión necesaria para aclarar asuntos puntuales, especialmente de la llamada *Alta Crítica o Crítica Humanista*, pero teniendo en cuenta el trasformo de las discusiones del mundo académico desde donde se hacen las propuestas interpretativas, para expresar las razones de la posición que se adopta en este comentario.

Introducción general.

Las epístolas universales.

Llamadas también *católicas*, en sentido amplio del término, porque están dirigidas a un grupo mayor de personas que la mayoría de las otras del Nuevo Testamento, sin embargo, debe apreciarse que tiene destinatarios concretos (1:1). En la formación del *Canon* de esta segunda división de la biblia, las epístolas de Santiago, 1 y 2 Pedro, 1, 2 y 3 de Juan, y Judas fueron agrupadas dándoles el nombre de *católicas* o *universales*, porque, con la excepción de *Segunda y Tercera de Juan*, estaban dirigidas a un auditorio más amplio que el de una iglesia local o una persona. El término *católica* es usado por Clemente de Alejandría cuando habla de la circular enviada por el concilio de Jerusalén (Hch. 15:23), tratándola como *"epístola católica de todos los apóstoles"*. De igual modo *Orígenes* se refiere a este escrito con el mismo calificativo. Posteriormente este término se aplicó a las epístolas que eran aceptadas por la iglesia universal y que eran ortodoxas en su doctrina. Por tanto, se convirtió en sinónimo de *genuino* o *canónico*. Contrariamente al referirse a otros escritos atribuidos al apóstol Pedro, dice: *"Desconocemos en absoluto que haya sido transmitido como escrito católico"*[1].

Desde el punto de vista genérico, los escritos de los que no hay destinatarios concretos o, cuando menos limitados, serían las de Hebreos, Santiago, 1 Pedro, 2 Pedro, 1 Juan, 2 Juan, 3 Juan y Judas. Por su contenido y extensión, la *Epístola a los Hebreos*, atribuída por algunos a Pablo[2], ha recibido un tratamiento más específico, quedando agrupadas las otras en el apartado de las *universales*, o *católicas*. Estas epístolas no son enviadas a *toda la iglesia*, sino a un grupo más amplio que la mayoría de las otras del Nuevo Testamento.

No se trata de escritos de segundo nivel, o de contenido doctrinal menos amplio que los otros, simplemente de epístolas que –como se ha dicho antes– no tienen destinatarios específicos. En ellas hay asuntos teológicos que alcanzan cierta dificultad, pero unido a ello está la enseñanza para la vida cotidiana. Esto es evidente en la *Primera de Pedro*, donde junto con los dos aspectos indicados, se manifiesta el cariño y la sencillez de un *pastor*. El ministerio pastoral encomendado por Cristo a Pedro, se deja traslucir en cada uno de los capítulos de esta admirable epístola. Es, pues, juntamente con las otras universales, un escrito importante tanto para el campo doctrinal como para el personal. La ética del creyente en un mundo hostil, así como el comportamiento en la congregación, se aprecian claramente en el contenido de estos escritos. De igual manera hay un alto contenido ético destinado a la regulación de la vida de la familia y las consecuencias que acarrean un incorrecto comportamiento en esta área. Son, pues, *epístolas* de gran importancia para la vida cristiana.

Canon.

Teniendo en cuenta que el propósito de este libro es comentar la *Epístola*, aspectos generales deben quedar condicionados a éste, haciendo una breve referencia cuando sea necesario. Más adelante, en la

---

[1] HE 3.3.

[2] Ver Introducción a Hebreos, de esta misma serie.

introducción especial a la Epístola, se considerará en un apartado el trato que la *ésta* tuvo en el entorno de la iglesia primitiva.

Esto ocurre con el *Canon* del Nuevo Testamento, especialmente con el modo o la razón por la que llegaron los escritos bíblicos contenidos en él, a ser considerados como *inspirados* y, por tanto, Palabra de Dios. El proceso del *Canon* fue gradual. En distintos documentos y escritos de los padres de la iglesia, se aprecia la incorporación progresiva de los libros del Nuevo Testamento, considerados como inspirados. A modo de ejemplo Ireneo menciona veintiún libros, excluyendo algunas epístolas como la escrita a Filemón, Hebreos, Santiago, 2 Pedro, 3 Juan y Judas. Más tarde Orígenes de Alejandría reconocía los veintisiete libros, pero todavía se discutía si debían considerarse al mismo nivel Hebreos, Santiago, 2 Pedro, 2 y 3 Juan y Apocalipsis. Sobre el año 200, el conjunto de libros considerados como *inspirados*, era semejante al que hoy es el Nuevo Testamento de veintisiete libros. A pesar de las discusiones que sobre este asunto había en la Iglesia Primitiva, los principales escritos fueron aceptados generalmente en todas las iglesias ya a mediados del s. II. Poco a poco fue cesando el cuestionamiento de los libros sobre los que se discutía, en base a la identidad de pensamiento de toda la Iglesia sobre esto. Ya en un escrito de Pascua en el año 367, Atanasio, obispo de Alejandría, dio una lista de libros canónicos del Nuevo Testamento que es exactamente igual a la que hoy se reconoce para esta parte de la Biblia. La edición de la Vulgata Latina de la Biblia, sobre el año 383, fue decisiva para la fijación del canon del Nuevo Testamento en occidente. El último libro aceptado universalmente fue el de Apocalipsis. en el s. V.

Debe tenerse en cuenta que los escritos del Nuevo Testamento, por haber sido dirigidos a iglesias y personas, no fueron conocidos inmediatamente por toda la iglesia cristiana. Por esa razón no es hasta finales del s. II cuando se encuentra algún catálogo de los libros reconocidos del Nuevo Testamento. Esto no significa que no hubiese antes una lista de libros sagrados, como los escritos de Pablo, citados por Pedro (2 P. 3:15-16). Los *padres de la iglesia*, citan muchos libros en sus escritos que permiten apreciar cómo iba componiéndose el canon del Nuevo Testamento, considerándolo en un período comprendido entre el s. II y principios del s. IV. con testimonios de gran importancia. Desde principios del s. III hasta la primera mitad del s. IV, los testimonios de la tradición referentes el canon, ponen de manifiesto como las discusiones sobre algunos libros van desapareciendo y estos entran sin reservas a integrarse entre los libros sagrados, reconocidos por la Iglesia. Este proceso se consolida todavía más a partir del s. IV. En contraste con esto se aprecian algunas vacilaciones por parte de la iglesia de oriente, en la aceptación del Apocalipsis. Esta unanimidad entre la iglesia de oriente y de occidente se consigue plenamente durante el s. VI.

Varios concilios discutían la inclusión y exclusión de los diferentes libros, y finalmente el Concilio de Cartago en el año 397, con la presencia y asistencia de Agustín, declaró definitivamente que los veintisiete libros que conocemos hoy como *El Nuevo Testamento*, eran los libros canónicos. A pesar de esto, la iglesia tardó tres siglos más para reconocer definitivamente los escritos inspirados de esta parte de la Escritura.

Con la Reforma del s. XVI, se abrió de nuevo el asunto del canon. Lutero colocó Hebreos, Santiago y Judas, al final de su Nuevo Testamento y los consideraba inferiores, aceptando de hecho un canon dentro del canon.

Los criterios originales para determinar la canonicidad de un escrito fueron: 1) Apostolicidad, esto es, un escrito producido por un apóstol, por esa razón Hebreos se admitía porque muchos lo consideraban como de Pablo; por el contrario Apocalipsis se cuestionaba porque algunos no creían que era del apóstol Juan. 2) Catolicidad. Los que eran aceptados por la iglesia tanto oriental como occidental. 3) Ortodoxia. Concordante plenamente con la doctrina universalmente enseñada y transmitida desde los apóstoles. 4) Uso litúrgico. Escritos leídos y enseñados en el culto de la iglesia. 5) Testimonio del Espíritu Santo. Condujo el reconocimiento de la iglesia a los escritos que hoy tenemos en el canon del Nuevo Testamento. Es interesante apreciar como los cuatro Evangelios aparecen en el orden cronológico conforme los tenemos, sólo desde la *Alta Crítica*, se propone a Marcos como el primero de ellos. Luego de los Evangelios, está el libro de Hechos, segundo escrito de Lucas. Siguen las trece cartas del apóstol Pablo. A continuación Hebreos y las *Epístolas Generales* o *Católicas*, agrupadas por escritor. Cerrando el canon con el Apocalipsis.

El canon plantea una cuestión que condiciona la aceptación de los libros, debido a la confusión entre canonicidad y autoridad, es decir: ¿El escrito es autoritativo porque es parte del canon, o es canónico porque la iglesia reconoce su autoridad? Es preciso recordar que las iglesias usaban los escritos del Nuevo Testamento como autoridad mucho antes de que se estableciesen las listas de libros canónicos, especialmente las que salieron de los concilios. De manera que la autoridad es anterior a la canonicidad. El canon simplemente reconoce los libros que en la experiencia de la iglesia son inspirados por Dios. Ha de entenderse la autoridad del canon, como que los libros de lo que es el Nuevo

Testamento tienen la autoridad en sí mismos. La iglesia primitiva reconocía esa autoridad, concretando ese reconocimiento en la formulación del canon. De manera que, aunque no todos los libros fueron tratados usando los mismos criterios, el Espíritu Santo preservó aquellos que hoy son tenidos como único material divinamente inspirado del Nuevo Testamento. Desde entonces aceptamos los límites del canon reconociendo con ello el testimonio de la iglesia. Por tanto, no estamos bajo la autoridad del Concilio de Cartago, sino bajo la del reconocimiento de la iglesia en cuanto a estos libros.

Hermenéutica de las epístolas generales.

Diferentes métodos y formas de *hermenéutica* se han usado a lo largo de los años en la interpretación de estos escritos del Nuevo Testamento. El estudio de las distintas formas es trabajo especializado de la *Hermenéutica*, que no cabe en esta introducción, por lo que sigue una breve referencia a los principales métodos de interpretación usados. En esta aproximación referencial ocupan un lugar destacado las diferentes formas de la *crítica* a los escritos del Nuevo Testamento que, como es natural, incluyen las *epístolas generales*.

Crítica Textual, llamada también *baja crítica*. Los escritos del Nuevo Testamento han sido producidos en idioma griego koiné. No se poseen los originales, de ningún libro de los veintisiete del Canon del Nuevo Testamento. Sin embargo, se pueden encontrar muchas copias manuscritas realizadas en muchos lugares entre el s. II y el XIV. En ellas aparecen discrepancias textuales, es decir, las copias no son iguales debido a alteraciones a causa de errores y cambios producidos por los copistas. El estudio de estas alteraciones, procurando llegar a la expresión correcta del texto bíblico, es el estudio de la llamada *Crítica Textual*. Esto se considerará un poco más adelante en mayor detalle.

Crítica histórica. Tiene que ver con la comprensión del mensaje del texto griego, en el sentido literal en que fue escrito dentro del marco histórico en que se produjo. Esto es relativamente sencillo aplicando el conocimiento social del entorno textual del pasaje a considerar. Sin embargo, se aprecian referencias a asuntos concretos que deben ser estudiados para conocer lo que el autor quiso decir y a quienes lo dijo.

Crítica de las fuentes. Especialmente necesaria en el estudio hermenéutico del Nuevo Testamento, se aprecian referencias a otros escritos, como se verá en su momento, esto genera la necesidad de determinar los antecedentes de donde los redactores de los escritos obtuvieron los datos que escriben en ellos. Esto generó la hipótesis de las fuentes, sin embargo, todas esas supuestas fuentes no dejan de ser meras hipótesis, a las que en ocasión se les presta más atención que a la misma exégesis del texto bíblico.

Crítica de las formas. Es un método al que recurre la llamada *Alta Crítica* con una intención de generar dudas sobre la autoría y contenido del texto bíblico. En gran medida se dedican a estudiar los géneros de las formas de los escritos, a fin de incluirlos en un determinado apartado literario. Las cuestiones de la *Alta Crítica*, se sustentan en responder peguntas que se formulan desde la suposición, tales como *¿son reales los hechos descritos?* En el caso concreto de las *Epístolas Generales*, se valora si las circunstancias sociales e históricas a las que hacen referencia ocurrieron realmente o han sido escritas para sustentar la fe, de modo que esos datos *históricos*, no lo son así, sino que son meramente religiosos.

Crítica semiótica o estructuralismo. Este tipo de *crítica* trata de descubrir la intención que tenía el autor para convertirlo en sistema de interpretación del relato. La semiótica es la disciplina que estudia el signo en tanto a elemento esencial en la identidad de un escrito. Podría definirse como que *algo significa algo para alguien*, por tanto, ese significado es clave para la comprensión de lo que ha sido escrito. Toda reflexión personal se materializa en signos que componen una expresión escrita. La peculiaridad del enfoque semiológico responde al siguiente interrogante: *¿Por qué y cómo en un determinado entorno social e histórico algo, como una imagen, una expresión, un comportamiento, etc. adquiere un determinado significado?* Esto tiene importancia para los estructuralistas de manera que lo que vale no es el esquema que se aprecia visualmente en la lectura, porque las estructuras importantes son las que están más profundamente establecidas y que ayudaron, consciente o inconscientemente al autor para el escrito producido por él.

Refiriéndose al *estructuralismo* dice R. Brow: *"Los estructuralistas proponen a menudo unos esquemas de aterradora complejidad, haciendo que los no estructuralistas se pregunten si tales complejidades son útiles y si el análisis semiótico produce resultados que quizá podrían obtenerse por una exégesis de sentido común.* Citando a L. Monloubou dice: *Se pregunta directamente si la semiótica añade algo nuevo a la interpretación y se responde a sí mismo: Este océano creciente de la semiótica, cuyas espumosas olas barren las tranquilas playas de la exégesis, se halla ahora en proceso de retirada. Ciertamente ha modificado ciertas zonas de la costa exegética, pero deja también varios desechos. La importancia exagerada otorgada a los elementos formales del texto nos recuerda irresistiblemente los excesos de la lógica formal, tan apreciada por una escolástica decadente"* [3].

Todos estos excesos de la llamada ciencia interpretativa, han producido un grave daño a la exégesis natural del texto bíblico, generando dudas, sospechas, imprecisiones y, lo que es más grave debilitando la firmeza sobre la inerrancia y autoridad de los escritos del Nuevo Testamento.

Aspectos generales de inspiración.

Por inspiración se entiende la operación divina ejercida sobre los autores humanos, por la cual Dios les revela el mensaje a escribir, custodia su trabajo para que no haya errores, pero sin alterar su propio estilo personal en la confección del original, comunicando luego al trabajo hecho Su aliento divino para que todo el escrito original sea absolutamente Palabra de Dios, viva y eficiente u operante. La supervisión divina sobre los autores humanos de los escritos bíblicos, trae como consecuencia que éstos, usando sus propias capacidades lingüísticas y personales, compusieran los textos bíblicos sin error alguno en los originales. Equivale esto a una *inspiración verbal y plenaria*, en el sentido de que el Espíritu de Dios conduce al autor humano en la elección de todas las palabras (*verbal*) usadas en los escritos originales, de modo que cada una de ellas es usada también por Dios e inspirada por Él (*plenaria*) siendo toda la Escritura, Palabra de Dios. Quiere decir esto que, tanto los conceptos, como los escritos y las propias letras con que se produjeron, son plenamente inspirados por Él, lo que supone que toda la Escritura es autoritativa e inerrante. La propia Palabra afirma que Dios es el autor divino de ella como *inspirador* (2 P. 1:21). Esta verdad comprende a toda la Palabra, por tanto, también a esta *Epístola*.

Sin embargo, hay posiciones distintas en cuanto a la *inspiración*, algunas de ellas se indican seguidamente.

Negación absoluta de la inspiración. Éstos consideran que la inspiración de las Escrituras es solo materia de creencia piadosa, pero sin fundamento teológico serio. Esta es la posición de la *Crítica Alta*, o *Crítica Liberal*. Tal forma de negación corresponde al mismo entorno en el que se niega abiertamente otros muchos aspectos de la *Bibliología* especialmente en lo que tiene que ver con datación y autoría. Tales propuestas han venido mayoritariamente de Alemania a finales del s. XVII y durante el XIX, como una reacción extrema a la teología

[3] Raymond E. Brown. o.c., pág. 71 s.

tradicional. Esto sustenta los ataques de algunos que se consideran eruditos en *Bibliología*, negando cualquier posición especial de los escritos bíblicos y en especial a los del Nuevo Testamento. Éstos entienden que el cristianismo y los escritos cristianos han de ser entendidos e interpretados como referencias sociológicas de un nuevo movimiento religioso menor en relación con la tradicional del Antiguo Testamento.

Generalmente los *liberales* entienden que la aceptación de la *inspiración* es contraria al estudio científico de las *Epístolas Generales*. Afirman que tanto el Antiguo como el Nuevo Testamento son escritos de creyentes, para creyentes, que tienen la misión de sustentar la fe. El objetivo de esta negación no es otro que considerar irrelevante la doctrina de la inspiración.

Literalidad interpretativa. En sentido marcadamente opuesto al liberalismo está la propuesta de una interpretación literal de tal manera que las limitaciones propias de los autores humanos, su entorno social, sus conocimientos humanos, su edad, sus circunstancias personales, no tienen la más mínima importancia y resultan, por tanto, irrelevantes. Esto trae aparejado que cualquier referencia a un entorno no meramente bíblico como lo relacionado con aspectos y costumbres sociales, son infalibles e incuestionables.

Posición intermedia. Llamada también *centrismo interpretativo*, adopta una posición intermedia entre las dos anteriores. Aceptan la inspiración de toda la Escritura, por lo que es hilo conductor para la exégesis, pero no creen que la acción divina haya eliminado totalmente las limitaciones y, por consiguiente, los errores humanos. Generalmente mantienen sólo la inerrancia teológica, que se limita a cuestiones religiosas. La posición intermedia limita, cada vez más, la inerrancia circunscribiéndola a cuestiones de salvación, lo que deja al arbitrio del intérprete determinar que es materia de salvación y lo que no lo es.

Aspectos generales de revelación.

La *revelación* es la comunicación voluntaria y amorosa que Dios hace de Sí mismo, de Sus ordenanzas y de las demandas morales, registradas en la Palabra, a fin de que el hombre le conozca, ame y obedezca. Quiere decir que la revelación como procedente de Dios para los hombres, afecta sus vidas y destinos.

Como ocurre con *inspiración*, también se han formado distintas posturas en relación con la *revelación*.

Posición liberal o crítica humanista. Niegan la existencia de cualquier clase y modo de revelación que no sea la natural, esto es, la que se aprecia y detecta en la creación (Ro. 1:19-20). Por tanto, no creen que exista ningún tipo de revelación, con lo que niegan también cualquier forma de *inspiración*. Para éstos la Escritura contiene ideas surgidas y condicionadas por la mente humana, por lo que es la ciencia más que la fe la que determina lo que debe ser aceptado y lo que no.

Posición conservadora. Creen que la Escritura es el resultado de la *revelación*, de manera que cada palabra es expresión de la verdad que Dios desea comunicar a los hombres. Tiene, con todo, alguna dificultad añadida esta postura como la de hacer literal algún relato, como puede ser la referencia a uso de prendas de vestir o adornos, que tienen que ver como única forma válida en el tiempo histórico y en el entorno social en que se producían.

Posición parcial. Afirman que no toda la Escritura es *revelación* de Dios, pero que la contiene. Con todo la Escritura es la única autoridad válida en materia de fe y ética. De esta posición difieren los grupos cristianos especialmente los de occidente, de modo que la Iglesia Católica Romana unen a esto el *magisterio* de la Iglesia y la autoridad del papa, en materia de fe. Esto trae como consecuencia que se admitan doctrinas que no están en la Escritura, como la *concepción inmaculada de María*, y la *asunción de la Virgen*. Para justificar estas y otras doctrinas apelan a la alegorización buscando un significado profundo en algunos textos que les sirven para la sustentación de las doctrinas.

Interpretación literal.

Aunque cuestionado por *liberales*, que niegan la *revelación e inspiración plenaria*, para una gran mayoría es el método interpretativo por excelencia, en cuanto que estudia los textos en los idiomas originales en que fueron escritos, aunque evidentemente no se conservan los *originales*, desde su valor histórico, las circunstancias en su composición, los destinatarios, el autor y el propósito del escrito. Los *críticos* que buscan desprestigiar el método en arras de su sistema, luchan afanosamente por eliminar el sentido de interpretación histórico-gramatical del texto bíblico. Pero, los críticos no terminan de entender que el Nuevo Testamento y particularmente los evangelios es una literatura religiosa con una importancia capital en materia de fe. Un destacado luchador contra el método interpretativo *literal*, fue Baur, uno de los máximos exponentes de la crítica histórica extrema.

Sobre el ataque de los *críticos*, escribe R. F. Braw:

"En un grado importante la empecinada supervivencia de la crítica histórica se debe a su preocupación por algo muy fundamental a todas las otras formas de interpretación (incluso aunque los ardientes defensores de esos otros métodos críticos no estén de acuerdo). Cuando se eliminan algunos de los abusos (por ejemplo el entusiasmo exagerado por el descubrimiento de fuentes o los juicios arbitrarios sobre las circunstancias históricas), la crítica histórica (prescindiendo a la vez de su desafortunado bagaje) algunos autores (entre los que me cuento) han elegido hablar de la necesidad esencial de determinar el sentido literal de los pasajes bíblicos"[4].

La interpretación *gramático-histórica-literal* tiene como propósito final dar el significado de lo que los escritores pretendieron comunicar en el tiempo del escrito a los lectores por medio de lo que escribieron. Los evangelios se redactaron hace unos mil novecientos años en idioma griego koiné. Esto tiene un notable condicionante que es el de la traducción, ya que a pesar de cuantos esfuerzos diligentes se hagan, las lenguas modernas no pueden dar muchas veces con una sola palabra el significado de todos los matices que comporta en el texto griego la palabra traducida. Junto a esto deben tenerse en cuenta también la *cosmovisión* que tenían los lectores, con conocimientos diferentes, y supuestos distintos sobre la realidad. Por esa razón no es posible la lectura de los *evangelios* desde el texto griego, como se leería un pasaje de la literatura moderna en el idioma del lector. De ahí que sea necesario la búsqueda del trasfondo cultural para una precisa comprensión de algunos pasajes de texto manuscrito. Los escritores tienen distintos trasfondos personales y al mismo tiempo culturales, de manera que las palabras que eran expresadas y comprendidas plenamente en el significado de aquel tiempo, tienen que ser *adecuadas* en una *equivalencia dinámica*, para que reflejen el sentido que tenían al ser escritas.

Además de esto los escritores se dirigían a determinados *lectores*, que vivían en el s. I y primera mitad del s. II. En ese sentido es preciso determinar qué entendían aquellos por lo que estaba escrito, puesto que era a ellos a quienes se escribía. A esto debe añadirse que actualmente no tenemos un conocimiento profundo de la identidad de los destinatarios inmediatos del escrito bíblico.

---

[4] Raymond E. Brawn. o.c., pág. 84.

Finalmente, en este apartado, es necesario entender que el método de interpretación *histórico-gramático-literal*, solo reconoce las *Epístolas Generales*, como libros completos con identidad propia. Esto tiene una gran importancia ya que los *liberales* cambian de posición cada cierto tiempo y proponen *nuevas alternativas* que son tan inciertas como las anteriores. Además de esto, como siempre ha ocurrido, a la negación sobre todo de la autoría del escrito, sigue la indeterminación del autor, que nunca se precisa y que descansa sólo en suposiciones a las que se da carácter de verdad. Afirmar que un escrito es el resultado de tomar enseñanzas aisladas de un determinado apóstol y compilar con ellas un escrito pseudo-epígrafo, por un autor desconocido en un tiempo posterior como puede ser el s. III, sin más datos probatorios que lo verifiquen, es un absurdo que se acepta por la *credulidad* manifiesta de enemigos de la inspiración bíblica, con el único objeto de que la Biblia se cuestione como libro de Dios.

Introducción especial a la primera epístola de Pedro.

Generalidades.

En el sentido más amplio del término como una *Epístola Católica* o *Universal*, no se ajusta plenamente. Está dirigida a un grupo mayor que la mayoría de las otras *epístolas* del Nuevo Testamento, pero tiene unos destinatarios concretos (1:1).

La *Epístola* debe considerarse dentro de los escritos *no cuestionados*, es decir, entre los que eran reconocidos como apostólicos desde los primeros tiempos de su circulación entre las iglesias. Lamentablemente es un escrito que, en cierta manera, ha sido marginado, influyendo en esto la atención que desde la Reforma se dieron a las cartas paulinas. Sin embargo, es una extraordinaria epístola con un alto contenido doctrinal y práctico para la vida cristiana, especialmente en el entorno del sufrimiento. Ninguna como ésta aplica de forma precisa la enseñanza de Jesús y los escritos del Antiguo Testamento, para estas circunstancias. Además, trata con todo detalle la forma propia de vivir la vida cristiana, que permanece a lo largo del tiempo y es asumible en cualquier circunstancia y ocasión.

La epístola en la iglesia primitiva.

Fue considerada desde el principio como procedente del apóstol Pedro, tal como se presenta desde el primer versículo (1:1). Posteriormente no deja traslucir otros rasgos identificativos personales, salvo alguna expresión que será considerada en el comentario, si bien en la despedida menciona a Marcos, tratándolo como hijo espiritual suyo, tradicionalmente asociado a la figura del apóstol.

En la iglesia antigua no se puso en duda la autoría como de Pedro, de forma que Eusebio[5] la consideró entre los *homologumena*, esto es, escritos que no tienen duda en cuanto a autor. Uno de los testimonios más antiguos procede de la *Segunda Epístola* en donde se hace referencia a esta primera (2 P. 3:1).

Como resultado de las enseñanzas de Valentino y Marción, que consideraban como inspirados el *Evangelio* y el *Apóstol*, este último como la colección principalmente de Pablo, se estableció lo que se llamó *regla de fe*, en la que era básico tener en cuenta los escritos apostólicos. En la *regla de fe*, se aceptaban todos los escritos del Antiguo Testamento del canon hebreo y de los del Nuevo aceptaban los cuatro evangelios, las trece cartas del apóstol Pablo, Hechos y las epístolas de otros apóstoles, donde se reconoce a Pedro y Santiago entre los autores de escritos sagrados.

Ireneo. Una de las primeras menciones a la *Epístola*, procede de Ireneo, que fue obispo de Lyon, luego de la muerte de Potino, en el año 177. De sus obras perviven dos. Es un portavoz contra la herejía gnóstica y otras desviaciones del s. II. En un determinado lugar dentro del testimonio de Eusebio, hace referencia a las Escrituras que Ireneo reconocía como inspiradas del Nuevo Testamento, donde dice que cita mucho a 1 Juan y 1 Pedro[6]. Ireneo reconoce como obra del apóstol Pedro, esta *Primera Epístola*, citando dos veces el texto de 1 P. 1:8.

Tertuliano. Conocido como Tertuliano de Cartago, está en un grupo de teólogos cristianos que escribieron en latín. Sus escritos pertenecen al período de 196-212. Es allí donde aparece por primera vez el título *Nuevo Testamento* para la segunda parte de la Biblia. El reconoció el Nuevo Testamento como una colección de libros y aunque no hizo un catálogo de ellos, entendía que estaba compuesto por los cuatro Evangelios y Hechos, las epístolas que llevan el nombre de Pablo, 1 Pedro, 1 Juan y Apocalipsis. Incluía también la *Epístola de Judas* que adjudicaba al apóstol de ese nombre.

Cipriano. Tacio Cecilio Cipriano, nació de padres paganos a principios del s. III. Convertido al cristianismo sobre el año 246. En sus

---

[5] Eusebio. *Historia Eclesiástica* 3, 3, 1.
[6] Eusebio. *Historia Eclesiástica* 5. 8. 1-8.

días existía una Biblia en latín antiguo, escrita entre otras razones para ser memorizada y citarla cuando era necesario. Su Nuevo Testamento comprendía los cuatro Evangelios, las cartas de Pablo a las siete iglesias y a Timoteo y Tito, 1 Pedro, 1 Juan y Apocalipsis.

Clemente. Uno de los llamados *padres alejandrinos*, fue contemporáneo de Tertuliano. En un escrito titulado *Bocetos*, al que hace referencia Eusebio, comenta escritos discutidos en aquel tiempo, como la *Epístola de Judas*, y las llamadas *Generales*, entre las que esta 1 Pedro.

Orígenes. Entre los años 185-254. No dejó ninguna lista de libros del Nuevo Testamento, pero reconocía entre libros *indiscutibles* y los que era *discutibles*. Entre los *indiscutibles* pone los cuatro Evangelios y Hechos, las epístolas de Pablo, 1 Pedro, 1 Juan y Apocalipsis. Según él, de los veintisiete libros del Nuevo Testamento, hay veintiuno reconocidos y seis dudosos.

Eusebio. Fue obispo de Cesarea, en Palestina, alrededor del año 314, hasta su muerte en el año 339. Es considerado como el gran historiador cristiano. Su principal obra es *Historia Eclesiástica*, en donde se relata la marcha de la iglesia desde los tiempos de Cristo hasta los del emperador Constantino en el año 313. En relación con los libros del Nuevo Testamento, establece tres categorías: 1) Los reconocidos universalmente; 2) Los discutibles y 3) Los espurios. De los escritos *reconocidos*, dice: *"En primer lugar se debe colocar la tétrada de los Evangelios. Estos son seguidos de Hechos de los Apóstoles. Después se deben considerar las epístolas de Pablo. Próximas a ellas se deben reconocer la supuesta primera epístola de Juan y la de Pedro. Además de ellas se debe colocar, si parece bien, el Apocalipsis de Juan"*[7].

Con las referencias anteriores, queda suficientemente probada la presencia de la *Epístola* en la iglesia primitiva, en contra de lo que los *Críticos Humanistas* pretenden.

Autor.

Según el encabezamiento, el autor es *Pedro, apóstol de Jesucristo*, que envió el escrito a los cristianos *"expatriados de la dispersión en el Ponto, Galacia, Capadocia, Asia y Bitinia"* (1:1). Solo una persona podía calificarse de ese modo, que era Simón, a quien Jesús puso por sobrenombre Pedro.

---

[7] Eusebio. *Historia Eclesiástica*. 3.25. 1-7.

El nombre hebreo del autor era *Simón* (Hch. 15:14; 2 P. 1:1). Su padre se llamaba Jonás, y el nombre completo era *Simón Barjonás* (Mt. 16:17). Era un hombre casado (Mr. 1:30) y parece que cuando viajaba, ya en tiempos de su ministerio apostólico, lo hacía acompañado de su esposa (1 Co. 9:5). Era natural de Betsaida (Jn. 1:44). Pero, más tarde, se radicó en la ciudad de Capernaum (Mr. 1:21, 29). Posiblemente su negocio de pesca les permitía tener una casa espaciosa en esa ciudad (Mr. 1:21). Su oficio era de pescador del Mar de Galilea. Probablemente estaba influido por la predicación de Juan el Bautista, del que su hermano Andrés era discípulo (Jn. 1:40).

Tuvo un primer encuentro con Jesús, por mediación de su hermano Andrés, que le invitó para conocer a quien consideraba ya como el Mesías (Jn. 1:41). Posteriormente fue llamado por Jesús al seguimiento como discípulo a orillas del lago (Mr. 1:16 s.). Pertenecía al llamado *grupo íntimo*, junto con Santiago y Juan, que le permitió estar en momentos claves del ministerio de Jesús y contemplar milagros específicos (Mr. 3:16 ss.). Entre los tres había una notable afinidad de carácter.

Jesús le puso por sobrenombre *Pedro*, literalmente *Cefas*, derivado de la palabra tanto en griego como en arameo, que equivale a *piedra* (Jn. 1:42), hasta ese momento nadie le había llamado de esa manera. Con motivo del testimonio que dio sobre quien era Jesús, junto a los Doce, en Cesarea, le fue reiterado ese nombre de nuevo (Mt. 16:18).

Fue uno de los primeros discípulos y líder del grupo, tomando la palabra en nombre de todos en varias ocasiones, como portavoz de los Doce (Mt. 15:15; 18:21; Mr. 1:36; 8:29; 9:5; 10:28; 11:21; 14:29 ss.; Lc. 5:5; 12:41). Eso no significa ningún tipo de superioridad o primacía sobre el resto de los discípulos. De carácter impulsivo, deja claro muchas veces su devoción por Jesús (Mt. 14:28; Mr. 14:29). Junto con los otros dos del llamado *círculo íntimo*, presenció la transfiguración de Jesús, produciéndole un profundo impacto, y dándole una nueva visión sobre la profecía (2 P. 1:16-17).

Jesús encomendó a Pedro la apertura del *reino de los cielos*, en el sentido de proclamar el evangelio por primera vez después de la ascensión del Señor. En esa ocasión Jesús dijo unas palabras que han generado controversia a lo largo del tiempo. Primeramente, está el testimonio que hace sobre quien era Jesús: *"Tú eres el Cristo, el Hijo del Dios viviente"* (Mt:16:16), a lo que siguen las palabras del Señor: *"Yo también te digo, que tú eres Pedro, y sobre esta roca edificaré mi iglesia; y las puertas del Hades no prevalecerán contra ella. Y a ti te daré las llaves del reino de los cielos; y todo lo que atares en la tierra será atado en los cielos; y todo lo que desatares en la tierra será desatado en los cielos"* (Mt. 16:18-19). La polémica surge de la interpretación del sentido que se dé al término *piedra*. Algunos han intentado explicarlo usando las palabras griegas que distinguen *roca y piedra*, pero en arameo, lengua que usó Jesús, no existe tal distinción. Sin duda Pedro entendía y reconocía que la roca sobre la que descansa la iglesia, no es él, sino Cristo: *"Acercándoos a él, piedra viva"* (2:4). Cristo hace descansar la estructura de la iglesia sobre la doctrina de apóstoles y profetas (Ef. 2:20). Pero también comisiona a Pedro para abrir el *reino de los cielos* por la predicación. Luego de la resurrección le llama para que *pastoree* Sus ovejas (Jn. 21:15-17). En este afecto pastoral escribe la *Epístola*.

En la iglesia apostólica, Pedro es una figura indiscutiblemente importante. Antes de Pentecostés asume el liderazgo de la comunidad que, reunida en Jerusalén, esperaba el descenso del Espíritu Santo (Hch. 1:15 ss.). Tomó la iniciativa para buscar sustituto a Judas Iscariote (Hch. 1:15-26). Es el predicador en los momentos principales del inicio de la iglesia, haciéndolo en Jerusalén ante la multitud que se había reunido por el impacto del descenso del Espíritu Santo (Hch. 2:14 ss.) y más adelante con motivo de la sanidad del cojo, en la puerta Hermosa (Hch. 3:12 ss.). Ante las autoridades judías habló en nombre de los demás discípulos (Hch. 4:8). También aparece presidiendo la administración de disciplina sobre el matrimonio que mentía al Espíritu Santo (Hch. 5:3 ss.). En Samaria, primer punto misionero de la iglesia en Jerusalén, ocupó el mismo liderazgo (Hch. 8:14 ss.). Fue el primer apóstol en predicar el evangelio a los gentiles en la ciudad de Cesarea (Hch. 10:1 ss.).

Pedro estuvo en Roma, no como fundador de la iglesia, pero es evidente su presencia en esa ciudad, donde la historia traslada la tradición de su muerte por crucifixión, pidiendo a sus verdugos que lo ejecutaran poniéndolo con la cabeza hacia abajo, porque no era digno de ser crucificado como su Señor. Es evidente que no estaba en Roma cuando Pablo escribió la *Epístola a los Romanos*, sobre el año 57, puesto que su nombre no aparece en la lista de personas a las que el apóstol saluda al final de su escrito (Ro. 16:1-15). Tampoco debió haber estado en aquella ciudad durante el tiempo de la primera prisión de Pablo, puesto que de la misma manera no se menciona en ninguna de las *cartas de la prisión*, Efesios, Filipenses, Colosenses y Filemón. Lo más probable es que llegase a Roma luego de la liberación de Pablo, donde ambos sufrieron martirio por la persecución de Nerón. Puesto que este emperador murió en el año 68, la muerte de Pedro tuvo que producirse antes de esa fecha.

Destinatarios.

La *Epístola* está dirigida a *creyentes expatriados*, literalmente παρεπιδήμοις, *extranjeros*, cristianos que viven temporalmente en otro país que no es el suyo. Por los nombres de los lugares citados, puede ubicarse como los que vivían en el cuadrante noroeste de Asia Menor, una zona a la que, según Lucas, no le fue permitido evangelizar a Pablo (Hch. 16:6-10). Sin embargo, es imposible determinar cómo fueron fundadas las iglesias en aquellos lugares y que relación tenían con el apóstol Pedro. Los lugares están mencionados siguiendo el orden de viaje, es decir, como las encontraría alguien que recorriera el área geográfica. La *Epístola* está dirigida a creyentes que no vivían en los principales centros del mundo romano.

Por lo que se aprecia en el escrito, eran mayoritariamente gentiles (1:14, 18; 2:9-10, 25; 3:6; 4:3-4). Esto produce un cierto conflicto, porque el apóstol Pablo dice que el evangelio a los judíos se encomendó a Pedro y a él el de los gentiles (Gá. 2:6-10). Sin embargo, se ve la interrelación de los apóstoles en distintos lugares, ya que Pedro aparece en la iglesia en Antioquía que era una congregación étnicamente mixta de judíos y gentiles (Gá. 2:11). Algunos consideran que se trataba de congregaciones formadas por judíos, apoyándose en el término *extranjeros* que califica a los destinatarios, esta posición fue defendida antiguamente, considerándose a esos cristianos como judíos creyentes que habían sido esparcidos de Jerusalén a causa de la persecución (Hch. 8:1, 4; 11:19). Debe darse a esto un concepto más amplio. Pedro usa el término para referirse a personas en tránsito, o que residen temporalmente un lugar que no es su residencia definitiva (2:11). Una utilización semejante a la que hace la LXX para referirse a Abraham (Gn. 23:4; Sal. 39:12). Los destinatarios son, pues, personas que tienen otra residencia, es decir, creyentes en general cuya ciudadanía está en los cielos y cuya patria no es temporal (Fil. 3:20; He. 11:13-16). Por tanto, los destinatarios con los creyentes de la iglesia, sin distinción de raza ni condición social.

Evidencias internas.

Teniendo en cuenta lo dicho antes tanto al referirse al canon del Nuevo Testamento como a las referencias al escrito en la iglesia antigua, es necesario presentar aquí alguna evidencia interna que identifique al autor con el apóstol Pedro.

Hay un lenguaje común con los discursos de Pedro: 1) *"Dios no hace acepción de personas"* (1:17; comp. Hch. 10:34). 2) Alusiones a la resurrección de Jesús (1:21, comp. Hch. 2:32; 3:15; 10:40). 3) Cristo como cabeza de la iglesia (2:7-8; comp. Hch. 4:11).

Hay en el contenido de la *Epístola*, la afirmación del escritor que dice ser *"testigo de los padecimientos de Cristo"* (5:1). Solo podría ser una persona con ese nombre, testigo presencial de los sufrimientos de Jesús, desde Getsemaní hasta la Cruz.

En la *Segunda Epístola*, el escritor hace alusión a esta primera carta (3:1), por tanto, ambos escritos son evidencias de la autoría de cada uno de ellos.

El escritor menciona los nombres de colaboradores suyos, citando a Silas y a Marcos, que fueron ayudantes apostólicos no solo de él y cuyos nombres eran bien conocidos en la iglesia primitiva por esa causa (Hch. 12:12; 15:22, 37).

La crítica de autoría.

La llamada *Alta Critica*, ha vertido sobre la *Epístola* una serie de dudas, según ellos razonables, que niegan la autoría de Pedro. Esto lo hacen con todos los libros del Nuevo Testamento, en un afán absurdo de variar las dataciones para favorecer la argumentación contraria al autor. Es decir, si la carta no es del tiempo que se dice, entonces el apóstol Pedro no puede ser el autor de la misma. Aparentemente esto es sólo una discusión *académica*, que no tiene mayor trascendencia, a no ser porque afecta directamente a la inspiración del texto bíblico, disminuyendo a su vez la autoridad del escrito por no ser de un apóstol, y ser además una falsificación hecha por quien suplanta la identidad de Pedro.

Contra la autoría de la carta, a pesar del acuerdo universal que por siglos relacionó el escrito como del apóstol Pedro, surge primeramente la postura de J. S. Semler, a quien siguió Claudius, y finalmente por F. Ch. Aur y los seguidores de la *Alta Crítica Bíblica*, que proponen cuatro evidencias anti autor:

a) Las persecuciones a que se refiere como procedentes del estado romano mencionadas en 4:12, 16, no coinciden con la situación de la iglesia en el año 60, sino con la que describe Plinio hacia el 111-113[8]. Esta persecución tuvo lugar a finales del tiempo del emperador

[8] Plinio. *Epístola X*, 96.

Domiciano, sobre los años 81 al 96, o poco antes de los años 75-80. Por tanto, no es posible que fuese escrito por Pedro.

b) No hay referencias personales en el escrito que necesariamente debieran producirse si fue el trabajo de un testigo presencial relacionado íntimamente con Jesucristo.

c) Dependencia paulina, ya que la teología de la *Epístola* es eminentemente de Pablo, en donde también hay muchos contactos literarios con la correspondencia paulina, por tanto, no es aceptable que Pedro tuviese una dependencia tan evidente –según ellos– de Pablo.

d) El griego de la carta es un alto nivel, con giros idiomáticos de una gran elegancia, además de apreciarse la familiaridad del autor con la versión LXX, a la que cita siempre, salvo la excepción de 2:6, esto no parece ser propio de un hombre que culturalmente era un simple pescador del Mar de Galilea.

La argumentación anti-Pedro, es relativamente fácil de desmontar, tomándolos uno a uno.

Las persecuciones.

Merece la pena destacar, como uno de los temas más directamente tratados, el de las *persecuciones* en la *Epístola*. No se trata de un tema puntual que deba identificarse con algún momento histórico determinado, aunque, sin duda, las grandes persecuciones contra los creyentes comenzaron muy al principio de la presencia de la iglesia en la tierra. Pero, Jesús habló directamente a los Suyos sobre la situación que tendrían que confrontar como hijos de Dios, cuando les dijo que *"en el mundo tendréis aflicción"* (Jn. 16:33). Del mismo modo que el Señor fue perseguido, así también lo serán Sus seguidores, por la misma razón y causa, ya que ser cristiano no es tanto hablar de Cristo, sino vivir a Cristo (Fil. 1:21). Ningún discípulo puede ser más que el Maestro, ningún siervo más que su Señor. El mundo rechazó a Cristo desde el principio de Su presencia en el ministerio (Jn. 1:10-11), de este mismo modo, también serán rechazados, no importa cuando y donde, quienes siguen Sus pisadas. Terminado el tiempo de Su obra salvadora y ascendido a los cielos, nadie puede ya agredirle directamente, pero lo hacen a los que son Suyos por fe. De ahí que nada más comenzar la andadura de la iglesia, los apóstoles fueron atacados directamente (Hch. 4:5-21). En un principio podría hablarse de una *persecución moderada*, consistente en reprimendas, azotes y prisiones cortas (Hch. 5:17-18, 26-40). El incremento en la persecución aumentaba cada día que pasaba, hasta que culminó en la muerte de uno de los líderes de la iglesia como fue Esteban, lo que abrió la puerta para una persecución intensa de los creyentes (Hch. 8:1-4; 9:1-2; 11:19), en cuya acción intervino directamente Saulo de Tarso. No es menos cierto que la vida de los cristianos, especialmente de los líderes como eran los apóstoles, estaba en juego, de modo que Herodes ordenó la muerte de Santiago y la encarcelación de Pedro, con el propósito de ejecutarlo también. La conversión de Saulo, está relacionada con la experiencia de la persecución, como el Señor dijo a Ananías cuando le envió para que recuperase la vista: *"Yo le mostraré cuánto le es necesario padecer por mi nombre"* (Hch. 9:16). No hace falta más que leer Hechos de los Apóstoles, para comprobar la continua aflicción que tuvo que soportar en medio de una oposición grande contra su ministerio (cf. Hch. 14:5-6, 19-20; 16:16-40; 17:5-9, 13, 14, 18, 32; 18:12-17; 19:9, 21-41; 20:3, 22-23; 21:27-36; 23:12-24:9; 25:10-11; 27), de ahí que el tema del sufrimiento sea una constante en sus escritos (cf. Ro. 8:17-18; 2 Co. 1:5-7; Fil. 1:29; 3:8-10; 1 Ts. 2:14; 2 Ts. 1:5; 2 Ti. 1:8; 2:3).

Las persecuciones se sucedieron en el tiempo, llegando a extremos verdaderamente sanguinarios. Aquello que en un principio podía considerarse como actos propios de autoridades, bien de los judíos o de otras menores entre los gentiles, a las que se unían algunos intransigentes del pueblo, se convirtieron en algo organizado y promovido por el gobierno de Roma, bajo el impulso, muchas veces, de los mismos emperadores. En un intento de terminar con los cristianos, se sucedieron hasta principios el s. IV, con la que promovió el emperador Diocleciano. Sin embargo, un cambio de actitud se produjo en el año 313, cuando el emperador Constantino publicó el edicto de Milán, que reconocía el cristianismo e iniciaba la tolerancia para los cristianos.

En el decurso del tiempo, la Iglesia Católica Romana, sustituyendo a los emperadores romanos y convirtiéndose en una auténtica potencia del mundo durante la Edad Media, levantó nuevamente una persecución con verdadera saña contra todo aquel que no compartiese la doctrina y las formas de ella dejando ejemplos de la intolerancia como fue la implantación de la llamada Santa Inquisición, que promovió verdaderas atrocidades como la matanza de San Bartolomé en Francia o encarcelando, condenando a muerte y ejecutando a miles de personas en España, alcanzando también a otros hombres en diferentes países, como Juan Hus, Thomas Cranmer, etc. procurando con ello eliminar lo que llamaban herejía, en contra toda desviación de la fe propia de aquella iglesia. No cabe duda que otras iglesias estatales en tiempos de la

Reforma e inmediatamente posteriores, cometieron serios abusos contra quienes no aceptaban la fe que ellas predicaban, que incluyeron también la muerte de muchos. Las persecuciones no se han detenido, llegando a nuestros días, donde se han masacrado a cristianos en el mundo islámico, y en otros muchos lugares, donde fueron reprimidos, encarcelados, desterrados y muertos.

Cuando el apóstol Pedro escribía la *Epístola*, estaban iniciándose los primeros movimientos que darían lugar a la persecución oficial romana contra los cristianos instigada por el emperador Nerón. En su origen está la acusación mentirosa de que fueron ellos los que ocasionaron el incendio de la ciudad de Roma, en el año 64. Como resultado, muchos de ellos fueron hechos prisioneros, recubiertos de cera y echados al fuego, a otros los crucificaron y a muchos arrojaron a las fieras. Fue como consecuencia de esta persecución que tanto el apóstol Pedro como el apóstol Pablo fueron martirizados. Antes de morir escribió esta epístola en la que uno de los temas más destacados es el comportamiento del cristiano en la persecución.

Sin embargo, los *Críticos humanistas*, afirman que a la luz de la *Epístola* la persecución tuvo que haber sido bajo Trajano (98-117), o en el caso de una datación más antigua, correspondería a la promovida por Domiciano (98-96). Ambas ocurrieron mucho después de la muerte de Pedro. El emperador Domiciano persiguió tanto a judíos como a cristianos, al no tener clara la separación entre ambos grupos, iniciándose para forzar a los judíos a entregar al erario romano, las ofrendas que antes mandaban al templo en Jerusalén. Los cristianos fueron, en muchas ocasiones acusados de paganos. Por su parte Trajano fue un emperador procedente de España donde nació en la Itálica. Desde el 109 al 112 determinó que los cristianos que no adorasen a los dioses de Roma debían ser castigados, con lo que se produjo la persecución y muerte de muchos de ellos.

Ahora bien, los que pertenecen a la *Alta Crítica*, olvidan voluntariamente la persecución que ocurrió en tiempo de Nerón. Esta fue una de las más conocidas e implacables y tal vez, la más temprana. El historiador Cornelio Tácito escribió, a principios del s. II que ante el rumor de que el incendio de Roma, provocado por Nerón, fue obra de los cristianos, encontró en ellos el modo de salir airoso de las acusaciones que muchos de su entorno formulaban como que la orden de incendiar algunos barrios de Roma provenía de autoridades superiores. Por esa razón los cristianos fueron cruelmente reprimidos. Por su parte Suetonio, otro escritor prominente de principios del S. II, corrobora las palabras de

Tácito, quien dice que entre las obras públicas de Nerón estaba la de perseguir a los cristianos. Esta sería una de las razones por las que Pedro y Pablo fueron muertos en Roma, de lo que hablan escritores cristianos de los primeros siglos, como Clemente.

Se aprecia que el argumento de la *Alta Crítica*, es un mero pretexto para datar la *Epístola* en tiempos posteriores al apóstol Pedro, dejando maliciosamente de tener en cuenta persecuciones que hubo desde el principio del cristianismo y algunas tan evidentes como la del emperador Nerón.

Referencias personales en el escrito.

Es el argumento presentado en segundo lugar para precisar las acciones de los *Críticos* contra la datación y autoría de la *Epístola*. El argumento es poco serio, puesto que hay escritos en los que el autor no se identifica como ocurre con el *Evangelio según Juan*, o la *Epístola a los Hebreos*. Anteriormente se ha hecho notar que, aunque las referencias personales son realmente mínimas, se aprecia que el escritor ha sido contemporáneo de Cristo y que presenció los sufrimientos del Señor (5:1). Por otro lado, se ha hecho notar también la presencia de nombres que eran del tiempo de los apóstoles, como Silvano y Marcos (5:12-13).

Dependencia paulina.

Otro de los argumentos anti-Pedro, presentado por la *crítica liberal humanista*, es la dependencia de Pablo. Especialmente en cuanto a la formulación de la teología de la *Epístola*. Afirmar que la fuente doctrinal de este escrito atribuido a Pedro, pero que sin duda –como pretende la *Alta Crítica*– escrito por alguien desconocido que utilizó el nombre del apóstol, es un absurdo sólo válido para sus pretensiones destructoras.

No cabe duda que Pedro conocía bien los escritos de Pablo, como él mismo afirma (2 P. 3:15-16). En el contenido de la *Epístola* hay referencias que tienen su paralelo en los escritos de Pablo, lo que no significa que los haya tomado para copiarlos, sino que su semejanza obedece a que la doctrina tanto la que formula los principios de la teología cristiana, como los que determinan la ética, son los mismos en todos los apóstoles de Cristo. En este caso concreto, los dos apóstoles, Pedro y Pablo, tienen una relación de interdependencia, con encuentros en algunos lugares como Jerusalén, Macedonia, Grecia o incluso Roma, donde sin duda alguna, comentaron asuntos relativos a la fe, que se traduce en una identificación al expresar los mismos asuntos en sus respectivos escritos. La información testimonial sobre estos encuentros procede del apóstol Pablo (cf. Gá. 1:18; 2:9, 11-14) y también de Lucas (Hch. 15:2, 7). Pablo pedía a las iglesias que se leyesen sus cartas, aunque estuviesen dirigidas a una determinada, por lo que es más que razonable que Pedro conociese el contenido de la correspondencia paulina. Sin embargo, Pedro escribió la *Epístola* como un redactor totalmente independiente de Pablo.

Podría hacerse un cuadro comparativo de la supuesta dependencia de Pablo, citando sólo algunas de las más notables:

Primera Pedro.	**Escritos de Pablo.**
Quien habiendo subido al cielo está a la diestra de Dios; y a Él están sujetos ángeles, autoridades y potestades. (3:22)	*Sobre todo principado y autoridad y poder y señorío, y sobre todo nombre, no sólo en este siglo, sino también en el venidero* (Ef. 1:21).
Asimismo vosotras mujeres, estad sujetas a vuestros maridos; para que también los que no creen a la palabra, sean ganados sin palabra por la conducta de sus esposas, considerando vuestra conducta casta y respetuosa. Vuestro atavío no sea el externo de peinados ostentosos, de adornos de oro o de vestidos lujosos, sino el interno, el del corazón, en el incorruptible ornato de un espíritu afable y apacible, que es de grande estima delante de Dios. Porque así también se ataviaban en otro tiempo aquellas santas mujeres que esperaban en Dios, estando sujetas a sus maridos; como Sara obedecía a Abraham, llamándole señor; de la cual vosotras habéis venido a ser hijas, si hacéis el bien, sin temer ninguna amenaza (3:1-6).	*Las casadas estén sujetas a sus propios maridos, como al Señor; porque el marido es cabeza de la mujer, así como Cristo es cabeza de la iglesia, la cual es su cuerpo, y él es su Salvador. Así que, como la iglesia está sujeta a Cristo, así también las casadas lo estén a sus maridos en todo* (Ef. 5:22-24).
Y mediante el cual creéis en Dios, quien le resucitó de los muertos y le ha dado gloria, para que vuestra fe	*Sino también con respeto a nosotros a quienes ha de ser contada, esto es, a los que*

y esperanza sean en Dios (1:21)
le resucitó de los muertos y le ha dado gloria, para que vuestra fe y esperanza sean en Dios (1:21)

creemos en el que levantó de los muertos a Jesús, Señor nuestro (Ro. 4:24).

Ruego a los ancianos que están entre vosotros, yo anciano también con ellos, y testigo de los padecimientos de Cristo, que soy también participante de la gloria que será revelada (5:1).

Pues tengo por cierto que las aflicciones del tiempo presente no son comparables con la gloria venidera que en nosotros ha de manifestarse (Ro. 8:18).

Quien habiendo subido al cielo está a a la diestra de Dios; y a él están sujetos ángeles, autoridades y potestades (3:22).

Cristo es el que murió; más aun, el que también resucitó, el que además está sentado a la diestra de Dios (Ro. 8:34).

Vosotros también, como piedras vivas, sed edificados como casa espiritual y sacerdocio santo, para ofrecer sacrificios espirituales aceptables a Dios por medio de Jesucristo (2:5)

Así que, hermanos, os ruego por las misericordias de Dios, que presentéis vuestros cuerpos en sacrificio vivo, santo, agradable a Dios, que es vuestro culto racional (Ro. 12:1).

Podría establecerse la aparente misma dependencia con otros escritos del Nuevo Testamento, presentado como ejemplo lo que sigue:

Primera Pedro.	**Otros escritos.**
Igualmente, jóvenes, estad sujetos a los ancianos; y todos, sumisos unos a otros, revestíos de humildad; porque: Dios resiste a los soberbios, y da gracia a los humildes. Humillados, pues, bajo la poderosa mano de Dios, para que él os exalte cuando fuere tiempo (5:5-6).	*Por esto dice: Dios resiste a los soberbios, y da gracia a los humildes. Humillados delante del Señor y él os exaltará* (Stg. 4:6, 10).
...*Vuestro adversario el diablo, anda alrededor buscando a quien devorar* (5:8).	*Resistid al diablo, y huirá de vosotros* (Stg. 4:7b).

A quien amáis sin haberle visto, en quien creyendo, aunque no lo veáis, os alegráis con gozo inefable (1:8).	*Porque me has visto, Tomás, creíste; bienaventurados los que no vieron, y creyeron.* (Jn. 20:29).

El argumento de la dependencia de Pablo, se descarta por estas comparaciones anteriores y otras muchas que se podrían añadir.

La alta calidad del idioma.

El cuarto argumento usado por los *críticos* para negar la autoría de la *Epístola*. Hacen notar que el griego que se utiliza en ella es de muy alta calidad, de hecho, uno de los mejores textos griegos del Nuevo Testamento. Sin embargo, se ha exagerado un poco la afinidad con el griego clásico, sin tener en cuenta que en el escrito aparecen algunos semitismos coherentes con la ascendencia judía del autor. No debe dejar de prestarse atención al hecho de que Pedro era oriundo de Galilea donde se hablaba tanto el griego como el arameo, a esa tierra llama el profeta Isaías: *"Galilea de los gentiles"* (Is. 9:1). En aquella zona la influencia griega era evidente, con una vinculación grande con el mundo gentil que la rodeaba. Es muy probable, por no decir seguro, que Pedro hablaba el griego y que algunos de sus compañeros tenían nombres griegos como eran Andrés y Felipe. Pedro había viajado por años en territorios donde se hablaba el griego, como lengua común, lo que sin duda le habría proporcionado un dominio mayor del idioma. Sin embargo, los *críticos* insisten en que Pedro era un *"hombre del vulgo y sin letras"* (Hch. 4:13), preguntándose cómo un pescador del Mar de Galilea podía tener una cultura literaria para escribir con tanta calidad en griego. El estilo de la *Epístola* es singularmente alto, muy superior a los de Pablo y sólo comparable con Hebreos y Santiago. Incluso se aprecia una diferencia notable entre el texto de la *Primera Epístola* y el de la *Segunda*, lo que da pie para afirmar que no son las dos del mismo autor, ya que el calificativo que debe darse al griego de la *Segunda Epístola* es de malo.

Pero, en lugar de usar la riqueza idiomática de la *Epístola*, para negar la autoría, bien podían proponer el alto conocimiento del griego koiné que sin duda tenía el amanuense que escribió. Aunque no es posible demostrar que este haya sido Silvano, bien pudiera ser que fuese, además del portador de la *Epístola* a los destinatarios que se mencionan en el proemio, el amanuense que la escribió al dictado del apóstol, con la libertad necesaria para transcribirla en un griego de alta calidad. Silvano es el mismo Silas compañero de ministerio y colaborador del apóstol Pablo, al que se cita en distintos pasajes de Hechos (cf. Hch. 15:22, 23,

32, 40; 16:19, 25, 29) y en otros escritos del Nuevo Testamento (2 Co. 1:19; 1 Ts. 1:1; 2 Ts. 1:1). Hace relativamente poco tiempo que Selwyn elaboró detalladamente una propuesta basada en un minucioso estudio en el que se procura demostrar que existe una relación directa de Silvano con 1 Pedro, Tesalonicenses y el Acuerdo de los Apóstoles (Hch. 15). Esta propuesta fue duramente atacada, como no podía ser de otro modo, porque sería una solución a la calidad idiomática del escrito, lo que ocasionaría destruir uno de los argumentos anti-Pedro. Pero, lo que ninguno de los críticos ha conseguido, fue demostrar la no existencia de un amanuense para las *Epístolas* del Nuevo Testamento.

Sobre esto escribe el Dr. Miguel Nicolau:

"Para solucionar este problema, la hipótesis del secretario no es inverosímil, y no parece científico desatender en absoluto la atestación máxima de la carta por no admitir una hipótesis razonable, aunque, naturalmente, no pase de ser una hipótesis. Por otra parte, los que rechazan la hipótesis del secretario y la autenticidad no hacen el menor esfuerzo tampoco por explicar de alguna manera plausible la unanimidad del consentimiento antiguo sobre la autenticidad[9]*".*

La *Alta Crítica* debe considerarse como la proclamación del *no*. Negando la autoría de una gran parte de los textos bíblicos y el tiempo en que fueron escritos. El sistema, aunque admirado por todos los que niegan la inspiración plenaria y la inerrancia bíblica, está en cada vez mayor desprestigio, al no hacer propuestas definidas de autor y fecha, dejando todo en la nebulosa de la duda. De ahí que no sea necesario extenderse más en este momento. Para establecer la verdad asumida y firmemente enseñada por la iglesia a lo largo de los siglos de existencia, que el escrito se debe al apóstol Pedro.

Lugar y fecha de redacción.

Los críticos, basándose en el tema de las persecuciones que se trata en la *Epístola*, entienden que solo puede referirse a las grandes persecuciones que registra la historia, promovidas por los emperadores romanos, como fue Diomiciano (81-96), y más tarde Trajano, alrededor del año 108, a la que los *críticos* se inclinan para distanciar lo más posible la fecha real del escrito de la pretendida por ellos. En cualquiera de estas dos persecuciones es evidente que Pedro no estaba, puesto que fue muerto en Roma en tiempo de Nerón, de ahí la necesidad de hacer pasar la

[9] Miguel Nicolau. La Sagrada Escritura. 1 Pedro. BAC, pág. 235.

epístola como procedente de un *falsificador piadoso*, una persona que utilizó el nombre de Pedro, no tanto para engañar con el escrito, sino para autentificar otro que circulaba por las iglesias, para lo que le añadió la introducción y la conclusión. El uso de pseudónimos no era un recurso literario que fuese aceptado por la iglesia primitiva, es más, el apóstol Pablo advirtió sobre cartas que eran hechas llegar a las iglesias como suyas (2 Ts. 2:2), lo que le llevó a incorporar un final de su propia mano como identificación del escrito (1 Co. 16:21; Col. 4:18).

Quien acepte la autoría de Pedro, necesariamente ha de datar el escrito antes de los años de los emperadores antes mencionados. De modo que si murió sobre el año 64 en Roma, no puede ser posterior al 62-64. La muerte de Pedro, según la tradición histórica se produjo en julio del 64. Desde el incendio de Roma hasta la muerte de Pedro y Pablo, pasó aproximadamente un año, y si Nerón fue asesinado en junio del año 69, el escrito puede datarse como fecha más tardía en 62-63.

El lugar de redacción según se recoge en la *Epístola*, resulta un tanto ambiguo o, por lo menos, no es muy preciso. Hace referencia a la iglesia *que está en Babilonia*, pero hay tres lugares conocidos con ese nombre. Babilonia en Mesopotamia, difícilmente aceptable por ser de mínima importancia y casi despoblado en aquellos tiempos. Una población con ese nombre estaba situada al norte de Egipto, siendo en los años que se dan como fecha de la epístola, un puesto militar romano. Lo más probable es que se esté refiriendo con esta forma a Roma. Babilonia es usado por el apóstol Juan simbólicamente e incluso en sentido místico (Ap. 14:8; 16:19; 17:5)[10]. Con toda seguridad se está refiriendo a la ciudad de Roma, de los tiempos de los Césares. Se piensa que el nombre lo usa como una protección frente a las dificultades y la persecución que se había levantado contra los cristianos. Este nombre se daría a la ciudad que se oponía, como fue Babilonia, al pueblo de Dios, con una gran prosperidad mundana (Is. 47:1, 5, 8; Jer. 51:12). Roma, como la antigua Babilonia, se había opuesto hasta la insolencia contra Dios (Jer. 50:29). De modo que la *Epístola* debió haber sido escrita desde Roma.

Teología de la Epístola.

Es de entender que la teología o los temas teológicos del escrito son, en cuanto a doctrina, idénticos a los otros lugares y otros escritos del Nuevo Testamento, puesto que la doctrina de la fe es común a todos los apóstoles, sin distinciones. No se trata de encontrar en la *Epístola*

[10] Ver comentario a esos versículos en Apocalipsis, de esta misma serie.

novedades doctrinales, pero si una importante aportación a la enseñanza doctrinal propia de la iglesia en tiempos de los apóstoles. Ya que el propósito es, entre otros, alentar y animar a los cristianos en medio de las pruebas, la doctrina está firmemente vinculada con la exhortación o aplicación de la misma a la vida cotidiana del creyente.

Soteriología.

La obra redentora y la resurrección de Cristo de entre los muertos es el modo divino para llevar la salvación a los hombres, siendo la resurrección el fundamente de la esperanza, a la vez que es la evidencia de la regeneración (1:3). La obra salvadora de Jesucristo, aunque planificada desde antes de la fundación del mundo, no fue una operación sencilla para Dios, puesto que ningún valor terrenal podía aportar lo requerido para el perdón de pecados y la vida eterna, salvo la entrega en sacrificio de la vida del Salvador (1:18-20).

En esta parte se apreciará en su momento que las figuras usadas son todas del Antiguo Testamento. El cumplimiento de la figura del sacrificio de expiación, alcanza la dimensión definitiva en el de Cristo, que es como un Cordero sin mancha y contaminación, predestinado ya desde antes de la creación del mundo. En la Cruz, Jesús llevó sobre Él nuestros pecados y por Sus heridas recibimos sanidad (2:22-24).

La precisión soteriológica sobre la eficacia de ese sacrificio lo hace irrepetible, ya que el Salvador murió *una sola vez* por nuestros pecados, el Justo por los injustos con el propósito de llevarnos a Dios, volviéndonos a Él justificados (3:18). La aplicación de esta verdad soteriológica es evidente, preparando al creyente para el sufrimiento si Dios lo permite siguiendo el ejemplo del Señor (4:1, 13).

Con todo, la salvación que justifica en el momento de la fe, se desarrolla en la vida cotidiana y se consuma definitivamente en el regreso del Señor para recoger a los Suyos e introducirlos en la nueva y definitiva esfera de la glorificación (1:9). Esta salvación será revelada en el último tiempo (1:5). Hacia ese término camina el creyente (2:2).

Eclesiología.

Pedro enseña que la salvación, aunque es individual, es decir, cada salvo lo es en sí mismo, todos ellos son introducidos en una comunidad que se identifica y expresa en la iglesia. Tomando las imágenes del Antiguo Testamento, habla de la comunidad de creyentes como de una nación, tribu o raza (2:9-10). Pero, a su vez son un templo santo y un sacerdocio real (2:5-9). Esto no significa que el creyente no esté en relación personal con Dios, pero afirma un proceso por el cual todos pasan a formar parte de una comunidad diferente a la que anteriormente vivían, cuya pertenencia es divina, porque son el pueblo de Dios. Antes *no eran pueblo*, no tenían una identidad colectiva, salvo el universal conjunto de pecadores perdidos, pero ahora *son pueblo de Dios* (2:10).

La aplicación de esta verdad aparece bien definida en la *Epístola*. La comunidad de cristianos está presente en las imágenes que usa Pedro, y en las virtudes que ensalza. Para quien recibió del Señor el encargo pastoral de conducir Su rebaño, entiende que los creyentes necesitan ser pastoreados, animando a hombres llamados para este ministerio a que lo hagan en sana conciencia delante del Señor (5:1-4). Si la iglesia es un solo pueblo, o, dicho de otro modo, si la iglesia es una sola, ha de cuidarse con solicitud en mantener esa unidad espiritual evitando las divisiones que nacen del orgullo (5:5). Pero, comunitariamente los cristianos, el pueblo de Dios, la iglesia ha de amarse entrañablemente lo que conlleva necesariamente la práctica del perdón mutuo cuando sea preciso (4:8-11).

Escatología.

Un tema continuado a lo largo de la *Epístola*. No podría ser de otro modo, puesto que la salvación de los perdidos conduce a un futuro glorioso con el Señor. Es interesante observar la referencia que hace a los tiempos de Noé, especialmente a la proclamación hecha a los espíritus que ahora están encarcelados, apreciándose la intervención divina de liberación de unos pocos por medio del arca (3:18-22). Pedro toma esto como paradigma de aplicación a la situación de los creyentes a quienes dirige la carta, a la vez que asienta una firme base en relación con la situación de quienes fueron rebeldes al mensaje en tiempos de Noé. Pedro está considerando la situación de las persecuciones como la gran crisis escatológica que se avecina, al modo de lo que el diluvio produjo.

Esto se complementa con lo que más adelante dice sobre el modo de entender las aflicciones que sobrevienen sobre los creyentes como anuncio previo de la glorificación que viene en Cristo, con el que se identifican también en el sufrimiento (4:12-19). Pero también esta crisis de sufrimiento precede al juicio escatológico, como se considerará en el comentario.

Espíritus.

En varios lugares se afirma la realidad de la presencia tanto de ángeles como de demonios, y unido a ellos hace referencia, sin enseñar sobre ellos, de las regiones espirituales, mencionando el cielo (1:4, 12; 3:22) como el infierno (3:19).

En cuanto a los seres espirituales, habla de los ángeles (1:12), y en general denomina tres grupos a los que llama *ángeles, principados y potestades* (3:22). Pero no deja de mencionar al diablo y sus maquinaciones (5:8-9).

Santificación.

Como expresión propia de la salvación en el tiempo presente, cuyo objetivo es la santidad. Ante el destino final de los salvos, estos son llamados al amor entre ellos y a la santidad personal (1:13-2:10). Cita una serie de pecados sobre los que advierte que son *la malicia, el engaño, la hipocresía, la envidia y la difamación* (2:1), además de aquellos que eran propios del tiempo en que vivían en tinieblas (4:3). La santidad no es un asunto opcional sino la única forma de vivir la vida cristiana, ya que han sido llamados a santidad porque Dios es santo (1:15-16).

Esta santificación tiene también expresión en la *santidad social* (2:11-4:11). Especialmente precisada en los problemas que surgen en la relación de los creyentes con los no creyentes, cuyas expresiones tienen que ver con la obediencia a las leyes establecidas, la sujeción a los amos, la sumisión de las mujeres a los maridos, y el trato esmerado de estos hacia ellas. Esa santidad consiste en la experiencia de renunciar a los deseos humanos naturales que impiden una ética propia del salvo, mientras soporta las injusticias en la sociedad en que viven (2:11). Pero la razón por la que se establecen esas normas éticas obedece a la vinculación de cada creyente con el Señor (2:13). En dos esferas puede manifestarse, por un lado, el de la *imitación a Cristo* (2:21; 3:18-4:2), esto es, viven de este modo porque siguen el modelo de Jesús. Pero, por otro, son conscientes de que Dios no transige con el pecado y hay un juicio por esta razón (4:12, 17).

La santidad social da paso en la *Epístola* a la comunitaria o eclesial, especialmente las virtudes que conducen a una comunión solidaria entre cristianos. Si los salvos han dejado los pecados y perversiones de su vida pasada, están expuestos a los de la lengua, que pueden destruir la comunidad, de ahí que hable, como contrapartida a ese problema, de una conducta de amor, hospitalidad, servicio, ejercicio sano del liderazgo y humildad (4:7-11; 5:1-7). Estas virtudes sirven, no solo para testimonio en medio de las aflicciones, sino que son instrumentos para mantener la unidad del cuerpo y la correcta relación entre los miembros.

Trinidad.

Aparecen en la carta varias imágenes trinitarias. Ahora bien, desde el principio se mencionan a las tres Personas Divinas, haciendo alusión al Padre, al Espíritu y a Jesucristo.

Cita a Dios treinta y nueve veces. Lo identifica como el Padre de Jesús (1:3) y quien lo levantó de entre los muertos (1:21). Los cristianos pertenecen a Dios y son parte de Su pueblo (2:10), que son Su casa (4:17) y Su rebaño (5:2). Este admirable Dios expresa Su voluntad y la hace conocer, por lo que se refiere varias veces a ella (2:15; 3:17; 4:2, 19). La soberanía de Dios se manifiesta en el hecho de escoger (1:2) y en la ejecución de Su providencia (5:12). La *Epístola* presenta a Dios como quien tiene control pleno, sobre todo, y que, además, puede reconducir todo para bien del creyente.

En cuanto a la Segunda Persona, menciona a Cristo veintidós veces, de ellas diez mediante el nombre de Jesucristo. Lo presenta como quien murió y resucitó de entre los muertos (1:3), y que será revelado en el último tiempo (1:7, 13). Cristo es el medio de relación de los creyentes con Dios.

En cuanto al Espíritu Santo, lo menciona cuatro veces. Es la Persona Divina relacionada con la santificación (1:2), y la que inspiró a los profetas para hablar de Cristo (1:11). El mensaje profético fue proclamado en el poder del Espíritu (1:12). Además, en medio de cualquier circunstancia adversa y, más concretamente, en la persecución, reposa sobre los creyentes.

Fuentes bíblicas.

Aunque se ha considerado el asunto de las fuentes anteriormente, será bueno hacer una relación de las bíblicas usadas en la *Epístola*, bien sea en forma de pasajes concretos o como alusiones a pasajes de Antiguo Testamento. En la referencia a la dependencia, se hizo notar algunas relaciones con otros escritos del Nuevo Testamento.

Pasajes citados del Antiguo Testamento.

1:16	Lv. 9:2; 11:44; 20:7, 26.
1:24-25	Is. 40:6-8.
2:6	Is. 28:16.
2:7	Sal. 118:22.
2:8	Is. 8:14.
2:9	Ex. 19:6; Is. 43:20, 21.
3:10-12	Sal. 34:12-16.
4:18	Pr. 11:31.
5:5	Pr. 3:34.

Alusiones a textos del Antiguo Testamento.

1:17	Sal. 89:26; Jer. 3:19.
1:18	Is. 52:3.
2:3	Sal 34:8 (33:9 LXX).
2:10	Os.1:6, 9, 10; 2:23.
2:11	Sal. 39:12.
2:12	Is. 10:3.
2:17	Pr. 24:21.
2:22	Is. 53:9.
2:24	Is. 53, 4, 5, 12
2:25	Is. 53:6.
3:6	Gn. 18:12.
3:13	Is. 50:9.
3:14-15	Is. 8:12-13.
3:20	Gn. 7:13, 17, 23.
4:8	Pr. 10:12.
4:14	Sal. 89:50, 51 (88:51 LXX).
4:17	Jer. 25:29; Ez. 9:6.
5:7	Sal. 55:23.
5:8	Sal. 22:12-13.

Del mismo modo podría hacerse un detalle de citas o referencias tomadas de los Evangelios, lo que pondría de manifiesto que Pedro tenía conocimiento de ellos.

Tema.

Se insiste habitualmente que el tema y la razón de la *Epístola* es hablar y alentar a los creyentes frente al sufrimiento. Sin duda es un contenido amplio en la misma, pero es el mismo Pedro quien da la razón de ella cuando dice: *"Por conducto de Silvano, a quien tengo por hermano fiel, os he escrito brevemente, amonestándoos, y testificando que ésta es la verdadera gracia de Dios, en la cual estáis"* (5:12).

Es en la vida en la gracia que se producen todos los aspectos que menciona en el escrito. La gracia que salva, santifica, permitiendo el sufrimiento cuando sea necesario, y glorifica como expresión final de la razón de la salvación del hombre.

Texto griego.

La Primera Epístola de Pedro está escrita mayoritariamente en un griego culto. En su conjunto es un texto excelente y de alto nivel idiomático. No obstante, la utilización de formas propias de la koiné, están presentes, dando a entender que el autor conocía bien la lengua, y le llevaba a adoptar las expresiones propias del griego común, en algunos lugares de la *Epístola.*

El idioma en que fue escrito es el griego común, conocido como *koiné*, notándose además que el texto se identifica mucho con el modo propio de hablar más que con el idioma utilizado para la redacción escrita de un relato. Como del resto de los escritos del Nuevo Testamento, no existe tampoco aquí el original, esto es, el primer escrito salido directamente del autor. Las copias existentes son varias y entre ellas se aprecian diferencias. Debe tenerse en cuenta que para el Nuevo Testamento hay no menos de 5200 manuscritos y entre ellos existen más de doscientas cincuenta mil variantes, acumuladas a lo largo de los catorce siglos en que se han estado produciendo copias del texto griego. A los errores propios de un sistema de copiado, se añadieron variantes consecuentes con correcciones y adaptaciones producidas para determinados lugares geográficos, como era el caso de Alejandría, Antioquia, Constantinopla, Cartago, Roma, etc. en copias que se adaptaron en ocasiones idiomáticamente para las grandes ciudades, dando origen a lecturas especiales.

Se han conservado aproximadamente unos 3000 manuscritos copiados entre los s. II y XVII, a lo que debe unirse unos 2200 *leccionarios*, que tienen perícopas dispuestas para la lectura pública litúrgica desde el s. VII en adelante. Entre esta gran colección de mss. se aprecian diferencias de lectura, pero las significativas son relativamente pocas y ninguna de ellas afecta a *doctrinas fundamentales*, o, dicho de otro modo, no hay doctrina fundamental de la fe cristiana que pueda establecerse sobre una alternativa de lectura. Las alteraciones de lectura no son causadas sólo por errores de los copistas, sino que algunas se originan por cambios deliberados. En ocasiones los copistas se sentían impulsados a *mejorar* el texto griego, modernizar la ortografía, suplementar el texto con frases explicativas, armonizar los evangelios e incluso omitir algo que para el copista pareciese dudoso. Sin embargo, aunque por lógica las copias más antiguas debieran ser las más seguras, no siempre es así, porque un mss. de siglos posteriores puede ser una copia fiel de un texto muy antiguo, que hoy se haya perdido, estando más cercana al autógrafo que otras copias de siglos anteriores.

Familias textuales.

La investigación procedente de la *Crítica Textual*, ha agrupado los manuscritos en *familias*, que comparten lecturas semejantes o que tienen determinadas peculiaridades. Sin embargo, ninguna de estas copias o grupos textuales tienen garantía de no contener ninguna alteración respecto de los originales. Estas familias comúnmente aceptadas son las siguientes:

Alejandrina. La erudición cristiana a finales del s. II se manifestaba especialmente en Alejandría. En los siglos siguientes, ciertos escribas cuyo conocimiento del griego era excelente, copiaron cuidadosamente los manuscritos. Esta familia se caracteriza por las lecturas más cortas.

Occidental. Se llama así porque algunos de los principales manuscritos griegos circulaban por el mundo llamado *occidental*, que era el Norte de África, Italia y Galia. Pero, también hay en este grupo otros manuscritos que están relacionados con Egipto y las iglesias orientales de lengua siríaca. Como elemento destacable es que la lectura de estos textos son a menudo una paráfrasis, más extensas que las lecturas breves alejandrinas, da la impresión en muchas ocasiones que les fueron añadidas palabras, lo que técnicamente se llaman *interpolaciones*.

Cesariense. El centro más importante de Palestina durante los s. III y IV fue Cesarea marítima. Tenía el orgullo legítimo de poseer una biblioteca de las más importantes de la época, y también de los estudiosos que la visitaban habitualmente. El texto griego que procede de este grupo es de comienzos del s. III, y fue llevado desde Cesarea a Egipto. Posteriormente las copias llegaron hasta Jerusalén y desde allí por medio de misioneros llegaron hasta Georgia, en el Cáucaso. Por su forma esta tradición cesariense está a medio camino entre la alejandrina y la occidental.

Bizantina. Es un texto mixto, en el que los copistas intentaron suavizar las dificultades y armonizar las diferencias. Era el texto usado generalmente por la iglesia bizantina y el texto normativo desde el s. VI.

A este grupo se lo considera tardío y de poca fiabilidad. El *Textus Receptus*, del que se trata más adelante, es un ejemplo de esta tradición textual sobre la que descansa.

Testigos textuales.

Denominamos de esta manera a los diferentes textos que contienen total o parcialmente la *Epístola*. La *Crítica Textual* distingue tres tipos de mss. griegos.

1) *Papiros*. La sigla para el papiro es (P), aunque también se usa en tipo gótico $\mathfrak{P}$, con un número exponencial que lo identifica. El origen de estos es de procedencia egipcia. En papiros se encuentran muchos fragmentos y libros del Nuevo Testamento. Desde 1890, tiempo en que se muestra un creciente interés por los mss. bíblicos, se han descubierto cerca de un centenar de papiros, algunos de ellos datados en el s. II. Esta datación de los papiros se basa en la escritura, lo que técnicamente se llama *paleografía*. Entre los más antiguos están los siguientes:

$\mathfrak{P}^{52}$, identificativo del Papiro John Rhylands 457. Es un pequeño fragmento, más pequeño que una ficha, en el que se encuentra parte de Jn. 18:31-34. Está datado hacia el año 135. Este papiro a desacreditado la posición de fecha tardía propuesta por los *críticos*.

$\mathfrak{P}^{46}$, siglas correspondientes al Papiro Cherter Beatty II. Se trata de un *codex*, con 86 páginas, fechado sobre el año 200 o incluso anterior. Contiene epístolas de Pablo, incluye también Hebreos, que aparece detrás de Romanos ya que los escritos están colocados por extensión. No aparecen las pastorales. Pertenece al grupo *cesariense*.

$\mathfrak{P}^{66}$, correspondiente al Papiro Bodmer II, datado sobre el año 200. Contiene un texto con muchas correcciones sobre la mayor parte del *Evangelio según Juan*. Pertenece al grupo *alejandrino*, y es cercano al *Codex Sinaiticus*.

$\mathfrak{P}^{75}$, identificativo de los Papiros Bodmer XIV-XV, datados como del año 225. Contiene Lc. 2:18-18:28 y Lc. 22:4-Jn. 15:8. Es también del grupo *alejandrino*, cercano al *Codex Vaticanus*.

2) *Códices unciales*. Estos manuscritos en pergamino o *vellum*, están escritos con letras mayúsculas, usuales entre los s. III al IX. Al proclamar el emperador Constantino al cristianismo como religión tolerada en el Imperio, se crearon centros de estudio y monasterios en

donde se copiaron y conservaron muchos de estos códices. En ellos está la Biblia griega completa y, en ocasiones, se acompañan obras cristianas, no canónicas. Se conocen unos 300 códices, que se designan con una letra mayúscula, siendo los más importantes, los que siguen:

B (*Codex Vaticanus*), de mediados del s. IV. No tiene una parte del Nuevo Testamento. Se considera como el mejor ejemplo del tipo *alejandrino*. Algunos eruditos lo consideran como el mejor testigo del texto griego original del Nuevo Testamento.

S o א, (*Condes Sinaiticus*), de comienzos del s. IV. Contiene todo el Nuevo Testamento, más la epístola de Bernabé y el Pastor de Hermas. Debe considerársele como de tradición *alejandrina*, especialmente en los evangelios y en Hechos, pero en el resto es mayoritariamente de la tradición *occidental*.

A (*Codex Alexandrinus*), de comienzos del s. V. Originalmente contenía todo el Nuevo Testamento, además de 1 y 2 Clemente y los Salmos de Salomón. De él se han perdido algunas páginas. Es de tradición *bizantina* en los evangelios, y *alejandrina* en el resto del N. T.

D (*Codex Bezae*), datado en el s. V. Contiene Mateo, Juan, Lucas, Marcos, 3 Juan y Hechos, en latín y griego colocados en páginas opuestas. Este es el mejor representante de la tradición *occidental*.

3) *Minúsculos*. Llamados así porque se escriben con mayúsculas y minúsculas, proceso de escritura que ocurrió hacia el s. IX. De los *minúsculos* se conservan no menos de 2900 mss. Dos familias de estos manuscritos designados con los nombres de dos investigadores K. Lake y W. H. Ferrar, son testigos de la tradición *cesariense*.

Otras lenguas antiguas ponen también de manifiesto textos del Nuevo Testamento, como traducciones a dichas lenguas del texto griego. Entre ellos cabe destacar las denominadas *Vetus Latina* y *Vetus Syra*, como ejemplos de las versiones latina y siriacas antiguas. Estos títulos permiten distinguirlas de la traducción latina de finales del s. IV, llamada *Vulgata Latina*, obra de Jerónimo, convertida en versión normativa de la iglesia occidental. Igualmente, está la versión siríaca de los s. IV y V, denominada *Pesitta*, que es la Biblia normativa de la iglesia siríaca.

El Textus Receptus.

Como consecuencia de la Reforma, renació el interés por traducir a las lenguas vernáculas la Escritura, en forma especial el Nuevo Testamento. Las traducciones directas de los textos griegos producirían versiones más exactas que la traducción de otra traducción como sería si se tomaban de la *Vulgata Latina*.

La compilación de los distintos manuscritos buscando un refundido que permitiera una más fácil traducción, fue el trabajo al que se dedicó Erasmo de Roterdam, publicado en 1516. Robert Stephanus, trabajó en una reedición del trabajo de Erasmo editado en 1550-1551, al que se denominó como *Textus Receptus*, en sentido de ser el texto recibido y aceptado del Nuevo Testamento.

Lamentablemente el trabajo de Erasmo se apoyó en manuscritos minúsculos de la tradición bizantina de los s. XII y XIII. No conocía ninguno de los papiros y no utilizó tampoco ninguno de los códices que se han mencionado en el apartado anterior. La versión *Vulgata Latina*, se tradujo de manuscritos griegos más seguros que los que usó Erasmo. Sorprendentemente algunas traducciones hechas de la Vulgata, como es el Nuevo Testamento de Rheims, es en ocasiones, más exacto que el *Textus Receptus*.

El *Textus Receptus*, que ha servido de base a las traducciones del *Evangelio* en el mundo *protestante* está tomado mayoritariamente, como se dijo antes, del *Texto Bizantino*. Fue el más expandido y llegó a ser aceptado como el normativo de la Iglesia Reformada, o Iglesia Protestante. De este texto se hicieron muchas ediciones, varias de ellas no autorizadas, produciéndose a lo largo del tiempo una importante serie de alteraciones. Por otro lado, está demostrado que en algunos lugares donde Erasmo no dispuso de textos griegos, invirtió la traducción trasladando al griego desde la Vulgata. A este texto se le otorgó una importancia de tal dimensión que fue considerado como *normativo* del Nuevo Testamento en el mundo protestante, asumiéndose como incuestionable por sectores conservadores y pietistas extremos, llegando a considerase como *cuasi impío* cuestionarlo, a pesar del gran número de manuscritos que se poseen en la actualidad y que ponen de manifiesto los errores del *Receptus*. Como si se quisiera mantenerlo, a pesar de todo, como el mejor de los compilatorios del texto griego del Nuevo Testamento, se ha cambiado el nombre de *Textus Receptus* por el de *Texto Mayoritario*, con el que se procura hacerlo retornar a su antigua supremacía, con lo que se pretende obstaculizar todo esfuerzo en el terreno de la *Crítica Textual*, para alcanzar una precisión mayor de lectura de lo que son los originales de los escritos del Nuevo Testamento.

En los últimos años del s. XIX, la investigación de la Crítica Textual alcanzó un gran prestigio y reemplazó el *Receptus* por nuevas ediciones del Nuevo Testamento griego basadas en los *unciales* y en *testigos* posteriores a la época de Erasmo. Estas ediciones van siendo comparadas con las nuevas alternativas de lectura, a medida que aparecen otros mss.

De los sinceros y honestos esfuerzos de la Crítica Textual, en un trabajo excelente en el campo de los manuscritos que se poseen y que van apareciendo, se tomó la decisión de apartarse del *Receptus* en todo aquello que evidentemente es más seguro, dando origen al texto griego conocido como *Novum Testamentum Graece*, sobre cuyo texto se basa el que se utiliza en el presente comentario de la primera epístola de Pedro.

El texto griego de la Epístola.

Calidad del texto de 1 Pedro.

Es extremadamente esmerado, equiparable a textos griegos de obras de literatura griega contemporánea o cercana al tiempo de Pedro. El griego que se usa en este escrito es solo comparable con el de la *Epístola a los Hebreos*, el de mayor nivel en todo el Nuevo Testamento, y también con el de Santiago. No cabe duda que se trata de un escritor culto, conocedor del griego, y que es equiparable a escritores de origen griego de aquella época. Hay pocos semitismos en el escrito, aunque se aprecian algunos en determinados textos, como no podía ser de otro modo para quien estaba vinculado al mundo hebreo.

Texto griego refundido.

En el escrito de Pedro hay una serie de variantes, conocidas como *lecturas alternativas*. Éstas descansan en el uso de los *testigos textuales* procedentes especialmente de dos orígenes, el *alejandrino* y el *occidental*.

El texto griego utilizado en el comentario y análisis de la Epístola es el de Nestle-Alan en la vigésimo octava revisión de la Deutsche Biblegesellschaft, D-Stuttgart. Este texto refundido está vinculado a la *recensión alejandrina*. Por tanto, es necesario hacer referencia en el análisis del texto griego a las alternativas de lectura, por lo menos, a las principales que han de hacerse notar para el lector del comentario.

El texto griego se ha conservado en una colección de papiros y pergaminos antiguos, tanto *unciales* como *minúsculos*. La cantidad de *testigos textuales* es tan grande que se hace casi imposible agruparlos y catalogarlos convenientemente. Un intento de catalogación con resultados notables se debe a K. Aland[11].

Algunas partes de diversa extensión del texto griego de la *Epístola*, se han conservado tanto en códices completos, como en soportes de papiro. Ninguno de estos *testigos textuales* tiene toda la *Epístola*, porque algunos son anteriores a los *pergaminos* en los que se ha conservado todo el texto. Hay papiros que contienen secciones de ella. Cuatro son del s. III. De ellos los más importantes por extensión son el $\mathfrak{P}^{45}$ y el $\mathfrak{P}^{75}$.

Los principales mss. que contienen el texto son unciales y están copiados en pergamino. Son los siguientes:

C.	**Datación.**	**Referencia.**	**Lugar.**
ℵ	s. IV.	Codex Sinaíticus.	Londres, Museo Británico.
A	s. V.	Codex Alexandrinus.	Londres, Museo Británico.
B	s. IV.	Codex Vaticanus.	C.Vatic. Bibl. Apostólica.
C	s. V.	Codex Ephraemi rescip.	París. Biblioteca nacional.
D	s. VI.	Códice de Beza.	Cambridge. Bibl. Univers.
E	s. VIII.		Basilea, Bibliot. Universid.
L	s. VIII.	Codex Regius Parisien.	Paris, Biblioteca Nacional.
P	s. VI.		Wolfenbüttel. Biblioteca.
R	s. VI	Codex Nitriensis.	Londres, Museo Británico.
T	s. V.	Codex Borgianus	Parte en N. York. Parte en Roma. Coleg. Prop. Fide.
W	s. V.	Codex Wasingtonian.	Washington. Freer Gallery.
Θ	s. IX.	Codex Koridethi.	Tiflis, Biblioteca.
Ξ	s. VI.	Codex Zacynthius resc.	Londres. Brit. And Foreing Bible Society.

[11] K. Aland. *Kurzgefasste Liste der griechischen Hadschriften des Neuen Testaments.* I. *Gesamtübersicht*. Berlín 1963.

Referencias a los textos griegos para la epístola.

Se utilizan los siguientes:

Para 1 Pedro: $\mathfrak{P}^{72}$, $\mathfrak{P}^{74}$, $\mathfrak{P}^{81}$, $\mathfrak{P}^{125}$, א (01), A (02), B (03), C (04), P (025), Ψ (044), 048, 5, 33, 81, 307, 436, 442, 642, 1175, 1243, 1448, 1611, 1735, 1739, 1852, 2344, 2492.

Para 2 Pedro: $\mathfrak{P}^{72}$, $\mathfrak{P}^{74}$, א (01), A (02), B (03), C (04), P (025), Ψ (044), 048, 0209, 5, 33, 81, 307, 436, 442, 642, 1175, 1243, 1448, 1611, 1735, 1739, 1852, 2344, 2492.

Aparato crítico.

En el aparato crítico se ha procurado tener en cuenta la valoración de los estudios de *Crítica Textual*, para sugerir la mayor seguridad o certeza del texto griego. Para interpretar las referencias del aparato crítico, se hacen las siguientes indicaciones:

El aparato crítico, que en el comentario se denomina como *Crítica Textual. Lecturas alternativas*, se sitúa luego del análisis gramatical del texto griego, de modo que el lector pueda tener, si le interesan las alternativas de lectura que aparezcan en los versículos de la *Epístola.*

Los *papiros* se designan mediante la letra $\mathfrak{P}$. Los *manuscritos unciales*, se designan por letras mayúsculas o por un 0 inicial. Los unciales del texto bizantino se identifican por las letras *Biz* y los más importantes de este grupo se reflejan mediante letras mayúsculas entre corchetes [ ] los principales unciales en los escritos se señalan por K, L, P. En este escrito se abandona el uso de la identificación de los textos unciales bizantinos, colocándolos como los demás códices salvo en ocasiones en que se requiera por alguna razón.

Los manuscritos minúsculos quedan reflejados mediante números arábigos, y los minúsculos de texto bizantino van precedidos de la identificación *Biz*. La relación de unciales, debe ser consultada en textos especializados ya que la extensión para relacionarlos excede a los límites de esta referencia al aparato crítico.

En relación con los manuscritos griegos aparecen conexionados los siguientes signos:

f^1 se refiere a la familia 1 de manuscritos.

f^{13} se refiere a la familia 13 de manuscritos.

Biz referencia al testimonio *Bizantino*, textos de manuscritos griegos, especialmente del segundo milenio.

Biz^{pt} cuando se trata de solo *una parte* de la tradición *Bizantina* cada vez que el testimonio está dividido.

* este signo indica que un manuscrito ha sido corregido.

^{c} aparece cuando se trata de la lectura del *corrector* de un manuscrito.

^{1,2,3,c} indica los sucesivos correctores de un manuscrito en orden cronológico.

( ) indican que el manuscrito contiene la lectura apuntada, pero con *ligeras diferencias* respecto de ella.

[ ] incluyen *manuscritos Bizantinos* selectos inmediatamente después de la referencia *Biz*.

^{txt} indica que se trata del *texto del Nuevo Testamento* en un manuscrito cuando difiere de su cita en el comentario de un Padre de la Iglesia (^{comm}), una variante en el margen (^{mg}) o una variante ($^{v.r.}$).

$^{com (m)}$ se refiere a citas en el curso del *comentario* a un texto cuando se aparta del texto manuscrito.

^{mg} indicación textual contenida en el *margen* de un manuscrito.

$^{v.r.}$ *Variante* indicada como alternativa por el mismo manuscrito.

^{vid} indica la lectura más probable de un manuscrito cuando su estado de conservación no permite una verificación.

^{supp} texto suplido por faltar en el original.

𝔐 contiene los textos mayoritarios incluido el Bizantino. Indica la lectura apoyada por la mayoría de los manuscritos, incluyendo siempre manuscritos de koiné en el sentido estricto, representando el testimonio del texto griego koiné. En consecuencia, en los casos de un aparato negativo, donde no se le da apoyo al texto, la indicación 𝔐, no aparece.

Los *Leccionarios* son textos de lectura de la Iglesia Griega, que contienen manuscritos del texto griego y se identifican con las letras *Lect* que representa la concordancia de la mayoría de los Leccionarios seleccionados con el texto de *Apostoliki Diakonia*. Los que se apartan de este contexto son citados individualmente con sus respectivas variantes. Si las variantes aparecen en más de diez Leccionarios, se identifica cada grupo con las siglas ^{pt}. Si un pasaje aparece varias veces en un mismo Leccionario y su testimonio no es coincidente, se indica por el número índice superior establecido en forma de fracción, para indicar la frecuencia de la variante, por ejemplo, *l* $866^{1/2}$. En relación con los Leccionarios se utilizan las siguientes abreviaturas:

Lect para referirse al texto seguido por la *mayoría de los leccionarios*.

l 43 indica el leccionario que se aparta de la lectura de la mayoría.

Lect^{pt} referencia al texto seguido por una parte de la tradición manuscrita de los Leccionarios que aparece, por lo menos, en diez de ellos.

l $593^{1/2}$ referencia a la frecuencia de una variante en el mismo ms.

Las referencias a la Vetus Latina, se identifica por las siglas it (Itala), con superíndices que indican el manuscrito.

La Vulgata se identifica por:

vg para la Vulgata,
vg^{cl} para la Vulgata Clementina,
vg^{ww} para la Vulgata Wordsworth-White,
vgst para la Vulgata de Stuttgart.

La sigla lat representa el soporte de la Vulgata y parte del Latín Antiguo.

Las versiones Siríacas se identifican por las siguientes siglas:

Syr^{s} para la Sinaítica.
syr^{c}, para la Curetoniana.
syr^{p}, identifica a la Peshita.
sir^{ph} es la sigla para referirse a la Filoxeniana.

La Harclense tiene aparato crítico propio con los siguientes signos:

syr^{h} (White; Bensly, Wööbus, Aland, Aland/Juckel).
syr $^{h\ with*}$, lectura siríaca incluida en el texto entre un asterisco y un metóbelos.
syr^{hmg}, para referirse a una variante siríaca en el margen V syr^{hgr} hace referencia a una anotación griega en el margen de una variante Siríaca.
syr^{pal} son el identificador de la Siríaca Palestina.

Las referencias a la Copta son las siguientes:

cop^{sa} Sahídico.
cop^{bo} Boháirico.
cop^{pbo} Proto-Boháirico.
cop^{meg} Medio-Egipto.
cop^{fay} Fayúmico.
cop^{ach} Ajmínico.
cop^{ach2} Sub-Ajmínico.

Para la Armenia, se usa la sigla arm.

La georgiana se identifica:

geo identifica a la georgiana usando la más antigua revisión A^{1}
geo^{1}/geo^{2} identifica a dos revisiones de la tradición Georgina de los Evangelios, Hechos y Cartas Paulinas.

La etiópica se identifica de la siguiente manera:

eti cuando hay acuerdo entre las distintas ediciones.
eti^{ro} para la edición romana de 1548-49.
eti^{pp} para la Pell Plat, basada en la anterior.
etiTH para Takla Häymänot
eti^{ms} referencia para la de París.

Eslava Antigua, se identifica con esl.

Igualmente se integra en el aparato crítico el testimonio de los Padres de la Iglesia. Estos quedan identificados con su nombre. Cuando el testimonio de un Padre de la Iglesia se conoce por el de otro, se indica el nombre del Padre seguido de una anotación en superíndice que dice *según* y el nombre del Padre que lo atestigua. Los Padres mencionados son tanto los griegos como los latinos, procurando introducirlos en ese mismo orden. En relación con las citas de los Padres, se utilizan las siguientes abreviaturas:

( ) Indican que el Padre apoya la variante pero con ligeras diferencias.

vid probable apoyo de un Padre a la lectura citada.

lem cita a partir de un *lema*, esto es, el texto del Nuevo Testamento que precede a un comentario.

comm cita a partir de la parte de un comentario, cuando el texto difiere del lema que lo acompaña.

supp porción del texto *suplido* posteriormente, porque faltaba en el original.

ms, mss referencia a manuscrito o manuscritos patrísticos cuyo texto se aparta del que está editado.

mss según Padre identifica una variante de algún manuscrito según testimonio patrístico.

1/2, 2/3 variantes citadas de un mismo texto en el mismo pasaje.

pap lectura a partir de la *etapa papirológica* cuando difiere de una edición de aquel Padre.

ed lectura a partir de la *edición* de un texto patrístico cuando se aparta de la *tradición papirológica.*

gr cita a partir de un fragmento griego de la obra de un Padre Griego cuyo texto se conserva sólo en traducción.

lat, sir, armn, slav, arab traducción latina, siríaca, armenia, eslava o araba de un Padre Griego cuando no se conserva en su forma original.

dub se usa cuando la obra atribuida a cierto Padre es dudosa.

Con estas notas el lector podrá interpretar fácilmente las referencias a las distintas alternativas de lectura que el aparato crítico introduce en los versículos que las tienen.

Interlineal.

Como ayuda para la traducción, se presenta una literal, palabra a palabra, del texto griego, en forma *interlineal*, esto es debajo de cada palabra griega se escribe la equivalencia en castellano. Se procura mantener esta forma, aunque resulte extraño al idioma, a fin de que el lector pueda entender el alcance semántico de cada voz traducida, permitiéndole establecer por sí mismo las variaciones necesarias en el idioma castellano.

Análisis del texto griego.

Como elemento de ayuda al lector que no tenga un conocimiento alto del griego koiné, se hace el análisis morfológico de cada una de las palabras del texto griego para cada versículo que se comenta, añadiendo en el comentario las referencias al análisis sintáctico e idiomático cuando se requiera.

En el análisis se procura identificar las palabras con el sentido que tienen en castellano, así se determinan las conjunciones por la forma clásica, indicando si es *copulativa, disyuntiva, causal*, etc. que, aunque no corresponda con la calificación griega, permite al lector castellano identificarlas con el sentido que tienen en este idioma.

Se ha tenido en cuenta hacer la distinción en el *aoristo* de los verbos, entre el *primero* o el *segundo*, que, si bien a efectos de análisis textual no es importante, se precisan las formas para facilitar la identificación al lector del texto.

Aparato crítico del texto griego.

La cantidad de alternativas de lectura del texto griego es cada vez mayor, a medida que se encuentran nuevos mss. Incorporar todas las posibles variantes, excede a la capacidad y razón de ser de un comentario. En este caso se dan las más importantes, siguiendo la crítica textual comprendida en el *Novum Testamentum Graece*, Nestle-Alan vigésima octava edición de Deutsche Bibelgesellschaft.

De la misma manera se consulta también el aparato crítico el Texto Griego de Nuevo Testamento Trilingüe de la Biblioteca de Autores Cristianos.

Para ayudar al lector se traducen al castellano la mayor parte de las alternativas de lectura, salvo cuando sean de relativa importancia o excesivamente numerosas, en cuyo caso se traslada simplemente la correspondiente referencia.

Otras precisiones sobre el texto griego.

Es sabido que algunos nombres que en castellano se escriben con mayúsculas, como Dios, al referirse al verdadero, Espíritu Santo, en relación con la Tercera Persona de la Deidad, en griego no se usan mayúsculas, entre otras cuando son adjetivos vinculados a un nombre. Sin embargo, por respeto especial, cuando se trate de alguno de estos nombres de Dios, se escribirán con mayúscula. De igual manera y por la misma razón en el análisis textual cuando se refiera a Dios no se definirá como *nombre común*, sino como *nombre divino*. Entendemos claramente que en el marco de la gramática estas distinciones no corresponden a la realidad del griego.

Versiones castellanas para el estudio.

Es imposible definir cuáles son las mejores traducciones castellanas para el estudio del *Evangelio*, porque exigiría definir las razones que permiten ese trato, teniendo en cuenta el propósito que el lector pueda tener con ello.

Así escribe Raimond E. Brown:

"¿Cuál es la mejor traducción española de la Biblia? Como respuesta global, se debe juzgar la traducción más apropiada a partir de los propósitos de lectura de cada uno. La liturgia pública tiene por lo general un tono más solemne; por ello, las traducciones muy coloquiales de la Biblia pueden no ser apropiadas para ese contexto. La lectura privada, por otra parte, con el propósito de la reflexión y el refrigerio espiritual se ayuda a veces mejor con una traducción cuyo texto tenga una disposición intuitiva y fácil de leer"[12]..

Lo que interesa en el estudio bíblico es la traducción hecha con mayor fiabilidad y precisión al texto griego. Sin embargo, ha de entenderse que la traslación no es siempre posible con una sola palabra castellana, y que las figuras de lenguaje usadas en el texto griego, son en ocasiones difíciles de traducir, teniendo que hacer algunas veces conjeturas sobre lo que el escritor quiso decir. De ahí que debe escogerse entre la traducción literal o la *equivalencia dinámica*, del sentido del texto

---

[12] R. E. Brown. o.c., pág. 32.

que se traduce. Sin embargo, cuando esa equivalencia supone una aclaración al significado del texto que se traduce, lo que se produce en una exégesis o un comentario al mismo. De ahí que sea necesario acudir a versiones lo más literales posibles.

En la consulta castellana que se hace para este comentario se han usado las siguientes versiones:

Reina Valera 60. De la Sociedad Bíblica. Versión que vierte al castellano el *Textus Receptus*, de Erasmo.

La Biblia. Nueva Versión Internacional. De la Sociedad Bíblica Internacional y de la Sociedad Bíblica de España. Excelente versión con actualización idiomática en la equivalencia del castellano.

La Biblia Textual. De la Sociedad Bíblica Iberoamericana. Versión que se caracteriza por la fidelidad al texto griego, basada en los mss. más seguros. Elimina textos dudosos o que no pueden atestiguarse convenientemente en los mss.

La Biblia de las Américas. De Lockman Foundation. Es una versión fiel a los originales, en un castellano de fácil comprensión.

La Biblia de Jerusalén. Editada en Barcelona en 1967, con sucesivas actualizaciones. Originalmente se tradujo al francés. Tiene un buen aparato de notas y pasajes paralelos. La traducción al castellano es directa de los textos hebreo y griego, conservando las notas procedentes de la versión francesa.

Sagrada Biblia, de Francisco Cantera y Manuel Iglesias. Editada en Madrid en 1947, tiene un lenguaje un tanto árido pero excelente en cuanto a literalidad de traducción. Tiene notas críticas al texto y lecturas de variantes textuales.

Nueva Biblia Española, traducción del Nuevo Testamento. Dirigida por Alonso Schökel y J. Mateos, con un equipo de destacados escrituristas. Con un excelente castellano y una moderna traducción en *equivalencia dinámica*, que busca acercar con todo rigor científico el sentido antiguo al lenguaje moderno.

Sagrada Biblia, Dr. Juan Straubinguer, primera Biblia traducida de los idiomas originales al castellano en Argentina. El Antiguo Testamento lo tradujo del texto hebreo masorético y de la Vulgata. Esta influencia se nota también en el Nuevo. El texto es correcto y claro.

Bosquejo.

Atendiendo a la forma general del *Evangelio* en sus divisiones naturales, se ha establecido el siguiente *Bosquejo Analítico*, como sigue:

I. SALUDOS (1:1-2).

1. Remitente y destinatarios (1:1-2).

II. GRACIA EN SALVACIÓN (1:3-2:10).

1. Seguridad de salvación (1:3-12).
   1.1. Preservada por el poder de Dios (1:3-5).
   1.2. Probada por el sufrimiento (1:6-9).
   1.3. Anunciada por los profetas (1:10-12).
2. La vida en la salvación (1:13-25).
   2.1. Demanda santidad (1:13-16).
   2.2. Demanda respeto reverente (1:17-21).
   2.3. Demanda amor (1:22-25).
3. Crecimiento en la salvación (2:1-3).
   3.1. Lo que debe dejarse (2:1).
   3.2. Lo que debe buscarse (2:2-3).
4. Posición en la salvación (2:4-10).
   4.1. Edificio y sacerdocio (2:4-5).
   4.2. Confirmación de la Escritura (2:6-8).
   4.3. Una nueva posición (2:9-10).

III. GRACIA EN LA ÉTICA (2:11-3:12).

1. Sumisión a los gobernantes (2:11-17).
   1.1. Demandas de comportamiento (2:11-12).
   1.2. Sujeción a las instituciones (2:13-17).
2. Relación en el servicio (2:18-25).
   2.1. La demanda de sumisión (2:18-20).
   2.2. El ejemplo supremo (2:21-25).
3. Comportamiento en la familia (3:1-7).
   3.1. Demandas para las esposas (3:1-6).
   3.2. Demandas para los maridos (3:7).

4. Comportamiento entre creyentes (3:8-12).
    4.1. Desarrollo de las demandas (3:8-9).
    4.2. Razón de las demandas (3:10-12).

IV. LA GRACIA EN EL SUFRIMIENTO (3:13-4:19).

1. Causas del sufrimiento (3:13-4:19).
    1.1. Sufrimiento por causa de la justicia (3:13-14).
    1.2. Defensa en el sufrimiento (3:17).
    1.3. El ejemplo supremo (3:18-22).
2. Valorando el sufrimiento (4:1-6).
    2.1. Vida conforme a la voluntad de Dios (4:1-2).
    2.2. El tiempo pasado (4:3).
    2.3. Contradicción del mundo (4:4-6).
3. Reaccionando en el sufrimiento (4:7-19).
    3.1. Comportamiento hermanable (4:7-11).
    3.2. La gloria del sufrimiento (4:12-14).
    3.3. El testimonio en el sufrimiento (4:15-16).
    3.4. El juicio divino (4:17-18).
    3.5. La pauta en el sufrimiento (4:19).

V. LA GRACIA EN EL SERVICIO (5:1-11).

1. Deberes eclesiales (5:1-9).
    1.1. Demandas a los ancianos (5:1-4).
    1.2. Demandas a los jóvenes (5:5).
    1.3. Demanda a la humildad (5:6-7).
    1.4. Demanda a la sobriedad (5:8-9).
2. Doxología (5:10-11).

VI. DESPEDIDA Y BENDICIÓN (5:12-14).

1. Tema de la Epístola (5:12).
2. Saludos (5:13).
3. Exhortación y bendición (5:14).

EXÉGESIS DE LA EPÍSTOLA.

Introducción.

Si el tema de la *Epístola* es, como el mismo autor hace notar, *la verdadera gracia* de Dios, debe estar presente en todo el decurso del escrito, como ocurre ya en el saludo, donde la palabra *gracia* está presente.

Como se ha dicho en la *introducción*, el escrito comienza, como es propio de la correspondencia de los tiempos apostólicos, con la identificación del escritor y de los destinatarios (vv. 1-2). La presentación del remitente tiene un notable parecido con las que el apóstol Pablo utiliza en sus escritos. Esto no supone que sea una copia de ellas, o que tenga una influencia paulina, aunque no cabe duda que él conocía sino todos, por lo menos, algunos de los escritos de Pablo (2 P. 3:15). Junto con la presentación está el saludo que hace conocer a los destinatarios directos de la *Epístola*.

La gracia opera en la salvación, es más, es la razón, causa y base de ella, de modo que luego del saludo el apóstol introduce el escrito haciendo referencia a la condición de los cristianos, a quienes llama *elegidos según la presciencia de Dios* (v. 2). Esta acción del Padre se complementa con la del Espíritu Santo que hace posible la salvación mediante la *santificación*, o separación de los que, siendo antes pecadores, son ahora hijos de Dios y, por tanto, miembros de Su familia. A éstos se les traslada de una posición de desobediencia a otra de obediencia, como corresponde a los que han nacido de nuevo en una operación de la gracia.

La gracia opera también la paz en el corazón del salvo. No está exento de dificultades y problemas, como se apreciará en el estudio de la *Epístola*, pero estas situaciones están en el exterior, mientras que, en el interior, en la intimidad personal, la paz de Dios se manifiesta.

La salvación, operada en la gracia, es firme y segura para todo aquel que cree. Esta condición propia y común a todos los salvos, lleva al apóstol Pedro a elevar una doxología de gratitud al que la hizo posible. No solo en la salvación está presente la muerte redentora del Salvador, sino también en Su resurrección. Si Él no hubiese resucitado, la fe sería vana y no habría posibilidad de perdón de pecados, ni de justificación (v. 3). Además, la oración de gratitud que eleva al Padre, expresa la bendición que la seguridad de salvación tiene para quien ha creído en Jesucristo. Todos ellos son constituidos *herederos de Dios*, favorecidos con bienes que no se corrompen ni deterioran, siendo además cuidados por Dios para que nada pueda afectarlos. Además, no solo Dios *guarda* la herencia, sino que también guarda a los herederos para que tengan la seguridad y esperanza de disfrutarla en plenitud en el momento establecido por Dios (vv. 4-5).

La realidad de la salvación queda probada por el sufrimiento. El cristiano será afligido por las pruebas, que son muchas y diversas. El sufrimiento forma parte de la experiencia de vida cristiana, como Jesús mismo dijo a los Suyos (v. 6). Pero las pruebas no son un problema que debe ser soportado, sino el medio divino para afianzar y consolidar la fe. Dios no desea que los Suyos sufran, pero lo permite para generar solidez espiritual en la gracia (v. 7). En todo el proceso de vida terrenal, la gracia sustenta y alienta en los momentos necesarios, por eso el amor al Salvador no decrece, a la vez que se consuma el fin de la fe que es *la salvación*, en sentido de *santificación*, de los salvos (vv. 8-9).

Esta situación de salvación y gracia, no es una novedad del tiempo del escrito, ni del tiempo actual, sino que había sido anunciada anticipadamente en el mensaje profético. En ese mensaje *la gracia* está presente (v. 10). Sin embargo, las riquezas de la gracia orientada a la salvación se manifiestan en el tiempo presente por la operación salvadora de Jesús, asunto que quedaba en nebulosa para los profetas, a quienes se les indica que dejen sus investigaciones para descubrir el tiempo y la Persona que anunciaban, ya que el programa de salvación que comprendía la muerte del Salvador, no tendría lugar en aquel tiempo, sino que estaba destinado al presente (vv. 10-12).

Toda esa riqueza que anticipa aquí el apóstol Pedro y que desarrollará a lo largo del escrito, demanda un estilo de vida que es propio de los creyentes. A esta forma de comportamiento se refiere en el párrafo exhortativo. En él demanda a todos los salvos un estilo de vida que no puede ser otro que el de santidad en todo el sentido de la palabra (vv. 13-16). Además, solicita en esa misma ética visible de vida cristiana, el respeto reverente que debe tenerse delante de Dios. No solo por Su gloriosa condición e infinitas perfecciones, sino por la obra de gracia que llevó a cabo para la salvación de los perdidos (vv. 17-21). La última demanda tiene que ver con la expresión del amor en cada creyente. Es el distintivo que Jesús estableció como mandamiento. Además, no es posible vivir conforme a Dios, si no está motivado por el amor. Esta virtud cristiana, es el resultado de la operación del mismo Dios, por el Espíritu, que, operando en el creyente, produce el fruto agradable a Dios, cuya primera manifestación es el amor (vv. 22-25).

Para el comentario del pasaje, se sigue la división temática establecida en el *Bosquejo* que aparece en la *introducción*, como sigue:

I. Saludos (1:1-2).

1. Remitente y destinatarios (1:1-2).

II. Gracia en salvación (1:3-2:10).

1. Seguridad de salvación (1:3-12).
   1.1. Preservada por el poder de Dios (1:3-5).
   1.2. Probada por el sufrimiento (1:6-9).
   1.3. Anunciada por los profetas (1:10-12).
2. La vida en la salvación (1:13-25).
   2.1. Demanda santidad (1:13-16).
   2.2. Demanda respeto reverente (1:17-21).
   2.3. Demanda amor (1:22-25).

Saludos (1:1-2).

Remitente y destinatarios (1:1-2).

1. Pedro, apóstol de Jesucristo, a los expatriados de la dispersión en el Ponto, Galacia, Capadocia, Asia y Bitinia.

Πέτρος ἀπόστολος Ἰησοῦ Χριστοῦ ἐκλεκτοῖς παρεπιδήμοις
Pedro, apóstol, de Jesucristo, a elegidos extranjeros
διασπορᾶς Πόντου, Γαλατίας, Καππαδοκίας, Ἀσίας καὶ
de dispersión de Ponto, Galacia, Capadocia, Asía y
Βιθυνίας,
Bitinia.

Análisis y notas del texto griego.

Análisis: Πέτρος, caso nominativo masculino singular del nombre propio *Pedro*; ἀπόστολος, caso nominativo masculino singular del nombre común *apóstol*;Ἰησοῦ, caso genitivo masculino singular del nombre propio declinado *de Jesús*; Χριστοῦ, caso genitivo masculino singular del nombre propio *Cristo*; ἐκλεκτοῖς, caso dativo masculino plural del adjetivo declinado *a elegidos*; παρεπιδήμοις, caso dativo masculino plural del adjetivo *extranjeros, refugiados, residentes temporales*; διασπορᾶς, caso genitivo femenino singular del nombre común *de dispersión, de diáspora*; Πόντου, caso genitivo masculino plural del nombre propio declinado *de Ponto*; Γαλατίας, caso genitivo femenino singular del nombre propio *Galacia*; Καππαδοκίας, caso genitivo femenino singular del nombre propio *Capadocia*; Ἀσίας, caso genitivo femenino singular del nombre propio *Asia*; καὶ, conjunción copulativa *y*; Βιθυνίας, caso genitivo femenino singular del nombre propio *Bitinia*.

Πέτρος ἀπόστολος Ἰησοῦ Χριστοῦ. El autor se presenta usando para ello el nombre griego que traduce la palabra aramea *Kefas*, piedra, roca, impuesto al pescador Simón por Jesús mismo, cuando le fue presentado por su hermano Andrés (Mt. 4:18; Jn. 1:42). Este calificativo expresa el carácter del apóstol, de firmeza y estabilidad. Acaso no tanto durante el tiempo del ministerio de Jesús, pero sí luego de su rehabilitación después de haberle negado. El nombre *Kefas*, o *Cefas*, es usado por el apóstol Pablo en varias ocasiones para referirse al apóstol Pedro. Sobre aspectos de su persona y pinceladas biográficas, se ha escrito antes en el apartado de *introducción*, por lo que no es necesario repetirlo aquí.

Junto con el nombre del escritor aparece su condición, ἀπόστολος, *apóstol*. Este don fue otorgado por Cristo mismo a quienes había escogido de entre los discípulos, para que estuviesen con Él y a quienes delegó Su autoridad para establecer las bases doctrinales para la iglesia, como estructura levantada sobre el único fundamento en que se edifica que es Cristo (Ef. 2:20). Pedro pertenecía al grupo de los Doce, a los que el Señor mismo llamó apóstoles (Lc. 6:12-16). En todas las listas en que se relacionan, Pedro aparece en primer lugar (cf. Mt. 10:1-4; Mr. 3:13-19; Lc. 6:12-16). Mateo antepone *primero*, delante del nombre de Pedro. Es nombrado siempre en primer lugar, porque era como el portavoz de los demás en las grandes ocasiones (por ej. En Mt. 16:16; Jn. 6:68). Sin embargo, esto no le confería ningún poder o autoridad sobre los demás, ni era señal de ningún primado concedido a él, sobre el colegio apostólico o la iglesia. El apostolado, en el sentido y condición de Pedro y sus otros compañeros, incluido Pablo, es únicamente concedido a ellos, como regalo divino a la Iglesia. Estos son los que establecen el *fundamento doctrinal*. Es una provisión que Cristo hace, y es una operación trinitaria que la ejecuta (1 Co. 12:4-6). Los dones son dados soberanamente a cada creyente por el Espíritu Santo (1 Co. 12:4). El apóstol Pablo enseña que *"hay diversidad de dones, pero el Espíritu es el mismo"*, es decir, todos los dones proceden del Espíritu. Es la tercera persona divina quien los reparte a cada creyente, obrando soberanamente en esto (Hch. 2:4). Como Vicario de Cristo conoce las necesidades de la Iglesia en cada momento y distribuye los dones soberanamente conforme a Su omnisciencia. En este caso concreto, está dotando al hombre con el don de apóstol para el ministerio fundacional de la Iglesia. Pero, junto con el Espíritu, está también la obra del Hijo (1 Co. 12:5). En el Nuevo Testamento se aprecia que *"hay diversidad de ministerios"*. Ministerio es el servicio a las órdenes de un dueño. Cristo es Señor, porque también es Cabeza sobre todo en la Iglesia (Ef. 1:22-23). Como Cabeza todos los ministerios dependen de Él y todos los ministros, en el ejercicio del ministerio, tienen el mismo Señor: *"Pero el Señor es el mismo"*. Siendo todos siervos y teniendo todos el mismo Dueño, no caben distinciones entre ellos. Pero, además de ser obra del Hijo, la es también del Padre, ya que *"hay diversidad de operaciones"* (1 Co. 12:6), en el sentido de que hay poder para operar con los dones. El verbo expresa la idea de una dotación de poder que capacita para la acción. Estas operaciones son tantas como los dones que han de hacerse operativos: *"Pero Dios que hace todas las cosas en todos, es el mismo"*, de modo que el poder para actuar y servir con los dones es otorgado por el Padre, como don de la gracia, ya que de Él viene todo don perfecto y toda buena dádiva (Stg. 1:17). Es el Padre quien produce soberanamente el deseo de servir y da el poder para hacerlo (Fil. 2:13). Las obras poderosas de Cristo, eran el resultado de la operación del Padre en Jesús (Jn. 14:10). Entre los dones está el de *apóstol*, indicándose en el Nuevo Testamento que Dios dio *primero apóstoles* (1 Co. 12:28). Este término en plural se refiere al *colegio apostólico* de los Doce, incluidos Matías y Pablo, este último como apóstol especialmente llamado y enviado a los gentiles. No cabe duda que el término *apóstol* tiene también el sentido genérico para aludir a quien es enviado en alguna misión. En este sentido se llama *apóstol* a Epafrodito, como enviado de la iglesia en Filipos para llevar una ofrenda de amor y comunión al apóstol Pablo (Fil. 2:25), pero en el sentido específico comprende solo a los Doce y a Pablo. Sólo ellos recibieron el don y sólo ellos fueron acreditados con señales específicas (2 Co. 12:12). Éstos son a quienes se llama *santos apóstoles* (Ef. 3:5), receptores de la revelación de Dios, para poner de manifiesto el *misterio* oculto desde siglos. Entre ellos está el autor de la *Epístola*, que se presenta como *Pedro*. Como se dijo antes, el don es otorgado para establecer las bases doctrinales de la Iglesia, lo que es el *fundamento apostólico*, y para la escritura del Nuevo Testamento, por tanto, en ese sentido este don no está operativo hoy, porque su ministerio ha concluido.

El apostolado de Pedro no era otorgado por los hombres, sino que procedía directamente de Jesucristo. La construcción en genitivo establece directamente esa relación, Pedro era un apóstol de Jesucristo. Es interesante el uso de los dos títulos, separados entre sí en el texto griego, *Jesús* y *Cristo*. Es el apóstol que el Salvador, cuyo nombre es Jesús, envía para proclamar el evangelio a todas las naciones, en cuya autoridad puede escribir sobre la gracia y sus manifestaciones salvadoras. Pero, también es enviado en el nombre del Mesías, esperanza para los creyentes, que está revestido de la suprema autoridad divina para ejercerla en cielos y tierra, cuyo nombre hace que toda rodilla se doble y lo reconozca como Señor (Fil. 2:9-11). Es en nombre del Salvador que es también el Rey de reyes y Señor de señores, que Pedro escribe, por lo que han de ser tenidas cada una de sus palabras como de procedencia divina, aunque escritas por un hombre, para que sean respetadas, meditadas, reconocidas y obedecidas. Los apóstoles hablaban y escribían en el nombre del Señor, de ahí que puedan afirmar en sus escritos: *"Si alguno se cree profeta, o espiritual, reconozca que lo que os escribo son mandamientos del Señor"* (1 Co. 14:37). Quiere decir esto, que cuanto sigue en el escrito reviste la autoridad de Cristo mismo y cada una de las palabras ha sido *inspirada* por el Espíritu Santo (2 Ti. 3:16).

ἐκλεκτοῖς παρεπιδήμοις διασπορᾶς Πόντου, Γαλατίας, Καππαδοκίας, 'Ασίας καὶ Βιθυνίας, Inmediatamente de la identificación del remitente, está la de los destinatarios, a quienes llama *elegidos*, y dice que son *extranjeros de la dispersión*. Es interesante notar que ἐκλεκτός, no es aquí un participio pasivo, sino un adjetivo verbal. El acento de la palabra se usa para destacar la condición de los destinatarios, diciendo de ellos que son *elegidos*, esto es, objeto de la elección divina (cf. Mt. 22:14). Este término está en el principio de la frase condicionando lo que sigue. Alguna versión la sitúa al final abriendo con ella el versículo siguiente, posiblemente para establecer una relación directa con la *presciencia de Dios*.

La elección ha de distinguirse claramente de la *predestinación*. Este último término, tanto en su condición de sustantivo como en sus muchas formas verbales, está aplicada en el Nuevo Testamento a creyentes y nunca a inconversos. La elección divina es un concepto no muy bien entendido, sin duda siempre difícil, al que es necesario prestar atención para determinar bien su alcance.

Sin duda, el pensamiento de Dios, excede absolutamente a nuestro pensamiento, limitado y humano, pero eso no permite desconocer una doctrina que está extendida por toda la Escritura y que el mismo Señor se refirió a ella en Su ministerio. En esta *Epístola*, volverá el apóstol a referirse a ella, cuando escribe: *"Mas vosotros sois linaje escogido, real sacerdocio, nación santa, pueblo adquirido por Dios, para que anunciéis las virtudes de aquel que os llamó de las tinieblas a su luz admirable"* (2:9). Consecuentemente con la identidad temática de la Biblia, la referencia que Pedro usa aquí está tomada de la condición del pueblo de Israel en la antigua dispensación: *"Porque tú eres pueblo santo para Jehová tu Dios; Jehová tu Dios te ha escogido para serle un pueblo especial, más que todos los pueblos que están sobre la tierra. No por ser vosotros más que todos los pueblos os ha querido Jehová y os ha escogido...*" (Dt. 7:6.7). Del mismo modo ocurre con los creyentes en el tiempo presente, como abiertamente se declara en muchos lugares del Nuevo Testamento, a modo de ejemplo este: "*Nosotros debemos dar siempre gracias a Dios respecto a vosotros, hermanos amados por el Señor, de que Dios os haya escogido desde el principio para salvación, mediante la santificación por el Espíritu y la fe en la verdad*" (2 Ts. 2:13)[13]. Jesús mismo hizo afirmaciones que puntualizan la soberanía de Dios en salvación, a modo de ejemplo: "*Ninguno puede venir a mí, si el Padre que me envió no le trajere; y yo le resucitaré en el día postrero*" (Jn. 6:44), si bien esta verdad tiene por objeto hacer entender a los hombres que no son ellos los que se salvan procurando la salvación y esforzándose por hallarla, sino que es Dios de quien procede, ejecuta y otorga (Sal. 3:8; Jon. 2:9).

La referencia aquí a la elección de los creyentes, es una verdad enseñada por los apóstoles, como Pablo, el predicador del evangelio de la gracia escribe: "*Según nos escogió en él antes de la fundación del mundo...*" (Ef. 1:4). Aunque en Pedro el término es un adjetivo y en Pablo es un verbo, no hay diferencia en cuanto a que la bendición personal de cada uno de los destinatarios es la elección en Cristo. El término tiene un sentido más teológico que semántico, que adquiere la condición de un *concepto bíblico* y significa *escoger, elegir, seleccionar.* En el Nuevo Testamento el aspecto de elección revela el acto divino que se hace en los hombres, tanto judíos como gentiles, para el llamamiento de Dios a salvación y alcanzarla por gracia. La expresión lleva implícita el sentido de un afecto positivo, que elige. Debe recordarse dos aspectos en relación con ese término 1) La elección se realizó antes de la creación, o como expresa el apóstol Pablo "*antes de la fundación del mundo*"[14], hebraísmo que se refiere a la eternidad. Es una expresión semejante a la que Jesús utiliza en Su oración al Padre, al referirse a la gloria que tiene como Dios, antes de la creación (Jn. 17:5) y al amor con que es amado por el Padre en la eternidad (Jn. 17:24). La misma forma es usada un poco más adelante, en la *Epístola* para referirse a la predestinación divina para Cristo en relación con la redención (1 P. 1:20). 2) La elección efectuada antes del tiempo, por tanto, antes de la creación, tuvo lugar "*en Cristo*". Quiere decir que las bendiciones plenas de Dios, se alcanzan por una posición personal del creyente en Cristo, así también la elección. La cláusula *en Él*, no tiene el mero sentido de una persona que representa a

[13] Ver además Jn. 15:16; Ro. 8:29-30; 1 Co. 1:27; Ef. 1:4-5; 2:10; Col. 3:12; 1 Ts. 1:4; Tit. 1:1, etc.
[14] Griego πρὸ καταβολῆς κόσμου.

otra, lo que, en cierta medida permitiría hablar de una elección universal de todos los hombres en Cristo, sino que lo que expresan esas palabras en el contexto de la *Epístola*, es que los salvos, en la elección divina, estaban ya en Cristo. Este sentido se afirma en la utilización de la fórmula en otros muchos pasajes, lo que no se establece para entender el sentido pleno de la elección sino para enseñar que, desde el punto de vista de esa elección divina, los creyentes están incluidos ya en Cristo desde la eternidad. Los creyentes, nunca han dejado de estar en Cristo, según la voluntad y el saber de Dios. *Estar en Cristo* precede a todo, antecede a todo, por cuanto estamos en Él desde la eternidad. La bendición de la salvación es la realización en el tiempo histórico de la presciencia divina en donde se manifiesta la eterna elección y se abraza en ella al creyente. Esto da un concepto más amplio al sentido de la bendición, a saber: como bendecido por Dios en Cristo, somos ahora lo que hemos sido siempre por elección, establecida antes del tiempo. El verdadero *ser* del cristiano, supera en todo el concepto de *ser* del mundo, que resulta simplemente en la expresión de la criatura, por el contrario, el *ser* del cristiano es la expresión de una anticipación eterna. Ese es el fundamento que el apóstol Juan tiene para decir que los nombres de los creyentes están escritos en el libro de la vida del Cordero inmolado, desde la fundación del mundo (Ap. 13:8; 21:27). El libro de la vida es una expresión metafórica para referirse al conocimiento que Dios tiene del nombre de cada uno de los salvos. Este término aparece con relativa frecuencia en la Escritura (Ex. 32:32; Sal. 69:28; Lc. 10:20; Fil. 4:3; He. 12:23; Ap. 13:8; 17:8; 20:12, 15; 21:27). Los que no están en el libro de la vida, no tendrán otro destino que la eterna condenación. Estos nombres están registrados desde antes de la fundación del mundo, lo que indica un preconocimiento divino de los salvos. El apóstol Pablo, en el detalle de la salvación en la *Carta a los Romanos*, habla de los que aman a Dios y dice: *"esto es, a los que conforme a su propósito son llamados"* (Ro. 8:28).

El autor de la elección *"El Padre"*, como se considerará en el versículo siguiente (v. 2). Dios escoge a quienes serían Su *pueblo elegido y Su sacerdocio real* (2:9). No es posible entender las razones de la elección que como acción y pensamiento divinos excede en todo a la comprensión humana. La única acción posible ante una bendición de tal naturaleza es alabar a Dios por ello.

La elección ha sido, es y será una doctrina cuestionada. Posiblemente la dimensión del contenido y las consecuencias de la elección conducen a algunos a buscar explicaciones a la *razón* por la que Dios ha hecho esto. La verdad mencionada contiene profundas verdades y algunas son tan densas que la mente humana no llega a comprenderlas en la dimensión necesaria para que no generen en ella conflicto de raciocinio, ya que en una lectura prejuiciada conduce a aparentes contradicciones con otras partes de la Escritura. Por tanto, será necesario hacer aquí unas sencillas reflexiones, entre ellas afirmar que *la elección* es una doctrina bíblica. La Biblia enseña la elección divina relacionada con distintos aspectos y grupos. Se enseña la elección divina de Israel (Ro. 11:5-8). Hay referencias abundantes a la elección divina de personas, profetas como Jeremías (Jer. 1:5), apóstoles, como Pablo (Gá. 1:15). La Biblia enseña también la elección divina de los creyentes en general (2 Ts. 2:13, 14; 2 Ti. 1:9; 1 P. 1:2). Esa realidad corresponde a una acción propia de Dios en el ejercicio de Su soberanía, que no se regula, rige o condiciona por leyes o actos humanos. En ocasiones el hombre, al no entender la razón de las operaciones divinas, se atreve a increpar y a discutir con Dios (Ro. 9:18-20). La *doctrina bíblica de la elección* ha sido mal entendida por *"niños espirituales"*, que son los creyentes que no han alcanzado la madurez por falta del conocimiento de la Escritura, pero debe ser estudiada por creyentes maduros para provecho espiritual (1 Co. 2:6; 3:1, 2).

Hay cinco posiciones frente a la doctrina de la elección. 1) La posición arminiana. Jaime Armiño fue un teólogo holandés, que asumió un semipelagianismo, negando todo tipo de elección divina en la esfera de la salvación. Afirmaba que el hombre se salva por fe, aparte de la gracia, ya que, según él, la gracia se da a todos los hombres incondicionalmente. Enseñaba que la salvación del creyente descansa en su fe personal, por tanto, puede perderse si se llega a perder la fe. 2) Posición wesleyana-arminiana. Hace una modificación de la perspectiva arminiana en cuanto a la gracia, pero mantiene la fe como base de la salvación. La perseverancia del creyente es condición para salvarse. Afirman que ningún hombre peca por su condición pecadora, sino porque no usa la gracia que es dada a cada uno. Enseñan también que si no se persevera en la fe, se pierde la salvación. 3) Posición calvinista extrema o hipercalvinista, llamado también calvinismo de cinco puntos. Entienden que la redención no es *ilimitada*, esto es *para todos*, sino *limitada*, es decir, solo para los escogidos. Establece una deducción filosófica frente a la elección, llegando a la conclusión de que, si Dios ha elegido a algunos para salvación, luego ha ordenado al resto para eterna condenación. Esta posición es rebatida por muchos pasajes bíblicos como, por ejemplo (1 Ti. 2:3, 4). 4) Posición calvinista moderada. Acepta la elección divina para salvación, pero cree en la *redención ilimitada*, por tanto, si Cristo murió por todos, Dios ha hecho posible que todo pecador que crea en Cristo, sea salvo. Cree que el hombre se salva solo por gracia mediante la fe. Cree que esa obra es en todo un don de Dios, y que se otorga al hombre sin razón a ningún mérito suyo. Cree que los que se salvan, se salvan eternamente y que la salvación no puede perderse jamás. 5) Posición ecléctica. Es la posición de la *indefinición teológica*, por la que se toma lo más conveniente de cada sistema y se traza una vía intermedia de interpretación. Pretenden solucionar el problema de la elección para salvación enseñando que Dios escogió para ministerio, pero no para salvación. Afirman que la elección para salvación es universal y hecha en Cristo para toda la humanidad de modo que el hombre que no cree se excluye de ella voluntaria y personalmente. Asumen la seguridad de salvación para todos los que creen y afirman que el hombre se salva por gracia, pero la fe -como medio de salvación- es algo propio del hombre, generada y nacida por él mismo, y no es un don divino.

¿Cuál es la verdadera posición? Ningún sistema teológico es inerrante, sólo la Escritura lo es (2 Ti. 3:16), por tanto, sólo la Biblia tiene la verdadera posición. Ningún sistema teológico humano puede reconciliar cosas que en nuestra propia razón no se concilian y que aparentemente se contradicen. La Biblia presenta dos líneas paralelas de pensamiento y revelación: 1) El acto soberano de la elección. 2) La gracia libre y general para todos. Cuando el creyente llega a un asunto imposible de superar para el pensamiento humano, ha de orar sobre él, seguir estudiando y no olvidarse que hay cosas que entenderemos sólo cuando estemos en la presencia de Dios. El estudio de las doctrinas no debe separarnos y generar divisiones entre cristianos, sino aproximarnos al darnos cuenta de que todos tenemos una mente limitada, frente a la mente infinita de Dios. Cuando el creyente viene a la presencia de Dios para ponerse delante de Su Santa Palabra, debe hacerlo con un corazón desprovisto de *prejuicios*. Hay algunas verdades fundamentales que preparan el camino para el estudio de la elección: 1) El amor de Dios es por igual para todos los hombres (Jn. 3:16). 2) Cristo murió por todos y no sólo por algunos (2 Co. 5:14, 15; 1 Ti. 2:6). 3) Dios cargó sobre Cristo el pecado, en singular, de todos los hombres, para hacer *potencialmente* salvables a todos los mortales (Is. 53:6). 4) Dios hace una invitación general para todo pecador (Mt. 11:28; Ap. 22:17). 5) Cualquiera que crea con fe verdadera y se vuelva a Cristo, será salvo (Jn. 3:16; 5:24; Hch. 16:31; Ro. 1:16). 6) La invitación general de la gracia puede ser rechazada y es la causa de eterna perdición para el pecador rebelde (Jn. 3:36). 7) Las promesas de Dios no pueden ser quebrantadas. La elección es una doctrina bíblica que alcanza tres aspectos: 1) la elección para privilegios y servicios específicos, tal como ocurrió con Abraham (Gn. 12:1), o con Jacob, el menor entre dos hermanos (Ro. 9:10-13). 2) Elección para oficios: Dios escogió dentro del pueblo de Israel a los levitas para el ministerio sacerdotal, a Moisés para conducir y liberar al pueblo, a reyes como David, y también Jesús escogió a los discípulos. 3) Elección de individuos para salvación, ser hechos hijos de Dios y herederos de la gloria eterna (Ro. 11:5; 1 Co. 1:26-29; 1 Ts. 1:4; 1 P. 1:2; 2 P. 1:10). Hay algunas características de la elección: 1) Es *incondicional*, ya que se produce antes de la constitución del mundo, por tanto, no obedece a ningún mérito ni demérito personal, ni es causada por acción humana alguna, puesto que el hombre no había sido creado (2 Ti. 1:9). 2) Tiene una meta definida, *"para que fuésemos santos y sin mancha"* (Ef. 1:4). En ese sentido Dios no elige porque preveía que algunos querrían ser santos, sino que los escogió para que lo fuesen. Enseñar que Dios escogió porque veía en el futuro que habían de creer, es colocar al Eterno en la posición de un mero vidente que, desde la eternidad, elegía a aquellos que por decisión propia llegarían a ser santos. El propósito está bien marcado en el acto de la elección *para salvación*. Estos son aquellos a los que Dios *conoció* (Ro. 8:29). Conocer es un acto de prefamiliaridad en el ejercicio de Su absoluta soberanía y voluntad, lo que se puede ilustrar con la relación con Israel (Am. 3:2). 3) Ocurre en un determinado tiempo: *"antes de la fundación del mundo"*, esto es, desde la eternidad. La elección confirma la inmutabilidad del plan eterno de redención. Esta enseñanza no es novedosa y elaborada o propuesta por Pablo, sino algo enseñado también por Cristo mismo, quien al referirse a los creyentes dice que *"le fueron dados"* (Jn. 6:39; 17:2, 9, 11, 24), estos son los que vienen a Él porque los trae el Padre (Jn. 6:44). Estos elegidos para salvación estaban ya en la mente de Dios desde antes de la creación, por tanto, la gloria de la salvación pertenece sólo a Dios.

A la doctrina de la elección se le han presentado objeciones que conviene aclarar: 1) La elección es hecha *en Cristo*, por tanto, tiene un alcance universal: todos los hombres son elegidos. Esta posición hace que el propósito divino de la elección: *"para que fuésemos santos y sin mancha"* quede reducido a un mero deseo y esté sujeto al arbitrio humano, haciendo fracasar el designio de Dios por los que no deseen serlo. 2) La elección anula la responsabilidad humana: A esto se responde que Dios no obliga al hombre para que crea, ni Él cree por el hombre. La responsabilidad del hombre es personal y consiste en aceptar o rechazar el don de Dios (Jn. 3:36). Todo aquel que quiera acudir a Cristo por fe, será salvo, creyendo en el evangelio (Ro. 1:16). 3) La elección quita el interés por la evangelización. Es necesario entender que Dios ha establecido el mandamiento de predicar el evangelio en todas las naciones para hacer discípulos (Mt. 28:19ss). El hombre se salva por gracia mediante la fe, creyendo al mensaje del evangelio (Ro. 10:14-15). El evangelista debe saber que todo aquel que crea será salvo. 4) La elección es una acepción de personas impropia de un Dios justo. Eso sería tal vez así si Dios no hubiera dispuesto una oferta de salvación para todos (Mt. 11:28). Pablo responde rotundamente a esta objeción al referirse a los vasos de salvación que Dios preparó y a los vasos de ira que se prepararon a sí mismos para condenación (Ro. 9:19-21). 5) Esta doctrina contradice y no concuerda con la invitación general del evangelio. Es un argumento de la mente humana que, como mente limitada, no puede entender el pensamiento ilimitado de Dios. Está ahí expresada para aceptarla por fe, como parte de la doctrina bíblica.

Éstos a quienes Dios elige son llamados también παρεπιδήμοις, *expatriados*, extranjeros que viven en un lugar que no es su patria. Uniendo este adjetivo con el sustantivo siguiente διασπορά, que denota *dispersión,* literalmente *diáspora*, que expresa la idea de dispersión de grupos humanos que viven fuera de su lugar de origen, da el sentido espiritual de los destinatarios a quienes dirige la *Epístola*. Al usar el término *diáspora*, algunos consideran que está refiriéndose a judíos dispersos en el mundo. No cabe duda que los judíos habían sido arrojados de su tierra y vivían en la dispersión, y después de la muerte de Esteban, los cristianos de origen judío tuvieron que abandonar sus lugares de residencia y vivir en el extranjero (Hch. 8:1; 11:19; Stg. 1:1). Los cristianos en general llenan plenamente esta situación, convirtiéndose en *peregrinos*, que transitan por distintos lugares dirigiéndose a su patria celestial (v. 17). Todos los creyentes, no importa en que dispensación, dejan de *pertenecer* al mundo, para orientarse hacia un lugar permanente al que se dirigen, *"confesando que eran extranjeros y peregrinos sobre la tierra"* (He. 11:13). La ciudadanía de los creyentes está en los cielos (Fil. 3:20). Para expresarlo con mayor claridad, los elegidos de Dios, viven en este mundo como *exiliados* en una forma de residencia temporal. De modo que no se refiere exclusivamente a cristianos de origen judío, sino en general a todos.

Muchos de ellos, posiblemente un número destacado, residían en los lugares que menciona: *Ponto, Galacia, Capadocia, Asia y Bitinia.* Pudiera considerarse en un sentido literal, en cuyo caso designaban las provincias romanas del mismo nombre. En este caso se refiere a un territorio extenso que comprende prácticamente todo lo que se llama Asia Menor. En este caso la *Epístola* se dirige también a creyentes de iglesias que habían sido fundadas por el apóstol Pablo. Luego de la salida de este apóstol hacia Europa, la zona de Asia Menor quedó, según manifestaciones históricas, como territorio en el que trabajó el apóstol Pedro, hasta su partida hacia Roma y su muerte allí. En consecuencia, debe entenderse que los destinatarios eran todos los creyentes que estaban en el territorio de Asia Menor, confrontando dificultades por el testimonio del evangelio y siendo perseguidos por tal motivo.

2. Elegidos según la presciencia de Dios Padre en santificación del Espíritu, para obedecer y ser rociados con la sangre de Jesucristo: Gracia y paz os sean multiplicadas.

κατὰ πρόγνωσιν Θεοῦ Πατρὸς ἐν ἁγιασμῷ Πνεύματος εἰς
Según presciencia de Dios Padre en santificación de Espíritu para
ὑπακοὴν καὶ ῥαντισμὸν αἵματος Ἰησοῦ Χριστοῦ, χάρις
obediencia y rociamiento de sangre de Jesucristo, gracia
ὑμῖν καὶ εἰρήνη πληθυνθείη.
a vosotros y paz sea multiplicada.

Análisis y notas del texto griego.

Análisis: κατὰ, preposición propia de acusativo, *conforme, según*; πρόγνωσιν, caso acusativo femenino singular del nombre común *presciencia*; Θεοῦ, caso genitivo masculino singular del nombre divino *Dios*; Πατρὸς, caso genitivo masculino singular del nombre divino *Padre*; ἐν, preposición propia de dativo *en*; ἁγιασμῷ, caso dativo masculino singular del nombre común *santificación*; Πνεύματος, caso genitivo neutro singular del nombre divino *Espíritu*; εἰς, preposición propia de acusativo *para*; ὑπακοὴν, caso acusativo femenino singular del nombre común *obediencia*; καὶ, conjunción copulativa *y*; ῥαντισμὸν, caso acusativo masculino singular del nombre común *rociamiento, aspersión*; αἵματος, caso genitivo neutro singular del nombre común declinado *de sangre*; Ἰησοῦ, caso genitivo masculino singular del nombre propio declinado *de Jesús*; Χριστοῦ, caso genitivo masculino singular del nombre propio *Cristo*; χάρις, caso nominativo femenino singular del nombre común *gracia*; ὑμῖν, caso dativo de la segunda persona plural del pronombre personal declinado *a vosotros*; καὶ, conjunción copulativa *y*; εἰρήνη, caso nominativo femenino singular del nombre común *paz*; πληθυνθείη, tercera persona singular del aoristo primero de optativo del verbo πλεθύνω, *multiplicar*, aquí *sea multiplicada*.

κατὰ πρόγνωσιν Θεοῦ Πατρὸς. Tal vez el versículo deba unirse con *elegidos*, del versículo anterior, de ahí que algunas versiones sitúen el adjetivo para abrir el texto aquí, lo que daría a entender que la elección se produce por *presciencia* divina. Con todo, está al principio de la cláusula comprendiendo todo el contenido del texto, es decir, tanto la elección como situación de peregrinos y ahora la santificación y el rociamiento con la sangre de Cristo, obedece a un todo en la economía de la salvación. Todo cuanto se opera en orden a la salvación es de Dios, por tanto, las tres Personas Divinas, intervienen en la acción, ejecución y aplicación de ella. Este es, sin duda, un versículo trinitario en el que aparece cada una de las Personas Divinas llevando a cabo la misión asumida en orden a la salvación de los que creen. La primera referencia es a Dios Padre. La elección a la que se ha hecho referencia en el versículo anterior, se produce por la πρόγνωσιν, *presciencia* del Padre. El término aparece solo dos veces en el Nuevo Testamento, ambas en palabras de Pedro (Hch. 2:23). Esto no es un mero conocimiento anticipado, sino que incluye, o se orienta a la elección de los creyentes. (Ro. 8:28-30). No es un *pre-conocimiento*, sino que es la expresión de un movimiento afectivo del sentimiento y una determinación divina (Ro. 11:2; Ef. 1:5). Como ocurrió con los judíos que fueron un pueblo que Dios eligió para sí, ocurre también con los cristianos en el tiempo presente. Como se ha dicho antes, la elección no excluye en modo alguno la responsabilidad humana (Jn. 3:36). Esta acción del Padre supera en todo a un conocimiento del futuro que Dios tendría sobre quienes habían de aceptar el evangelio para salvación. Algunos entienden el término y su aplicación como que Dios en Su omnisciencia viviendo en un eterno presente, miró al tiempo de la historia humana, y conociendo a los que creerían al evangelio y quienes no lo harían, eligió para salvación a los primeros, garantizando para ellos la salvación en el decurso del tiempo. Este posicionamiento hace al hombre instrumento efectivo en la salvación, que deja de ser de Dios en su plenitud para depender del criterio personal del pecador, esto le permite participar en la gloria que sólo pertenece a Dios. Sin embargo, tal pensamiento contradice abiertamente la enseñanza bíblica: *"Porque por gracia sois salvos por medio de la fe; y esto no de vosotros, pues es don de Dios; no por obras, para que nadie se gloríe"* (Ef. 2:8-9). Por otro lado, y no menos importante, contradice la verdad bíblica que enseña con toda precisión que el hombre caído no tiene interés en buscar a Dios y acercarse a Él *"no hay quien entienda, no hay quien busque a Dios"* (Ro. 3:11). En el versículo es evidente que el término *presciencia* no puede significar simplemente el conocimiento de acontecimientos futuros, sino la determinación de parte del Padre de tener una relación con personas, como consecuencia del plan eterno de salvación. Implica un conocimiento personal antecedente al sujeto, como dice del conocimiento previo de Dios en relación con Israel: *"A vosotros solamente he conocido de todas las familias de la tierra"* (Am. 3:2). No se trata de un mero conocimiento sobre algunos o alguien, sino que Dios quería establecer una relación personal y especial con ellos.

ἐν ἁγιασμῷ Πνεύματος. La segunda operación salvadora se relaciona con la Tercera Persona, el Espíritu Santo: *"en santificación del Espíritu"*, que actúa separando a los que creen para Dios. El Espíritu es el agente de la santificación. Comienza Su acción antes de la conversión, en una operación de convicción íntima y personal (Jn. 16:7-9), al tiempo que *abre el corazón*, para que el mensaje del evangelio pueda ser recibido con fe (Hch. 16:14). Es preciso recordar que la *palabra de la Cruz*, la verdad redentora proclamada en el evangelio de la gracia, es *locura* a quienes se están perdiendo (1 Co. 1:18). Los efectos del pecado en el hombre son una grave realidad, entre los que está la llamada *depravación*, que es la positiva disposición y activa inclinación al mal que hay en todos a consecuencia del pecado que lo incapacita totalmente en orden a la salvación y lo orienta al mal (Gn. 6:5; Mr. 7:20-23; Ro. 3:9-18). Las consecuencias del pecado en el ser humano le conducen a la total incapacidad en materia de salvación, quedando en imposibilidad de cambiar por sí mismo su condición personal que le permita amar a Dios y obedecerle. En ese sentido, el hombre no regenerado no puede ni quiere hacer un solo acto que alcance el nivel moral prescrito por Dios. Pero, como se dice antes, esta incapacidad se manifiesta en relación con el mensaje de salvación, para quienes es *locura*. Estos que se pierden arrastran ese estado desde su nacimiento al estar sin Cristo (Ef. 2:12), por lo que son herederos de la ira de Dios (Ef. 2:3). Su condenación final es segura (Jn. 3:18). Para ellos en su mente y corazón extraviados, la Cruz es algo fuera de toda lógica, que no puede encajar en el modo de pensar del hombre natural. Por otro lado, el hombre no regenerado *"no percibe las cosas que son del Espíritu de Dios"* (1 Co. 2:14), esto es, las verdades espirituales, expresadas con palabras espirituales, claras y comprensivas. No percibirlas equivale a no recibirlas, o lo que es igual, a rechazarlas. El hecho de que el mensaje de salvación sea *necedad*, evidencia su incapacidad, porque proceden de una sabiduría contraria a la suya. Sin otra ayuda, el hombre natural no comprende ni acepta los planes de Dios. No se trata sólo de un estado de rebeldía, sino de incapacidad.

Añadamos a esto el hecho de que los no creyentes están cegados por una operación satánica, que ha puesto un velo sobre sus ojos del entendimiento, impidiéndoles para captar el contenido del evangelio. El propósito de Satanás es precisamente este, que no les alcance el mensaje iluminador del evangelio. El momento de la salvación se produce cuando les *"resplandece la luz del evangelio"*. Por tanto, es necesaria una operación en el interior del corazón que ilumina las tinieblas en que se encuentra. Esta había sido la experiencia del apóstol Pablo, a quien Cristo como Salvador no le fue revelado externa, sino internamente (Gá. 1:16).

Hay una situación complementaria a todo esto, que es la muerte espiritual del pecador (Ef. 2:1). El concepto bíblico de muerte, no es el de término, sino el de separación. La muerte física es la separación de la parte material y la espiritual del hombre (Ecl. 12:7; Stg. 2:26). La muerte espiritual es la separación del pecador y Dios a causa del pecado. Es la falta de vida eterna a consecuencia de no estar en Cristo (Jn. 14:6). Quien está alejado de Dios, fuente de vida, es un muerto espiritual. Este estado ocurre como consecuencia del pecado (Gn. 3:24). Esto es común a todo hombre (Ro. 3:22, 23).

Los elementos necesarios para salvación son: Convicción personal de pecado; fe en el Salvador; regeneración espiritual. Ninguno de ellos procede del esfuerzo humano, ya que la salvación es enteramente por gracia (Ef. 2:8-9). La Biblia enseña que estas operaciones son obra del Espíritu Santo. La convicción de pecado es necesaria para ser salvo (Jn. 16:7-8). Nadie se salva por *saberse* pecador, sino por *sentirse* perdido. La obra de convicción del Espíritu Santo *convence*, que indica impartir comprensión hacia una determinada condición. Eso puede vincularse con la iluminación, es decir, el Espíritu arroja luz sobre algo. La iluminación no es dada para despertar pesar o remordimiento por el pecado, sino que dirige la atención a Cristo, revelando la grandeza de Su obra salvadora. Además, *convence de pecado*, en singular y no de *pecados* en plural, esto es, de un solo pecado que ocasiona la eterna condenación para quien oye el mensaje del evangelio y rehúsa creer en Jesucristo como el único Salvador (Jn. 3:36; 16:9). Es la manifestación íntima al perdido de un pecado que quebranta un mandato divino (Hch. 17:30). El evangelio proclama que Dios hizo una obra completa, dejando al individuo la responsabilidad de creer, al iluminar sobre el carácter y alcance del pecado de los que, como dijo Jesús, *"no creen en Mí"* (Jn.16:9). Convence también de *justicia*, indiscutiblemente de la única justicia, la de Dios, que anula todo esfuerzo humano en orden a la salvación. La justicia que salva es un don de Dios (Ro. 5:17). Por la justicia provista por Dios, el pecador que cree es acepto delante de Él (Ef. 1:6). La justificación demanda rendirse a Dios, abandonando toda confianza en sí mismo. Este proceso de acción del Espíritu Santo, conduce, necesariamente a la *santificación*, en cuya operación el pecador es apartado para Dios, salvado y justificado. El Espíritu genera también la fe en el corazón del perdido para que, depositándola en el Salvador, reciba el perdón de pecados y la vida eterna, teniendo con ello una nueva relación con Dios, imposible antes (Ro. 5:1). Como la salvación es un proceso que comienza con la justificación, sigue con la santificación y culmina en la glorificación, el Espíritu Santo mantiene la acción santificadora apartando a los creyentes para Dios y convirtiéndolos en Sus hijos, miembros de Su familia y ciudadanos del cielo. Por la regeneración el Espíritu dota al creyente de un *corazón nuevo*, apartando de él la influencia del antiguo corazón que corrompido por el pecado es continuamente el mal.

εἰς ὑπακοὴν καὶ ῥαντισμὸν αἵματος Ἰησοῦ Χριστοῦ. Todavía persiste en la primera parte εἰς ὑπακοὴν, *para obediencia*, la obra del Espíritu Santo, conduciendo al pecador a la obediencia a Dios. De otro modo, actúa en el perdido capacitándole para que pueda responder al llamamiento del Padre. Esta operación –como ya se ha considerado– comienza antes de la conversión. No solo abre el corazón y convence de pecado, sino que regenera al que ha creído (Jn. 3:36), que cambia la condición de desobediente, propia del hombre a causa del pecado, trasladándolo a una esfera de obediencia. Es necesario entender claramente que la invitación a salvación, el llamamiento del Padre, no se expresa como un ruego de Dios –Él no ruega ni pide, ordena– sino que lo establece como mandamiento: *"Dios... ahora manda a todos los hombres en todo lugar, que se arrepientan"* (Hch. 17:30). Sin embargo, la obediencia no es posible en la dimensión requerida de entrega absoluta al Salvador, por la acción propia del hombre, que siendo desobediente por condición natural no puede obedecer en ese requerimiento. Para hacerlo posible el Espíritu Santo conduce al pecador a la obediencia para responder con fe al llamamiento del Padre y recibir vida eterna por posicionamiento en el Hijo.

Es necesario apreciar que el apóstol Pedro no dice –como algunas versiones traducen– *para obedecer*, sino para *obediencia*. No usa aquí un verbo, sino un substantivo. El verbo marca siempre acciones puntuales, sea en el pasado lo que está hecho, en el presente aquello que se está haciendo, o en el futuro cuanto se hará. El sustantivo establece una esfera de actuación, de modo que el Espíritu, por la regeneración traslada al perdido que era desobediente porque vivía en la esfera de la desobediencia, a una nueva situación de obediencia, en la que esta viene a ser el modo natural de desarrollo de vida en relación con Dios.

A quien *obedece* al llamamiento divino, le es aplicada la obra que la Segunda Persona Divina, Dios el Hijo, ha hecho en Su operación redentora en la Cruz. La obra de Jesucristo, el único Salvador, le es aplicada al creyente al ser καὶ ῥαντισμὸν αἵματος Ἰησοῦ Χριστοῦ, *rociados con la sangre de Jesucristo*. Esto trae como consecuencia la purificación del pecado del creyente por aplicación de la obra redentora del Salvador. Por esa razón ya no hay condenación posible para los salvos (He. 6:4-6). La responsabilidad penal del pecado se extingue en Cristo y por Él, de manera que puede decir con seguridad que *"ninguna condenación hay para los que están en Cristo Jesús"* (Ro. 8:1). A estos la sangre de Jesucristo los limpia de todo pecado, no solo de los anteriores a la fe, sino de los presentes y de los futuros. El trono de ira, a causa del pecado, se convierte para ellos en un trono de gracia al que puede acceder para encontrar el socorro oportuno para cada momento y situación.

La acción divina capacita a los santificados separándolos, por el Espíritu, para Dios permanentemente, ocupándose de una vida santa en el poder del Espíritu después de su conversión. Por esa razón existe ya una diferencia notable en la forma de vida, *"y esto erais algunos"*, en el pasado la perversión y el pecado era el modo de vida de los que ahora *"ya habéis sido santificados"* (1 Co. 6:11). La separación del pecado que permite la santificación es ya un estado definitivo de posición en Cristo (1 Co. 1:30). Los santificados son separados para Dios como un pueblo santo (2:9). La ocupación de los tales ya no es el pecado, sino la santidad de vida (Fil. 3:12).

χάρις ὑμῖν καὶ εἰρήνη πληθυνθείη. La salutación a los destinatarios, propia también de la forma epistolar de entonces, es hecha como un deseo personal de bendición que hace descansar en la gracia y en la paz, procedentes ambas de Dios. De esta manera el tema general de la *Epístola* se hace notar desde el momento del inicio. Las dos palabras *gracia* y *paz* están plenamente vinculadas con *"el evangelio de la paz"* (Ef. 6:15); también se dice que Cristo *"es nuestra paz"* (Ef. 2:14). Ambas están vinculadas; la gracia es el modo de salvación (Ef. 2:8-9), en donde Jesús mediante Su obra *"hizo la paz"* (Ef. 2:15), anunciando las *"buenas nuevas de paz"* para todos (Ef. 2:17).

La gracia es uno de los dos elementos manifestantes del amor divino, que se expresa bien en misericordia, como al *amor en extensión*, es decir, el amor que ama permanentemente y que lo hace para otorgar favores propios del *ágape divino* al compadecerse del sufrimiento humano. Esa es la razón por la que los ciegos de nacimiento clamaban a Jesús diciendo: *"Ten misericordia de nosotros, Hijo de David"* (Mt. 9:27). Ese amor expresado en misericordia se extiende para amar en todo tiempo, de ahí que, en medio de la destrucción de Jerusalén a causa del pecado del pueblo, por medio de los babilonios, el profeta diga: *"Por la misericordia de Jehová no hemos sido consumidos, porque nunca decayeron tus misericordias. Nuevas son cada mañana"* (Lam. 3:22-23). La gracia es un aspecto más amplio y radical que el de la misericordia. Es el amor que desciende hasta la condición del miserable, de ahí, que cuando se habla de gracia haya un acompañamiento de descenso, como ocurre con la gracia de Jesucristo que se hace pobre siendo rico (2 Co. 8:9). La gracia es el amor que *obliga* a Dios a descender al encuentro del hombre en Cristo Jesús. Nada mejor usado que el verbo *obligar* para referirse a la expresión de la gracia. Dios se obligó a Sí mismo para venir al encuentro del pecador en el Plan de Salvación, producido en la voluntad de Dios antes de la creación (2 Ti. 1:9). Dios ama por razón de vida, ya que una de las perfecciones de la vida de Dios, en el aspecto de la naturaleza divina, es el amor (1 Jn. 4:8). Dios, por tanto, no es amor porque ama, sino que ama porque es amor. Para expresarlo en forma absoluta, a Dios le va la vida si dejase de amar. Su propia naturaleza le condiciona al amor. Sobre todo, en esta *Epístola* la gracia alcanza la importancia plena como *causa y razón* de la salvación del hombre (Ef. 2:8-9). Sólo es posible la salvación por la gracia. La fe es el medio instrumental para alcanzarla, pero de ningún modo, ni razón ni causa de ella. La gracia que salva al hombre lo hace para todo el proceso de la salvación. Es por gracia que Dios justifica al hombre (Tit. 3:7). De esa manera cuando el pecado abundó *sobreabundó* la gracia (Ro. 5:20), por cuya gracia Dios envía a Su Hijo para salvar al pecador. Pero, la salvación en la esfera de la santificación, sólo es posible por gracia. La gracia de Dios provee de lo necesario para que el cristiano pueda vivir una vida en santidad y llevar a cabo el servicio que Dios le ha establecido (1 Co. 15:10). De la misma manera la culminación plena de la salvación consistente en la glorificación del salvo, será una operación de la gracia (v. 13). La gracia es la fuente de la bendición para el cristiano, por eso Santiago dice que aún en las situaciones más difíciles como pueden ser las pruebas *"Dios da mayor gracia"* (Stg. 4:6).

Junto con el deseo de la administración de la gracia para cada creyente, está también el deseo de la paz, como bendición procedente de Dios, del Dios de paz (Fil. 4:9). La gracia es la causa y razón suprema de todo bien, de la que también mana la paz para el disfrute y experiencia de la vida cristiana. De otro modo: la gracia es la fuente y la paz el resultado de los dones y bendiciones que manan de ella.

Como escribe el Dr. Hendriksen:

"Esta paz es la sonrisa de Dios que se refleja en el corazón de los redimidos, la seguridad de la reconciliación mediante la sangre de Cristo, y la auténtica integridad y prosperidad espiritual. Es la gran bendición que Cristo otorga a la iglesia mediante su sacrificio expiatorio (Jn. 14:27), y que sobrepasa a todo entendimiento (Fil. 4:7)"[15].

La paz fue el admirable regalo que Jesús dejó a los Suyos y, por extensión, a todos los salvos, durante la última cena (Jn. 14:27). La paz

---

[15] G. Hendriksen. *Efesios* Editorial Subcomisión Literatura Cristiana de la Iglesia Reformada. Grand Rapids, 1984, pág. 75.

allí adquiere dos sentidos: 1) El de *relación*, en el cual Jesús asegura que ha dejado *hecha* la paz con Dios; aquel estado de enemistad propio del pecado, quedó cancelado en la obra de reconciliación. 2) El de *experiencia*, ya que el Señor llama a vivir *Su propia paz*, la que como hombre experimentaba en medio del conflicto de la última noche. La paz de Dios inunda el corazón del salvo mediante la acción del Espíritu que la produce en él (Gá. 5:22; Fil. 4:7). De ahí que se demande solemnemente que cada cristiano se aplique a la conservación de la unidad corporativa en Cristo *"en el vínculo de la paz"* (Ef. 4:3). La salvación, por medio de la regeneración, convierte a los creyentes en *pacificadores*, que los hace bienaventurados y les permite manifestar la condición de hijos de Dios: *"Bienaventurados los pacificadores, porque ellos serán llamados hijos de Dios"* (Mt. 5:9). En el mundo podrán encontrarse los que excepcionalmente son personas pacíficas. Esto es, los que huyen de los conflictos, los que nunca entablarían un pleito con nadie, los enemigos de las guerras y de las disputas. Este es el concepto que la sociedad suele tener de lo que es ser un *pacificador*. Sin embargo, el pacificador es aquel que *vive la paz* y, por tanto, la busca insistentemente. Es el que procura y promueve la paz. Paz en el concepto bíblico tiene que ver con una correcta relación con Dios. El que ha sido justificado por medio de la fe, está en plena armonía con Dios y siente la realidad de una paz perfecta que sustituye a la relación de enemistad anterior a causa del pecado (Ro. 5:1). El Señor vino al mundo con el propósito de *matar las enemistades* y anunciar las *buenas nuevas de paz* (Ef. 2:16-17). La demanda para el creyente en una vida de vinculación con Jesús, no puede ser otra que Su mismo sentir (Fil. 2:5). Por tanto, la paz es una consecuencia y una experiencia de la unión vital con Cristo. La identificación con Él convierte al creyente en algo más que un pacífico, lo hace un *pacificador*. Esto es la forma natural de quien vive la vida que procede del Dios de paz (1 Co. 14:33). El desarrollo visible de su testimonio discurre por una senda de paz, por cuanto sus pies han sido calzados con el apresto del evangelio de paz (Ef. 6:15). La santificación se desarrolla en una vida de paz, por cuanto es una operación del Dios de paz (1 Ts. 5:23). No se trata de aspectos religiosos o de teología intelectual, sino de una experiencia vivencial y cotidiana, que se expresa en muchas formas y hace visible en ellas esa realidad. El pacificador manifiesta esa condición porque anhela la paz con todos los hombres. Hace todo cuanto le sea posible por estar en paz con todos (Ro. 12:18); siente la profunda necesidad de *seguir* la paz (He. 12:14). El *pacificador* anhela predicar a todos el Evangelio de la paz (Ef. 6:15); siente que Dios le ha encomendado anunciar toda la paz que Él hizo en la Cruz, y procura llevarlo a cabo (2 Co. 5:20). Modela su vida conforme al Príncipe de paz que busca a los perdidos (Lc. 19:10); y restaura al que ha caído ensuciando parcialmente su vida espiritual (Jn. 13:12). Eso los hace *"bienaventurados"* porque solo ellos pueden ser *"llamados hijos de Dios"*. Un título de honor superior a cualquier otro. Dios reconoce a todo el que cree en el Hijo, como hijo Suyo (Jn. 1:12). Pero, a éstos a quienes Dios reconoce como Sus hijos, el mundo debe *conocerlos*, por su conducta pacificadora que expresa la participación en la divina naturaleza, como hijos del Dios de paz (2 P. 1:4). Quienes los observan deben descubrir en ellos el carácter del Dios de paz (1 Jn. 4:17b). Éstos, que experimentan en ellos la nueva vida de que fueron dotados en la regeneración, buscan y viven lo que Dios hizo en ellos, esto es, la verdadera paz. Son creyentes que tal vez hablan poco de paz, pero viven esa experiencia. No son conflictivos, buscando agradarse a ellos mismos, sino que son capaces de renunciar a sus derechos con tal de mantener la paz. No transigen con el pecado, pero buscan al que ha caído para restaurarlo a la comunión con el Príncipe de paz. La paz de Dios se ha hecho vida en ellos, gozándose en esa admirable experiencia. No hay dificultad ni problema que logre inquietarlos en su vida cristiana, por tanto, al no estar ellos inquietos, no son medio para inquietar a otros, sino todo lo contrario. El que ha experimentado la realidad de la paz de Dios en su vida es un *pacificador*. Si no procura la paz y la sigue, debe preguntarse si ha tenido alguna experiencia personal con el Dios de paz. La diferencia entre un cristiano normal y un pacificador es que el primero suele hablar de Dios y Su obra de paz, el segundo vive al Dios de paz de tal modo que no necesita palabras para hablar de ella, expresándola a todos con su estilo de vida.

El apóstol desea que esas bendiciones no estén limitadas, sino que sean *multiplicadas*. El tiempo aoristo en el verbo, junto con el optativo, expresan primero la procedencia de la bendición, Dios es el agente implícito de ella, en segundo lugar, el optativo infiere un deseo personal. Quería que tuviesen las bendiciones de la gracia, para toda experiencia de sus vidas, incluyendo como es lógico los momentos de tribulación y las persecuciones donde la manifestación de la gracia resulta necesaria. Pero al mismo tiempo deseaba que pudiesen experimentar la paz en la máxima dimensión posible.

Con este versículo concluye la parte de presentación e introducción de la *Epístola,* entrando seguidamente en la primera división, en la que el apóstol habla de la gracia en la salvación y las consecuencias que dimanan de la misma.

II. Gracia en salvación (1:3-2:10).

Seguridad de salvación (1:3-12).

Preservada por el poder de Dios (1:3-5).

3. Bendito el Dios y Padre de nuestro Señor Jesucristo, que según su grande misericordia nos hizo renacer para una esperanza viva, por la resurrección de Jesucristo de los muertos.

Εὐλογητὸς ὁ Θεὸς καὶ Πατὴρ τοῦ Κυρίου ἡμῶν ’Ιησοῦ Χριστοῦ,
Bendito el Dios y Padre del Señor de nosotros Jesucristo
ὁ κατὰ τὸ πολὺ αὐτοῦ ἔλεος ἀναγεννήσας ἡμᾶς εἰς ἐλπίδα
el según la mucha de Él misericordia que hizo renacer nos para esperanza
ζῶσαν δι’ ἀναστάσεως ’Ιησοῦ Χριστοῦ ἐκ νεκρῶν,
viva por medio de resurrección de Jesucristo de muertos.

Análisis y notas del texto griego.

Análisis: Εὐλογητὸς, caso nominativo masculino singular del adjetivo *bendito*; ὁ, caso nominativo masculino singular del artículo determinado *el*; Θεὸς, caso nominativo masculino singular del nombre divino *Dios*; καὶ, conjunción copulativa *y*; Πατὴρ, caso nominativo masculino singular del nombre divino *Padre*; τοῦ, caso genitivo masculino singular del artículo determinado declinado *del*; Κυρίου, caso genitivo masculino singular del nombre divino *Señor*; ἡμῶν, caso genitivo de la primera persona plural del pronombre personal declinado *de nosotros*; ’Ιησοῦ, caso genitivo masculino singular del nombre propio *Jesús*; Χριστοῦ, caso genitivo masculino singular del nombre propio *Cristo*; ὁ, caso nominativo masculino singular del artículo determinado *el*; κατὰ, preposición propia de acusativo *según*; τὸ, caso acusativo neutro singular del artículo determinado *el*; πολὺ, caso acusativo neutro singular del adjetivo *mucho*; αὐτοῦ, caso genitivo masculino de la tercera persona singular del pronombre personal declinado *de él*; ἔλεος, caso acusativo neutro singular del nombre común *compasión, misericordia*; ἀναγεννήσας, caso nominativo masculino singular del participio del aoristo primero en voz activa del verbo ἀναγεννάω, *hacer renacer*, aquí *que hizo renacer*; ἡμᾶς, caso acusativo de la primera persona plural del pronombre personal declinado *a nosotros*; εἰς, preposición propia de acusativo, *para*; ἐλπίδα, caso acusativo femenino singular del nombre común *esperanza*; ζῶσαν, caso acusativo femenino singular del participio de presente en voz activa del verbo ζάω, *vivir*, aquí *viva*; δι’, forma contracta de la preposición de genitivo διά, *por, por medio de, a causa de*; ἀναστάσεως, caso genitivo femenino singular del nombre común *resurrección*; ’Ιησοῦ, caso genitivo masculino singular del nombre propio declinado *de Jesús*; Χριστοῦ, caso genitivo masculino singular del nombre propio *Cristo*; ἐκ, preposición propia de genitivo *de*; νεκρῶν, caso genitivo masculino plural del adjetivo *muertos*.

Εὐλογητὸς ὁ Θεὸς καὶ Πατὴρ τοῦ Κυρίου ἡμῶν Ἰησοῦ Χριστοῦ. Seguido al saludo comienza la bendición, cuya fórmula es propia también del contexto temporal del escrito (cf. 2 Co. 1:3; Ef. 1:3). La semejanza con las expresiones del apóstol Pablo, lleva a algunos a considerar la *Epístola* como dependiente en fuentes con ellas, como se ha considerado en la *introducción*. No es preciso recurrir a la fórmula paulina para justificar la expresión del apóstol Pedro. Tal vez, más que una expresión de alabanza es una *eulogía*, término que se usa aquí, y que define la oración como una *bendición*, de ahí el término dirigido a Dios. Se trata de una vibrante doxología, que se origina al considerar las bendiciones que otorga a los creyentes. Estas bendiciones se desarrollan a lo largo de los versículos siguientes y se irán considerando una a una.

La alabanza se dirige a *Dios* que es *Padre de nuestro Señor Jesucristo*. En la *Epístola* se aprecia el uso del título compuesto *Jesús y Señor*, para nosotros idiomáticamente *Jesucristo*, que relaciona las dos naturalezas, divina y humana, subsistentes en la única persona de Verbo de Dios, Su Hijo Unigénito. La divina que eternamente le corresponde por ser Dios, y la humana, asumida en hipóstasis en la Persona Divina del Hijo mediante encarnación. Ambas naturalezas están presentes en la relación de Dios como *Dios y Padre* de nuestro Señor Jesucristo. El título *Dios de nuestro Señor Jesucristo*, puntualiza la condición humana del Hijo eterno que como hombre se relaciona y reconoce a Dios como Su Dios personal. El de *Padre* precisa la condición divina de Jesús, en una eterna filiación divina. Es interesante apreciar que, en la *Epístola*, se hace una notable referencia a la relación del Hijo con Dios, no desde el plano de la *natividad*, es decir, *nacido de mujer* (Gá. 4:4), sino de la vinculación *intratrinitaria* o, si se prefiere mejor *trinitaria*, del Hijo de Dios, que en los distintos nombres con que se le menciona, está colocado al mismo nivel y se le vincula al Padre y al Espíritu en el mismo plano de igualdad que es propio a las Personas en el Ser Divino. Cristo es el Hijo de Dios por generación eterna, que nada tiene que ver con *origen de existencia*, sino con relación y comunicación de vida. Este que es Padre, en el sentido de eterna relación en la Deidad, es también *Dios* para el Hijo encarnado, que como hombre se relaciona así con la Primera Persona, que es Su Padre ya que es el Unigénito (Jn. 1:14). Sin embargo, la relación parterno-filial del Hijo, nuestro Señor, difiere absolutamente de la de los creyentes. Jesús dijo a María Magdalena que anunciase la resurrección a los discípulos y les diese en Su nombre el mensaje: *"subo a mi Padre y a vuestro Padre, a mi Dios y a vuestro Dios"* (Jn. 20:17). El Padre en relación con Jesús es el eterno Padre del eterno Hijo, mientras que ese mismo Padre lo es de cada creyente por adopción en Él (Gá. 4:5). Nosotros debemos dirigirnos a Dios como nuestro Padre, sabiendo que la relación con Él es ésta, por habernos adoptado por gracia y hecho miembros de Su familia.

ὁ κατὰ τὸ πολὺ αὐτοῦ ἔλεος. El admirable Dios ha mostrado a los salvos *Su gran misericordia.* De esta misericordia se derivan las otras bendiciones. La misericordia es el amor motivado por la miseria del que se ama. Dios nos amó desde la eternidad, y fue movido a misericordia al hacer pasar por Su corazón nuestra miseria para mostrarnos la gracia de la salvación. La palabra *misericordia*, procede en el castellano, de las voces latinas *miser*, que significa *desdichado, miserable* y *cor, cordis* que equivale a *corazón*; de modo que sugiere la idea de sentir compasión con quien está en una situación de sufrimiento, podría decirse que es el sentimiento de compasión por los que sufren. De ahí que la misericordia se orienta hacia quienes están en sus delitos y pecados, muertos espiritualmente (Ef. 2:1-3). Esclavos del pecado estaban en un camino que inexorablemente les conducía a la perdición. Por eso necesitaban que Dios les mostrase Su misericordia, compadeciéndose de su miseria y viniendo a remediarla mediante la obra de Su Hijo (cf. Is. 63:9; Hab. 3:2; Mt. 9:27; Mr. 5:19; Ro. 9:15-16, 18; 1 Ti. 1:13). La misericordia divina –dice Pedro– es grande, no podía ser menos tratándose de una manifestación del amor divino, cuyas perfecciones son tan infinitas como Él mismo. La expresión y manifestación de la misericordia, no se produce por accidente humano, sino por soberana determinación de Dios, de ahí que Pablo diga que *"no es del que quiere, ni del que corre, sino de Dios que tiene misericordia"* (Ro. 9:16). Las bendiciones que el Padre otorga no son dadas por lo que nosotros podamos hacer o merecer (Ro. 9:11-13; 10:20; 2 Ti. 1:9). El origen de la misericordia está en Dios, que recibe el título de *"Padre de misericordias"* (2 Co. 1:3).

ἀναγεννήσας ἡμᾶς. La manifestación de esa misericordia consiste en que *nos hizo renacer*. No se trata, pues, de méritos personales que impulsan esa acción (Tit. 3:5), sino que Él mismo determinó *engendrarnos*, como textualmente se lee: *hizo renacer*. El verbo ἀναγεννάω, significa *reengendrar*, o *engendrar de nuevo*, y aparece solo dos veces en el Nuevo Testamento, ambas en la *Epístola*, una aquí y la otra más adelante (v. 23). Sin embargo, la idea, expresada con otras palabras, está presente en otros lugares y corresponde al δεύτερον, *otra vez, de nuevo*, en la respuesta de Jesús a Nicodemo, cuando a la pregunta sobre como entrar en el reino le responde que debía *nacer otra vez*. Otro término παλιγγενεσία, *regeneración*, es equivalente a *reengendrar o renacer* (cf. Tit. 3:5) y significa el proceso por el cual el hombre es elevado a una vida distinta y más alta que la que le pertenece por su naturaleza. El término de esta acción es la *nueva creación* (Gá. 6:15), que comunica una vida nueva en la regeneración por el Espíritu Santo (Ro. 12:2). Es notable observar que se trata de una operación de Aquel que hace nuevas todas las cosas (Ap. 21:5). No cabe duda que la nueva creación tiene un alcance escatológico y corresponde al futuro final de la obra de Dios, creando cielos nuevos y tierra nueva, pero, esta nueva creación se realiza por el Espíritu en todo aquel que está en Cristo.

Así escribe Hendriksen:

"Es una nueva creación que sale fresca del corazón de Dios, el Todopoderoso, y es una prenda segura de las glorias más maravillosas que están por venir como resultado de Su poder transformador. 'Porque somos hechura suya, creados en Cristo Jesús para buenas obras, las cuales Dios preparó de antemano para que anduviésemos en ellas' (Ef. 2:10)"[16].

El creyente es renacido, creado por Dios en Jesucristo. Este nuevo nacimiento no es por voluntad del hombre, sino de Dios (Jn. 1:13). Por tanto, a la vista de la nueva creación todos los sistemas que no proceden de Él quedan anulados. La regeneración es una obra que sólo Dios puede hacer y la hace. Se debe hablar de creación puesto que se trata, no de una *reparación* de la vieja naturaleza, sino de la dotación de una nueva vida, que ocurre en el *nuevo nacimiento*, que se produce *en Cristo Jesús*. Es creación porque el hombre no puede hacer nada para conseguirlo, como tampoco pudo hacer personalmente nada para el nacimiento natural. El evangelio pone de manifiesto que el hombre es un ser *muerto* en delitos y pecados (Ef. 2:1), que es resucitado por Dios (Ef. 2:6), de manera que como nada puede hacer el muerto para adquirir vida por sí mismo o por su esfuerzo, así tampoco puede hacer nada en relación con la nueva creación. Se trata, pues, de un nuevo ser y criatura del cristiano, una realidad nueva, una nueva *recreación* del hombre (Jn. 3:5). Esta nueva creación dotada de una nueva vida y, por tanto, de una naturaleza también nueva y celestial, que es vida eterna, se opera por Dios en Cristo Jesús, de quien toma vida, ya que en Él estaba la vida (Jn. 1:4). La vida recibida es vida eterna, la participación en la divina naturaleza (2 P. 1:4). La acción de *engendrar de nuevo* y la dotación de una vida nueva, es operada por el Espíritu Santo en todo aquel que cree (Ti. 3:5). La presencia del Espíritu en la salvación, ha sido considerada antes. Antes de que el pecador perdido pueda entrar al Reino de Dios y pasar a ser un ciudadano del cielo, Dios tiene que obrar una transformación en él, que es de tal dimensión que sólo puede compararse con un *nuevo nacimiento*, que no es otra cosa que una nueva creación. La regeneración produce una

---

[16] G. Hendriksen. *Gálatas*, pág. 254.

resurrección espiritual que da paso a una nueva vida. El muerto espiritual viene a la vida por unión vital con el Señor Jesucristo. Esta operación es posible por la acción vinculante del pecador creyente con Cristo, por medio del Espíritu (1 Co. 12:13). La vida que recibe el que ha creído no es otra que la comunicable vida del Cristo resucitado (Jn. 10:10; 14:6; Col. 1:27). La regeneración dota de una nueva naturaleza como principio de vida, que produce, necesariamente, una nueva forma de vida. Esta vida, es de libertad plena, ya que la Cruz produce poder para la liberación sobre el *yo*, la *carne* y el *mundo*. A esta nueva creación de Dios, se le dota no de un corazón (motor de vida, acciones y sentimientos) *reparado*, sino de un corazón *nuevo* (Ez. 36:26-27). Nada de esto puede alcanzarse por ninguna otra vida más que creyendo en Jesucristo como Salvador.

εἰς ἐλπίδα ζῶσαν δι' ἀναστάσεως 'Ιησοῦ Χριστοῦ ἐκ νεκρῶν, El apóstol describe aquí la vida nueva apuntando hacia el futuro en esperanza, ya que la salvación definitiva del creyente es todavía futura (v. 5). La esperanza cristiana es *viva*, es decir, no engaña, esto es, *no avergüenza*. El mundo vive en muerte espiritual, por tanto, no puede tener una esperanza viva. No cabe duda que la esperanza tiene un amplio aspecto escatológico, en el cumplimiento definitivo y glorioso de nuestra salvación. Descansa en las promesas y en la fidelidad de Dios, como se aprecia en los versículos siguientes, de modo que el creyente puede decir: *"Y ahora, Señor, ¿qué esperaré? Mi esperanza está en ti"* (Sal. 39:7). La esperanza es común a todos los creyentes (Ef. 4:4). Se concretará definitivamente en la manifestación gloriosa de nuestro *gran Dios y Salvador, Jesucristo* (Ti. 2:13). El apóstol Pedro se refiere a ella, con estas palabras: *"Nosotros esperamos, según sus promesas, cielos nuevos y tierra nueva, en los cuales mora la justicia"* (2 P. 3:13).

La esperanza cristiana tiene una concreción, ya que descansa en *"la resurrección de Jesucristo de entre los muertos"*. Luego, como todas las bendiciones que proceden de Dios para el hombre, se manifiestan *en Cristo*. La resurrección de Jesús, es indispensable para la salvación del pecador. Si Él no hubiese resucitado, nuestra fe no tendría fundamento alguno y estaríamos muertos en pecados (1 Co. 15:14). De modo que la esperanza vinculada a Cristo es Cristo mismo en nosotros. Así lo enseña el apóstol Pablo: *"Cristo es en vosotros, la esperanza de gloria"* (Col. 1:27). Las riquezas de gloria, que es el *misterio* revelado para esta dispensación, se convierten en *esperanza* por el hecho admirable de la presencia de Cristo en el creyente, es decir, Cristo mismo habitando en él. La salvación integra a todos los salvos en un cuerpo, que es realmente el gran *misterio* del que habla en Nuevo Testamento, los cristianos por identificación con Cristo vienen a ser *uno* en Él, por consiguiente, si todo es de Cristo, también lo es de quienes son miembros de Su cuerpo. Esta realidad hace que la vida ya gloriosa de Cristo, circule por nosotros, haciendo firme la esperanza de que lo que la Cabeza es ahora ya, una realidad consumada, lo será un día en cada uno de los miembros. La presencia de Cristo y Su promesa es ya esperanza viva. Sus propias palabras la expresan: *"Yo soy la resurrección y la vida; el que cree en mí, aunque esté muerto, vivirá. Y todo aquel que vive y cree en mí, no morirá eternamente"* (Jn. 11:25-26). La vida mortal, no solo por condición sino por pecado, queda resuelta en la vida eterna que es Cristo y en Su promesa de resurrección para vida perpetua. A la seguridad de vida, se une también la promesa del encuentro con el Señor en Su venida a buscar a Su Iglesia: *"No se turbe vuestro corazón, creéis en Dios, creed también en mí. En la casa de mi Padre muchas moradas hay; si así no fuera, yo os lo hubiera dicho: voy, pues, a preparar lugar para vosotros. Y si me fuere y os preparare lugar, vendré otra vez, y os tomaré a mí mismo, para que donde yo estoy, vosotros también estéis. Y sabéis a donde voy, y sabéis el camino"* (Jn. 14:1-4). La vida está vinculada al Hijo de Dios, por tanto, el que tiene al Hijo tiene la vida (1 Jn. 5:12). La seguridad de la vida eterna no está en una relación religiosa, sino en una relación vivencia con Cristo (Fil. 1:21; Gá. 2:20). La esperanza también está vinculada a Jesús: *"Amados, ahora somos hijos de Dios, y aún no se ha manifestado lo que hemos de ser; pero sabemos que cundo él se manifieste, seremos semejantes a él, porque le veremos tal como él es"* (1 Jn. 3:2). La esperanza está, por tanto, ligada –como sigue luego– con la seguridad de la presentación del creyente ante Él (Col. 1:22, 28). La esperanza de gloria está unida a Cristo (Ro. 5:2; 8:18-23; Fil. 3:20, 21; Col 3:4, 24; 1 Ts. 2:19; 3:13; 4:13-17; 2 Ts. 1:10; 2 Ti. 1:12; 4:8; Tit. 2:13).

La esperanza, que es Cristo, no sería posible sin que hubiese resucitado de los muertos. Esta esperanza es la que permite decir como el apóstol Pablo: *"Porque para mí el vivir es Cristo, y el morir es ganancia"* (Fil. 1:21). La esperanza se hace realidad cuando por la muerte entramos a la presencia de Dios y a la comunión plena con Él, siempre limitada ahora por nuestra condición personal. La muerte ha sido conquistada por la resurrección del Salvador y ya no tiene poder sobre el salvo.

4. Para una herencia incorruptible, incontaminada e inmarcesible, reservada en los cielos para vosotros.

εἰς κληρονομίαν ἄφθαρτον καὶ ἀμίαντον καὶ ἀμάραντον,
Para herencia incorruptible e incontaminada e inmarcesible
τετηρημένην ἐν οὐρανοῖς εἰς ὑμᾶς
que ha sido guardada en cielos para vosotros.

Análisis y notas del texto griego.

Análisis: εἰς, preposición propia de acusativo *para*; κληρονομίαν, caso acusativo femenino singular del nombre común *herencia*; ἄφθαρτον, caso acusativo femenino singular del adjetivo *incorruptible*; καὶ, conjunción copulativa *y*; ἀμίαντον, caso acusativo femenino singular del adjetivo *incontaminada*; καὶ, conjunción copulativa *y*; ἀμάραντον, caso acusativo femenino singular del adjetivo *inmarcesible*; τετηρημένην, caso acusativo femenino singular del participio perfecto en voz pasiva del verbo τηρέω, *guardar, conservar, custodiar*, aquí *que ha sido guardada*; ἐν, preposición propia de dativo *en*; οὐρανοῖς, caso dativo masculino plural del nombre común *cielos*; εἰς, preposición propia de acusativo *para*; ὑμᾶς, caso acusativo de la segunda persona plural del pronombre personal *vosotros*.

εἰς κληρονομίαν. La esperanza viva contiene también *la herencia*. Es la consecuencia natural de *estar en el Hijo*, de modo que quien pasa a ser hijo, pasa también a ser heredero, como afirma el apóstol Pablo: *"Así que ya no eres esclavo, sino hijo; y si hijo, también heredero de Dios por medio de Cristo"* (Gá. 4:7). Sin duda constituye también un desafío a los creyentes para persistir en la libertad que la gracia les otorga. El evangelio les había llevado a Cristo en donde encontraron libertad de la posición de esclavitud del pecado, pasando a la condición de *hijos*. A causa de ella, hijos en el Hijo, y siendo este el Unigénito del Padre, es heredero de todo, por tanto, cada creyente deviene a ser en Él, *heredero* de todo. Una de las bendiciones que comporta la condición de *hijo de Dios*, es el disfrute de la herencia. Por esa condición somos herederos de todas las riquezas del Padre. Dios mismo es la herencia de los Suyos (Sal. 16:5, 6). De otro modo, la filiación incluye el derecho a la herencia, *"herederos de Dios y coherederos con Cristo"* (Ro. 8:17a). Nada hay que pueda ser reservado para los hijos, puesto que no sólo son *herederos de Dios*, sino que son también *coherederos con Cristo*. En Su condición de Unigénito del Padre (Jn. 1:14), todo cuanto pueda existir ha sido hecho *en Cristo, por Cristo y para Cristo* (Col. 1:16). Esa herencia es sólo del heredero que es Jesús. Pero, en unidad con Él, los creyentes venimos a ser *uno* en el Heredero, por tanto, todo cuanto tiene que ver con la herencia de Él, tiene que ver con la herencia nuestra. De otro modo, la herencia no se divide, es compartida por igual con todos los herederos. Es esa la herencia de los *santos en luz*. Algunos creen que la herencia será dada en fracciones a cada uno conforme a su capacidad de administrarla, de manera que el tránsito del creyente por el mundo definirá el alcance de la herencia que ha de disfrutar en la eternidad. Sin embargo, tal idea no encaja con la enseñanza del apóstol en este versículo, y procede, probablemente, de una exégesis defectuosa tomada de las recompensas a los siervos de la parábola que Jesús pronunció (Lc. 19:17 ss.). La herencia, por ser del Unigénito, no es divisible porque solo existe un heredero cósmico, y no es divisible con los hijos, sino *compartida* por todos ellos en razón de estar vinculados como hijos en el Hijo. Aparentemente hay una contradicción con la enseñanza del apóstol Pablo en Romanos, porque allí se dice que somos herederos de Dios porque somos coherederos con Cristo, mientras que aquí la oración termina relacionando esto directamente, ya que nos salva *para una herencia.* No cabe duda alguna que la herencia que está preparada y reservada para nosotros es posible por ser hijos de Dios en Cristo. No puede haber una relación filial con el Padre a no ser por la posición en el Hijo, ya que esto proviene de una adopción del creyente en Jesucristo. De este modo la herencia que corresponde a los hijos es la consecuencia de la vinculación al Hijo. Sin embargo, fue Dios quien *envió* al Hijo para hacerlo posible y ambos, Padre e Hijo, enviaron al Espíritu Santo que hace posible la relación con el Hijo y la regeneración del adoptado. De ahí que sea fácil entender la vinculación con el Resucitado del versículo anterior, que hace posible que la esperanza que es Él mismo, comprenda también la herencia que es totalmente Suya. Toda la obra de la que el creyente es beneficiario se establece sobre la gracia, de manera que el Dios de gracia otorga también la herencia a cada creyente. De otro modo, el concepto aquí es que todo procede de la gracia de Dios, que es el gran tema de la *Epístola* y una enseñanza general en todo el Nuevo Testamento (cf. Ro. 5:8; 2 Co. 5:18; Ef. 1:4; 1 Jn. 4:10, 19).

ἄφθαρτον. La herencia tiene unas características que el apóstol cita. En primer lugar, es *incorruptible*, de modo que a diferencia de todas las cosas de este mundo que pueden contaminarse o corromperse y muchas de ellas destruirse, la herencia celestial no se puede *corromper*. El adjetivo indica la indestructibilidad de la herencia. Las cosas más importantes y de elevado valor de este mundo, pueden llegar a destruirse, pero la herencia de los creyentes es indestructible, así como incorruptible. La corrupción no la puede alcanzar, porque está fuera de su campo y alcance. El mismo término va a usarse más adelante para referirse a la acción divina que produce el nuevo nacimiento, y que siendo celestial es también *incorruptible*, de otro modo, es una herencia que no puede acabarse. Nuestro tesoro no le afecta el tiempo, ni las circunstancias, ni la destrucción, porque es perpetua.

καὶ ἀμίαντον. Añade luego un segundo adjetivo, que precedido de la conjunción copulativa *y*, hace entender que es un elemento más y no complementario de la condición de la herencia. El término que se traduce en RV por *incontaminada*, es literalmente *sin defecto*. El adjetivo aparece en, por lo menos, tres citas además de esta (cf. He. 7:26; 13:4;

Stg. 1:27). Una de ellas está vinculada con las características del Sumo Sacerdote, Jesús, (He. 7:26), en donde se traduce como *"sin mancha"*, quiere decir, que es también una herencia *santa*. Nada que proceda del mundo de los hombres puede ser absolutamente perfecto, todo tiene, por micrométrico que sea alguna tara, la herencia celestial es perfecta, sin mancha. En otro lugar el adjetivo se traduce en algunas versiones por *sin mancilla* (He. 13:4). La herencia es perfecta y única, porque es *incontaminada*, sin mancha ni imperfección alguna.

καὶ ἀμάραντον, El adjetivo denota aquello que no *se marchita*. Es evidente que las flores más bellas, al paso del tiempo, algunas de muy poco, se marchitan y no pueden conservar su lozanía y belleza. El paso del tiempo no afecta su condición que permanece inmutable. Es tan inmarchitable la herencia, como lo será la corona que Dios otorgará a los pastores que hagan la labor pastoral con fidelidad (5:4).

τετηρημένην ἐν οὐρανοῖς εἰς ὑμᾶς. La herencia es inmarcesible, inmutable, santa, pero ¿estamos seguros de poder disfrutarla? El apóstol responde a la pregunta afirmando que esa herencia está *guardada* o *reservada* en los cielos *para vosotros*. Dios la ha provisto para nosotros y la *guarda celosamente*, para que sea así. El verbo τηρέω, expresa la idea de *una conservación absoluta*, más que la de una simple custodia. Nadie podrá arrebatarla de la protección que Dios ejerce sobre ella. Pero algo más, la herencia está reservada *para nosotros*. Los que han creído en Cristo recibirán la herencia conforme al propósito divino. El lugar donde está reservada es en *los cielos*, en plural se refiere especialmente al lugar donde Dios se manifiesta. La mejor ilustración está en las palabras de Jesús: *"No os hagáis tesoros en la tierra, donde la polilla y el orín corrompen, y donde ladrones minan y hurtan; sino haceos tesoros en el cielo, donde ni la polilla ni el orín corrompen, y donde ladrones no minan ni hurtan. Porque donde esté vuestro tesoro allí estará también vuestro corazón"* (Mt. 6:19-21). El lugar celestial es seguro, pero la herencia tiene unos destinatarios que son los creyentes, cumpliéndose así la promesa de Jesús: *"voy, pues, a preparar lugar para vosotros"* (Jn. 14:2). Esto está plenamente vinculado con lo que el apóstol Pablo dice, escribiendo a los colosenses: *"A causa de la esperanza que os está guardada en los cielos"* (Col. 1:5). Ya se ha dicho antes que la esperanza está vinculada con Cristo, por tanto, todo está donde está Él, en los cielos. La fe que salva a los que creen, descansa en Cristo, y la esperanza no es otra cosa que la presencia de Cristo en la vida cristiana. Por eso la herencia nos está reservada en los cielos. Siendo Él todo, la suprema esperanza de alcanzar *todo* está en la presencia Suya en cada uno de los que hemos creído. Esa firme esperanza del cristiano es comparada con un ancla a la que podemos afirmarnos, que entra en la misma presencia de Dios (He. 6:18-19). Esto comprende y alcanza individual y colectivamente a todos los creyentes. El cristiano se refugia en Cristo, puerto de esperanza. En ese aferrarse a Él, se aferra a la esperanza, huyendo del mundo, para descansar y sustentarse en ella, seguros de que Dios cumple lo que promete. Esta esperanza es el recurso necesario para superar las dificultades y seguir adelante en el camino hacia la perfección en el encuentro con Jesús. No se ve la esperanza, pero se siente firme reteniendo el alma cristiana, ya que es mucho más que promesas, es Cristo mismo. Él es verdaderamente nuestra esperanza, la gloria escatológica descansa en el recogimiento de los salvos, prometido por el Señor, no a un lugar glorioso, sino a Él mismo (Jn. 14:1-4).

5. Que sois guardados por el poder de Dios mediante la fe, para alcanzar la salvación que está preparada para ser manifestada en el tiempo postrero.

τοὺς ἐν δυνάμει Θεοῦ φρουρουμένους διὰ πίστεως εἰς
A los por poder de Dios que sois guardados mediante fe para
σωτηρίαν ἑτοίμην ἀποκαλυφθῆναι ἐν καιρῷ ἐσχάτῳ.
salvación preparada para ser revelada en tiempo último.

Análisis y notas del texto griego.

Análisis: τοὺς, caso acusativo masculino plural del artículo determinado declinado *a los*; ἐν, preposición propia de dativo *en, por*; δυνάμει, caso dativo femenino singular del nombre común *poder*; Θεοῦ, caso genitivo masculino singular del nombre divino declinado *de Dios*; φρουρουμένους, caso acusativo masculino plural del participio presente en voz pasiva del verbo φρουρέω, *guardar, custodiar*, aquí *que sois guardados*; διὰ, preposición propia de genitivo *mediante, por medio de*; πίστεως, caso genitivo femenino singular del nombre común *fe*; εἰς, preposición propia de acusativo *para*; σωτηρίαν, caso acusativo femenino singular del nombre común *salvación*; ἑτοίμην, caso acusativo femenino singular del adjetivo *preparada, dispuesta, lista*; ἀποκαλυφθῆναι, aoristo primero de infinitivo en voz pasiva del verbo ἀποκαλύπτω, *revelar*, aquí *para ser revelada*; ἐν, preposición propia de dativo *en*; καιρῷ, caso dativo masculino singular del nombre común *tiempo*; ἐσχάτῳ, caso dativo masculino singular del adjetivo *último*.

τοὺς ἐν δυνάμει Θεοῦ φρουρουμένους. Si la herencia es celosamente guardada por Dios en el cielo, de modo que está asegurada su realidad permanente, también están guardados los herederos. Dios se ha empeñado en que así sea, como el apóstol afirma: *a los que sois guardados*. Los que son guardados por el poder de Dios son aquellos a quienes se ha referido en el final del versículo anterior: *"para vosotros"*, esto es, para los que han creído y son salvos por gracia mediante la fe. El verbo φρουρέω, tiene el sentido de *guardar, custodiar*, de modo que los creyentes son *guardados* por Dios, para que puedan disfrutar de la herencia que está también *guardada* para ellos. El verbo se usaba también en uso militar para referirse a guardar a alguien a salvo de un peligro, o custodiar a un preso para que no pueda escaparse. El poder de Dios está puesto a disposición de los creyentes para que, guardados por él, alcancen el pleno disfrute de la herencia que tienen reservada. Si la herencia no se pierde, el creyente tampoco. El verbo guardar en participio presente marca una acción continuada, esto es, Dios actúa en ese sentido continuamente. No debemos olvidar que Dios guarda siempre al creyente. Ese es el mandato que dio a Cristo: *"Y esta es la voluntad del Padre, el que me envió: Que de todo lo que me diere, no pierda yo nada, sino que lo resucite en el día postrero"* (Jn. 6:39). No solo se trata de que el Hijo dé salvación a todo aquel a quien el Padre llame, sino que esa salvación no se pierda jamás. Todos los creyentes mueren físicamente, pero, la muerte no interrumpe la relación con Dios. Vinculados a Cristo y unidos vitalmente a Él, el cuerpo va a la tumba, pero el espíritu se mantiene en la experiencia de vida eterna. Todos los muertos en Cristo serán resucitados para el disfrute a perpetuidad de la vida de resurrección con el Señor y, por tanto, de la herencia que Dios guarda para ellos. El Padre le da todo el pueblo que llama a salvación y de ese pueblo el compromiso del Hijo es resucitarlo todo en el último día. La voluntad divina no puede quebrantarse, por consiguiente, si el Padre ha dado un pueblo al Hijo, y éste tiene el compromiso de no perder nada de ellos, la seguridad de salvación y con ella la del disfrute de la herencia reservada en los cielos, está garantizada. Habla el apóstol de que somos guardados por *el poder de Dios*. Debe recordarse que el poder absoluto sobre todo ha sido dado al Hijo, que recibió el nombre supremo de autoridad sobre cielos y tierra. De este modo puede entenderse la dimensión del versículo. La voluntad del Padre, para que disfrutemos de la herencia es cumplida plenamente por el Hijo. Jesús no pierde nada de lo que Dios le da, por eso los guarda durante la vida y los resucitará luego de ella, en el momento oportuno, en el día final. La seguridad no está en el creyente, en lo que haga o deje de hacer para mantener su salvación, sino en lo que el Salvador hace para que nunca pueda perderse ninguno de los que Él ha salvado. Lo que supone, para algunos, una notable dificultad en cuanto a la *perseverancia de los santos*, se aclara absolutamente en las palabras del apóstol, ya que los salvos serán guardados y protegidos perseverando en la gracia hasta el fin de los tiempos (cf.Jn. 10:28; Ro. 8:29, 30, 38, 39; 11:29; Fil. 1:6; 2 Ti. 2:19; He. 6:17; 1 P. 1:4, 5; etc.). La vida eterna que Dios da conlleva ya aparejada la eterna seguridad, puesto que es la misma vida de Dios en el creyente. Además, los dones de Dios son irrevocables, por tanto, lo que se recibe de Él, en este caso la promesa del disfrute de la herencia, no puede ser arrebatada o Su promesa no cumplida. Nuevamente conviene entender que no se trata de lo que el hombre haga, sino de Dios que lo garantiza y cumple con Su poder.

διὰ πίστεως. La fe sustenta la vida del creyente. La fe es la respuesta a lo que Dios da, porque también es el modo de vida del justo. La forma natural de la vida del salvo es el de firmeza en la fe. Es por un acto de fe que el cristiano comienza su vida y alcanza la justificación (Ro. 5:1; Ef. 2:8-9). Por eso se lee en varios lugares que *"el justo por su fe vivirá"*. Es usado tres veces en el Nuevo Testamento. En una ocasión el énfasis recae sobre el justo: *"Porque en el evangelio la justicia de Dios se revela por fe y para fe, como está escrito: Mas el justo por la fe vivirá"* (Ro. 1:17). La justificación por fe introduce a la experiencia de vida eterna y con ella, a la de la herencia prometida para los salvos. Siendo pecador e injusto acepta la justicia de Dios obrada por Cristo en la Cruz. En otra ocasión se puntualiza sobre la fe: *"Y que por la ley ninguno se justifica para con Dios, es evidente, porque: El justo por la fe vivirá"* (Gá. 3:11). Es la fe el instrumento que permite alcanzar la justificación al margen de toda obra legal. Pero, no es menos cierto, que el modo de vida del que ha sido justificado en vivir en la *fe*, como el apóstol Pablo escribe: *"Con Cristo estoy juntamente crucificado, y ya no vivo yo, mas vive Cristo en mí; y lo que ahora vivo en la carne, lo vivo en la fe del Hijo de Dios, el cual me amó y se entregó a sí mismo por mí"* (Gá. 2:20). La fe salvadora que permite la justificación es también la fe santificante, que permite llevar a cabo la vida cristiana en las demandas que el Señor establece para ella. El creyente vive en la fe del Hijo de Dios, es decir, no solo creyendo en Él, sino dependiendo de Él.

La dinámica de vida de Jesús, se hace dinámica de vida del cristiano que se sustenta en Él, que es nuestra esperanza, por medio de la fe, ya que esta *"es, pues, la certeza de lo que se espera, la convicción de lo que no se ve"* (He. 11:1). La fe de la vida cristiana está vinculada con una determinada expectativa a la que se llama, en el texto citado, *"lo que se espera"*. Esto no comprende todo el aspecto de la fe, sino un puntual, que es el tema del versículo que se considera. La fe es una realidad de la que los muchos ejemplos bíblicos, la demuestran. Traducido de otro modo el texto antes citado dice: *"Y es la fe la firme seguridad de las realidades que se esperan, la prueba convincente de lo que no se ve"*. La fe da, por tanto, solidez o firmeza en medio de la movilidad cambiante de todo lo que rodea a la experiencia humana. La fe no es la misma esperanza, pero nos vincula a Cristo que es esperanza plena, ya que todo cuanto ocurra en el futuro y las cosas que se produzcan, la herencia reservada, están no solo bajo Su control, sino que se desarrollarán conforme a Su soberanía. De ahí que las promesas que anhelamos sean ya una realidad potencial al aceptarlas por la fe, ya que todas ellas *"son en él si, y en él Amén"* (2 Co. 1:20). Por tanto, la herencia que esperamos no es una utopía, sino realidad, fundada en las promesas que Dios hace y que se revela en Su Palabra. La esperanza cristiana descansa en la fidelidad de Dios.

εἰς σωτηρίαν ἑτοίμην ἀποκαλυφθῆναι ἐν καιρῷ ἐσχάτῳ. El propósito de Dios para el futuro del creyente es *alcanzar la salvación*. Ésta está a punto de ser manifestada. El verbo ἀποκαλύπτω, significa literalmente *revelar*. Ese estadio de la salvación es el final del programa que Dios estableció para ella, que será manifestado *en el tiempo final*, o en el *último tiempo*. Expresión usada para referirse al tiempo de la presente dispensación (He. 1:2). Nuestra herencia está lista, preparada, para disfrutarla en el momento oportuno, que es inminente. Solo falta que el velo que la cubre, sea retirado, para que se revele en toda la dimensión gloriosa y sea disfrutada por quienes hemos sido salvos. Es el tiempo *escatológico* de algo que Dios tiene preparado y está cuidadosamente guardado, a punto para el momento que Él tiene determinado. Necesariamente debe notarse que la salvación tiene tres momentos. En el origen el de justificación, luego, en el desarrollo de la vida del salvo, la santificación, finalmente, la gloriosa dimensión eterna en la glorificación. La salvación es absolutamente genuina desde el momento del ejercicio de la fe (Ro. 5:1), pero, aunque es gloriosa la justificación y admirable la experiencia diaria de la santificación (2 Co. 6:2; Fil. 2:12), la plenitud de su condición asombrosa, el disfrute de la herencia, será únicamente descubierto en el día en que sea manifestada la gloria perpetua de ella.

Probada por el sufrimiento (1:6-9).

6. En lo cual vosotros os alegráis, aunque ahora por un poco de tiempo, si es necesario, tengáis que ser afligidos en diversas pruebas.

ἐν ᾧ	ἀγαλλιᾶσθε,	ὀλίγον	ἄρτι	εἰ δέον [ἐστὶν][1]	λυπηθέντες	ἐν
En lo cual	os alegráis,	un poco	aún	si necesario es,	siendo afligidos	en
ποικίλοις	πειρασμοῖς,					
diversas	pruebas.					

Análisis y notas del texto griego.

Análisis: ἐν, preposición propia de dativo *en*; ᾧ, caso dativo neutro singular del pronombre relativo *lo que, lo cual*; ἀγαλλιᾶσθε, segunda persona plural del presente de indicativo en voz media del verbo ἀγαλλιάω, *gozarse, alegrarse*, aquí *os alegráis*; ὀλίγον, adverbio *un poco*; ἄρτι, adverbio demostrativo, *ahora, por ahora*; εἰ, conjunción condicional *si*; δέον, caso nominativo neutro singular del participio de presente δεῖ, *ser necesario, deber*, aquí *necesario*; ἐστὶν, tercera persona singular del presente de indicativo en voz activa del verbo εἰμί, *ser, estar*, aquí *es*; λυπηθέντες, caso nominativo masculino plural de participio del primer aoristo en voz pasiva del verbo λυπέω, *entristecer, causar pesar, afligir*, aquí *siendo afligidos*; ἐν, preposición propia de dativo *en*; ποικίλοις, caso dativo masculino plural del adjetivo *diversas*, *varias*; πειρασμοῖς, caso dativo masculino plural del nombre común *pruebas*.

Notas: Crítica Textual. Lecturas alternativas.

[1] ἐστὶν, *es*, no está en א*, B, 1448, 1611, sy[h], Clemente.

ἐν ᾧ ἀγαλλιᾶσθε, El pronombre relativo con que se introduce la oración, puede ser considerado como masculino, que tendría como antecedente *el tiempo final*, o tomarlo como *neutro*, lo que comprendería como antecedente a los tres versículos anteriores, que sería la salvación con la herencia prometida a los salvos. Entendemos que debe ser esta última forma, de manera que el enlace del pasaje sería la expresión *Bendito sea Dios* (v. 3), de modo que se entiende como *bendito sea Dios por el gozo en las pruebas.* De modo que es posible porque lo que Dios da y hace es motivo de alegría para los creyentes. El gozo cristiano descansa en todo cuanto antes se ha expresado, que supera con mucho cualquier dificultad y tribulación. Aunque la aflicción sea intensa, el gozo íntimo e interno no disminuye, como ocurría con los apóstoles luego de ser azotados por disposición del sanedrín (Hch. 5:41). Quien está gozoso en la esperanza también es sufrido en la tribulación (Ro. 12:12). La tristeza o la aflicción no hace desaparecer el gozo (2 Co. 6:10).

ὀλίγον ἄρτι εἰ δέον ἐστὶν. La siguiente cláusula requiere que se le preste atención en la traducción. Literalmente se lee: *un poco aún si necesario es*, quiere decir que por un poco de tiempo viene la experiencia de la aflicción. Aunque desde la perspectiva humana cuando viene la aflicción el tiempo parece siempre largo, esa aflicción es siempre *poco*, comparada con las glorias venideras. Es preciso notar la presencia del verbo δεῖ, *ser necesario, deber*, esto es, las pruebas vienen cuando *es necesario*. Esta *necesidad* está determinada por la sabiduría de Dios, que conoce lo que es bueno para Sus hijos en cada momento. Por tanto, la prueba es un recurso de la disciplina o instrucción divina para el creyente. No es para algunos, sino para todos los que son hijos (He. 12:6-7). Dios permite las pruebas para fortalecer la fe y conducir a Sus hijos a la madurez espiritual.

λυπηθέντες ἐν ποικίλοις πειρασμοῖς, Las aflicciones son distintas, variadas, diferentes. El texto griego utiliza el adjetivo ποικίλοις, que tiene que ver con la raíz de *policromía*, diversos colores, puede expresarse la situación como *pruebas variopintas*. La misma expresión es usada por Santiago para hablar de ellas (Stg. 1:2). El creyente se ve rodeado de diversas pruebas. La realidad es que el creyente se encuentra en una situación conflictiva a causa de *diversas pruebas*. El sustantivo πειρασμοῖς, se traduce tanto por pruebas como por tentaciones. El sentido aquí es el de sufrimiento, consecuente con las dificultades provenientes del exterior, no tanto con conflictos surgidos en el interior de la persona. Las pruebas son, por tanto, situaciones o dificultades dolorosas que ponen a prueba la fe del creyente. Son luchas externas y conflictos propios de la vida cristiana, como se ha dicho en otros lugares y como advirtió Jesús: *"En el mundo tendréis aflicción"* (Jn. 16:33). Estas dificultades por las que se ven rodeados producen tristeza, como consecuencia natural. Sin embargo, Pedro, está invitando a los lectores a que en lugar de tristeza sientan gozo en el corazón cuando se está pasando por las dificultades. Las pruebas no son en sí mismas motivo de gozo, pero lo que está enseñando es que esas pruebas no impidan el gozo. Para alentar a los destinatarios de la *Epístola*, va a detallar algunas de las bendiciones que reportan las situaciones adversas en la vida del creyente.

7. Para que sometida a prueba vuestra fe, mucho más preciosa que el oro, el cual aunque perecedero se prueba con fuego, sea hallada en alabanza, gloria y honra cuando sea manifestado Jesucristo.

ἵνα τὸ δοκίμιον ὑμῶν τῆς πίστεως πολυτιμότερον χρυσίου
Para que el acrisolamiento de vosotros la fe, mucho más valiosa que oro
τοῦ ἀπολλυμένου διὰ πυρὸς δὲ δοκιμαζομένου, εὑρεθῇ εἰς
el que perece, pero por medio de fuego que es probado, sea hallada para
ἔπαινον καὶ δόξαν καὶ τιμὴν ἐν ἀποκαλύψει Ἰησοῦ Χριστοῦ·
alabanza y gloria y honor en revelación de Jesucristo.

Análisis y notas del texto griego.

Análisis: ἵνα, conjunción causal *para que*; τὸ, caso nominativo neutro singular del artículo determinado *lo*; δοκίμιον, caso nominativo neutro singular del nombre común *acrisolamiento, aquilatamiento*; ὑμῶν, caso genitivo de la segunda persona plural del pronombre personal declinado *de vosotros*; τῆς, caso genitivo femenino singular del artículo determinado *la*; πίστεως, caso genitivo femenino singular del nombre común *fe*; πολυτιμότερον, caso nominativo neutro singular del adjetivo comparativo *mucho más valiosa que*; χρυσίου, caso genitivo neutro singular del nombre común *oro*; τοῦ, caso genitivo neutro singular del artículo determinado *el*; ἀπολλυμένου, caso genitivo neutro singular del participio presente en voz activa del verbo ἀπόλλυμι, *perecer*, aquí *que perece*; διὰ, preposición propia de genitivo *por medio de*; πυρὸς, caso genitivo neutro singular del nombre común *fuego*; δὲ, partícula conjuntiva que hace las veces de conjunción coordinante, con sentido de *pero, más bien, y, y por cierto, antes bien, entonces*; δοκιμαζομένου, caso genitivo neutro singular del participio presente en voz pasiva del verbo δοκιμάζω, *examinar, poner a prueba, acrisolar*, aquí *que es probado*; εὑρεθῇ, tercera persona singular del aoristo primero de subjuntivo en voz pasiva del verbo εὑρίσκω, *encontrar, hallar*, aquí *sea hallada*; εἰς, preposición propia de acusativo *para*; ἔπαινον, caso acusativo masculino singular del nombre común *alabanza*; καὶ, conjunción copulativa *y*; δόξαν, caso acusativo femenino singular del nombre común *gloria*; καὶ, conjunción copulativa *y*; τιμὴν, caso acusativo femenino singular del nombre común *honor*; ἐν, preposición propia de dativo *en*; ἀποκαλύψει, caso dativo femenino singular del nombre común *revelación*; Ἰησοῦ, caso genitivo masculino singular del nombre propio declinado *de Jesús*; Χριστοῦ, caso genitivo masculino singular del nombre propio *Cristo*.

ἵνα τὸ δοκίμιον ὑμῶν τῆς πίστεως. El primer propósito divino en las pruebas, que es motivo de gozo, es que son permitidas para *aquilatar* nuestra fe. Las pruebas son la piedra de toque que manifiesta la calidad de la fe del creyente. No se puede afirmar el valor de algo, si no se somete a prueba para ver la calidad que tiene. Pedro usa aquí el adjetivo neutro sustantivado δοκίμιον, que a diferencia del uso en Santiago 1:2, no significa aquí el procedimiento para refinar un metal, sino el resultado final de esa operación, que conduce a la obtención del metal puro. De manera que las pruebas son la forma de manifestar que la fe es o no verdaderamente genuina. Así hizo Dios con Abraham, cuando le ordenó ofrecer a su hijo en el monte Moriah (Gn. 22:1-19), llegando a la conclusión que evidentemente temía a Dios (Gn. 22:12). Por la misma vía pasó Job tras la experiencia producida por los ataques de Satanás (Job 1:6-2:10), para alcanzar el testimonio divino de una fe sólida y ser bendecido doblemente de cuanto había perdido o tenido antes de la prueba (Job. 42:12). Una de las evidencias de la verdadera fe es que produce perseverancia (Stg. 1:3). El beneficio de la tribulación o de la prueba será considerado más adelante (5:10). Dios no *prueba* al creyente para descubrir si tiene fe o no, porque Él ya lo sabe, sino para que el mismo creyente descubra la realidad de la propia fe personal.

πολυτιμότερον χρυσίου τοῦ ἀπολλυμένου διὰ πυρὸς δὲ δοκιμαζομένου, El apóstol compara la fe con el oro. Nadie toma como oro un metal reluciente. El mismo oro, que es dúctil y maleable, se le alea con cobre para darle consistencia, pero, cuando se necesita disponer de oro puro, se pasa por el procedimiento del crisol, donde se alcanza el grado de licuación del oro que permite la separación de los otros metales contenidos en él. Este oro es purificado por fuego. Sin embargo, Pedro dice que es *perecedero*, porque es transitorio, ya que es temporal y pertenece al mundo en el que nada es perpetuamente inalterable. Hay productos químicos como el llamado *agua regia* que es capaz de alterar el oro, sin embargo, sigue siendo un valor de referencia en todo el mundo. La fe, comparada con el oro, también ha de ser probada para manifestar que tiene la condición propia de ella. Mientas que el oro es *perecedero* y aunque acrisolado no es incorruptible, la fe es perenne (1 Co. 13:13). La fe del creyente permanece en las pruebas porque descansa completamente en Él y sabe que *"suplirá todo lo que os falta conforme a sus riquezas en gloria en Cristo Jesús"* (Fil. 4:19). Pedro afirma que nuestra fe es mucho más preciosa que el oro, esencialmente porque está a punto de recibir la *herencia* de la que se ha considerado antes, con todas las características de gloria y permanencia, imposible de ser destruida o extinguida o minusvalorada como ocurre con el oro. Por tanto, si el oro se purifica con fuego, la fe ha de serlo por medio del *fuego de las pruebas*.

εὑρεθῇ εἰς ἔπαινον καὶ δόξαν καὶ τιμὴν. La aprobación de la fe tiene como objetivo *ser hallada* en *alabanza, gloria y honor*, cuando Jesucristo sea manifestado. Esa misma verdad fue enseñanza antes por el Señor: *"Bienaventurados sois cuando por mi causa os vituperen y os persigan, y digan toda clase de mal contra vosotros, mintiendo. Gozaos y alegraos, porque vuestro galardón es grande en los cielos"* (Mt. 5:11-12). El Señor orienta la visión de los creyentes, no hacia la temporalidad donde las pruebas y dificultades se producen, sino a la perpetuidad, en el lugar en que el sufrimiento queda plenamente superado por la provisión que Dios tiene para los Suyos. De igual modo Pedro hace esto mismo llamando, antes de hablar de las pruebas y padecimientos, a las riquezas de la herencia reservada en los cielos. Por consiguiente, en medio de las pruebas, el creyente puede alegrarse y regocijarse. No está feliz con el sufrimiento, pero sabe que es la puerta a una dimensión gloriosa que no termina jamás. Las dificultades son momentáneas y pasajeras, no pueden durar en la mayor extensión que el tiempo de vida del que las sufre. Pero, más allá de esta vida, se abre una perpetua en la presencia del Señor. Allí Dios ha dispuesto de *galardón* para quienes le han servido en medio del sufrimiento. Santiago escribe: *"bienaventurado el varón que soporta la tentación; porque cuando haya resistido la prueba, recibirá la corona de vida, que Dios ha prometido a los que le aman"* (Stg. 1:12). Los sufrimientos momentáneos y finalmente la muerte física, abre para el creyente la puerta a la experiencia de una vida perdurable, en donde recibirá la recompensa por su fidelidad. El Señor demanda a cada cristiano una entrega semejante a la Suya, pero ofrece también la corona que expresa la victoria en medio del conflicto: *"Se fiel hasta la muerte, y yo te daré la corona de la vida"* (Ap. 2:10).

Sin embargo, sorprende lo que sigue en el versículo. La fe será para *alabanza, gloria y honra*, con que será honrado el creyente fiel. No se trata de que la fe lleve alabanza, gloria y honra a Dios, que sin duda es también una verdad, pero es Dios que reconoce alabando y honrando la vida de fe del creyente. Esto mismo es la enseñanza del apóstol Pablo: *"vida eterna a los que, perseverando en bien hacer, buscan gloria y honra e inmortalidad... pero gloria y honra y paz a todo el que hace lo bueno"* (Ro. 2:7, 10). Parece imposible que los creyentes cuyas vidas han de ser de tal modo que lleven alabanza a Dios (Mt. 5:16), reciban ellos alabanza de parte del Señor. Esto está ilustrado en la parábola de los talentos, donde Jesús alaba al siervo que ha cumplido su misión (Mt. 25:21-23). Aunque la alabanza perpetua, el honor y la gloria serán primero para Dios mismo, el creyente recibirá de Él coronas de victoria (1 Co. 9:25; 2 Ti. 4:8; Stg. 1:12; 1 P. 5:4; Ap. 2:10). Estas coronas de *alabanza, gloria y honra* serán puestas delante del trono para gloria de Dios (Ap. 4:10).

ἐν ἀποκαλύψει Ἰησοῦ Χριστοῦ· La manifestación del trabajo de las pruebas, tendrá lugar *"cuando sea manifestado Jesucristo"*. Pedro no usa un verbo, sino un sustantivo ἀποκαλύψις, *revelación*, para referirse no a la venida de alguien ausente hasta ese momento, sino el visible descubrimiento de quien ha estado espiritual e invisiblemente presente todo el tiempo (1 Co. 1:7; 2 Ts. 1:7). El galardón será dado en el día del Señor Jesús, en la revelación de Su gloria. Las lágrimas de las pruebas serán enjugadas para siempre en los cielos; esta es la promesa: *"Enjugará Dios toda lágrima de los ojos de ellos; y ya no habrá muerte, ni habrá más llanto, ni clamor, ni dolor; porque las primeras cosas pasaron"* (Ap. 21:4). Esta esperanza ha hecho posible que el creyente supere el sufrimiento y sienta gozo en medio de las pruebas. El ejemplo de Cristo hace posible que las pruebas no detengan el regocijo que el Espíritu produce en el alma cristiana (He. 12:2). Cuando las lágrimas se derraman y las dificultades se producen, cuando Satanás procura debilitar la fe y hacer retroceder al creyente en su camino de *testimonio*, el cristiano tiene un remedio eficaz: *"Considerad a aquel que sufrió tal contradicción de pecadores contra sí mismo, para que vuestro ánimo no se canse hasta desmayar"* (He. 12:3). Por esa razón la aflicción momentánea, en lugar de producir desaliento, genera una profunda esperanza y un cada vez más excelente y eterno peso de gloria, porque la vista del cristiano no se asienta sobre lo que es pasajero, sino sobre lo que es eterno (2 Co. 4:17-18).

Además, el cristiano no está sólo en la experiencia del conflicto y del sufrimiento. Hay una gran compañía de creyentes que a lo largo de la historia humana pasaron por tribulaciones y angustias a causa de su fidelidad al Señor. El Señor hacía notar a Su auditorio, en la referencia del Sermón del Monte, que todos los profetas que fueron antes que ellos en la historia de Israel, pasaron también por persecución y dificultades. Es suficiente con la lectura de la lista de héroes de la fe para darse cuenta de ello. Muerte, angustia, dificultades sin número, persecuciones, sufrimientos, fue la experiencia de los profetas, que servían al Señor (He. 11:35-37). El mundo los consideraba indignos de vivir y los perseguía, pero realmente el mundo no era digno de tales personas (He. 11:38). Como ejemplos más próximos al tiempo actual, los apóstoles sufrieron también conflictos continuados. Es altamente impactante el ejemplo de sus experiencias, *"en tribulaciones, en necesidades, en angustias; en azotes, en cárceles, en tumultos, en trabajos, en desvelos, en ayunos...; como engañadores, pero veraces; como desconocidos, pero bien conocidos; como moribundos, más he aquí vivimos; como castigados, más no muertos; como entristecidos, mas siempre gozosos; como pobres, mas enriqueciendo a muchos; como no teniendo nada, mas poseyéndolo todo"* (2 Co. 6:4-10). Pero, por si aún fuese poco, el ejemplo supremo del Señor sirve de estímulo para quienes viven Su vida en ellos. Fue maldecido, amenazado, maltratado, juzgado injustamente y finalmente muerto (2:21-24), cuando Su único delito fue el de pasar por el mundo haciendo bienes y sanando a todos los oprimidos (Hch. 10:38). Todo cuando pueda pasar en la vida del creyente se asume y entiende sin perder el gozo y la paz, cuando puede decir como expresión de lo que es su vida: *"Para mí, el vivir es Cristo"*.

8. A quien amáis sin haberle visto, en quien creyendo, aunque ahora no lo veáis, os alegráis con gozo inefable y glorioso.

ὃν οὐκ ἰδόντες ἀγαπᾶτε, εἰς ὃν ἄρτι μὴ ὁρῶντες πιστεύοντες
A quien no visto amáis, en quien aún no viendo creéis
δὲ ἀγαλλιᾶσθε χαρᾷ ἀνεκλαλήτῳ καὶ δεδοξασμένῃ
y alegráis con gozo inefable y glorificada.

Análisis y notas del texto griego.

Análisis: ὃν, caso acusativo masculino singular del pronombre relativo declinado *a quien*; οὐκ, forma escrita del adverbio de negación *no*, con el grafismo propio ante una vocal con espíritu suave o una enclítica; ἰδόντες, caso nominativo masculino plural del participio del segundo aoristo del verbo ὁράω, *ver, mirar*, aquí *visto*; ἀγαπᾶτε, segunda persona plural del presente de indicativo en voz activa del verbo ἀγαπάω, *amar*, aquí *amáis*; εἰς, preposición propia de acusativo *en*; ὃν, caso acusativo masculino singular del pronombre relativo *quien*; ἄρτι, adverbio *aun*; μὴ, partícula negativa que hace las funciones de adverbio de negación condicional, *no*; ὁρῶντες, caso nominativo masculino plural del participio de presente del verbo ὁράω, *ver, mirar*, aquí *viendo*; πιστεύοντες, caso nominativo masculino plural del participio de presente del verbo πιστεύω, *creer*, aquí *creyendo*; δὲ, partícula conjuntiva que hace las veces de conjunción coordinante, con sentido de *pero, más bien, y, y por cierto, antes bien, entonces*; ἀγαλλιᾶσθε, tercera persona plural del presente de indicativo en voz media del verbo ἀγαλλιάω, *alegrarse*, aquí *os alegráis*; χαρᾷ, caso dativo femenino singular del nombre común declinado *con gozo*; ἀνεκλαλήτῳ, caso dativo femenino singular del adjetivo declinado *con gozo*; καὶ, conjunción copulativa *y*; δεδοξασμένῃ, caso dativo femenino singular del participio perfecto pasivo del verbo δοξάζω, *glorificar, honrar, alabar*, aquí *glorificada*.

ὃν οὐκ ἰδόντες ἀγαπᾶτε, El pronombre relativo hace referencia al que ha de ser manifestado, del versículo anterior, cuyo sujeto es Jesucristo (v. 7). A Éste, literalmente no le han visto, pero le aman. Esto es un hecho real e histórico propio de cada creyente. A Éste que no se ve con los ojos físicos se le ve espiritualmente por fe y es objeto del amor de cada creyente. Este amor es el distintivo que identifica a quienes tienen fe viva o verdadera. Lo mismo que la fe, el amor a Cristo es también inalterable, no le afectan las circunstancias ni las pruebas (Ef. 6:24). La herencia gloriosa y las bendiciones futuras han sido preparadas por Dios, por tanto, son asombrosas e impensables para el hombre, estando destinadas para quienes aman a Jesucristo (1 Co. 2:9). Los que aman a Dios son verdaderamente creyentes y son conocidos por Él (1 Co. 8:3). Las bendiciones de Dios se proyectan más allá de la vida para quienes le aman (Stg. 1:12). Todos los verdaderos creyentes aman al Dios-hombre exaltado, como afirma aquí el apóstol. El amor al Señor Jesucristo es evidencia de la salvación. Ese amor es inalterable, que transita el tiempo y se proyecta a la eternidad.

εἰς ὃν ἄρτι μὴ ὁρῶντες πιστεύοντες. Al que se ama es también el objeto de la fe. No se le ve, pero se cree en Él. En ambos casos se puntualiza el hecho de *no ver* al Señor, sin embargo, aunque no se le ve, se le ama y aunque no se le ve se cree en Él. Los ojos de la fe revelan mejor que los físicos la gloria de Jesús (He. 12:2). En Él ponemos la mirada cuando estamos en diversas pruebas. En esa contemplación la puede discernir los sufrimientos del Señor y con ello alcanzar la comprensión de la gracia divina hacia el pecador perdido (2 Co. 8:9), pero es también la razón que impulsa el amor hacia Él (2 Co. 5:14-15). Al descubrir la grandeza de Su amor, se le ama porque Él nos amó primero (1 Jn. 4:19). No se le ve, pero es objeto de nuestro amor y fe. El Señor había dicho a Tomás, que *serían dichosos los que creyeran en Él sin haberle visto* (Jn. 20:29).

δὲ ἀγαλλιᾶσθε χαρᾷ ἀνεκλαλήτῳ καὶ δεδοξασμένῃ. Las pruebas no detienen el gozo. Pedro dice que todos los creyentes se alegran con gozo *inefable y glorificado*. Este gozo es en Cristo y nace por la realidad de Él en el creyente (Col. 1:27b). En la aflicción el gozo no es pequeño sino *inefable*, literalmente *indecible*, esto es, no hay palabras para describirlo en toda su extensión. De otro modo, es un gozo de una dimensión celestial que está fuera del alcance de las palabras propias del lenguaje para describirlo. Pero, también es *glorificado*, porque está relacionado con la gloria.

Como escribe el profesor José Alonso:

"Los adjetivos que califican esta alegría tienen ciertamente algo de escatológico (cf.4:13; 1 Co. 2:9; Is. 64:4), porque un resplandor de la gloria futura ilumina ya la alegría presente y establece una zona crepuscular entre el futuro y el presente que difumina todo límite preciso entre ambos, y es característica del dinamismo de la salvación, que se aproxima como luz del día (cf. Ro. 13:11-12)[17]".

El gozo de la esperanza gloriosa del encuentro con el Señor y todo lo que ello representará (Jn. 14:2-3; 1 Ts. 4:17). El gozo que obra del Espíritu Santo en el creyente (Gá. 5:22), que reproduce el gozo de Cristo en la vida cristiana, por eso la dimensión es plena y total.

9. Obteniendo el fin de vuestra fe, que es la salvación de vuestras almas.

κομιζόμενοι	τὸ	τέλος	τῆς	πίστεως	[ὑμῶν][1]	σωτηρίαν	ψυχῶν.
Obteniendo	el	fin	de la	fe	de vosotros	salvación	de almas.

Análisis y notas del texto griego.

Análisis: κομιζόμενοι, caso nominativo masculino plural del participio presente en voz media del verbo κομίζω, *obtener, conseguir,* aquí *obteniendo*; τὸ, caso acusativo neutro singular del artículo determinado *el*; τέλος, caso acusativo neutro singular del nombre común *fin*; τῆς, caso genitivo femenino singular del artículo determinado declinado *de la*; πίστεως, caso genitivo femenino singular del nombre común *fe*; ὑμῶν, caso genitivo de la segunda persona plural del pronombre personal declinado *de vosotros*; σωτηρίαν, caso acusativo femenino singular del nombre común *salvación*; ψυχῶν, caso genitivo femenino plural del nombre común declinado *de almas*.

[17] José Alonso. o. c., pág. 248.

Notas. Crítica Textual. Lecturas alternativas.

[1] ὑμῶν, *de vosotros*, lectura atestiguada en ℵ, A, C, Ψ, 048, 5, 33, 81, 307, 436, 442, 642, 1243, 1448, 1611, 1735, 2344, 2492, 𝔐, K, L, P, *Lect*, cop^{bo}, geo, Clemente, Agustín.

ἡμῶν, *de nosotros*, según se lee en *l*751, cop$^{bo/ms}$, Orígenes^{lat}.

No está en B, cop^{sa}, Clemente^{gr}, Atanasio, Dídimo, Cirilo, Jerónimo, Agustín.

κομιζόμενοι τὸ τέλος τῆς πίστεως. El versículo comienza con el verbo κομίζω, que expresa la idea de recibir lo prometido o esperado, conteniendo el sentido de *conseguir para sí.* Esto que se recibe es el propósito o el objetivo de la fe, que puede traducirse como *el fin de vuestra fe*, esto es, la culminación de la fe, o el resultado final y definitivo de ella.

ὑμῶν σωτηρίαν ψυχῶν. Ese fin es *la salvación de vuestras almas*. Sin embargo, es preciso entender que la salvación no se consigue por actividades humanas o por méritos personales, sino que es plenamente de Dios y se obtiene por gracia, mediante la fe (Ef. 2:8-9). Como se ha dicho en varios lugares del *comentario*, la salvación tiene tres etapas: 1) En el pasado, mediante la liberación de la responsabilidad penal del pecado, manifestada en la justificación (Ro. 5:1). 2) En el presente, mediante la liberación del poder del pecado, manifestada en la santificación (Fil. 2:12); 3) En el futuro, mediante la liberación de la presencia del pecado, en la glorificación (v. 7). La meta final de la fe determina la salvación plena de la persona, expresada aquí por la forma *vuestras almas*.

La victoria de la fe tiene que ver con el tiempo presente cuando se escribe la *Epístola*. Genera gozo porque es el medio para alcanzar victoria sobre el mundo (1 Jn. 5:4). Es, por tanto, esencial para la vida de santificación, la salvación en el tiempo presente. El único modo de conseguir una vida que agrade a Dios, es en la esfera de la fe (He. 11:6). Dios, por medio de la vida de fe, obtiene el fin determinado para cada etapa de la salvación. El gozo es una constante porque todas las victorias del presente, unidas a los sufrimientos que ocasiona el mundo, y las glorias del futuro están garantizadas por Cristo y en Él, así lo afirmó el Señor: *"Estas cosas os he hablado, para que mi gozo esté en vosotros, y vuestro gozo sea cumplido"* (Jn. 15:11).

Anunciada por los profetas (1:10-12).

10. Los profetas que profetizaron de la gracia destinada a vosotros, inquirieron y diligentemente indagaron acerca de esta salvación.

περὶ	ἧς	σωτηρίας	ἐξεζήτησαν	καὶ	ἐξηραύνησαν	προφῆται
Acerca de	la cual	salvación	inquirieron	e	indagaron	profetas

οἱ	περὶ	τῆς	εἰς	ὑμᾶς	χάριτος	προφητεύσαντες,
los	acerca de	la	a	vosotros	gracia	profetizado.

Análisis y notas del texto griego.

Análisis: περὶ, preposición propia de genitivo *acerca de*; ἧς, caso genitivo femenino singular del pronombre relativo *la que, la cual, que*; σωτηρίας, caso genitivo femenino singular del nombre común *salvación*; ἐξεζήτησαν, tercera persona plural del aoristo primero de indicativo en voz activa del verbo ἐκζητέω, *inquirir*, aquí *inquirieron*; καὶ, conjunción copulativa *y*; ἐξηραύνησαν, tercera persona plural del aoristo primero de indicativo en voz activa del verbo ἐξεραυνάω, *indagar*, aquí *indagaron*; προφῆται, caso nominativo masculino plural del nombre común *profetas*; οἱ, caso nominativo masculino plural del artículo definido *los*; περὶ, preposición propia de genitivo *acerca de*; τῆς, caso genitivo femenino singular del artículo determinado *la*; εἰς, preposición propia de acusativo *a*; ὑμᾶς, caso acusativo de la segunda persona plural del pronombre personal *vosotros*; χάριτος, caso genitivo femenino singular del nombre común *gracia*; προφητεύσαντες, caso nominativo masculino plural del participio aoristo primero en voz activa del verbo προφητεύω, *profetizar*, aquí *profetizado*.

περὶ ἧς σωτηρίας ἐξεζήτησαν καὶ ἐξηραύνησαν προφῆται. La gracia está presente en la profecía. Pedro menciona aquí a *los profetas*. En el texto griego está sin artículo, lo que, en caso de otro redactor, podría suponer un significado especial, pero en la *Epístola* es una forma habitual de redacción. Puede caber aquí la pregunta: ¿qué profetas? Podrían ser los del Antiguo Testamento, los del Nuevo, o ambos. Sin embargo, el entorno textual casi exige limitarlo a *los profetas* que escribieron en el nombre del Señor y cuyas profecías quedaron registradas en el Antiguo Testamento. Realmente la *gracia* está en mayor o menor extensión, presente en todo el conjunto de profecía anterior a Cristo, desde Moisés a Malaquías.

οἱ περὶ τῆς εἰς ὑμᾶς χάριτος προφητεύσαντες, Los profetas indagaron e investigaron el tema de la salvación, que ocupó el párrafo anterior de la *Epístola*. Acerca de la salvación los profetas hablaron de la gracia destinada a los creyentes de esta dispensación. A estos profetas llevó Jesús a los Suyos luego de Su resurrección, como fue el caso de los discípulos de Emaús, al decirles: *"¿No era necesario que el Cristo padeciera estas cosas, y que entrara en Su gloria? Y comenzando desde Moisés, y siguiendo por todos los profetas, les declaraba en todas las Escrituras lo que de él decían"* (Lc. 24:26-27). Al impulso, dirección e inspiración del Espíritu (2 P. 1:21), todos los profetas escribieron sobre la gracia que había de venir para salvación *a vosotros*, esto es, a los creyentes de este tiempo. Esta gracia estaba orientada a la *salvación*. Debe apreciarse que hay dos palabras que pudieran incluso ser sinónimas, en relación con la obra divina, una es *la gracia* y otra la *salvación*. Esta última tiene que ver con la operación divina para salvar a los pecadores (cf. Mat. 20:28; Lc. 24:46-47; Jn. 12:32-33; Tit. 3:7; He. 9:24-28). La primera abarca todo el motivo, razón y causa de la salvación (cf. Hch. 20:32; Ro. 5:15; Ef. 2:5, 8-10; 2 Ts. 1:11-12).

Esos profetas trataron, indagando diligentemente e investigando, de comprender *la gracia* de Dios para salvación. Sobre todo, para ellos resultaba difícil, debido al entorno teológico del Antiguo Pacto, que los gentiles fuesen alcanzados para salvación por idéntico camino que los judíos. Sorprende que algunos eruditos insistan en que el problema de los profetas era entender la salvación de los gentiles, pero esto no era ninguna novedad, puesto que los gentiles –algunos de ellos– se salvaron a lo largo de la antigua dispensación. La forma de salvación es igual para todos los hombres, por tanto, el primer hombre que se salvó en la historia humana fue por gracia mediante la fe, y el último que se salve antes de cielos nuevos y tierra nueva, lo será de la misma manera. Aún más, la salvación siempre ha estado dispuesta para los pecadores (Dt. 32:15; Sal. 3:8; 27:1; Is. 55:1-2, 6-7; Jon. 2:9). El problema de comprensión está relacionado con lo que sigue en el próximo versículo, en donde se habla de la obra del Mesías, pero lo que no podían alcanzar a comprender era el tiempo en que haría Su aparición. De manera que la gracia de Dios iba a efectuar por medio del Mesías la salvación para todos los hombres (Is. 53:5). Un conflicto comprensivo se establecía en los profetas, ya que anunciaban que el Mesías reinaría, pero en otros lugares se habla de Sus sufrimientos y muerte. A pesar de la investigación detallada de los escritos proféticos, había dificultades serias en conocer la extensión y tiempo de la manifestación de la gracia que alcanzaría a todos los hombres tanto judíos como gentiles. Jesús habló de esta situación cuando dijo a los discípulos: *"Porque de cierto os digo, que muchos profetas y justos desearon ver lo que veis, y no lo vieron; y oír lo que oís, y no lo oyeron"* (Mt. 13:17). La limitación en relación con el cumplimiento profético era notoria para los antiguos profetas, incluyendo entre ellos a Juan el Bautista, por eso el empeño que pusieron para estudiar y comprender el mensaje profético que les había sido revelado. Sin duda también para ellos resultaba difícil de entender los aspectos de la gracia que se extendía a otros pueblos que no eran Israel (Zac. 2:11).

11. Escudriñando qué persona y qué tiempo indicaba el Espíritu de Cristo que estaba en ellos, el cual anunciaba de antemano los sufrimientos de Cristo, y las glorias que vendrían tras ellos.

ἐραυνῶντες εἰς τίνα ἢ ποῖον καιρὸν ἐδήλου τὸ ἐν αὐτοῖς Πνεῦμα
Escudriñando a qué o cuál tiempo indicaba el en ellos Espíritu
Χριστοῦ προμαρτυρόμενον τὰ εἰς Χριστὸν παθήματα καὶ τὰς
de Cristo que testificaba de antemano lo en Cristo padecimientos y de las
μετὰ ταῦτα δόξας.
después de estos glorias.

Análisis y notas del texto griego.

Análisis: ἐραυνῶντες, caso nominativo masculino plural del participio presente en voz activa del verbo ἐραυνάω, *investigar, escudriñar*, aquí *escudriñando*; εἰς, preposición propia de acusativo *a*; τίνα, caso acusativo masculino singular del adjetivo interrogativo *qué*; ἢ, conjunción disyuntiva *o*; ποῖον, caso acusativo masculino singular del adjetivo interrogativo *cuál*; καιρὸν, caso acusativo masculino singular del nombre común *tiempo*; ἐδήλου, tercera persona singular del imperfecto de indicativo en voz activa del verbo δηλόω, *manifestar, informar, revelar, indicar*, aquí *indicaba*; τὸ, caso nominativo neutro singular del artículo definido *el*; ἐν, preposición propia de dativo *en*; αὐτοῖς, caso dativo masculino de la tercera persona plural del pronombre personal *ellos*; Πνεῦμα, caso nominativo neutro singular del nombre divino *Espíritu*; Χριστοῦ, caso genitivo masculino singular del nombre propio declinado *de Cristo*; προμαρτυρόμενον, caso nominativo neutro singular del participio presente en voz media del verbo προμαρτύρομαι, *testificar anticipadamente, testificar de antemano*, aquí *testificando de antemano* o *que testificaba de antemano*; τὰ, caso acusativo neutro plural del artículo determinado *los*; εἰς, preposición propia de acusativo *a*; Χριστὸν, caso acusativo masculino singular del nombre propio *Cristo*; παθήματα, caso acusativo neutro plural del nombre común *sufrimientos*; καὶ, conjunción copulativa *y*; τὰς, caso acusativo femenino plural del artículo determinado *las*; μετὰ, preposición propia de acusativo *después de*; ταῦτα, caso acusativo neutro plural del pronombre demostrativo *estos*; δόξας, caso acusativo femenino plural del nombre común *glorias*.

ἐραυνῶντες εἰς τίνα ἢ ποῖον καιρὸν. El trabajo de investigación de los profetas procuraba precisar el tiempo en que se cumplirían *esas cosas*. Los dos adjetivos interrogativos separados por la conjunción disyuntiva *o*, hace que algunos procuren aclarar la expresión añadiendo luego del primero el término *persona*, con lo que la oración queda de este modo: *investigando a que persona y que tiempo*. Pero realmente lo que ellos procuraban precisar era *qué* tiempo y *que condición* tendría para la manifestación de la obra de salvación que llevaría a cabo el Mesías. Todos los profetas sabían que Cristo vendría, pero desconocían cuando sería y que circunstancias rodearían esa venida. De otro modo, su interés era saber el tiempo y las circunstancias de la venida del Salvador.

ἐδήλου τὸ ἐν αὐτοῖς Πνεῦμα Χριστοῦ. El testimonio profético o, si se prefiere, la profecía en sí, no obedecía a la acción del Espíritu Santo, que aquí llama *Espíritu de Cristo*. Sobre este aspecto tratará el apóstol en otro escrito (2 P. 1:21), para afirmar allí que ninguna profecía vino por voluntad humana, sino por inspiración divina mediante la acción del Espíritu Santo. Pedro dice aquí que el Espíritu estaba *en* los profetas, esto es, controlaba, revelaba el mensaje, custodiaba que se transmitiera con total fidelidad, para que la profecía fuese *palabra de Dios* y, por tanto, con cumplimiento firme y fiel. Los profetas actuaban por indicación del Espíritu Santo. Este mensaje que transmitía el profeta no era, muchas veces, comprensible para él, despertando preguntas en ellos que procuraban responder mediante una investigación diligente del mensaje. Probablemente la profecía del Mesías sufriente, no era comprensible para ellos y se preguntaban en que tiempo o de qué forma ocurriría todo aquello.

προμαρτυρόμενον τὰ εἰς Χριστὸν παθήματα καὶ τὰς μετὰ ταῦτα δόξας. La profecía *anunciaba de antemano*, es decir, manifestaba claramente acontecimientos que tendrían lugar en el futuro, anticipándolos en el mensaje profético al tiempo en que fueron escritos. Ese mensaje tenía que ver *con los sufrimientos de Cristo*, esto es, los que estaban destinados a Él, como consecuencia de la acción salvadora. La profecía revela ampliamente que el Mesías había de sufrir (Sal. 22; Is. 53). Pero, ese mismo mensaje anunciaba glorias después del sufrimiento. Tras ellos una gloriosa dimensión no comprensible para el hombre, tendría lugar luego del sufrimiento. Es notable el plural *glorias*, que pudiera expresar las diversas manifestaciones glorificadoras del Mesías, como es la resurrección, la ascensión y la sesión a la diestra de Dios (3:22), todas estas son *glorias* que siguen al sufrimiento que padeció en la obra de salvación.

12. A éstos se les reveló que no para sí mismos, sino para nosotros, administraban las cosas que ahora os son anunciadas por los que os han predicado el evangelio por el Espíritu Santo enviado del cielo; cosas en las cuales anhelan mirar los ángeles.

οἷς ἀπεκαλύφθη ὅτι οὐχ ἑαυτοῖς ὑμῖν δὲ διηκόνουν
A los que fue revelado que no para sí mismos sino para vosotros ministraban
αὐτά, ἃ νῦν ἀνηγγέλη ὑμῖν διὰ τῶν
estas cosas que ahora fueron anunciadas os mediante los
εὐαγγελισαμένων ὑμᾶς [ἐν] Πνεύματι Ἁγίῳ ἀποσταλέντι ἀπ᾽
que predicaron el evangelio os por Espíritu Santo enviado de
οὐρανοῦ, εἰς ἃ ἐπιθυμοῦσιν ἄγγελοι παρακύψαι.
Cielo, en las que anhelan ángeles inclinarse para mirar.

Análisis y notas del texto griego.

Análisis: οἷς, caso dativo masculino plural del pronombre relativo declinado *a los que*; ἀπεκαλύφθη, tercera persona singular del aoristo primero de indicativo en voz pasiva del verbo ἀποκαλύπτω, *revelar*, aquí *fue revelado*; ὅτι, conjunción *que*; οὐχ, forma escrita del adverbio de negación *no*, con el grafismo propio ante vocal con espíritu áspero; ἑαυτοῖς, caso dativo masculino plural del pronombre reflexivo declinado *para sí mismos*; ὑμῖν, caso dativo de la segunda persona plural del pronombre personal declinado *para vosotros*; δὲ, partícula conjuntiva que hace las veces de conjunción coordinante, con sentido de *pero, más bien, y, y por cierto, antes bien, entonces*; διηκόνουν, tercera persona plural del imperfecto de indicativo en voz activa del verbo διακονέω, *servir, ministrar*, aquí *ministraban*; αὐτά, caso acusativo neutro plural del pronombre personal *éstos*, en sentido de *estas cosas*; ἃ, caso nominativo neutro plural del pronombre relativo *los que, los cuales, que*; νῦν, adverbio demostrativo *ahora*; ἀνηγγέλη, tercera persona singular del segundo aoristo de indicativo en voz pasiva del verbo ἀναγγέλω, *anunciar, avisar, dar a conocer*, aquí *fueron anunciadas*; ὑμῖν, caso dativo de la segunda persona plural del pronombre personal declinado *a vosotros, os*; διὰ, preposición propia de genitivo *mediante*; τῶν, caso genitivo masculino plural del artículo determinado *los*; εὐαγγελισαμένων, caso genitivo masculino plural del participio aoristo primero en voz media del verbo εὐαγγελίζω, *evangelizar, predicar las buenas nuevas, predicar el evangelio*, aquí *que predicaron el evangelio*; ὑμᾶς, caso acusativo de la segunda persona plural del pronombre personal *os*; ἐν, preposición propia de dativo *en, por*; Πνεύματι, caso dativo neutro singular del nombre *Espíritu*; Ἁγίῳ, caso dativo neutro singular del adjetivo *Santo*; ἀποσταλέντι, caso dativo neutro singular del participio del segundo aoristo en voz pasiva del verbo ἀποστέλλω, *enviar*, aquí *que fue enviado*; ἀπ᾽, preposición propia de genitivo ἀπό, con el grafismo que adopta por elisión de la o final ante vocal o diptongo sin aspiración, que equivale a *de, desde, procedente de, por medio de, con, por*; οὐρανοῦ, caso genitivo masculino singular del nombre común *cielo*; εἰς, preposición propia de acusativo *en*; ἃ, caso acusativo neutro plural del pronombre relativo *los que, los cuales, que*;

ἐπιθυμοῦσιν, tercera persona plural del presente de indicativo en voz activa del verbo ἐπιθυμέω, *desear, anhelar*, aquí *anhelan*; ἄγγελοι, caso nominativo masculino plural del nombre común *ángeles*; παρακύψαι, aoristo primero de infinitivo en voz activa del verbo παρακύπτω, *inclinarse para mirar, asomarse para ver.*

οἷς ἀπεκαλύφθη ὅτι οὐχ ἑαυτοῖς ὑμῖν δὲ διηκόνουν αὐτά, *A los cuales*, esto es a los profetas que estaban investigando con diligencia aquello que del mensaje profético no llegaban a comprender, mediante revelación divina, esto es, Dios les desveló personalmente algo sobre la *revelación profética* que ellos habían escrito. Esta manifestación de Dios cortaba, en cierto modo la insistente investigación que hacían sobre el tiempo y las circunstancias en que se cumpliría lo que anunciaban en nombre de Dios.

A estos se les anunció que el mensaje profético tenía destinatarios de tiempos posteriores a los de ellos. Los profetas *administraban* o *ministraban*, que es el sentido del verbo διακονέω, que Pedro utiliza aquí. Ellos servían mediante la manifestación y escritura del mensaje profético que habían recibido de Dios mismo para comunicar. Ellos tenían la convicción de que todo el mensaje señalaba a los tiempos mesiánicos, en los que Cristo realizaría la obra de salvación que permitiría extender la proclamación del evangelio y la invitación a salvación, mediante la fe en el Salvador, a todos los hombres en todo el mundo. Ellos estaban comunicando en un servicio especial, un mensaje de Dios, no para ellos, sino para otros.

ἃ νῦν ἀνηγγέλη ὑμῖν διὰ τῶν εὐαγγελισαμένων ὑμᾶς, Las profecías cumplidas son ahora la base de la proclamación del evangelio. Estos mensajes son anunciados por los *evangelizadores*, como expresa el uso del participio aoristo εὐαγγελισαμένων, que hace referencia a los que predicaron el evangelio, cuyo mensaje alcanzó a los lectores, destinatarios de la *Epístola*. Vida, muerte, resurrección y reinado de Cristo son parte del mensaje profético y fundamento del evangelio, como el apóstol Pablo enseña escribiendo a los corintios: *"Porque primeramente os he enseñado lo que asimismo recibí: Que Cristo murió por nuestros pecados, conforme a las Escrituras; y que fue sepultado, y que resucitó al tercer día, conforme a las Escrituras"* (1 Co. 15:3-4). Los mensajes del evangelio proclamados en los primeros tiempos del cristianismo tienen amplias referencias a citas tomadas de los escritos proféticos. El evangelio es un mensaje bíblico, y su proclamación descansa en las revelaciones de Dios y no en la sabiduría de los hombres. Así lo entendían los apóstoles (Gá. 1:11-12), así también lo predicaban siempre (1 Co. 2:1-5) ἐν Πνεύματι Ἁγίῳ ἀποσταλέντι ἀπ' οὐρανοῦεἰς. La doctrina del mensaje era de procedencia divina. Primeramente, en su contenido; que no era el resultado del saber humano, sino que procedía de Dios y era comunicado por el Espíritu Santo, por medio de los mensajeros que Él usaba, por tanto, es el autor de la Escritura (2 P. 1:21), siendo el profeta seleccionado para cada ocasión el autor humano que lleva a cabo la escritura del mensaje divino. Es necesario recordar que los mensajes del Antiguo Testamento, lo mismo que los del Nuevo, son *inspirados* plenariamente por Dios (2 P. 1:19-21).

El apóstol recuerda la doctrina del Espíritu Santo, haciendo referencia a Su procedencia celestial. Fue enviado, cumpliendo la promesa de Jesús, del Padre y del Hijo (Jn. 14:16-17, 26; 16:7). El Espíritu no es creado, procede del Padre y del Hijo, es decir, es enviado por Ellos, de ahí que se llama en otros lugares *Espíritu de Dios* y *Espíritu de Cristo* (Ro. 8:9). Su procedencia del Padre y del Hijo, exige la deidad del Espíritu Santo, ya que es una procedencia eterna, sin principio de existencia. Una Persona Divina no puede ser *enviada* por otra a no ser que *proceda* de ella, puesto que el envío *ad extra*, al tratarse de una Persona Divina, exige necesariamente un término resultante de una *procesión* interior. Por esa razón Jesús puede decir, algo semejante de Él mismo *"salí del Padre, y he venido al mundo"* (Jn. 16:28). Al llamar al Espíritu Santo, *Espíritu de Cristo*, solo puede hacerse si procede del Hijo. Una prueba más de que el Espíritu procede del Hijo descansa en la dinámica operativa de las Personas Divinas, así la segunda, porque procede de la primera por vía del conocimiento no puede hacer otra cosa que lo que *ve* hacer al Padre (Jn. 5:19), del mismo modo tampoco el Espíritu puede dar a conocer más de lo que *oye* (Jn. 16:13). Una de las misiones que el Espíritu Santo tiene, es lo que Pedro señala en el versículo: *"Cuando venga el Espíritu de verdad... no hablará de su propia cuenta, sino que hablará todo lo que oyere, y os hará saber las cosas que habrán de venir. El me glorificará; porque tomará de lo mío, y os lo hará saber"* (Jn. 16:13-14). Es notable apreciar que tanto la profecía como el mensaje del evangelio estando vinculados al Espíritu, son de procedencia celestial.

La evangelización ha de hacerse en el Espíritu Santo, esto es, bajo Su dirección, control y poder. Uno de los propósitos por el que se *envió* desde el cielo, tiene que ver con la proclamación del mensaje del evangelio, de ahí que Jesús mandara a los Suyos quedarse en Jerusalén hasta que fuesen investidos de poder de lo Alto, para comenzar a predicar el evangelio (Hch.1:8). El Espíritu reveló a los profetas y luego a los apóstoles el mensaje de la Escritura, que contiene las promesas y la obra de salvación (v. 21).

ἃ ἐπιθυμοῦσιν ἄγγελοι παρακύψαι. De la doctrina del Espíritu, pasa a la de los ángeles, enseñando el interés especial que tienen en ver el desarrollo del proceso de salvación. El verbo ἐπιθυμέω, que utiliza aquí el apóstol, expresa la idea de un deseo intenso por algo, de ahí que se traduzca en ocasiones por *anhelar*, como deseo vehemente del alma, en otras ocasiones se vierte como *desear*. Su deseo de observar el desarrollo del plan de salvación lo describe mediante el uso de otro verbo παρακύπτω, que literalmente equivale a *inclinarse para mirar*, *asomarse para ver*, de modo que gráficamente se inclinan desde el cielo para ver en la tierra, manifestando un notable interés en el progreso del evangelio. La conversión de los pecadores produce gozo en el corazón de Dios, que es reconocido por los ángeles, que también se gozan en el triunfo de la obra salvadora (Lc. 15:7, 10). Los ángeles son instruidos por Dios sobre la multiforme sabiduría divina, mirando atentamente en la iglesia, que es –digámoslo así– el libro de texto de ellos. El *misterio* revelado en el evangelio de la gracia, se da a conocer a los *"principados y potestades"* en los cielos (Ef. 3:10). Los ángeles, aunque superiores en poder e inteligencia a los hombres, no son omniscientes como Dios y el evangelio de la gracia con todas las promesas, no es una revelación a los ángeles, sino a los hombres, adquiriendo con ello un conocimiento que no tenían antes. Éstos están interesados en descubrir como Dios es capaz de hacer esa obra de gracia que en su admirable dimensión excede también a la capacidad comprensiva de ellos. Aspectos de esta operación divina fueron revelados a los profetas en la antigua dispensación quienes, reflexionando en dichas revelaciones generaban interrogantes cuyas respuestas son dadas en el tiempo presente. Estas cosas, como manifestación de la gracia divina, generan el interés de los ángeles que el apóstol presenta en atenta mirada y observación. El pecador salvado (Ef. 2:8-9), hecho cercano a Dios (Jn. 1:12), incorporado a Cristo para formar un cuerpo en Él (Ef. 2:16) y ascendido potencialmente al cielo en Jesucristo (Ef. 2:6), son manifestaciones de la gracia que la Iglesia enseña a los ángeles.

Como escribe el Dr. Lacueva, refiriéndose a esta frase del apóstol:

"Dice que están agachándose para mirar, como si abriesen una pequeña ventana en el cielo y se inclinasen para ver lo que ocurre en la tierra con respecto a la salvación de los hombres. A los ángeles no les

interesan las vicisitudes temporales, políticas, económicas, etc., sino la conversión del pecador[18]*".*

La vida en la salvación (1:13-25).

Demanda santidad (1:13-16).

13. Por tanto, ceñid los lomos de vuestro entendimiento, sed sobrios, y esperad por completo en la gracia que se os traerá cuando Jesucristo sea manifestado.

Διὸ ἀναζωσάμενοι τὰς ὀσφύας τῆς διανοίας ὑμῶν
Por lo cual, tras ceñir los lomos del entendimiento de vosotros,
νήφοντες τελείως ἐλπίσατε ἐπὶ τὴν φερομένην ὑμῖν χάριν
siendo sobrios perfectamente, esperad en la que es otorgada os gracia
ἐν ἀποκαλύψει Ἰησοῦ Χριστοῦ.
en revelación de Jesucristo.

Análisis y notas del texto griego.

Análisis: Διὸ, conjunción *por eso, por lo cual*; ἀναζωσάμενοι, caso nominativo masculino plural del participio aoristo primero en voz media del verbo ἀναζώννυμι, *ceñirse, prepararse*, aquí *tras ceñir*; τὰς, caso acusativo femenino plural del artículo determinado *los*; ὀσφύας, caso acusativo femenino plural del nombre común *lomos, cintura*; τῆς, caso genitivo femenino singular del artículo determinado declinado *de la*; διανοίας, caso genitivo femenino singular del nombre común *mente, espíritu, entendimiento, modo de pensar*; ὑμῶν, caso genitivo de la segunda persona plural del pronombre personal declinado *de vosotros*; νήφοντες, caso nominativo masculino plural del participio de presente en voz activa del verbo νήφω, *ser sobrio, permanecer en sano juicio*, aquí *siendo sobrios*; τελείως, adverbio de modo *perfectamente*; ἐλπίσατε, segunda persona plural del aoristo primero de imperativo en voz activa del verbo ἐλπίζω, *esperar, aguardar*, aquí *esperad*; ἐπὶ, preposición propia de acusativo *en*; τὴν, caso acusativo femenino singular del artículo determinado *la*; φερομένην, caso acusativo femenino singular del participio de presente en voz pasiva del verbo φέρω, *llevar, traer, arrastrar, soportar, producir*, aquí *se traerá*; ὑμῖν, caso dativo de la segunda persona plural del pronombre personal *a vosotros, os*; χάριν, caso acusativo femenino singular del nombre común *gracia*; ἐν, preposición propia de dativo *en*; ἀποκαλύψει, caso dativo femenino singular del nombre común *manifestación, revelación, aparición*; Ἰησοῦ, caso genitivo masculino singular del nombre propio declinado *de Jesús*; Χριστοῦ, caso genitivo masculino singular del nombre propio *Cristo*.

[18] F. Lacueva. o. c., pág. 74.

Διὸ ἀναζωσάμενοι τὰς ὀσφύας τῆς διανοίας ὑμῶν. Las bendiciones recibidas traen aparejadas notorias demandas. El creyente elegido por Dios (v. 2), ha sido lleno de esperanza. Tiene una herencia reservada en los cielos (v. 4) y, él mismo, es guardado por Dios para que tenga la seguridad de alcanzarla (v. 5). Las pruebas en la vida cristiana son un acicate a la esperanza (vv. 6-8), viendo ya el fin definitivo y glorioso que le aguarda (v. 9). Estas bendiciones que son propias del creyente deben marcar una distinción clara en el comportamiento cotidiano. La gracia –el tema de la *Epístola*– irrumpe de nuevo en el comienzo del párrafo, para establecer esa forma de vida.

Lo que sigue, comenzando ya en este versículo, es la consecuencia de cuanto antecede, como expresa el apóstol con el uso de la conjunción διὸ, que equivale a, *por tanto, por lo cual*, estableciendo el vínculo entre el antecedente y lo consecuente. En razón de cuanto precede, especialmente en base al propósito divino para el creyente expresado en el uso de la conjunción *para* (vv. 3, 4, 5, 7), debe seguirse un estilo propio de vida derivada de ese propósito.

El apóstol usa una metáfora: *"ceñid los lomos de vuestro entendimiento"*, que expresa la necesidad de prepararse para actuar del modo correspondiente a la vida en la gracia. De otro modo, es como si dijese *estad dispuestos para la acción*. Ceñirse era una operación habitual con la túnica; antes de iniciar un trabajo fuerte se introducía el borde de ella bajo el cinturón para que no estorbara en los movimientos. Aquí expresa la necesidad de adoptar una forma de pensamiento que lleve a la acción correcta. Esta forma de pensar o de entender es la consecuencia de haber sido dotados con la mente de Cristo en la regeneración (1 Co. 2:16). Esto podía expresarse con las palabras del apóstol Pablo: *"Haya, pues, en vosotros este sentir que hubo también en Cristo Jesús"* (Fil. 2:5).

νήφοντες τελείως. En este estilo de vida se requiere *sobriedad*. Pedro escribe mediante un participio de presente *siendo sobrios*, esto es, manifestado esta sobriedad continuamente, de un modo perseverante. Es la disposición necesaria para hacer una correcta valoración de las cosas, sin emociones ni temores. La exhortación aparece tres veces en la carta, dos vinculada con el regreso de Cristo para buscar a los Suyos (1:13; 4:7); otra en relación con la defensa de la actividad diabólica contra el creyente (5:8). Es un llamamiento a mantenernos en continua vigilancia, lo contrario a la somnolencia del espíritu. El adverbio τελείως, puntualiza la acción de la vigilancia al decir que ha de ser *perfectamente* atendida o, de otro modo, manteniéndose en perfecta vigilancia. Es cierto que el adverbio puede unirse con el verbo siguiente *esperad*, pero es más natural vincularlo con la demanda a la disposición para una acción llevada a cabo perfectamente, en relación con la disposición a una vida en la gracia.

ἐλπίσατε ἐπὶ τὴν φερομένην ὑμῖν χάριν ἐν ἀποκαλύψει Ἰησοῦ Χριστοῦ. El apóstol establece luego un mandamiento, puesto que el verbo está en presente de imperativo, y el modo aoristo implica una acción realizada, esto es como si dijese: *Esperad definitivamente*, o si se prefiere, tomad la determinación de esperar. No cabe duda que el creyente ha de estar expectante ante el regreso de Cristo. Es la forma natural de la vida cristiana (1 Co. 1:7). Quien está esperando esa manifestación de Jesucristo, no será sorprendido por ella (1 Ts. 5:4-6). No se trata tanto de la perseverancia (v. 5), como de la atención en la espera. La venida de Cristo para recoger a la Iglesia es una manifestación de la gracia. La gracia que salva, actúa también en la redención del cuerpo: *"El cual transformará el cuerpo de la humillación nuestra, para que sea semejante al cuerpo de la gloria suya, por el poder con el cual puede también sujetar a sí mismo todas las cosas"* (Fil. 3:21). El encuentro con Cristo producirá no sólo el traslado a Su presencia, sino la transformación de los cuerpos bien sea de los resucitados, que recibirán el cuerpo de resurrección y de gloria, como el de quienes estén vivos en ese momento, que serán *transformados*. La glorificación, en el tiempo del encuentro con el Señor es la manifestación final del proceso de salvación en la gracia, como se ha considerado antes. Esa nueva manifestación de la gracia *se os traerá*, y ocurrirá en la *revelación*, sentido del sustantivo ἀποκαλύψις, literalmente *apocalipsis*, que significa *revelación* o *manifestación*. No es posible menos, puesto que la gracia está vinculada con Cristo. En Su primera venida vino con Él, a quien se presentó como *lleno de gracia y de verdad* (Jn. 1:14, 17). Así también en el momento de recoger a Su iglesia, la gracia en salvación se manifestará definitivamente.

14. Como hijos obedientes, no os conforméis a los deseos que antes teníais estando en vuestra ignorancia.

ὡς τέκνα ὑπακοῆς μὴ συσχηματιζόμενοι ταῖς πρότερον ἐν
Como hijos de obediencia, no conformándoos a los anteriormente en
τῇ ἀγνοίᾳ ὑμῶν ἐπιθυμίαις
la ignorancia de vosotros deseos.

Análisis y notas del texto griego.

Análisis: ὡς, adverbio de modo, *como*, que hace las veces de conjunción comparativa; τέκνα, caso nominativo neutro plural del nombre común *hijos*; ὑπακοῆς, caso genitivo femenino singular del nombre común declinado *de obediencia*; μὴ, partícula que hace funciones de adverbio de negación *no*;

συσχηματιζόμενοι, caso nominativo masculino plural del participio de presente en voz media o pasiva del verbo συσχηματίζομαι, *amoldarse, conformarse*, aquí *conformándoos*; ταῖς, caso dativo femenino plural del artículo determinado declinado *a las*; πρότερον, adverbio *anteriormente*; ἐν, preposición propia de dativo *en*; τῇ, caso dativo femenino singular del artículo definido *la*; ἀγνοίᾳ, caso dativo femenino singular del nombre común *ignorancia*; ὑμῶν, caso genitivo de la segunda persona plural del pronombre personal declinado *de vosotros*; ἐπιθυμίαις, caso dativo femenino plural del nombre común *deseos*.

ὡς τέκνα ὑπακοῆς La salvación introdujo al creyente en la esfera de la obediencia (v. 2), en ella debe perseverar, esto es, mantenerse firme e inamovible. No obstante, la frase no es nada común en griego y tampoco en castellano. El genitivo puede ser objetivo, lo que significaría *hijos nacidos para la obediencia*, o también designa la naturaleza misma del cristiano, del mismo modo que la de los padres determina la de los hijos. Pedro utiliza aquí un hebraísmo al llamar a los creyentes *hijos de obediencia*. Es notable que tanto aquí como en el v. 2, no está el verbo *obedecer*, sino el sustantivo *obediencia*. En esa esfera corresponde vivir obedeciendo, ya que es una persona *marcada* por la obediencia. La vida cristiana comenzó en un acto de obediencia respondiendo al mandamiento divino (Hch. 17:30). Al encuentro por fe con el Salvador, corresponde la acción regeneradora del Espíritu, que lleva al salvo a la esfera de la obediencia como corresponde a Su presencia y operación en la vida del que nació de nuevo, de ahí el calificativo *hijos de obediencia*. El contraste es marcado, ya que el no regenerado es desobediente por condición natural, de ahí que se le llame *hijos de desobediencia* (Ef. 2:2), por tanto, la ira de Dios está sobre ellos, ausentes a Sus bendiciones de gracia por su desobediencia (Ef. 5:6). Ahora bien, la evidencia de la conversión es la obediencia, de ahí que el apóstol Pablo, hablando de los creyentes en Roma, diga: *"Porque vuestra obediencia ha venido a ser notoria a todos"* (Ro. 16:19).

μὴ συσχηματιζόμενοι. La vida del cristiano comporta un cambio en su forma. Pedro dice literalmente *no conformándoos*. De otro modo, *no os amoldéis*, es decir, no aceptéis el esquema del mundo. La renovación del cristiano por el nuevo nacimiento evita que éste se amolde al pensamiento y acciones propias de los mundanos (Ro. 12:2). Pedro usa aquí el verbo συσχηματίζομαι, compuesto por la preposición σύν, *con* y εχῆμα, *forma*, de ahí *conformarse*. La palabra denota no tanto la forma o figura externa de una realidad interna o del ser interno, sino la forma o figura en que el ser mismo se manifiesta. Aquí el contraste está en la forma en que se manifiesta un mundano y un *hijo de obediencia*. En ambos casos la persona adopta la forma como si de un molde se tratara, en cuya figura, el molde es el mundo y el hombre adopta esa forma, o por el contrario el molde es Cristo y adopta la Suya. La demanda exige dejar de vivir al estilo del mundo, con sus criterios y actitudes.

ταῖς πρότερον ἐν τῇ ἀγνοίᾳ ὑμῶν ἐπιθυμίαις. En la ignorancia espiritual del perdido, la conformación con el mundo es natural. Por esa razón demanda *no conformarse a los deseos*, propios de la ignorancia en que la mente humana está sujeta. El mundo es una esfera de orden controlado y regido por Satanás. Cristo llamó al diablo, en tres ocasiones, *"príncipe de este mundo"* (Jn. 12:31; 14:30; 16:11). El sistema del mundo ha sido ordenado por Satanás para llevar a cabo su propósito, que tiene que ver con el desarrollo de una esfera de mentira y muerte (Jn. 8:44). El sistema del mundo comprende a los gobiernos humanos, que están bajo Satanás, su control, influencia y poder (Dn. 10:13-20; Mt. 4:8-9; Lc. 4:5-6). Mediante las leyes de los hombres, Satanás realiza acciones de rebeldía contra la voluntad de Dios. Los gobiernos permiten la inmoralidad, legalizan el pecado en múltiples formas, son codiciosos, etc. El programa satánico para el gobierno del mundo es colocar a un hombre en el lugar de Dios (2. Ts. 2:3-4). El mundo tiene sus propios pasatiempos (1 Jn. 2:15). Las *"cosas del mundo"* son utilizadas por Satanás para realizar acciones pecaminosas (1 Jn. 2:16), a estas llama aquí Pedro *"los deseos que antes teníais"*. Las gentes no regeneradas y los *cristianos mundanos* acuden a *las cosas del mundo* para usarlas como un anestésico que amortigüe las penas de una vida vacía y carente del poder de Dios.

Pedro insiste en la exhortación para que el creyente *no adopte la forma del mundo.* La posición del cristiano respecto al mundo está claramente expresada: *"No os conforméis a los deseos que antes teníais estando en vuestra ignorancia"*, por tanto, la primera condición se establece en una *separación real* (Jn. 17:15-18). El creyente ha sido libertado de la posición de esclavo que tenía en el mundo, con pasiones o deseos esclavizadores, contrarios a la voluntad de Dios, para ser trasladado a una nueva esfera de libertad en Cristo (Col. 1:13). El creyente ha sido llamado a vivir una vida de obediencia a Dios (v. 2), mientras que el mundo vive en desobediencia continua, como resultado de la acción diabólica (Ef. 2:2-3). Ese no *conformarse* a *los deseos antiguos* conduce a una vida de verdadera piedad, en medio de un mundo impío (3:11). En ese ambiente de separación debe esperar la oposición, sufrimiento e incomprensión por ese modo de vida (2 Ti. 3:12). La forma de vida en la piedad está claramente expresada en la *Epístola*, como se considerará más adelante (4:3-4).

El no *conformarse a los deseos propios del mundo*, determina la victoria sobre el mismo (1 Jn. 5:4-5). La esfera de la victoria sobre el mundo es la fe. Se trata de una experiencia victoriosa sobre el sistema y sobre el maligno que lo dirige (1 Jn. 2:13, 14). El mundo ha sido vencido por Cristo (Jn. 16:33), de modo que el creyente, puede estar seguro de su victoria en la medida en que viva a Cristo por la fe. La victoria de Cristo es el triunfo del cristiano (Ro. 8:37; 1 Jn. 5:4; Ap. 12:11). Por medio de la Cruz el poder del mundo y de la vieja naturaleza esclavizadora y pecaminosa, quedó anulado para el que cree (Gá. 6:14). En esa obra Jesús, nuestro Señor, derrotó completamente al diablo y al mundo (Ef. 4:8; Col. 2:15). El creyente ahora en Cristo es vencedor sobre la vieja naturaleza. La victoria, que es de Cristo, se hace realidad en el creyente, por la fe, que es consecuencia del nuevo nacimiento. La fe es el instrumento que hace al creyente un vencedor, porque lo vincula con Cristo y Su poder, descansando plenamente en Él, en una entrega sin reservas. Por eso quien vence al mundo es aquel que *"cree que Jesús es el Hijo de Dios"* (1 Jn. 5:5). La fe sola no vence al mundo, pero la fe en Jesús, el Hijo de Dios, permite gozar de Su triunfo. Sólo vence quien está en Cristo, y sólo está en Cristo quien cree en Él como Hijo de Dios. Por consiguiente, la fe victoriosa es la consecuencia de haber sido engendrado por Dios (1 Jn. 5:1). Quien tiene la fe victoriosa para vencer al mundo, es el *nacido de Dios y engendrado de Dios*. El resultado de la identificación con Cristo en Su muerte, provee de poder victorioso sobre el mundo (Gá. 6:14). La fe victoriosa es una obra interna del Espíritu en el creyente (Gá. 5:22). El creyente victorioso sobre el mundo, es aquel que se deja conducir plenamente por el Espíritu Santo (Gá. 5:16, 25). La demanda del apóstol es plenamente posible: *"no os conforméis a los deseos que antes teníais estando en vuestra ignorancia"*.

Esto implica reconocer que los deseos eran malos, conformados a la orientación de la carne y sus concupiscencias (Gá. 5:20-21). El sistema es propio de los tiempos de ignorancia de una mente no regenerada. No implica desconocimiento de la existencia y demandas de Dios, sino la negación de la gloria debida y de la desobediencia consciente, propia de quien no ha sido regenerado (Hch. 17:30; Ro. 1:21; Ef. 4:18). El creyente fue llamado a obediencia, pero ha de estar *vigilante* porque todavía puede ser tentado. El resumen de esta enseñanza es sencillo: *"no adoptéis el sistema del mundo"*.

15. Sino, como aquel que os llamó es santo, sed también vosotros santos en toda vuestra manera de vivir.

ἀλλὰ κατὰ τὸν καλέσαντα ὑμᾶς ἅγιον καὶ αὐτοὶ ἅγιοι
Sino de acuerdo con el que llamó os santo, también vosotros santos
ἐν πάσῃ ἀναστροφῇ γενήθητε,
en toda conducta llegad a ser.

Análisis y notas del texto griego.

Análisis: ἀλλὰ, conjunción adversativa *sino*; κατὰ, preposición propia de acusativo *según, de acuerdo con*; τὸν, caso acusativo masculino singular del artículo determinado *el*; καλέσαντα, caso acusativo masculino singular del participio aoristo primero en voz activa del verbo καλέω, *llamar*, aquí *que llamó*; ὑμᾶς, caso acusativo de la segunda persona plural del pronombre personal declinado *a vosotros, os*; ἅγιον, caso nominativo masculino plural del adjetivo *santo*; καὶ, adverbio de modo *también*; αὐτοὶ, caso nominativo masculino de la segunda persona plural del pronombre intensivo *vosotros*; ἅγιοι, caso nominativo masculino plural del adjetivo *santos*; ἐν, preposición propia de dativo *en*; πάσῃ, caso dativo femenino singular del adjetivo indefinido *toda*; ἀναστροφῇ, caso dativo femenino singular del nombre común *conducta, comportamiento, clase de vida*; γενήθητε, segunda persona plural del aoristo segundo de imperativo en voz pasiva del verbo γίνομαι, *llegar a ser*, aquí *llegad a ser*.

ἀλλὰ κατὰ τὸν καλέσαντα ὑμᾶς ἅγιον. El llamamiento a salvación es santo, porque procede del Padre que es Santo. Quien llama al pecador a salvación es siempre el Padre (Ro. 8:30). En la salvación intervienen siempre las tres Personas Divinas. El Padre que llama, el Hijo que redime y el Espíritu que regenera. De otro modo, el Padre convoca en el tiempo a los que salva. El llamamiento se hace por medio del evangelio. *"A lo cual os llamo mediante nuestro evangelio, para alcanzar la gloria de nuestro Señor Jesucristo"* (2 Ts. 2:14). Sin el llamamiento del Padre la obra de salvación no alcanzaría a los hombres con el propósito para el que fue hecha, ya que nadie puede ir a Cristo si el Padre que lo envió no lo llamase. Así dice Jesús: *"Ninguno puede venir a mí, si el Padre que me envió no le trajere"* (Jn. 6:44). El verbo que Juan usa y que se traduce como *traer*, significa literalmente *arrastrar*. Indica no solo un llamamiento sino una acción impulsiva comprendida en él. Ese llamamiento del Padre es la manifestación de la gracia que implica también en él la obra del Espíritu. Comprende la iluminación espiritual del pecador entenebrecido (He. 6:4); la convicción de pecado (Jn. 16:7-11); la dotación de fe salvífica, que se convertirá en una actividad humana cuando la ejerza depositándola, en una acción de entrega, en el Salvador (Ef. 2:8-9). A este llamamiento responde el hombre por medio de la fe. Con todo, esta operación del Padre, no es una *coacción*, sino una *atracción*. Aquel que envió a Cristo para salvar a los pecadores, envía luego a los pecadores para que sean salvos por Cristo. Este llamamiento de Dios es eficaz siempre en aquellos que Dios ha escogido en Su soberanía, como el mismo apóstol testifica: *"Pero cuando agradó a Dios, que me apartó desde el vientre de mi madre, y me llamó por su gracia"* (Gá. 1:15). No significa esto que el evangelio no tenga un llamamiento universal a todos los hombres, llamándolos a salvación. El llamado del Padre, que *atrae* a los hombres a Cristo es algo cuestionado por muchos, que no alcanzan a entender claramente lo que tiene que ver con la soberanía divina y con la responsabilidad humana. Es necesario entender claramente que todo cuanto es de salvación, es de Dios, y todo lo que tiene que ver con condenación es de responsabilidad del hombre.

De este modo escribe el Dr. Lacueva:

"¿Cómo puede conjugarse la libertad humana con esta atracción irresistible de la gracia divina? Nadie ha contestado a esto con tanta profundidad y belleza como Agustín de Hipona en su comentario a este versículo. Dice así, como respondiendo a un anónimo que le pregunta: "¿Cómo puedo creer voluntariamente si soy arrastrado?" Y él mismo responde: "Yo digo: no solo eres arrastrado voluntariamente, sino también voluptuosamente... Pues si al poeta le fue permitido decir "a cada uno le arrastra su placer" (Virg. Egl. 2, 64); no la coacción, sino el placer; no la obligación, sino la delectación; ¿con cuánta mayor fuerza debemos decir que es arrastrado hacia Cristo todo hombre que se deleite en la verdad, que se deleite en la felicidad, que se deleite en la justicia, que se deleite en la vida sempiterna, todo lo cual es Cristo? Tienen los sentidos sus delectaciones ¿y no tendrá el alma las suyas?... Dame alguien con un corazón amante, y entenderá lo que digo. Dame un corazón con deseos y con hambre; un corazón que se sienta desterrado y con sed, y que suspire por la fuente de la patria eterna; este tal sabrá de qué estoy hablando. Pero, si hablo a alguien que tenga un corazón frío, no comprenderá lo que digo"[19].

Es necesario entender que el Padre que llama es Santo, una de las perfecciones más destacables de Él en la Escritura. La santidad de Dios es proclamada en los cielos (Is. 6:3).

καὶ αὐτοὶ ἅγιοι, Por consiguiente, aquellos que son hijos Suyos deben ser también santos. Teniendo a Dios como ejemplo, *venid vosotros a ser santos*. Como resultado de la vocación a la que fuimos llamados (Ef. 4:1). Los que fueron escogidos para estar sentados en lugares

---

[19] F. Lacueva. Matthew Henrry. Juan. Edit. Clie. Terrassa, 1983. pág. 151.

celestiales con Cristo, deben recordar que lo que está en juego, en la vida cristiana, es el honor de Dios (Mt. 5:16).

ἐν πάσῃ ἀναστροφῇ γενήθητε. El alcance de la santidad comprende *toda la conducta*, o como traduce RV, *"en toda vuestra manera de vivir"*. La santidad se extiende a todas las esferas de la vida. Un creyente podrá estar más o menos cerca del Señor que otro, pero la norma es la misma para todos. Así se notará en la *Epístola*. Cada uno debe vivir en santidad en la ética familiar (3:1 ss.); en las relaciones con el mundo (4:1 ss.); en la iglesia (5:1 ss.).

16. Porque escrito está: Sed santos, porque yo soy santo.

διότι	γέγραπται[1]	[ὅτι][2]	*ἅγιοι*	*ἔσεσθε,*[3]	*ὅτι*	*ἐγὼ*	*ἅγιος*	*[εἰμι]*[4].
Porque	ha sido escrito:	-	Santos	seréis,	porque	yo	santo	soy.

Análisis y notas del texto griego:

Análisis: διότι, conjunción causal *porque*; γέγραπται, tercera persona singular del perfecto de indicativo en voz pasiva del verbo γράφω, *escribir*, aquí *ha sido escrito*; ὅτι, conjunción *que*; *ἅγιοι*, caso nominativo masculino plural del adjetivo *santos*; *ἔσεσθε*, segunda persona plural del futuro de indicativo en voz media del verbo εἰμί, *ser, estar*, aquí *seréis*; *ὅτι*, conjunción causal *porque*; *ἐγώ*, caso nominativo de la primera persona singular del pronombre personal *yo*; *ἅγιος*, caso nominativo masculino singular del adjetivo *santo*; *εἰμι*, primera persona singular del presente de indicativo en voz activa del verbo εἰμί, *ser, estar*, aquí *soy*.

Notas. Crítica Textual. Lecturas alternativas.

[1] διότι γέγραπται, *porque ha sido escrito*, conforme a la lectura en 𝔅[72], 1175, 81, ℵ, Clemente.

διό γέγραπται, *por lo cual ha sido escrito*, según lectura en ℵ, C, 33, 1243.

[2] ὅτι, *porque*, se añade en B, Ψ, 1735.

[3] ἔσεσθε, *seréis*, según lectura en 𝔅[72], 1175, 81, ℵ.

γένεσθε, *sed*, lectura en P, 442, 1739, 1852*, Byz[pt].

γίνεσθε, *sed* (en pres. imp. med), lectura en 436. 1448 Byz[pt].

[4] ὅτι ἐγὼ ἅγιος εἰμι, según lectura en 𝔅[72], A[c], C, P, Ψ, 5, 33, 81, 307, 436, 442, 642, 1243, 1448, 1611, 1739, 1852, 2344, 2492, By[z], latt, sy[h].

ὅτι ἐγὼ ἅγιος, porque yo santo, 𝔅[72], 1175, 81, ℵ.

διότι γέγραπται ὅτι *ἅγιοι ἔσεσθε, ὅτι ἐγὼ ἅγιος εἰμι*. El apóstol apela a la Escritura con la expresión habitual: *escrito está*. De modo que la exhortación está apoyada o confirmada por un mandamiento que Dios había establecido en Su ley (Lv. 11:44; 19:2; 20:7). Esta es una exigencia propia de la ética del *reino* (Mt. 5:48). Reviste dos elementos de autoridad: Por un lado, la procedencia primera del mandamiento que sale de Dios mismo; en segundo lugar, la autoridad del apóstol que la establece aquí. De modo que la santidad no es una opción de vida, sino la condición esencial de ella.

El creyente verdadero no practica el pecado (1 Jn. 3:6a, 8, 9). Una vida licenciosa o pecaminosa, indica que no hubo nunca un nuevo nacimiento (1 Jn. 3:6b). Eso no significa que el creyente no caiga en el pecado en alguna ocasión, porque no hay nadie impecable, pero no vive gozoso en la práctica habitual del pecado.

Como dice Kistemaker:

"Para el creyente, la santidad no termina con el perdón y la limpieza del pecado, sino que comienza con una vida activa de oposición al pecado. El creyente debe luchar por vivir en obediencia a Dios, demostrando así el significado de la palabra santo[20]".

La vida de santidad del creyente pone de manifiesto la realidad que lo identifica como *hijo de Dios*. Como Dios es santo, apartado de toda especie de mal y alejado de cualquier contaminación, así también quienes fueron creados en Cristo han de manifestar la santidad en sus vidas. Cada cristiano, está revestido del nuevo hombre, que se va renovando día a día conformándose a la imagen del que lo creó (Col. 3:10). El propósito del Padre para cada uno de Sus hijos es que seamos conformados a la imagen de Su Hijo (Ro. 8:29), que no hizo maldad ni hubo engaño en Su boca.

---

[20] Simón J. Kistemaker. *1 Pedro*. Grand Rapids, 1994. Pág. 77.

Demanda respeto reverente (1:17-21).

17. Y si invocáis por Padre a aquel que sin acepción de personas juzga según la obra de cada uno, conducíos en temor todo el tiempo de vuestra peregrinación.

καὶ εἰ Πατέρα ἐπικαλεῖσθε τὸν ἀπροσωπολήμπτως κρίνοντα
Y si padre invocáis al sin acepción de personas juzga
κατὰ τὸ ἑκάστου ἔργον, ἐν φόβῳ τὸν τῆς παροικίας ὑμῶν
según la de cada uno obra, en temor el de la peregrinación de vosotros
χρόνον ἀναστράφητε,
tiempo conducíos.

Análisis y notas del texto griego.

Análisis: καὶ, conjunción copulativa *y*; εἰ, conjunción *si*; Πατέρα, caso acusativo masculino singular del nombre divino *Padre*; ἐπικαλεῖσθε, segunda persona plural del presente de indicativo en voz media del verbo ἐπικαλέω, *invocar, apelar*, aquí *invocáis*; τὸν, caso acusativo masculino singular del artículo determinado declinado *al*; ἀπροσωπολήμπτως, adverbio de modo *imparcialmente, sin acepción de personas*; κρίνοντα, caso acusativo masculino singular del participio de presente en voz activa del verbo κρίνω, *juzgar*, aquí *juzga*; κατὰ, preposición propia de acusativo *de acuerdo con, según*; τὸ, caso acusativo neutro singular del artículo determinado *lo*; ἑκάστου, caso genitivo masculino singular del adjetivo indefinido declinado *de cada uno*; ἔργον, caso acusativo neutro singular del nombre común *obra*; ἐν, preposición propia de dativo *en*; φόβῳ, caso dativo masculino singular del nombre común *miedo, temor, respeto reverente*; τὸν, caso acusativo masculino singular del artículo determinado *el*; τῆς, caso genitivo femenino singular del artículo determinado declinado *de la*; παροικίας, caso genitivo femenino singular del nombre común *peregrinación*; ὑμῶν, caso genitivo de la segunda persona plural del pronombre personal declinado *de vosotros*; χρόνον, caso acusativo masculino singular del nombre común *tiempo*; ἀναστράφητε, segunda persona plural del aoristo segundo de imperativo en voz activa del verbo ἀναστρέφω, *caminar, conducirse, portarse*, aquí *conducíos*.

καὶ εἰ Πατέρα ἐπικαλεῖσθε. Pedro apeló a la santidad como forma propia y natural de la vida cristiana. Aquí da algunas razones para vivir de ese modo en un respeto reverente por lo que Dios mismo es. Sobre todo, cuando se le *invoca* como Padre. La expresión *si invocáis*, no es un condicional, es decir, no tiene valor concesivo, sino una afirmación que denota una realidad, como si dijese: *ya que llamáis*. El creyente usa el nombre divino para expresar una relación personal, afirmando que Dios es su Padre. Esta relación produce tranquilidad personal, confianza y seguridad. Aquel a quien nos dirigimos, con el que nos relacionamos, al que invocamos en la oración y clamamos en tiempos de angustia, no es un Dios distante y lejano, sino próximo y personal, a quien podemos llamar Padre. Es la relación que alcanzamos por adopción en el Hijo. El Padre y Dios de nuestro Señor Jesucristo es también nuestro Padre y Dios. Sin embargo, es necesario entender que nuestra relación con el Padre no es la misma que la de Jesús. Él es el *Unigénito*, nosotros hijos adoptados en Él. Como hombre, Jesús tiene una relación con Dios, a quien ama, ora, depende, y sirve, pero, esa relación es única puesto que Jesús es una Persona Divina, que eternamente está vinculada al Padre en el seno de la Deidad. Nosotros somos *nacidos* de Dios (v. 23), mientras que la relación de Jesús no es de *nacimiento*, sino de *engendramiento*. Él es engendrado del Padre eternamente. Esa es la gran distinción entre quien nos llama hermanos y nosotros. Jesús no es *igual* a los hombres, sino *semejante*. Pero, todo esto trae un gran consuelo personal, como acabamos de notar. El Dios y Padre de nuestro Señor Jesucristo es también nuestro Dios y Padre, de ahí que el Espíritu impulsa a nuestro espíritu para que sintamos esa relación y llamemos al Padre de nuestro Señor Jesucristo, como Él hacía: *"¡Abba!"* (Ro. 8:15).

τὸν ἀπροσωπολήμπτως κρίνοντα κατὰ τὸ ἑκάστου ἔργον, El Padre del creyente es también un juez imparcial. Juzga sin *acepción de personas*, o si se prefiere mejor, *juzga imparcialmente*. Por eso debemos tener en cuenta que seremos llamados a responder de nuestra vida ante Él (2 Co. 5:10). La imparcialidad divina exige que no haga acepción de personas, establece una misma demanda y una misma responsabilidad para cada creyente. Ese juicio *equitativo*, se basa en hechos que Él conoce y que Pedro llama aquí *la obra de cada uno*. No se trata, por tanto, de un asunto de salvación o de perdición, sino de la acción judicial de Dios sobre el comportamiento del creyente, que es el tema general de contexto inmediato. El cristiano bajo la gracia no viene a juicio de condenación a causa del pecado, ya que en Cristo se ha extinguido para él toda responsabilidad penal (Jn. 3:18; 5:24; 6:37; Ro. 5:1; 8:1; 1 Co. 11:32). Los pecados pasados, presentes y futuros fueron cargados sobre Jesús en la obra de sustitución vicaria por el pecador nacido de nuevo (Col. 2:13). Dios juzga sin acepción de personas, pero no deja pasar por alto el pecado, que en ocasiones tiene graves consecuencias. Es muy consolador saber que quien actúa como juez, ama como Padre.

ἐν φόβῳ τὸν τῆς παροικίας ὑμῶν χρόνον ἀναστράφητε, La consecuencia de estas verdades debiera producir una vida de *respeto reverente*, traducido como *temor* en muchas ocasiones. Nada tiene que ver con *miedo*, sino con respeto que se basa también en el amor, puesto que Él nos amó enviando a Su Hijo, quien murió por nosotros para hacernos Suyos, como enseña más adelante. Nótese que el *temor reverente*, alcanza plenamente a *todo el tiempo de vuestra peregrinación*, generando una forma de vida, aquí *conducíos*, o si se prefiere, *comportaos*. El temor reverente que conforma la existencia, no se extingue, sino que permanece actuante en cada instante de la vida, y todo el tiempo medible de ella, que aquí vincula con *vuestra peregrinación*. Va a enseñar que el cristiano es extranjero y peregrino, a lo que aludió en el primer versículo, llamando *expatriados*, gente en tránsito que no son del lugar sino de otra patria, pasando como extranjeros. El cristiano es como un peregrino que pasa por el mundo, pero no es del mundo (Jn. 17:16). El peregrino manifiesta esa condición celestial (Col. 3:1-3). Este llamamiento al temor reverente delante de Dios conduce a un estilo de vida: *"limpiémonos de toda contaminación de carne y de espíritu, perfeccionando la santidad en el temor de Dios"* (2 Co. 7:1). El modo de vida no puede ser otro que aquel que se expresa en *temor reverente*. La santidad de vida es una exigencia para todo aquel que diga que Dios es su Padre. El cristiano se caracteriza por su respeto reverente al Señor.

18. sabiendo que fuisteis rescatados de vuestra vana manera de vivir, la cual recibisteis de vuestros padres, no con cosas corruptibles, como oro o plata.

εἰδότες ὅτι οὐ φθαρτοῖς, ἀργυρίῳ ἢ χρυσίῳ, ἐλυτρώθητε
Sabiendo que no con cosas corruptibles, plata u oro, fuisteis rescatados
ἐκ τῆς ματαίας ὑμῶν ἀναστροφῆς πατροπαραδότου
de la vana de vosotros manera de vivir transmitida de vuestros padres.

Análisis y notas del texto griego.

Análisis: εἰδότες, caso nominativo masculino plural del participio perfecto en voz activa del verbo οἶδα, *saber, conocer, entender*, aquí *habiendo sabido, sabiendo*; ὅτι, conjunción *que*; οὐ, adverbio de negación *no*; φθαρτοῖς, caso dativo neutro plural del adjetivo declinado *con corruptibles*, en sentido de *con cosas corruptibles*; ἀργυρίῳ, caso dativo neutro singular del nombre común *plata*; ἢ, conjunción disyuntiva *o, u*; χρυσίῳ, caso dativo neutro singular del nombre común *oro*; ἐλυτρώθητε, segunda persona plural del aoristo segundo de indicativo en voz pasiva del verbo λυτρόομαι, *redimir, rescatar*, aquí *fuisteis rescatados*; ἐκ, preposición propia de genitivo *de*; τῆς, caso genitivo femenino singular del artículo determinado *la*; ματαίας, caso genitivo femenino singular del adjetivo *vana, futil*; ὑμῶν, caso genitivo de la segunda persona plural del pronombre personal declinado *de vosotros*; ἀναστροφῆς, caso genitivo singular del nombre común *conducta, manera de vivir*; πατροπαραδότου, caso genitivo femenino singular del adjetivo *procedente de los padres, transmitido de padres a hijos, transmitido de vuestros padres*.

εἰδότες ὅτι οὐ φθαρτοῖς, ἀργυρίῳ ἢ χρυσίῳ, El primer valor a considerar que impulsa a una vida de respeto reverente y, por tanto, de santidad, es el hecho del rescate divino que hizo posible la salvación. Pedro hace notar que es algo enseñado a la iglesia, de ahí la introducción *sabiendo*. La forma verbal como *participio perfecto* indica una acción plenamente concluida que perdura en el tiempo, algo que los creyentes *conocían* en forma definitiva e inalterable. Los creyentes conocían bien la doctrina de la redención, que implicaba entender que, para *rescatarlos*, hubo que pagar un precio. Pedro quiere orientar el pensamiento al costo de la redención, comparándolo con cosas de alto valor en la tierra, como son los metales nobles, la plata y el oro. La construcción gramatical de la oración comienza con una negación, cuando dice que no fue con *cosas corruptibles*, para referirse luego a la plata y al oro. Sin duda todo en la tierra es corruptible y puede ser afectado, pero, es cierto que, sobre todo el oro, es un metal muy estable, porque pocas cosas pueden alterarlo, como el ácido llamado *agua regia*, concentrado de ácido clorhídrico y nítrico, que tiene capacidad de disolverlo. A estos metales de alto valor, les llama el apóstol *cosas corruptibles*, para introducir la valoración a la que quiere llamar la atención del precio del rescate del creyente.

Lo que *conocían* los destinatarios de la *Epístola* era el concepto bíblico de *redención* o *rescate*. Es un proceso de liberación. La situación general del hombre es de esclavitud espiritual a causa del pecado (Ro. 6:17). Estando bajo el poder y control de Satanás (1 Jn. 5:19). En esa situación es incapaz de realizar algo que lo separe de ese estado. Sólo puede recuperar su libertad mediante la acción que otro realice a su favor. La obra de la Cruz provee de libertad para todo aquel que cree (Ro. 6:18). La situación de esclavitud se cambia por una nueva experiencia de libertad en el reino de Dios (Col. 1:13). Para referirse a esta acción liberadora del pecado, hay tres grupos de vocablos en el Nuevo Testamento. En este caso el verbo que usa el apóstol es λυτρόω, que equivale a *redimir, rescatar, liberar*. El verbo, como tal, aparece en el Nuevo Testamento para referirse a la obra de Jesucristo que viene para dar Su vida en rescate por muchos (Mt. 20:28; Mr. 10:45). El rescate de Cristo no tiene únicamente un carácter propiciatorio, sino también liberador. La liberación no es simplemente de la culpa del pecado, sino también de sus consecuencias, liberando de la corrupción, de la muerte espiritual y del juicio por el pecado. Una de las formas vinculadas con la raíz antes citada es el sustantivo αντιλυτρον, *rescate*, que aparece una vez en el Nuevo Testamento, donde el apóstol escribe: *"El cual se dio a sí mismo en rescate por todos"* (1 Ti. 2:6). En ese sentido, un hombre, Jesucristo, se entregó a Sí mismo como precio de la libertad por todos. El término λυτρόω, en el sentido de *redimir*, aparece tres veces en el Nuevo

Testamento: a) Jesús era esperado como el *libertador* de Su pueblo Israel (Lc. 24:21); b) La obra de la Cruz fue necesaria para poder liberar a los salvos del poder esclavizante del pecado que lleva al hombre a cometer toda clase de iniquidad (Ti. 2:14); c) Aquí, el apóstol Pedro enseña que la liberación del poder del pecado heredado desde los primeros padres, se produce en razón de una obra que se substancia con la muerte del liberador, como Cordero de Dios predestinado.

ἐλυτρώθητε ἐκ τῆς ματαίας ὑμῶν ἀναστροφῆς πατροπαραδότου. El apóstol recuerda lo que todos sabían que el pecado esclavizador fue *heredado* de nuestros primeros padres. No se trata de algo que afecta a algunos o que no contamina a todos, sino que la herencia espiritual del pecado se transmite de padres a hijos, naciendo todos pecadores, esto es, con la disposición que inclina el corazón al mal. En el hombre, el pecado heredado produce lo que técnicamente se llama *depravación*, que es la positiva disposición y activa inclinación al mal que hay en todo hombre a consecuencia del pecado que lo incapacita totalmente en el orden de la salvación y lo orienta al mal (Gn. 6:5; Mr. 7:20-23; Ro. 3:9-18). La depravación no significa que el hombre natural no posea ningún conocimiento de Dios, todo lo contario (Ro. 1:18-21). Tampoco significa que el hombre no tenga conciencia para discernir entre el bien y el mal (Jn. 8:9; Ro. 2:15). No quiere decir que no tenga admiración por la virtud, ni que haya de pecar de todas las formas y modos posibles. El resumen de este aspecto doctrinal enseña que a consecuencia del pecado el hombre ha quedado totalmente incapacitado para cambiar por sí mismo su carácter y conducta de modo que pueda amar a Dios y obedecerle. En este sentido, el hombre no regenerado no puede ni quiere hacer un solo acto que alcance el nivel moral prescrito por Dios. Él va a intervenir en Cristo y por Él para resolver el problema de la redención que libera al creyente del poder del pecado.

19. Sino con la sangre preciosa de Cristo, como de un cordero sin mancha y sin contaminación.

ἀλλὰ	τιμίῳ	αἵματι	ὡς	ἀμνοῦ	ἀμώμου	καὶ	ἀσπίλου	Χριστοῦ,
Sino	con preciosa	sangre	como	de cordero	sin defecto	y	sin tacha,	Cristo.

Análisis y notas del texto griego.

Análisis: ἀλλὰ, conjunción adversativa *sino*; τιμίῳ, caso dativo neutro singular del adjetivo declinado *con preciosa*; αἵματι, caso dativo neutro singular del nombre común *sangre*; ὡς, adverbio de modo, *como*, que hace las veces de conjunción comparativa; ἀμνοῦ, caso genitivo masculino singular del nombre común declinado *de cordero*; ἀμώμου, caso genitivo masculino singular del adjetivo *sin defecto*; καὶ, conjunción copulativa *y*; ἀσπίλου, caso genitivo masculino singular del adjetivo, *sin tacha*; Χριστοῦ, caso genitivo masculino singular del nombre propio *Cristo*.

ἀλλὰ τιμίῳ αἵματι. El precio de la redención se establece aquí mediante una construcción comparativa en el que la sangre de Cristo se compara a la de un cordero *sin tacha*, *incontaminado*. El escritor, como judío, conocía lo que la ley establecía para los sacrificios. Los animales habían de ser sin defecto alguno (Lv. 22:19-21). El valor simbólico estaba en el *derramamiento* de la sangre, ya que, como enseña la Ley, la vida estaba en ella y le era dada al pueblo para expiación de los pecados (Lv. 17:11). En este caso, el apóstol hace la comparación con el animal sin defecto y la perfección infinita del Cordero de Dios. En ambos casos, el simbólico del animal, como el sacrificio perfecto y definitivo de Cristo, tenían el valor de la vida entregada por el pecado. El rescate, la redención del pecador es posible porque Cristo sustituye su penalidad mediante la entrega voluntaria de Su sangre, equivalente a la entrega voluntaria de Su vida. Siendo la vida humana de Jesucristo, la naturaleza humana de la Persona Divina del Hijo de Dios, el sacrificio expiatorio, tiene un valor infinito, puesto que esa naturaleza, que subiste en la Persona Divina, es expresiva al Verbo Eterno, siéndole propia, de modo que es la vida humana de Dios que se entrega en sacrificio expiatorio por el pecado, sin dejar de estar en absoluta vinculación con la Persona Divina en que subsiste. No puede separarse la naturaleza humana de la Persona Divina en ningún momento. Por esa razón, no podemos afirmar que Dios muere, pero sí hemos de afirmar que quien moría en la Cruz era Dios. El sacrificio de Cristo se opera voluntariamente, siendo entregado por el Padre, asumido por Él como Hijo, y sustentado por el Espíritu Santo, como se considerará en el siguiente versículo.

ὡς ἀμνοῦ ἀμώμου καὶ ἀσπίλου Χριστοῦ. El texto destaca la santidad absoluta de Cristo. La Biblia afirma que Cristo es impecable, no es preciso recurrir sino a algunos textos para confirmarlo. Proféticamente se presenta de este modo: *"Y se dispuso con los impíos su sepultura, mas con los ricos fue en su muerte; aunque nunca hizo maldad, ni hubo engaño en su boca"* (Is. 53:9), esto es, absolutamente incontaminado, libre de todo pecado. En el Nuevo Testamento es suficiente con las palabras de la *Epístola a los Hebreos*, en donde se lee: *"Porque no tenemos un sumo sacerdote que no pueda compadecerse de nuestras debilidades, sino uno que fue tentado en todo según nuestra semejanza, pero sin pecado"* (He. 4:15). La impecabilidad está plenamente vinculada con la libertad y ésta unida a la filiación divina del Hijo de Dios. Es decir, la unidad personal con Dios, como Hijo, junto con la asunción de la misión salvífica establecida en la eternidad –tema del siguiente versículo–, que lo identifica absoluta y plenamente con la voluntad del Padre, elimina toda posibilidad de pecado, permitiendo la afirmación de la impecabilidad del Señor Jesús. Pecado es esencialmente el rechazo de Dios, con las consecuencias morales y materiales que derivan de ella. El verdadero pecado está en el rechazo de Dios para sustituirlo por el yo personal voluntarioso y contrario a Él. Cuando se establece la verdad de la unión absoluta del Hijo con el Padre (Jn. 10:30; 14:10, 11), se excluye radicalmente la posibilidad de pecar. Esto no permite negar la verdadera humanidad de Jesús, con la potencialidad que como hombre tiene, sino afirmarla en la mayor dimensión posible desde la condición de Emmanuel, Dios con nosotros. La capacidad de pecar no puede vincularse jamás a la verdadera libertad, de la que Jesús es poseedor absoluto, sino todo lo contrario. El poder pecar, como el poder cometer errores o el poder padecer una enfermedad son imperfecciones del hombre, pero el Cordero de Dios, es perfecto en toda la dimensión de la palabra. Es necesario afirmar que Jesús no cometió pecado, como verdad manifestada reiteradamente en el Nuevo Testamento. Es más, aquel que era sin pecado participó de nuestra situación de pecadores para rescatarnos de ella, pero sin contaminación con el pecado del que se hacía responsable penal para extinguir su pena con Su misma muerte (2 Co. 5:21). El Salvador participó en la condición de maldito del hombre pecador para hacerlo partícipe de Su bendición salvífica (Gá. 3:13). De ahí la importancia del versículo que se cita de la Epístola a los Hebreos y de la expresión contenida en él: *"según nuestra semejanza, pero sin pecado"*. Esas palabras expresan una verdad incuestionable, pero sumamente difícil de comprender debido a la única e irrepetible dimensión de Hijo de Dios en carne humana que lo diferencia radicalmente de todos los demás hombres, en el hecho de pasar por la experiencia de la tentación consintiéndola, pero sin caer en ella. El propósito del Padre en la tentación le fue presentado a Jesús por el Espíritu Santo, íntimamente ligado a la realidad e intimidad de Su misión. El Padre abrió para el Hijo, Sumo Sacerdote que debía ser probado en todo conforme a la semejanza del hombre, la posibilidad de experimentar las tentaciones propias de los hombres, sabiendo que la capacidad de pecar no pertenece a la libertad que es propia del Hijo de Dios. La maldad pecaminosa en la tentación tiene que ver con el rechazo del plan de Dios, que es rechazo de Dios mismo, por tanto, desde Su filiación había venido para hacer sólo la voluntad del que le había enviado (Jn. 8:29). Por esa razón Cristo no solo no cometió pecado, sino que nadie podía redargüirle de ellos (Jn. 8:46; 14:30; 1 P. 2:22; 3:18; 1 Jn. 3:5). Es necesario entender perfectamente también no solo la *impecancia*, es decir la carencia real de pecado, sino también la *impecabilidad*, imposibilidad de pecar como resultado de la unión hipostática que vincula no solo la naturaleza humana en subsistencia personal en el Hijo, sino también en la unidad de voluntad de Jesús con el Padre. Debe recordarse también que las naturalezas en Cristo son los elementos generadores de las operaciones o acciones, pero el sujeto de atribución, como sujeto realizador, es la Persona, que les da el verdadero sentido. Pecar sería ponerse el Hijo en contradicción con Su esencia, al tiempo que alcanzaría la negación de Su propio Ser personal, rompiendo con ello el fundamento y la relación de filiación. Una última observación en cuanto a la impecabilidad de Jesús, es la razón de Su santidad. Como Hijo encarnado es Dios y, por tanto, santidad esencial visible en Su naturaleza humana. Su santidad esencial se manifiesta en Su encarnación, por cuanto sería alumbrado *lo santo* (Lc. 1:35), se expresa en toda Su vida donde no hubo engaño incluso en la hora de la Cruz donde el Justo, muere por los injustos para retornarlos a Dios (3:18).

Una razón más de la impecabilidad de Jesucristo está en que Él es una Persona Divina y, por cuanto el *sujeto de atribución* –que es a quién se puede atribuir la responsabilidad de las acciones hechas en el uso de la personalidad– de toda acción es la persona, y en el caso de Jesucristo sólo es una Persona Divina, por tanto, todo cuanto Jesucristo hace o puede hacer en el uso de cualquiera de Sus dos naturalezas, afecta a la única Persona Divina que Él es, y puesto que Dios, ni peca ni puede pecar, por esa razón Jesucristo es impecable. Además, no heredó el pecado del hombre (Lc. 1:35). El texto griego del versículo señala la santidad absoluta del que nació en Belén al decir textualmente: *lo santo que nacerá*. La Persona Divina del Hijo de Dios, es la que se encarna, por tanto, está presente desde el instante de la concepción de la humanidad de Jesucristo, haciendo imposible con Su presencia que el pecado fuese transmitido a esa humanidad.

20. Ya destinado desde antes de la fundación del mundo, pero manifestado en los postreros tiempos por amor de vosotros.

προεγνωσμένου	μὲν	πρὸ	καταβολῆς	κόσμου
Conocido de antemano	ciertamente	antes de	fundación	de mundo

φανερωθέντος δὲ	ἐπ’	ἐσχάτου	τῶν	χρόνων	δι’	ὑμᾶς
pero que fue manifestado	en	final	de los	tiempos	a causa de	vosotros.

Análisis y notas del texto griego.

Análisis: προεγνωσμένου, caso genitivo masculino singular del participio perfecto en voz activa del verbo προγινώσκω, forma jónica del verbo προγιγνώσκω, *saber o conocer antes, anunciar, pronosticar, presentir, prever, decidir, resolver antes*, aquí *conocido de antemano*; μὲν, partícula afirmativa que se coloca siempre inmediatamente después de la palabra expresiva de una idea que se ha de reforzar o poner en relación con otra idea y que, en sentido absoluto tiene oficio de adverbio de afirmación, como *ciertamente, a la verdad*; πρὸ, preposición propia de genitivo *antes de*; καταβολῆς, caso genitivo femenino singular del nombre común *fundación*; κόσμου, caso genitivo masculino singular del nombre común declinado *de mundo*; φανερωθέντος, caso genitivo masculino singular del participio aoristo primero en voz pasiva del verbo φανερόω, *manifestar*, aquí *que fue manifestado*; δὲ, partícula conjuntiva que hace las veces de conjunción coordinante, con sentido de *pero, más bien, y, y por cierto, antes bien, entonces*; ἐπ' forma escrita de la preposición de genitivo ἐπί, con el grafismo por elisión de la ι final ante vocal o diptongo sin aspiración, que equivale a *en*; ἐσχάτου, caso genitivo masculino singular del adjetivo *último, final*; τῶν, caso genitivo masculino plural del artículo definido declinado *de los*; χρόνων, caso genitivo masculino plural del nombre común *tiempos*; δι', forma contracta de la preposición de acusativo διά, *por, por medio, a causa de*; ὑμᾶς, caso acusativo de la segunda persona plural del pronombre personal *vosotros*.

προεγνωσμένου μὲν πρὸ καταβολῆς κόσμου. El sacrificio redentor de Jesucristo fue establecido por Dios en el Plan de Redención desde la eternidad. El semitismo *antes de la fundación del mundo*, hace referencia algo anterior a la creación del universo. Es lo que se conoce técnicamente como *decreto divino*, que define la voluntad de Dios en orden a todo cuanto se produce o podría producirse. Este término intenta reunir bajo una sola designación lo que la Palabra expresa con otras, como *propósito divino* (Ef. 1:11); *determinado consejo y anticipado conocimiento* (Hch. 2:23); *voluntad divina* (Ef. 1:11). Debe ser considerado en singular y no en plural (decretos), porque Dios no tiene más que un plan cuyo desarrollo comprende diversas particularidades. El decreto divino *es eterno*, puesto que fue establecido en la eternidad, aunque la ejecución de sus partes tiene lugar en la temporalidad de la creación. Siendo eterno el decreto, lo son también todas las partes que lo expresan. Este eterno decreto es también *libre*, puesto que no hay condicionante alguno para la determinación y ejecución del propósito divino que surge de Él mismo, en soberana y libre voluntad. Además, es *sabio*, puesto que es la expresión de Su sabiduría infinita, de modo que cuanto comprende está vinculado con ella (Ro. 11:33). Como todo lo que sale de la mente divina orientado al hombre es *incondicional*, es decir, su ejecución no se condiciona a circunstancias que lo determinen, sino que las supera e incluye a todas ellas.

El verbo προγινώσκω, está plenamente vinculado al concepto de *predestinación*, lo que indica que en el Plan de Redención había establecido de antemano la muerte del Cordero de Dios en precio de rescate. De otro modo, el Cordero Redentor había sido establecido y predestinado para el sacrificio de la expiación. El Plan de Redención tuvo lugar antes de la creación (Ro. 16:25; 1 Co. 2:7; Ef. 1:4; 3:9-11; Col. 1:26; 2 Ti. 1:9). Si el Cordero estaba preparado para la obra a realizar, ese plan tuvo lugar antes de la creación. No es, como algunos enseñan, la reacción de Dios a la caída del hombre, sino que antecede en todo a esta. Antes de la creación determinó enviar a Su Hijo como Salvador (Hch. 2:23; 4:27-28). Esas son las palabras de Pedro en el primer mensaje de proclamación del evangelio en Jerusalén: *"A éste, entregado por el determinado consejo y anticipado conocimiento de Dios, prendisteis y matasteis por manos de inicuos, crucificándole"*. La muerte de Cristo va precedida de la soberanía de Dios. No se trata de un acontecimiento causal, lo que sigue, sino de algo que se determinó en el consejo divino y, por tanto, *preconocido* por Dios. Fue algo establecido conforme a la *presciencia* divina, esto es, por *"determinado consejo y anticipado conocimiento de Dios"*. La misión redentora de Jesucristo, el Hijo de Dios, había sido establecida en la eternidad, antes de la creación del universo y de los hombres, como enseña Pedro en el versículo. Dios no estableció salvar al hombre porque el hombre iba a perderse, sino por determinación y propósito Suyo que precede a cualquier acontecimiento en el plano de la humanidad (2 Ti. 1:9). Quiere decir que la acción que se detalla seguidamente ocurrió por el propósito determinado de Dios y Su previo conocimiento. Tal propósito fue revelado por los profetas, que anunciaron los sufrimientos y la muerte del Mesías. Estaba profetizado antes de que ocurriese porque Dios lo había así determinado. El autor de lo que iba a ocurrir con Jesús, fue Dios mismo. Cada parte del plan salvador estaba en el pleno conocimiento de Dios (v. 2). Así lo declara el profeta: *"Mas Jehová quiso quebrantarle, sujetándole a padecimiento"* (Is. 53:10). Todo cuanto ocurrió con el Salvador en Su muerte, es el cumplimiento de lo que estaba anunciado por los profetas (Lc. 24:25, 27, 44, 46, 47). Algunos, sino todos, los que estaban presentes, consideraban a Jesús como un maldito de Dios, puesto que fue colgado en un madero (Dt. 21:23; Gá. 3:13); Pedro les advierte de un error de pensamiento, porque todo lo ocurrido, que incluía el levantamiento del Señor sobre el madero de la Cruz, había sido establecido previamente por Dios en el plan de redención. En la eternidad Dios había respondido a tres preguntas esenciales en cuanto a redención: *¿Quién? ¿Cómo? ¿Cuándo?* El que redimiría sería el Hijo de Dios en carne humana, el Verbo de Dios encarnado (Jn. 1:14); se había hecho hombre para poder morir por los hombres (He. 2.14). La segunda pregunta se respondía mediante lo que establecía para la salvación, que se haría mediante la entrega de la vida del Salvador, en precio por el pecado del mundo (vv. 18-20). La tercera determinaba el tiempo en que había de llevarse a cabo (Gá. 4:4); este tiempo había llegado y fue el momento para llevar a cabo la determinación soberana para la salvación, eternamente establecida. Dios había marcado previamente el tiempo, que ocurriría al final de la semana sesenta y nueve, de las setenta anunciadas por Daniel (Dn. 9:26). El Señor mismo había afirmado que el plan de salvación, que incluía Su muerte y sufrimientos estaba determinado por Dios y que inexorablemente tendría cumplimiento (Mr. 9:12). En el repaso doctrinal de aspectos relativos a la obra redentora de Jesucristo, el apóstol Pablo enseñaba que *"Cristo murió por nuestros pecados, conforme a las Escrituras"* (1 Co. 15:3). No se trataba de circunstancias adversas que convergían sobre Jesús, en un determinado momento de Su historia humana, haciéndolo víctima de aquella situación. Todo estaba bajo el control de Dios, y de Él como Persona Divina, que había dispuesto esto desde la eternidad. La muerte de Jesús, no fue el triunfo de la injusticia sobre la justicia, ni del odio sobre el amor, ni de la ingratitud sobre el desinterés, es la ejecución temporal del decreto eterno de Dios para la salvación del hombre. La aparente derrota, a la vista de los hombres, es la expresión suprema de la victoria de Dios.

Siendo la salvación una obra divina (Sal. 3:8; Jon. 2:9), las tres Personas intervienen en ella, y si el Padre envía y entrega al Hijo, éste asume voluntariamente el dar la vida en precio del rescate por muchos. De ahí Sus palabras: *"Nadie me la quita, sino que yo de mí mismo la pongo. Tengo poder para ponerla, y tengo poder para volverla a tomar. Este mandamiento recibí de mi Padre"* (Jn. 10:18). En ellas se aprecia primeramente la voluntariedad. Nadie puede quitarle la vida, ya que el Hijo estaba dispuesto a ser dado por el Padre y darse a Sí mismo. La muerte de Jesús no es un incidente en Su vida o un suceso inevitable que le alcanza, sino que Su poder como Dios-hombre, está en el control de cualquier situación en Su vida humana. Nadie puede quitarle la vida hasta que Él voluntariamente la ponga, que será cuando llegue el cumplimiento del tiempo establecido por el Padre desde la eternidad. La muerte física en la Cruz se produce bajo el control de Su soberanía que encomienda Su espíritu al Padre. La segunda realidad está relacionada con la potestad recibida para entregar la vida y volver a tomarla, es decir, nadie puede quitarle la vida antes del tiempo dispuesto, esto es, hasta que llegue Su hora. Pero, también se aprecia en las palabras del Señor, que junto con la muerte estaba establecida Su resurrección. Todo discurría conforme a lo que Dios había establecido antes de la fundación del mundo para la redención de los pecadores. A la voluntad del Padre corresponde plenamente la del Hijo, no sólo por comisión, sino por identificación de propósito. El Padre entregó a Su Hijo, y el Hijo se entregó a Sí mismo, sin oponer resistencia alguna porque no la podía haber, puesto que la determinación y el deseo opera conjunta y determinantemente tanto en el Padre como en el Hijo. De ahí que el Padre resucitaría al Hijo y el Hijo volvería a tomar Su vida.

φανερωθέντος δὲ ἐπ' ἐσχάτου τῶν χρόνων δι' ὑμᾶς. Pedro concluye el texto haciendo referencia a la manifestación del plan redentor, en *los postreros tiempos*, expresión que determina el tiempo actual, donde tuvo lugar el cumplimiento de todo lo establecido y determinado por Dios antes de la creación del mundo. Este misterio estaba oculto en Dios, hasta su manifestación en el cumplimiento del tiempo (Gá. 4:4). La soberanía de Dios que determina el Redentor y Su obra, se ejecutó en el tiempo de los hombres, aunque se estableció fuera de todo tiempo, esto es, en la eternidad. En ese sentido, Dios envió al mundo a Su Hijo cuando el tiempo histórico alcanzó al previsto y determinado por Él, de otro modo, cuando el tiempo histórico llegó a la meta establecida para ese acontecimiento, o lo que es igual, el tiempo de espera se había cerrado porque había llegado a su plenitud. Esa plenitud del tiempo traía como consecuencia la aparición de Jesucristo, el Verbo eterno encarnado. Debe entenderse esto como la irrupción de Dios en la historia humana. Dios determinó el tiempo para el cumplimiento de la prosa de salvación y, con ella, la operación redentora establecida en el Plan de Salvación, iniciándose hasta la culminación en la muerte y resurrección del Redentor.

La soberanía está plenamente vinculada al *decreto divino*, que lo es y se ejecuta porque Dios es Soberano. La soberanía divina se entiende de un modo pleno en que todas las cosas han recibido su lugar en la creación y en el tiempo por Su sola voluntad. Basten unos textos para establecer la verdad sobre la soberanía divina: *"Tuya es, oh Jehová, la magnificencia y el poder, la gloria, la victoria y el honor; porque todas las cosas que están en los cielos y en la tierra son tuyas. Tuyo, oh Jehová, es el reino, y tú eres excelso sobre todos. Las riquezas y la gloria proceden de ti, y tú dominas sobre todo; en tu mano está la fuerza y el poder, y en tu mano el hacer grande y dar poder a todos"* (1 Cr. 29:11, 12). Puesto que el Señor Dios es Altísimo, hace todo conforme a Su voluntad, y nadie puede detener Su mano, ni decirle: ¿Qué haces? (Dn. 4:35). Al afirmar que Dios es soberano se declara que es el Omnipotente, poseedor de toda potestad en cielos y tierra, de modo que nadie puede frustrar Sus consejos, impedir Sus propósitos, ni resistir Su voluntad (Sal. 115:3). Es reconocer que es *"solo Soberano, Rey de reyes, y Señor de señores"* (1 Ti. 6:15).

Dios es soberano en la salvación. Todo cuanto es de salvación es privativo, exclusivo y absolutamente Suyo. La Biblia afirma esta verdad: *"La salvación es de Jehová"* (Sal. 3:8; Jon. 2:9). En Su soberanía determinó salvar a los hombres y lo hizo en un decreto que establecía la resolución de salvación como antecedente a toda operación divina: *"Quien nos salvó y llamó con llamamiento santo, no conforme a nuestras obras, sino según el propósito suyo y la gracia que nos fue dada en Cristo Jesús antes de los tiempos de los siglos"* (2 Ti. 1:9). Nadie podrá decir que Dios nos salvó a causa de nuestra miseria o como consecuencia de nuestras transgresiones, sino que lo hizo en base a Su sola voluntad y absoluto propósito. Dios no se mueve por condicionamiento alguno, sino que Su propósito antecede a toda acción y circunstancia, que además Él mismo controla. La salvación determinada por voluntad divina comprende el envío del Hijo o, si se prefiere mejor, la encarnación del Verbo, acontecimiento que no ocurrió hasta el tiempo previsto: *"Pero que ahora ha sido manifestada por la aparición de nuestros Salvador Jesucristo, el cual quitó la muerte y sacó a luz la vida y la inmortalidad por el evangelio"* (2 Ti. 1:10). La Cruz obedece a un concreto, minucioso y detallado programa divino, anunciado por medio de los profetas y ejecutado en el tiempo histórico de los hombres (Hch. 2:23; 4:27-28). En ese sentido el *cumplimiento del tiempo*, el *pleroma* (πλήρωμα), está vinculado también con el tiempo al que se ha referido Pablo como establecido por el padre para la mayoría de edad del hijo (v. 2). Aquí tiene que ver directamente con la figura de la adopción que consideraremos luego. Quiere decir esto que el cumplimiento del tiempo que tiene que ver con el envío del Hijo y con Él la redención, son elementos que conducen al fin que culmina el versículo: la *adopción de hijos*.

Para los creyentes el *envío del Hijo* marca lo que se llama en el Nuevo Testamento, *los últimos tiempos*, los *postreros tiempos*, o *los postreros días* (He. 1:2). Esta fórmula se utiliza para referirse al tiempo de la presente dispensación y que se extiende desde la primera hasta la segunda venida de Cristo. Es la fórmula que utiliza la LXX para referirse a los tiempos mesiánicos (Nm. 24:14; Jer. 23:20; Dn. 10:14). Los postreros días es el tiempo de la actual dispensación en la que al comienzo los hombres pudieron oír la misma voz de Dios expresada por Su Hijo. Terminado el ministerio profético de la antigua dispensación, Dios habla en estos tiempos, *los postreros días*. En otro lugar el apóstol llama al tiempo determinado por Dios, *"la dispensación del cumplimiento de los tiempos"* (Ef. 1:10). La voluntad divina tiene un propósito, que nace en la eternidad y que se lleva a cabo en el tiempo histórico de los hombres. El propósito divino tiene un tiempo para su ejecución que se define como *"la dispensación del cumplimiento de los tiempos"*. Un tiempo en el que

Dios actúa y se manifiesta de una determinada manera, que no ocurrió antes. Esta determinación divina se manifestó cuando llegó el cumplimiento del tiempo que Dios había determinado.

El humanismo con todos los distintos formatos del liberalismo utiliza esta expresión para enseñar que la acción divina se produce cuando había llegado el mejor tiempo, históricamente hablando, para hacerlo. Así citan, por ejemplo, la difusión de un mismo idioma, el griego, que hacía posible la comunicación entre todo el mundo greco-romano de entonces. También señalan la facilidad de comunicaciones entre ciudades, debido a las carreteras que los romanos habían construido. Una tercera *razón*, descansa en la abundancia de sinagogas judías establecidas a lo largo y ancho del imperio, que facilitaba el conocimiento de aspectos religiosos relacionados con el verdadero Dios, y ponían la Palabra al alcance de muchos; a la vez que servía también como medio para la evangelización de todos los hombres, tanto judíos como gentiles en el cumplimiento de la misión. Pero, desde la óptica de la fe en la soberanía de Dios, el tiempo y sus circunstancias fue el mejor porque había llegado el *cumplimiento* que había sido determinado antes. Es decir, no actuó Dios porque era el mejor tiempo, sino que fue el mejor tiempo porque iba a actuar Dios.

Tal como estaba determinado, en *el último tiempo* Dios envió a Su Hijo. El Verbo eterno va a entrar en el mundo de los hombres revestido de humanidad, para poder cumplir el propósito eterno de dar Su vida en rescate por los pecadores. Quien es afirmación eterna de Dios, va a manifestarse en el tiempo, envuelto en temporalidad, para llevar a cabo el cumplimiento definitivo de lo que había sido establecido eternamente.

El Plan de Redención exigía el *envío* del Hijo desde el seno del Padre. La preexistencia de Cristo, el Hijo de Dios, no es, por tanto, una teoría metafísica. Todas las formulaciones bíblicas del *envío* del Hijo, van acompañadas de la preposición ἵνα, *para*, siendo enunciadas como el fundamento de la redención y de la filiación que Cristo hace posible a los hombres por Sí mismo y por el Espíritu (Jn. 3:16; Ro. 8:3-4; Gá. 4:4-5; 1 Jn. 4:9). Ahí se determina el *envío* del Hijo, en el tiempo establecido eternamente por Dios.

Es necesario entender el alcance de esa operación de salvación. La irrupción de Cristo en el mundo de los hombres, procedente del cielo, es hecha en *semejanza de hombre*, de otro modo, haciéndose hombre por medio de la encarnación. En ella Dios se realiza históricamente como kénosis. El término equivale a *vaciamiento*, o también a *verterse en libación sacrificial*. Este *vaciamiento*, se expresa en un *anonadamiento*, la *kénosis* del Hijo de Dios que no significa deposición del Ser, del poder o del conocer divinos en una especie de autoaniquilación, sino un acompasamiento tal de ellos que asume las condiciones propias de una existencia finita. En esa condición el Cristo, que es Emanuel, Dios con nosotros, puede vivir las limitaciones de la creatura y padecer las violencias en las que el hombre histórico vive. La infinita dimensión de Dios hace posible la capacidad para *ser menos*. Dios, en Cristo, puede asumir la *relativización* que le permite compartir y compadecer la situación del hombre, tanto en el orden del ser, como del poder y del conocer. En la Cruz el que existe eternamente en forma de Dios asume la situación del hombre bajo las consecuencias del pecado. El Hijo se adentra en la soledad y la impotencia de la Cruz para introducir un principio de vida en el universo, eliminando el poder dominante del pecado y de la muerte. La *kénosis* de Dios en Cristo, revelan la Majestad como misericordia y el Absoluto como prójimo absoluto y trascendente. La entrada de uno de la Santísima Trinidad en la experiencia de la muerte, proclama cósmicamente, en la victoria de la resurrección, la confianza y esperanza del mundo en Él (Col. 1:13). La *kénosis* del Hijo permitirá contradicciones entre la humanidad asumida y la deidad eterna en la Segunda Persona Divina. De este modo se encuentra el contraste entre felicidad absoluta que corresponde a la vida de Dios y las lágrimas y agonía de Jesús. Todo esto no es signo expresivo de humanización degradadora, sino la manifestación de Emanuel, Dios con los hombres. Es la autodefinición de Dios con hechos y experiencias propias de los hombres. Por tanto, la revelación y encarnación de Dios tienen que ser necesariamente *kenóticas*, para ser verdaderamente divinas. Dios se manifiesta en el mundo de los hombres como Hijo encarnado, con humildad suprema que no le es impuesta, con pobreza que no necesita, y con amor impensable para el hombre en la entrega suprema de Su vida. De otro modo, Aquel que eternamente vive *en forma de Dios*, deviene a la *forma de siervo*, utilizando el vehículo de Su humanidad para poder alcanzar la humillación. A Cristo siendo Dios, le corresponde todo lo que corresponde a Dios. Todo lo que hay en Dios y es de Dios, está en Cristo (Col. 2:9). Por el contrario, tampoco no hay nada en Dios que no esté en Cristo, es decir, no existe en Dios ninguna cualidad *no-crística*. El misterio eterno cumplido en el tiempo es la expresión de no mantener a cualquier precio la expresión de Su deidad, tuvo que haberse tomado en la eternidad cuando se estableció el Plan de Redención.

21. Y mediante el cual creéis en Dios, quien le resucitó de los muertos y le ha dado gloria, para que vuestra fe y esperanza sean en Dios.

τοὺς δι' αὐτοῦ πιστοὺς[1] εἰς Θεὸν τὸν ἐγείραντα αὐτὸν ἐκ
Los por medio de Él creyentes en Dios, el que resucitó le de
νεκρῶν καὶ δόξαν αὐτῷ δόντα, ὥστε τὴν πίστιν ὑμῶν
muertos y gloria le dio, de modo que la fe de vosotros
καὶ ἐλπίδα εἶναι εἰς Θεόν.
y esperanza sean en Dios.

Análisis y notas del texto griego.

Análisis: τοὺς, caso acusativo masculino plural del artículo determinado *los*; δι', forma contracta de la preposición de genitivo διά, *por, por medio de, a causa de*; αὐτοῦ, caso genitivo masculino de la tercera persona singular del pronombre personal *Él*; πιστοὺς, caso acusativo masculino plural del adjetivo *creyentes*; εἰς, preposición propia de acusativo *en*; Θεὸν, caso acusativo masculino singular del nombre divino *Dios*; τὸν, caso acusativo masculino singular del artículo determinado *el*; ἐγείραντα, caso acusativo masculino singular del participio aoristo primero en voz activa del verbo ἐγείρω, *levantar, resucitar*, aquí *que resucitó*; αὐτὸν, caso acusativo masculino de la tercera persona singular del pronombre personal declinado *a él, le*; ἐκ, preposición propia de genitivo *de*; νεκρῶν, caso genitivo masculino plural del nombre adjetivo *muertos*; καὶ, conjunción copulativa *y*; δόξαν, caso acusativo femenino singular del nombre común *gloria*; αὐτῷ, caso dativo masculino de la tercera persona singular del pronombre personal declinado *a él, le*; δόντα, tercera persona singular del aoristo segundo de indicativo en voz activa del verbo δίδωμι, *dar*, aquí *dio*; ὥστε, conjunción consecutiva *por tanto, por consiguiente, de tal manera que, de modo que, con el fin de, con la intención de*; τὴν, caso acusativo femenino singular del artículo determinado *la*; πίστιν, caso acusativo femenino singular del nombre común *fe*; ὑμῶν, caso genitivo de la segunda persona plural del pronombre personal declinado *de vosotros*; καὶ, conjunción copulativa *y*; ἐλπίδα, caso acusativo femenino singular del nombre común *esperanza*; εἶναι, presente de infinitivo en voz activa del verbo εἰμί, *ser, estar*, aquí *sean, estén*; εἰς, preposición propia de acusativo *en*; Θεόν, caso acusativo masculino singular del nombre divino *Dios*.

Notas. Crítica Textual. Lecturas alternativas.

[1] πιστοὺς, *creyentes*, lectura atestiguada en A, B, 307[c], 1735, vg.
πιστεύοντας, *que creen*, según lectura en 𝔅[75], ℵ, C, P, Ψ, 5, 81, 307*, 436, 442, 642, 1175, 1243, 1448, 1611, 1739, 1852, 2492, Byz.

πιστεύσαντας, *que creyeron*, conforme a 33, 2344.

τοὺς δι' αὐτοῦ πιστοὺς εἰς Θεὸν. El sujeto de la oración que comienza *mediante el cual*, no es otro que el que lo es de los versículos anteriores, Cristo. La expresión es un tanto extraña, puesto que se incorpora aquí a Cristo como el mediador de la fe. Además, el adjetivo πιστοὺς, *creyentes*, podía referirse al calificativo sinónimo de *cristiano*, o *fiel*. En ese sentido los creyentes son cristianos o fieles por vinculación con Cristo, pero la fe en Cristo trae como consecuencia la fe en Dios, puesto que no podemos creer en el Resucitado, si no lo hacemos también en el que le resucitó. La salvación está vinculada a creer en Cristo y creer en el Padre que le envió. Así lo expresaba el apóstol Pablo: *"Que si confesares con tu boca que Jesús es el Señor, y creyeres en tu corazón que Dios le levantó de los muertos, serás salvo"* (Ro. 10:9). La vida eterna es el conocimiento vivencial del Padre y del Hijo: *"Y esta es la vida eterna: que te conozcan a ti, el único Dios verdadero, y a Jesucristo, a quien has enviado"* (Jn. 17:3). Por otro lado, Jesús afirmó que Él es el camino y que nadie accede al Padre si no es por Él (Jn. 14:6). De manera que la verdadera fe salvadora es creer en el único Dios verdadero (He. 10:39; 11:6), y este conocimiento para poder creer se alcanza por medio de Jesucristo, único mediador entre Dios y los hombres.

τὸν ἐγείραντα αὐτὸν ἐκ νεκρῶν. El verdadero Dios en quien el cristiano cree es quien resucitó a Cristo de entre los muertos. Como ya se dijo antes, quien cree en el Resucitado, cree necesariamente en Aquel que le resucitó. Sin resurrección de Jesucristo, no hay fe auténtica ni salvación (1 Co. 15:1-4). Si se cree en Cristo se cree necesariamente en la resurrección. Porque el que fue entregado por nuestras transgresiones también fue resucitado para nuestra justificación. Solo así puede hacer al creyente *"justicia de Dios en Él"* (2 Co. 5:21). Sin embargo, debe responderse a una pregunta en relación con la resurrección: ¿Cuál es el agente o causa principal de la resurrección de Cristo? Antes de nada, entender que quien gustó la muerte por todos, lo lleva a cabo mediante la naturaleza humana, de otro modo, se hizo hombre para poder morir por los hombres. La primera respuesta a la pregunta es que solo quien es Vida en Sí mismo, el único que tiene por esencia la inmortalidad (Jn. 1:4; 5:26; 14:6; 1 Tim. 6:16), puede revivificar lo muerto. Esto es, sólo Dios puede resucitar a un muerto. No se lee que Jesucristo se resucitó, o que se levantó de los muertos, sino que fue resucitado o levantado. Sin embargo, no es posible dejar de entender que todas las acciones de las Personas Divinas en Su tarea salvadora son comunes a las tres Personas. Por tanto, sin entrar aquí en un tema evidentemente cristológico, para seguir el comentario sencillo del texto, las tres actúan en la resurrección de Jesús. El Padre *energiza*, poniendo para ello todo el poder divino, que levanta al que había estado muerto (Ro. 10:9); el Hijo *administra* voluntariamente, levantando con Su fuerza divina Su propia humanidad muerta (Jn. 10:18); el *poder* aplicativo al acto de la resurrección es obra del Espíritu Santo (Ro. 8:11). Así cada una de las Personas opera en este aspecto salvador, porque las tres han determinado salvar al pecador.

καὶ δόξαν αὐτῷ δόντα, Además de la resurrección Pedro considera también la glorificación, al glorificar a Jesús resucitado, como se lee literalmente: *y gloria le dio*. Supone esto que del descenso más profundo subió a la posición más elevada. De la eterna gloria de Dios, descendió a la limitación del hombre y a la humillación de siervo, llegando en esa obediencia hasta la muerte y muerte de Cruz (Fil. 2:6-8). Por lo cual el mismo Dios que lo resucitó, actúa exaltando al que entregó Su propia vida. Es la respuesta divina a la humillación, porque el que se humilla será exaltado (Pr. 3:34; Mt. 23:12; Lc. 14:11; 18:14). Es la respuesta al deseo personal expresado en la oración de Jesús (Jn. 17:5). La exaltación que sigue a la humillación es concordante con la enseñanza bíblica en general (Lc. 1:52; Stg. 4:10; 1 P. 5:6). La exaltación de Jesús se produce a causa del padecimiento de muerte (He. 1:3; 2:9; 12:2).

Lo que era temporal y transitorio en el estado de humillación, dio paso a lo que es permanente y eterno, Su estado de exaltación. En cuya dimensión se le ve, no limitado y mortal, sino coronado de gloria y de honra y revestido, en Su humanidad, de inmortalidad. Esa situación es absolutamente irreversible, ya que fue el Padre quien lo exaltó hasta lo sumo. Sin embargo, es Señor no por adquisición, sino por derecho inherente a Su condición de Dios-hombre (Col. 2:9). Aun en los días de Su humanidad, en la limitación de Su carne, era Señor (1 Co. 2:8). Pero, el ejercicio del señorío supremo se manifiesta y ejerce después de la resurrección. No sólo desde la naturaleza divina, sino también desde la humana, glorificada. Jesús, a causa de la unión hipostática es eternamente Dios-hombre. Su naturaleza humana está también *coronada de gloria y de honra*, ya que el Padre lo exaltó hasta lo sumo. La exaltación estaba ya profetizada (Is. 53:10-12). El Resucitado habló a los Suyos de la gloria de Su majestad en autoridad suprema sobre cielos y tierra (Mt. 28:18). Es necesario comprender bien, que el marcado contraste está en el Hijo, que es Jesús de Nazaret, Dios manifestado en carne. La humanidad glorificada de Jesús permanece eternamente unida a la deidad, sin mezcla en las naturalezas, pero subsistente perpetuamente en la Persona Divina. De otro modo, la humanidad asumida en la encarnación y glorificada en la resurrección y sesión a la diestra de la Majestad, perdura perpetuamente. La humanidad del Verbo, no fue meramente instrumental, esto es, usada para un propósito divino y abandonada luego. Dios es ya para siempre encarnado, y es en esa humanidad del Hijo que una nueva naturaleza queda integrada en la realización del misterio trinitario. La humanidad de Cristo es definitivamente el lugar de encuentro entre Dios y el hombre. En la glorificación Jesús recuperó lo único de que se había despojado en Su condición de hombre limitado, en Su anonadamiento voluntario y personal, que era la gloria de Su deidad, por lo que oró a Su Padre antes de ir a la Cruz (Jn. 17:5). Luego de la ascensión, las manifestaciones de Jesús a los hombres son todas ellas gloriosas. Rodeado de gloria se apareció al apóstol Pablo en el camino a Damasco (Hch. 9:3). En esa misma impresionante dimensión se manifestó al apóstol Juan en la isla de Patmos (Ap. 1:12-16). La exaltación de Jesucristo supera cualquier otra ya que no sólo fue promovido a la gloria, como lo serán los creyentes. Él es el Mediador que traspasó los cielos (He. 4:14); el que ha sido hecho más sublime que ellos (He. 7:26); el que subió por encima de los cielos (Ef. 4:10); el que se sentó a la diestra del trono de Dios (Mr. 16:19; Hch. 2:33; 5:31; Ro. 8:34; He. 1:3; 12:2); es el Rey sobre toda autoridad, ahora y por siempre (Ef. 1:20-22). La exaltación pasa necesariamente por tres etapas: a) Resurrección de entre los muertos (Jn. 10:18; Ro. 8:11; 10:9); b) Ascensión a los cielos (Lc. 24:26); c) Sesión a la diestra de Dios (Mr. 16:19). El sujeto de la exaltación es el Verbo de Dios en Su naturaleza humana.

No se trata de una exaltación más o menos elevada, sino de una *super-exaltación*, si así se puede llamar, ya que Dios le dio *el nombre que es sobre todo nombre*, o como dice el versículo que se comenta, *le dio gloria*, sin artículo, quiere decir, sin limitación alguna. En ese sentido Dios da al Resucitado, en palabras del apóstol Pablo, *el nombre*, como título de suprema soberanía celestial. Por tanto, si el nombre es sobre todo nombre, ha de ser vinculado necesariamente con la deidad de Jesucristo. Este es, por tanto, la proyección eterna del nombre humano dado por Dios al Verbo encarnado. La gloria a la que se refiere Pedro, debe relacionarse relacionado con *dignidad, majestad, gloria* del que la recibió. El honor y gloria suprema los recibió del Padre, en la resurrección de entre los muertos y ascensión a la majestad de las alturas. Dios lo proclama cósmicamente como Señor.

ὥστε τὴν πίστιν ὑμῶν καὶ ἐλπίδα εἶναι εἰς Θεόν. Esta glorificación de Cristo sustenta la esperanza del creyente y, puesto que es una obra divina, la esperanza está depositada en Dios. El apóstol enseña que tanto la fe como la esperanza descansan en Dios y están orientadas a Él como objeto de fe. La verdadera fe está depositada en Dios y no en especulaciones religiosas propias de sabiduría humana (1 Co. 2:1-5). Ambas cosas, fe y esperanza, están en Cristo, fe para salvación (Hch. 16:31) y esperanza para gloria (Col. 1:27b). Por eso la fe producirá también obras conforme a Dios (Stg. 2:17, 26) y la esperanza orientará los valores conforme a Dios (Col. 3:1-3). Cabe también la traducción: *De modo que vuestra fe sea también esperanza en Dios*. La fe en Dios era algo propio de la antigua dispensación, pero aquí se añade la esperanza *viva* que añade algo radicalmente al cristiano, ya que la esperanza no son asuntos que se esperan, sino la persona de Jesucristo a la que está vinculado el creyente.

Demanda amor (1:22-25).

22. Habiendo purificado vuestras almas por la obediencia a la verdad, mediante el Espíritu, para el amor fraternal no fingido, amaos unos a otros entrañablemente, de corazón puro.

Τὰς ψυχὰς ὑμῶν ἡγνικότες ἐν τῇ ὑπακοῇ τῆς ἀληθείας[1]
Las almas de vosotros habiendo purificado en la obediencia de la verdad
εἰς φιλαδελφίαν ἀνυπόκριτον, ἐκ [καθαρᾶς] καρδίας[2] ἀλλήλους
para amor fraternal sincero, de puro corazón unos a otros
ἀγαπήσατε ἐκτενῶς
amaros fervientemente.

Análisis y notas del texto griego.

Análisis: Τὰς, caso acusativo femenino plural del artículo determinado *las*; ψυχὰς, caso acusativo femenino plural del nombre común *almas*; ὑμῶν, caso genitivo de la segunda persona plural del pronombre personal declinado *de vosotros*; ἡγνικότες, caso nominativo masculino plural del participio perfecto en voz activa del verbo ἁγνίζω, *purificar*, aquí *habiendo purificado*; ἐν, preposición propia de dativo *en*; τῇ, caso dativo femenino singular del artículo determinado *la*; ὑπακοῇ, caso dativo femenino singular del nombre común *obediencia*; τῆς, caso genitivo femenino singular del artículo determinado declinado *de la*; ἀληθείας, caso genitivo femenino singular del nombre común *obediencia*; εἰς, preposición propia de acusativo *para*; φιλαδελφίαν, caso acusativo femenino singular del nombre común *amor fraternal*; ἀνυπόκριτον, caso acusativo femenino singular del adjetivo *sincero*; ἐκ, preposición propia de genitivo *de*; καθαρᾶς, caso genitivo femenino singular del adjetivo *puro*; καρδίας, caso genitivo femenino singular del nombre común *corazón*; ἀλλήλους, caso acusativo masculino plural del pronombre recíproco *unos a otros*; ἀγαπήσατε, segunda persona plural del aoristo primero de imperativo en voz activa del verbo ἀγαπάω, *amar*, aquí *amaros*; ἐκτενῶς, adverbio de modo *fervientemente*.
Notas. Crítica Textual. Lecturas alternativas.

[1] ἀληθείας, *verdad*, lectura atestiguada en $\mathfrak{P}^{72}$, ℵ, A, B, C, Ψ, 33, 81, 436, 1243, 1448*, 1739, 1852, 2344, 2492, vg^{ms}, syr$^{p, h}$, cop$^{sa, bo}$, arm, eth, geo, Dídimo.

ἀληθείας διὰ πνεύματος, *verdad por Espíritu*, según 5, 307, 442, 642, 642, 1175, 1448^{c}, 1611, 1735, K, L, P.

πίστεως διὰ πνεύματος, *fe por Espíritu*, según lectura en vg^ms^, Prisciliano^2/5^, Speculum, Gildas.

ἐκ καθαρᾶς καρδίας, *de puro corazón*, según lectura en 𝔓^72^, ℵ*, C, Ψ, 5, 33, 81, 307, 436, 442, 642, 1175, 1243, 1448, 1611, 1735, 1739, 2344, 2492, K, L, P, vg^ms^, syr^p, h^, cop^sa, bo^, slav.

ἐκ καρδίας ἀληθινῆς, *de corazón verdadero*, según lectura en ℵ^2^, vg^ms^, Prisciliano, Gildas.

ἐκ καρδίας, *de corazón*, lectura en A, B, 1852, it^ar^, vg, geo, Varimadum.

Τὰς ψυχὰς ὑμῶν ἡγνικότες ἐν τῇ ὑπακοῇ τῆς ἀληθείας. El creyente ha sido purificado con un propósito, marcar en la tierra un distintivo claro de santidad y afectos puros contrarios a los del mundo, lo que supone un claro testimonio de la verdad y una manifestación de la vida de Cristo en cada uno de los salvos. El momento de la purificación ocurre en el acto de *la obediencia a la verdad*, que es una forma de expresar el tiempo de la conversión y regeneración. El poder purificador de Dios, se produce cuando el pecador, llamado por Dios, responde en obediencia a la verdad anunciada en el evangelio.

εἰς φιλαδελφίαν ἀνυπόκριτον, La purificación trae como consecuencia el *amor fraterno*, que es *sincero*, como expresa el adjetivo calificativo ἀνυπόκριτον, que se traduce aquí por *sincero*, y que tiene también las connotaciones de *no fingido, franco*. Frente al fingimiento propio del amor en el mundo, el cristiano ama con amor *no fingido*, ya que la acción regeneradora del Espíritu lo sitúa en la dimensión de la verdad, donde la hipocresía y mentira no tienen cabida. La preposición εἰς, debe entenderse aquí como de propósito *para*, esto es, Dios ha purificado al creyente *para que ame fraternalmente*.

ἐκ καθαρᾶς καρδίας ἀλλήλους ἀγαπήσατε ἐκτενῶς. El amor que se demanda está orientado hacia los *otros*. El mandamiento es claro *amaos unos a otros*. Como nadie queda excluido del amor divino, así tampoco ningún creyente debe quedar excluido del amor de su hermano. Jesús estableció el amor entre los creyentes como el verdadero distintivo de la iglesia ante el mundo: *"Un mandamiento nuevo os doy: Que os améis unos a otros; como yo os he amado, que también os améis unos a otros. En esto conocerán todos que sois mis discípulos, si tuviereis amor los unos con los otros"* (Jn. 13:34-35). Los cristianos en la tierra deben vivir la vida de Cristo en ellos, que esencialmente es amor. La relación de amor mutuo no es una opción, sino la única manera de vivir la vida cristiana. Jesús lo estableció como mandamiento, de modo que no hay excusa alguna para cumplirlo. Es más, no amar, es signo de desobediencia a Cristo. El mandamiento es *nuevo*, en sentido de algo que, existiendo desde antes, no envejece, sino que se mantiene novedoso siempre. En ese sentido, el mandamiento de amar a los demás ha existido siempre (cf. Lv. 19:18; 24:29; Mr. 12:29, 31). Este mandamiento establecido desde antiguo es recuperado por Jesús y establecido para los cristianos como esencial. El mandamiento establece correspondencia, a diferencia de la expresión del antiguo que decía *"amarás a tu prójimo como a ti mismo"*, aquí el prójimo creyente corresponde de la misma forma, ya que todos deben amarse *unos a otros*.

Él Señor estableció también la *calidad* de ese amor. Sabe bien que los hombres no podremos alcanzar la dimensión del amor divino que se expresa en Él; no lo pide, pero si la *calidad* de amor que el manifestaba. Amor desprendido, desinteresado, de entrega sin reserva hacia los demás. La intensidad del amor la dará la presencia del Espíritu Santo en la realización de Su fruto en el creyente (Gá. 5:22), y la capacitación para amar será la presencia de la tercera Persona Divina, que derrama el amor de Dios hasta saturar el corazón del creyente (Ro. 5:5). El amor de Cristo es infinito, pero también es incomprensible, porque *"nadie tiene mayor amor que éste, que uno ponga su vida por sus amigos"* (Jn. 15:13), pareciera fácil amar al amigo, pero ninguno éramos amigos, Él puso Su vida para hacernos amigos, cuando antes éramos enemigos de Él en malas obras. El sentido de *nuevo* es el de calidad sublime y perfecta, algo que es excelente.

Sobre esto escribe el profesor Juan Leal:

"Como yo os he amado se refiere al hecho y a la medida. El amor cristiano se distingue de la filantropía o amor natural en esto precisamente: es la práctica del bien al hermano porque Cristo lo quiere, y como Cristo lo quiere, y hasta donde Cristo ha llegado. 2 P. 1:7 pone la caridad o ágape por encima de la filadelfia o amor fraternal"[21].

El apóstol Pablo, años después, recordará a los creyentes el compromiso de amor: *"andad en amor, como también Cristo nos amó, y se entregó a sí mismo por nosotros, ofrenda y sacrificio a Dios en olor fragante"* (Ef. 5:2). Cristo nos amó entregándose por nosotros. Es necesario entender que el *nuevo mandamiento*, no es puntual u ocasional, sino que es un estilo de vida. En identificación con Cristo el creyente ama *como* Él ama. La posibilidad de cumplir el mandamiento nuevo, consiste en *andar en el Espíritu*, que reproduce a Jesús en el creyente. Estando en Cristo como

---

[21] Juan Leal. *Juan*, Madrid, pág. 506.

nuevas criaturas (2 Co. 5:17), habiendo sido resucitados en Él (Ef. 2:6), escondiendo Dios nuestra vida con Cristo en Él (Col. 3:3), somos de tal manera en Cristo que el camino de la vida cristiana no puede ser otro que el de la conformación a Jesús, en el poder del Espíritu. Esa identificación con Cristo nos permite alcanzar la demanda del amor mutuo. El amor al que somos llamados en el mandamiento es un amor desinteresado, ya que Jesús *se entregó a Sí mismo por nosotros*. Quiere decir que ese amor tiene que abarcar a todos. Nadie está fuera del amor divino, y de forma especial, cada creyente es objeto directo del amor. Es un amor insondable, porque el Señor *"fue entregado por nuestras transgresiones"* (Ro. 4:25), pero Él se entregó a Sí mismo voluntariamente por nosotros, Sus ovejas (Jn. 10:17-18). De otro modo: *"se dio a sí mismo por nuestros pecados para librarnos del presente siglo malo, conforme a la voluntad de nuestro Dios y Padre"* (Gá. 1:4). El Señor nos amó hasta ocupar en sustitución nuestro lugar, para extinguir con Su muerte la responsabilidad penal del pecado que incidía en nosotros. El Señor no murió solo *a favor* o *en beneficio* del creyente, sino ocupando su lugar. De ahí que quien no cumpla el mandamiento nuevo mostrando amor, debe preguntarse si ha nacido de nuevo (1 Jn. 4:8). No se trata de la teología del amor, sino de la vivencia del amor. El que no es capaz de amar a su hermano *"no es de Dios"* y *"permanece en muerte"* (1 Jn. 3:10, 14). No es posible dejar de amar a nuestros hermanos cuando entendemos que el Señor *"me amó a mí y se entregó a sí mismo por mi"* (Gá. 2:20). El amor que se nos pide es el de renuncia a todos los derechos por el bienestar del otro, ya que, siendo Jesús en *forma de Dios*, no consideró esa condición como algo que debía ser mantenida, sino que se despojó a Sí mismo en un acto supremo de entrega incondicional (Fil. 2:6-7). Este mandamiento nuevo cumplido expresará si realmente *hay en nosotros el sentir que hubo también en Cristo Jesús* (Fil. 2:5).

El amor al que se refiere Jesús en el *nuevo mandamiento* es el mismo amor al que Pedro alude en el versículo. El amor de Cristo reproducido en nosotros por el Espíritu Santo. Para que el creyente pueda expresarlo en su vida, el Espíritu lo derramó en el corazón (Ro. 5:5). Por este amor el regenerado se convierte en amante, cuyo amor no solo se orienta hacia Dios, sino también hacia el prójimo y, determinantemente hacia sus hermanos. De otro modo, quien se reconoce amado por Jesús, se vuelve activo en el amor derramado en él. Mediante la presencia de Cristo en la vida del cristiano y, todavía más, mediante la vida de Cristo que se hace, por el Espíritu, vida del cristiano, el amor de Cristo se manifiesta en la dinámica de la existencia, de manera que ama, no por obligación, aunque tiene un *mandamiento nuevo*, sino por comunión con Cristo. El amor es el mayor de los dones que Dios da al creyente. El Señor no pide nada que primeramente no da o, de otro modo, no pide nada para lo que no haya hecho provisión. De ahí que la provisión de amor divino sea abundantísima para que pueda amar sin reservas a sus hermanos. El amor siendo sufrido es paciente, magnánimo, capaz de soportar las injusticias y los males que recibe (Pr. 10:12). Es también benigno porque usa de gentileza y amabilidad. No tiene envida, porque no siente celos por el progreso del hermano. No se envanece, porque impide la arrogancia personal. No hace nada indebido, ya que no tiene un comportamiento indecoroso para con los que ama. No busca lo suyo, puesto que es un amor desinteresado. No se irrita, impidiendo toda contienda entre hermanos. No guarda rencor, porque no tiene en cuenta el mal que pueda recibir. No se goza en la injusticia, porque no simpatiza con el mal. Además, todo lo sufre, excusando todo, dispuesto siempre a perdonar las faltas de otros. Todo lo espera, porque confía siempre en la enmienda del otro. Es un amor que lo soporta todo, porque es perseverante.

El amor es el distintivo de la iglesia. De modo que la identificación de los creyentes no está basada en lo que creen sino en si se aman unos a otros. Por supuesto el amor a Cristo hará que todos estén dispuestos a guardar Sus mandamientos (Jn. 14:15). La doctrina no es negociable, la Palabra no puede ser desobedecida, la Escritura debe ser amada y respetada. Sin embargo, hay quienes son capaces de dar su vida por la defensa de la fe, es más, algunos son incluso capaces de *adorar* la Biblia, pero son incapaces de amar a sus hermanos. El mundo no puede identificar la realidad de la vida cristiana a no ser por el amor entre los creyentes. El amor fraternal es el mayor problema de los discípulos de Cristo. Cristo se distinguió por el amor desinteresado que mostraba para todos los que encontró en Su camino durante el ministerio. Por amor se entregaba para sanar enfermos, expulsar demonios, alimentar multitudes, dar vista a ciegos, atender afligidos, etc. etc. es por eso que Jesús era conocido de todos. Algunos no estarían de acuerdo con Sus enseñanzas, pero no podían negar Su amor. En los primeros tiempos del cristianismo, especialmente en el tiempo de las persecuciones en donde miles morían por ser cristianos, los paganos decían: *¡Mira, como se aman!* Mientras que en el mundo todos buscan lo suyo propio, los cristianos se distinguen por *"servirse unos a otros en amor"* (Gá. 5:13). Los verdaderos cristianos aman para ser capaces de *"sobrellevar los unos las cargas de los otros"* (Gá. 6:2). Cada cristiano, miembro del cuerpo y piedra en el edificio está puesto para que, con la gracia divina y el poder del Espíritu, coloque su hombro bajo la carga del hermano y la comparta con él haciéndola más llevadera, ayudándole a soportar las dificultades, trabajos y problemas personales. Cuando el amor divino llena el corazón saturándolo de amor, éste no encuentra reposo hasta depositarlo en otro, como Cristo hizo con nosotros, de manera que se orienta hacia los hermanos buscando el bien ajeno y no el propio (1 Co. 10:24). El mandato de Jesús está orientado al amor fraterno, que es identificativo de la realidad de ser cristiano. Es ciertamente lamentable el desinterés que se manifiesta muchas veces en relación con la vida de los hermanos que pasan desapercibidos y llevan solos las aflicciones y problemas. Como mínimo, si no es posible la compañía personal, podemos llevar sus cargas sobre nuestros hombros al Trono de Gracia, para interceder por ellos a fin de que encuentren el oportuno socorro para sus necesidades.

El apóstol señala que la *purificación* del cristiano, tiene un propósito: *"para el amor fraternal no fingido"*. Los legalistas quieren una *norma*, asaetean las vidas de los hermanos reprochándoles sus faltas, denunciando sus miserias y apartándolos por sus caídas. Esta es la norma verdadera, *que os améis unos a otros como yo os he amado*. En todo esto Jesús es el ejemplo. Su gracia frente a la carga espiritual de la mujer pecadora (Lc. 7:36-50). Su amor ante la mujer adúltera (Jn. 8:11). La gracia demostrada al ladrón que moría a Su lado en otra cruz (Lc. 23:43). ¿Qué decir de la restauración de Pedro? Posiblemente no haya mayor ejemplo de afecto en todo el Nuevo Testamento. El apóstol Pablo enseña que sin amor no puede haber ministerio aceptable delante de Dios (1 Co. 13:1), allí dice que quien tiene todas las perfecciones espirituales y la riqueza de los mejores dones y no tiene amor, su ministerio es simple ruido que molesta a Dios y molesta a la iglesia. La ley de Cristo perdona al ofensor, restaura al caído y ayuda al necesitado. Igualmente, el apóstol Juan cuando escribe su primera epístola dice: *"El que dice que está en la luz, y aborrece a su hermano, está todavía en tinieblas"* (1 Jn. 2:9). La realidad del nuevo nacimiento, el test que lo pone de manifiesto como verdadero es: *"nosotros sabemos que hemos pasado de muerte a vida, en que amamos a los hermanos. El que no ama a su hermano, permanece en muerte"* (1 Jn. 3:14). No solamente quien no ama no está en la luz, esto es, no tiene a Cristo, sino que es como su padre espiritual, el diablo, mentiroso: *"Si alguno dice: Yo amo a Dios, y aborrece a su hermano, es mentiroso. Pues el que no ama a su hermano a quien ha visto, ¿cómo puede amar a Dios a quien no ha visto"* (1 Jn. 4:20).

El amor del creyente ha de ser expresado con la misma calidad del amor de Cristo, en todos los ámbitos de la vida, incluyendo el de la familia (Ef. 5:25). El amor se expresa también mediante el perdón de las ofensas recibidas (Ef. 4:32; Col. 3:12-14). Pero, una forma precisa en la manifestación del amor que nace en un *corazón puro* es la restauración de hermano que ha caído (Gá. 6:1). El amor sin fingimiento se manifiesta en la entrega hacia los demás (1 Co. 10:24; 1 Jn. 3:16).

23. Siendo renacidos, no de simiente corruptible, sino de incorruptible, por la palabra de Dios que vive y permanece para siempre.

ἀναγεγεννημένοι οὐκ ἐκ σπορᾶς φθαρτῆς ἀλλὰ ἀφθάρτου
Habiendo sido reengendrados no de simiente corruptible sino incorruptible
διὰ λόγου ζῶντος Θεοῦ καὶ μένοντος[1].
Mediante palabra que vive de Dios y que permanece.

Análisis y notas del texto griego.

Análisis: ἀναγεγεννημένοι, caso nominativo masculino plural del participio perfecto en voz pasiva del verbo ἀναγεννάω, *regenerar, volver a engendrar, reengendrar*, aquí *habiendo sido reengendrados*; οὐκ, forma escrita del adverbio de negación *no*, con el grafismo propio ante una vocal con espíritu suave o una enclítica; ἐκ, preposición propia de genitivo *de*; σπορᾶς, caso genitivo femenino singular del nombre común *simiente*; φθαρτῆς, caso genitivo femenino singular del adjetivo *corruptible*; ἀλλὰ, conjunción adversativa *sino*; ἀφθάρτου, caso genitivo femenino singular del adjetivo *incorruptible*; διὰ, preposición propia de genitivo *por, mediante*; λόγου, caso genitivo masculino singular del nombre común *palabra*; ζῶντος, caso genitivo masculino singular del participio presente en voz activa del verbo ζάω, *vivir*, aquí *que vive*; Θεοῦ, caso genitivo masculino singular del nombre divino declinado *de Dios*; καὶ, conjunción copulativa *y*; μένοντος, caso genitivo masculino singular del participio presente en voz activa del verbo μένω, *permanecer, quedarse, estar fijo, ser estable, perseverar, persistir*, aquí *que permanece*.

Notas. Crítica Textual. Lecturas alternativas.

[1]εἰς τόν αἰῶνα, *por los siglos, para siempre*, se añade en P, 5, 307, 442, 642, 1175, 1448[c], 1611, 2492, Byz, l, t, vg[cl, ww], Prisciliano, Didimo[pt].

ἀναγεγεννημένοι. La vida nueva, cuyos principios de santidad y amor se han considerado en los versículos anteriores, corresponde al nuevo nacimiento. El creyente ha sido *reengendrado*, engendrado de nuevo, o como se traduce en otras versiones *renacido*, que es el resultado final del engendramiento. El nuevo nacimiento es una operación divina, resultante de la acción del Espíritu Santo, ninguna persona coopera o hace algo para nacer de nuevo, simplemente al creer en Jesucristo en obediencia el mensaje del evangelio, el Espíritu lo regenera, creándolo de nuevo en Cristo Jesús.

οὐκ ἐκ σπορᾶς φθαρτῆς ἀλλὰ ἀφθάρτου. El nuevo nacimiento es de procedencia divina. Por esa razón el apóstol afirma que no es de *simiente corruptible*, esto es, de procedencia terrenal y humana. El engendramiento natural y el nacimiento humano conduce a un final físico mediante la muerte, el espiritual es definitivamente para vida, y una vida inextinguible porque es vida eterna. La corrupción con todo cuanto comporta no puede entrar en la esfera de la vida eterna, porque ésta se encuentra plenamente fuera de ella. De manera que como, en el orden natural toda generación comienza con una *semilla corruptible*, en el espiritual se inicia con una *incorruptible*.

διὰ λόγου ζῶντος Θεοῦ καὶ μένοντος. Este nuevo nacimiento se produce por *la palabra de Dios*, que como corresponde al que la origina *vive y permanece*. Es preciso tener en cuenta que la salvación es el resultado de un acto de la soberanía de Dios en el libre ejercicio de Su propósito, es decir, una acción consumada plenamente por el deseo y voluntad divina. El creyente es engendrado de Dios. En la salvación nada tiene que ver la acción humana, ya que los hijos de Dios *"no son engendrados de sangre, ni de voluntad de carne, ni de voluntad de varón, sino de Dios"* (Jn. 1:13). La salvación es un acto de absoluta y libre soberanía de Dios, establecido, como se ha considerado antes, desde antes de la creación del hombre y, por tanto, antecedente a su caída: *"Quien nos salvó y llamó con llamamiento santo, no conforme a nuestras obras, sino según el propósito suyo y la gracia que nos fue dada en Cristo Jesús antes de los tiempos de los siglos"* (2 Ti. 1:9). El nuevo nacimiento para el que cree se produce tan solo por la acción de la voluntad salvadora de Dios. Él nos dio vida de una manera absolutamente gratuita e inmerecida. Todo ello, sin eliminar la responsabilidad humana en cuanto tiene que ver con condenación. Pedro está haciendo notar que Dios *nos engendró*. El modo verbal define una acción concluida definitivamente para todos los creyentes. No fuimos nosotros los que actuamos en alguna medida para alcanzar el nuevo nacimiento y la regeneración. No fuimos nosotros quienes escogimos a Dios, sino que fue Él quien lo hizo con nosotros, liberándonos de la muerte y dándonos vida nueva en Cristo Jesús.

El medio que escogió para producir el nuevo nacimiento fue la *palabra que vive y permanece*. La interpretación de esta frase es clara en las palabras del apóstol Pablo: *"En Él también vosotros, habiendo oído la Palabra de verdad, el evangelio de vuestra salvación, y habiendo creído en él, fuisteis sellados con el Espíritu Santo de la promesa"* (Ef. 1:13). Pedro se refiere a la Palabra calificándola de *que vive*, puesto que por el aliento divino es viva y eficaz (He. 4:12). Esta palabra viva y permaneciente está vinculada con el evangelio que proclama el mensaje de salvación. Quiere decir que el mensaje del evangelio expresa la promesa de vida que, por medio de la Palabra, se ofrece al que oye. Aunque promete dar vida eterna, esta misma Palabra de Dios produce el resultado admirable de salvación, puesto que el evangelio *"es poder de Dios para salvación"* (Ro. 1:16-

17). La salvación se produce a causa de la respuesta en fe al llamado del evangelio, de ahí que se le llame el *"evangelio de vuestra salvación"*. Este mensaje conduce a la fe que viene *"por el oír, y el oír, por la palabra de Dios"* (Ro. 10:17). El método ordinario que Dios usa para la salvación es el mensaje del evangelio (Ro. 1:16-17; 1 Co. 4:15; Ef. 1:13). La salvación del pecado es un regalo divino, que descansa en la gracia y cuyo medio instrumental para recibirla es la fe (Ef. 2:8-9). Se ha notado antes que la operación regeneradora en el nuevo nacimiento es obra del Espíritu Santo (Jn. 3:3, 5, 6). Dios usa la Palabra viva y permaneciente (Mt. 5:17-18; 24:35) para hacer llegar al hombre el mensaje de salvación.

24. Porque:
Toda carne es como hierba,
Y toda la gloria del hombre como flor de la hierba.
La hierba se seca, y la flor se cae.

διότι
Porque
πᾶσα σὰρξ ὡς χόρτος
toda carne como hierba
καὶ πᾶσα δόξα αὐτῆς ὡς ἄνθος χόρτου·
y toda gloria de ella como flor de hierba.
ἐξηράνθη ὁ χόρτος
Se secó la hierba
καὶ τὸ ἄνθος ἐξέπεσεν·
y la flor cayó.

Análisis y notas del texto griego.

Análisis: διότι, conjunción causal *porque*; *πᾶσα,* caso nominativo femenino singular del adjetivo indefinido *toda*; *σὰρξ,* caso nominativo femenino singular del nombre común *carne*; *ὡς,* adverbio de modo, *como*, que hace las veces de conjunción comparativa; *χόρτος,* caso nominativo masculino singular del nombre común *hierba*; *καὶ,* conjunción copulativa *y*; *πᾶσα,* caso nominativo femenino singular del adjetivo indefinido *toda*; *δόξα,* caso nominativo femenino singular del nombre común *gloria*; *αὐτῆς,* caso genitivo femenino de la tercera persona singular del pronombre personal declinado *de ella*; *ὡς,* adverbio de modo, *como*, que hace las veces de conjunción comparativa; *ἄνθος,* caso nominativo neutro singular del nombre común *flor*; *χόρτου,* caso genitivo masculino singular del nombre común declinado *de hierba*; *ἐξηράνθη,* tercera persona singular del aoristo primero de indicativo en voz pasiva del verbo ξηραίνω, *secar*, aquí *se secó*; *ὁ,* caso nominativo masculino singular del artículo determinado *el*; *χόρτος,* caso nominativo masculino singular del nombre común *hierba*; *καὶ,* conjunción copulativa *y*; *τὸ,* caso nominativo neutro singular del artículo determinado *lo*; *ἄνθος,* caso nominativo neutro singular del nombre común *flor*; ἐξέπεσεν, tercera persona singular del aoristo segundo de indicativo en voz activa del verbo ἐκπίπτω, *caer*, aquí *cayó*.

Διότι πᾶσα σὰρξ ὡς χόρτος καὶ πᾶσα δόξα αὐτῆς ὡς ἄνθος χόρτου· ἐξηράνθη ὁ χόρτος καὶ τὸ ἄνθος ἐξέπεσεν· El apóstol apela a la Escritura para confirmar la enseñanza mediante una cita profética. En este caso tomada del profeta Isaías (Is. 40:6-8). La cita se introduce sin preámbulo alguno, simplemente con el uso vinculante de la conjunción διότι, *porque, puesto que*, lo que evidencia que los lectores eran conocedores de la Biblia. La cita está toma de la LXX, con pequeñas variantes sin importancia, que tal vez sean consecuencias de citarla de memoria. Antes dijo que la vida del hombre es corruptible, de ahí que se compare con la hierba verde, que está lozana hasta el momento en que agostada se seca. De igual modo ocurre con la flor de esa hierba, que sigue el mismo proceso o, tal vez, se seca todavía más rápidamente. La comparativa está claramente manifiesta. La simiente divina que produce el nuevo nacimiento, nada tiene que ver con la temporalidad humana, cuyo fin es notorio y cuya brevedad de vida es evidente. Jesús usó un contraste semejante cuando dijo que *"lo que es nacido de la carne... y lo que es nacido del Espíritu"* (Jn. 3:6).

25. Mas la palabra del Señor permanece para siempre. Y ésta es la palabra que por el evangelio os ha sido anunciada.

τὸ δὲ ῥῆμα Κυρίου μένει εἰς τὸν αἰῶνα. τοῦτο δέ ἐστιν τὸ
Pero la palabra de Señor permanece hasta el siglo. Y esta es la
ῥῆμα τὸ εὐαγγελισθὲν εἰς ὑμᾶς.
palabra - que fue anunciada a vosotros.

Análisis y notas del texto griego.

Análisis: τὸ, caso nominativo neutro singular del artículo determinado *el*; δὲ, partícula conjuntiva que hace las veces de conjunción coordinante, con sentido de *pero, más bien, y, y por cierto, antes bien, entonces*; ῥῆμα, caso nominativo neutro singular del nombre común *dicho, palabra*; Κυρίου, caso genitivo masculino singular del nombre divino *Señor*; μένει, tercera persona singular del presente de indicativo en voz activa del verbo μένω, *permanecer*, aquí *permanece*; εἰς, preposición propia de acusativo, *a, para, hasta*; τὸν, caso acusativo masculino singular del artículo determinado *el*; αἰῶνα, caso acusativo masculino singular del nombre común *siglo*; τοῦτο, caso nominativo neutro singular del pronombre demostrativo *esto*; δέ, partícula conjuntiva que hace las veces de conjunción coordinante, con sentido de *pero, más bien, y, y por cierto, antes bien, entonces*; ἐστιν, tercera persona singular del presente de indicativo en voz activa del verbo εἰμί, *ser, estar*, aquí *es*; τὸ, caso nominativo neutro singular del artículo determinado *el*; ῥῆμα, caso nominativo neutro singular del nombre común *palabra, dicho*; τὸ, caso nominativo neutro singular del artículo determinado *el*; εὐαγγελισθὲν, caso nominativo neutro singular del aoristo primero en voz pasiva del verbo εὐαγγελίζω, *evangelizar, predicar el evangelio, proclamar, anunciar*, aquí *que fue anunciada*; εἰς, preposición propia de acusativo *a*; ὑμᾶς, caso acusativo de la segunda persona plural del pronombre personal declinado *vosotros*.

τὸ δὲ ῥῆμα Κυρίου μένει εἰς τὸν αἰῶνα. Por su condición de origen y procedencia divina, la Palabra del Señor permanece para siempre. Ya se ha considerado la perpetuidad de la Palabra, de ahí su firmeza. Lo que Dios dice no puede alterarse, sus *dichos* puntuales son de firmeza absoluta porque son las palabras del Dios verdadero. Por eso dijo el Señor: *"El cielo y la tierra pasarán, pero mis palabras no pasarán"*. Esta es una afirmación precisa y definitiva. Las palabras de Dios tienen firmeza absoluta porque proceden de Su boca y hace que Sus palabras tengan la segura certeza de la fidelidad e inmutabilidad divinas. Los elementos del universo serán disueltos por el fuego al que están reservados (2 P. 3: 7, 10). Entonces se producirá un cambio total en lo que parece hoy inconmovible (Ro. 8:19-22; 1 Co. 7:31; Ap. 21:1). Las palabras de Dios no sufrirán jamás cambio ni alteración alguna y su cumplimiento será completo.

La cita bíblica con que Pedro cierra la referencia es necesaria en esta ocasión. Nada de cuanto está en la Escritura, promesas, juicios, bendiciones, reino y gloria quedará sin cumplimiento según lo anunciado en ella. La Escritura es inquebrantable, por ser la Palabra de Dios. Cualquier promesa incumplida Le afectaría. Sería una promesa incumplida de Dios. No puede, por tanto, separarse la Palabra de Dios mismo. El salmista, dice: *"Desde el principio tú fundaste la tierra, y los cielos son obra de tus manos. Ellos perecerán, mas tú permanecerás; y todos ellos como una vestidura se envejecerá; como un vestido los mudarás, y serán mudados; pero tú eres el mismo, y tus años no se acabarán"* (Sal. 102:25-27). La inmutabilidad de Dios alcanza y comprende también Su Palabra que como Él es inmutable y atemporal, es decir, el tiempo no le afecta envejeciéndola, sino que cada cosa anunciada en ella tendrá cumplimiento fiel (Gá. 4:4a). Como palabra de Dios así también las palabras de Cristo. Jesús de Nazaret, un hombre a los ojos humanos que lo observaban, es Emanuel, Dios manifestado en carne, por tanto, la fidelidad e inmutabilidad divinas son propias de Su Persona Divino-humana. La inmutabilidad de la Escritura es una verdad doctrinal que el Señor enfatizó en Su enseñanza.

Junto con la inmutabilidad está la importancia. La Palabra por ser de Dios, merece la atención y consideración total. No hay cosas importantes y secundarias porque toda la Escritura es inspirada (2 Ti. 3:16). Ninguno de sus escritos es el resultado del pensamiento humano, sino la comunicación que Dios hace de Sí mismo, en Su misericordia para que el hombre le conozca y conociéndole en fe obtenga la vida eterna (Jn. 17:3). Cristo afirmó que ni una *jota* ni una *tilde* pasarán de la ley, hasta que todo se haya cumplido. Tal es la importancia de la Palabra de Dios que incluso cada una de sus letras se llaman *sagradas*, por haber recibido el soplo divino de la inspiración (2 Ti. 3:15-16). Por esta causa no puede ser quebrantada. La ley expresa el pensamiento, propósito y voluntad de Dios, y es Él mismo quien la da a los hombres por medio de los profetas. Es Él quien da Su palabra y anuncia lo por venir, poniendo Su omnipotencia para que tenga pleno cumplimiento (Is. 46:9-10). No hay nada sin importancia, nada intrascendente, en la Palabra de Dios.

Esta verdad a la que Pedro se refiere debe tenerse en mucha consideración. La Biblia, por ser Palabra de Dios y proceder de Él es, en toda su extensión *doctrina*, es decir, enseñanza que Él mismo da a los hombres para que, conformándose a ella, sean bendecidos. Ninguna cosa escrita en la Palabra de Dios deja de ser doctrina. Sin embargo, debe entenderse con claridad que hay *doctrina fundamental*, base de la fe y razón del mensaje de salvación, cuya principal característica es su claridad que condiciona la interpretación, esto es, no caben discusiones o diferencias en cuanto a sentido. Pero, hay también, *doctrina general*, nunca menos importante, pero sujeta a diferentes interpretaciones desde la honestidad y compromiso bíblico del intérprete. Es enseñanza, es doctrina, pero no lo es *fundamental*. Lo mismo una que otra debe ser respetada profundamente por ser Palabra de Dios. En cuanto a la doctrina fundamental para la que no cabe más que una interpretación desde el compromiso honesto del intérprete con la Palabra, no admite transigencia alguna. Es decir, la doctrina fundamental que sustenta la fe y la esperanza cristianas, no permite más que la aceptación incondicional, no es asunto opinable ni negociable. En cuanto a la general, la misma Palabra exige respeto para interpretaciones que no concuerden plenamente con la que cada intérprete entiende que es la correcta. En todas las cosas, como decía el famoso hombre de la iglesia antigua, *amor*.

Esta verdad inamovible, inalterable, permanente y eterna, es anunciada por la proclamación del evangelio, que es, por tanto, un mensaje procedente de Dios. Es la palabra orientada a la fe y dispuesta para salvación a todo aquel que crea (Ro. 1:16). El evangelio es un mensaje bíblico que ha de descansar necesariamente en la Palabra. Siendo un mensaje procedente de Dios, ha de ser considerado como inalterable (Gá. 1:11-12). Evangelizar es, como dice en el contexto de la profecía que el apóstol cita, *"anunciar las buenas nuevas a Sión"*. Los creyentes destinatarios de la *Epístola* fueron evangelizados por la exposición de la Palabra de Dios. Es, sin duda, una seria advertencia en relación con el modo de anunciar el evangelio en el día de hoy.

Cerrando el capítulo, es difícil hacer una selección de temas aplicativos para la vida personal y eclesial, sin embargo, sin menoscabo de otras enseñanzas que el Espíritu revele al lector del texto bíblico, no debemos olvidar que la gracia de Dios nos alcanzó para salvación. Esta se recibe sin mérito alguno, como expresión y manifestación de la voluntad y del amor divinos (Ef. 2:8-9). Ese amor se manifiesta a todos los que son alcanzados por la gracia (Ro. 5:6-10). En eso consistió el amor de Dios, como lo expresa el apóstol Juan: *"En esto se mostró el amor de Dios para con nosotros, en que Dios envió a su Hijo unigénito al mundo, para que vivamos por él. En esto consiste el amor: no en que nosotros hayamos amado a Dios, sino en que él nos amó a nosotros, y envió a su Hijo en propiciación por nuestros pecados"* (1 Jn. 4:9-10). Esto debiera generar en nosotros un profundo sentido de gratitud que conduzca a la obediencia y que genere la disposición personal de amor hacia los hermanos: *"Amados, si Dios nos ha amado así, debemos también nosotros amarnos unos a otros"* (1 Jn. 4:11). Pero, la gracia genera un compromiso personal, como expresa el apóstol Pablo: *"Porque el amor de Cristo nos constriñe, pensando esto: que si uno murió por todos, luego todos murieron; y por todos murió, para que los que viven, ya no vivan para sí, sino para aquel que murió y resucitó por ellos"* (2 Co. 5:14-15). La gracia nos lleva, en la medida en que la discernamos, a una entrega plena y total de todo cuanto somos y tenemos al servicio de Dios (Ro. 12:1).

El creyente debe estar dispuesto a esperar pruebas en su vida. Estas son una concesión divina para fortalecer nuestra fe. El sufrimiento por Cristo debe ser asumido como parte esencial de la obra de la gracia: *"Porque a vosotros os es concedido a causa de Cristo, no sólo que creáis en él, sino también que padezcáis por él"* (Fil. 1:29). En medio de las pruebas, el Espíritu produce gozo en el corazón cristiano (Gá. 5:22). El gozo del cristiano es en Cristo y se exhorta a permanecer en ese gozo (Fil. 4:4). Los problemas están fuera, pero el gozo se asienta en el corazón.

Una precisión de la enseñanza afirma que los ángeles están viendo ahora el cumplimiento del Plan de Redención, revelado ya en la profecía, en la salvación de pecadores y la formación de la iglesia. Éste es un mensaje permanente a los ángeles sobre la multiforme sabiduría de Dios (Ef. 3:10). Tal revelación debiera hacernos reflexionar orientando nuestras vidas hacia un comportamiento consonante con la salvación que se ha alcanzado por gracia, mediante la fe. De otro modo, cada uno de nosotros hemos sido salvos para vivir en vida nueva (Ro. 6:4).

La vida cristiana tiene manifestaciones concretas: Santidad, temor reverente delante de Dios y amor a los hermanos. Es el resultado visible de la obra de redención. Para lo que Dios entregó a Su Hijo Unigénito. Ninguna de las demandas establecidas para la vida cristiana, es costosa al creyente o, si se prefiere, trabajosa, ya que cuanto Dios pide, capacita antes para hacerlo. Así, la santidad no es el esfuerzo difícil de una vida contraria al mundo en un caminar lleno de temor, sino todo lo contrario, porque *"Dios es el que en vosotros produce así el querer como el hacer, por su buena voluntad"* (Fil. 2:13). El temor reverente se produce en la medida en que conocemos quien es Dios. Es suficiente con considerar Sus perfecciones para sentir la necesidad de vivir una vida que glorifique Su nombre. Amar como fuimos amados, es tarea imposible para el hombre, pero posible al cristiano ya que el amor de Dios se ha vertido en nuestros corazones por el Espíritu Santo (Ro. 5:5).

CAPÍTULO II

VIVIENDO COMO CONVIENE A SANTOS.

Introducción.

La primera parte del capítulo está íntimamente conectada con el párrafo anterior y que terminará en el v. 10, donde se inicia la tercera división de la *Epístola.* Anteriormente el apóstol progresó en la vida en la gracia, desde la eterna elección de los creyentes en Cristo (1:2), pasando por el nuevo nacimiento y la esperanza de herencia que Dios reserva para los salvos en los cielos. Al tiempo que nos llevó a la comprensión del porqué de las tribulaciones. Para concluir con el estilo de vida que es propio a quienes han sido regenerados. La vida en el amor forma parte de la expresión natural del nuevo nacimiento, continuando en el capítulo que se considera ahora, sin inicio natural de otra división.

El que ha sido engendrado y al que se le dio nueva vida, necesita progresar en ella. Las cosas viejas, propias del hombre caído en el pecado, han de ser desechadas, mencionando aquí los pecados que tienen una relación directa contraria al amor que Dios demanda para la vida de los Suyos. No se trata de dejar en alguna medida tales pecados, sino en su totalidad, y no solo algunos, sino todos, aquí *todas las detracciones* (v. 1). Apelando al ejemplo de un recién nacido que desea alimentarse para su crecimiento, también el cristiano, nacido de nuevo ha de procurar el alimento espiritual contenido en la Palabra, vital para *crecer para salvación* (v. 2), por cuanto han sido objetos y han *gustado* de la benignidad del Señor (v. 3).

Del alimento espiritual para crecimiento, sitúa al creyente en la esfera de la salvación en un lugar estable, para el mantenimiento de la fe. Primeramente, hace notar a los lectores la condición que tiene el salvo, como edificio y sacerdocio (2:4-5). La solidez de ese edificio espiritual descansa en el cimiento estable, la piedra sólida sobre la que se eleva, que es Cristo mismo, despreciada para los hombres, pero preciosa para Dios (v. 4). El edificio espiritual, santuario de Dios en Espíritu, cuerpo de Cristo, está formado por piedras vivas, cuya vida reciben al estar en contacto con la piedra viva, que tiene vida en sí misma y que es Jesucristo, el cimiento del edificio (v. 5).

Todo lo escrito tiene asiento en la Palabra, que cita en tres versículos (vv. 6-8). El primero como vínculo o nexo de unión con lo que antecede y que a la vez prepara al lector para el encuentro con la primera referencia tomada de Isaías, y la segunda de los Salmos. Con ello da plena autoridad y apoyo bíblico a la enseñanza precedente, confirmándola con la Escritura.

Cerrando el párrafo sitúa al creyente en la dimensión espiritual en que se encuentra (vv. 9-10). Todo lo que sigue en relación con esta posición la establece comprándola con lo que era también el pueblo de Israel. Hace notar que los cristianos son primeramente *linaje escogido*, concordante con lo que dijo antes (1:2); también *sacerdocio regio*; una *nación santa*; un pueblo redimido, *adquirido por Dios*, con una misión: *proclamar las virtudes* de quien hizo posible esa dimensión espiritual, separándolos para ello del reino de las tinieblas y llevándolos al de la luz admirable, Su propio reino. Sin embargo, establece un contraste notorio entre la posición actual de los creyentes y la situación anterior en la que se encontraban (v. 10), Haciéndoles notar que, si ahora son pueblo, no lo eran antes, ni tampoco habían experimentado antes la misericordia de Dios que los alcanzó en gracia. Con esto se cierra la sección anterior de la *Epístola*.

La tercera sección del escrito enseña sobre aspectos de la gracia en la ética cristiana (2:11-3:12). Esta forma de vida, propia y natural del salvo tiene relaciones con su entorno, comenzando con las autoridades gobernantes, en el lugar por donde transitan como peregrinos (vv. 11-17). Formula una llamada de atención sobre la necesidad de un comportamiento social que refleje en el mundo la realidad de lo que el creyente es, teniendo en cuenta que ser cristiano entonces comportaba, muchas veces ser considerado como *malhechor*. Pedro hace notar que no es necesario la defensa que contradiga la acusación mediante palabras, sino con una vida irreprochable ante todos (v. 12). De igual modo, está el sometimiento a las autoridades, haciendo notar que, a pesar de las imperfecciones e incluso perversidades que puedan tener, están puestos para cuidar de un comportamiento socialmente correcto (vv. 13-17).

El capítulo se cierra con una referencia al comportamiento del cristiano en, lo que podía llamarse contextualizándolo, el *mundo laboral*, el lugar donde se sirve a otros (vv. 18-25). La actitud en el servicio no varía si aquellos a quienes se sirve son amables o desagradables. Todo el trabajo debe hacerse respetuosamente (v. 18). Pedro contrasta entre la aflicción producida por un trato injusto y la que es consecuencia de una acción reprobable (vv. 19-20). Para ilustrar las demandas del párrafo, recurre al ejemplo supremo de Jesús, para hacer notar a cada lector el trabajo de amor que ejecutó en la salvación de los perdidos, y haciéndoles notar nuevamente el contraste entre la vida anterior a la conversión y la siguiente. En la anterior los creyentes estábamos descarriados, pero ahora, por el llamamiento celestial hemos vuelto al Pastor, que es también *sobreveedor* de nuestras almas (v. 25).

Para el análisis del texto bíblico se siguen las divisiones establecidas en el *Bosquejo* de la *introducción*, como sigue:

Crecimiento en la salvación (2:1-3).
- 3.1. Lo que debe dejarse (2:1).
- 3.2. Lo que debe buscarse (2:2-3).

4. Posición en la salvación (2:4-8).
   - 4.1. Edificio y sacerdocio (2:4-5).
   - 4.2. Confirmación de la Escritura (2:6-8).
   - 4.3. Una nueva posición (2:9-10).

III. GRACIA EN LA ÉTICA (2:11-3:12).

1. Sumisión a los gobernantes (2:11-17).
   - 1.1. Demandas de comportamiento (2:11-12).
   - 1.2. Sujeción a las instituciones (2:13-17).
2. Relación en el servicio (2:18-25).
   - 2.1. La demanda de sumisión (2:18-20).
   - 2.2. El ejemplo supremo (2:21-25).

Crecimiento en la salvación (2:1-3).

Lo que debe dejarse (2:1).

1. Desechando, pues, toda malicia, todo engaño, hipocresía, envidias, y todas las detracciones.

’Αποθέμενοι οὖν πᾶσαν κακίαν καὶ πάντα δόλον καὶ ὑποκρίσεις
Desechando, pues, toda malicia y todo engaño e hipocresía
καὶ φθόνους καὶ πάσας καταλαλιάς,
y envidias y todas detracciones.

Análisis y notas del texto griego.

Análisis: ’Αποθέμενοι, caso nominativo masculino plural del segundo aoristo de indicativo en voz media del verbo ἀποτίθημι, *desechar*, aquí *desechando*; οὖν, conjunción continuativa *pues*; πᾶσαν, caso acusativo femenino singular del adjetivo indefinido *toda*; κακίαν, caso acusativo femenino singular del nombre común *malicia*; καὶ, conjunción copulativa *y*; πάντα, caso acusativo masculino singular del adjetivo indefinido *todo*; δόλον, caso acusativo masculino singular del nombre común *engaño*; καὶ, conjunción copulativa *y*; ὑποκρίσεις, caso acusativo femenino singular del nombre común *hipocresía*; καὶ, conjunción copulativa *y*; φθόνους, caso acusativo masculino plural del nombre común *envidias*; καὶ, conjunción copulativa *y*; πάσας, caso acusativo femenino plural del adjetivo indefinido *todas*; καταλαλιάς, caso acusativo femenino plural del nombre común *detracciones*.

᾿Αποθέμενοι οὖν. Pedro está hablando del cambio que la regeneración produce en el creyente. La transformación debe ser notoria a todos. En la condición pecaminosa propia del incrédulo, los vicios y multitud de formas de pecado, eran naturales, pero, la salvación produce un cambio pleno en la intimidad personal. Dios retira el corazón rebelde y pone en su lugar uno sensible, *de carne*, en donde el Espíritu se asienta y actúa potenciando al cristiano y conduciéndolo a la práctica de una nueva vida en Cristo.

Esa nueva vida no es posible al potencial del hombre, pero el salvo recibe la provisión divina para vivir de ese modo, porque *"Dios es el que en vosotros produce así el querer como el hacer, por su buena voluntad"* (Fil. 2:13). Sin embargo, eso no excluye la responsabilidad personal, porque el creyente recibe un mandamiento explícito para su nueva forma de vida: *"ocupados en vuestra salvación con temor y temblor"* (Fil. 2:12). Quiere decir esto que Dios, que demanda una expresión de vida nueva, da cuanto es necesario para que se lleve a efecto. El cristiano, con la asistencia del Espíritu, está llamado a dejar lo que era propio de la vieja naturaleza, heredada de nuestros primeros padres, de la que fue rescatado por la obra de Cristo (1:18-20). Pedro va a ilustrar esta demanda citando algunas de las cosas propias de la vieja vida, que deben ser *dejadas*, o *abandonadas*, *puestas a un lado*, que es el sentido del verbo ἀποτίθημι, literalmente *desechar*. Este verbo se usa para referirse a la limpieza y contaminaciones, pero, también para expresar la idea de *quitarse la ropa*. En sentido figurado indica la necesidad de alejar del creyente las cosas que se indican.

πᾶσαν κακίαν. La primera demanda es a dejar *toda malicia*. Ya que antes estuvo hablando de la necesidad de vivir en amor, cada una de estas cosas, de los vicios que menciona, tienen que ver con acciones contra el amor. Malicia tiene que ver aquí con la inclinación para hacer daño el prójimo, opuesta a la inocencia infantil: *"Hermanos, no seáis niños en el modo de pensar, sino sed niños en la malicia, pero maduros en el modo de pensar"* (1 Co. 14:20). Esta acción perversa que procura dañar a otro, tiene gravedad extrema cuando se trata de un hermano. Es el sentido que se da a este pecado en escritos del Nuevo Testamento (cf. Ro. 1:29; 1 Co. 5:8; 14:20; Col. 3:8; Tit. 3:3; Stg. 1:21). Generalmente la malicia se manifiesta cuando ninguno de los otros pecados que se mencionan consiguen apaciguar en la vida del malicioso su amargura contra alguien. La malicia busca la forma de destruir la vida del que es objeto del odio, la moral individual de la persona, no solo descubriendo y exagerando sus defectos, sino incluso calumniándole para alcanzar el propósito. La malicia es la consecuencia de la influencia diabólica en la vida de la persona. Quien no anda en el Espíritu, vendrá a cualquier experiencia pecaminosa como las que siguen.

Obsérvese el adjetivo indefinido *toda* malicia. No es abandonar o dejar *alguna* o *casi toda*, sino la totalidad de la misma. Si la malicia es la característica propia del *maligno* y este es Satanás, significa que ninguna influencia que él pueda generar susurrándola al oído espiritual del creyente, ha de tener acogida en la mente del cristiano y pasar de ella al corazón para atesorarla y practicarla.

καὶ πάντα δόλον Asimismo, ha de desecharse *todo engaño*. Es la forma de vida que lleva a confundir a otros con palabras o actitudes engañosas. El término δόλον, se usa para referirse a colocar un señuelo para atrapar algo, como puede ser un cebo en la pesca para atrapar un pez. Un hombre sin engaño era Natanael, conforme al testimonio que Jesús dio de él (Jn. 1:47). Se trata de vivir sin falsía, esto es, sin falsedad ni doblez. Según el uso hebreo de ese concepto equivale a alguien que no es *astuto*, que no tiene *engaño* ni *mentira* (Sal. 32:2; Is. 53:9). Como en el caso anterior, no es dejar *algo* del engaño, sino la *totalidad* del mismo. La vida cristiana solo se concibe como aquello que es verdadero, puesto que se vive la vida de Cristo por el poder del Espíritu y Él dijo: *"Yo soy la verdad"* (Jn. 14:6).

καὶ ὑποκρίσεις. Del mismo modo el cristiano debe alejar de si la *hipocresía*, pecado al que se refirió Jesús calificando reiteradamente de *hipócritas* a los escribas y fariseos, por su vida aparente (Mt. 23:13 ss.). Este es un calificativo de intenciones, ya que la hipocresía es un pecado que no se aprecia a simple vista desde el exterior. Solo Dios puede hacerlo porque conoce el corazón y lo pesa (Pr. 21:2; 24:12), expresión que equivale a sopesar la verdadera calidad de vida. Es tratar de manifestar devoción a Dios y en obediencia a Sus mandamientos, pero en ningún modo amarle verdaderamente buscando ocultar la desobediencia, cubriéndola con apariencia de piedad. Es, como dice el profeta, personas que honran a Dios de labios, pero su corazón está lejos de Él (Is. 29:13). Cualquier apariencia piadosa no deja de ser sino mera hipocresía, poniendo de manifiesto un corazón corrompido. De entenderse claramente que el honor tributado a Dios con la boca, sin que estas palabras salgan de un corazón sincero, es pecado. El culto se convierte así en mera palabrería, con expresiones que no manifiestan la realidad espiritual del corazón. Es notable observar que el honor exterior, con meras palabras, es el único honor que Dios recibe de los hipócritas. De ese modo decía otro profeta: *"Los plantaste, y echaron raíces; crecieron y dieron fruto; cercano estás tú en sus bocas, pero lejos de sus corazones"* (Jer. 12:2). El culto de los hipócritas es sólo asunto de labios.

Este problema persiste en el tiempo y se extenderá hasta el día en que el Señor recoja definitivamente a Su Iglesia. Mientras tanto, en medio de Su pueblo, habrá siempre gente que honra a Dios de labios, pero que su corazón está alejado de Él. Son los que predican una cosa, pero piensan y viven otra distinta. Es la más grave manera de mentir, puesto que la apariencia exterior es el elemento de juicio que tiene quien no puede discernir la realidad interna del corazón

καὶ φθόνους. El cristiano debe despojarse de las *envidias*. Esta es una manifestación típica de la carne (Gá. 5:21). Es interesante apreciar que la lista de pecados comienza con la *malicia*, relacionado con el mal pensar contra el hermano, por tanto, contra el amor fraterno, para tocar ahora la envidia, que no es desear que otro pierda lo que tiene sino el desagrado contra lo que tiene. La envidia es el sentimiento de disgusto producido ante la prosperidad ajena. Por tanto, es lo contrario al desinterés propio de quien ama. Es una manifestación natural del egoísmo. Es semejante a *celo*, siempre entendido en sentido malo. Aquí se trata del espíritu resentido contra el que tiene o alcanza posiciones que el envidioso considera que debieran ser suyas o que las desearía para sí. El pecado corroe la intimidad del área afectiva de manera que los envidiosos se lamentan del éxito incluso de los suyos o de los más cercanos. La palabra tiene siempre sentido malo (cf. Mt. 27:18; Mr. 15:10; Ro. 1:29; Fil. 1:15; 1 Ti. 6:4; Tit. 3:3) La envida constituye un peligroso potencial contra el envidiado: *"Cruel es la ira, e impetuoso el furor; más ¿quién podrá sostenerse delante de la envidia?"* (Pr. 27:4). Ese pecado ha causado grandes estragos en la obra de Dios, al caer en manos de envidiosos, creyentes capaces y probados. Muchos de los grandes maestros han sido literalmente echados fuera de sus iglesias por la acción de aquéllos que codiciaban para ellos lo que Dios había dado a sus hermanos. La envidia puede revestir múltiples formas, de ahí que la palabra aparezca en plural: *Envidias*.

καὶ πάσας καταλαλιάς, Cierra la lista de vicios o pecados que deben dejarse *todas las detracciones*. El término καταλαλιά, equivale a *hablar mal*, usar mal la lengua. Es el modo de hablar con el propósito de desprestigiar o humillar a otro. Podría traducirse también como *murmurar*, pecado al que alude Santiago en su *Epístola* (Stg. 4:11). Pareciera que, entre las iglesias primitivas, tenía especial incidencia la maledicencia, la murmuración. El apóstol Pablo coloca este pecado entre los que exigen la disciplina eclesial e incluso la suspensión de la comunión en la iglesia (1 Co. 5:11). Los que están hablando mal de otros, en este caso concreto, son creyentes. El verbo λαλέω, *hablar*, está modificado por la preposición κατά, que orienta la acción *hacia abajo*, es decir, *mal*. El significado del verbo expresa la idea de *difamar*, es decir, hablar desprestigiando. Generalmente se trata de usar palabras duras y de descrédito contra quien no está delante o no puede defenderse, manifestando con ello, no sólo el pecado de desprestigiar a otro, sino de cobardía, porque contra quien se murmura no está delante.

El verbo *murmurar* y sus derivados están presentes tanto en el Antiguo como en el Nuevo Testamento. En el libro de Proverbios, se lee: *"El hombre perverso levanta contienda, y el chismoso aparta a los mejores amigos"* (Pr. 16:28), de ahí la palabra *difamador*; el murmurador es un *llevador de cuentos*. El sentido de murmurar implica la idea de un sonido suave y apacible, como el viento sobre las hojas o la corriente de un arroyo al discurrir. Murmurar en castellano significa *hablar entre dientes, manifestando queja o disgusto contra otro.* Eso es lo que enseña el sabio cuando dice que *"las palabras del chismoso son como bocados suaves, y penetran hasta las entrañas"* (Pr. 18:8). La murmuración es un veneno que se asimila con gusto. Existe el chismoso porque siempre encuentra a alguien dispuesto a oír el chisme. La murmuración es siempre un bocado envenenado. El murmurador es siempre un hipócrita, pecado del que se ha considerado en este versículo: *"El hipócrita con la boca daña a su prójimo; mas los justos son librados con la sabiduría"* (Pr. 11:9). La murmuración es un chisme que el chismoso propala con el *mejor deseo*, sin embargo, está impregnado de la disposición a dañar. Quien está en malas condiciones espirituales gusta de oír los males ajenos, porque, en cierto modo le ocultan su propio mal, de ahí que la Escritura diga que *"el malo está atento al labio inicuo; y el mentiroso escucha la lengua detractora"* (Pr. 17:4). Sobre todo, cuando se habla mal de un hermano se está actuando bajo la influencia y control del maligno, que es el *acusador de los hermanos* (Ap. 12:10). Quien habla mal del hermano, el *detractor*, se convierte en juez de aquel de quien habla. Es juez en el sentido de que condena a su hermano con la maledicencia de su boca. Por tanto, quien habla mal de otro está hablando mal de la ley de Cristo que establece el amor al prójimo como a uno mismo (Mt. 5:43; 19:19; Mr. 12:31; Lc. 10:27; Ro. 13:9; Gá. 5:14; Stg. 2:8). El que habla mal de otro está despreciando al prójimo y, por tanto, despreciando a la ley. De otro modo, quien es *detractor*, se coloca por encima de la ley. La murmuración es la expresión máxima de falta de amor. El que ama realmente no obra mal contra nadie. El amor es una expresión absoluta y definitiva de verdadera fe en Dios y del nuevo nacimiento, reduce toda la ética a la manifestación del amor, que evita todo mal al prójimo (1 Co. 13:4-7). De otro modo: *quien ama no hace mal, sino que hace el bien*. Por esa razón *el cumplimiento de la ley es el amor*. Significa que el amor tiene que dominar cada momento de la vida cristiana, sin cuya condición no podremos llevar a cabo la ética de la relación cristiana y humana en general. Es de urgente necesidad reafirmar otra vez la necesidad de vivir la experiencia del amor al prójimo y al hermano antes de afirmar las verdades de la fe, porque ésta sin aquel no es más que un mero discurso religioso.

Este problema aparece más veces en la *Epístola* (v. 12; 3:16). Por tanto, ha de prestársele profunda atención ya que la reiteración de algo se convierte en advertencia solemne.

Lo que debe buscarse (2:2-3).

2. Desead, como niños recién nacidos, la leche espiritual no adulterada, para que por ella crezcáis para salvación.

ὡς ἀρτιγέννητα βρέφη τὸ λογικὸν ἄδολον γάλα ἐπιποθήσατε,
Como recién nacidos niños la espiritual sin engaño leche anhelad
ἵνα ἐν αὐτῷ αὐξηθῆτε εἰς σωτηρίαν,
para que con ella crezcáis para salvación.

Análisis y notas del texto griego.

Análisis: ὡς, adverbio de modo, *como*, que hace las veces de conjunción comparativa; ἀρτιγέννητα, caso nominativo neutro plural del adjetivo *recién nacidos*; βρέφη, caso nominativo neutro plural del nombre común *niños*; τὸ, caso acusativo neutro singular del artículo determinado *el*; λογικὸν, caso acusativo neutro singular del adjetivo *espiritual*, *racional*; ἄδολον, caso acusativo neutro singular del adjetivo *sin engaño*, en sentido de *pura, no adulterada*; γάλα, caso acusativo neutro singular del nombre común *leche*; ἐπιποθήσατε, segunda persona plural del aoristo primero de imperativo en voz activa del verbo ἐπιποθέω, *desear, anhelar*, aquí *anhelad*; ἵνα, conjunción causal *para que*; ἐν, preposición propia de dativo *en, con*; αὐτῷ, caso dativo neutro de la tercera persona singular del pronombre personal *ello*; αὐξηθῆτε, tercera persona plural del aoristo primero de subjuntivo en voz pasiva del verbo αὐξάνω, *crecer*, aquí *crezcáis*; εἰς, preposición propia de acusativo *para*; σωτηρίαν, caso acusativo femenino singular del nombre común *salvación*.

ὡς ἀρτιγέννητα βρέφη τὸ λογικὸν ἄδολον γάλα ἐπιποθήσατε, La vida de santificación demanda un deseo personal, que contrasta con todo lo que debe ser apartado de la vida cristiana y que se establece aquí mediante la imagen de lo que un niño recién nacido anhela. Esta expresión lleva a algunos a entender que la *Epístola* está dirigida a cristianos recién convertidos, pero esto no es necesariamente así, sino que está tomando un ejemplo de la vida cotidiana para formular la exhortación que tiene en mente.

El anhelo, la demanda, la necesidad de un recién nacido sano es alimentarse y es conocido de todos que cuando siente necesidad de comida lo hace notar demandándola de su madre. En este caso, la *leche* que se aplica en el ejemplo, no es material sino τὸ λογικὸν, que significa *espiritual*, este adjetivo puede traducirse también por *racional*, como ocurre en muchas versiones en Ro. 12:1. Este término diferencia lo que no descansa en formas de lo que surge en aspectos espirituales del creyente. Esta *leche espiritual* es sinónimo de la Palabra de Dios. Por tanto, la relación que Pedro establece en el texto tiene que ver con un profundo anhelo por la Escritura, la Palabra de verdad. En otros lugares de la *Epístola* se referirá a aspectos puntuales en relación con ella, pero en este caso es genérico, pide a los creyentes que deseen fervientemente, anhelantemente la relación con la Palabra. Esta es un poderoso instrumento para redargüir, e instruir en justicia (2 Ti. 3:16), siendo también *viva y eficaz*, que logra discernir en la intimidad y separar lo que son deseos e intenciones del corazón (He. 4:12).

El deseo vehemente por la *leche espiritual*, está relacionada con la característica principal del alimento que es la de ser *leche pura*, o si se prefiere mejor *no adulterada*. El adjetivo ἄδολος, es totalmente opuesto al δολος, usado en el versículo anterior para mencionar al *engaño* que ha de ser dejado, ya que en este caso va precedido de α privativa, lo que cambia de engañosa, a *no adulterada*. La doctrina adulterada es una firma de engaño. Aquí implica la doctrina libre de toda mezcla. La responsabilidad del creyente es desear el alimento espiritual libre de adulteración, la de la iglesia es dar doctrina libre de aditamentos o de cambios. El simbolismo de la *leche* en el Nuevo Testamento tiene dos aspectos. Por un lado, sirve para referirse a la vianda ligera que corresponde al alimento para recién convertidos, niños en Cristo. El otro sentido tiene que ver con la pureza doctrinal a la que se acaba de hacer referencia. El creyente debiera anhelar la palabra como un niño la leche. Esto no significa que el escrito sea para recién convertidos, sino que el ejemplo de la leche se usa en relación con la pureza doctrinal que que cada creyente debe anhelar.

Como escribe el Dr. Lacueva:

"Esto nos invita a considerar la necesidad de no adulterar (V. 2 Co. 4:2. Gr. méde doloúntes, el verbo de la misma raíz que el ádolon de aquí) la palabra de Dios, lo que puede hacerse de dos maneras: (A) traduciendo mal las Escrituras; (B) no exponiendo con fidelidad las Escrituras, ya sea dejando de proponer todo el consejo de Dios, o dándoles un sentido que no tienen, o mezclándolas (o sustituyéndolas) con invenciones de la propia fantasía del predicador o buscando el lucro, etc.[1]".

No cabe duda que este es un problema lamentablemente común en muchos lugares. La enseñanza doctrinal no es la base de actividad de muchas iglesias y el cuerpo de creyentes vive vidas debilitadas espiritualmente. Otras veces se distorsiona la doctrina para acomodarla al pensamiento y propósito del que la enseña, causando verdaderos problemas espirituales a quienes son instruidos. Cada predicador, pastor o maestro debiera tener en cuenta que la demanda apostólica es a la predicación y enseñanza de una doctrina libre de engaño.

ἵνα ἐν αὐτῷ αὐξηθῆτε εἰς σωτηρίαν, El propósito de esa *alimentación espiritual*, es el crecimiento de creyente. No está pidiendo que crezcan para luego desear la Palabra, sino todo lo contrario, desean la Palabra para poder crecer. Esta es una progresión en el alimento espiritual, de modo que a medida que crece un cristiano espiritualmente, necesita un alimento más sólido, pero siempre puro, libre de impurezas que corrompen la Palabra. El crecimiento hace salir del infantilismo espiritual, en donde, por debilidad propia, como niños son fácilmente llevados de un lado a otro por todo viento de doctrinas (Ef. 4:14).

El alimento tiene como objetivo fortalecer la vida *de salvación*, es decir, la santificación, aspecto que está en el contexto inmediato del pasaje que se considera. La Palabra es el único instrumento capaz de llevar al creyente a una vida de santificación real. La limpieza del camino, es decir, la vida santa en el decurso de la peregrinación está en *guardar* la Palabra (Sal. 119:9). La lectura y obediencia a ella, libera al creyente de pecar (Sal. 119:11). De ahí que los creyentes debieran buscar la amistad y compañía de quienes temen a Dios y guardan Sus mandamientos (Sal. 119:63). La lumbrera que pone luz en el camino que transcurre por un mundo en tinieblas no es otra que la Palabra (Sal. 119:105). Quien desea ser alimentado por ella, ama sus madamientos y se regocija con la doctrina pura (Sal. 119:159, 162).

---

[1] F. Lacueva. o. c., pág. 82.

3. Si es que habéis gustado la benignidad del Señor.

εἰ[1] ἐγεύσασθε ὅτι χρηστὸς ὁ Κύριος.
Si gustasteis que bueno el Señor.

Análisis y notas del texto griego.

Análisis: εἰ, conjunción afirmativa *si*; ἐγεύσασθε, segunda persona plural del aoristo primero de indicativo en voz media del verbo γεύομαι, *gustar, probar, experimentar*, aquí *gustasteis*; ὅτι, conjunción *que*; χρηστὸς, caso nominativo masculino singular del adjetivo *bueno*; ὁ, caso nominativo masculino singular del artículo determinado *el*; Κύριος, caso nominativo masculino singular del nombre divino *Señor*.

Notas. Crítica Textual. Lecturas alternativas.

[1] εἰ, *si*, según lectura en 𝔓$^{72, 125}$, א*, A, B, 1735, t, vgst, sa, bo, arm, geo, Clemente, Agustín$^{1/2}$.

εἴπερ, *si es que, si en verdad, porque*, lectura en א^{2}, C, P, Ψ, 5, 33^{vid}, 81, 307, 436, 442, 642, 1175, 1243, 1448, 1611, 1739, 1852, 2344, 2492, Byz, l, vg$^{cl, ww}$, it^{ar} Cirilo, Agustín$^{1/2}$.

εἰ ἐγεύσασθε ὅτι χρηστὸς ὁ Κύριος. Pedro cierra el párrafo con una afirmación firme. Aparentemente pudiera parecer una expresión condicional, con sentido dubitativo, pero es todo lo contrario, de ahí que, en alguna alternativa de lectura, en lugar de la conjunción εἰ, *si*, está la conjunción εἴπερ, *si en verdad*, que establece la firmeza de la afirmación que sigue. Los cristianos conocen que el Señor es bueno.

Anteriormente recorrió algunas de las muchas bendiciones que ha otorgado por gracia y que se reciben mediante la fe. La exhortación final a una vida santa que se aparta de la práctica en mayor o menor grado de los pecados mencionados antes (v. 1), obedece también al amor que se debe al Salvador y Señor. El cristiano no solo *sabe*, sino que *ha gustado* que Dios es bueno. Es posible que el apóstol tuviese en mente las palabras del Salmo: *"Gustad y ved que es bueno Jehová"* (Sal. 34:8). Acaso, la referencia a *ver* la bondad de Dios, no encaja con el ejemplo del alimento, por lo que citó sólo la expresión *gustad*. En cualquier caso, los sentidos ayudan al entendimiento. Como en el caso de la miel, no conocemos su dulzura hasta que la paladeamos; intelectualmente sabemos que es dulce, pero cuando la probamos descubrimos que es cierto. Así hay muchas cosas relativas a la vida cristiana que solo es posible entenderlas a través de la experiencia personal, e incluso, aun después de experimentarlas, el lenguaje queda corto para expresar la realidad. Quien ha gustado la benignidad del Señor, no puede sino desearla continuamente, por lo que es fácil apartarse de toda especie de mal.

Así escribía Spurgeon, comentando el versículo del Salmo antes citado:

"La bondad de Dios es algo que sólo podemos apreciar y de lo que sólo podemos cerciorarnos a través de la experiencia personal. El banquete de suculentos manjares está dispuesto delante de nosotros; un banquete de vinos refinados, de gruesos tuétanos y de vinos purificados. ¡Dichoso el hombre que se acoge a él! Pues a menos que hagamos nuestras esas bendiciones de la gracia y participemos en ellas viviéndolas en nuestro interior de una manera viva y real, la dulzura de tales manjares nos pasará desapercibida y queda ignorada[2]*".*

Las bendiciones de la salvación debieran estar más presentes en la vida cristiana. Cuántas veces ha venido a nosotros con su provisión de gracia, no solo en cuanto a salvación de nuestros pecados y seguridad de gloriosa esperanza, sino de provisión de ayuda, de aliento en las tareas, de estímulo en el cansancio, de consuelo en las lágrimas, de confortación en las tristezas, de calma en las tormentas. Dios es bueno y ante Su bondad sólo cabe una entrega incondicional a Él para servirle y un profundo deseo de oír Su voz en la Palabra (Ro. 12:1).

Posición en la salvación (2:4-8).

Edificio y sacerdocio (2:4-5).

4. Acercándoos a él, piedra viva, desechada ciertamente por los hombres, mas para Dios escogida y preciosa.

πρὸς ὃν	προσερχόμενοι	λίθον	ζῶντα	ὑπὸ	ἀνθρώπων	μὲν
Al cual	acercándoos,	piedra	que vive,	por	hombres	ciertamente

ἀποδεδοκιμασμένον	παρὰ δὲ	Θεῷ	ἐκλεκτὸν	ἔντιμον,
desechada	pero para	Dios	escogida	preciosa.

Análisis y notas del texto griego.

Análisis: πρὸς, preposición propia de acusativo *a*; ὃν, caso acusativo masculino singular del pronombre relativo, *el que, el cual, que*; προσερχόμενοι, caso nominativo masculino plural del participio de presente en voz media del verbo προσέρχομαι, *aproximarse, acercarse, unirse a, allegarse* , aquí *acercándoos*; λίθον, caso acusativo masculino singular del nombre común *piedra*; ζῶντα,

[2] C. H. Spurgeon. *El tesoro de David.* Terrassa, 2015. Pág. 857.

caso acusativo masculino singular del participio de presente en voz activa del verbo ζάω, *vivir*, aquí *que vive, vivo*; ὑπὸ, preposición propia de genitivo *por*; ἀνθρώπων, caso genitivo masculino plural del nombre común *hombres*; μὲν, partícula afirmativa que se coloca siempre inmediatamente después de la palabra expresiva de una idea que se ha de reforzar o poner en relación con otra idea y que, en sentido absoluto tiene oficio de adverbio de afirmación, como *ciertamente, a la verdad*; ἀποδεδοκιμασμένον, caso acusativo masculino singular del participio perfecto en voz pasiva del verbo ἀποδοκιμάζω, *rechazar como indigno o inconveniente, desaprobar, reprobar*, aquí *rechazado*; παρὰ, preposición propia de dativo *para*; δὲ, partícula conjuntiva que hace las veces de conjunción coordinante, con sentido de *pero, más bien, y, y por cierto, antes bien, entonces*; Θεῷ, caso dativo masculino singular del nombre divino *Dios*; ἐκλεκτὸν, caso acusativo masculino singular del adjetivo *elegido*; ἔντιμον, caso acusativo masculino singular del adjetivo *precioso*.

πρὸς ὃν προσερχόμενοι λίθον ζῶντα. De aspectos individuales del creyente, pasa a considerar asuntos colectivos sobre el conjunto de ellos, integrados en Cristo y formando, cada uno, parte de la Iglesia. El apóstol va a usar la metáfora de un edificio para referirse a ella. Sorprendentemente este edificio crece, porque es vivo, es decir, las piedras que lo forman, que son los creyentes, tienen vida al haberse acercado a la piedra que la tiene en ella misma, referido a Cristo.

En el ejercicio de la fe salvadora, el Espíritu Santo, toma al muerto en delitos y pecados (Ef. 2:1) para unirlo vitalmente a Cristo, de modo que pasa a formar una unidad con Él y en Él, comunicándole la vida eterna que solo es propia de Dios. El contenido de la frase es grande por lo que sólo se puede hacer aquí una aproximación a los elementos más destacables de él.

Se llama aquí a Cristo metafóricamente *piedra viva*. La verdad bíblica enseña que la vida estaba en Él (Jn. 1:4). Es la consecuencia natural de la deidad de Jesucristo. Quien es Verbo y es Dios, no puede sino tener en Sí mismo la vida, que siendo de Dios, necesariamente es vida eterna. El Cristo encarnado es el Verbo eterno manifestado en carne, asumida y subsistente en Su Persona Divina, por encarnación sobrenatural, obra del Espíritu Santo. La cláusula de que *"en Él estaba la vida"* tiene como sujeto al Verbo eterno, es decir, está en quien eternamente estaba, esto es, en Dios. Cuando Juan afirma esta verdad en la introducción de su *Evangelio*, dice literalmente *"la vida en Él era"*. No solo como vida residente, sino como vida personal e inmanente. No es que la vida fue puesta en el Verbo que se convierte en dador y administrador de ella, sino que el Verbo era en Sí mismo vida. Mientras que la vida de las criaturas hechas por Él, *llegó a ser*, puesto que tienen principio, en Cristo, nunca comenzó. Él junto con las otras dos Personas Divinas, participan o comunican eternamente de la vida del Ser Divino, como hipóstasis personales en Él. Por eso se dice que Cristo tiene vida, como también la tiene el Padre (Jn. 5:26). La vida en Él no era simplemente el asiento vital de ella, sino que la vida y Jesucristo son inseparables. Por esa razón, el apóstol Juan enseña que *"este es el testimonio: que Dios nos ha dado vida eterna; y esta vida está en su Hijo"* (1 Jn. 5:11). De manera que, como el Hijo de Dios, nuestro Señor, tiene vida eterna, la comunica a todo aquel que está en Él: *"El que tiene al Hijo, tiene la vida; el que no tiene al Hijo de Dios no tiene la vida"* (1 Jn. 5:12). De manera que la vida está en Él como fuente y principio causal de vida para el que cree. Jesús lo promete cuando dice, hablando de los creyentes en Él, que son Suyos: *"Y yo les doy vida eterna; y no perecerán jamás, ni nadie las arrebatará de mi mano"* (Jn. 10:28). Quiere decir esto, que todo aquel que está *puesto en Cristo*, unido vitalmente a Él, *allegado* a Él, tiene, por esa unión vital, la comunicación de vida eterna que sólo Jesús puede dar. El verbo *allegarse* es más preciso que *acercarse*. Una persona puede estar *muy cerca de Jesús* y perderse eternamente, pero, el que está en Él, esto es se halla en donde está Él, porque está en Él mismo, tiene por comunicación vinculante, la vida eterna que está eternamente en el Hijo de Dios.

ὑπὸ ἀνθρώπων μὲν ἀποδεδοκιμασμένον παρὰ δὲ Θεῷ ἐκλεκτὸν ἔντιμον, La segunda verdad en la oración es lo que Cristo es para los hombres y lo que es para Dios. Quienes rechazan la piedra, desechándola como válida son –según el Salmo– los constructores (Sal. 118:22), donde se lee: *"La piedra que desecharon los edificadores ha venido a ser cabeza del ángulo"*. Primeramente, desechada por los líderes de Israel, estos no habían visto a Jesús como algo de interés luego de valorarlo sopesando la decisión. Este es el sentido del verbo ἀποδοκιμάζω, cuya primera acepción es la de rechazar *como indigno o inconveniente,* de ahí *desaprobar, reprobar, rechazar.* Para esto se cumplía la profecía de Isaías: *"no hay parecer en Él, ni hermosura; le veremos, mas sin atractivo para que le deseemos"* (Is. 53:2). El Señor había sido desechado por ellos como una *piedra no válida.* No sólo carecía de atractivo, sino que era un estorbo. No había que desecharlo simplemente, había que eliminarlo mediante la muerte. El apóstol Pablo diría más tarde que Jesús es la piedra angular en sentido de basamento, orientación y cúspide de la Iglesia (Ef. 2:20). El Cristo desechado resucitó victorioso. Para convertirse en piedra fundamental comunicadora de vida a todos los que son edificados sobre Él. Ahora bien, aunque proféticamente los que rechazaron a Jesús y lo entregaron a la muerte fueron los líderes del pueblo de Israel, no cabe duda que Él, es también rechazado y desechado por los hombres en general, para quienes el evangelio, *la palabra de la Cruz*, es locura (1 Co. 1:18). Por tanto, para el pensamiento del hombre sujeto y corrompido por el pecado, Jesús es despreciado, no tiene validez.

Sin embargo, para Dios, es *escogido, precioso*. La elección divina para salvación, eternamente establecida, pasaba por el envío del Hijo de Dios al mundo como *Cordero sin mancha y contaminación* que, mediante la entrega de Su vida en sacrificio expiatorio, podía cancelar la demanda penal del pecado y salvar a todo aquel que crea en Él (1:18-20). Ya se ha considerado en los textos citados, la condición de *elegido* de Dios que es Jesucristo. Ese Hijo eterno del Padre eterno, es *precioso*. Lo manifestó directamente cuando testificó de Él diciendo: *"Este es mi Hijo amado, en quien tengo complacencia"* (Mt. 3:17). Jesús en Su humanidad recibía lo que Su conciencia mesiánica conocía ya, Él era el Hijo amado del Padre. Era el Hijo designado desde antes de la creación para la especial obra de la redención del mundo. Era aparentemente a ojos de los hombres, sólo un hombre, pero a los de Dios era Su Hijo eterno, el Verbo eterno de Dios. Jesús es el Hijo amado en el que singularmente se complace el Padre, tal vez mejor, el único en que realmente puede mostrar Su complacencia absoluta e infinitamente. Jesús es el *Unigénito*, el único de esa condición, de ahí que las palabras del Padre que lo considera como *elegido y precioso*, concuerdan con las del salmista: *"El Señor me ha dicho: Mi hijo eres tú; yo te engendré hoy"* (Sal. 2:7). La eternidad del Hijo era el objeto inagotable de la complacencia del Padre, como lo es en la temporalidad de Su humanidad (Pr. 8:30). Notable contraste entre lo que Jesús significa para Dios y lo que significa para los hombres. Para estos algo sin valor, para Aquel *escogido y precioso.*

5. Vosotros también, como piedras vivas, sed edificados como casa espiritual y sacerdocio santo, para ofrecer sacrificios espirituales aceptables a Dios por medio de Jesucristo.

Καί αὐτοὶ ὡς λίθοι ζῶντες οἰκοδομεῖσθε οἶκος πνευματικὸς
También vosotros como piedras que viven sed edificados casa espiritual
εἰς ἱεράτευμα ἅγιον ἀνενέγκαι πνευματικὰς θυσίας
para sacerdocio santo para ofrecer espirituales sacrificios
εὐπροσδέκτους τῷ Θεῷ διὰ Ἰησοῦ Χριστοῦ.
aceptables - a Dios por medio de Jesucristo.

Análisis y notas del texto griego.

Análisis: καὶ, adverbio de modo *también*; αὐτοὶ, caso nominativo masculino plural del pronombre intensivo *vosotros*; ὡς, adverbio de modo, *como*, que hace las veces de conjunción comparativa; λίθοι, caso nominativo masculino plural del nombre común *piedras*; ζῶντες, caso nominativo masculino plural del participio de presente en voz activa del verbo ζάω, *vivir*, aquí *viviendo, que viven*; οἰκοδομεῖσθε, segunda persona plural del presente de indicativo en voz activa del verbo οικοδομέω, *edificar, construir*, aquí *sed edificados*; οἶκος, caso nominativo masculino singular del nombre común *casa*; πνευματικὸς, caso nominativo masculino singular del adjetivo *espiritual*; εἰς, preposición propia de acusativo *para*; ἱεράτευμα, caso acusativo neutro singular del nombre común *sacerdocio*; ἅγιον, caso acusativo neutro singular del adjetivo *santo*; ἀνενέγκαι, aoristo primero de infinitivo en voz activa del verbo ἀναφέρω, *ofrecer*; πνευματικὰς, caso acusativo femenino plural del adjetivo *espirituales*; θυσίας, caso acusativo femenino plural del nombre común *ofrendas, sacrificios*; εὐπροσδέκτους, acusativo femenino plural del adjetivo *aceptables*; τῷ, caso dativo masculino singular del artículo determinado *el*; Θεῷ, caso dativo masculino singular del nombre divino *Dios*; διὰ, preposición propia de genitivo *por medio de*; Ἰησοῦ, caso genitivo masculino singular del nombre propio *Jesús*; Χριστοῦ, caso genitivo masculino singular del nombre propio *Cristo*.

Καί αὐτοὶ ὡς λίθοι ζῶντες. La consecuencia de estar en Cristo o haberse *allegado* a Él, alcanza una notable posición para cada uno de los creyentes. La primera es la de ser constituidos en *piedras vivas*. Las piedras antes eran muertas, pero recibieron vida al estar en contacto con la *piedra viva*, que tiene vida en sí misma. Dios tuvo misericordia de los que son salvos, ahora también destinatarios de la *Epístola* que, siendo un escrito extensivo, nos alcanza también a nosotros, los salvos en este tiempo. El cristiano no debe olvidar la condición espiritual desde la que Dios lo alcanza para darle la bendición inmerecida de la gracia, todos estábamos muertos en nuestros pecados. No se trata de una muerte en sentido figurado, sino de la realidad espiritual consecuencia de la condición natural heredada (1:18). Esta condición, conforme a la sentencia divina establecida para la comisión de pecado, produce la muerte espiritual (Gn. 2:17). Por la presencia del pecado en el hombre no regenerado, cada uno se ha dado muerte a sí mismo, porque la muerte es el resultado y producto del pecado. El pecado reinó produciendo la muerte (Ro. 5:21). A causa de la introducción del pecado en el primer hombre, como herencia de genética espiritual, pasó al resto de los hombres que estábamos en Adán, no solo como cabeza federal de la raza caída, sino como transmisor espiritual dentro de la genética biológica de quienes proceden de él (Ro. 5:12). Nadie puede evitar la condición de *muerto espiritual*, porque *"la paga del pecado es la muerte"* (Ro. 6:23). Por tanto, la vida del hombre no regenerado, en la práctica del pecado, es una vida que se encuentra a merced de la muerte, en el reino de ella. La muerte espiritual afecta a todos, indicando con ello una identidad de condición (Ro. 3:9).

Como se ha considerado en varios lugares de este comentario al Nuevo Testamento, el concepto bíblico de muerte no es el de término, sino separación. No es el *cese de la existencia, la conclusión de la vida*, sino un estado de separación que se produce entre el hombre y Dios a causa del pecado. Igualmente, la muerte física es –conforme al pensamiento bíblico– el estado de separación que se produce cuando la parte física y espiritual del ser humano se separan (Ecl. 12:7; Stg. 2:26). Esta misma separación entre la parte material y espiritual se usa para referirse a la muerte de Jesús, salvando la diferencia de la voluntariedad en Cristo (Jn. 10:18; 19:30) y también la impecabilidad del Señor, por lo que la muerte física del Salvador, no se produce como consecuencia del pecado, sino por determinación personal. La muerte, por tanto, no es una aniquilación del ser, sino un estado que se vive desde el mismo inicio de la vida humana, ya que el Salmo afirma que *"He aquí, en maldad he sido formado, y en pecado me concibió mi madre"* (Sal. 51:5). La muerte física es una consecuencia del pecado, ya que Adán fue creado para una vida perdurable, llevando la imagen de Dios (Gn. 1:27; 2:7), y recibiendo la provisión divina para la sustentación de esa vida mediante el árbol de vida (Gn. 2:9). La biblia enseña que la muerte fue introducida en el ámbito humano por causa del pecado (Gn. 2:17), y como castigo por él (Gn. 3:19; Ro. 5:12-17; 6:23; Stg. 1:15). Pero, la muerte física es consecuencia de otra muerte anterior, la *muerte espiritual.*

Esta muerte es la separación de Dios a causa del pecado. Es el término de la vida espiritual en la experiencia humana, a causa de la interrupción de la comunión con Dios, origen, razón y experiencia de vida. De ahí que Cristo, como aquel en quien se manifiesta la *plenitud* de la deidad en forma corporal, se presente como en quien estaba la vida (Jn. 1:4), y Él mismo diga que es *"la vida"* (Jn. 14:6). Si Dios, fuente de vida, es la vida misma, todo ser alejado de Él está alejado de la vida y es, por tanto, un muerto espiritual. La separación de Dios ocurre como consecuencia del pecado (Gn. 3:24). Sólo el perfecto, el absolutamente limpio de todo pecado puede estar en comunión y unión vital con Dios, lo que supone también estar en Su presencia (Sal. 24:3, 4). El estado de muerte espiritual es común a todos los hombres (Ro. 3:22, 23), es decir, el hombre nace ya en estado de muerte espiritual y permanece en ese estado mientras no reciba la vida eterna, que es la vida natural de Dios, por unión vital con Cristo, el comunicador de la vida, alcanzándola por gracia, mediante la fe (Jn. 3:14, 15; 36; 5:24). La muerte espiritual se proyecta eternamente en aquellos que mueren físicamente sin haber experimentado la salvación en Cristo. A este estado de muerte definitiva la Biblia llama *"muerte segunda"* (Ap. 20:14, 15). En ocasiones algunos la llaman *"muerte eterna"*, pero el término no es teológicamente adecuado por cuanto la muerte no tuvo jamás una existencia eterna, sino que se originó a causa del pecado, por tanto, no puede ser eterna, en todo caso sería perpetua. Es el estado final del incrédulo al que le conduce su camino de perdición (1 Co. 1:18) y, por tanto, una situación común a todos los que no creen en Cristo (2:1).

Los gentiles vivían practicando una multitud de pecados, como se aprecia en la demanda hecha sobre asuntos que deben ser dejados en la vida del salvo (v. 1). Sin embargo, debe entenderse que no todos los creyentes han practicado aberraciones pecaminosas o que el pecador, en general, no sea capaz de hacer ningún tipo de bien, sea el *natural*, como la práctica de vida sana, o el *cívico o moral*, comportándose con honestidad en una sociedad degenerada. Jesús mismo enseñó que hacer bien a quienes lo hacen a otros es algo natural entre los no regenerados (Lc. 6:33). El hombre no regenerado puede practicar lo que es bueno en la sociedad, hay quienes atienden por caridad a enfermos terminales, donan sus órganos para salvar vidas y dan sangre que se necesita para transfundir a otros que la necesitan como asunto vital. Con todo, nada tiene que ver esto con la condición producida por el pecado en la vida de cada persona nacida en el mundo que, afectándola desde el inicio de su vida, la condiciona a ser lo que todos somos: *"muertos espirituales"*. Todo hombre confirmará luego con su vida, aún los más honestos, que son incapaces de alcanzar las dos metas que resumen la ley moral de Dios: amarlo a Él sobre todas las cosas y amar al prójimo como a uno mismo. La realidad pecaminosa del ser humano determina también la realidad de la muerte espiritual de todos. Debe tenerse presente que el hombre natural es incapaz de discernir las cosas de Dios porque, siendo necesario entenderlas espiritualmente, para él le son locura, esto es, imposibles de comprender (1 Co. 2:14). Al pecado recibido de origen, van añadiendo luego en la práctica cotidiana de la vida, los propios delitos y pecados personales, cuya sentencia, establecida por Dios, es la muerte.

La gran solución de Dios al problema de la muerte espiritual, no podía ser otro que una *resurrección* en Cristo. Por eso el apóstol enseña que somos *piedras vivas* por estar en unión vital con la *Piedra* que tiene vida en sí misma, que es Cristo. Al unir al pecador muerto con la vida en Cristo, se produce una verdadera resurrección espiritual (comp. Jn. 11:25, 26). Esta resurrección de entre los muertos espirituales, permite gozar de una *nueva vida* en Cristo, que genera un cambio de orientación hacia Dios y Sus cosas (Col. 3:1-3). La vida de resurrección manifiesta al exterior la voluntad de Dios en un sometimiento pleno al Espíritu Santo, lo que cambia la condición de vida, que pasa de un estado de pecaminosidad, una continua desobediencia, haciendo la voluntad de la carne (Ef. 2:2-3), a una forma de vida en la que el Espíritu reproduce el carácter moral de Jesús, al que los salvos están unidos, mediante el fruto que el mismo Espíritu produce en ellos (Gá. 5:22, 23), ocupándose de combatir y dominar la naturaleza carnal (Gá. 5:24). La transformación es evidente (Gá. 5:22-25). Por tanto, los muertos son vivificados en unión con Cristo. Por el bautismo del Espíritu llegan a un nuevo *ser en Cristo.* Esto significa que los creyentes individualmente y la colectividad de ellos como cuerpo, son llevados siempre en triunfo en Cristo Jesús (2 Co. 2:14). Esta posición constituye la base de nuestras bendiciones presentes. Con Cristo hemos sido vivificados, resucitados y llevados a lugares celestiales (Ro. 6:5; 8:17; Col. 2:13; 3:1-3; 2 Ti. 2:12; Ap. 20:4). Esta vida, que es la propia y natural del creyente está escondida con Cristo en Dios (Col. 3:3).

οἰκοδομεῖσθε οἶκος πνευματικὸς. A causa de esta nueva relación que comunica la vida eterna, el creyente, que ya es una piedra viva, *es edificado como casa espiritual.* Este edificio se levanta sobre la piedra principal del ángulo que es Jesucristo, que es además el *edificador* o constructor de la Iglesia, como Él mismo dijo: *"Yo edificaré mi iglesia"* (Mt. 16:18). El Señor contrae el compromiso de edificar; lo hará Él y no otro; lo harán otros por delegación de Él; lo seguirán haciendo en el tiempo mediante el uso y ejercicio de los dones que el Espíritu repartirá a cada uno conforme a Su soberanía (1 Co. 12:11). Esta acción de edificar es algo continuado en el tiempo y que demanda una cierta lentitud, desde el plano humano. El edificio vivo que es la Iglesia va en continuo crecimiento para ser un templo santo en el Señor (Ef. 2:21). Quien edifica es, pues, Cristo mismo. Él es la piedra angular. Los apóstoles son los que establecen la estructura del edificio en el que cada creyente es una piedra viva (1 Co. 3:9-11; Ef. 2:20; Ap. 21:14). Esta edificación que Cristo está llevando a cabo, actúa en cada uno de los creyentes que como piedras han sido sacados de la cantera del mundo y colocados en el edificio para ser individual y colectivamente el templo de Dios en Espíritu, de ahí que el apóstol le llame en el versículo *casa espiritual.* Más adelante tratará de cómo en el ejercicio de los dones se contribuye a la mutua edificación del cuerpo de creyentes (4:10). De ahí la admirable maravilla de la construcción de Dios que hace de la iglesia un edificio que cobija a todos.

La edificación de las *piedras vivas* está absolutamente bien coordinada. Esta, como edificio celestial, no ha sido erigida en un solo momento, sino que está en edificación continua hasta el momento en que sea trasladada a la presencia de Dios. Este crecimiento continuado se desarrolla en cada uno de los creyentes y con ellos mismos, es decir, individualmente crecen ellos, y colectivamente crece el santuario de Dios que es la Iglesia. Este edificio va coordinado o conjuntado por el arquitecto divino que es Cristo. Formado por multitud de piedras que se asientan perfectamente unas con otras por cuanto todas ellas están en la misma posición que es Cristo que les da consistencia y unidad, ya que ese edificio que es también familia, es una unidad espiritual inseparable conforme al pensamiento y propósito de Jesús (Jn. 17:21-23). La iglesia es un edificio *espiritual*, donde la presencia de Dios se manifiesta. El edificio no es de piedras muertas, sino de piedras vivas por tanto es un templo que *crece*, para llegar a ser dimensionado a la presencia de Dios que lo llena. Crece para ser *casa espiritual*, para ser el *Santísimo*, donde Dios mora. Este templo santo llega a ser santo porque está siendo edificado, no solamente *sobre* el Señor, sino *"en el Señor"*, que da vida y sustentación, y lo hace también *espiritual* por inhabitación personal de Él en cada creyente y por la presencia residencial del Espíritu Santo. Pero, juntamente con la condición de *espiritualidad* que es también santidad, está también la de crecimiento, ambas constantes en la experiencia y devenir de la Iglesia. De otro modo, la Iglesia lo es cuando *crece* y es santa y espiritual creciendo en Cristo. Todo el edificio está creciendo a causa de la unión vital con Cristo que le da ese crecimiento. Pero, además, está armoniosamente ajustado también en Cristo que da cohesión a cada una de las piedras entrelazándolas y uniéndolas en Él para alcanzar la dimensión de templo para Dios.

Todo santuario requiere también un sacerdocio. Siendo una casa espiritual edificada por Cristo, el sacerdocio que son también los creyentes ha de ser *"sacerdocio santo"*. Es la característica propia de quienes van a ministrar en el templo santo de Dios. De manera que los cristianos son a un tiempo templo y sacerdocio. Siendo un sacerdocio santo, significa que fue separado para Dios. Este es un sacerdocio de nuevo orden, el mismo del Sumo Sacerdote eterno que es Cristo, de quien se dice que: *"Tú eres sacerdote para siempre, según el orden de Melquisedec"* (He. 5:6). En el orden sacerdotal de la antigua dispensación, los sacerdotes podían ejercer este ministerio y ser considerados de ese modo, por vinculación con el primer sumo sacerdote que fue Aarón, de ahí que solo quienes demostraban esa relación podían estar en el cuerpo sacerdotal de Israel. Del mismo modo ocurre con cada creyente, a quienes Jesús llama *hermanos*, como dice el texto: *"por lo cual no se avergüenza de llamarlos hermanos"* (He. 2:11). El Hijo de Dios no se *avergüenza* de aceptar a estos imperfectos creyentes como Sus hermanos, porque están en una misma relación paterno-filial con el Padre, en Él y por Él. Jesucristo no se avergüenza de reconocerlos como hermanos, porque son miembros de la casa y familia de Dios (Ef. 2:19), y no se avergüenza, por cuanto Su obra los ha santificado, separándolos definitivamente del pecado y proveyéndoles del poder suficiente para vivir una vida santa en todo momento delante de Dios (1:15). El Señor se siente satisfecho de una obra de salvación que trae como consecuencia la posibilidad de un número tan grande de hijos adoptados en Él, cuyo Padre es Su mismo Padre (Jn. 20:17b). Con el calificativo de *hermanos* llamó a los Suyos después de la resurrección (Mt. 28:10; Jn. 20:17). Por tanto, vinculados como hermanos al Sumo Sacerdote, son constituidos *sacerdocio santo*. Cada creyente es sacerdote para ministrar y servir a Dios en Su santuario. No hay distinción alguna en eso. No hay discriminaciones en cuanto a origen, cultura, posición social. Cada uno de los salvos es *sacerdote*, tanto hombres como mujeres, sin ningún tipo de distinción.

εἰς ἱεράτευμα ἅγιον ἀνενέγκαι πνευματικὰς θυσίας. Los sacerdotes espirituales ofrecen *sacrificios espirituales*. La gran maravilla de la obra de Dios hace posible que el creyente sea templo, sacerdocio y sacrifico, como resultado de la unión con Cristo. El Señor fue templo, donde se manifestó la plenitud de la deidad (Jn. 1:14; Col. 2:9); fue también sacerdote conforme al orden de Melquisedec (He.5:6); fue sacrificio, ofreciéndose a Sí mismo (He. 9:14). Del mismo modo es hecho el creyente, como se ha considerado, es templo, es sacerdote y es sacrificio (Ro. 12:1).

Lo sacrificios que ofrecen los sacerdotes en la *casa espiritual*, no pueden ser sino *espirituales*, como conviene también a un Dios que es Espíritu y mora en Espíritu en el creyente (Jn. 4:24; Ef. 2:22). Se llaman espirituales porque el culto establecido, la adoración a Dios, *"en espíritu y en verdad es necesario que adoren"* (Jn. 4:24). Se llaman, por tanto, *espirituales* a los sacrificios del nuevo sacerdocio porque son el resultado de la conducción por el Espíritu: *"Porque todos los que son guiados por el Espíritu de Dios, éstos son hijos de Dios"* (Ro. 8:14).

El Nuevo Testamento da la relación de los *cinco* sacrificios espirituales que los sacerdotes del nuevo pacto pueden y deben ofrecer. Primeramente, el *sacrificio de alabanza* (He. 13:15), consistente en ofrecer a Dios *"fruto de labios"*, que tiene que ver con la alabanza personal en expresión de gratitud y gozo, por todo lo recibido y también por la esperanza. Este sacrificio glorifica a Dios, como dice el salmista: *"El que sacrifica alabanza me honrará"* (Sal. 50:23). Debe entenderse que la alabanza es una expresión de adoración en que la que se tributa a Dios honor, gloria y gratitud por lo que es y por lo que hace. La Biblia está llena de alabanza a Dios. Los ángeles ministran alabanza (Sal. 103:20-21) y por ellos fue alabado en el nacimiento de Jesús (Lc. 2:13-

14). Continuamente la alabanza angélica se pone de manifiesto en el cielo (Ap. 5:11-12). La alabanza es distintiva del pueblo de Dios, que salva a los creyentes con un propósito de alabanza (Ef. 1:4-6, 12-14). Este sacrificio espiritual es un programa natural para los sacerdotes espirituales en la presente dispensación, entendiendo –como ya se ha considerado antes– que todo creyente, hombre o mujer, es un sacerdote espiritual y tiene, no sólo el privilegio sino la obligación moral de tributar sacrificio de alabanza. Una de las formas de alabar a Dios continuamente es mediante una vida que esté llena *"de fruto de justicia que son por medio de Jesucristo, para gloria y alabanza de Dios"* (Fil. 1:11). La alabanza no es una actividad, sino una actitud. La vida del creyente en todos sus actos debe ser para alabanza de Dios, de otro modo, cada acto de la vida cristiana alaba o deshonra a Dios. El testimonio eficaz provoca alabanza incluso en los incrédulos que lo observan (vv. 11-12). La santidad está vinculada estrechamente a la alabanza. La Biblia enseña formas expresivas de la alabanza, como es el cántico, al que los creyentes somos exhortados: *"Cantad a Jehová, que habita en Sion; publicad entre los pueblos sus obras"* (Sal. 9:11). Ese regocijo puede ir acompañado de instrumentos musicales: *"Y David y toda la casa de Israel danzaban delante de Jehová con toda clase de instrumentos de madera de haya; con arpas, salterios, panderos, flautas y címbalos"* (2 S. 6:5). De la misma manera se hacía expresión de alabanza mediante las manos alzadas y el toque de palmas. En el Nuevo Testamento, aparentemente no aparece el cántico acompañado de instrumentos, pero cuando el apóstol Pablo exhorta a la alabanza con el cántico de Salmos (Ef. 5:19), utiliza un verbo que significa *salmodiar*, es decir, cantar el Salmo con las formas musicales que le eran propias. El cántico está establecido para el creyente en el Nuevo Testamento: *"La palabra de Cristo more en abundancia en vosotros, enseñándoos y exhortándoos unos a otros en toda sabiduría, cantando con gracia en vuestros corazones al Señor con salmos e himnos y cánticos espirituales"* (Col. 3:16). Un corazón lleno de cántico, es decir, de alabanza prorrumpirá por medio del cántico vocal al exterior, porque de la abundancia del corazón habla la boca (Lc. 6:45). La oración es también expresión de alabanza: *"Siempre orando por vosotros, damos gracias a Dios, Padre de nuestro Señor Jesucristo"* (Col. 1:3). Cristo es ejemplo de alabanza a Dios mediante la oración (Mt. 11:25). La condición para llevar a cabo el sacrificio de alabanza es, en primer lugar, la santidad, que es precisa para el cántico. Un peligro notable es una alabanza ritual o externa que se produce en un corazón que está lejos de Dios (Is. 29:13). De igual manera la santidad es necesaria para alabar a Dios mediante la oración, ya que Él acepta sólo la hecha con manos limpias, sinónimo de vida santa (1 Ti. 2:8). La alabanza espiritual es la que se produce al impulso del Espíritu Santo (Gá. 5:16). El ministerio de la alabanza, tiene que ver también con el ejercicio del culto eclesial. Es interesante apreciar que el apóstol Pablo exhorta a los creyentes reunidos para el culto: *"¿Qué hay, pues, hermanos? Cuando os reunís, cada uno de vosotros tiene salmo, tiene doctrina, tiene lengua, tiene revelación, tiene interpretación. Hágase todo para edificación"* (1 Co. 14:26). La alabanza que se ministra en el mundo con el testimonio, se ministra en la iglesia en el culto congregacional. Todos los creyentes, tanto hombres como mujeres, tienen el privilegio de llevarlo a cabo, con plena libertad en el Espíritu. Siendo la alabanza una actitud y no una actividad, el sacrificio de alabanza puede y debe ser ofrecido *siempre*, esto es, continuamente, sin interrupción. Los sacrificios del antiguo pacto, tenían continuidad, pero estaban condicionados por el tiempo y el lugar, el sacrifico espiritual no tiene ningún condicionante, por lo que debe y puede ser continuo en el creyente. El mismo creyente que actúa como sacerdote que presenta el sacrificio, es también sacrificio él mismo en la entrega personal a Dios (Ro. 12:1). Todo sacrificio espiritual es posible por *"medio de Jesucristo"*, que lo hace aceptable a Dios, ya que sólo por Él y en Él somos aceptos a Dios (5).

Un segundo sacrificio espiritual es *el bien hacer* (He. 13:16a). Este tiene que ver con la experiencia de la nueva vida en Cristo que, en el plano de la identificación con el Señor, hace que el creyente, siguiendo la senda del Maestro, pasa por la vida *"haciendo bienes"* (Hch. 10:38). El sacerdote espiritual no está llamado simplemente a no hacer mal, sino que positivamente tiene la demanda de hacer el bien. Así lo enseñó Jesús: *"Así que, todas las cosas que queráis que los hombres hagan con vosotros, así también haced vosotros con ellos; porque esto es la ley y los profetas"* (Mt. 7:12). Quien se llama a sí mismo hijo del Padre, debe mostrar una forma de vida consecuente con esa relación espiritual (Mt. 5:48). El que no manifiesta ese estilo de vida, o no es hijo Suyo, o por lo menos no lo es como debiera. La demanda del Señor es positiva y puede expresarse así: *"haced cuanto deseéis que hagan con vosotros"*. El presente del verbo indica una acción continua. No se trata de acciones puntuales, sino de un estilo de vida. Dios demanda un corazón recto que se manifiesta mediante acciones justas. Los fariseos distorsionaban la verdad mediante una expresión negativa. Ellos decían a las gentes: *"No hagas a otros lo que no quieras para ti"*, así se lee en el apócrifo de Tobías 4:16. Eso no representa ningún mérito personal, ni es tampoco expresión de justicia, simplemente es la forma natural de vida que no ofende a otros. Pero la grandeza del mandamiento es su expresión positiva: *"Haz a los demás lo que quieras que ellos hagan contigo"*. De la misma manera que Dios toma la iniciativa en la manifestación de Su gracia para con todos, así quienes son Sus hijos lo hacen en una misma forma de comportamiento hacia los demás. El mandamiento es una exigencia a tomar la iniciativa en el bien hacer hacia otros. No se trata de la pasividad de no actuar, ni tan siquiera a no hacerlo incorrectamente, es una demanda para actuar en bien de otros, en una dimensión tal como hubiera deseado que otros hicieran con él. La razón de este modo de obrar está vinculada con la justicia: *"porque esto es la ley y los profetas"*, es decir, quien hace bien al prójimo ha cumplido la ley. Tal modo de obrar cumple plenamente el mandamiento en relación con el prójimo (Lv. 19:18). Dios establecía el amor al prójimo en acciones concretas, algunas de ellas se han considerado antes (Lv. 19:9-18). Dios establecía dar provisión para los pobres; evitar el robo y la mentira; pagar puntualmente el salario al jornalero; no hacer acepción en el juicio; cuidar de no desprestigiar al prójimo promoviendo chismes contra él; no despreciar a nadie; no guardar rencor. Todo ello se cumple y aún se supera cuando se ama al prójimo como a uno mismo. Ese es el mismo principio de vida propio de los cristianos en la dispensación de la Iglesia. El gran mandamiento del amor fraterno hace pleno el cumplimiento de las demandas morales de la ley (Ro. 13:8-10). Lo que el hombre busca de los otros es alguna manifestación de amor, eso es precisamente lo que Jesús establece para el comportamiento de los hijos del reino. Es la forma de vida ajustada a la voluntad de Dios expresada en la Escritura, la ley y los profetas. Puede expresarse la aplicación que resume esta enseñanza para el tiempo presente de una forma muy sencilla. Quien vive en buena relación con Dios, vivirá también en buena relación con sus hermanos. Quien ama al Señor ama también a los que son Suyos (Gá. 6:2). La verdadera vida de piedad se manifiesta en una correcta actitud hacia los demás. Por tanto, la vida cristiana no consiste en abstenerse de hacer mal a otros, sino en esforzarse por hacer bien a todos. Tal comprensión obliga a ponerse continuamente en el lugar del otro, procurando su propio bien (1 Co. 10:24). Quien desea ser amado debe amar primero, siguiendo el ejemplo de Jesús (1 Jn. 1:7; 3:11; Jn. 13:35; 1 Jn. 3:14-18). Quien desee ser ayudado debe comenzar por ser ayuda a todos (Mt. 18:15; Ro. 15:2; Gá. 6:1; Stg. 4:11). El bien no tiene destinatarios selectivos, es decir, no es para algunos de los hermanos en la familia de la fe, ni siquiera para todos ellos, sino que ha de comprender a quien esté en el alcance del bien obrar del creyente. Es la expresión del amor de Cristo en la vida cristiana (Lc. 9:54, 55; 10:25-37; 17:11-19). El creyente está llamado a hacer bien a todos los hombres y mayormente a los de la familia de la fe (Gá. 6:10). Todos los creyentes constituimos una familia, a la que nos debemos en amor y verdad (1 Jn. 3:17, 18). El hacer bien incluye también la práctica cristiana de las relaciones laborales, sobre todo cuando se trata de relaciones entre creyentes (1 Ti. 6:2).

Un tercer sacrificio que ha de ser ofrecido por los creyentes, como sacerdotes de Dios, es el de la *ayuda mutua* (He. 13:16b). En el texto que antecede se le llama literalmente *comunión*, término muy usado en el Nuevo Testamento para referirse a las ofrendas hechas con destino a los necesitados, ya que el término *comunión*, equivale a *comunicar* con los demás. La acepción genérica de la palabra tiene que ver con manifestar compañerismo y atención hacia otros. Una expresión más concreta utiliza el término para referirse al compartir de los bienes con los necesitados, como ocurría en la iglesia de Jerusalén, en el tiempo del descenso del Espíritu Santo (Hch. 2:44). De la misma manera se usa también para hablar de las ofrendas a los necesitados (Ro. 15:26). En cuanto a las ofrendas hay una amplia enseñanza en el Nuevo Testamento. Las iglesias primitivas proporcionaban ayuda a los hermanos necesitados de Jerusalén (2 Co. 8:4ss; 9:13). El apóstol Pablo escribe a Timoteo para que exhorte a los creyentes pudientes a comunicar por medio de sus bienes con los necesitados (1 Ti. 6:18). El creyente no debe olvidarse de practicar la beneficencia con el prójimo, especialmente si es su hermano en Cristo (1 Jn. 3:16-18). Quien tiene bienes materiales y no comparte con el necesitado no puede hablar de la existencia del amor de Dios en él, ya que la provisión de amor divino es derramada por el Espíritu en todo aquel que cree (Ro. 5:5), haciéndose evidente por las acciones de amor. La única forma de manifestar el amor es amando como fuimos amados. La expresión de amor en la práctica de la beneficencia es la única evidencia de la participación en el amor de Dios (1 Jn. 4:20).

Se menciona también un cuarto sacrificio que es el de *la ofrenda* (Fil. 4:18). Según el apóstol Pablo, este sacrificio no es considerado tanto en razón del que lo ofrece, sino de Dios que lo recibe. Por lo que es *olor fragante*, literalmente, *aroma de fragancia*. Este calificativo se usaba en el Antiguo Testamento para hablar del olor que producía el incienso que se ofrecía a Dios en Su templo. El apóstol Pablo usó la expresión para referirse a lo que los creyentes somos para Dios en Cristo, un olor agradable (2 Co. 2:15), porque cada uno de los cristianos debe ser *sacrificio vivo* que agrada a Dios (Ro. 12:1). Pero también usa el término al mencionar el sacrificio de Jesucristo: *"Y andad en amor, como también Cristo nos amó, y se entregó a sí mismo por nosotros, ofrenda y sacrificio a Dios en olor fragante"* (Ef. 5:2). La ofrenda es un acto agradable a Dios. No hay verdadera ofrenda que no tenga que ver con adoración, de ahí que se enseñe la ofrenda como parte importante en la vida cristiana y se regule bíblicamente como debe hacerse (1 Co. 16:1-4).

En quinto lugar, está el sacrificio *de la entrega personal* (Ro. 12:1). Este está movido o motivado por *las misericordias de Dios*, que impactan en la vida del sacerdote. Al considerar la capacidad divina para compadecerse de las desdichas de los pecadores. Dicho de otro modo, la misericordia pasa por el corazón las miserias ajenas para convertirlas en amor hacia el miserable; o si se prefiere, la *misericordia* es la virtud que inclina el ánimo a compadecerse de los trabajos y miserias ajenos. Por tanto, está íntimamente vinculada con la *compasión*, que significa saber vivir con otro su desgracia, pero también sentir con él cualquier otro sentimiento: alegría, angustia, felicidad. Nótese que en texto de Romanos el sustantivo está en plural, no se trata de *la* misericordia, sino de *las misericordias*. Es decir, todas las múltiples expresiones que ponen de manifiesto la compasión y la recepción de quienes, siendo miserables por condición, son recibidos al amparo divino. De forma especial, las misericordias se ponen de manifiesto en la justificación (1:18-20), que implica la muerte sustitutoria de Cristo. Las misericordias son el conjunto de actos divinos que desembocan en la salvación; es, por tanto, cuanto supone la Cruz: *"el cual fue entregado por nuestras transgresiones, y resucitado para nuestra justificación"* (Ro. 4:25). Las misericordias de Dios son la infinita dimensión de Su amor personal (Ro. 5:6-8). Esas misericordias dan la consistencia y firmeza admirables de la seguridad de salvación, que permite al miserable traído a la misericordia poder decir: *"Ahora, pues, ninguna condenación hay para los que están en Cristo Jesús"* (Ro. 8:1). Por las misericordias divinas, podemos sentir como propia la gloria venidera, y estar seguros de la herencia reservada en los cielos (1:3-5). Las misericordias de Dios es la entrega de Él a favor de los miserables enemigos Suyos en malas obras. No podrán entenderse las misericordias lejos de la Cruz. Es ahí, en la dimensión del Gólgota donde se aprecia la misericordia en el mayor esplendor. El Justo muriendo por los injustos para llevarnos a Dios (3:18). Los gritos, lamentos y lágrimas de Getsemaní (He. 5:7); la cabeza del Santo coronada de espinas (Mt. 27:29); las espaldas sangrantes rotas por los golpes inmisericordes del látigo romano (Jn. 19:1); las manos y los pies horadados (Jn. 19:18); la boca reseca por la angustia y la fiebre (Jn. 19:28); las burlas y los desprecios de las turbas (Mt. 27:38-44); la soledad de las tinieblas y el desamparo de Dios (Mt. 27:45-46); la asunción del precio de nuestra paz, descargando sobre Él el torrente de la ira de Dios (Gá. 3:13); la muerte espiritual y física que atenazan por un tiempo la gloriosa persona del Logos encarnado (Mt. 27:46; Lc. 23:46); la tumba que recoge el cuerpo de quien es el Autor de la vida (Lc. 23:53). Eso todo es una pequeña expresión de *las misericordias* de Dios.

La consecuencia de las misericordias de Dios, más que contempladas o consideradas, sentidas, no puede ser otra *"que presentéis vuestros cuerpos"*. No se refiere esto simplemente a la parte orgánica, sino tomada como expresión de la persona en su totalidad. El cuerpo hace visible exteriorizándola, a la persona. Los cristianos debemos ser consecuentes con las *misericordias* de Dios, *poniendo a disposición* de Él nuestros cuerpos, la persona entera, para servirle. Quien presenta el cuerpo ya ha entregado antes el alma y el espíritu. Un corazón rendido a Dios implica el compromiso de la actuación con el cuerpo. La personalidad expresada por medio de la corporeidad, pone de manifiesto la realidad de la persona, el yo intransferible, pero, el yo que se orienta hacia otro y no ya hacia él mismo. Todavía algo más: El cuerpo del cristiano ha sido comprado por Dios mismo (Ro. 6:6), rescatado del poder esclavizante del pecado gracias a la muerte de Cristo, por tanto, ya no es su posesión, sino que pertenece plenamente al Señor (1 Co. 6:13) y es instrumento para alabanza de Dios (1 Co. 6:20).

La entrega del cuerpo, esto es, de la persona, reviste un aspecto sacrificial. La entrega corporal a Dios es el sacrificio de los cristianos. Sin embargo, el término *sacrificio*, no expresa tanto la acción sacrificial, sino el objeto de sacrificio (cf. Fil. 4:18), es decir, los cuerpos. La entrega del cuerpo en sacrificio es la respuesta de fe del creyente a Dios. Así lo expresa la demanda de Jesús: *"Se fiel hasta la muerte"* (Ap. 2:10). De otra manera, Dios no se conforma con *sacrificios*, no quiere las ofrendas, sino al donante en plenitud, todo él.

Por eso es un *"sacrificio vivo"*. Literalmente *una ofrenda viviente*. El compromiso sacrificial del creyente que se entrega plenamente y sin reservas a Dios. Esto concuerda con la demanda del discipulado, que exige la renuncia a todo incluyendo la propia vida (Lc. 14:26, 27, 33). Son sacrificios vivos a causa de la nueva vida que hay en el salvo, en contraste con lo que era antes de su salvación *"muertos en pecados"* (Ef. 2:5). Son también vivos porque se ofrecen con la vida, en lugar de con la muerte de la víctima. Además, lo son también porque la fuerza que actúa orientando la acción no corresponde a la vieja vida, sino a la nueva en Cristo impulsada por el Espíritu Santo, el Espíritu vivificante del Dios vivo (Ro. 9:26; 2 Co. 6:16; 1 Ts. 1:9).

εὐπροσδέκτους τῷ Θεῷ διὰ 'Ιησοῦ Χριστοῦ. Sin embargo, los sacrificios que son aceptables a Dios son hechos por medio de Su Hijo en quién tiene contentamiento (Ef. 1:6). Nada puede llegar a Dios y serle agradable si ser hecho en el único Mediador entre Dios y los hombres que es Cristo mismo. Es decir, que los sacrificios gratos a Dios son ofrecidos *por medio de Jesucristo*. Fuera de Él nada puede alcanzarse conforme a Dios. Pero, además, en los versículos anteriores se aprecia la posición del creyente que es en Cristo, de modo que cuanto haga conforme a la voluntad de Dios, lo ejecuta en la posición que ocupa en quien, siendo el Hijo amado tiene la complacencia del Padre. Dios no ve a los sacerdotes, ni a los sacrificios, desde el plano de las perfecciones humanas, sino de las de Su Hijo Unigénito.

Confirmación de la Escritura (2:6-8).

6. Por lo cual también contiene la Escritura:
He aquí, pongo en Sion la principal piedra del ángulo, escogida, preciosa;
Y el que creyere en él, no será avergonzado.

διότι περιέχει ἐν γραφῇ·
Por lo cual contiene en Escritura:
ἰδοὺ τίθημι ἐν Σιὼν λίθον
Mira que pongo en Sión piedra
ἀκρογωνιαῖον ἐκλεκτὸν ἔντιμον
angular, escogida, preciosa,
καὶ ὁ πιστεύων ἐπ' αὐτῷ οὐ μὴ καταισχυνθῇ.
y el que cree en ella de ningún modo será avergonzado.

Análisis y notas del texto griego.

Análisis: διότι, conjunción causal *por lo cual*, *porque*; περιέχει, tercera persona singular del presente de indicativo en voz activa del verbo περιέχω, *cerrar, contener en sí*, aquí *contiene*; ἐν, preposición propia de dativo *en*; γραφῇ, caso dativo femenino singular del nombre común *Escritura*; *ἰδοὺ*, segunda persona singular del aoristo segundo de imperativo en voz media del verbo ὁράω, en la forma εἶδον, *mirar, mostrar, ver,* con uso adverbial equivale a *he aquí, sucedió que, ved, ahora, en esto* etc. podría traducirse como una expresión de advertencia enfática como *¡Mira!*, incluso podría leerse a modo de interrogación como *y ¿sabéis?*, es en la práctica como una partícula demostrativa, que se usa para animar el discurso avivando la atención del lector, algunos modernos la identifican como interjección; *τίθημι*, primera persona singular del presente de indicativo en voz activa del verbo τίθημι, *poner, colocar, destinar*, aquí *pongo*; *ἐν*, preposición propia de dativo *en*; *Σιὼν*, caso dativo femenino singular del nombre propio *Sión*; *λίθον*, caso acusativo masculino singular del nombre común *piedra*; *ἀκρογωνιαῖον*, caso acusativo masculino singular del adjetivo *angular*; *ἐκλεκτὸν*, caso acusativo masculino singular del adjetivo *escogido*; *ἔντιμον*, caso acusativo masculino singular del adjetivo *honorable, de alto valor, precioso*; *καὶ*, conjunción copulativa *y*; *ὁ*, caso nominativo masculino singular del artículo determinado *el*; *πιστεύων*, caso nominativo masculino singular del participio de presente en voz activa del verbo πιστεύω, *creer*, aquí *creyendo, que cree*; ἐπ', forma escrita de la preposición de dativo ἐπί, con el grafismo por elisión de la ι final ante vocal o diptongo sin aspiración, que equivale a *por, sobre, en*; *αὐτῷ*, caso dativo de la tercera persona singular del pronombre personal *él*; *οὐ*, adverbio de negación *no*; μὴ, partícula que hace funciones de adverbio de negación *no*; las dos negaciones juntas tienen sentido de *jamás, de ningún modo, nunca*; καταισχυνθῇ, tercera persona singular del aoristo primero de subjuntivo en voz pasiva del verbo καταισχύνω, *enrojecer a la vista de, respetar, avergonzar*, aquí *será avergonzado*.

διότι περιέχει ἐν γραφῇ· Pedro ha dicho que Cristo es la piedra *escogida* y *preciosa*, ahora lo confirma con el texto tomado de la profecía (Is. 28:16). Las palabras están *contenidas* en la Escritura. Refiriéndose al Mesías anunciado, establece la base de la actual dispensación como fundamento de la Iglesia. Sin duda cita el texto bien sea tomado de la LXX, o incluso del TM, reduciéndolo a los límites necesarios para el propósito de este uso, ya que se lee: *"Por tanto, Jehová el Señor dice así: He aquí que yo he puesto en Sión por fundamento una piedra, piedra probada, angular, preciosa, de cimiento estable; el que creyere, no se apresure"*. La referencia a la profecía confirma la referencia que hizo antes a la base la *piedra viva* y a los calificativos de *escogida y preciosa*.

ἰδοὺ τίθημι ἐν Σιὼν λίθον ἀκρογωνιαῖον. Dios puso el fundamento, proféticamente lo anuncia, y da a la piedra fundamental el calificativo de ἀκρογωνιαῖος, traducido por *piedra angular*. La palabra se usa para referirse al cimiento, pero también está relacionada con γωνία, *angulo*, que establece la esquina y la verticalidad del edificio, unido a ἄκρον, *punta, extremo*, que puede referirse la piedra que cerraba la cúpula del edificio en la parte más alta. En ese sentido Cristo es cimiento que sustenta, ángulo que orienta, cúpula sobre todo el edificio. Eso concuerda con la figura de que los apóstoles y profetas ponen el fundamento y Cristo corona el edificio para mantenerlo unido. Pero, refiriéndose al ángulo, establece el límite que marca la orientación vertical del edificio, de modo que nada puede salirse de ese límite para mantener la verticalidad y sustentación de la casa.

En relación con esto, escribe Hendriksen, comentando el texto:

"Además de ser la piedra angular de un edificio parte del fundamento y por tanto soporte de la superestructura, ella determina su forma final, puesto que, al estar colocada en la esquina formada por la unión de dos muros primarios, fija la posición de estos muros y de los que cruzan en el resto del edificio. Todas las demás piedras deben ajustarse a ella. Así también la casa espiritual, además de descansar en Cristo, queda determinada en cuanto a carácter por Él. Es Él quien define lo concerniente a lo que esta casa debe ser ante Dios y cuál ha

de ser su función en Su universo. Es Cristo el que da a la casa su correcta dirección[3]*".*

ἐκλεκτὸν. El segundo calificativo para la piedra es *escogida*, asunto que se ha comentado suficientemente en los versículos anteriores. En la profecía de Isaías se lee *probada*. Lo fue en las tentaciones y además demuestra que es resistente para soportar todo el peso del edificio.

ἔντιμον. En tercer lugar, le llama *preciosa*. Término comentado también anteriormente.

La cita concluye con una expresión de absoluta seguridad. Quien cree en Cristo nunca será defraudado. En cualquier caso, no lo será porque estará firmemente sostenido en Él. Es de esta forma que, como un cuerpo bien coordinado, o concertado, en Cristo, recibe el crecimiento espiritual, edificándose en amor (Ef. 4:15, 16). El proyecto divino es presentar a la Iglesia sin mancha ni arruga ni cosa semejante, que se manifieste santa (Ef. 5:27). No solo hay seguridad en el tránsito terrenal, sino en la firmeza de la esperanza, de modo que cuando Cristo se manifieste, también los creyentes lo seremos con Él en gloria (Col. 3:4). Sin duda tiene que ver con la parusía del Señor, quien prometió a los Suyos que volvería para encontrarse con ellos y tomarlos a Sí mismo para siempre (Jn. 14:1-4). Con toda la gloria y esplendor que tiene como revestido de gloria e inmortalidad, descenderá del cielo, donde está ahora sentado a la diestra de Dios, para encontrarse en el aire con la Iglesia, cuyos miembros serán resucitados y transformados para estar para siempre con el Señor.

El apóstol exhortó a los creyentes llamándolos a firmeza espiritual, cuando dijo: *"Por tanto, ceñid los lomos de vuestro entendimiento, sed sobrios, y esperad por completo en la gracia que se os traerá cuando Jesucristo sea manifestado"* (1:13), y añade: *"Cuando aparezca el Príncipe de los pastores, vosotros recibiréis la corona incorruptible de gloria"* (5:4). El creyente será manifestado con el Señor, cuando Él se manifieste. Esa revelación futura es la segura esperanza del que cree, de modo que no será avergonzado por cuanto todo lo que Dios ha dispuesto para los Suyos tendrá cumplimiento absoluto, porque Él es fiel.

El apóstol escribió antes sobre la herencia (1:3-5). Si esa herencia está guardada, también lo están los herederos de ella. En otro lugar, el apóstol Pablo, alude a esta seguridad: *"Y si hijos, también herederos;*

---

[3] G. Hendriksen. o.c., pág. 155.

herederos de Dios y coherederos con Cristo, si es que padecemos juntamente con él, para que juntamente con él seamos glorificados" (Ro. 8:17). Los que sufren en la vida de peregrinación, serán glorificados con Cristo en el futuro escatológico. Si la identificación con el Señor es vivida en todos los aspectos, así también esa misma identificación es seguridad de glorificación. La esperanza que no avergüenza, no es lo que se espera, sino Cristo mismo (Col. 1:27).

7. Para vosotros, pues, los que creéis, él es precioso; pero para los que no creen,
La piedra que los edificadores desecharon,
Ha venido a ser la cabeza del ángulo.

ὑμῖν οὖν ἡ τιμὴ τοῖς πιστεύουσιν, ἀπιστοῦσιν δὲ
Para vosotros, pues, el honor, a los que creéis, pero a incrédulos,
λίθος ὃν ἀπεδοκίμασαν οἱ οἰκοδομοῦντες,
piedra la que rechazaron los que edifican,
οὗτος ἐγενήθη εἰς κεφαλὴν γωνίας
ésta vino a ser para cabeza de ángulo.

Análisis y notas del texto griego.

Análisis: ὑμῖν, caso dativo de la segunda persona plural del pronombre personal declinado *para vosotros*; οὖν, conjunción continuativa *pues*; ἡ, caso nominativo femenino singular del artículo determinado *la*; τιμὴ, caso nominativo femenino singular del nombre común *honor, honra, valor, precio*; τοῖς, caso dativo masculino plural del artículo determinado declinado *a los*; πιστεύουσιν, caso dativo masculino plural del participio de presente en voz activa del verbo πιστεύω, *creer*, aquí *que creéis*; ἀπιστοῦσιν, caso dativo masculino plural del participio de presente en voz activa del verbo ἀπιστέω, *ser incrédulo, no creer*, aquí *a incrédulos, que no creen*; δὲ, partícula conjuntiva que hace las veces de conjunción coordinante, con sentido de *pero, más bien, y, y por cierto, antes bien, entonces*; *λίθος*, caso nominativo masculino singular del nombre común *piedra*; *ὃν*, caso acusativo masculino singular del pronombre relativo *el que, el cual, que*; *ἀπεδοκίμασαν*, tercera persona plural del aoristo primero de indicativo en voz activa del verbo ἀποδοκιμάζω, *rechazar, desechar*, aquí *rechazaron*; *οἱ*, caso nominativo masculino plural del artículo definido *los*; *οἰκοδομοῦντες*, caso nominativo masculino plural del participio de presente en voz activa del verbo οἰκοδομέω, *que edifican*; *οὗτος*, caso nominativo masculino singular del pronombre demostrativo *esto*; *ἐγενήθη*, tercera persona singular del aoristo primero deponente en voz pasiva del verbo γίνομαι, *llegar a existir, venir a ser*, aquí *vino a ser*; *εἰς*, preposición propia de acusativo *para*; *κεφαλὴν*, caso acusativo femenino singular del nombre común *cabeza*; *γωνίας*, caso genitivo femenino singular del nombre común declinado *de ángulo*.

ὑμῖν οὖν ἡ τιμὴ τοῖς πιστεύουσιν, Si el creyente no será avergonzado por su fe, sino que su esperanza será cumplida, es porque todo está vinculado con Cristo. Para poner de manifiesto el valor que tiene para el creyente y para el mundo, el apóstol recurre nuevamente a la Escritura, citando en primer lugar un texto tomado de los Salmos, en donde se lee: *"La piedra que desecharon los edificadores ha venido a ser cabeza del ángulo"* (Sal. 118:22). Esto le sirve para establecer el contraste entre los que creen y los incrédulos.

Para los creyentes, en el caso concreto los destinatarios de la *Epístola* y, en general, todos los creyentes en el tiempo, como se aprecia por el uso del pronombre personal *vosotros*, Jesús es *el honor*, *la honra, el valor supremo*, sobre todas las cosas, si se prefiere *de gran valor*, pero no es lo mismo para quienes no creen, a quienes se dirige la cita del Antiguo Testamento.

ἀπιστοῦσιν δὲ *λίθος ὃν ἀπεδοκίμασαν οἱ οἰκοδομοῦντες*, En cambio, para los *que no creen*, Jesús que es todo el honor para el cristiano es piedra desechada por los edificadores. Pedro alude a la práctica habitual de los constructores que era desechar las piedras hasta encontrar la que, conforme a su conocimiento, era ideal para el cierre del ángulo. Esta era una de las piedras más importantes en la edificación. Se colocaba en el lugar central del arco en construcción de modo que, al retirar los soportes, las dos partes de la edificación descansaban en la piedra central que hacía de cuña y a mayor presión se producía una mayor sujeción. Al volver a usar la figura de los *edificadores*, se está refiriendo en primer término, a los líderes del pueblo de Israel, que edificaban a la gente estableciéndola en las demandas de la Escritura. Pero, sin duda, tiene que ver con todos los que son incrédulos. Los creyentes edifican en el Espíritu, esto es, impulsados por Él, los incrédulos en la carne. Por tanto, los parámetros que miden las dos formas de construir, son diametralmente opuestos e irreconciliables. Dios había enviado a Su pueblo a Su mismo Hijo, la piedra de sustentación de toda la estructura que Dios levantaba en el mundo, pero los edificadores, sean unos u otros, lo desechaban despreciándolo. Bien sea porque no encajaba con sus principios religiosos y tradicionales, bien porque su obra era incomprensible, *locura*, para otros, Jesús fue rechazado. Todos, tanto los líderes religiosos de Israel como los demás hombres no regenerados, habían considerado a Jesús como poco digno para creer en Él y, por esta razón, lo desechaban. Él no podía ser el enviado de Dios, el Mesías prometido. No podían cumplirse en Él los anuncios proféticos sobre la *piedra angular*. Se cumple para todos los incrédulos otro aspecto profetizado: *"no hay parecer en Él, ni hermosura; le veremos, mas sin atractivo para que le deseemos"* (Is. 53:2). Examinado cuidadosamente durante el tiempo de Su ministerio, presentado luego en la proclamación del evangelio, habían llegado a la conclusión de que Jesús no era válido para ellos y había que desecharlo, todavía más, no era suficiente con desecharlo, debía ser eliminado quitándole la vida.

οὗτος ἐγενήθη εἰς κεφαλὴν γωνίας. Sin embargo, la piedra desechada, ha venido a ser *cabeza del ángulo*. Quien ha hecho el prodigio de glorificar la piedra que los edificadores rechazaron ha sido Dios mismo. El Cristo repudiado y muerto se levantó triunfante por el poder de Dios, quien le exaltó hasta lo sumo (Fil. 2:9). Esta obra divina es una maravilla admirable a los ojos de los creyentes, para quienes Jesucristo es *precioso*. Pero lo admirable es que Dios ha hecho esta obra. Todos los verdaderos creyentes que contemplan este prodigio divino, glorifican a Dios por ello. A quien los edificadores desecharon, es puesto como *Rey* sobre el santo monte de Dios (Sal. 2:6), y todo el mundo verá y reconocerá que eso ha sido obra divina: *"de parte de Jehová es esto, y es cosa maravillosa a nuestros ojos"* (Sal.118:23).

8. Y:

Piedra de tropiezo,

y roca que hace caer,

porque tropiezan en la palabra, siendo desobedientes; a lo cual fueron también destinados.

καὶ
y

λίθος προσκόμματος
piedra de tropiezo

καὶ πέτρα σκανδάλου·
y roca de escándalo.

οἳ προσκόπτουσιν τῷ λόγῳ ἀπειθοῦντες εἰς ὃ καὶ
Los cuales tropiezan en la palabra siendo incrédulos a lo cual también

ἐτέθησαν
fueron entregados.

Análisis y notas del texto griego.

καὶ, conjunción copulativa *y*; *λίθος*, caso nominativo masculino singular del nombre común *piedra*; *προσκόμματος*, caso genitivo neutro singular del nombre común declinado *de escándalo*; *καὶ*, conjunción copulativa *y*; *πέτρα*, caso nominativo femenino singular del nombre común *piedra, roca*; *σκανδάλου*, caso genitivo neutro singular del nombre común declinado *de escándalo*; οἳ, caso nominativo masculino plural del pronombre relativo *los que, los cuales, que*; προσκόπτουσιν, tercera persona plural del presente de indicativo en voz activa del verbo προσκόπτω, *tropezar, ofenderse*, aquí *tropiezan*; τῷ, caso dativo masculino del artículo determinado declinado *en el*; λόγῳ, caso dativo masculino singular del nombre común *palabra*; ἀπειθοῦντες, caso nominativo masculino plural del participio de presente en voz activa del verbo ἀπειθέω, *desobedecer, no aceptar la fe, no ser fiel, ser incrédulo*, aquí *siendo incrédulos*; εἰς, preposición propia de acusativo *a*; ὅ, caso acusativo neutro singular del pronombre relativo *lo que, lo cual*; καὶ, adverbio de modo *también*; ἐτέθησαν, tercera persona plural del aoristo primero de indicativo en voz pasiva del verbo τίθημι, *poner, colocar, depositar, entregar*, aquí *fueron entregados*.

καὶ *λίθος προσκόμματος καὶ πέτρα σκανδάλου·* Añade ahora otra referencia bíblica, enlazada con la anterior por medio de la conjunción copulativa *y*. Quien es *cabeza del ángulo* en el edificio de Dios para los creyentes es también *roca de tropiezo*. La cita está tomada también de la profecía (Is. 8:14-15). Pero también es *piedra de caída*. La piedra que es Cristo, no fue colocada por Dios para ser tropiezo y escándalo, elemento de caída, sino todo lo contrario, como roca de salvación a todo aquel que cree.

οἳ προσκόπτουσιν τῷ λόγῳ ἀπειθοῦντες εἰς ὃ καὶ ἐτέθησαν. Al rehusar creer en Cristo, los incrédulos desechan la Roca de salvación, convirtiéndose para ellos en tropezadero y juicio a causa de su pecado. Sobre esto habló Jesús: *"Y el que cayere sobre esta piedra será quebrantado; y sobre quien ella cayere, le desmenuzará"* (Mt. 21:44). Judíos y gentiles se escandalizan, tropiezan en la realidad de Cristo. Los judíos, como se ha considerado antes, no quieren reconocerlo como el Mesías, y para los gentiles, Su obra es incomprensible y también la rechazan. Ahora bien. Esta piedra, que es salvación para unos y tropiezo para otros, tiene poder judicial para destruir a los rebeldes. De otro modo, fue desechada, es objeto de tropiezo, pero quien persiste en su rechazo y oposición a Cristo, será desmenuzado por Él. La gran roca eterna de los siglos que es Jesucristo caerá judicialmente sobre quienes, consciente y voluntariamente lo rechazaron provocando su destrucción. La figura es completa. El incrédulo que se escandaliza en la piedra, choca con ella y cae, y sobre él, caído, la misma piedra cae destrozándolo, desmenuzándolo. El que rechaza a Cristo como Salvador, es un pecador irredento, que será como *"tamo que arrebata el viento"* (Sal.1:4). Pedro se refirió a Cristo como la *piedra angular* (v. 7). Esta piedra puesta por Dios es desechada por los edificadores, que simbólicamente tratan de sacarla de su lugar, en cuyo intento cae sobre ellos destruyéndolos. Así los judíos en tiempos de la *Epístola* trataban de derribar a Jesús, intentando anular Su misión salvadora, procurando alcanzar la justificación por obras de la ley, por tanto, no tienen salvación y se perderán para siempre. No solo hay quebrantamiento al tropezar en Él, sino el juicio de Él al caer sobre ellos, para vergüenza y confusión perpetuas (Dn. 12:2).

El texto termina refiriéndose al destino de los incrédulos: *"a lo cual fueron también destinados"*. Dios confirmó su condición de rebeldía a la que voluntaria y personalmente llegaron a pesar del llamamiento celestial a salvación. Por esta razón, Dios confirmó la condición pecaminosa de ellos manteniendo en oscuridad sus corazones para que no crean y sean salvos (Jn. 12:37-40). No es que Dios los haya destinado de antemano para ser rebeldes y, por tanto, para perdición, sino que Él destinó a perdición a quien no crea (Jn. 3:36b). Ellos se colocan en el camino que inexorablemente lleva a perdición (Pr. 16:25). Los vasos para destrucción no fueron preparados de antemano por Dios, sino que se prepararon ellos a sí mismos para ese fin por incredulidad.

Así escribe el Dr. MacArtur:

"El versículo 8 deja en claro que quienes rechazan a Cristo tropiezan y se enfrentan al juicio divino porque son desobedientes a la palabra. Los incrédulos reciben el juicio exacto que exige su decisión pecaminosa (perdición a la cual fueron también destinados) porque no creen ni obedecen el evangelio. Dios no destina activamente personas a la incredulidad; pero sí designa juicio (perdición) sobre todo incrédulo (Jn. 3:18, 36; 8:24; 2 Ts. 1:6-9; He. 3:19; 4:11). Dios juzga a los incrédulos como consecuencia de su falta de amor por Él, de su desobediencia a la Palabra, y de su negativa a creer en Él. Pablo declara los corintios: "El que no amare al Señor Jesucristo, sea anatema (1 Co. 16:22)[4]".

Una nueva posición (2:9-10).

9. Mas vosotros sois linaje escogido, real sacerdocio, nación santa, pueblo adquirido por Dios, para que anunciéis las virtudes de aquel que os llamó de las tinieblas a su luz admirable.

ὑμεῖς δὲ γένος ἐκλεκτόν, βασίλειον ἱεράτευμα, ἔθνος ἅγιον,
Pero vosotros linaje escogido, regio sacerdocio, nación santa,
λαὸς εἰς περιποίησιν, ὅπως τὰς ἀρετὰς ἐξαγγείλητε τοῦ ἐκ
pueblo para posesión, para que las proezas anunciéis del de
σκότους ὑμᾶς καλέσαντος εἰς τὸ θαυμαστὸν αὐτοῦ φῶς·
tinieblas os llamó a la admirable de Él luz.

[4] John MacArthur. o.c., pág. 125.

Análisis y notas del texto griego.

Análisis: ὑμεῖς, caso nominativo de la segunda persona plural del pronombre personal *vosotros*; δὲ, partícula conjuntiva que hace las veces de conjunción coordinante, con sentido de *pero, más bien, y, y por cierto, antes bien, entonces*; γένος, caso nominativo neutro singular del nombre común *linaje*; ἐκλεκτόν, caso nominativo neutro singular del adjetivo *escogido*; βασίλειον, caso nominativo neutro singular del adjetivo *real, regio*; ἱεράτευμα, caso nominativo neutro singular del nombre común *sacerdocio*; ἔθνος, caso nominativo neutro singular del nombre común *nación*; ἅγιον, caso nominativo neutro singular del adjetivo *santo*; λαὸς, caso nominativo masculino singular del nombre común *pueblo*; εἰς, preposición propia de acusativo *para*; περιποίησιν, caso acusativo femenino singular del nombre común *salvación de un peligro, conservación, adquisición, posesión*; ὅπως, conjunción *de modo que, a fin de que, para que*; τὰς, caso acusativo femenino plural del artículo determinado *las*; ἀρετὰς, caso acusativo femenino plural del nombre común *virtudes, obras maravillosas, poder, proezas*; ἐξαγγείλητε, segunda persona plural del aoristo primero de subjuntivo en voz activa del verbo ἐξαγγέλλω, *proclamar, anunciar*, aquí *anunciéis*; τοῦ, caso genitivo masculino singular del artículo definido declinado *del*; ἐκ, preposición propia de genitivo *de*; σκότους, caso genitivo neutro singular del nombre común *tinieblas*; ὑμᾶς, caso acusativo de la segunda persona plural del pronombre personal declinado *a vosotros, os*; καλέσαντος, caso genitivo masculino singular del participio aoristo primero en voz activa del verbo καλέω, *llamar*, aquí *llamó*; εἰς, preposición propia de acusativo *a*; τὸ, caso acusativo neutro singular del artículo determinado *lo*; θαυμαστὸν, caso acusativo neutro singular del adjetivo *admirable*; αὐτοῦ, caso genitivo de la tercera persona singular del pronombre personal declinado *de él*; φῶς, caso acusativo neutro singular del nombre común *luz*.

ὑμεῖς δὲ. Nuevamente establece una comparación entre los incrédulos cuyo destino es de perdición y los creyentes a quienes alcanzan una serie de bendiciones que enumera. En contraste con quienes por incredulidad se pierden, los que creen son un tesoro precioso para Dios. A estos se dirige usando el pronombre personal *vosotros*. Los términos que va a usar para referirse a la posición de los creyentes están tomados de un pasaje del Pentateuco (Dt. 7:6-9).

γένος ἐκλεκτόν, La primera bendición es que los creyentes son *linaje escogido*, de otro modo, *pueblo de elección*. Así había hecho Dios con Israel en la antigüedad, tomando a Abraham, de entre todos los hombres de la tierra, para formar para sí un pueblo del que dice *"seréis mi especial tesoro sobre todos los pueblos"* (Ex. 19:5). El término *escogido* en relación con Israel, está en las palabras del profeta: *"...mi pueblo, mi escogido"* (Is. 43:20). Pedro aplica aquí a la Iglesia lo que pertenecía a Israel como pueblo de Dios. No es que sea sustituido por los creyentes de esta dispensación. El término *escogido* lo usó antes para referirse a cada uno de los creyentes (1:2), y a Cristo (v. 4). La doctrina de la elección se ha considerado con la brevedad necesaria en el primer capítulo por lo que no es preciso repetirla aquí.

βασίλειον ἱεράτευμα, Además de pueblo escogido, el creyente pertenece a un *sacerdocio regio* o *real.* Asunto considerado también anteriormente (v. 5). En esta ocasión el calificativo no es el de *santo*, que usó antes, sino *real.* Este concepto está tomado también de la posición que correspondía a Israel: *"y vosotros me seréis un reino de sacerdotes, y gente santa"* (Ex. 19:6). Es un sacerdocio que, por haber sido elegido, está al servicio de quien es Rey de reyes y Señor de señores. Tal condición es el resultado de la redención que Cristo hizo con Su sangre: *"...porque tú fuiste inmolado, y con tu sangre nos has redimido para Dios, de todo linaje y lengua y pueblo y nación, y nos has hecho para nuestro Dios reyes y sacerdotes, y reinaremos sobre la tierra"* (Ap. 5:9-10). Unidos a Cristo no solo somos sacerdotes espirituales, sino también reyes, ya que estamos destinados a reinar con Él (Ap. 20:6). De otro modo, todos los creyentes, por vinculación con Cristo comparten Su oficio sacerdotal y Su oficio real. En el concurren los dos aspectos, es tanto Rey como Sacerdote. Su sacerdocio no es heredado por el sistema de la antigua dispensación, sino establecido por determinación divina (He. 3:1-2; 5:4-5; 7:11, 14, 16; 8:1, 2, 6), como sacerdote se ofreció a Sí mismo como el sacrificio definitivo por el pecado (Mt. 20:28; Jn. 1:29; He. 2:17; 7:27; 9:25, 26; 10:12). Por tanto, si los creyentes están unidos vitalmente e inseparablemente a Él, se convierten en sacerdotes regios, es decir, en *real sacerdocio.*

ἔθνος ἅγιον, Además, los creyentes son también *nación santa.* Es de notar que Pedro considera tanto el aspecto individual de cada uno de los creyentes, como el colectivo de todos ellos. En este sentido somos *nación santa.* Ese fue el propósito divino para Israel (Ex. 19:6). No podía ser menos, cuando es un pueblo comprado para Dios, santificado por Él separándolo del mundo (Jn. 17:16), y siendo hijos Suyos por adopción en el Hijo, tienen la misión de reflejar al mundo la santidad de Dios (1:15). Pedro utiliza aquí en sustantivo ἔθνος, que denota la condición de un grupo con identidad distintiva. Es un pueblo diferente al resto de los pueblos, porque viven la vida de Dios en ellos. La santidad no es una opción de vida, sino la única manera de vivir la nueva vida recibida cuando se cree en Cristo. Por la obra de Cristo y también por posición en Él, nos ha sido hecho no solo justificación, sino también *santificación* (1 Co. 1:30). En el nuevo nacimiento los corazones son purificados para que puedan vivir en una orientación santa, cuando antes eran esclavos del pecado e incapaces de vivir santamente.

λαὸς εἰς περιποίησιν, Se refiere también a que los creyentes son, literalmente *pueblo para posesión*. La traducción *pueblo adquirido*, no expresa la dimensión plena de la frase. Los creyentes son un pueblo de propiedad privada, posesión personal de Dios, que lo compró al precio de la sangre de Jesucristo (1 Co. 6:20; 7:23). De ahí que cuando Dios dijo a Israel: *"Ahora, pues, si diereis oído a mi voz, y guardareis mi pacto, vosotros seréis mi especial tesoro sobre todos los pueblos; porque mía es toda la tierra"* (Ex. 19:5). Por esa causa Pedro usa el sustantivo περιποίησις, con varias acepciones como *salvación de un peligro, conservación, adquisición, posesión*, con lo que indica que los creyentes son *posesión* de Dios y, por consiguiente, su tesoro especial. Un pueblo adquirido para poseerlo como tesoro personal (Ef. 1:14). Pedro recuerda el precio que Dios pagó para que los creyentes sean suyos (1:19).

ὅπως τὰς ἀρετὰς ἐξαγγείλητε τοῦ ἐκ σκότους ὑμᾶς καλέσαντος εἰς τὸ θαυμαστὸν αὐτοῦ φῶς· Este pueblo especial tiene un compromiso con Dios, *anunciar las excelencias, las virtudes, las proezas* Suyas, es decir, manifestar la grandeza del Señor ante el mundo. La proeza de Dios fue sacarlos de las tinieblas y trasladarlos a la luz. La luz de Dios se califica como *admirable*. Un nuevo contraste se aprecia fácilmente. Antes, en la vida vieja, el creyente seguía a los ídolos porque vivía en *tinieblas*, convertido a Cristo, adora a Dios, que es *luz admirable*. Es el testimonio que se da de los creyentes en Tesalónica: *"Porque ellos mismos cuentan de nosotros la manera en que nos recibisteis, y cómo os convertisteis de los ídolos a Dios, para servir al Dios vivo y verdadero"* (1 Ts. 1:9). Así a todos los salvos: *"El cual nos ha librado de la potestad de las tinieblas, y trasladado al reino de su amado Hijo"* (Col. 1:13).

Los que eran incrédulos habían llegado a una situación de sujeción a las tinieblas a causa del pecado. Entenebrecidos y en tinieblas, estaban incapacitados para servir a Dios que es *luz admirable*, porque nada tiene la luz con las tinieblas (2 Co. 6:14). Dios los hace aptos para *"participar de la herencia de los santos en luz"*, a la que Pedro se refirió antes. Esta posesión de la herencia es la vida eterna en el reino celestial, de otro modo, es la posesión misma de Dios quien es luz y en Él no hay tiniebla alguna (1 Jn. 1:5). En ese sentido la libertad trae consigo la recepción de la vida eterna, dada como don de Dios a todo aquel que cree. El mundo de la luz está siempre en oposición al poder de las tinieblas, en cuya esfera, están los hombres no salvos. De ese poder esclavizante nos libró Dios. Quienes eran esclavos por voluntad propia son liberados de la esclavitud para pasar a la libertad en Cristo, en la que han de mantenerse firmes (Gá. 5:1). Lo que Dios determinó antes de la creación, establecido en el *plan de redención*, conforme a Su soberanía (2 Ti. 1:9), fue llevado a cabo por el Heredero de todo, y trasladados al reino de la luz, que es el del Hijo amado. Es el traslado de una esfera de perdición y tinieblas, que controlan la humanidad sin Cristo, a la luz admirable del reino de Dios. Traslado que se produce en el momento en que un pecador perdido deposita la fe en Jesús.

Es notable observar que toda la obra de salvación es de Dios (Sal. 3:8; Jon. 2:9), incluyendo la operación del Padre que *"nos llamó de las tinieblas a Su luz admirable"*. La luz gloriosa de Dios no está para ser disfrutada fuera, sino que se ha hecho realidad en la intimidad de cada cristiano, que es convertido en luz, *"porque en otro tiempo erais tinieblas, mas ahora sois luz en el Señor; andad como hijos de luz"* (Ef. 5:8). La presencia de Cristo en el creyente lo convierte en luz en el Señor, de manera que Aquel que dijo *"Yo soy la luz del mundo"* también dice a los Suyos *"vosotros sois la luz del mundo"* (Mt. 5:14). La lumbre de vida, la luz gloriosa de Dios, es dada a quien sigue a Jesús: *"el que me sigue, no andará en tinieblas, sino que tendrá la luz de la vida"* (Jn. 8:12).

Dios establece para este pueblo que sea *proclamador* de *las virtudes*, en el sentido de la obra poderosa de Dios, que hizo el milagro transformador en todo aquel que cree. No hacen falta palabras para anunciar esta realidad al mundo. La luz simplemente ilumina las tinieblas. La santidad de vida contradice la corrupción mundana de quienes están sin Cristo y, por tanto, sin Dios y sin esperanza. Es el evangelio silencioso del testimonio transformado de los cristianos que habla con más elocuencia que un gran discurso sobre la salvación y la santidad. Es anunciar el cambio de vida que produce la conversión y el evangelio de la gracia (Hch. 26:18; Ef. 5:8). Vidas de testimonio limpio que brillan en las tinieblas.

10. Vosotros que en otro tiempo no erais pueblo, pero que ahora sois pueblo de Dios; que en otro tiempo no habíais alcanzado misericordia, pero ahora habéis alcanzado misericordia.

οἵ ποτε οὐ λαὸς
Los que un día no pueblo
νῦν δὲ λαὸς Θεοῦ,
pero ahora pueblo de Dios.
οἱ οὐκ ἠλεημένοι
los no habías sido compadecidos
νῦν δὲ ἐλεηθέντες.
pero ahora fuisteis compadecidos

Análisis y notas del texto griego.

Análisis: οἵ, caso nominativo masculino plural del pronombre relativo *los que*; ποτε, adverbio indefinido *algunas veces, una vez, un día, en cierta ocasión*; οὐ, adverbio de negación *no*; λαὸς, caso nominativo masculino singular del nombre común *pueblo*; νῦν, adverbio demostrativo *ahora*; δὲ, partícula conjuntiva que hace las veces de conjunción coordinante, con sentido de *pero, más bien, y, y por cierto, antes bien, entonces*; λαὸς, caso nominativo masculino singular del nombre común *pueblo*; Θεοῦ, caso genitivo masculino singular del nombre propio declinado *de Dios*; οἱ, caso nominativo masculino plural del artículo determinado *los*; οὐκ, forma escrita del adverbio de negación *no*, con el grafismo propio ante una vocal con espíritu suave o una enclítica; ἠλεημένοι, caso nominativo masculino plural del participio perfecto en voz pasiva del verbo ἐλεέω, *tener compasión, ser misericordioso*, aquí *habíais sido compadecidos*; νῦν, adverbio demostrativo *ahora*; δὲ, partícula conjuntiva que hace las veces de conjunción coordinante, con sentido de *pero, más bien, y, y por cierto, antes bien, entonces*; ἐλεηθέντες, caso nominativo masculino plural del participio aoristo primero en voz pasiva del verbo ἐλεέω, *tener compasión, ser misericordioso*, aquí *fuisteis compadecidos*.

οἵ ποτε οὐ λαὸς νῦν δὲ λαὸς Θεοῦ, Pedro está usando un texto de la profecía de Oseas, para referirse a la iglesia. Los nombres en la profecía aparecen aquí para referirse a dos situaciones de los creyentes en dos tiempos distintos. Oseas fue un profeta enviado con un mensaje para el reino del norte, Israel, a fin de testificar contra él de su infidelidad para con Dios. Por mandato de Dios se casó con Gomer (Os. 1:2, 3). Ella le fue infiel, cayendo moralmente hasta convertirse en una prostituta (Os. 2:4, 5). Con el profeta tuvo tres hijos: Jezreel, que significa *Dios siembra* (Os. 1:4), que se convirtió en un mensaje viviente de lo que Dios iba a hacer con Israel; el segundo fue una hija (Os. 1:6) y por indicación divina le puso el nombre de *Lo-ruhama*, que equivale a *no compadecida*; luego tuvo su tercer hijo varón que recibió el nombre de *Lo-ammi* (Os. 1:8-9), que corresponde a *no pueblo mío*. El apóstol Pablo acude también a esta referencia profética (Os. 2:23), manteniendo una aproximación al texto bíblico mayor que la que usa el apóstol Pedro para esta cita. La va a utilizar para hacer entender claramente a los cristianos de extracción gentil, que ellos, por no ser del pueblo de Israel, no tenían derecho alguno a los pactos de Dios y, por tanto, no podían esperar las misericordias divinas que habían sido dadas para el pueblo de la promesa.

Sin duda hay diferencias en cuanto a ciertas promesas que Dios dio a Israel y que tendrán oportuno cumplimiento, pero no es menos cierto que Él llamo a salvación tanto a judíos como a gentiles, sin distinción alguna, y que en esta dispensación tanto los judíos como los no judíos que han creído, vienen a formar parte del único pueblo de Dios que es la

Iglesia, porque la unidad de los creyentes es mucho mayor que la que hubiera sido posible en la creación de un solo pueblo, ya que Dios no hizo eso, sino creó un *nuevo hombre* cuya cabeza es Cristo (Ef. 2:15). Dios anuncia por medio del apóstol el llamamiento a los gentiles, que antes eran los *no pueblo*. Ese llamamiento se ha realizado ahora, y muchos de los destinatarios de la *Epístola* vienen de paganismo. Estos son *"linaje escogido, real sacerdocio, nación santa, pueblo adquirido por Dios, para que anunciéis las virtudes de aquel que os llamó de las tinieblas a su luz admirable"* (v. 9).

Israel era el pueblo de la promesa, pero los gentiles estaban ajenos a esa condición y a esas promesas (Ef. 2:11). En el tiempo pasado de la historia humana antes de la Cruz, *en otro tiempo*, los gentiles no eran más que personas que vivían en el mundo, sin Dios y sin esperanza. No procedían de Abraham, a quien se habían hecho promesas de bendición. Los judíos tenían en su carne la marca de la circuncisión que tenía que ver con la vinculación al pueblo descendiente de Abraham. Estos llamaban *perros* a los gentiles, no a causa de la posición espiritual, sino simplemente en relación con esa marca de la circuncisión. Hasta el momento de la irrupción salvífica de Dios en la historia humana (Gá. 4:4), el pueblo de Dios era Israel. Por tanto, la situación de los creyentes gentiles en el tiempo pasado era la de ajenos a la *ciudadanía de Israel*, excluidos de ella. Dios había hecho un pacto con la nación, de modo que de ese pacto los no judíos estaban excluidos. Pero, todavía más, quienes no tenían a Cristo como salvador estaban *sin esperanza*. La presencia de Cristo, Su promesa y la vinculación con Él, en una verdadera *resurrección para vida*, da esperanza cierta al creyente ahora, ya que toda esperanza está vinculada con Cristo (1 Jn. 3:2), y el que tiene a Cristo, Hijo de Dios, tiene la vida (1 Jn. 5:12). Estos que estaban perdidos en el mundo, son ahora el pueblo de Dios.

οἱ οὐκ ἠλεημένοι νῦν δὲ ἐλεηθέντες. Pero algo más, son objeto de la misericordia divina. Sin Dios no podían encontrar compasión, pero en Cristo hallaron la plenitud de ella. Por la obra salvadora encontraron remisión de pecado y recibieron la vida eterna, regocijándose en el amor de Dios y en la gracia divina. Una operación de la gracia hacia los perdidos. Es por gracia que cada pecador que acuda a Cristo y acepte por fe la obra de salvación que Él realizó, será salvo (Jn. 3:16). Nadie puede esperar misericordia de Dios en derecho, puesto que la paga del pecado es la muerte, pero la encuentra en la gracia divina, que es el amor que orienta a Dios a descender a la criatura, para llamarla a un encuentro por fe con él. No es un llamamiento limitado, ya que Cristo vino para hacer salvable a todo hombre, por eso Él *"manda ahora a todos los hombres en todo lugar, que se arrepientan"* (Hch. 17:30).

III. Gracia en la ética (2:11-3:12).

Sumisión a los gobernantes (2:11-17).

Demandas de comportamiento (2:11-12).

11. Amados, yo os ruego como a extranjeros y peregrinos, que os abstengáis de los deseos carnales que batallan contra el alma.

᾿Αγαπητοί, παρακαλῶ ὡς παροίκους καὶ παρεπιδήμους
Amados, ruego como a extranjeros y peregrinos,
ἀπέχεσθαι[1] τῶν σαρκικῶν ἐπιθυμιῶν αἵτινες στρατεύονται
os abstengáis de los carnales deseos, que batallan
κατὰ τῆς ψυχῆς·
contra el alma.

Análisis y notas del texto griego.

Análisis: ᾿Αγαπητοί, caso vocativo masculino plural del adjetivo *amados*; παρακαλῶ, primera persona singular del presente de indicativo en voz activa del verbo παρακαλέω, *pedir, rogar, urgir, invitar, convidar, exhortar*, aquí *ruego*; ὡς, adverbio de modo, *como*, que hace las veces de conjunción comparativa; παροίκους, caso acusativo masculino plural del adjetivo declinado *a extranjeros*; καὶ, conjunción copulativa *y*; παρεπιδήμους, caso acusativo masculino plural del nombre común *peregrinos*; ἀπέχεσθαι, presente de infinitivo en voz media del verbo ἀπέχω, *abstenerse*, aquí *os abstengáis*; τῶν, caso genitivo femenino plural del artículo determinado declinado *de las*; σαρκικῶν, caso genitivo femenino plural del adjetivo *carnales*; ἐπιθυμιῶν, caso genitivo femenino plural del nombre común *pasiones, deseos*; αἵτινες, caso nominativo femenino plural del pronombre relativo *las cuales, las que, que*; στρατεύονται, tercera persona plural del presente de indicativo en voz media del verbo στρατεύομαι, *prestar servicio militar, hacer la guerra, batallar, luchar*, aquí *batallan*; κατὰ, preposición propia de genitivo *contra*; τῆς, caso genitivo femenino singular del artículo determinado *el*; ψυχῆς, caso genitivo femenino singular del nombre común *alma*.

Notas. Crítica Textual. Lecturas alternativas.

[1] ἀπέχεσθαι, *os abstengáis*, lectura atestiguada en ℵ, B, Ψ, 307, 436, 642, 1175, 1448, 1611, 1739, Byz^{pt}, lat, sa.

ἀπέχεσθε, *absteneos*, conforme 𝔓^{72}, A, C, P, 5, 33, 81, 442, 1243, 1735, 1852, 2344, 2492, Byz^{pt}, vg^{mss}, sy^{h}, bo.

᾿Αγαπητοί, El tema de la *Epístola* es *la gracia*, que salva y también transforma. El creyente es una persona cuya vida debe ajustarse a las demandas de la gracia en el poder del Espíritu Santo. La transformación operada en la salvación convierte al creyente en una persona sumisa, en cualquier situación en la que se encuentre. Pedro usa aquí el vocativo *amados* para dirigirse a los creyentes a quienes escribe. Son amados, puesto que son hermanos. Es una fórmula para introducir lo que sigue, como la que se usa habitualmente hoy cuando se dice en un escrito *queridos amigos*.

παρακαλῶ ὡς παροίκους καὶ παρεπιδήμους Lo que va a decirles lo hace, no solo desde el afecto, sino también desde la humildad. Como apóstol puede mandarles, pero como pastor del rebaño de Cristo, les *ruega*. El verbo παρακαλέω, tiene varias acepciones como *pedir, rogar, urgir, invitar, convidar, exhortar*, etc. Aparentemente es un ruego, pero, puesto que lo formula un apóstol y se registra en un escrito inspirado, tiene condición de mandamiento que debe ser obedecido.

El primer calificativo que da a los creyentes es el de *extranjeros*. Este término y el siguiente son casi sinónimos y se ha considerado antes (1:1, 17). El término παροίκους, hace referencia a la condición de un extranjero que no tiene los privilegios del ciudadano, denotando el estado legal de forastero. La verdadera patria del creyente es el cielo, por esa razón *"no tenemos aquí ciudad permanente"* (He. 13:14). De modo que la visión del cristiano está puesta en cosas trascendentes y no transitorias. La ciudadanía del creyente está en los cielos. Los ciudadanos del Imperio Romano en tiempos de los apóstoles, estaban orgullosos de su ciudadanía. La patria del creyente es el cielo. Su nombre está escrito en el registro celestial del libro de la vida (Ap. 3:5; 13:8; 20:12; 21:27). Es más, posicionalmente están ya en los lugares celestiales con Cristo (Ef. 2:6). Tanto la resurrección espiritual como el posicionamiento celestial, se producen por vinculación con Cristo y unidad en Él. Por el bautismo del Espíritu llegan a un nuevo *ser* en Cristo y juntamente con Él se hallan en los cielos, donde se encuentran elevados ontológica y personalmente, unidos en Cristo y con Él. No cabe duda que se trata de una posición de victoria ya que la Iglesia aparece en Cristo y *sentada* con Él. Jesús fue entronizado en razón de una obra terminada y una victoria alcanzada (Fil. 2:8-11). Por tanto, el creyente participa en esa victoria obtenida en plenitud, ocupando en Cristo una posición de triunfo (Gá. 5:1). Además, la vida del creyente está escondida con Cristo en Dios (Col. 3:3). Son ciudadanos de los santos y miembros de la familia de Dios (Ef. 2:19). En la tierra son *extranjeros*. Viven deseando lo que esperan, una patria mejor, donde tienen el lugar aparejado para ellos por Dios mismo (Jn.

14:1-4; He. 11:16). Además de todo esto, cuando se dice que *"nuestra ciudadanía está en los cielos"*, entraña también el lugar donde ya están muchos de nuestros conciudadanos que han partido durmiendo en Cristo, para estar con Él.

El segundo calificativo es el de *peregrinos*. Pedro les llama παρεπιδήμου", γεντε en *tránsito*, persona que está pasando hacia otro lugar. El país por donde pasa no es su lugar, simplemente tiene la condición de transeúnte y el lugar por donde pasa es su residencia temporal. Jesús mismo dijo que *"no son del mundo"* (Jn. 17:16). Este concepto de peregrino había sido introducido antes en el pueblo de Israel (Lv. 25:23; Sal. 39:12). La tierra y sus cosas son el lugar de paso y de uso temporal para quien es un peregrino que busca una ciudad permanente cuyo arquitecto y constructor es Dios mismo (He. 11:10). Este es el verdadero anhelo del creyente (He. 11:16). La verdadera ciudadanía no es la terrenal, que también es temporal, sino la celestial que es eterna (Fil. 3:20). La ciudadanía se alcanza no por descendencia natural, ni por esfuerzos legales, sino por gracia, en identificación con Cristo por la fe. Esta ciudad permanente, que todo cristiano anhela y hacia la que camina, *está a punto de venir*, y es la que buscamos.

La esperanza cristiana no es tanto la ciudad que se espera, que sin duda la comprende también como uno de los aspectos de la esperanza, sino que la verdadera esperanza es Cristo mismo (Col. 1:27). Por tanto, siendo Él nuestra esperanza y habiendo pasado por el sufrimiento y la muerte para hacernos Suyos, ciudadanos del cielo, debemos salir a Él *"fuera del campamento"*, porque donde está Jesús está la esperanza suprema del cristiano. La ciudad que esperamos, es también la expresión actual de *peregrinos*, a la que el apóstol se refiere en el versículo, que esperan la llegada al lugar definitivo de residencia con el Señor, dejando la transitoriedad de la tierra por donde pasaron, al encuentro de Él y poniendo su vista en la ciudad celestial, que habla de perpetuidad y no de temporalidad. Cada creyente anhela, por esa razón, y va en busca de la Jerusalén celestial (He. 12:22), no tanto por las glorias de la ciudad en sí misma, sino porque en ella se producirá la perpetua experiencia de la ilimitada comunión en la misma presencia del Señor (Ap. 21:3), donde verán Su rostro y Su nombre estará en sus frentes (Ap. 22:4).

ἀπέχεσθαι τῶν σαρκικῶν ἐπιθυμιῶν αἵτινες στρατεύονται κατὰ τῆς ψυχῆς· A estos extranjeros y peregrinos exhorta Pedro a *abstenerse* de los *deseos carnales*. Esto implica alejarlos definitivamente como algo reprobable. La *carne* aquí no es una referencia al elemento material del hombre, sino al ser entero, cuyas tendencias, en el hombre natural están incontroladas a causa del pecado o, si se prefiere mejor, están controladas por el pecado (1:14). La carne produce frutos absolutamente contrarios a Dios y deteriora la vida de quien los practica (Gá. 5:19-21). De ahí que deban ser subyugadas las pasiones carnales. Se trata de una separación completa del sistema mundano y carnal, concordante con el mandamiento que estableció antes (1:15). El creyente es llamado a ofrecer el carácter de un peregrino en contraste con el natural de este mundo. El secreto para conseguir el cumplimiento de la exhortación es dejarse controlar por el Espíritu (Gá. 5:16). Éste tiene la misión de conformar al creyente con Cristo y manifestar en él la vida de Jesús, mediante la operación que se llama *fruto del Espíritu* (Gá. 5:22, 23). La identificación con Cristo y la acción del Espíritu produce la liberación del poder opresor de las cadenas de esclavitud que el hombre natural tiene sobre sí a causa del pecado. Cristo comunica vida a la nueva humanidad en Él, como *espíritu vivificante* (1 Co. 15:45). Esta situación capacita al creyente para santificación. Separados para Dios permanentemente, se ocupan de una vida santa, que es la segunda etapa de la salvación conocida como santificación. La transformación por el Espíritu es poderosa, de modo que, de un estado pasado de perversión y pecado, como modo natural de vida, los que ahora son creyentes pasan por una obra de la gracia a una experiencia de santidad, donde la limpieza del pecado conduce a una expresión diferente de vida, en un estado definitivo de posición en Cristo (1 Co. 1:30). Estos son separados para Dios como pueblo santo (v. 9). La ocupación de los tales ya no es el pecado, sino la santidad (Fil. 3:12).

Pedro sitúa la experiencia mediante la figura de un combate. Los deseos carnales *"batallan contra el alma"*. Esta lucha íntima es tratada muy ampliamente por el apóstol Pablo (Ro. 7:1 ss.). El Espíritu lucha contra la carne y esta contra el Espíritu (Gá. 5:16-17). Es un combate entre dos poderes, que manifiestan dos deseos opuestos entre sí. El creyente es el campo de batalla donde luchan esos dos poderes, *la carne* contra el *Espíritu*. Algunos entienden que el *espíritu* aquí es el del creyente. Sin duda hay un profundo conflicto entre el nuevo y el viejo hombre. Pedro presenta los deseos carnales luchando para controlar al creyente en un deseo continuado, interno y ansioso por poseer ese control. Lucha en contra el Espíritu que no se ocupa en mejorar la vieja naturaleza humana, sino que sustituye en la regeneración el corazón insensible de piedra, por uno sensible a la voluntad de Dios. El salvo desea hacer cuanto agrada a Dios, pero descubre que en sí existe la presencia corruptora de la carne, que le lleva a hacer lo que no quiere, en la medida en que pierde el control que el Espíritu debe tener de él. Las caídas en la vida espiritual no son siempre el resultado de ceder a la tentación, sino de someterse a la carne propia de la condición humana, *"cuando de su propia concupiscencia es atraído y seducido"* (Stg. 1:14). Este es un proceso continuado, como se aprecia en el texto de Santiago donde el verbo está en presente. La concupiscencia, el deseo desordenado atraído por la carne, actúa siempre. Estos deseos pecaminosos de la naturaleza caída son activados y conducen a la comisión del pecado, consecuencia de no estar bajo el poder del Espíritu Santo.

12. Manteniendo buena vuestra manera de vivir entre los gentiles; para que en lo que murmuran de vosotros como de malhechores, glorifiquen a Dios en el día de la visitación, al considerar vuestras buenas obras.

τὴν ἀναστροφὴν ὑμῶν ἐν τοῖς ἔθνεσιν ἔχοντες καλήν, ἵνα
La conducta de vosotros entre los gentiles teniendo buena, para que
ἐν ᾧ καταλαλοῦσιν ὑμῶν ὡς κακοποιῶν ἐκ τῶν καλῶν
en lo que calumnian de vosotros como de malhechores por las buenas
ἔργων ἐποπτεύοντες δοξάσωσιν τὸν Θεὸν ἐν ἡμέρᾳ ἐπισκοπῆς.
obras observando glorifiquen - a Dios en día de visitación.

Análisis y notas del texto griego.

Análisis: τὴν, caso acusativo femenino singular del artículo determinado *la*; ἀναστροφὴν, caso acusativo femenino singular del nombre común *conducta, comportamiento, forma de vida*; ὑμῶν, caso genitivo de la segunda persona plural del pronombre personal declinado *de vosotros*; ἐν, preposición propia de dativo *entre*; τοῖς, caso dativo neutro plural del artículo determinado *los*; ἔθνεσιν, caso dativo neutro plural del nombre común *gentiles*; ἔχοντες, caso nominativo masculino plural del participio presente en voz activa del verbo ἔχω, *tener, poseer, tener necesidad*, aquí *teniendo*; καλήν, caso acusativo femenino singular del adjetivo *bello, bueno*; ἵνα, conjunción causal *para que*; ἐν, preposición propia de dativo *en*; ᾧ, caso dativo neutro singular del pronombre relativo *lo que, que*; καταλαλοῦσιν, tercera persona plural del presente de indicativo en voz activa del verbo καταλαλέω, *hablar mal, maldecir, murmurar, calumniar*, aquí *calumnian*; ὑμῶν, caso genitivo de la segunda persona plural del pronombre personal declinado *de vosotros*; ὡς, adverbio de modo, *como*, que hace las veces de conjunción comparativa; κακοποιῶν, caso genitivo masculino plural del adjetivo *malhechores*; ἐκ, preposición propia de genitivo *de, por*; τῶν, caso genitivo neutro plural del artículo definido *los*; καλῶν, caso genitivo neutro plural del adjetivo *buenos*; ἔργων, caso genitivo neutro plural del nombre común *obras*; ἐποπτεύοντες, caso nominativo masculino plural del participio presente en voz activa del verbo ἐποπτεύω, *inspeccionar, vigilar, observar*, aquí *observando*; δοξάσωσιν, tercera persona plural del aoristo primero de subjuntivo en voz activa del verbo δοξάζω, *alabar, glorificar*, aquí *glorifiquen*; τὸν, caso acusativo masculino singular del artículo definido *el*; Θεὸν, caso acusativo masculino singular del nombre divino *Dios*; ἐν, preposición propia de dativo *en*; ἡμέρᾳ, caso dativo femenino singular del nombre común *día*; ἐπισκοπῆς, caso dativo femenino singular del nombre común *visita, visitación*.

τὴν ἀναστροφὴν ὑμῶν ἐν τοῖς ἔθνεσιν ἔχοντες καλήν, El testimonio del creyente como extranjero y peregrino descansa en una conducta buena, honesta, ejemplar. El mundo está atento a los fallos morales de los cristianos. Por esa razón la conducta correcta de estos ha de mantenerse. El verbo ἔχω, en participio presente, expresa la idea de una acción continuada. No es que el cristiano tenga una buena conducta en ocasiones, sino que debe tenerla siempre. El adjetivo καλήν, traducido por *buena*, denota aquello que además de bueno es *bello*. Una vida atractiva a ojos de los demás.

ἵνα ἐν ᾧ καταλαλοῦσιν ὑμῶν ὡς κακοποιῶν, Los cristianos eran acusados muchas veces de malhechores. Tanto por los judíos como por los gentiles. En ambos casos se les acusaba de seguir a Jesús, que había sido muerto por sedicioso, por contrario al poder establecido, por la pretensión de hacerse rey en contra del emperador de Roma. De ellos se *hablaba mal*. El verbo καταλαλέω, significa literalmente *usar mal el habla*, de ahí las distintas acepciones, como *hablar mal*, *calumniar*, etc. No podía ser una sorpresa para los creyentes porque Jesús mismo lo advirtió a Sus discípulos: *"Estas cosas os he hablado para que en mí tengáis paz. En el mundo tendréis aflicción; pero confiad, yo he vencido al mundo"* (Jn. 16:33). No puede ser de otro modo, puesto que ese mundo crucificaría al Señor, acusándole de malhechor delante del gobernador romano. De manera que quienes siguen a Jesús y viven el principio vital de Su vida en ellos, entran directamente en confrontación con el sistema llamado mundo. A los cristianos se les atribuía en tiempos de Pedro, toda clase de maldades, acusándolos incluso de canibalismo, de actividades subversivas, de ateísmo, puesto que no tenían una figura de la Deidad a la que adoraban, negándose también a dar culto al emperador. Pedro dice que todo eso es *murmuración*, con el propósito de desprestigiarlos.

ἐκ τῶν καλῶν ἔργων ἐποπτεύοντες. Los creyentes son observados por el mundo que, en lugar de ver malignidades propias de malhechores, ve *las buenas obras*, que son su práctica habitual, su cotidiano estilo de vida. Los que rodean a los cristianos actuales como supervisores, examinando cuidadosamente la vida de cada uno. La razón por la que lo único que ven es un obrar bueno y bello, es porque la fe actúa en ellos llevándolos a la práctica de las buenas obras, que son el hálito de la fe. Esta es la que opera en la vida de santificación, en el tránsito cotidiano del peregrino. La fe que salva se manifiesta inmediatamente en obras que le son inseparables. De este modo las buenas obras testifican de una fe viva en contraposición con la fe meramente intelectual o religiosa de la mera profesión de fe. Nótese que quienes ven las buenas obras no son los otros creyentes, sino los que llaman malhechores a los cristianos.

Esta es la auténtica esfera del testimonio. Los creyentes son una nueva creación que sólo Dios puede hacer y hace. Es una nueva creación, no una mera *reparación* de la vieja naturaleza, sino la dotación de una nueva forma de vida por el *nuevo nacimiento*, que se produce en Cristo Jesús. Se trata, por tanto, de una realidad nueva, una auténtica *recreación* del hombre (Jn. 3:5). Esta nueva vida tiene una manifestación en un obrar distinto. La salvación no se alcanza por obras, sino por gracia, pero esta dota al creyente para que manifieste la condición de vida nueva por medio de obras. El propósito divino es que cada cristiano sea *conformado* con la imagen de Jesús (Ro. 8:29). En ese sentido ha de seguir las pisadas de Jesús, que *"anduvo haciendo bienes"* (Hch. 10:38). Esta es la finalidad que Dios tiene con el nuevo nacimiento o la nueva creación en Cristo Jesús. Es preciso afirmar que, como se ha dicho antes, Dios no nos salva por obras, pero nos salva para obras. De modo que como salvos por gracia, mediante la instrumentalidad de la fe, el creyente está en el camino de la vinculación con Cristo, por tanto, en el de la ejecución del buen obrar, equivalente a las buenas obras. El buen obrar es una forma visible de manifestar la santidad del llamamiento celestial a que los cristianos son llamados, propia de quienes Dios eligió desde la eternidad (1:2; 2:9). Además, como enseña el apóstol Pablo (Ef. 2:10) han sido *preparadas por Dios de antemano*. En unión vital con Cristo, no sólo el creyente está *capacitado* en Él para hacer buenas obras, sino para que *"anduviésemos en ellas"*, esto es, para que esa forma sea el estilo de vida cotidiano. La forma de llevar a cabo este estilo de vida, descansa en la identificación con Cristo, por lo que Su vida se hace vida en nosotros y podemos decir como el apóstol Pablo: *"para mí el vivir es Cristo"* (Fil. 1:21). Estas obras del creyente son obras de justicia. Así se exhorta a todos los salvos: *"Absteneos de toda especie de mal"* (1 Ts. 5:22). Perseverar en el pecado es señal de no ser extranjero y peregrino (1 Jn. 3:6-9).

δοξάσωσιν τὸν Θεὸν ἐν ἡμέρᾳ ἐπισκοπῆς. La consecuencia principal de todo esto es que el cristiano entre los impíos, glorifica a Dios por medio de su conducta. De otro modo, como el Maestro enseñó en el Sermón del monte, los hombres ven las buenas obras de los discípulos de Jesús y glorifican a Dios (Mt. 5:16). El evangelio silencioso que se expresa con acciones y no con palabras. El buen obrar es evidencia visible de la fe. El propósito principal, es la glorificación de Dios. El creyente esta puesto para glorificar a Dios. Ese debe ser el objetivo principal que motive toda acción: *"Si, pues, coméis o bebéis, o hacéis otra cosa, hacedlo todo para la gloria de Dios"* (1 Co. 10:31). Una buena manera de entender lo que es correcto o no en la vida cristiana es preguntarse si se puede dar gracias a Dios por lo que se está haciendo, o si aquello está glorificando a Dios. El proceso es sencillo: El creyente practica y sigue una vida de buen obrar. El mundo le observa y Dios es glorificado por el estilo de vida del que se llama Su hijo.

La glorificación a Dios tiene relación con el *día de la visitación*. El término se usa como referencia a ocasiones en que Dios visitó o se manifestó de una forma directa a los hombres. Tiene en la Escritura dos maneras: primero, la de gracia; Dios visitó a los hombres con la presencia del Redentor con el propósito de salvación, como dijo Zacarías (Lc. 1:78), levantando un Salvador poderoso (Lc. 1:69). En segundo lugar, visitaciones para juicio (Is. 10:3; 23:17). En el versículo que se considera tiene connotación de bendición. El creyente espera (1:13). En ese tiempo de la restauración de todas las cosas, en el tiempo en que Jesús reinará en la tierra, los hombres glorificarán a Dios por la obra de Su gracia.

Sujeción a las instituciones (2:13-17).

13. Por causa del Señor someteos a toda institución humana, ya sea al rey, como a superior.

Ὑποτάγητε	πάσῃ	ἀνθρωπίνῃ	κτίσει	διὰ τὸν	Κύριον,
Someteos	a toda	humana	autoridad instituida	por causa del	Señor

εἴτε	βασιλεῖ	ὡς	ὑπερέχοντι,
ya sea	rey	como	a soberano.

Análisis y notas del texto griego.

Análisis: Ὑποτάγητε, segunda persona plural del segundo aoristo de imperativo en voz pasiva del verbo ὑποτάσω, *someterse*, aquí *someteos*; πάσῃ, caso dativo femenino singular del adjetivo indefinido declinado *a toda*; ἀνθρωπίνῃ, caso dativo femenino singular del adjetivo *humana*; κτίσει, caso dativo femenino singular del nombre común *autoridad instituida*; διὰ, preposición propia de acusativo *por, por causa de*; τὸν, caso acusativo masculino singular del artículo determinado *el*; Κύριον, caso acusativo masculino singular del nombre divino *Señor*; εἴτε, conjunción *si, sea que, ya que, ya sea*; βασιλεῖ, caso dativo masculino singular del nombre común *rey*; ὡς, adverbio de modo, *como*, que hace las veces de conjunción comparativa; ὑπερέχοντι, caso dativo masculino singular del participio presente en voz activa del verbo ὑπερέχω, *tener por encima*, aquí *teniendo por encima, a soberano*.

Ὑποτάγητε πάσῃ ἀνθρωπίνῃ κτίσει. La sociedad humana está establecida en relaciones de dependencia o subordinación a las autoridades constituidas para la administración de los asuntos sociales.

Una ética cristiana consecuente se subordina y acepta el gobierno humano. La demanda tiene que ver con las autoridades. No puede ser de otro modo para quien, no solo sigue a Jesús, sino que vive Su vida. El Señor se sometió a las autoridades humanas. Una evidencia es que pagó el impuesto del templo (Mt. 17:27). No cabe duda que no tenía obligación legal de pagar el impuesto, por cuanto era Hijo de Dios y Señor del templo. Sin embargo, para muchos era sólo un gran hombre y como tal estaba sujeto a todo cuanto establecía la ley, que incluía el pago del impuesto para el templo. No pagarlo equivaldría a generar el rechazo de la gente y abrir acusaciones de desobediencia a las autoridades. Más tarde se sujetó a la autoridad romana (Mt. 27:2; Lc. 23:1). Aquel gobernador fue calificado por Herodes Antimas I ante el emperador Calígula, como *"inflexible, impío y obstinado"*[5]. El cristiano actúa así siguiendo el mandato del Señor: *"Dad, pues, a César lo que es de César"* (Mt. 22:21). El apóstol establece esa dependencia, usando el verbo ὑποτάσω, que expresa la idea de una relación de sometimiento, esto es, sujeción a una autoridad superior, lo que da a entender una relación *subordinada*, nunca esclavizante, de ahí las múltiples formas de traducción como *someterse, subordinarse, avenirse, estar sujeto, obedecer*, etc. El alcance del mandamiento viene establecido por el adjetivo πᾶς, que significa *todo, de cualquier clase*, refiriéndose a quienes están en supremacía.

La razón de esto es que la autoridad procede de Dios. El principio de autoridad dimana de la autoridad suprema que es Dios mismo. Él es el Soberano, como Creador y sustentador de la creación, como tal estableció el principio de autoridad para el hombre, como *gobernador* de este mundo, delegándole las funciones propias del ejercicio de autoridad (Gn. 1:27-28). Sobre estos principios descansa el ejercicio de autoridad de los gobiernos en el mundo. La autoridad en la experiencia de los hombres se manifestó especialmente en los imperios que hubo a lo largo de la historia humana, en donde conquistadores se impusieron y con ello impusieron sus leyes sobre los conquistados. El ejercicio de autoridad conforme al pensamiento de Dios, es algo –en la limitación del hombre– semejante al Suyo; no podemos olvidar que el hombre fue hecho a imagen y semejanza de Dios (Gn. 1:26). De modo que las autoridades que están ejerciendo autoridad, *"están por Dios constituidas"* (Ro. 13:1). La Biblia enseña que es Dios quien *entroniza* y *destrona* reyes (Dn. 2:21). Siendo, pues, Dios quien establece la autoridad para el gobierno humano, el creyente debe tener un gran respeto por quienes están en el ejercicio de autoridad, como se manda ya en el Antiguo Testamento: *"Teme a Jehová, hijo mío, y al rey"* (Pr. 24:21). La sujeción al gobierno humano no depende de que

---

[5] Filón. *Leg. Ad Gaium*, 38.

actúe conforme al derecho moral, simplemente el principio de autoridad está puesto para el funcionamiento correcto de la sociedad humana. El gobierno humano puede ser injusto, pero el derecho a gobernar procede de Dios que lo ha establecido.

διὰ τὸν Κύριον, Esta forma de vida está dentro de la esfera del testimonio ante el mundo que acusa a los cristianos como malhechores. De otro modo, que el mundo no pueda acusar al cristiano como delincuente con causa. Por otro lado, la autoridad procede de Dios (Ro. 13:1).

εἴτε βασιλεῖ ὡς ὑπερέχοντι, La sumisión tiene que ver, en primer lugar, con *el rey*. Este título se daba a todos los que gobernaban un territorio por delegación el emperador de Roma, que les permitía reinar en esa área geográfica. Algunos reyes de territorios sometidos, también se les permitía ejercer la autoridad que le era propia anteriormente, sometidos a la supervisión de Roma, como es el caso de Herodes el Grande (Mt. 2:1); Herodes Agripa, (Hch. 12:1); Agripa II (Hch. 25:13). Sin embargo, ese título correspondía de forma definitiva y total al César, en el lenguaje popular (Jn. 19:15; Hch. 17:7), aunque como título oficial no se usará hasta Adriano.

14. Ya a los gobernadores, como por él enviados para castigo de los malhechores y alabanza de los que hacen bien.

εἴτε ἡγεμόσιν ὡς δι' αὐτοῦ πεμπομένοις εἰς ἐκδίκησιν
Ya sea a gobernadores como por él enviados para castigo
κακοποιῶν ἔπαινον δὲ ἀγαθοποιῶν·
de malhechores y alabanza de bienhechores.

Análisis y notas del texto bíblico.

Análisis: εἴτε, conjunción *si, sea que, ya que, ya sea*; ἡγεμόσιν, caso acusativo masculino plural del nombre común declinado *a gobernadores*; ὡς, adverbio de modo, *como*, que hace las veces de conjunción comparativa; δι', forma contracta de la preposición de genitivo διά, *por, por medio de, a causa de*; αὐτοῦ, caso genitivo masculino de la tercera persona singular del pronombre personal *él*; πεμπομένοις, caso dativo masculino singular del participio de presente en voz pasiva del verbo πέμπω, *enviar, mandar*, aquí *enviados*; εἰς, preposición propia de acusativo *para*; ἐκδίκησιν, caso acusativo femenino singular del nombre común *castigo*; κακοποιῶν, caso genitivo masculino plural del adjetivo *malhechores*; ἔπαινον, caso acusativo masculino singular del nombre común *aprobación, elogio, alabanza*; δὲ, partícula conjuntiva que hace las veces de conjunción coordinante, con sentido de *pero, más bien, y, y por cierto, antes bien, entonces*; ἀγαθοποιῶν, caso genitivo masculino plural del adjetivo declinado *de bienhechores*.

εἴτε ἡγεμόσιν ὡς δι αὐτοῦ πεμπομένοις. No solo se debe respeto y acatamiento *al rey*, sino también a los *gobernadores*, autoridades de menor rango que son enviadas o puestas por las de mayor entidad. Pedro dice que los gobernadores son enviados por el rey, literalmente *enviados por él*. En las provincias senatoriales, los gobernadores eran nombrados por el Senado y no por el emperador, en ese caso estaban las provincias de Asia, Bitinia y Ponto. En todo esto se aprecian los distintos niveles de autoridad, de mayor a menor.

εἰς ἐκδίκησιν κακοποιῶν. El apóstol hace notar que las autoridades están puestas para *"castigo de los malhechores"*. Las leyes están orientadas al bienestar de la sociedad, determinando los castigos que se imponían para los actos contrarios a la buena relación y convivencia entre ciudadanos. Sin duda Pedro conocía que en muchas ocasiones las autoridades abusaban de su estatus y cometían atropellos e ilegalidades, pero esto no evita entender que su misión era la de procurar la paz y la seguridad a los residentes en los territorios que gobernaban.

ἔπαινον δὲ ἀγαθοποιῶν· Además, se enseña que también ocupan su rango de autoridad para *"alabanza de los que hacen bien"*, recompensar las acciones correctas. Contextualizándolo equivaldría a las medallas que se otorgan a quienes hacen hoy una obra meritoria. Sin duda no era normal, incluso sería muy anormal, que las autoridades felicitaran de algún modo a los cristianos, a quienes se consideraban como malhechores, indignos de cualquier alabanza social.

Aun con las injusticias que pueda cometer, tienen una actividad de orden. Los creyentes no deben revelarse contra las autoridades aun cuando no cumplan fielmente sus obligaciones. Es obligación del creyente acatar el régimen constituido, mientras no se le obligue a aquello que es contrario a la voluntad de Dios (Hch. 5:29). Cuando Pedro escribe estas palabras, la máxima autoridad en el Imperio, era el perverso emperador Nerón.

15. Porque ésta es la voluntad de Dios: que haciendo bien, hagáis callar la ignorancia de los hombres insensatos.

ὅτι οὕτως ἐστὶν τὸ θέλημα τοῦ Θεοῦ ἀγαθοποιοῦντας
Porque así es la voluntad - de Dios, que haciendo bien
φιμοῦν τὴν τῶν ἀφρόνων ἀνθρώπων ἀγνωσίαν,
reducir al silencio la de los insensatos hombres ignorancia.

Análisis y notas del texto griego.

Análisis: ὅτι, conjunción causal *que, de modo que, porque, puesto que*; οὕτως, adverbio demostrativo *así, de igual manera, de la siguiente manera*; ἐστὶν, tercera persona singular del presente de indicativo en voz activa del verbo εἰμί, *ser, estar*, aquí *es*; τὸ, caso nominativo neutro singular del artículo determinado *el*; θέλημα, caso nominativo neutro singular del nombre común *deseo, voluntad*; τοῦ, caso genitivo masculino singular del artículo determinado *el*; Θεοῦ, caso genitivo masculino singular del nombre divino declinado *de Dios*; ἀγαθοποιοῦντας, caso acusativo masculino plural del participio de presente en voz activa del verbo αγαθοποιέω, *hacer bien, practicar el bien*, aquí *que haciendo bien*; φιμοῦν, presente de infinitivo en voz activa del verbo φιμόω, *enmudecer, hacer callar, reducir al silencio*; τὴν, caso acusativo femenino singular del artículo determinado *la*; τῶν, caso genitivo masculino plural del artículo determinado declinado *de los*; ἀφρόνων, caso genitivo masculino plural del adjetivo *insensatos*; ἀνθρώπων, caso genitivo masculino plural del nombre común *hombres*; ἀγνωσίαν, caso acusativo femenino singular del nombre común *ignorancia*.

ὅτι οὕτως ἐστὶν τὸ θέλημα τοῦ Θεοῦ. La voluntad de Dios consiste en lo que se demanda en el versículo anterior, ya que el adverbio demostrativo *así*, con que se inicia el texto, lo vincula a lo que antecede que era la obediencia a las autoridades. Hay creyentes que dicen desconocer cuál es la voluntad de Dios para su vida. Aquí está una manifestación de esa voluntad, la de obedecer a las autoridades.

ἀγαθοποιοῦντας. La obediencia se manifiesta en *hacer el bien*. Esto consiste en someterse a las leyes. No sólo los destinatarios directos de la *Epístola* debían obedecer a los gobernantes y a las leyes establecidas, sino que es una demanda general, como se entiende por la instrucción del apóstol Pablo a Tito, para los creyentes en Creta: *"Recuérdales que se sujeten a los gobernantes y autoridades, que obedezcan, que estén dispuestos a toda buena obra"* (Tit. 3:1).

φιμοῦν τὴν τῶν ἀφρόνων ἀνθρώπων ἀγνωσίαν, El resultado es poner en silencio, literalmente *enmudecer*, a los *insensatos ignorantes*. Los acusadores lo hacen, conforme al pensamiento de Pedro, por ignorancia, que es el resultado de la obstinación para aprender. El sustantivo ἀγνωσία, denota una falta de deseo por aprender, de otro modo son ignorantes por deseo personal, diferente al término ἄγνοια, que manifiesta en sí la falta de conocimiento de algo. La insensatez se manifiesta en la falta de reflexión y discernimiento, esto es, eran insensatos porque denigraban a los cristianos sin razón y sin conocimiento. Oían acerca de ellos y aceptaban las acusaciones sin verificar si eran o no verdaderas. El apóstol llama *insensatos e ignorantes* a los que estaban acusando de malhechores a los cristianos (v.15). De manera que, ante la conducta correcta de los creyentes, que vivían obedeciendo las leyes y haciendo el bien, los acusadores se quedaban sin elementos de acusación, y la conducta de los cristianos les *ponía un bozal*, figuradamente hablando, como denota el sentido del verbo, de modo que los hacían callar.

16. Como libres, pero no como los que tienen la libertad como pretexto para hacer lo malo, sino como siervos de Dios.

ὡς ἐλεύθεροι καὶ μὴ ὡς ἐπικάλυμμα ἔχοντες τῆς κακίας τὴν
Como libres y no como cobertura teniendo de la maldad la
ἐλευθερίαν ἀλλ' ὡς Θεοῦ δοῦλοι.
libertad sino como de Dios siervos.

Análisis y notas del texto griego.

Análisis: ὡς, adverbio de modo, *como*, que hace las veces de conjunción comparativa; ἐλεύθεροι, caso nominativo masculino plural del adjetivo *libres*; καὶ, conjunción copulativa *y*; μὴ, partícula que hace funciones de adverbio de negación *no*; ὡς, adverbio de modo, *como*, que hace las veces de conjunción comparativa; ἐπικάλυμμα, caso acusativo neutro singular del nombre común *tapa, cubierta, cobertura*; ἔχοντες, caso nominativo masculino plural del participio de presente en voz activa del verbo ἔχω, *tener, poseer*, aquí *teniendo*; τῆς, caso genitivo femenino singular del artículo determinado *de la*; κακίας, caso genitivo femenino singular del nombre común *maldad*; τὴν, caso acusativo femenino singular del artículo determinado *la*; ἐλευθερίαν, caso acusativo femenino singular del nombre común *libertad*; ἀλλ', forma escrita ante vocal de la conjunción adversativa ἀλλά que significa *pero, sino*; ὡς, adverbio de modo, *como*, que hace las veces de conjunción comparativa; Θεοῦ, caso genitivo masculino singular del nombre divino declinado *de Dios*; δοῦλοι, caso nominativo masculino singular del nombre común *siervos, esclavos*.

ὡς ἐλεύθεροι καὶ μὴ ὡς ἐπικάλυμμα ἔχοντες τῆς κακίας τὴν ἐλευθερίαν. El cristiano debe entender claramente su libertad y el ejercicio de la misma. No cabe duda que en su novedad de vida, es perfecta y absolutamente libre, con la libertad en que fue dotado en Cristo (Gá. 5:1). Esto no significa que siendo libre pueda vivir como mejor le parezca sin sumisión a las leyes y a las autoridades, ya que la voluntad divina es la de sujeción a ellas, que expresa la santidad de vida conforme al propósito de Dios y que es la voluntad divina para el cristiano (1 Ts. 4:3). Esta santificación conduce al ejercicio de la libertad espiritual en obediencia y sujeción, frente a la rebeldía natural del mundo.

Ser libre no es tener licencia para hacer lo malo. Pedro hace referencia a *tapar*, *cubrir*, como expresa el término ἐπικάλυμμα, que hace alusión a *cobertura*, algo que oculta bajo ella una realidad. Algunos pretenderían, en base a la libertad, cubrir con esa apariencia la práctica de obras malas. Ser libre no es hacer lo que se quiera, sino lo que se debe. De otro modo, la libertad no es una cobertura que tape las maldades. Por consiguiente, la libertad no queda mermada o destruida por la sumisión a las autoridades y la obediencia a las leyes, porque esa es la voluntad de Dios. Convertir la libertad en pretexto para la rebeldía, es desconocer el verdadero sentido de la libertad.

ἀλλ' ὡς Θεοῦ δοῦλοι. El modo de ejercer correctamente la libertad es, aunque parezca contrario a ella, la sumisión a Dios como sus esclavos. La libertad construida sobre la desobediencia y la rebeldía, expresa un estado de esclavitud al pecado; la obediencia y sumisión manifiesta el estado de esclavitud a la justicia en que el salvo está ahora. Los creyentes eran antes esclavos del pecado (Ro. 6:17). Esa es la realidad angustiosa del estado anterior a la salvación: *"Y él os dio vida a vosotros, cuando estabais muertos en vuestros delitos y pecados, en los cuales anduvisteis en otro tiempo, siguiendo la corriente de este mundo, conforme al príncipe de la potestad del aire, el espíritu que ahora opera en los hijos de desobediencia"* (Ef. 2:1-2). El creyente seguía, como hombre natural, la forma propia del mundo, sirviendo al pecado que lo esclavizaba y obedeciendo a Satanás. En la conversión Dios traslada al creyente a otro mundo, el *reino de su Hijo* (Col. 1:13). Hay dos tiempos bien marcados en la experiencia del creyente: el que anduvo en el mundo sirviendo al pecado, y el de la nueva vida en Cristo, para servir a la justicia (Tit. 3:3-7). Los ahora creyentes vivían en otro tiempo en armonía con la condición esclavizadora del pecado, en plena identificación con el espíritu que marca el alejamiento de Dios y la rebeldía contra Él. Un sistema espiritual dirigido por Satanás, de modo que descansa *en el maligno*, es decir, cómodamente instalado en el regazo de Satanás y actuando conforme a su voluntad (1 Jn. 5:19). Este *jefe* o *príncipe del poder del aire*, no es otro que aquel que es capaz de dominar esa dimensión, operando en quienes son, por naturaleza, *hijos de desobediencia*, es decir, en quienes son desobedientes por condición natural heredada del primer desobediente en el ámbito de los hombres, que fue Adán. El intento diabólico es introducir en la mente de los creyentes el sistema de desobediencia del mundo. Esto trae como consecuencia el rechazo de cualquier tipo de sometimiento, especialmente a las disposiciones de Dios, desobedeciéndolo a Él (Mt. 6:24). La condición de los que ahora son salvos era, en el mundo, la de servidores de Satanás y esclavos del pecado.

La salvación, como se indicó antes, conduce al creyente a la liberación de la esclavitud del pecado, para pasar a ser *siervos de la justicia*. En la esclavitud al pecado, la libertad no era sino la experiencia de la tiranía impuesta sobre cada uno, pero la condición de servicio bajo la justicia, es la expresión suprema de libertad, al concordar con la vida libre de Dios que la orienta. La verdadera libertad equivale a la certeza de servir a Dios. No es posible servir a dos señores (Mt. 6:24), por la incompatibilidad entre ellos, De modo que liberado de la opresión del primero, ahora puede dedicarse al servicio del segundo, que es también quien lo ha liberado. Antes éramos esclavos del pecado, ocupados en sus concupiscencias, ahora estamos al servicio del área de la justicia, es decir, de las acciones concordantes con la voluntad de Dios. La verdadera libertad no es dejar de servir, sino todo lo contrario, ocuparse en el servicio al verdadero Dios. Quienes están al servicio de la justicia, que comprende la obediencia a las autoridades y a las leyes de los gobiernos, gozan la verdadera libertad y son libres de la opresión del pecado. Un cristiano se distingue de quien no lo es en que fue liberado del poder del pecado y puede vivir al servicio de la justicia, que no es sino vivir al servicio de Dios, cumpliendo Su voluntad. En este caso, la libertad no es libertinaje y desobediencia, sino sumisión a lo que Dios establece en relación con la lealtad a las autoridades y a las leyes de la nación.

17. Honrad a todos. Amad a los hermanos. Temed a Dios. Honrad al rey.

πάντας	τιμήσατε,	τὴν	ἀδελφότητα	ἀγαπᾶτε,	τὸν	Θεὸν
A todos	honrad.	A la	hermandad	amad.	-	A Dios

φοβεῖσθε,	τὸν	βασιλέα	τιμᾶτε.
temed.	Al	rey	honrad.

Análisis y notas del texto griego.

Análisis: πάντας, caso acusativo masculino plural del adjetivo indefinido declinado *a todos*; τιμήσατε, segunda persona plural del aoristo primero de imperativo en voz activa del verbo τιμάω, *honrar*, aquí *honrad*; τὴν, caso acusativo femenino singular del artículo determinado declinado *a la*; ἀδελφότητα, caso acusativo femenino singular del nombre común *hermandad, fraternidad*; ἀγαπᾶτε, segunda persona plural del presente de imperativo en voz activa del verbo ἀγαπάω, *amar*, aquí *amad*; τὸν, caso acusativo masculino singular del artículo determinado *el*; Θεὸν, caso acusativo masculino singular del nombre divino declinado *a Dios*; φοβεῖσθε, segunda persona plural del presente de imperativo en voz media del verbo φοβέομαι, *temer, tener respeto reverente*, aquí *temed*; τὸν, caso acusativo masculino singular del artículo determinado declinado *al*; βασιλέα, caso acusativo masculino singular del nombre común *rey*; τιμᾶτε, segunda persona plural del presente de imperativo en voz activa del verbo τιμάω, *honrar*, aquí *honrad*.

πάντας τιμήσατε, Pedro resume la enseñanza anterior, mediante una cláusula construida por tres oraciones en las que hay tres verbos en imperativo. Esto supone el establecimiento de tres mandamientos relacionados con la ética cristiana. Primeramente, demanda *la honra* para *todos* los hombres. Dando a cada uno el honor que le corresponda. El cristiano debe buscar la honra de otros antes de la suya propia (Ro. 12:10). El espíritu de humildad, propio del cristiano, trae la consecuencia de estimar en más alto honor a los otros que a uno mismo. Así lo enseña también el apóstol Pablo: *"Nada hagáis por contienda o por vanagloria; antes bien con humildad, estimando cada uno a los demás como superiores a él mismo; no mirando cada uno por lo suyo propio, sino cada cual también por lo de los otros"* (Fil. 2:3-4). La Cruz produce un cambio, no sólo en la relación con Dios, sino también con el honor que se debe al hombre. Es interesante apreciar la presencia del adjetivo *todos*, de modo que no solo se debe honrar a algunos, sino a la totalidad de los hombres. Especialmente importante es honrar al que debe ser honrado. Especialmente, en el contexto inmediato, a los que ocupan lugares de dignidad en la sociedad, como los gobernantes. Del mismo modo, como aplicación práctica para hoy, los alumnos deben respeto a los profesores. Una de las grandes tragedias que se están produciendo en nuestros días por un mal entendido principio de igualdad, es la falta de respeto y consideración hacia los docentes en todos los niveles de la enseñanza, desde la básica hasta la universitaria. A los cristianos, como elemento de testimonio ante el mundo se les demanda honra a todos. Esto tiene que ver con las normas de educación o de urbanidad, a modo de ejemplo, las instrucciones recogidas en la ley: *"Delante de las canas te levantarás, y honrarás el rostro del anciano"* (Lv. 19:32). Una buena educación que respete honrando a los mayores, con toda cortesía, es un prestigio para el evangelio y un testimonio de vida ante el mundo.

τὴν ἀδελφότητα ἀγαπᾶτε, Para la comunidad de creyentes, traducida generalmente por *los hermanos*. El sustantivo ἀδελφότης, significa literalmente *hermandad, fraternidad*, aparece dos veces en todo el Nuevo Testamento y ambas ocurren en la *Epístola*[6]. Es el amor fraterno que alcanza también a todos los *hermanos* como miembros de la iglesia. Aquí Pedro dice literalmente *amad a la fraternidad*. La necesidad del amor fraterno es esencial, porque indica la realidad de la iglesia como cuerpo de discípulos o seguidores de Jesús (Jn. 13:35). La identificación de los creyentes no está basada en lo que creen sino en si se aman. Por supuesto el amor a Cristo hará que todos estén dispuestos a guardar sus mandamientos (Jn. 14:15). La doctrina no es negociable, la Palabra no

---

[6] 2:17 y 5:9.

puede ser desobedecida, la Escritura ha de ser amada y respetada. Sin embargo, hay quienes son capaces de dar su vida por la defensa de la fe, pero son incapaces de amar a sus hermanos. El mundo no puede identificar la realidad de la vida cristiana a no ser por el amor entre los creyentes. El amor fraternal es siempre el mayor problema entre cristianos. Jesús nos dejó ejemplo de amor en la entrega hacia todos, resolviendo sus necesidades, sanando sus dolencias y predicándoles el evangelio. Algunos no estarían de acuerdo con Sus enseñanzas, pero no podían negar Su amor. Mientras que en el mundo todos buscan lo suyo propio, los cristianos se distinguen en *"servirse unos a otros en amor"* (Gá. 5:13). Los verdaderos discípulos de Jesús son capaces de *"sobrellevar los unos las cargas de los otros"* (Gá. 6:2). Cada cristiano, como linaje escogido y real sacerdocio, es también una piedra viva en el edificio del templo de Dios, y está puesto para que, con la gracia divina y el poder del Espíritu, coloque su hombro bajo la carga de su hermano y la comparta con él haciéndola más llevadera, ayudándole a soportar las dificultades, trabajos y problemas personales. Cuando el amor divino llena el corazón saturándolo de amor, éste no encuentra reposo hasta depositarlo en otro, como Cristo hizo con nosotros, de manera que se orienta hacia los hermanos buscando el bien ajeno y no el propio (1 Co. 10:24). La demanda apostólica está orientada al amor fraterno, que es identificativo de la realidad de ser cristiano. Es la realidad vivencial de Cristo en el cristiano a quienes manda *"que os améis unos a otros como yo os he amado"*. El creyente que no ama a sus hermanos es inútil para la obra de Dios (1 Co. 13:1-3). El amor a los hermanos evidencia el nuevo nacimiento. El testimonio de distintos estamentos sociales que incluían a esclavos, amándose entrañablemente, causaba un profundo impacto testimonial en aquella sociedad.

τὸν Θεὸν φοβεῖσθε, En relación con Dios se demanda *temor*, esto es, *respeto reverente*. Está vinculado con la obediencia a las leyes humanas y el respeto a las autoridades (Pr. 24:21). El respeto a Dios, la reverencia ante Él, lo que se llama *temor* en las traducciones a esta forma de relación, es la actitud fundamental del cristiano (1:17). Temer a Dios expresa la obediencia a Sus mandamientos, sin reserva.

τὸν βασιλέα τιμᾶτε. El resumen se cierra con la reiteración de la honra que se debe a la máxima autoridad en la nación. Pedro insiste: *Honrad al rey*. Es notable que para el rey requiere una doble porción de honor. La primera es la que le corresponde como un hombre entre los hombres; a todos se debe *honra*. La segunda como honor especial por su condición de rey. Cuando el creyente cumple estas demandas, establece ante el mundo que lo observa, una verdadera credibilidad de su fe.

Relación en el servicio (2:18-25).

La demanda de sumisión (2:18-20)

18. Criados, estad sujetos con todo respeto a vuestros amos; no solamente a los buenos y afables, sino también a los difíciles de soportar.

Οἱ οἰκέται ὑποτασσόμενοι ἐν παντὶ φόβῳ τοῖς δεσπόταις, οὐ
Los criados sometiéndoos con todo temor a los amos, no
μόνον τοῖς ἀγαθοῖς καὶ ἐπιεικέσιν ἀλλὰ καὶ τοῖς σκολιοῖς.
sólo a los buenos y benignos, sino también a los retorcidos.

Análisis y notas del texto griego.

Análisis: Οἱ, caso nominativo masculino plural del artículo determinado *los*; οἰκέται, caso nominativo masculino plural del nombre común *criados, servidores domésticos, esclavos domésticos*; ὑποτασσόμενοι, caso nominativo masculino plural del participio de presente en voz pasiva del verbo ὑποτάσσω, *someter*, aquí *sometiéndoos*; ἐν, preposición propia de dativo *en, con*; παντὶ, caso dativo masculino singular del adjetivo indefinido *todo*; φόβῳ, caso dativo masculino singular del nombre común *temor, respeto reverente*; τοῖς, caso dativo masculino plural del artículo determinado declinado *a los*; δεσπόταις, caso dativo masculino plural del nombre común *dueños, amos*; οὐ, adverbio de negación *no*; μόνον, adverbio de modo *sólo, solamente*; τοῖς, caso dativo masculino plural del artículo determinado declinado *a los*; ἀγαθοῖς, caso dativo masculino plural del adjetivo *buenos, amables*; καὶ, conjunción copulativa *y*; ἐπιεικέσιν, caso dativo masculino plural del adjetivo *gentiles, considerados, benignos*; ἀλλὰ, conjunción adversativa *sino*; καὶ, adverbio de modo *también*; τοῖς, caso dativo masculino plural del artículo determinado declinado *a los*; σκολιοῖς, caso dativo masculino plural del adjetivo *retorcidos, perversos, deshonestos, engañosos, falsos*.

Οἱ οἰκέται. El cristiano que está en la sociedad, está presente también dentro de ella, en el mundo laboral. Pedro se dirige a un grupo concreto, los οἰκέτης, que podría traducirse como al *servicio doméstico*, en donde había personas libres que trabajaban en esa actividad. Podía tratarse de personas contratadas especialmente para servir en una casa, o incluso en alguna industria, o también *esclavos domésticos*, los que estaban realizando estas funciones en los hogares. La breve disposición para el comportamiento de los esclavos y la total ausencia referida a los dueños, hace suponer que los esclavos constituyesen una mayoría en las iglesias del área a las que se dirige la *Epístola*. Fuese como fuese la condición social, esclavos o libres, el hecho es que tenían siempre cerca de ellos la presencia de sus amos. El contexto conduce a considerar en la actualidad las relaciones laborales entre productores y directores de la empresa o, si se prefiere, entre empleados del servicio doméstico y empleadores que los contratan.

ὑποτασσόμενοι ἐν παντὶ φόβῳ τοῖς δεσπόταις, A los esclavos o siervos se les manda *someterse con todo respeto*, literalmente con todo *temor* a los amos. Es notable apreciar que tanto en los escritos de Pedro como en los de Pablo, nunca se habla de cambiar el ordenamiento social y mucho menos de conducir a alguna acción que pudiera derivar en alcanzar nuevos derechos sociales o incluso a la manumisión. No se orienta a los esclavos hacia una subversión que altere las estructuras sociales, ya que esto no corresponde a quienes no son de este mundo. Por el contrario, se les llama a *sumisión*, que debe hacerse con todo *respeto* a los amos. El respeto es debido a quienes están en el ejercicio de autoridad. Un siervo puede estar sujeto, pero ser irrespetuoso. Tal forma contradice el testimonio cristiano. La causa del respeto demandado para los siervos cristianos, es que estos no pertenecen al dueño terrenal, aunque legalmente sea así, sino que han sido comprados por precio y son del dueño celestial. Así recuerda el apóstol Pablo a los siervos: *Siervos, obedeced a vuestros amos terrenales con temor y temblor, con sencillez de vuestro corazón, como a Cristo, no sirviendo al ojo, como los que quieren agradar a los hombres, sino como siervos de Cristo; de corazón haciendo la voluntad de Dios"* (Ef. 6:5-6). Es la misma posición de esta *Epístola* (vv. 15, 17, 18). El tema del servicio en el trabajo debe ser claramente entendido: no se trata de una relación entre hombres, sino de la relación entre el creyente y Dios. Generalmente se aborda el problema de la relación socio-laboral desde los matices humanos. Bien sea en un sentido o en otro. Algunos defienden el principio de autoridad al que debe someterse sin ningún tipo de demanda cada uno de los trabajadores; otros, los desplazan a principios sociales, como es el caso de la *teología de la liberación*. Todos ellos abordan el problema sin un enfoque correcto, porque no es lo que ocurre en el plano de los hombres lo que define la postura de un verdadero cristiano, sino lo que sucede en la relación entre el cristiano y el Señor en cuya esfera se producen los acontecimientos del vivir diario. Sobre estas premisas, el creyente en el mundo laboral debe actuar con *temor*, o si se prefiere, con *respeto reverente*. Porque se está sirviendo a Cristo. El Señor ha determinado el modo de hacerlo, con vistas a que su forma de comportamiento sirva para glorificar a Dios (v. 12; Mt. 5:16). La conducta en el servicio no es para que el siervo sea alabado, sino para que viéndola los amos glorifiquen a Dios, en quien el siervo cree. Sin embargo, esto no significa que el esclavo que pudiera hacerse libre, rehúse a ello; si puede conseguir su libertad debiera hacerlo (1 Co. 7:21).

οὐ μόνον τοῖς ἀγαθοῖς καὶ ἐπιεικέσιν ἀλλὰ καὶ τοῖς σκολιοῖς. Este comportamiento es para con todos los amos. No solo con los que son amables, sino también con los que, literalmente son *retorcidos*, que es la palabra que Pedro utiliza aquí. Algunas versiones traducen como *insoportables*. El trato ha de ser igual para todos, remitiendo las cargas a quien puede dar poder para sostenerlas y siguiendo el camino marcado por Jesús. El apóstol no está pidiendo que el creyente viva en una condición de trabajo humillante como si eso fuera lo mejor o como si hubiera virtud en el sufrimiento. El siervo que recibe un trato incorrecto pudiera entender que debía responder a él con negligencia en el cumplimiento de sus obligaciones laborales o incluso respondiendo al dueño como correspondería, desde el punto de vista de los hombres. La Biblia enseña lo contrario: *"No paguéis a nadie mal por mal; procurad lo bueno delante de todos los hombres. Si es posible, en cuanto dependa de vosotros, estad en paz con todos los hombres. No os venguéis vosotros mismos, amados míos, sino dejad lugar a la ira de Dios; porque escrito está: Mía es la venganza, yo pagaré, dice el Señor"* (Ro. 12:17-19).

Generalmente en el contexto laboral de nuestros días, los trabajadores consideran solo *sus derechos* y soportan por necesidad *sus obligaciones*. Esto deriva en quejas que se expresan no con palabras, sino con bajos rendimientos, huelgas, enfermedades inexistentes, protestas, etc. A estos hechos las empresas o los empleadores responden con cierres patronales, despidos de empleados, etc. etc. produciéndose conflictos que en ocasiones no tienen solución. No significa que el trabajador cristiano no ejerza sus derechos legales, pero el enfoque de la vida laboral no está en los *derechos*, sino en la *sumisión*, no a los empresarios, sino a Dios que la establece.

19. Porque esto merece aprobación, si alguno a causa de la conciencia delante de Dios, sufre molestias padeciendo injustamente.

τοῦτο γὰρ	χάρις[1]	εἰ	διὰ	συνείδησιν[2]	Θεοῦ	ὑποφέρει
Porque esto	atractivo	si	por causa de	conciencia	delante de Dios	soporta

τις	λύπας	πάσχων	ἀδίκως.
alguien	aflicción	padeciendo	injustamente.

Análisis y notas del texto griego.

Análisis: τοῦτο, caso nominativo neutro singular del pronombre demostrativo *esto*; γὰρ, conjunción causal *porque*; χάρις, caso nominativo femenino singular del nombre común *gracia, encanto, belleza, agrado, atractivo, alegría, placer, distinción concedida, deseo de agradar, reconocimiento, etc.*; εἰ, conjunción *si*; διὰ, preposición propia de acusativo, *por, por causa de*; συνείδησιν, caso acusativo femenino singular del nombre común *conciencia*; Θεοῦ, caso genitivo masculino singular del nombre divino declinado *de Dios*; ὑποφέρει, tercera persona singular del presente de indicativo en voz activa del verbo ὑποφέρω, *soportar*, aquí *soporta*; τις, caso nominativo masculino singular del pronombre indefinido *alguno, alguien*; λύπας, caso acusativo femenino plural del nombre común *pena, pesar, aflicción, situación penosa*; πάσχων, caso nominativo masculino singular del participio de presente en voz activa del verbo πάσχω, *sufrir, padecer*, aquí *padeciendo*; ἀδίκως, adverbio de modo *injustamente*.

Notas. Critica Textual. Lecturas alternativas.

1 τοῦτο γὰρ χάρις, *porque esto es agradable*, o *atractivo*, según se lee en $\mathfrak{P}^{72}$, ℵ, A, B, P, 81, 642, 1448, 1735, Byz, lat, vg, cop$^{sa, bo}$.

χάρις παρὰ τῷ Θεῷ, *agradable para Dios*, lectura en C, 442, 1175, 1243, 1611, 1739, 1852, 2492.
χάρις Θεῶ, *agradable de Dios*, según se lee en Ψ, 33, 307, 436, 2344.

2 Θεοῦ, *de Dios*, lectura atestiguada en ℵ, A^{c}, B, P, 5, 436, 642, 1735, Byz, lat, co, Speculum.

ἀγαθήν Θεοῦ, *buena de Dios*, según se lee en $\mathfrak{P}^{72}$, 81.

ἀγαθήν, *buena*, conforme a C, Ψ, 307, 442, 1175, 1243, 1448, 1611, 1739, 1852, 2492, sy.

τοῦτο γὰρ χάρις εἰ διὰ συνείδησιν Θεοῦ ὑποφέρει τις λύπας. El creyente que sirve lo debe hacer con respeto y entrega como el apóstol establece en el versículo anterior. Esto puede resultar en dificultades e incluso en sufrimiento inferido por quienes son amos *retorcidos*. Eso, dice Pedro, es lo que tiene mérito, que es una forma de traducir la primera parte del texto, literalmente *eso es gracia*, donde el griego puntualiza el sufrimiento por causa de Cristo, en una conciencia sensible delante de Dios. Se trata de un modo de comportamiento de un esclavo en tiempos de Pedro, o de un trabajador en el tiempo actual, que no toma acción alguna contra un superior que es injusto e incluso cruel.

πάσχων ἀδίκως. El hecho de un comportamiento correcto delante de Dios, no supone ausencia de aflicciones por parte del mundo, esto es, de los *injustos*, los que no son creyentes. El Señor desea que cuando un creyente reciba un trato injusto, no dejen de manifestar su testimonio en rendimiento, atención al trabajo y sujeción a los superiores, incluso a aquel que le cause aflicciones, sabiendo que Dios conoce esa situación y tomará a Su cargo la defensa del ofendido. Esto en el contexto histórico de la *Epístola* solía ocasionar serios problemas muchas veces a los esclavos, que eran golpeados, privados de comida, alojados en lugares miserables, y no tenían ninguna defensa jurídica para evitarlo. A estos se les pide que soporten todas las circunstancias aflictivas que le ocasionaran los amos, sin disminuir en la responsabilidad de obediencia y trabajo por *causa de la conciencia delante de Dios.*

20. Pues ¿qué gloria es, si pecando sois abofeteados, y lo soportáis? Mas si haciendo lo bueno sufrís, y lo soportáis, esto ciertamente es aprobado delante de Dios.

ποῖον γὰρ κλέος εἰ ἁμαρτάνοντες καὶ κολαφιζόμενοι
Porque ¿qué gloria si pecando y siendo abofeteados
ὑπομενεῖτε ἀλλ' εἰ ἀγαθοποιοῦντες καὶ πάσχοντες ὑπομενεῖτε,
soportaréis? Pero, si haciendo el bien y padeciendo soportareis
τοῦτο χάρις παρὰ Θεῷ.
esto agrado ante Dios.

Análisis y notas del texto griego.

Análisis: ποῖον, caso nominativo neutro singular del adjetivo interrogativo *qué*; γὰρ, conjunción causal *porque*; κλέος, caso nominativo neutro singular del nombre común *buena fama, nombradía, gloria*; εἰ, conjunción *si*; ἁμαρτάνοντες, caso nominativo masculino plural del participio de presente en voz activa del verbo ἁμαρτάνω, *pecar*, aquí *pecando*; καὶ, conjunción copulativa *y*; κολαφιζόμενοι, caso nominativo masculino plural del participio presente en voz pasiva del verbo κολαφίζω, *abofetear*, aquí *siendo abofeteados*; ὑπομενεῖτε, segunda persona plural del futuro de indicativo en voz activa del verbo ὑπομένω, soportar, aquí *soportaréis*; ἀλλ' forma escrita ante vocal de la conjunción adversativa ἀλλά que significa *pero, sino*; εἰ, conjunción *si*; ἀγαθοποιοῦντες, caso nominativo masculino plural del participio presente en voz activa del verbo ἀγαθοποιέω, *hacer bien*, aquí *haciendo bien*; καὶ, conjunción copulativa *y*; πάσχοντες, caso nominativo masculino plural del participio presente en voz activa del verbo πάσχω, *sufrir, padecer*, aquí *padeciendo*; ὑπομενεῖτε, segunda persona plural del futuro de indicativo en voz activa del verbo ὑπομένω, *soportar*, aquí *soportaréis*; τοῦτο, caso nominativo neutro singular del pronombre demostrativo *esto*; χάρις, caso nominativo femenino singular del nombre común *gracia, encanto, belleza, agrado, atractivo, alegría, placer, distinción concedida, deseo de agradar, reconocimiento, etc.*; παρὰ, preposición propia de dativo *ante*; Θεῷ, caso dativo masculino singular del nombre divino *Dios*.

ποῖον γὰρ κλέος εἰ ἁμαρτάνοντες καὶ κολαφιζόμενοι ὑπομενεῖτε. Un nuevo contraste se expresa en el versículo. El primero se formula mediante una pregunta reflexiva que exige la respuesta del lector. En él se presenta el sufrimiento ocasionado por una vida incorrecta, literalmente la consecuencia de *pecar*. El verbo en participio de presente indica una acción continuada, en forma condicional, al ir precedido de la conjunción *sí*. Se dice que éste es *abofeteado*, o se le da un puñetazo. La idea es la de alguien que vive practicado el pecado, alguna mala acción, no importa cuál sea. Si se relaciona el castigo como consecuencia de una mala acción, ¿dónde está la gloria del sufrimiento? No hay ninguna, puesto que es la consecuencia lógica producida por un hecho inconveniente. Por tanto, el sufrimiento no es siempre consecuencia de la injusticia de los hombres.

ἀλλ’ εἰ ἀγαθοποιοῦντες καὶ πάσχοντες ὑπομενεῖτε, τοῦτο χάρις παρὰ Θεῷ. El segundo término sitúa lo contrario al anterior, presentando a alguien que sufre *injustamente*. La injusticia es que, al *hacer bien*, se responde haciendo sufrir. De nuevo el participio de presente del verbo, indica que la acción, en este caso de hacer bien, no es algo puntual sino permanente. Una persona que vive haciendo bien, recibe sufrimiento como recompensa. Indudablemente ese es un sufrimiento injusto, propio de la condición de maldad del hombre.

No se trata de disfrutar del sufrimiento estoicamente, como hacían en ocasiones los esclavos al soportar los castigos corporales. La verdadera gloria delante de Dios, no está en el sufrimiento en sí, sino en sufrir padeciendo injustamente. Este sufrimiento inmerecido es una forma expresiva de la identificación con Cristo, quien también sufrió sin merecerlo, como expresión de la injusticia de los hombres. Sufrir por la justicia es un asunto conforme a la óptica divina. El sufrimiento del justo es una concesión de la gracia para fortalecimiento espiritual (Stg. 1:4).

El ejemplo supremo (2:21-25).

21. Pues para esto fuisteis llamados; porque también Cristo padeció por nosotros, dejándonos ejemplo, para que sigáis sus pisadas.

εἰς τοῦτο γὰρ ἐκλήθητε, ὅτι καὶ Χριστὸς ἔπαθεν[1] ὑπὲρ
Porque para esto fuisteis llamados, porque también Cristo padeció por
ὑμῶν ὑμῖν[2] ὑπολιμπάνων ὑπογραμμὸν ἵνα ἐπακολουθήσητε
vosotros, a vosotros dejando detrás modelo para que sigáis de cerca
τοῖς ἴχνεσιν αὐτοῦ,
las huellas de pasos de Él.

Análisis y notas del texto griego.

Análisis: εἰς, preposición propia de acusativo *para*; τοῦτο, caso acusativo neutro singular del pronombre demostrativo *esto*; γὰρ, conjunción causal *porque*; ἐκλήθητε, segunda persona plural del aoristo primero de indicativo en voz pasiva del verbo καλέω, *llamar*, aquí *fuisteis llamados*; ὅτι, conjunción causal *porque*; καὶ, adverbio de modo *también*; Χριστὸς, caso nominativo masculino singular del nombre propio *Cristo*; ἔπαθεν, tercera persona singular del segundo aoristo de indicativo en voz pasiva del verbo πάσχω, *padecer, sufrir*, aquí *padeció*; ὑπὲρ, preposición propia de genitivo *por, a favor de, en lugar de*; ὑμῶν, caso genitivo de la segunda persona plural del pronombre personal *vosotros*; ὑμῖν, caso dativo de la segunda persona plural del pronombre personal declinado *a vosotros*; ὑπολιμπάνων, caso nominativo masculino singular del participio de presente en voz activa del verbo ὑπολιμπάω, *dejar detrás*, aquí *dejando detrás*; ὑπογραμμὸν, caso acusativo masculino singular del nombre común *modelo*; ἵνα, conjunción causal *para que*; ἐπακολουθήσητε, segunda persona plural del aoristo primero de subjuntivo en voz activa del verbo ἐπακολουθέω, *seguir de cerca, perseguir, seguir el impulso*, aquí *sigáis de cerca*; τοῖς, caso dativo neutro plural del artículo determinado *los*; ἴχνεσιν, caso dativo neutro plural del nombre común *pista, rastro, huella de pasos*; αὐτοῦ, caso genitivo masculino de la tercera persona singular del pronombre personal declinado *de él.*
Notas. Crítica Textual. Lecturas alternativas.

[1] ἔπαθεν, *padeció*, lectura atestiguada en 𝔓^{72}, A, B, C, 33, 81, 436, 442, 642, 1175, 1243, 1448, 1611, 1735, 1739, 1852, 2344, 2492, K, L, P, *l* 751, *l* 1159, it$^{ar, q, t, w, z}$, vg, sir^{h}, sa, bo, eth, geo, Eusebio de Emesa, Crisótomo, Tertulinao, Ciprinao, Jerónimo, Agustin, Quodvultdeus, Varimadum.

ἀπέθανεν, *murió*, según lectura en 𝔓^{81}, ℵ, Ψ, 5, 307, sy^{p}; Cirilo de Alejandría.

[2] ὑμῶν ὑμῖν, *por vosotros, a vosotros*, conforme a 𝔓^{72}, ℵ, A, B, C, Ψ, 5, 81, 442, 1175, 1448, 1611, 1735, 1739, 1852, it$^{ar, w, z}$, vg$^{ww, wt}$, sy^{h}, sa^{mss}, arm, eth, geo, Cirilo$^{1/4}$, Cipriano, Ambosio, Agustín$^{2/20}$, Quodvultdeus$^{3/4}$.

ἡμῶν ὑμῖν, *por nosotros, a vosotros*, lectura en 33, 307, 436, K, L, P, *l* 751, *l* 1159, vg^{cl}, sa^{mss},slav, Cirilo$^{1/3}$; Tertuliano, Jerónimo, Agustín$^{1/20}$, Quodvultdeus$^{1/4}$.

ἡμῶν ἡμῖν, *por nosotros, a nosotros*, según 642, 1243, 1344, it^{q}, sy^{p}, bo, Cirilo$^{1/3}$, Agustín$^{17/20}$, Varimadum.

ὑμῶν ἡμῖν, *por vosotros, a nosotros*, según 2492, lat.

εἰς τοῦτο γὰρ ἐκλήθητε, Pedro pasa a recordar a los lectores el llamado que recibieron de Dios mismo. Él llama a salvación (1:15; 5:10;

Ro. 8:28, 30; 9:24; 1 Co. 1:9; Gá. 1:6, 15; Ef. 4:1, 4; Col. 3:15; 2 Ts. 2:14; 2 Ti. 1:9; 2 P. 1:3). Este llamamiento condiciona la vida del que cree convirtiéndolo en *discípulo* de Cristo, esto es, seguidor de Jesús (Mt. 11:28-30; Mr. 1:17). Esta nueva posición en Cristo, los convierte en enemigos del mundo (Jn. 15:18-19; 1 Jn. 3:13), de manera que, siendo el mundo enemigo de Dios, los mundanos, esto es, los que viven en la esfera de la vida del mundo, se convierten en instrumentos para hacer sufrir al que vive una vida conforme a Jesús. Dios no nos llamó a *sufrimiento* sino a *salvación*, pero el sufrimiento es consecuencia lógica de haber aceptado el llamamiento celestial. El sufrimiento es consecuencia de vivir el compromiso de la piedad: *"Y también todos los que quieren vivir piadosamente en Cristo Jesús padecerán persecución"* (2 Ti. 3:12). No debe olvidarse que el sufrimiento en la vida de fe, es una concesión de la gracia: *"Porque a vosotros os es concedido a causa de Cristo, no sólo que creáis en él, sino también que padezcáis por él"* (Fil. 1:29).

ὅτι καὶ Χριστὸς ἔπαθεν ὑπὲρ ὑμῶν. Pedro pone el ejemplo supremo delante de los lectores: *Cristo sufrió por vosotros*. El sufrimiento es siempre un problema que afrontar, que muchas veces llega a debilitar la fe. Los ojos del cristiano puestos en Cristo, reciben el estímulo necesario en medio de un conflicto injusto. El sufrimiento injusto formula la pregunta de los siglos: *¿Por qué sufre el justo y prospera el impío?* Sobre la Cruz, en tremendo sufrimiento está el Justo, mofándose de Él, lo impíos. El Justo aparentemente desamparado del Padre, de quien es Hijo y a quien se había ofrecido en todo, mientras que los impíos procuran hacerle sentir como fracasado en esa relación. De alguna manera le estaban preguntado: *"¿Dónde está tu Dios?"* (Sal. 42:10). Despreciándole e injuriándole con las palabras del Salmo (Sal. 22:8). Realmente Jesús estaba, como también dice el Salmo, rodeado de enemigos cuyo objetivo era el sufrimiento y la muerte del Santo (Sal. 22:12-13). No hay respuesta humana a la pregunta del sufrimiento del Justo, pero sí la hay desde la perspectiva divina. El ejemplo de Cristo está puesto para *considerar,* cuando se esté en medio de un sufrimiento injusto. Las aflicciones pueden conducir a claudicar en la fidelidad del seguimiento a Cristo. Toda aflicción adquiere una profunda subjetividad en base a que es una experiencia personal que afecta a quien la sufre. El apóstol llama a los que sufren a prestar atención en Aquel que no solo sufrió, sino que lo hizo *por los pecadores*, quienes no tenían derecho alguno para ser objetos de la gracia en salvación. La Escritura enseña a reflexionar en el tiempo de la dificultad, como se lee en Eclesiastés: *"en el día de la adversidad considera"* (Ecl. 7:14).

ὑμῖν ὑπολιμπάνων ὑπογραμμὸν ἵνα ἐπακολουθήσητε τοῖς ἴχνεσιν αὐτοῦ, Jesús dejó marcadas *Sus huellas* para que nosotros sigamos Sus pisadas. Pedro utiliza aquí el nombre ὑπογραμμὸς, que equivale a *modelo, muestra* y que se utilizaba para referirse a los ejemplos de caligrafía que el alumno debía copiar debajo. De modo que Jesús es la muestra que debemos asumir en el camino del testimonio y sus consecuencias. Los padecimientos de Jesús son el ejemplo supremo para animar al creyente en los suyos, a fin de que no desmaye en las aflicciones injustas (He. 12:3). La falta de esfuerzo para perseverar en el camino del testimonio se alcanza *considerando* la experiencia de Jesús. Ningún creyente ha llegado jamás a los límites del Maestro, quien frente a las circunstancias que conocía y que cerrarían Su ministerio terrenal con la muerte de Cruz, puso firmeza en el alma para seguir adelante a pesar de cuanto suponía lo que tendría que experimentar (Lc. 9:51). De ahí la importancia que el creyente tenga su mirada puesta en las *huellas* que dejó marcadas en el mundo. Cristo es la fuente de inspiración para Su pueblo. El que sufrió contradicción de pecadores hasta la muerte es el ejemplo a todos aquellos a quienes, en la vida de fe, siguiendo las pisadas del Maestro, están llamados a la disposición de una experiencia semejante si fuese preciso: *"Se fiel hasta la muerte"* (Ap. 2:10). La fidelidad es una entrega absoluta e incondicional. La idea no es tanto la de ser *fiel hasta que se muera*, sino la de *ser fiel, aunque se tenga que morir*. En todo ello, la vida cristiana se conforma a la imagen de Jesucristo (Ro. 8:29). La expresión definitiva de la fidelidad consistió en hacerse obediente hasta la muerte, y muerte de Cruz (Fil. 2:8). Puesto que Él padeció en Su vida a causa de la fidelidad a la obra que el Padre le había encomendado, así también los creyentes debemos estar en la misma disposición, como expresión natural de la fe.

Jesús dejó marcada la senda para nosotros. Nuevamente utiliza un sustantivo para establecer esa demanda, al escribir ἴνος, que equivale a *pista, rastro, huella de pasos*. Esta palabra aparece sólo cuatro veces en el Nuevo Testamento (cf. Mr. 16:20; 1 Ti. 5:10, 24; 1 P. 2:21). Indica aquí poner los pies en las huellas de otro. Esto supone un aliento personal, ya que las huellas no son de la presencia Divina, sino marcadas por los pies del hombre Jesús que, sin dejar de ser Dios, es Emanuel, Dios con nosotros. No pide Dios que sigamos las huellas de Él como Dios, sería imposible para el hombre, pero es Él que las marca con pies de hombre para que nuestros pies puedan sin dificultad seguirlas para saber el camino y tenerlas como ejemplo en los momentos de dificultad.

22. El cual no hizo pecado, ni se halló engaño en su boca.

ὃς *ἁμαρτίαν οὐκ ἐποίησεν*
El cual pecado no hizo,
οὐδὲ εὑρέθη δόλος ἐν τῷ στόματι αὐτοῦ,
ni se halló engaño en la boca de Él.

Análisis y notas del texto griego.

Análisis: ὃς, caso nominativo masculino singular del pronombre relativo *el que, el cual*; *ἁμαρτίαν*, caso acusativo femenino singular del nombre común *pecado*; *οὐκ*, forma escrita del adverbio de negación *no*, con el grafismo propio ante una vocal con espíritu suave o una enclítica; *ἐποίησεν*, tercera persona singular del aoristo primero de indicativo en voz activa del verbo ποιέω, *hacer, realizar, cometer*, aquí *hizo*; *οὐδὲ*, conjunción de negación *ni*; *εὑρέθη*, tercera persona singular del aoristo primero de indicativo en voz pasiva del verbo εὑρίσκω, *hallar, encontrar*, aquí *se halló*; *δόλος*, caso nominativo masculino singular del nombre común *engaño*; *ἐν*, preposición propia de dativo *en*; *τῷ*, caso dativo neutro singular del artículo determinado *el*; *στόματι*, caso dativo neutro singular del nombre común *boca*; *αὐτοῦ,* caso genitivo masculino de la tercera persona singular del pronombre personal declinado *de Él.*

ὃς *ἁμαρτίαν οὐκ ἐποίησεν*, Pedro no puede dejar pasar en el ejemplo supremo de Cristo como quien sufre injustamente toda la obra redentora del Señor. No se trata de un sufrimiento puntual, sino de la entrega a la muerte y muerte de Cruz. Las palabras que le sirven de introducción a esto están tomadas de la profecía (Is. 53:9). Pero, no hay apelación directa a ella, como ocurre con otras citas del Antiguo Testamento que usa en la *Epístola*, es simplemente una expresión que sale de su corazón, teniendo en mente las palabras del profeta. Mencionó al que sufre injustamente, pero, el testimonio del creyente más perfecto no es el de Jesús, porque todos somos pecadores y limitados, mientras que Él fue impecable. La primera expresión es absoluta: *"no hizo pecado"*. Solo Él pudo decir: *"¿Quién de vosotros me redarguye de pecado?"* (Jn. 8:46). Muchos le acusaban de pecado, pero nadie podía demostrar esas acusaciones. Pedro afirma tajantemente: *no hizo pecado* o, de otro modo, *no cometió pecado*. Él fue siempre santísimo porque era Dios manifestado en carne.

οὐδὲ εὑρέθη δόλος ἐν τῷ στόματι αὐτοῦ, Una manifestación más de Su impecabilidad en esta segunda frase, *"ni se halló engaño en su boca"*. En Jesús no solo está la verdad, sino que Él mismo es la verdad. Por el contrario, ningún creyente puede gloriarse de no haber hablado jamás nada contrario a la verdad. Tanto Sus hechos como Sus palabras revisten la absoluta perfección de la santidad que le es propia por ser

Dios. La Biblia enseña que Cristo es impecable. Sin embargo, las pruebas, aflicciones, tentaciones y angustia, no disminuyeron ni afectaron a Su santidad esencial, de tal manera que *"fue tentado en todo según nuestra semejanza, pero sin pecado"*. Aunque era un hombre, no era igual a los hombres, sino semejante, en el sentido aquí de la impecabilidad que sólo Él como hombre perfecto tiene. El diablo no tenía parte en Él (Jn. 14:30). El Señor jamás cayó en la práctica del engaño, de modo que no *conoció* pecado (2 Co. 5:21). En razón de la unión hipostática que atribuye a la Persona Divina del Hijo de Dios, el Verbo eterno, la responsabilidad de la acción de las naturalezas subsistentes en Su Persona, era imposible un acto contrario a la absoluta santidad de Dios en la humanidad de Jesús. La misma ausencia en Él del pecado original evitó las consecuencias propias de la concupiscencia humana.

La impecabilidad está plenamente vinculada con la libertad y está unida a la filiación divina del Hijo de Dios. Es decir, la unidad personal con Dios, como Hijo, junto con la asunción de la misión salvadora establecida en la eternidad, que lo identifica absoluta plenamente con la voluntad del Padre, elimina toda posibilidad de pecado, permitiendo afirmar que Jesús es impecable. Pecado es esencialmente el rechazo de Dios, con las consecuencias morales y materiales que derivan de ella. El verdadero pecado está en el rechazo de Dios para sustituirlo por el yo personal, voluntarioso y contrario a Él. En unión vital con el Padre en el seno trinitario (Jn. 10:30; 14:10, 11), se excluye radicalmente la posibilidad de pecar. El poder pecar, como el poder cometer errores o decir cosas equivocadas, aunque sea involuntariamente, son imperfecciones del hombre, pero Jesús, el Hijo de Dios, es perfecto en toda la dimensión de la palabra, por tanto, estas no le afectan. Es necesario entender claramente no solo la *impecancia*, es decir, la carencia real de pecado, sino también la *impecabilidad*, imposibilidad de pecar como resultado de la unión hipostática que vincula no solo la naturaleza humana en subsistencia personal en el Hijo, sino también en la unidad de voluntad de Jesús con el Padre. Debe recordarse también que las naturalezas en Cristo son los elementos generadores de las operaciones o acciones, pero el sujeto de atribución, como sujeto realizador, es la Persona que les da el verdadero sentido. Por otro lado, la santidad esencial de Dios se hace visible en la naturaleza humana de Jesucristo, que fue alumbrado como *lo santo* (Lc. 1:35), y que se expresaría en toda Su vida donde, como dice el apóstol en este versículo, *no hubo engaño en su boca.*

23. Quien cuando le maldecían, no respondía con maldición; cuando padecía, no amenazaba, sino encomendaba la causa al que juzga justamente.

ὃς λοιδορούμενος οὐκ ἀντελοιδόρει, πάσχων οὐκ ἠπείλει,
Quien siendo insultado no respondía con insultos; padeciendo no amenazaba,
παρεδίδου δὲ τῷ κρίνοντι δικαίως·
antes bien entregaba al que juzga justamente.

Análisis y notas del texto griego.

Análisis: ὃς, caso nominativo masculino singular del pronombre relativo *el que, el cual, quien*; λοιδορούμενος, caso nominativo masculino singular del participio presente en voz pasiva del verbo λοιδορέω, *insultar*, aquí *siendo insultado*; οὐκ, forma escrita del adverbio de negación *no*, con el grafismo propio ante una vocal con espíritu suave o una enclítica; ἀντελοιδόρει, tercera persona singular del imperfecto de indicativo en voz activa del verbo ἀντιλοιδορέω, *responder con insultos*, aquí *respondía con insultos*; πάσχων, caso nominativo masculino singular del participio presente en voz activa del verbo πάσχω, *padecer*, aquí *padeciendo*; οὐκ, forma escrita del adverbio de negación *no*, con el grafismo propio ante una vocal con espíritu suave o una enclítica; ἠπείλει, tercera persona singular del imperfecto de indicativo en voz activa del verbo ἀπειλέω, *amenazar*, aquí *amenazaba*; παρεδίδου, tercera persona singular del imperfecto de indicativo en voz activa del verbo παραδίδωμι, *entregar*, aquí *entregaba*; δὲ, partícula conjuntiva que hace las veces de conjunción coordinante, con sentido de *pero, más bien, y, y por cierto, antes bien, entonces*; τῷ, caso dativo masculino singular del artículo determinado declinado *al*; κρίνοντι, caso dativo masculino singular del participio presente en voz activa del verbo κρίνω, *juzgar*, aquí *que juzga*; δικαίως, adverbio de modo *justamente*.

ὃς λοιδορούμενος οὐκ ἀντελοιδόρει, El carácter de Cristo corresponde a Su condición impecable. No maldecía o mejor, *no insultaba*, cuando era insultado. Fue acusado, despreciado, insultado, cuestionado, todo ello injustamente, pero no respondía a esos insultos con otros insultos. Es más, en la intensidad del mayor sufrimiento en la Cruz, guardaba silencio (Is. 53:7). Este es el ejemplo supremo de una santa reacción ante las ofensas recibidas. Mientras los que le denigraban le ofendían, Él callaba. Sabía que nade aceptaría Sus palabras de defensa, puesto que la sentencia contra Él había sido establecida antes. Jesús en Getsemaní había aceptado la copa que el Padre le presentó y estaba en silencio aceptando los oprobios, porque formaba parte de lo que recibiría en la mayor injusticia. Así se lee en la profecía: *"angustiado Él, y afligido, no abrió su boca; como cordero fue llevado al matadero; y como oveja delante de sus trasquiladores, enmudeció, y no abrió su boca"* (Is. 53:7).

πάσχων οὐκ ἠπείλει, En medio de los sufrimientos que le infligían, no amenazaba. Lo hacía de ese modo por lo que indica el apóstol a continuación.

παρεδίδου δὲ τῷ κρίνοντι δικαίως· En lugar de amenazar en Su propia defensa, la entregaba al que juzga justamente. El objeto del verbo παραδίδωμι, *entregar* no está explícito en el texto y debe ser complementado. Por el entorno textual inmediato, ya que no amenazaba, lo que entregaba al que juzga con justicia era Su propia causa. Remitía las amenazas e insultos que recibía al Juez justo. En todo se ajustaba a la demanda bíblica para el creyente: *"Encomienda a Jehová tu camino, y confía en él; y él hará"* (Sal. 37:5). Aún en la hora de la muerte, lo hizo *encomendándose* a Dios (Lc. 23:46). Dios respondió conforme a Sus promesas levantándole de los muertos y manifestando con ello, Su complacencia, cumpliendo Su función de Juez que restaura al acusado injustamente (Sal. 37:5-6, 32-33).

La gran lección que esas huellas de Jesús dejan para el creyente en todos los tiempos es la de echar de uno la carga de ansiedad y ponerla sobre Dios. Dios actuará, es decir, hará todo lo que es necesario en ese caso. Para ello debe haber una entrega incondicional a Su voluntad y absoluta confianza en que Dios actuará. Nuestra fuerza consiste en permanecer quietos en Su presencia. Él sabrá cómo vindicarnos y hallará la manera de librarnos de las dificultades que estemos experimentando, cuidará de nuestra honra, afirmará nuestro derecho, sin que nosotros tengamos que amenazar a quienes nos causan sufrimientos. La entrega absoluta a Dios remitiéndole la causa, nos librará de toda murmuración y nos dará fuerzas en medio de la prueba.

24. Quien llevó él mismo nuestros pecados en su cuerpo sobre el madero, para que nosotros, estando muertos a los pecados, vivamos a la justicia; y por cuya herida fuisteis sanados.

ὃς τὰς ἁμαρτίας ἡμῶν αὐτὸς ἀνήνεγκεν ἐν τῷ σώματι
Quien los pecados de nosotros él mismo llevó en el cuerpo
αὐτου ἐπὶ τὸ ξύλον, ἵνα ταῖς ἁμαρτίαις ἀπογενόμενοι τῇ
de Él sobre el madero, para que a los pecados habiendo muerto a la
δικαιοσύνῃ ζήσωμεν, οὗ τῷ μώλωπι ἰάθητε.
justicia vivamos, por cuya - herida fuisteis sanados.

Análisis y notas del texto griego.

Análisis: ὃς, caso nominativo masculino singular del pronombre relativo *quien*; τὰς, caso acusativo femenino plural del artículo determinado *las*; ἁμαρτίας, caso acusativo femenino plural del nombre común *transgresiones, pecados*; ἡμῶν, caso genitivo de la primera persona plural del pronombre personal declinado *de nosotros*; αὐτὸς, caso nominativo masculino singular del pronombre intensivo *él mismo*; ἀνήνεγκεν, tercera persona singular del aoristo primero de indicativo en voz activa del verbo ἀναφέρω, *hacer subir sobre, llevar*, aquí *llevó*; ἐν, preposición propia de dativo *en*; τῷ, caso dativo neutro singular del artículo determinado *el*; σώματι, caso dativo neutro singular del nombre común *cuerpo*; αὐτοῦ, caso genitivo masculino de la tercera persona singular del pronombre personal declinado *de Él*; ἐπὶ, preposición propia de acusativo *sobre*; τὸ, caso acusativo neutro singular del artículo determinado *el*; ξύλον, caso acusativo neutro singular del nombre común *madero*; ἵνα, conjunción causal *para que*; ταῖς, caso dativo femenino plural del artículo determinado *las*; ἁμαρτίαις, caso dativo femenino plural del nombre común *transgresiones, pecados*; ἀπογενόμενοι, caso nominativo masculino plural del participio segundo aoristo en voz media del verbo ἀπογίνμαι, *estar lejos, estar ausente, morir, desaparecer*, aquí *habiendo muerto*; τῇ, caso dativo femenino singular del artículo determinado declinado *a la*; δικαιοσύνῃ, caso dativo femenino singular del nombre común *justicia*; ζήσωμεν, primera persona plural del aoristo primero de subjuntivo en voz activa del verbo ζάω, *vivir*, aquí *vivamos*; οὗ, caso genitivo masculino singular del pronombre relativo declinado *por cuya*; τῷ, caso dativo masculino singular del artículo determinado *el*; μώλωπι, caso dativo masculino singular del nombre común *herida*; ἰάθητε, segunda persona plural del aoristo primero de indicativo en voz pasiva del verbo ἰάομαι, *curar, sanar*, aquí *fuisteis sanados*.

ὃς τὰς ἁμαρτίας ἡμῶν αὐτὸς ἀνήνεγκεν ἐν τῷ σώματι αὐτοῦ ἐπὶ τὸ ξύλον, En la mente de Pedro persiste la profecía de Isaías, a la que hace también alusión aquí al decir que Jesús *llevó nuestros pecados* (Is. 53:4-6). Toda la operación de la gracia, los privilegios, la posición y la forma de vida, son el resultado de la obra de salvación, que se considera aquí desde la perspectiva de la *sustitución*. Cristo llevó sobre Su cuerpo nuestros pecados en la Cruz. La máxima expresión de la bondad de Dios está manifestada en la obra realizada en lugar y a favor de los perdidos. El hecho de que se ha producido la sustitución, vendrá evidenciado por los resultados que siguen en el versículo.

No cabe duda que la sustitución es una obra personal, *"el mismo"*, refiriéndose al Señor, pero, también lo es *sacrificial*, puesto que *llevo* sobre sí los pecados, ofreciéndose en sacrificio. De otro modo, cargado con el pecado subió a la Cruz. Él era el Cordero de Dios que quitaba el pecado del mundo (Jn. 1:29). Jesús de Nazaret fue en Su muerte el sustituto de los pecadores, ya que potencialmente ocupó su lugar. Por medio de la *muerte sustitutoria* o *vicaria*, los juicios de Dios y la condenación por el pecado fueron llevados por Cristo, desviando la ira de Dios hacia Su Persona, para que los *herederos de ira* pudieran ser hechos objetos de misericordia y salvos por la obra de la Cruz. Habiendo ocupado el lugar del pecador y satisfecho totalmente las exigencias divinas para salvación, el pecador puede ser salvo reconociendo que Cristo murió por sus pecados y aceptarlo por fe como Salvador personal.

Pedro afirma, apelando a la profecía, que el Salvador llevó sobre Su cuerpo nuestros pecados. Con esta expresión se quiere decir que uno ocupa el lugar y toma sobre sí el sufrimiento propio de otro. En el sentido de sustitución por el pecador, Cristo toma sobre Sí el castigo de *nuestra paz* (Is. 53:5). La dimensión de la deuda contraída por el pecador a causa de su pecado, adquiere una dimensión imposible de cancelar ni en el tiempo ni en la eternidad. Ningún hombre podría sustituir a otro hombre cargando con sus pecados, porque el sustituto tendría que estar exento de todo pecado para poder tomar la responsabilidad de los ajenos. Cuando Cristo murió en la Cruz, es evidente que no había otro medio para la salvación de los pecadores más que ocupando su lugar. Los sufrimientos de Jesús, a los que Pedro ha hecho referencia en el párrafo, expresan el amor eterno de Dios hacia los pecadores, siendo la necesaria ejecución en el tiempo de lo que Dios había planeado desde la eternidad (2 Ti. 1:9). La sustitución en el contexto tiene que ver con el juicio del pecado, como se aprecia en algunos lugares del Nuevo Testamento (1 Co. 15:3; 2 Co. 5:21; Gá. 3:13). Esto produce la base de la propiciación. Sobre el Arca de la alianza estaba el propiciatorio sobre el que se extendía la sangre del sacrificio de expiación (Lv. 16:14 ss.; He. 9:5). El pecado del pueblo era *cubierto*, o como Pablo dice *pasado por alto*, en espera a la obra de Cristo. Por esa causa el pecador más perdido podía invocar el favor y la misericordia de Dios (Lc. 18:13). De modo perfecto, el sacrificio de Cristo cambia el lugar de juicio por un trono de misericordia (He. 9:11-15). Cristo, al morir en la Cruz, satisfizo todas las demandas de Dios en cuanto al juicio por el pecado, quedando resuelta la demanda por todos los pecados antecedentes (Ro. 3:25-26). A diferencia del sacrificio propiciatorio que *cubría* el pecado y que debía ser repetido por esta causa, el de Cristo *quita* el pecado, habiendo llevado sobre Sí el juicio por el pecado. Dice el apóstol que *llevó sobre Su cuerpo*, por tanto, sufrió la pena o castigo que merecía el pecador (Lv. 16:21; Is. 53:6; Mt. 20:28; Lc. 22:37; Jn. 10:11; Ro. 5:6-8; 1 P. 3:18). Como sacrificio por el pecado tiene que morir en la Cruz y sufre el juicio del pecado del mundo (1 Co. 15:3-4; 2 Co. 5:19-21 1 P. 1:18-19). No sólo es el sacrificio, sino que es también en Sumo Sacerdote que lo oficia (He. 7:25-27). Jesús ofreció Su vida en la Cruz, como sacrificio por el pecado (He, 10:1-10). La pena del pecado puede ser remitida por el carácter expiatorio del sacrifico de Cristo. En la antigua dispensación el pecador era perdonado cuando presentaba un sacrificio cruento para la expiación, que era tipo de la muerte de Cristo en la Cruz (Lv. 4:20, 26, 31, 35; 5:10, 13, 16, 18; 6:7; 19:22; Nm. 15:25, 26, 28). La misma verdad prevalece en relación con la vida de Cristo expresada en el derramamiento de Su sangre en el Calvario, como base de perdón para todo pecador (Col. 1:14; Ef. 1:7). El pecador puede ser perdonado, porque el juicio por su pecado cayó con todo rigor sobre Cristo en la Cruz. En base al sacrificio expiatorio del Salvador, Dios está en libertad de manifestar Su gracia a quienes no tienen mérito alguno, salvándolos (Ro. 5:8; Ef. 2:7-10). Toda condenación es quitada para siempre en razón del sacrificio y los méritos del Hijo de Dios (Jn. 3:18; 5:24; Ro. 8:1).

La obra de Cristo, a la que se refiere aquí el apóstol Pedro es una obra sustitutoria, en la que Jesús ocupa el lugar de los pecadores: *"uno murió por todos"*, de otro modo en una profundidad difícil de comprender: *"El justo por nosotros los injustos"*. La Cruz da expresión al eterno programa del *Plan de salvación* (1:18-20). Cuando llegó *"el cumplimiento del tiempo"*, el Cordero de Dios fue cargado con nuestro pecado, de modo que cuando subió a la Cruz lo hizo llevando sobre Él la carga que nos correspondía. La obra de la Cruz es la base del perdón y purificación del creyente. El efecto del pecado es un *caminar en tinieblas*. Cristo nos conduce a una vida de santidad que es un caminar en la luz, de lo que el apóstol se ocupó en los versículos anteriores.

Es importante notar que los pecados de los creyentes fueron puestos sobre el Salvador, *en su cuerpo*, sin que afecte en nada ni a Su naturaleza ni a Su Persona. En la Cruz, cargado con el pecado, es tan santo como cuando estaba sentado en su trono de gloria adorado por los serafines (Is. 6:1-3). Bajo el peso de esa carga, sufre la maldición del colgado (Gá. 3:13), de ahí la referencia al *madero* en esta oración primera del versículo.

ἵνα ταῖς ἁμαρτίαις ἀπογενόμενοι τῇ δικαιοσύνῃ ζήσωμεν, El objeto de la obra de sustitución está claramente expresado por Pedro: *"Estando muertos a los pecados"*. El pecado ya no se puede enseñorear del creyente sujetándolo a esclavitud (Ro. 6:2, 10). Libre de la esclavitud del pecado puede vivir a la justicia: *"para que... vivamos a la justicia"*. El cristiano ya no sirve al pecado, sino a la justicia (Ro. 6:13). El testimonio de una vida santa que practica la justicia es exigencia para quien ha sido alcanzado por la gracia e identificado con Cristo.

οὗ τῷ μώλωπι ἰάθητε. Una nueva experiencia: *"Por cuya herida fuisteis sanados"*. Esta es una alusión a la profecía (Is. 53:5). El asombroso método de sanidad espiritual, donde el médico toma la enfermedad mortal del paciente y éste recibe la sanidad. Se entiende que la sanidad aquí es *espiritual* y no *física*.

25. Porque vosotros erais como ovejas descarriadas, pero ahora habéis vuelto al Pastor y Obispo de vuestras almas.

ἦτε γὰρ	ὡς	πρόβατα	πλανώμενοι,	ἀλλὰ	ἐπεστράφητε	νῦν
Porque erais	como	ovejas	descarriadas	pero	os convertisteis	ahora

ἐπὶ	τὸν	ποιμένα	καὶ	ἐπίσκοπον	τῶν	ψυχῶν	ὑμῶν.
al		pastor	y	sobreveedor	de las	almas	de vosotros.

Análisis y notas del texto griego.

Análisis: ἦτε, segunda persona plural del imperfecto de indicativo en voz activa del verbo εἰμί, *ser, estar*, aquí *erais*; γὰρ, conjunción causal *porque*; ὡς, adverbio de modo, *como*, que hace las veces de conjunción comparativa; πρόβατα, caso nominativo neutro plural del nombre común *ovejas*; πλανώμενοι, caso nominativo masculino plural del participio de presente en voz pasiva del verbo πλανάω, *extraviarse, desviarse, perderse*, aquí *descarriadas*; ἀλλὰ, conjunción adversativa *pero*; ἐπεστράφητε, segunda persona plural del aoristo segundo de indicativo en voz pasiva del verbo ἐπιστρέφω, *volverse, convertirse*, aquí *os convertisteis*; νῦν, adverbio demostrativo *ahora*; ἐπὶ, preposición propia de acusativo *a*; τὸν, caso acusativo masculino singular del artículo determinado *el*; ποιμένα, caso acusativo masculino singular del nombre común *pastor*; καὶ, conjunción copulativa *y*; ἐπίσκοπον, caso acusativo masculino singular del nombre común *sobreveedor*; τῶν, caso genitivo femenino plural del artículo determinado declinado *de las*; ψυχῶν, caso genitivo femenino plural del nombre común *almas*; ὑμῶν, caso genitivo de la segunda persona plural del pronombre personal declinado *de vosotros*.

ἦτε γὰρ ὡς πρόβατα πλανώμενοι, El capítulo concluye con una nueva referencia a la profecía de Isaías que Pedro tuvo en mente en la última parte del mismo. En ella se lee de la condición de los hombres en relación con Dios: *"Todos nosotros nos descarriamos como ovejas, cada cual se apartó por su camino"* (Is. 53:6). El apóstol alude aquí a la experiencia personal anterior a la conversión. En el texto griego se lee literalmente: *"porque erais como ovejas descarriadas"*, en sentido de *errantes*, sin camino cierto. Esa es la característica de cada pecador, que vive sin deseo alguno, de mutuo propio, de volver a Dios. El ser humano está alejado de Dios. El salmista lo afirma: *"Jehová miró desde los cielos sobre los hijos de los hombres, para ver si había algún entendido, que buscara a Dios"* (Sal. 14:2). El pecador huye del Dios santo, que es incompatible con el pecado del hombre. Lo hizo desde el mismo momento en que el pecado afectó su vida. La historia lo confirma: En la caída, Adán no buscó a Dios, para confesar su fracaso y restaurar la relación rota por el pecado, hizo todo lo contrario como fue esconderse de Él (Gn. 3:8). Alguien podrá sugerir que este momento en la historia de Adán le impulsó a esconderse por miedo a Dios y a la reacción Suya ante la desobediencia en que había incurrido (Gn. 3:10). Sin embargo, la tónica sigue en la historia del hombre, como ocurre en el texto citado por Pedro de la profecía de Isaías. El alejamiento de Dios es el resultado al que conducen todos los *caminos* que el hombre emprenda, ninguno de ellos le conducirá a Él, sino todo lo contrario, lo alejarán cada vez más, porque *"hay camino que al hombre le parece derecho; pero su fin es camino de muerte"* (Pr. 14:12). La condición natural del hombre, a causa del pecado, le lleva a repudiar a Dios (Jn. 3:19-20). Algunos podrán ampararse en el espíritu religioso que busca según su forma a Dios. Esclavos del pecado, bajo el poder de Satanás, siguen al maligno. Pedro afirma que todos éramos como *ovejas descarriadas*, extraviadas siguiendo un camino personal que no nos conducía a Dios.

ἀλλὰ ἐπεστράφητε. Pero en los lectores, como en millones de personas a lo largo del tiempo, se produjo una verdadera conversión: *"Habéis vuelto"*. El verbo ἐπιστρέφω, expresa la idea de *volverse* y es el que se usa para hablar de *convertirse* a Dios (Hch. 3:19; 9:35; 11:21; 14:15; 15:19; 26:18, 20; 28:27; 2 Co. 3:16; 1 Ts. 1:9; Stg. 5:19, 20). La conversión es la acción mediante la cual el hombre deja su camino equivocado y retorna para encontrarse con Dios. Acaso alguno pudiera decir que él hizo cuanto pudo y por fin regresó a Dios porque le había buscado por tiempo hasta que lo encontró. Nadie piense que es un hombre diferente al resto de los hombres. Porque el hombre no buscó nunca a Dios, es Él quien vino a buscarle (Lc. 19:10). De otro modo, el hombre, cuando busca a Dios, es en respuesta al llamado de Dios mismo que ilumina su corazón por Su Espíritu y le conduce al Salvador.

De este modo escribía Newell:

"Adán al pecar se volvió y huyó de un Dios santo. Dios se convirtió entonces en buscador; "Adán, ¿dónde estás tú?". Así ha sido siempre. Ningún ser humano ha buscado nunca al santo Dios. El hombre, consciente de su debilidad de criatura, de su responsabilidad y de su culpa, lleno de terrores de conciencia o de terrores forjados directamente por el demonio, o quizá bajo la ilusión de que algún dios (en realidad un demonio) pueda concederle éste o aquel favor, ha edificado sus templos y lleva a cabo su culto. Desechad la idea de que un ser humano –al impulso de su corazón– haya tenido jamás un pensamiento santo o haya amado a un Dios santo. Gracia "praeveniens et efficax" (gracia preveniente y eficaz) es la antigua frase que expresa la verdad de que Dios ha tomado el lugar de buscador, convencedor, persuasor, dador y

perfeccionador final de toda la salvación de los hombres. Su gracia soberana precede la respuesta de todo hombre y la hace ser[7]".

El apóstol trató de la acción divina para salvación nada más comenzar la *Epístola* (1:2), por tanto, ya se ha tratado esto en su lugar. Aquí recuerda la condición de *convertidos* de los lectores. Todos, sin excepción *habían vuelto*, es decir, habían experimentado un verdadero retorno a Dios, una genuina conversión.

ἀλλὰ ἐπεστράφητε νῦν ἐπὶ τὸν ποιμένα καὶ ἐπίσκοπον τῶν ψυχῶν ὑμῶν. Se habían convertido al *Pastor y Sobreveedor* de las almas de los creyentes. Es el calificativo que se da a Jesús. Él se presentó como el Buen Pastor, por tanto, es a Él a quien se ha de volver. Ese es uno de los títulos simbólicos que el Señor se aplicó a Él mismo: "*Yo soy el buen pastor*" (Jn. 10:14). El Mesías había sido profetizado como el pastor de Su pueblo (Ez. 37:24; Zac. 11:4). El Pastor divino busca, reconoce, toma en Sus brazos y conduce al redil a toda oveja extraviada que Él ha buscado con misericordia entrañable.

Le llama también ἐπίσκοπος, que en una transliteración se traduce en algunas versiones por *obispo*. El término significa *supervisor*, o *sobreveedor*, aquel que está viendo por encima. El que ha recibido a Sus ovejas supervisa el rebaño para darles cuanto precisan cada día. Este Pastor del cielo, las conforta y conduce a pastos deleitosos. No es el pastor despótico y tirano que golpea al rebaño cuando no obedece sus indicaciones, sino aquél que toma en Sus brazos a la perniquebrada, y sustenta a los que están lastimados. Es el que adereza mesa de comunión y paz, cuando los angustiadores rodean amenazantes al creyente (Sal. 23:5). Es aquel que acompaña cuando otros dejan y que está presente en el valle de sombra de muerte para dar aliento y cambiar el temor en confianza. Es el que con Su vara y Su cayado hace sentir paz al rebaño porque todas las ovejas se sienten seguras y tranquilas confiando que no podrán tocarlas quienes vienen para devorarlas. El convertido al Pastor, se siente confiado cuando necesite la restauración en un fracaso espiritual (Sal. 23:4). Es el pastor que provee de pasto conforme a las necesidades personales de cada uno (Sal. 23:1-2). Es el que conforta el alma de cada oveja cuando esté en necesidad de aliento y ánimo (Sal. 23:2-3). Cada creyente sabe que no habrá un solo momento en su experiencia de vida terrenal, que el Pastor no esté presente y se hace en cada oveja de Su prado esperanza de gloria (Sal. 23:6; Col. 1:27). Más adelante el apóstol le llamará el "*Príncipe de los pastores*" (5:4).

---

[7] William R. Newell. *Romanos*. Grand Rapids, 1984, pág. 70.

Cerrando el capítulo podrían destacarse algunas aplicaciones personales, pero es suficiente si llegamos a la comprensión de que, si *hemos vuelto*, si nuestro encuentro con Cristo ha sido una verdadera conversión, vivamos como corresponde a esa nueva forma de vida, dando testimonio ante el mundo de Aquel que nos amó, murió por nosotros, nos alcanzó con Su gracia, nos ha sentado en lugares celestiales y es nuestro Pastor y esperanza de gloria.

CAPÍTULO III

HOGAR, RELACIÓN Y SUFRIMIENTO.

Introducción.

Luego de la parte doctrinal con que se cerró el capítulo anterior, sigue ahora un amplio espacio aplicativo. El apóstol estuvo enseñando que la vida del cristiano nace en la gracia, discurre en ella, y concluye en la glorificación, su manifestación definitiva y perpetua.

La realidad de la salvación, con la transformación de la vida por el nuevo nacimiento, se hace visible a todos los que conviven con el cristiano. Cada uno de los estamentos propios de la sociedad, sirven para expresar la vida conforme a la voluntad de Dios, en contraste con la del mundo, contraria a Él. En el capítulo anterior hizo referencia al ámbito de la sociedad (2:13-17), a las relaciones laborales (2:18-25). En este va a referirse primero a la familia (vv. 1-7), y a la iglesia (3:8-9). Concluyendo con una nueva referencia al sufrimiento (vv. 13-22), que seguirá en el capítulo siguiente. El conjunto del capítulo está dentro de la tercera sección que se ha titulado: *La gracia en la ética*, y que concluye en el v. 12, para empezar con el v. 13 una nueva sección: *La gracia en el sufrimiento*, que concluirá en 4:19.

Jesús dejó ejemplo para que los Suyos sigan en Su camino marcado por las huellas que nos ha dejado (2:21). Este estilo de vida alcanza todas las formas y todos los tiempos de nuestra carrera cristiana. El objetivo de un comportamiento ético, conforme a la voluntad de Dios, traerá las consecuencias de bendición personal y la glorificación de Dios que es alabado al ver el comportamiento de los cristianos (2:12). El primer ámbito de testimonio se manifiesta en el hogar o, si se prefiere, en la relación familiar. Especialmente cuando se trate de convivir con un cónyuge que no sea creyente. Aún más si quien es creyente es la esposa y sufre el rechazo de su esposo a causa de su fe, especialmente acentuado en tiempos de la *Epístola* en los que la mujer era tratada con menos atención y consideración siendo, en ocasiones, un mero objeto en manos del marido. La esposa con una vida consecuente con su fe, en un trato especialmente afectuoso con el marido, consigue alcanzarlo para Cristo por su testimonio personal. El modo de ese comportamiento podría resumirse en el párrafo con cuatro palabras: 1) Subordinación (v. 1); 2) Respeto (v. 2); 3) Dulzura (v. 4); 4) Acatamiento (v. 6). En el mismo tema de la familia, se demanda para el marido: 1) Sabiduría; 2) Trato honorable; 3) Consideración; 4) Comunión. Todo ello en un solo versículo (v. 7).

La ética cristiana en un comportamiento conforme al ejemplo de Cristo se pone de manifiesto en el comportamiento entre creyentes (vv. 8-12). En dos versículos desarrolla como ha de ser una conducta ejemplar en esa relación que se fundamente esencialmente en el amor fraternal, con la atención a las necesidades de los demás (v. 8). Además, el bien regula y establece la expresión de la vida mutua, sin devolver el mal que pudiera ocasionar otro, controlando la forma de hablar para no ocasionar desprestigio a nadie, siendo positivos para poder ser instrumentos de bendición como Dios nos ha bendecido (v. 9).

Para fundamentar lo que enseña, acude a la Escritura nuevamente, en una cita de Salmos (Sal. 34:12-16), con la que hace una recapitulación de lo que antecede, no desde la perspectiva humana, sino desde la divina. En la cita, la palabra *vida* aparece repetidamente, es la vida digna de ser vivida. Dios demanda en ella el control de la lengua en una forma de expresión en donde la mentira no tiene cavidad. Concluyendo con la advertencia de la única forma de que las oraciones sean respondidas, que no es otra que la obediencia a lo que Él establece.

La gracia permite el sufrimiento y establece pautas para afrontarlo. De nuevo se advierte que la causa de las dificultades es el testimonio de una forma de vida conforme a Dios, que el mundo no puede soportar. En los momentos de prueba intensa el cristiano, firme en la fe, no se amedrenta (v. 14). No trata de establecer ante los perseguidores la defensa de la fe, pero está siempre dispuesto para presentarla con *mansedumbre* cuando se le demande (v. 15). Sobre todo, la regulación de la vida en el sufrimiento está asentada en una *conciencia buena*, es decir, que no acusa, porque no puede juzgar ningún hecho ejecutado conforme a la vida nueva en Cristo y para gloria de Dios (v. 16-17).

Esto le da pie para recordar la verdad del padecimiento de Cristo y la sustitución que hizo en Su muerte, donde el Justo muere por los injustos para llevarnos a Dios (v. 18). El cuerpo doctrinal entra en un párrafo difícil de entender cuando habla de lo que había ocurrido con el testimonio dado a los antediluvianos a quienes se le predicó el evangelio de salvación en los días de Noé (vv.19-20). Concluyendo con una referencia a un bautismo que salva, vinculado con Cristo resucitado, a quien se sujetan ángeles, autoridades y potestades (vv.21-22).

Para el estudio del capítulo se sigue el *Bosquejo* que se presentó en la *introducción*, como sigue:

3. Comportamiento en la familia (3:1-7).
   3.1. Demandas para las esposas (3:1-6).
   3.2. Demandas para los maridos (3:7).
4. Comportamiento entre creyentes (3:8-12).
   4.1. Desarrollo de las demandas (3:8-9).
   4.2. Razón de las demandas (3:10-12).

IV. LA GRACIA EN EL SUFRIMIENTO (3:13-4:19).

1. Causas del sufrimiento (3:13-4:19).
   1.1. Sufrimiento por causa de la justicia (3:13-14).
   1.2. Defensa en el sufrimiento (3:15-17).
   1.3. El ejemplo supremo (3:18-22).

Comportamiento en la familia (3:1-7).

Demandas para las esposas (3:1-6).

1. Asimismo vosotras, mujeres, estad sujetas a vuestros maridos; para que también los que no creen a la palabra, sean ganados sin palabra por la conducta de sus esposas.

Ὁμοίως [αἱ] γυναῖκες, ὑποτασσόμεναι τοῖς ἰδίοις ἀνδράσιν,
Asimismo las mujeres, siendo subordinadas a los propios maridos
ἵνα καὶ εἴ τινες ἀπειθοῦσιν τῷ λόγῳ, διὰ τῆς τῶν
para que también si algunos desobedecen a la Palabra, mediante la de las
γυναικῶν ἀναστροφῆς ἄνευ λόγου κερδηθήσονται,
esposas conducta sin palabra serán ganados.

Análisis y notas del texto griego.

Análisis: Ὁμοίως, adverbio *asimismo, también*; αἱ, caso nominativo femenino plural del artículo determinado *las*; γυναῖκες, caso nominativo femenino plural del nombre común *mujeres, esposas*; ὑποτασσόμεναι, caso nominativo femenino plural del participio de presente en voz pasiva del verbo ὑποτάσσω, *someter, subordinar*, aquí *siendo subordinadas, siendo sumisas*; τοῖς, caso dativo masculino plural del artículo determinado declinado *a los*; ἰδίοις, caso dativo masculino plural del adjetivo *propios*, ἀνδράσιν, caso dativo masculino plural del nombre común *hombres, maridos, esposos*; ἵνα, conjunción causal *para que*; καὶ, adverbio de modo *también*; εἴ, conjunción *si*; τινες, caso nominativo masculino plural del pronombre indefinido *algunos*; ἀπειθοῦσιν, tercera persona plural del presente de indicativo en voz activa del verbo ἀπειθέω, *desobedecer*, aquí *desobedecen*; τῷ, caso dativo masculino singular del artículo determinado declinado *al*; λόγῳ, caso dativo masculino singular del nombre común *palabra, mensaje*; διὰ, preposición propia de genitivo *por*; τῆς, caso genitivo femenino singular del artículo determinado *la*; τῶν, caso genitivo femenino plural del artículo determinado declinado *de las*; γυναικῶν, caso genitivo femenino plural del nombre común *mujeres, esposas*; ἀναστροφῆς, caso genitivo femenino singular del nombre común *conducta*; ἄνευ, preposición propia de genitivo *sin*; λόγου, caso genitivo masculino singular del nombre común *palabra, mensaje*; κερδηθήσονται, tercera persona plural del futuro de indicativo en voz pasiva del verbo κερδαίνω, *ganar, realizar ganancia, obtener un provecho*, aquí *serán ganados*.

Ὁμοίως αἱ γυναῖκες, La demanda de una vida en la gracia, alcanza todos los niveles de la vida cotidiana del creyente, entre los que la familia está en un lugar destacado. Pedro inicia el párrafo con el adverbio ὁμοίως, *asimismo* o *de igual modo*, pero puesto que lo que antecede trataba de la *sumisión de los esclavos*, podría suponerse que estaba pidiendo lo mismo para las esposas en relación con los maridos. Nada más contrario, puesto que, en el desarrollo de la enseñanza, se establece un trato elevado, digno, respetuoso y afectivo para ellas, procedente de sus maridos (v. 7). El término *asimismo* aquí es equivalente a *también*, es decir, del mundo laboral pasa al familiar, de modo que a los siervos se pidió algo determinado, también a las mujeres se establece otra petición diferente porque está en otro ámbito.

ὑποτασσόμεναι τοῖς ἰδίοις ἀνδράσιν, Pedro vincula las demandas a las esposas, desde la dimensión del testimonio, pidiéndoles *subordinación* al marido. No se trata de una subordinación esclavizante, sino de la aceptación voluntaria del orden divinamente establecido para el hogar antes del pecado y que se extiende, como voluntad de Dios a todos los tiempos. Cuando estableció la relación entre esposos en el hogar, dio capacidad gubernativa a ambos, no solo al marido (Gn. 1:28), donde las instrucciones están en plural y no en singular. El hombre solo no podía, conforme a la voluntad de Dios, ser el *señor* y gobernar el hogar a su capricho y antojo, por cuya razón Le creó una ayuda idónea que es la mujer. Esta no fue creada para *ayuda material* en las labores del hogar, sino como complemento dialogante para tomar las decisiones que convengan en la casa. La responsabilidad del hogar delante de Dios es del varón, por cuya razón la esposa debe *subordinarse* al orden divinamente establecido. Dios que hizo todo *bueno en gran manera* (Gn. 1:31), aprecia que *"no es bueno que el hombre esté solo"* (Gn. 2:18, 20b-22). Por tanto, como se dijo antes, le hizo la ayuda idónea de la mujer. No está hecha para servir al hombre; no está hecha para gobernar sobre el hombre; Dios la hace para *dialogar*, mantener comunión de *igual a igual*. El hombre recibió la mujer como un regalo de la gracia, por eso el *"que halla esposa halla el bien, y alcanza la benevolencia de Jehová"* (Pr. 18:22). Nótese que el que *halla* esposa alcanza *lo bueno*, porque Dios dijo que *no es bueno que el hombre esté solo*. Una de las misiones del matrimonio es la *ayuda mutua* (Gn. 2:18). Asunto resaltado en muchos pasajes de la Escritura (Ec. 4:9-12a).

El feminismo del mundo de hoy, lucha por la igualdad absoluta del hombre y de la mujer y, en cierta medida, con razón ya que, a causa del pecado, la mujer ha sido rebajada a una condición sumamente triste en muchos lugares. Pero, no así para el cristiano, en cuya vida se ha producido el cambio de la regeneración y dotado de un corazón que vive para amar entrañablemente como él fue amado. En una relación de este tipo, para la esposa creyente es un privilegio ocupar voluntariamente el orden establecido por Dios y cooperar para que la responsabilidad del esposo en el hogar pueda ser llevada a cabo delante de Dios sin tensiones y conflictos. El matrimonio es honorable para todos (He. 13:4).

El verbo griego ὑποτάσσω, significa poner bajo un orden. El pecado propició la rebeldía contra Dios en relación a este orden, de modo que la mujer caída en la tentación se rebeló contra lo dispuesto por Él, en todos los campos y en todos los aspectos (Gn. 3:5-6). El problema del pecado generó un problema grave en el matrimonio, de modo que Dios anunció a la mujer que una de las consecuencias sería que *"tu deseo será para tu marido, y él se enseñoreará de ti"* (Gn. 3:16). La mujer cristiana acepta el orden voluntariamente en razón a la regeneración, que le impulsa a guardar los mandamientos de Dios (Ez. 36:26-27). Esta subordinación se convierte en una clara expresión de testimonio. La *subordinación* tiene que ver con *vuestros maridos*.

ἵνα καὶ εἴ τινες ἀπειθοῦσιν τῷ λόγῳ, El testimonio de la esposa es un mensaje silencioso del evangelio. Pedro presenta un extremo difícil ya que hay una cristiana que está casada con un no creyente. A este hombre se le predicó el evangelio. Nótese que *"no obedecen a la palabra"*, es decir, al *mensaje* proclamado que llama a salvación, de modo que quien no acepta el mensaje es desobediente a Dios. Es más, cabría suponer que incluso prohibiese a su esposa hablarle de Cristo.

διὰ τῆς τῶν γυναικῶν ἀναστροφῆς ἄνευ λόγου κερδηθήσονται, Pedro no manda a las mujeres en esta situación alcanzar a estos desobedientes *por la palabra* del evangelio, sino por la *predicación* con la conducta. Es el evangelio silencioso *"sin palabras"*. La conducta ejemplar, la subordinación, el trato respetuoso, etc. produce un impacto tan grande en el marido no creyente, que éste es ganado para Cristo por el testimonio, *la conducta* de su esposa. El evangelio ha de proclamarse con palabras, no hay duda que debe ser así, pero las mejores palabras son el ejemplo de vida transformada de cada cristiano. La impactante vida de Jesús que se manifiesta en la vida de cada uno de los Suyos. La fuerza transformadora del evangelio ha de verse manifestada en aquellos que han sido alcanzados para Cristo (Ro. 1:16-17).

2. Considerando vuestra conducta casta y respetuosa.

ἐποπτεύσαντες τὴν ἐν φόβῳ ἁγνὴν ἀναστροφὴν ὑμῶν.
Observando la con temor pura conducta de vosotras.

Análisis y notas del texto griego.

Análisis: ἐποπτεύσαντες, caso nominativo masculino plural del participio aoristo primero en voz activa del verbo ἐποπτεύω, *inspeccionar, vigilar, observar*; τὴν, caso acusativo femenino singular del artículo definido *la*; ἐν, preposición propia de dativo *con*; φόβῳ, caso acusativo femenino singular del nombre común *temor, respeto reverente*; ἁγνὴν, caso acusativo femenino singular del adjetivo *pura, casta*; ἀναστροφὴν, caso acusativo femenino singular del nombre común *conducta*; ὑμῶν, caso genitivo de la segunda persona plural del pronombre personal declinado *de vosotros*, dirigido a las mujeres *de vosotras*.

ἐποπτεύσαντες τὴν ἐν φόβῳ ἁγνὴν ἀναστροφὴν ὑμῶν. El marido no creyente observa el comportamiento moral de su esposa, en una conducta *pura*, en sentido también de *casta*. La observación es hecha de forma atenta, literalmente *teniendo a la vista* u *observando*. Este verbo aparece dos veces en la carta, anteriormente en 2:12. El marido mira atentamente el comportamiento de la esposa.

En la observación descubre en ella una *conducta casta*, literalmente una forma *pura* de vivir. Frente a una sociedad pagana y licenciosa, la vida de una creyente llamaba la atención por su moralidad. Comprende, sin duda, otras virtudes además de la pureza moral, entre ellas, una vida llena de sabiduría (Stg. 3:17); una limpieza de conversación alejada de críticas, chismes y murmuraciones (Stg. 4:11).

En la observación descubre una conducta respetuosa, ya que esa vida de la esposa cristiana se desarrolla en un *temor reverente*. No por causa de su marido, sino por causa del Señor. Vida reverente corresponde a la conducta propia del creyente en relación con Dios. Cada acto de esa mujer en su casa tenía que ver con el testimonio de Dios. Es la enseñanza reiterada en la *Epístola*; vida reverente en todo (1:17); respeto reverente en el trabajo (2:18); conducta reverente en el matrimonio (v. 2); respeto reverente en las respuestas a otros (v. 15). Conducta reverente porque toda la vida se desarrolla en la presencia de Dios.

3. Vuestro atavío no sea el externo de peinados ostentosos, de adornos de oro o de vestidos lujosos.

ὧν ἔστω οὐχ ὁ ἔξωθεν ἐμπλοκῆς τριχῶν καὶ περιθέσεως
De quienes sea no el exterior de trenzado de cabello y ponerse en derredor
χρυσίων ἢ ἐνδύσεως ἱματίων κόσμος
adornos de oro o de vestirse ropas lujosas.

Análisis y notas del texto griego.

Análisis: ὧν, caso genitivo plural del pronombre relativo *de quienes*; ἔστω, tercera persona plural del presente de imperativo en voz activa del verbo εἰμί, *ser, estar*, aquí *sea*; οὐχ, forma escrita del adverbio de negación *no*, con el grafismo propio ante vocal con espíritu áspero; ὁ, caso nominativo masculino singular del artículo determinado *el*; ἔξωθεν, adverbio *de fuera, de afuera, fuera, al exterior*; ἐμπλοκῆς, caso genitivo femenino singular del nombre común declinado *de trenzado*; τριχῶν, caso genitivo neutro plural del nombre común declinado *de cabellos, pelo*; καὶ, conjunción copulativa *y*; περιθέσεως, caso genitivo femenino singular del nombre común que denota la acción de *poner en derredor*; χρυσίων, caso genitivo neutro plural del nombre común declinado *adornos de oro*; ἢ, conjunción disyuntiva *o*; ἐνδύσεως, caso genitivo femenino singular del nombre común declinado *de vestirse*; ἱματίων, caso genitivo neutro plural del nombre común *ropas, vestidos*; κόσμος, caso nominativo masculino singular del nombre común *mundo*, en sentido de *lujosa, un mudo de vestido, sorprendentes*.

ὧν ἔστω οὐχ ὁ ἔξωθεν. El atavío de las mujeres cristianas ha de ser moderado, no excesivamente llamativo, al igual que los adornos. Este versículo ha causado no poca polémica y generado contiendas, especialmente por posiciones radicales en un mundo de pietismo extremo o, si se prefiere mejor, por ser demasiado estrictos en la aplicación literal de este texto. Muchas mujeres, especialmente jóvenes se han visto obligadas a vivir sin ningún tipo de adorno modesto, sin usar ningún tipo de ropa que para algunos líderes suponía vestidos mundanos, aunque fuesen dignos de la más estricta piedad y decencia.

Pedro habla del atavío visible de una mujer cristiana, especialmente de una creyente casada. Comienza haciéndoles una observación tocante a la orientación de su porte: *"no sea el externo"*, es decir, la mujer cristiana no debe considerar como prioritario un porte visible que llame la atención por lo que él mismo es. Es decir, la visión no es hacia el entorno, sino hacia arriba, no es hacia la sociedad, sino hacia Dios. El creyente no es de este mundo (Jn. 15:19; 17:14, 16), por tanto, su vida ha de buscar esencialmente las cosas de arriba (Col. 3:1), donde está su patria (Fil. 3:20).

ἐμπλοκῆς τριχῶν. Esta orientación espiritual trae una consecuencia en el peinado, en el vestido y en los adornos. La mujer cristiana no se centra en lo externo sino en lo interno, como se notará en el siguiente versículo. Pedro comienza refiriéndose al pelo, y dice que la prioridad no es disponer de un peinado ornamental que llame la atención, al que califica como *cabello trenzado*. Ahora, bien ¿qué tipo de peinado es ese? Necesariamente no podemos equipararlo con alguno de los actuales, puesto que se trata de una forma propia de la sociedad greco-romana de hace dos mil años. Este tipo de peinado era propio de las mujeres de la alta sociedad. Para elaborar lo que se llama *trenzado*, necesitaban la asistencia de criadas o esclavas que dedicaban mucho tiempo a elaborar el trenzado del pelo, convirtiéndolo en una verdadera obra de arte. Las mujeres usaban el pelo largo, con peinados muy trenzados alrededor de toda la cabeza y muy elaborados. Como testimonio tenemos los frescos de algunas casas, e incluso en la decoración de cerámicas, monedas y, sobre todo en esculturas. Estos peinados elaborados se recogían con muchas cintas produciendo también aspecto rizado o en ondas. Usaban aceites y pomadas para armar el peinado y lo sostenían con horquillas.

Pedro no prohíbe el arreglo del pelo, pero exhorta a no dedicar a esto ni tiempo excesivo, ni ayudantes para prepararlo, ni grandes gastos para conseguir un aspecto externo que llamase la atención. Sin embargo, el sistema extremo del mundo evangélico entiende que la mujer cristiana no debiera arreglarse el pelo de ninguna manera. Sin embargo, una mujer con el cabello bien cuidado es un signo de elegancia que dignifica a su esposo. Siempre teniendo en cuenta el uso correcto de esto.

καὶ περιθέσεως χρυσίων. El apóstol se refiere a los adornos de oro que solían poner rodeando el cabello entrenzado. No es como algunos, poco conocedores de la forma de vestirse y adornarse de las mujeres griegas y romanas, entienden que está hablando de joyas con que podían adornarse las manos, los vestidos, el cuello o incluso las orejas. Se refiere a una carga de adornos de oro puestos en el pelo para llamar la atención. De modo que no solo tenían un cabello lleno de trenzas que ocupaban a un grupo de esclavas durante tiempo para producirlas, sino que a ello se añadía una fuerte presencia de adornos de oro en el pelo.

Estos adornos requerían también la ayuda de criadas llamadas *ornatrices*, para escoger las alhajas. Pedro no prohíbe el uso de adornos, sino *el abuso* de ellos.

ἢ ἐνδύσεως ἱματίων κόσμος. Del peinado y del adorno pasa a los vestidos. La expresión es difícil de traducir literalmente, por lo que es necesario darle un sentido. Literalmente se lee: *vestirse con un mundo de vestido*. Es decir, ropas que son un alarde de aparatosidad y grandeza, podría llamárseles *vestidos lujosos*. Este vestido, requería también la ayuda de criadas *a veste*, para ayudar a ponérselo. Eran trajes espectaculares, llamativos. Esa mujer vestida y adornada de ese modo, no pasaba desapercibida para ninguno que la viese.

De nuevo es preciso advertir que Pedro no estaba prohibiendo adornos, peinados o vestidos elegantes, sino los excesos intolerables. Esta descripción denota superficialidad de carácter. En muchas ocasiones se trataba también de vestidos incitantes y provocativos, que no honraban la dignidad y modestia de una mujer casada. Era el aspecto propio de quienes sólo sienten ilusión por lo externo. Un problema típico de falta de espiritualidad y manifestación de carnalidad. Es el ejemplo de las mujeres en Israel en tiempos de decadencia espiritual y alejamiento de Dios, sobre quienes se anunciaba la acción judicial divina, como escribe el profeta: *"Aquel día quitará el Señor el atavío del calzado, las redecillas, las lunetas, los collares, los pendientes y los brazaletes, las cofias, los atavíos de las piernas, los partidores del pelo, los pomitos de olor y los zarcillos, los anillos, y los joyeles de las narices, las ropas de gala, los mantoncillos, los velos, las bolsas, los espejos, el lino fino, las gasas y los tocados"* (Is. 3:18-23). Es la misma enseñanza del apóstol Pablo (1 Ti. 2:9). Ambos no prohíben todo tipo de adorno, sólo el ostentoso, de otro modo prohibirían también toda clase de vestidos. La ostentación atrae la atención hacia lo externo de la persona.

Sin embargo, la mujer virtuosa es elegante y digna (Pr. 31:22). Dice que su vestido es de lino fino y púrpura, materiales de alto costo y de notable distinción. No es un vestido de cualquier forma, sino atractivo y elegante. La distinción personal está en una esposa bien vestida, elegantemente ataviada para su marido. La distinción y la elegancia no están vinculadas al lujo y al gasto. La esposa cristiana debe dar una imagen agradable, tanto para el marido como para la familia, puesto que es figura de la Iglesia en relación con Cristo, y el Señor se la presentará con vestidos sin mancha. Una mujer descuidada en el vestir, sin ningún adorno, ni preparación personal, es una desastrosa falta de atractivo personal visible, externo para su marido. La palabra relacionada con los vestidos, en el texto de Pedro, tiene que ver con *mundo*, κόσμος, de donde procede nuestra palabra *cosmética*, elementos de belleza y atención al cuerpo. Algunos en celo extremo por el cumplimiento literal de la Palabra y no tanto por el espiritual, llegan a prohibir el uso de cualquier crema de belleza, suave color en el rostro y adorno moderado en los ojos, tomando como referencia prohibitiva al hecho de que Jezabel, la reina malvada de Israel se pintaba los ojos con antimonio. Sin embargo, el profeta se pregunta si se olvidará la virgen, esto es la desposada, de su atavío o galas, por tanto, no hay prohibición en el adorno correcto (Jer. 2:32). El Salmo dice que Dios *unge la cabeza con aceite* (Sal. 23:5). María también ungió a Jesús con perfume de nardo líquido de mucho precio (Jn. 11:2), y la mujer pecadora ungió Sus pies (Jn. 12:3). Concluyendo, la Biblia no prohíbe los vestidos elegantes, sino el despilfarro para obtenerlos.

4. Sino el interno, el del corazón, en el incorruptible ornato de un espíritu afable y apacible, que es de grande estima delante de Dios.

ἀλλ' ὁ κρυπτὸς τῆς καρδίας ἄνθρωπος ἐν τῷ ἀφθάρτῳ τοῦ
Sino el interno, del corazón humano, en el incorruptible del
πραέως καὶ ἡσυχίου πνεύματος, ὅ ἐστιν ἐνώπιον τοῦ Θεοῦ
afable y apacible espíritu, que es delante - de Dios
πολυτελές.
de gran valor

Análisis y notas del texto griego.

Análisis: ἀλλ', conjunción adversativa *sino*; ὁ, caso nominativo masculino singular del artículo determinado *el*; κρυπτὸς, caso nominativo masculino singular del adjetivo *interno*; τῆς, caso genitivo femenino singular del artículo determinado declinado *de la*; καρδίας, caso genitivo femenino singular del nombre común *corazón*; ἄνθρωπος, caso nominativo masculino singular del nombre común *hombre, humano*; ἐν, preposición propia de dativo *en*; τῷ, caso dativo masculino singular del artículo determinado *el*; ἀφθάρτῳ, caso dativo masculino singular del adjetivo *incorruptible*; τοῦ, caso genitivo neutro singular del artículo determinado declinado *del*; πραέως, caso genitivo neutro singular del adjetivo *afable, dulce, bueno, indulgente, benigno*; καὶ, conjunción copulativa *y*; ἡσυχίου, caso genitivo neutro singular del adjetivo *tranquilo, apacible*; πνεύματος, caso genitivo neutro singular del nombre común *espíritu*; ὅ, caso nominativo neutro singular del pronombre relativo *el cual, el que, que*; ἐστιν, tercera persona singular del presente de indicativo en voz activa del verbo εἰμί, *ser, estar*, aquí *es*; ἐνώπιον, que en el helenismo es preposición impropia de genitivo, y que realmente es el acusativo neutro singular del adverbio ἐνώπιος, *el que está a la vista, ante el rostro de, el que está en presencia de, etc.*, convirtiéndose en adverbio, *delante*; τοῦ, caso genitivo masculino singular del artículo determinado *el*; Θεοῦ, caso genitivo masculino singular del nombre divino declinado *de Dios*; πολυτελές, caso nominativo neutro singular del adjetivo *de gran valor*.

ἀλλ' ὁ κρυπτὸς τῆς καρδίας ἄνθρωπος. Pedro establece un contraste entre una orientación hacia el exterior de adornos materiales, y una realidad interior que tiene que ver con el corazón, de donde salen los deseos, que se expresan en acciones externas. El apóstol dice que el *verdadero adorno* es el interior. Estos son ornatos imperecederos, porque no son temporales que se acaban. El apóstol se refiere literalmente al *propio del ser interior de la persona*. Los adornos internos corresponden al hombre interior (Ro. 7:22; 2 Co. 4:16; Ef. 3:16). Este es el adorno del corazón, que se manifiesta al exterior, ya que *"el corazón alegre hermosea el rostro"* (Pr. 15:13), o de otro modo: *"Porque de la abundancia del corazón habla la boca"* (Mt. 12:34).

ἐν τῷ ἀφθάρτῳ τοῦ πραέως καὶ ἡσυχίου πνεύματος, El adorno interno es *incorruptible* y descansa en el *espíritu*, es decir, en la parte espiritual del creyente, en el caso concreto de la esposa en el matrimonio. Las modas son pasajeras, pero la conducta permanece. El adorno no solo es incorruptible, literalmente *en el afable y apacible espíritu*. Es el espíritu que regulaba la conducta de la esposa cristiana y que por medio de ella condujo a Cristo a su marido antes desobediente a la Palabra, el mensaje del evangelio de la gracia (v. 1).

A la esposa se le demanda el espíritu femenino de un carácter dulce. Este *espíritu afable*, habla de un carácter afectivo, cariñoso y dulce en contraste con el espíritu violento, exigente y vengativo de los derechos propios (Mt. 11:26-30). Se añade también una segunda característica: *apacible*. El espíritu que busca la paz y la sigue. Es la condición natural y propia del creyente. Aquí va ligado al silencio sin reproche (v. 1). Es realmente lo que se suele llamar *dulzura femenina*. Esto comprende necesariamente el *amor sincero* (Tit. 2:4). No cabe duda que *"mejor es la comida de legumbres donde hay amor, que de buen engordado donde hay odio"* (Pr. 15:17). Lo contrario produce tensiones en el matrimonio y conflictos entre marido y mujer. Así lo expresaba el sabio Salomón: *"Gotera continua en tiempo de lluvia y la mujer rencillosa, son semejantes; pretender contenerla es como refrenar el viento, o sujetar el aceite en la mano derecha"* (Pr. 27:15-16). La gotera en tiempo de lluvia, no solo es dañina para el lugar en donde cae, sino molesta por el continuo golpeteo que produce. De ese mismo modo es el resultado de la convivencia con una mujer cuyo espíritu no es afable y apacible. Es este tipo de persona que está continuamente molestando al esposo con sus reproches, sus críticas y su negativismo. Pero, además, el proverbio presenta una situación sin remedio, puesto que tratar de contener una persona así es como intentar ponerle freno al viento, o tomar el aceite con una mano. Ambas cosas no son posibles, de ese mismo modo, nadie puede remediar la desgracia abrumadora de un carácter rencilloso o rencoroso. Si el espíritu apacible es el resultado de la paz en la vida, el rencilloso es la expresión de un espíritu contaminado por la animosidad. No es de extrañar que una situación así produzca alejamiento en el matrimonio e incluso abandono del hogar. Como hace notar Salomón: *"Mejor es vivir en un rincón del terrado que con mujer rencillosa en casa espaciosa"* (Pr. 21:9). La ilustración es clara. Un hombre opta por aislarse en el terrado, la parte alta de la casa, la azotea de la vivienda, soportando la inclemencia de la intemperie, porque le es imposible la convivencia con una mujer rencillosa. Pero, todavía más firme: *"Mejor es morar en tierra desierta que con la mujer rencillosa e iracunda"* (Pr. 21:19). Aún al terrado de la casa llegan los reproches y las palabras airadas de la esposa rencillosa, de modo que opta por una solución final, abandona la casa y se va a vivir al desierto, donde la soledad, la falta de condiciones e incluso los peligros son preferibles a la compañía de una esposa que rencillosa, guardando en el corazón lo que supuestamente no le agrada, para producir contienda en el matrimonio y, además siendo iracunda, no hay *espíritu apacible* en ella y continuamente levanta tensión y polémica con sus malos modos.

Una esposa con un carácter espiritual, es también una mujer *laboriosa*, como se describe de la llamada *mujer virtuosa* (Pr. 31:15, 17, 19, 21). En la sociedad occidental avanzada existe en muchos casos, el problema del ocio, esto es, la falta de una ocupación constructiva. La laboriosidad en el hogar, a la luz pasaje que se cita del libro de Proverbios, no tiene aplicación a la mujer que trabaja fuera de casa, como ocurre generalmente en nuestra sociedad, a esta actividad se le aplica la ética general de las relaciones laborales que se han considerado antes (2:18-20). Levantarse de noche, equivale a no dormir demasiado por la mañana, sino que establece un programa diligente en el hogar. En la descripción de la mujer virtuosa se hace notar que *da ración* a su familia y criadas, lo que significa establecer el trabajo que debe llevarse a cabo en la jornada, de modo que no haya pérdida de tiempo, ni tampoco se malgaste el que se tiene. La actividad en el hogar es continuada (Pr. 31:17). Colabora en los negocios con el marido y *"su lámpara no se apaga de noche"*. Por supuesto no significa que no duerma para poder trabajar, sino que se ocupa de que la luz ilumine la puerta de su casa para que los miembros de la familia la encuentren fácilmente. En el simbolismo de la acción, es una mujer que se ocupa de mantener el testimonio luminoso que atraiga a los suyos, especialmente a sus hijos. La mujer con carácter *afable y apacible*, es generosa prestando ayuda al pobre y al menesteroso (Pr. 31:20). Además, es previsora, no espera la llegada del invierno para proveer de ropa de abrigo a los suyos. Toda la familia está vestida de ropas dobles cuando es necesario (Pr. 31:21). Es una mujer que respalda a su marido (Pr. 31:23). Apoya con su conducta el ministerio de su marido. A éste se le conoce en el lugar donde se reunían los jueces de la ciudad, los hombres que sabían establecer justicia y atender las demandas de otros, por la conducta ejemplar de su esposa.

ὅ ἐστιν ἐνώπιον τοῦ Θεοῦ πολυτελές. Un espíritu *afable y apacible*, es de *"grande estima delante de Dios"*. Es de alto precio o de alta estima. Dios ve el interior y no el exterior. El corazón invisible a los hombres está descubierto delante del Señor (Ro. 8:27; 1 Co. 4:5). Las apariencias no son aceptables para Dios, porque son expresión de hipocresía. Especialmente en las relaciones matrimoniales del liderazgo de las iglesias, hay algunas veces en que la esposa, que delante de la congregación es celosa defensora de las prácticas morales que la Escritura establece para las mujeres, es la primera en no cumplirlas. Enseña a sus hermanas en la iglesia la *sumisión*, pero en privado ella se levanta contra la autoridad del esposo como líder y le fuerza, con su continua actividad fuera de la apacibilidad a ordenar asuntos en la iglesia que salen del gusto o deseo de la esposa. Se le puede considerar por quienes no conocen esto como una mujer ejemplar, pero su vida delante de Dios se manifiesta como una continua expresión de rebelde hipocresía. Dios observa el corazón *afable y apacible* y estima ese espíritu que conduce a la persona a obrar conforme a Su voluntad, porque es un corazón movido por el Espíritu Santo.

5. Porque así también se ataviaban en otro tiempo aquellas santas mujeres que esperaban en Dios, estando sujetas a sus maridos.

οὕτως γάρ ποτε καὶ αἱ ἅγιαι γυναῖκες αἱ ἐλπίζουσαι εἰς
Porque así en otro tiempo también las santas mujeres - que esperaban en
Θεὸν ἐκόσμουν ἑαυτάς ὑποτασσόμεναι τοῖς ἰδίοις ἀνδράσιν,
Dios ataviaban a sí mismas estando subordinadas a los propios maridos.

Análisis y notas del texto griego.

Análisis: οὕτως, adverbio demostrativo *así*; γάρ, conjunción causal *porque*; ποτε, adverbio *otrora, en otro tiempo*; καὶ, conjunción copulativa *y*; αἱ, caso nominativo femenino plural del artículo determinado *las*; ἅγιαι, caso nominativo femenino plural del adjetivo *santas*; γυναῖκες, caso nominativo femenino plural del nombre común *mujeres, esposas*; αἱ, caso nominativo femenino plural del artículo determinado *las*; ἐλπίζουσαι, caso nominativo femenino plural del participio presente en voz activa del verbo ἐλπίζω, *aguardar, esperar*, aquí *que esperan*, como presente histórico *que esperaban*; εἰς, preposición propia de acusativo *en*; Θεὸν, caso acusativo masculino singular del nombre divino *Dios*; ἐκόσμουν, tercera persona plural del imperfecto de indicativo en voz activa del verbo κοσμέω, *decorar, poner en orden, arreglar, disponer, preparar, adornar, hermosear, ataviar*, aquí, *ataviaban*; ἑαυτάς, caso acusativo femenino plural del pronombre reflexivo declinado *a sí mismas*; ὑποτασσόμεναι, caso nominativo femenino plural del participio de presente en voz pasiva del verbo ὑποτάσσω, *someterse, subordinarse*, aquí *estando subordinadas*; τοῖς, caso dativo masculino plural del artículo determinado *a los*; ἰδίοις, caso dativo masculino plural del adjetivo *propios*; ἀνδράσιν, caso dativo masculino plural del nombre común *hombres, esposos*.

οὕτως γάρ ποτε καὶ αἱ ἅγιαι γυναῖκες. El porte santo es un distintivo común para la mujer creyente. El apóstol hace una referencia a mujeres de la antigua dispensación, a quienes califica de *santas*. Son sin duda alguna, creyentes fieles, pertenecientes al pueblo de Israel. El calificativo se usa habitualmente para referirse a creyentes de la época actual, de la dispensación de la iglesia, utilizándose también para referirse a Cristo (Hch. 4:27, 30; Ef. 3:5). Sin embargo, Pedro no hace distinciones en ese sentido entre creyentes del Antiguo y del Nuevo Testamento. Posiblemente una extremada precisión en estas distinciones y separaciones entre ambos pueblos, judíos y gentiles, distorsionan las realidades espirituales, no en el sentido de igualar a Israel y a la iglesia en las promesas y en los pactos, algunas de las que han de cumplirse en el futuro, pero no es menos cierto que tanto los antiguos como los nuevos creyentes han sido salvados y justificados de la misma manera, por gracia, mediante la fe.

αἱ ἐλπίζουσαι εἰς Θεὸν. Por esa anterior razón, se dice que *esperaban en Dios*. Así se enseña en la *Epístola a los Hebreos*, donde se lee: *"Conforme a la fe murieron todos estos sin haber recibido lo prometido, sino mirándolo de lejos, y creyéndolo, y saludándolo, y confesando que eran extranjeros y peregrinos sobre la tierra"* (He. 11:13). Todo aquellos esperaban en Dios, porque, como ocurría con Abraham y Sara, *"esperaba la ciudad que tiene fundamentos, cuyo arquitecto y constructor es Dios"* (He. 11:10). La esperanza resultante de la fe en Dios es, como todo lo de salvación, la misma para quien cree. Por esa razón, tanto los llamados *héroes de la fe*, como nosotros, somos, en palabras del apóstol *"extranjeros y peregrinos"* (2:11).

ἐκόσμουν ἑαυτάς ὑποτασσόμεναι τοῖς ἰδίοις ἀνδράσιν, El carácter probado de aquellas mujeres, que son ejemplo de fe, no está en relación con los vestidos o los adornos –que sin duda también están presentes–, sino en la *subordinación* al esposo, con cuyo tema comenzó la exhortación (v. 1). De manera que estas *santas mujeres* tenían el pensamiento no en la apariencia exterior, sino en la virtud interior con la que estaban ataviados sus corazones. En el entorno social del cristianismo, en la relación comunitaria de los cristianos, había el peligro de entender mal la *libertad cristiana*, como si esta permitiese romper la estructura que Dios había establecido para el matrimonio, y que las esposas no estaban ya en relación de subordinación con el marido. De ese modo conduce el pensamiento de las mujeres creyentes a las que dirige los versículos de este párrafo, para hacerles entender que la voluntad de Dios está en la *subordinación* voluntaria al esposo, mostrando en todo un carácter *afable y apacible*, siempre que esa subordinación no suponga un quebranto de lo que Dios demanda para los Suyos. La fe, por tanto, se somete a Dios manifestándose en una actitud concreta: subordinación a los maridos. Él tiene la responsabilidad del hogar delante de Dios, de modo que la esposa cristiana reconoce esa función y ayuda para llevarla con gozo.

6. Como Sara obedecía a Abraham, llamándole señor; de la cual vosotras habéis venido a ser hijas, si hacéis el bien, sin temer ninguna amenaza.

ὡς Σάρρα ὑπήκουσεν τῷ ᾿Αβραάμ κύριον αὐτὸν καλοῦσα,
Como Sara obedeció - a Abraham señor a él llamando,
ἧς ἐγενήθητε τέκνα ἀγαθοποιοῦσαι καὶ μὴ φοβούμεναι
de la cual vinisteis a ser hijas haciendo el bien y no temiendo
μηδεμίαν πτόησιν.
ninguna amenaza.

Análisis y notas del texto griego.

Análisis: ὡς, adverbio de modo, *como*, que hace las veces de conjunción comparativa; Σάρρα, caso nominativo femenino singular del nombre propio *Sara*; ὑπήκουσεν, tercera persona singular del aoristo primero de indicativo en voz activa del verbo ὑπακούω, *obedecer, estar sometido*, aquí *obedeció*; τῷ, caso dativo masculino singular del artículo determinado *el*; ᾿Αβραάμ, caso dativo masculino singular del nombre propio *Abraham*; κύριον, caso acusativo masculino singular del nombre común *señor*; αὐτὸν, caso acusativo masculino de la tercera persona singular del pronombre personal declinado *a él, le*; καλοῦσα, caso nominativo femenino singular del participio presente en voz activa del verbo καλέω, *llamar*, aquí *llamando*; ἧς, caso genitivo femenino singular del pronombre relativo declinado *de la cual, de la que*; ἐγενήθητε, segunda persona plural del aoristo primero de indicativo en voz pasiva del verbo γίνομαι, *llegar a ser, venir a ser*, aquí *vinisteis a ser*; τέκνα, caso acusativo neutro plural del nombre común *hijas*; ἀγαθοποιοῦσαι, caso nominativo femenino plural del participio presente en voz activa del verbo ἀγαθοποιέω, *hacer el bien*, aquí *haciendo el bien*; καὶ, conjunción copulativa *y*; μὴ, partícula negativa que hace funciones de adverbio de negación *no*; φοβούμεναι, caso nominativo femenino plural del participio de presente en voz media del verbo φοβέομαι, *temer, tener miedo, atemorizarse*, aquí *temiendo*; μηδεμίαν, caso acusativo femenino singular del adjetivo indefinido, que después de negación significa *no, ninguna*; πτόησιν, caso acusativo femenino singular del nombre común *amenaza*.

ὡς Σάρρα ὑπήκουσεν τῷ 'Αβραάμ κύριον αὐτὸν καλοῦσα, Pedro apela a un ejemplo concreto de una mujer de fe, que es Sara, la esposa de Abraham. Está en la relación de los creyentes que aparecen en la *Epístola a los Hebreos* (He. 11:11). Allí se hace notar que esa mujer del Antiguo Testamento, recibió la bendición de tener un hijo en la vejez *"porque creyó"*. Esta mujer ejemplar en la esfera de la fe, *obedecía* a su marido, es decir, se subordinaba a él, le seguía, era su ayuda idónea y participaba con él en la misma esperanza. En la ejemplaridad de una vida consecuente con la fe, dice Pedro que llamaba a Abraham, su esposo, *señor* (Gn. 18:12). No lo hacía desde la posición de una esclava o de inferioridad con su marido, sino desde el respeto hacia quien era el que tenía que rendir cuentas ante de Dios de aquel hogar. Sin embargo, el extremar en el nombre puede llegar a desvirtuar la realidad del uso por Sara de ese término. El término *señor*, es la forma hebrea *'adonî*, literalmente *mi señor*, que las mujeres usaban habitualmente para dirigirse a sus maridos, probablemente no tenía ninguna connotación especial, era la forma equivalente a lo que hoy sería *mi marido* o *mi esposo*. Ahora bien, en la situación social del mundo judío de los tiempos de Pedro, había llegado a ser manifestación de una fórmula de respeto de la esposa hacia su marido. Con todo, en un matrimonio que aparece en el relato bíblico inspirado, el título era expresión de la subordinación de Sara a su esposo, lo que el apóstol desea en el escrito para las mujeres creyentes en la iglesia.

ἧς ἐγενήθητε τέκνα. Según esta enseñanza, las mujeres cristianas *vinieron a ser hijas* de Sara. De igual modo, se enseña que los creyentes en general, somos *hijos de Abraham* (Gá. 3:7). Será necesario detenerse brevemente en esta relación espiritual de la que Pedro habla a las mujeres, pero que descansa en la relación que los creyentes tienen con quienes establecieron una relación de fe con Dios. Abraham, lo mismo que Sara y cualquier otra persona que ha sido justificada por Dios, ha llegado a serlo por medio de la fe (Ro. 5:1). Es necesario entender que la justificación de Abraham, al igual que la de Sara fue dada a gentiles, puesto que ambos no habían entrado en el pacto de las promesas que Dios les formuló más tarde para ellos y su descendencia. Los creyentes no son bienaventurados por lo que harían en la práctica de la obediencia, sino por la fe depositada en Dios por la que son justificados. La justificación por la fe, que ocurrió con Abraham, son una misma cosa con todos los que creen, sean procedentes de Israel, o de la gentilidad. Sólo la fe da la vinculación que Pedro menciona aquí en relación con las esposas, como hijas de Sara. De otro modo, la justificación por la fe, que comprende a Abraham y su esposa Sara, pone de manifiesto una unidad universal de todos los creyentes sin importar cuál sea el origen étnico de procedencia, *"porque en Cristo Jesús ni la circuncisión vale algo, ni la incircuncisión, sino la fe que obra por el amor"* (Gá. 5:6). La iglesia es hoy la manifestación de la realidad de los hijos de Dios por la fe en Cristo, en la que las diferencias quedan abolidas y de dos pueblos diferentes Dios hace un solo y nuevo hombre, haciendo la paz, reconciliando a todos con Dios en un solo cuerpo, matando en la Cruz las enemistades (Ef. 2:15-16). No se trata de que los gentiles se hagan judíos o viceversa, sino que ambos dejen de ser dos para hacerse uno en un acto creacional de Dios en Cristo. Esta nueva humanidad surge de un acto creador de Dios, quien pone a cada pecador creyente en comunión íntima con Jesús para que reciba en esa posición la vida eterna. Es necesario entender esto con claridad: el sistema antiguo de incompatibilidad y enemistad ha quedado definitivamente destruido por la obra de Jesús que no establece de los dos un nuevo pueblo, absolutamente imposible por la enemistad, sino un nuevo hombre o una nueva humanidad.

Pedro, al referirse a la relación de la mujer cristiana como hija de Sara, es que por la fe entra a formar parte de la verdadera descendencia de ella, que no es genético-humana, sino espiritual. Es decir, no se entra en relación con ella por ser descendiente física de aquella mujer, sino que la vinculación es por la misma fe que cree a Dios. Si los hijos de Abraham son los que tienen la misma fe de Abraham (Lc. 19:9), esto es, los que obran por fe, como hizo el creyente Abraham (Jn. 8:39-40), las hijas de Sara, están en la misma relación. Sólo los que creen son herederos de las promesas dadas a Abraham (Gn. 15:18-21; Ro. 11:25-28). Aquellas a quienes Pedro califica de hijas de Sara, son las que comparten con ella la fe. Son las que tienen la fe como razón fundamental de vida. Sólo estas son *hijas* de Sara. Es interesante apreciar el uso del sustantivo τέκνα, que incluye a todas las mujeres de fe en esa relación, esto es, a las que creen conforme al modo en que Sara creyó.

ἀγαθοποιοῦσαι καὶ μὴ φοβούμεναι μηδεμίαν πτόησιν. Como quiera que la fe sin obras es muerta en sí misma (Stg. 2:17), la verdadera fe conduce a la mujer creyente a la expresión visible de ella, entre otras formas como subordinadas al esposo. Pero algo más, Pedro dice que la fe conduce al creyente a *la práctica del bien*. Lo hacen por dimensión de vida comunicativa en Cristo, es decir, la vida de Cristo se hace vida en el creyente (Gá. 2:20; Fil. 1:21). Así que, como Jesús *"anduvo haciendo bienes"*, de otro modo, transcurrió en el ejercicio del bien (Hch. 10:38), así también los creyentes, en este caso las mujeres cristianas, dedican su vida a la práctica del bien.

Por consiguiente, estas mujeres *no temen a ninguna amenaza*. Nadie podrá acusarlas justamente de malas acciones, lo único posible es que las acusen mintiendo, cuyo *padecimiento* sería por causa de la justicia (vv. 13-14). Así reconoce la Escritura: *"Cuando te acuestes, no tendrás temor, sino que te acostarás, y tu sueño será grato. No tendrás temor de pavor repentino, ni de la ruina de los impíos cuando viniere. Porque Jehová será tu confianza, y él preservará tu pie de quedar preso"* (Pr. 3:24-26), por eso se establece el mandato: *"No te niegues a hacer el bien a quien es debido, cuando tuvieres poder para hacerlo"* (Pr. 3:27). Tal vez, en el contexto textual inmediato, pudiera estar pensando en las amenazas que el esposo incrédulo, desobediente al mensaje del evangelio, pudiera hacer contra su esposa para aterrorizarla, amenazas que podía llegar a formularse ante los tribunales[1]. Si venía algún sufrimiento a su vida que no fuera por mala conducta, no había de temer (2:20-21). Quien vive como Dios establece no debe inquietarse ante la prueba.

Demandas para los maridos (3:7).

7. Vosotros, maridos, igualmente, vivid con ellas sabiamente, dando honor a la mujer como a vaso más frágil, y como a coherederas de la gracia de la vida, para que vuestras oraciones no tengan estorbo.

Οἱ ἄνδρες ὁμοίως, συνοικοῦντες κατὰ γνῶσιν ὡς
Los maridos también, conviviendo con conocimiento como
ἀσθενεστέρῳ σκεύει τῷ γυναικείῳ, ἀπονέμοντες τιμὴν ὡς
más frágil vaso al sexo femenino concediendo honor como
καὶ συγκληρονόμοις[1] χάριτος ζωῆς[2] εἰς τὸ μὴ ἐγκόπτεσθαι
también coherederos de gracia de vida, para - no sean interrumpidas
τὰς προσευχὰς ὑμῶν.
las oraciones de vosotros.

Análisis y notas del texto griego.

Análisis: Οἱ, caso nominativo masculino plural del artículo determinado *los*; ἄνδρες, caso nominativo masculino plural del nombre común *varones, maridos, esposos*; ὁμοίως, adverbio *también, asimismo*; συνοικοῦντες, caso nominativo masculino plural del participio presente en voz activa del verbo συνοικέω, *compartir la vida, convivir, cohabitar*, aquí *conviviendo*; κατὰ, preposición propia de acusativo *con*; γνῶσιν, caso acusativo femenino singular del nombre común *conocimiento, ciencia*; ὡς, adverbio de modo, *como*, que

[1] Justino, 2 *Apol. 2*. Tertuliano, *ad Uxorem 2, 5.*

hace las veces de conjunción comparativa; ἀσθενεστέρῳ, caso dativo neutro singular del adjetivo comparativo *más frágil, más débil*; σκεύει, caso dativo neutro singular del nombre común *vaso*; τῷ caso dativo neutro singular del artículo determinado declinado *al*; γυναικείῳ, caso dativo neutro singular del adjetivo *femenino, sexo femenino*; ἀπονέμοντες, caso nominativo masculino plural del participio de presente en voz activa del verbo ἀπονέμω, *adjudicar, asignar, conceder*, aquí *concediendo*; τιμὴν, caso acusativo femenino singular del nombre común *honor*; ὡς, adverbio de modo, *como*, que hace las veces de conjunción comparativa; καὶ, adverbio de modo *también*; συγκληρονόμοις, caso dativo masculino plural del adjetivo *coherederos*; χάριτος, caso genitivo femenino singular del nombre común declinado *de gracia*; ζωῆς, caso genitivo femenino singular del nombre común declinado *de vida*; εἰς, preposición propia de acusativo *para*; τὸ, caso acusativo neutro singular del artículo determinado *lo*; μὴ, partícula negativa que hace funciones de adverbio de negación *no*; ἐγκόπτεσθαι, presente de infinitivo en voz pasiva del verbo ἐγκόπτω, *detener, interrumpir*, aquí *sean interrumpidas*; τὰς, caso acusativo femenino plural del artículo determinado *las*; προσευχὰς, caso acusativo femenino plural del nombre común *oraciones*; ὑμῶν, caso genitivo de la segunda persona plural del pronombre personal declinado *de vosotros*.

Notas. Crítica Textual. Lecturas alternativas.

[1] συγκληρονόμοις, *herederos*, según lectura en 𝔓$^{72, 81}$, ℵ^{2}, B, 33, 442, 1175, 1243, 1448, 1739, 1852, 2344, 2492, *L* 596, it$^{ar, t, z}$, vg, sy^{p}, arm, eth, geo, Agustín.

Συγκληρονόμοι, *herederas, herederos*, conforme a la lectura en A, C, Ψ, 5, 81, 307, 436, 642, 1611, 1735, K, L, P, *Lect*, sa, bo, slv, Jerónimo.

[2] χάριτος ζωῆς, *de gracia de vida* lectura atestiguada en 𝔓$^{52 vid}$, B, C*, Ψ, 33, 81, 307, 436, 642, 1175, 1243, 1732, 1739, 1852, 2344, 2492, Byz^{pt}, L, P, *l* 592, *l* 884, *l* 1154, *l* 1159, *l* 1364, *l* 1441, it$^{ar, t, z}$, vg, sa, arm, geo, Ambrosio.

χάριτος ζωσῆς, *de gracia vestidas*, según lectura en *Biz*^{pt}, K.

χάριτος ζωσῆς αἰωνίου *de gracia vestidas para siempre*, según lectura en 𝔅^{72}, sy^{p}.

ποικίλης χάριτος ζωῆς, *multiforme de gracia de vida*, conforme a ℵ, A.

Οἱ ἄνδρες ὁμοίως, La referencia al comportamiento de los maridos es mucho más corta que la destinada a las esposas. Es probable que fuesen menos los maridos cristianos con esposas no creyentes, o que su situación personal en este caso no era tan difícil como la de las esposas con maridos no creyentes. Se aprecia que también el marido tiene obligaciones con la esposa, no son ellas las que han de subordinarse, sino que el marido, como creyente debe hacerlo también a favor de la esposa, como el apóstol Pablo enseña cuando escribe: *"Someteos unos a otros en el temor de Dios"* (Ef. 5:21).

συνοικοῦντες κατὰ γνῶσιν. La primera demanda tiene que ver con la convivencia, que ha de ser *con conocimiento*, lo que equivale a una relación *con sabiduría*. El verbo συνοικέω, tiene varias acepciones como *compartir la vida, convivir, cohabitar*. Comprende, pues, todos los aspectos de la vida matrimonial, tanto físicos, como síquicos, como espirituales. La vida en sabiduría, κατὰ γνῶσιν, *sabiamente*, o *con comprensión*. De modo que frente a la *subordinación* que se demanda para la esposa, se establece la *comprensión* para el marido. Esto entraña prudencia y conocimiento para una correcta relación con la esposa. Conocimiento en sabiduría equivale a un trato conforme a Dios, de otro modo, como Cristo trata a la iglesia (Ef. 5:25-26).

La verdadera convivencia con la esposa descansa en el amor sincero y desinteresado: *"Maridos, amad a vuestras mujeres, así como Cristo amó a la iglesia, y se entregó a sí mismo por ella"*. Si a las esposas se les demanda subordinación o sumisión, al esposo se le reclama amor. Se trata de un amor sincero y sin límites ni egoísmo. El amor del marido para la mujer y la relación entre ambos, en todos los términos de la palabra han de descansar en el amor. Es muy importante notar que no se trata de una simple relación sino de una acción de Cristo, en la que Él amó a la iglesia. La sabiduría, el conocimiento, lo que lleva a una correcta convivencia con la esposa es un amor *de entrega*. No se trata del amor *eros*, natural que se funda en la valía y belleza de la mujer, es el desinteresado *agape*, que expresa un amor de entrega. Es sorprendente que se le pide *entrega* al varón y no a la mujer, porque el amor de entrega sólo busca el beneficio de la esposa sin interés egoísta alguno, la ama no por lo que puede recibir, sino por necesidad personal de amarla. Todos los maridos cristianos, sin excepción han de amar desinteresadamente a las esposas. Algunos esposos demandan sus derechos, entre los que están la subordinación en la vida y la aceptación del cumplimiento de las llamadas obligaciones matrimoniales. El verdadero cristiano renuncia a todos los derechos para entregarse en amor sin esperar recibir nada a cambio. El marido no pude considerarse *señor* y, aunque entienda que está en una posición de liderazgo, no sea un tirano para con la esposa, sino todo lo contrario, ha de buscar como fin prioritario y absoluto amar desinteresadamente a la esposa y manifestárselo en todas sus relaciones con ella. No hay autoridad en la Biblia procedente de Dios, que no sea una autoridad en amor. Ese amor no es posible encontrarlo en el plano del hombre natural, ya que surge solamente por el poder y la plenitud del Espíritu. Es el mismo amor de Dios que se derrama en el corazón del cristiano por la acción del Espíritu (Ro. 5:5). El amor *erótico*, de las relaciones íntimas, está comprendido en esta forma de amor desinteresada y de entrega. El marido no es dueño de su propio cuerpo sino la esposa y viceversa (1 Co. 7:4). El amor desinteresado es el que deja de buscar prioritariamente en el amor erótico su satisfacción personal para buscar especialmente la del otro (1 Co. 10:24). Lo mismo también cabe en el amor *filia*, de amistad y compañerismo. Nada puede haber más destructivo que dejar de ser amigo de la esposa. Es una entrañable y encantadora relación de amistad cotidiana la que debe desarrollarse en el matrimonio. Ello requiere que haya tiempo para diálogo, actividades comunes que unen y vinculan, objetivos sociales y culturales en los que se involucren ambos cónyuges. El amor desinteresado en que se funda el mandato, eleva a las otras expresiones de amor porque las levanta al desinterés y a la entrega. El nivel del amor del marido para la esposa es de la misma calidad que el de Cristo para la iglesia. En la medida en que el esposo cristiano comprenda el alcance del amor de Cristo por él, estará en condiciones de comprender la dimensión del mandamiento de vivir con la esposa en sabiduría de relación.

Sin duda la relación de trato que Pedro tiene en mente, comprende también la fidelidad absoluta. No solo en cuanto a la lealtad que excluye toda otra relación íntima, sino también la de no ocultar nada a la esposa. La idea de que el marido como líder del hogar no tiene obligación de compartir todo lo relativo a la familia poniéndolo en el conocimiento de la esposa, es no entender la realidad de que los dos son una sola carne.

ὡς ἀσθενεστέρῳ σκεύει τῷ γυναικείῳ, Progresa en las demandas para el esposo añadiendo la disposición que debe tener para considerar a la esposa *como* a un vaso *delicado, frágil, más débil*. No dice el texto bíblico que la esposa *sea frágil*, sino considerándola como si lo fuese. Sicológicamente la mujer es más fuerte que el hombre, puesto que, entre otras cosas, es mucho más capaz de soportar el dolor. La mujer no es más frágil ni emocional, ni moral, ni intelectualmente, tan sólo –en ocasiones– podrá ser más frágil, físicamente hablando. El marido que considera a su esposa *como* a un vaso frágil, vivirá con ella con esmerada consideración. Esto generará un trato *afable*, de ahí que el apóstol Pablo diga a los maridos cristianos: *"Maridos, amad a vuestras mujeres, y no seáis ásperos con ellas"* (Col. 3:19). No se trata de una sugerencia, sino de un mandamiento establecido apostólicamente. No quiere decir que estas demandas sean tenidas en cuenta cuando la esposa es también creyente, sino en general, aunque no lo sea. El sentido de *no seáis ásperos con ellas*, equivale a *no les amarguéis la vida*. Esto tiene que ver con la condescendencia entrañable presente en el versículo que se considera.

Cuando una persona tiene en sus manos un objeto frágil y de alto valor, lo trata con sumo cuidado; mucho más cuando se trata del mayor regalo que Dios hace el hombre, que es la esposa. Esta forma de hacer fácil y gozosa la vida de la mujer, es una manifestación visible del marido como figura de Cristo en relación con la iglesia. En ningún momento el Señor trata rudamente a la iglesia, Su esposa, sino que la cuida y mima con dedicación entrañable. Así también es la responsabilidad del marido para con su esposa. Esto lleva aparejado el esfuerzo continuo para *entender* a la esposa, lo que exige un acercamiento constante a ella para conocer las circunstancias personales en cada momento y entender el estado emocional en que se encuentra. Es necesario que el esposo se ocupe de los problemas de la esposa antes de ocuparse de los suyos propios. Esto tiene que ver con todo el ámbito de la relación matrimonial. Las relaciones personales en el matrimonio no descansan en derechos y deberes, sino en entrega mutua por amor. La esposa no es un objeto, es una persona y no fue dada para satisfacer los deseos personales del marido, sino para ser amada y atendida por él. El hacer amarga la vida de ella trae malas consecuencias delante de Dios, como lo enseña claramente el profeta (Mal. 2:14).

ἀπονέμοντες τιμὴν ὡς καὶ συγκληρονόμοις χάριτος ζωῆς. Pedro habla al marido cristiano de la necesidad de mantener *comunión* espiritualmente hablando con la esposa, especialmente cuando esta es también creyente. Este trato requiere darle *honor*, esto es, debe ser tratada honorablemente. No enseña el texto, como ya se ha dicho antes, que la mujer sea realmente más frágil que el hombre, pero el trato debe ser como si lo fuera. Es una relación en la que se observa con ella un cuidado esmerado como si se tratase de un vaso frágil y de alto valor. En ese sentido, cada esposa es única, un regalo de la gracia que Dios entrega al marido como la mayor bendición de que le hace objeto. Esta manifestación de honor, conlleva la galantería y la caballerosidad (Pr. 31:28-29). Se trata, conforme a la enseñanza bíblica, de expresarle gratitud por cuanto está haciendo por el bien del hogar y del esposo. Esta nota de afecto públicamente expresada delante de los hijos es un ejemplo para la conducta de ellos. Éstos aprenden a tratar a sus esposas en la medida que lo vean hacer a su padre.

La comunión se aprecia en el hecho de que al marido se le requiere que considere a la esposa como *coheredera* de la gracia de la vida. La Biblia enseña que *"ya no hay judío ni griego; no hay esclavo ni libre; no hay varón ni mujer; porque todos vosotros sois uno en Cristo Jesús"* (Gá. 3:28). La economía de la fe trae aparejada consigo la extinción de todas las diferencias humanas en orden a la salvación. Por eso las diferencias entre hombres y mujeres concluyen también. En la sociedad de los primeros años del cristianismo, el varón consideraba a la mujer de menor rango que él. Pero, al pasarlo al plano de la salvación, tanto los unos como las otras, son coherederos de la gracia de la vida. Esta cuestión es suficientemente densa para abordarla en el comentario a este versículo porque, aun cuando en el texto citado de Pablo, se cancela la diferencia entre hombre y mujer, se mantienen diferencias en el seno de la iglesia en ese sentido. Por todos es aceptada la anulación de las diferencias sociales y étnicas, pero no así las de hombres y mujeres. La razón de la igualdad es que todos *somos uno en Cristo*, o como enseña Pedro: *"coherederos de la gracia de la vida"*. Las mujeres son consideradas coherederas sin distinción alguna. Alcanzan las bendiciones de la gracia igual que los hombres. Reconociendo también –como se consideró en su lugar- (2:9), la mujer es como el hombre, sacerdote espiritual en el santuario de Dios que es la iglesia. En el plano eclesial es igual que los hombres en el hecho de recibir, como ellos dones que soberanamente da el Espíritu Santo (1 Co. 12:11). Todo cuanto sea menos es mermar el *honor* debido a la mujer.

La herencia reservada en los cielos es para todos, entre los que están los maridos y las esposas (1:4-5). Por consiguiente, siendo herederos, también somos *coherederos* de la gracia de la vida. Esto es, del don gratuito que Dios imparte a todo aquel que cree (2:4). Siendo todos *uno* en Cristo, la comunión entre los cristianos, tanto en la comunidad eclesial como en la familia, se establece por vinculación personal con Él, ya que la comunión entre creyentes no es asunto horizontal sino vertical (1 Jn. 1:3). Cuando un creyente rompe su comunión con otro, sin que Jesucristo la haya interrumpido por que exista pecado sin confesar, está interrumpiendo su comunión con Cristo.

εἰς τὸ μὴ ἐγκόπτεσθαι τὰς προσευχὰς ὑμῶν. El incumplimiento de las demandas establecidas para el marido, incluida la del honor a la esposa, ocasiona un serio problema: *"Para que vuestras oraciones no tengan estorbo"*. La oración eficaz es sin ira ni contienda (1 Ti. 2:8). Una enseñanza notoria es la que Jesús dio en el llamado *Sermón de la Montaña*, cuando habla de traer una ofrenda en enemistad o animosidad contra el hermano, demandando la resolución del conflicto antes de ofrecerla (Mt. 5:22-24). La oración en el matrimonio, colectiva o separadamente, exige que los cónyuges estén de mutuo acuerdo (1 Co. 7:3). La oración de un marido que mantiene conflicto con su esposa y mucho más si está tratándola desconsideradamente, no es acepta delante de Dios (Mal. 2:13-14).

Comportamiento entre creyentes (3:8-12).

Desarrollo de las demandas (3:8-9).

8. Finalmente, sed todos de un mismo sentir, compasivos, amándoos fraternalmente, misericordiosos, amigables.

Τὸ δὲ τέλος πάντες ὁμόφρονες, συμπαθεῖς, φιλάδελφοι,
Y al fin todos de un mismo sentir, compasivos, con amor fraternal,
εὔσπλαγχνοι, ταπεινόφρονες[1],
misericordiosos, humildes.

Análisis y notas del texto griego.

Análisis: Τὸ, caso acusativo neutro singular del artículo determinado declinado *al*; δὲ, partícula conjuntiva que hace las veces de conjunción coordinante, con sentido de *pero, más bien, y, y por cierto, antes bien, entonces*; τέλος, caso acusativo neutro singular del nombre común *fin, acabamiento, término, finalidad, límite, extremo*; πάντες, caso vocativo masculino plural del adjetivo indefinido *todos*; ὁμόφρονες, caso nominativo masculino plural del adjetivo *de un mismo sentir*; συμπαθεῖς, caso nominativo masculino plural del adjetivo *compasivos*; φιλάδελφοι, caso nominativo masculino plural del adjetivo *con amor fraternal*; εὔσπλαγχνοι, caso nominativo masculino plural del adjetivo *misericordiosos*; ταπεινόφρονες, caso nominativo masculino plural del adjetivo *humildes*.

Notas. Crítica Textual. Lecturas alternativas.

[1] ταπεινόφρονες, *humildes*, según testimonio de 𝔓$^{72, 81vid}$, ℵ, A, B, C, Ψ, 5, 33, 81, 307$^{v, r}$, 436, 442, 642, 1243, 1448^{txt}, 1611, 1735, 1739, 1852, 2344, 2492, Biz^{pt}, 1596, it$^{ar, l, t, w, z}$, vg, sy.

φιλοφρόνες, *amigables*, según lectura en P, 307*, Byz^{pt}.
φιλοφρόνες ταπεινόφρονες, *amigables humildes*, como se lee en 1448$^{vl, vid}$.

Τὸ δὲ τέλος πάντες. Como final, o resumen de la enseñanza anterior, recomienda unas características que deben manifestarse en cada cristiano. No se trata de la finalización de un escrito, sino de la conclusión de lo que antecede y orientación hacia lo que sigue. No solo en los matrimonios, sino en todos, como se aprecia en el adjetivo πάντες, *todos*, esto es, nadie puede quedar fuera de un estilo de vida como el que se detalla, y que hace mediante el uso de cinco adjetivos. Los tres primeros están en el griego literario.

ὁμόφρονες, La primera expresión visible en la vida cristiana es *de un mismo sentir*. Esta forma es la única vez que aparece en el Nuevo

Testamento, aunque no deja de estar vinculado con otros lugares (Fil. 2:5). Lucas dice que así se mostraban los cristianos recién convertidos en la iglesia en Jerusalén, almas idénticas, asiento de sentimientos, como algo propio de creyentes (Hch. 4:32). Cuando hay un sentir divergente se producen problemas de relación como ocurría en Filipos con Evodia y Síntique, a quienes el apóstol Pablo manda que *"sean de un mismo sentir en el Señor"* (Fil. 4:2). Es más, el amor por la obra y el compromiso en el servicio no sirven, en ocasiones, para la reconciliación en caso de enemistad entre hermanos, ya que *"el hermano ofendido es más tenaz que una ciudad fuerte, y las contiendas de los hermanos son como cerrojos de alcázar"* (Pr. 18:19). Cuando alguien dice vivir a Cristo (Fil. 1:21), debe *sentir* como Él, sintonizando plenamente con Su mentalidad, que permite experimentar el mismo sentir (1 Co. 2:16).

συμπαθεῖς, También somos llamados a ser *compasivos*. Una persona llena de compasión por los demás. Expresa la idea de simpatizar con el dolor ajeno. Nuestro glorioso Señor es admirable por ser *compasivo*. El verbo griego es radical del término castellano *simpatía*. Se trata de simpatizar con las miserias del hombre. Etimológicamente expresa la idea de *sufrir con*. Los cristianos podrían mantenerse ajenos a la situación difícil de otros hermanos, pero no solo deben *compadecerse*, sino que no deben *dejar de hacerlo*. Como Cristo simpatiza con nuestras necesidades (He. 4:15), así el cristiano debiera simpatizar con las de los otros. Como el anterior adjetivo, también este es la única vez que aparece en el Nuevo Testamento. De una forma muy precisa expresa el apóstol Pablo lo que es este *compadecerse*, cuando escribe: *"Gozaos con los que se gozan, llorad con los que lloran"* (Ro. 12:15). Sólo la gracia hace posible que alguien se congratule con el gozo ajeno y sentirlo como propio (Lc. 10:27). La satisfacción íntima de los logros y éxitos de los demás, es evidencia del nuevo nacimiento y de la transformación personal por la acción del Espíritu Santo. Pero, junto con los motivos de gozo están también los de tristeza, generalmente más estos que aquellos. Al creyente se le llama a *compadecerse* en la tristeza, asociándose a las lágrimas con los que lloran. No llorar con el llanto del hermano es deleitarse o mostrar indiferencia en el mal ajeno. Cristo lloró con aquellos que lloraban, como hizo con motivo de la muerte de Su amigo Lázaro, asociándose a las lágrimas de aquella ocasión (Jn. 11:33-35). Los males ajenos y especialmente los de nuestros hermanos deben movernos a *compadecernos*. Dios demanda a Sus hijos la práctica de la misericordia manifestada en ser *compasivos*.

φιλάδελφοι, El que ha nacido de nuevo está lleno de *amor fraterno*, entrando de lleno en el ejercicio del mandamiento nuevo (Jn.

13:34). Cada cristiano en la tierra debe vivir la vida de Cristo, especialmente en el amor, que no es una opción de vida, sino la única forma de vivir la vida cristiana. El mandamiento no es nuevo por novedoso, sino que lo es porque existiendo siempre no envejece, es siempre actual. El mandamiento de amar a los demás ha existido siempre (cf. Lv. 19:18; Pr. 20:22; 24:29; Mr. 12:29, 31). Esa expresión de amor a los hermanos debe ser de la *calidad* de amor de Cristo, ya que la dimensión de Su amor no es posible para el hombre, porque no es infinito como el amor de Dios. Esta intensidad del amor la da la presencia del Espíritu Santo en la realización de Su fruto en el creyente (Gá. 5:22), y la capacitación para amar será la presencia de la tercera Persona Divina, que derrama el amor de Dios hasta saturar el corazón del creyente (Ro. 5:5). El *amor hermanable*, se distingue de la *filantropía* en que es el amor que conduce a practicar el bien al hermano porque Cristo lo quiere, y hasta donde ha llegado ama con la caridad entrañable de un amor desinteresado que comprende el amor fraternal.

El amor a los hermanos es la evidencia definitiva del nuevo nacimiento: *"Nosotros sabemos que hemos pasado de muerte a vida, en que amamos a los hermanos. El que no ama a su hermano, permanece en muerte"* (1 Jn. 3:14). No hay enseñanza doctrinal, ni ejercicio correcto de dones, ni servicio alguno en la obra de Dios, que pueda sustentarse fuera del amor fraterno. Porque quien tiene los mejores recursos y no tiene amor, su ministerio se convierte en un mero ruido que molesta a Dios y molesta a la iglesia (1 Co. 13:1). Por esa razón la evidencia de una verdadera iglesia se hace visible al mundo, no tanto por lo que enseña sino por lo que ama: *"En esto conocerán todos que sois mis discípulos, si tuvieres amor los unos con los otros"* (Jn. 13:35). No cabe duda que el amor a Cristo conducirá a guardar Sus mandamientos (Jn. 14:15). La doctrina no es negociable, la Palabra no puede ser desobedecida, la Escritura debe ser amada y respetada. Sin embargo, hay quienes son capaces de dar su vida por la defensa de la fe, es más, algunos son incluso capaces de rendir casi adoración a la Biblia, pero incapaces de amar a sus hermanos en Cristo. El mundo no puede identificar la realidad de la vida cristiana a no ser por el amor entre los creyentes. El amor fraternal es el mayor problema de los discípulos de Cristo. El que afirma amar a Dios y no ama a sus hermanos es mentiroso: *"Si alguno dice: Yo amo a Dios, y aborrece a su hermano, es mentiroso. Pues el que no ama a su hermano a quien ha visto, ¿cómo puede amar a Dios a quien no ha visto"* (1 Jn. 4:20). El apóstol establece el amor fraterno como un distintivo de la realidad de vida en Cristo.

εὔσπλαγχνοι, Quien ama es también *misericordioso*. El término hace referencia a quien tiene buenas entrañas, es decir, creyentes de buen corazón, que manifiestan el amor entrañable de Jesús. Este adjetivo está sólo dos veces en el Nuevo Testamento, una aquí y la otra en un escrito de Pablo (Ef. 4:32). Un verbo con la misma raíz se usa varias veces en los evangelios para referirse al amor de Jesús, como conmoviéndose en Sus entrañas ante las dificultades y necesidades de la gente (cf. Mt. 9:36; 14:14; 15:32;18:27; 20:34; Mr. 1:41; 6:34; 8:2; 9:22; Lc. 7:13; 10:33; 15:20).

ταπεινόφρονες, El último adjetivo en la relación significa *humilde*. Es lo contrario a la arrogancia y el orgullo (Fil. 2:3). Esta palabra se usaba en el griego clásico en sentido peyorativo de abyección, lo que hace notar el cambio radical de valores que el cristianismo establecía en la sociedad greco-romana de entonces. No cabe duda que la humildad es una virtud esencial en la vida cristiana. Jesús demandó a los discípulos que aprendiesen de Él que era *manso y humilde* de corazón (Mt. 11:29). De manera que la forma de conducta correspondiente a la *vocación* del llamamiento celestial, comienza por la *humildad*. Este adjetivo se refiere a quien vive considerando a los demás en más alta estima que a él mismo. El creyente humilde sabe apreciar y distinguir los valores de todos los hermanos y reconocer los dones con que el Espíritu los ha dotado para la edificación de la iglesia. El sentimiento que genera la humildad es un sentimiento de *unanimidad*, que significa progresar en la misma dirección y sentir la misma orientación. Esto presupone que el cristiano se ha apartado de toda ambición personal y de deseos de progreso en la iglesia. Ser humilde no es una opción, sino una condición natural de la vida cristiana, para quien vive a Jesús en el poder de espíritu. Cuando el Señor dijo *"aprended de mí que soy manso y humilde de corazón"*, no es tanto la imitación sino la identificación con Él. La verdadera humildad es la pequeñez de corazón y es la característica principal para poder servir (Lc. 1:48). La condición humilde permite realizar el servicio más bajo a favor de otros, sin menoscabo alguno. Ese fue el sentir de Cristo, por el que llegó a la más grande humillación con el objetivo de beneficiar a otros (Fil. 2:6-8). Es imposible mantener unidad sin humildad. Un ejemplo notable es el de Diótrefes, en los días del apóstol Juan, que anhelaba tener el *primado* en la iglesia, por tanto, lleno de orgullo arrogante se oponía a quienes no compartían sus ideas ambiciosas, expulsándolos de la iglesia (3 Jn. 9-10). Estos son los que hacen distinciones entre hermanos marginando a algunos sin otra base que su propia vanidad. La iglesia de Cristo no necesita infatuados ni engreídos, sino simplemente siervos que humildemente consideren que la obra es de Dios y que toda la gloria es Suya. Sobran *grandes* en la iglesia y faltan siervos humildes.

9. No devolviendo mal por mal, ni maldición por maldición, sino por el contrario, bendiciendo, sabiendo que fuisteis llamados para que heredaseis bendición.

μὴ ἀποδιδόντες κακὸν ἀντὶ κακοῦ ἢ λοιδορίαν ἀντὶ
No devolviendo mal por mal o maldición por
λοιδορίας, τουναντίον δὲ εὐλογοῦντες ὅτι εἰς τοῦτο
maldición, antes bien por el contrario, bendiciendo, pues para esto
ἐκλήθητε ἵνα εὐλογίαν κληρονομήσητε.
fuisteis llamados para que bendición heredasteis.

Análisis y notas del texto griego.

Análisis: Μὴ, partícula que hace funciones de adverbio de negación *no*; ἀποδιδόντες, caso nominativo masculino plural del participio de presente en voz activa del verbo ἀποδίδωμι, *revertir, devolver*, aquí *devolviendo*; κακὸν, caso acusativo neutro singular del adjetivo *mal*; ἀντὶ, preposición propia de genitivo *por*; κακοῦ, caso genitivo neutro singular del adjetivo *mal*; ἢ, conjunción disyuntiva *o*; λοιδορίαν, caso acusativo femenino singular del nombre común *maldición, insulto*; ἀντὶ, preposición propia de genitivo *por*; λοιδορίας, caso genitivo femenino singular del nombre común *maldición, insulto*; τουναντίον, adverbio formado por crasis[2] de τὸ y εναντίον, *por el contrario*; δὲ, partícula conjuntiva que hace las veces de conjunción coordinante, con sentido de *pero, más bien, y, y por cierto, antes bien, entonces*; εὐλογοῦντες, caso nominativo masculino plural del participio presente en voz activa del verbo εὐλογέω, *hablar bien, bendecir*, aquí *bendiciendo*; ὅτι, conjunción causal *porque*; εἰς, preposición propia de acusativo *para*; τοῦτο, caso acusativo neutro singular del pronombre demostrativo *esto*; ἐκλήθητε, segunda persona plural del aoristo primero de indicativo en voz pasiva del verbo καλέω, *llamar*, aquí *fuisteis llamados*; ἵνα, conjunción final *para que*; εὐλογίαν, caso acusativo femenino singular del nombre común *bendición*; κληρονομήσητε, segunda persona plural del aoristo primero de indicativo en voz activa del verbo κλερονομέω, *heredar*, aquí *heredasteis*.

μὴ ἀποδιδόντες κακὸν ἀντὶ κακοῦ. Las perfecciones cristianas a las que se hizo referencia en el versículo anterior, traen inevitablemente un estilo de vida determinado. La primera expresión visible es el resultado de un corazón misericordioso, que *no devuelve mal por mal*. La relación con el mundo, en donde están también los que persiguen a los cristianos por causa de la justicia, se establece en ese preciso mandamiento de no devolver el mal recibido. De otro modo se podría expresar este modo de vida: *"Mirad que ninguno pague a otro mal por mal"* (1 Ts. 5:15). El cristiano debe estar dispuesto a sufrir y tolerar

---

[2] *Crasis*, palabra griega que equivale a *unión de fuerzas*, en general *unión de elementos*.

el agravio recibido: *"Así que, por cierto es ya una falta en vosotros que tengáis pleitos entre vosotros mismos. ¿Por qué no sufrís más bien el agravio? ¿Por qué no sufrís más bien el ser defraudados?"* (1 Co. 6-7). Es la línea común de pensamiento al que Pedro alude aquí: *"no devolviendo mal por mal"*. Es la expresión visible de la identificación con Cristo (Ro. 5:8). Es la demostración en los creyentes de la misericordia divina (Jn. 10:11). Es importante entender aquí que *no devolver mal por mal*, lleva aparejado el *sufrir* sin reclamación alguna cuando alguien no actúa bien. El legalista no entiende esto, porque vive bajo la orientación de la justicia que demanda el castigo del transgresor. Generalmente estos no se dan por satisfechos con las disculpas presentadas y requieren un concienzudo examen de las circunstancias que concurrieron cuando se produjo el problema. Son quienes no olvidan la más mínima afrenta y requieren que el ofensor pida disculpas por lo que ha hecho, aunque hayan pasado años desde que ocurrió el incidente. Son incapaces de sufrir ellos, pero capaces para hacer sufrir al ofensor, demandando restitución de lo que, muchas veces, es mero subjetivismo personal, que se almacena en el corazón y produce deseo de venganza.

ἢ λοιδορίαν ἀντὶ λοιδορίας, Añade que no solo es no devolver el daño, sino evitar *hablar mal* del otro. Se demanda no devolver *insulto* por *insulto*. Esto se ha considerado antes en el ejemplo de comportamiento de Jesús (2:23). Un comportamiento vengativo es una forma contraria a la nueva vida en Cristo (Pr. 4:24; 19:1; Ec. 5:6; Ef. 4:29; Col. 3:8). El ejemplo del apóstol Pablo es elocuente: *"Nos maldicen, y bendecimos"* (1 Co. 4:12).

τουναντίον δὲ εὐλογοῦντες, La vida cristiana no es negativa, *no maldecir*, sino positiva *bendecir*. Por eso en contraposición debe vivirse para bendecir a otros. Los tiempos apostólicos eran difíciles para los cristianos, quienes recibían improperios de las gentes, que en muchas ocasiones degeneraban en persecuciones (3:13-17; 4:12-16). Es fácil en circunstancias adversas responder a la hostilidad con hostilidad. Pero el cristiano está llamado a responder con bendición en cualquier circunstancia, bendiciendo incluso a los perseguidores. Es el extremo de la generosidad humana, pero es la forma natural de la vida cristiana. Es el mandamiento del versículo, literalmente *antes bien por el contrario bendiciendo*, dicho de otro modo, *no os queda otra opción que bendecir*. El término es *decir bien*, esto es, *hablar bien de otro*, aunque sea enemigo y genere mal contra el creyente. Pedro establece que a quienes os atormenten devolved bendición. Es la condición natural de quien vive a Cristo, el que bendijo pidiendo perdón para quienes lo perseguían con saña (Lc. 23:34).

Sin embargo, no es solo la prohibición para no maldecir, sino que se establece el mandamiento positivo *bendecir* siempre. Esto exige un cambio preciso en la naturaleza humana que siempre devuelve maldición por maldición. El cristiano devuelve bendición por maldición. El mandamiento que Pedro establece consiste sencillamente en no hablar mal de los enemigos. El mandamiento está asentado en la enseñanza de Jesús: *"Oísteis que fue dicho: Amarás a tu prójimo, y aborrecerás a tu enemigo. Pero yo os digo: Amad a vuestros enemigos, bendecid a los que os maldicen, haced bien a los que os aborrecen, y orad por los que os ultrajan y os persiguen"* (Mt. 5:43-44). Esas palabras del Maestro según Lucas concluyen con *"y orad por los que os calumnian"* (Lc. 6:28). De ese modo lo entendían los padres de la Iglesia, como enseñaba a orar Policarpo *"por los reyes, soberanos y príncipes, y por aquellos que os persiguen y odian, y por los enemigos de la cruz*[3]*"*.

ὅτι εἰς τοῦτο ἐκλήθητε ἵνα εὐλογίαν κληρονομήσητε. El cristiano *fue llamado*. Es la segunda vez que aparece la misma frase (2:21). Fue llamado a salvación, que implica tanto la justificación como la santificación y la glorificación. En este segundo nivel de salvación el creyente se convierte en *discípulo, seguidor* de Jesús. Pedro lo ha dicho antes refiriéndose a quienes caminan siguiendo las pisadas el Señor (2:21). Llamados a bendición es la experiencia recibida cuando creímos (Gá. 3:13-14). Es la herencia que tenemos reservada en los cielos (1:3-5). Actuar contrariamente, es ser inconsecuentes a la gracia recibida. Nada mejor para entender esto que el ejemplo de los dos deudores (Mt. 18:23-35).

Razón de las demandas (3:10-12).

10. Porque:
El que quiere amar la vida
Y ver días buenos,
Refrene su lengua de mal,
Y sus labios no hablen engaño.

ὁ γὰρ θέλων ζωὴν ἀγαπᾶν
Porque el que quiere vida amar
καὶ ἰδεῖν ἡμέρας ἀγαθὰς
y ver días buenos,
παυσάτω τὴν γλῶσσαν ἀπὸ κακοῦ
refrene la lengua de mal
καὶ χείλη τοῦ μὴ λαλῆσαι δόλον,
y labios del no hablar engaño.

---

[3] Policarpo. *Ad Philipenses* 12:2 s.

Análisis y notas del texto griego.

Análisis: ὁ, caso nominativo masculino singular del artículo determinado *el*; γὰρ, conjunción *porque*; *θέλων*, caso nominativo masculino singular del participio presente en voz activa del verbo θέλω, *querer, desear*, aquí *que quiere*; *ζωὴν*, caso acusativo femenino singular del nombre común *vida*; *ἀγαπᾶν*, presente de infinitivo en voz activa del verbo ἀγαπάω, *amar*; καὶ, conjunción copulativa *y*; *ἰδεῖν*, aoristo segundo de infinitivo en voz activa del verbo ὁράω, *ver, mirar, observar*; *ἡμέρας*, caso acusativo femenino plural del nombre común *días*; *ἀγαθὰς*, caso acusativo femenino plural del adjetivo *buenos*; *παυσάτω*, tercera persona singular del aoristo primero de imperativo en voz activa del verbo παύω, *parar, refrenar*, aquí *refrene*; *τὴν*, caso acusativo femenino singular del artículo determinado *la*; *γλῶσσαν*, caso acusativo femenino singular del nombre común *lengua*; *ἀπὸ*, preposición propia de genitivo *de*; *κακοῦ*, caso genitivo neutro singular del adjetivo *mal, malo*; *καὶ*, conjunción copulativa *y*; *χείλη*, caso acusativo neutro plural del nombre común *labios*; *τοῦ*, caso genitivo neutro singular del artículo determinado declinado *del*; *μὴ*, partícula negativa que hace funciones de adverbio de negación *no*; *λαλῆσαι*, aoristo primero de infinitivo en voz activa del verbo λαλέω, *hablar, decir*; *δόλον*, caso acusativo masculino singular del nombre común *engaño*.

ὁ γὰρ θέλων ζωὴν ἀγαπᾶν. Pedro acude nuevamente a la Escritura, en esta ocasión a los Salmos, para seleccionar una porción que resuma y potencie la enseñanza. La cita –esta y las siguientes hasta el v. 12– corresponden al Salmo 34:12-13. Especialmente destacable es la palabra *vida* que marca el sentido del contenido de estos versículos, es decir, el que tenga ferviente deseo de una vida bendecida, tiene que orientarla en el camino que se indica en el texto. En el Salmo el sentido de *vida* equivale a largura de días, mientras que en la *Epístola* se trata de una vida digna de ser vivida. Lo contrario sería una vida que se resume en las palabras del predicador: *vanidad de vanidades*. La transcripción que hace el apóstol, tiene pocas variables con el texto de la LXX, como la supresión de la interrogación inicial y el cambio de la segunda a la tercera persona del imperativo.

Comienza refiriéndose al deseo personal de quien quiera *amar* la vida, es decir, el que desee que la vida transcurra en un ambiente bendecido, lo que no supone ausencia de pruebas. El mero hecho de la existencia no puede llamarse *vida* en el sentido del Salmo, porque no garantiza el arte de vivir, con equilibrio y gozo, que no alcanzan todos. De otro modo, lo importante no es vivir muchos años sino vivirlos dignamente, ya que el verdadero beneficio de la vida no está en su extensión, sino en el uso que se haga de ella, como decía Séneca que *"con frecuencia, quien menos vive es quien más vive*[4]*"*.

καὶ ἰδεῖν ἡμέρας ἀγαθάς. Añade otro deseo que es complementario del anterior, que *desee ver días buenos*. Se trata de alguien que ama la vida y desea gozar de días felices. El complemento de esta frase permite captar la atención de quien la lea. Esta vida, muchas veces larga en años, pero siempre bendecida, es la propia de aquellos que respetan a Dios y obedecen Sus mandamientos, como enseñaba Moisés al pueblo de Israel antes de que pasara el Jordán y tomase posesión de la tierra de la promesa que Dios le daba: *"Para que temas a Jehová tu Dios, guardando todos sus estatutos y sus mandamientos que yo te mando, tú, tu hijo, y el hijo de tu hijo, todos los días de tu vida, para que tus días sean prolongados"* (Dt. 6:2).

παυσάτω τὴν γλῶσσαν ἀπὸ κακοῦ. La primera condición era la de *refrenar la lengua de hablar mal*. Es controlar con firmeza ese miembro tan indómito y peligroso. Evitar que articule malas palabras, o expresiones que procedan, como dice Santiago, del fuego del infierno (Stg. 3:6). Nadie puede hablar palabras venenosas contra otros, e impedir que alguna parte de ese veneno le afecte a él mismo. El Señor advirtió que *"por tus palabras serás justificado, y por tus palabras serás condenado"* (Mt. 12:37). Jesús dijo que de la abundancia del corazón habla la boca y que de un corazón malo sólo pueden salir al exterior las palabras de malignidad que hay en él. En ese sentido, las palabras ponen de manifiesto la condición del corazón. Los que en tiempos de Jesús le calumniaban, lo hacían como consecuencia de la maldad de sus corazones. Las palabras ociosas se manifestarán en el juicio como testimonio de cargo contra quien las pronunció.

καὶ χείλη τοῦ μὴ λαλῆσαι δόλον, Además de la lengua menciona los labios. Podrían tomarse como sinónimas ambas cosas. Pero la lengua se relaciona con la expresión en general, los labios con la puntualización de las palabras. Una lengua mala se expresa por medio de labios engañosos. La bendición está en guardarse de todo tipo de falsedad y escapar del engaño. Las palabras limpias y honestas no acarrean presión sobre la conciencia. Lo contrario hace que la vida se convierta en una sucesión de conflictos, temor y vergüenza. Conversaciones santas son la expresión visible de la santidad de vida, única manera de recibir las bendiciones de Dios.

---

[4] Lucio Anneo Séneca. *De la brevedad de la vida.*

11. Apártese del mal, y haga el bien;
Busque la paz, y sígala.

ἐκκλινάτω δὲ ἀπὸ κακοῦ καὶ ποιησάτω ἀγαθόν,
Y apártese de mal y haga bien.
ζητησάτω εἰρήνην καὶ διωξάτω αὐτήν·
siga paz y siga la.

Análisis y notas del texto griego.

Análisis: *ἐκκλινάτω*, tercera persona singular del aoristo primero de imperativo en voz activa del verbo ἐκκλίνω, *apartarse, extraviarse, alejarse*, aquí *apártese*; *δὲ*, partícula conjuntiva que hace las veces de conjunción coordinante, con sentido de *pero, más bien, y, y por cierto, antes bien, entonces*; *ἀπὸ*, preposición propia de genitivo *de*; *κακοῦ*, caso genitivo neutro singular del adjetivo *mal, malo*; *καὶ*, conjunción copulativa *y*; *ποιησάτω*, tercera persona singular del aoristo primero de imperativo en voz activa del verbo ποιέω, *hacer, realizar*, aquí *haga*; *ἀγαθόν*, caso acusativo neutro singular del adjetivo *bien, bueno, honesto*, aquí *bien*; *ζητησάτω*, tercera persona singular del aoristo primero de imperativo en voz activa del verbo ζητέω, *buscar, intentar, querer, pedir*, aquí *busque*; *εἰρήνην*, caso acusativo femenino singular del nombre común *paz*; *καὶ*, conjunción copulativa *y*; *διωξάτω*, tercera persona singular del aoristo primero de imperativo en voz activa del verbo διώκω, *perseguir, buscar, correr en pos de, seguir*, aquí *siga*; *αὐτήν*, caso acusativo femenino de la tercera persona singular del pronombre personal declinado *a ella, la*.

ἐκκλινάτω δὲ ἀπὸ κακοῦ. La verdadera forma de vida consiste también en *apartarse del mal.* No se trata de apartarse relativamente de la práctica del mal, o separarse de practicar alguna de las muchas formas que el mal usa, sino es la demanda de plenitud, en sentido de alejarse de todo cuanto sea malo. Esto denota una determinación de distanciarse cada vez más de cuanto esté relacionado con el mal, que es una de las maneras de vida de aquellos que estando en el pecado están también siguiendo las indicaciones del maligno. Es bueno establecer una distancia con todo aquello que pueda servir de tentación a nuestra caída naturaleza y mantenerse distantes. El mal siempre está cercano a nosotros. Este distanciarse implica también hacerlo con las personas malas y su compañía, con las obras malas, con las prácticas pecaminosas, con todo cuanto tenga apariencia de mal.

καὶ ποιησάτω ἀγαθόν, Asimismo, la verdadera vida, la que merece la pena vivir, es la que activamente practica el bien. Se ha dicho antes que no se trata de asuntos negativos, es decir *no hacer el mal*, sino de algo verdaderamente positivo, entrar en el *ejercicio activo del bien*. Es la perseverancia en la práctica de todo cuanto es conforme a Dios, o si se prefiere mejor, aquello que caracterizó la vida de Jesús en la tierra. Hay muchos cristianos que su vida descansa en negaciones, es decir, en una gran relación de cosas que *no deben hacer*. Sus vidas son generalmente amargas, su rigidez de formas hace difícil la convivencia con ellos. Están siempre mirando al pecado en lugar de tener su vista puesta en el bien. Estos no matan, no roban, no adulteran, no mienten, y a causa de esas limitaciones se consideran como santos y bienaventurados. Pero generalmente están en la misma línea del fariseo que decía: *"Dios, te doy gracias que no soy como los otros hombres, ladrones, injustos, adúlteros"* (Lc. 18:11). El no practicar el mal no convierte a nadie en cristiano. Lo que se manda no es sólo que dejemos el mal, sino que nos ocupemos en hacer el bien. En el tribunal de Cristo no se nos recompensará por no haber practicado alguna forma de pecado, la corona corresponderá al bien que hemos podido hacer.

ζητησάτω εἰρήνην καὶ διωξάτω αὐτήν· Una tarea esencial consiste en *buscar la paz y seguirla*. La paz es uno de los distintivos de la vida cristiana. Por esa razón el apóstol Pablo enseñaba que *"Si es posible, en cuanto dependa de vosotros, estad en paz con todos los hombres"* (Ro. 12:18). Por esa razón debemos seguir *"lo que contribuye a la paz y a la mutua edificación"*. La paz la hemos conseguido con Dios en la justificación por la fe (Ro. 5:1). La relación de enemistad a causa del pecado quedó cancelada al extinguirse la responsabilidad penal por la obra de sustitución que Jesús hizo en la Cruz, de ahí que ahora no hay condenación alguna para los que estamos en Él (Ro. 8:1). La paz de relación entre personas es la experiencia de vivir la paz de Jesús en nuestras vidas (Jn. 14:27). Esa vivencia es posible solo cuando el Espíritu Santo, sin impedimento por nuestra parte, opera la conformación de cada creyente a la imagen del Hijo de Dios (Ro. 8:29). Entre los nueve aspectos del fruto del Espíritu está la paz. El creyente se convierte en un *pacificador,* porque no solo tiene paz, sino que puede vivir en paz y vivir la paz.

De otro modo: *"Seguid la paz con todos"* (He. 12:14). Cristo calificó al creyente como un *pacificador*, llamándole también *bienaventurado: "Bienaventurados los pacificadores, porque ellos serán llamados hijos de Dios"* (Mt. 5:9). En el mundo podrán encontrarse algunos que excepcionalmente son personas pacíficas, esto es, los que huyen de los conflictos, los que nunca entablarían un pleito con nadie. Son los enemigos de las guerras y de las disputas. Este es el concepto que tiene la sociedad de lo que es un *pacificador*. Sin embargo, el texto de la *Epístola* recogiendo el Salmo, va mucho más allá, al referirse a quien no solo *busca* la paz, sino que *la sigue*. El verbo expresa la idea intensa de *perseguirla*, como consecuencia de la relación establecida por el creyente con Dios en Cristo, estando en plena armonía por la desaparición del obstáculo del pecado. El Señor vino al mundo con el propósito de *matar las enemistades* y anunciar las *buenas nuevas de paz* (Ef. 2:16-17). La demanda para el creyente en una de vinculación con Jesús, no puede ser otra que Su mismo sentir (Fil. 2:5). Por tanto, la paz es una consecuencia y una experiencia de la unión vital con Cristo, que convierte al creyente en algo más que un pacífico, lo hace un *pacificador*. De ahí que haga todo cuanto le sea posible por estar en paz y siente una genuina necesidad de *seguir la paz*. Seguirla o *perseguirla* sólo es posible por quienes son hijos del Padre Celestial a quien se le llama *"Dios de paz"* (He. 13:20). Este modo de vida caracteriza a los verdaderos creyentes que viven *"solícitos en guardar la unidad del Espíritu en el vínculo de la paz"* (Ef. 4:3).

12. Porque los ojos del Señor están sobre los justos.
Y sus oídos atentos a sus oraciones;
Pero el rostro del Señor está contra aquellos que hacen el mal.

ὅτι ὀφθαλμοὶ Κυρίου ἐπὶ δικαίους
Porque ojos de Señor sobre justos
καὶ ὦτα αὐτοῦ εἰς δέησιν αὐτῶν,
y oídos de Él a oración de ellos,
πρόσωπον δὲ Κυρίου ἐπὶ ποιοῦντας κακά.
y rostro de Señor sobre que hacen malo.

Análisis y notas del texto griego.

Análisis: *ὅτι*, conjunción *porque*; *ὀφθαλμοὶ*, caso nominativo masculino plural del nombre común *ojos*; *Κυρίου*, caso genitivo masculino singular del nombre divino *Señor*; *ἐπὶ*, preposición propia de acusativo *sobre*; *δικαίους*, caso acusativo masculino plural del adjetivo *justos*; *καὶ*, conjunción copulativa *y*; *ὦτα*, caso nominativo neutro plural del nombre común *oídos*; *αὐτοῦ*, caso genitivo masculino de la tercera persona singular del pronombre personal declinado *de Él*; *εἰς*, preposición propia de acusativo *a*; *δέησιν*, caso acusativo femenino singular del nombre común *oración, petición, ruego*; *αὐτῶν*, caso genitivo masculino de la tercera persona plural del pronombre personal declinado *de ellos*; *πρόσωπον*, caso nominativo neutro singular del nombre común *rostro*; *δὲ*, partícula conjuntiva que hace las veces de conjunción coordinante, con sentido de *pero, más bien, y, y por cierto, antes bien, entonces*; *Κυρίου*, caso genitivo masculino singular del nombre divino declinado *de Señor*; *ἐπὶ*, preposición propia de acusativo *sobre*; *ποιοῦντας*, caso acusativo masculino plural del participio presente en voz activa del verbo ποιέω, *hacer, realizar*, aquí *que hacen*; *κακά*, caso acusativo neutro plural del adjetivo *mal, malo*.

ὅτι ὀφθαλμοὶ Κυρίου ἐπὶ δικαίους. La mirada de Dios, aquí *los ojos*, en una expresión en la que Dios como Padre contempla con gozo a Sus hijos, con afecto entrañable y con aprobación. No deja de verlos a todos y a cada uno en particular. A éstos llama *justos*, no porque sean irreprochables o impecables, sino porque los ve en Cristo. Han creído al mensaje, depositando fe en el Salvador y en Él son justificados (Ro. 5:1). Su vida no está exenta de fracaso y caídas, pero, en todo caso, la sangre de Jesucristo los limpia de todo pecado (1 Jn. 1:7). Es verdad que pueden pecar, y de hecho lo hacen, pero la confesión restaura la comunión con Dios que es *"fiel y justo para perdonar nuestros pecados, y limpiarnos de toda maldad"* (1 Jn. 1:9).

καὶ ὦτα αὐτοῦ εἰς δέησιν αὐτῶν, Los oídos de Dios están atentos a la *oración*, la *súplica*, el *ruego* de ellos. En el Salmo se lee que *"atentos sus oídos al clamor de ellos"*. El Eterno pensando en los Suyos. Su oído dispuesto siempre a escuchar sus peticiones. Muchos hombres, sobre todo los grandes en la tierra, pasan sin prestar atención a la necesidad de los creyentes, pero esto no pasa desapercibido para Dios. Pudiera ser que los más próximos a ellos en afecto como el padre o la madre, lleguen a abandonarlos, pero Dios los recoge bajo Su protección mostrándoles Su gracia (Sal. 27:10). Es posible que la oración que expresa el ruego ante Él, sea pobre, mal construida, como un lamento lastimoso de un niño. Acaso sea hecha con una gran falta de fe, pero, a pesar de todo, los oídos del Señor captan el ruego y Su amor le lleva a responder a la súplica. En la frase del Salmo, hay una exhortación a correr en busca de la justicia y a practicarla. No se trata de la justicia imputada, sino de la forma propia de la vida de quien ha sido justificado y separado del poder del pecado. Quien está en el camino de Dios, es conducido por Él mismo, por sendas de justicia, haciéndolo por amor de Su nombre (Sal. 23:3). Hay siempre un canal abierto, un vínculo entre el oído de Dios y las oraciones de los justos. La relación personal con Dios fortalece la esperanza de que nuestros ruegos son escuchados y serán respondidos conforme a nuestra necesidad. En ocasiones podremos dudar de eso, pero la verdad es que Dios está atento a las peticiones de los justos.

Como decía Agustín de Hipona, comentando este versículo:

"No temas, trabaja; los ojos del Señor están sobre ti. Y sus oídos atentos a tus plegarias. ¿Qué más quieres? Si al siervo que se queja en la casa grande no le oyese el padre de familia, se lamentaría y diría: ¡Cuántas cosas soporto y nadie me oye! ¿Dirás por ventura de Dios: Cuánto padezco y nadie me oye? Si me oyese, tal vez, dices, apartaría de mí la tribulación; voceo, y soy atribulado. Permanece constantemente en sus caminos, y cuando seas atribulado te oirá. Ve que es médico y aún tienes todavía algo putrefacto. Voceas, y sigue cortando, y no levanta la mano hasta que haya sajado cuanto es menester. Por el contrario, es un

médico cruel aquel que oye al hombre y perdona la herida y la gangrena. Ved cómo las madres refriegan en el baño a sus hijos atendiendo a la salud. ¿Acaso no lloran los niños entre sus manos? ¿Son, pues, crueles porque no respetan ni atienden a sus lágrimas? Por el contrario, son misericordiosísimas; sin embargo, lloran los niños y no se los perdona. Así también nuestro Dios está lleno de amor; pero parece que no nos oye, con el fin de sanarnos y perdonarnos para siempre[5]*".*

En el mismo Salmo que cita Pedro, se lee: *"Claman los justos, y Jehová oye, y los libra de todas sus angustias"* (Sal. 34:17). No hay problema por intenso y grave que sea, que no tenga solución en la sabiduría y omnipotencia divinas. Puede que nuestras aflicciones sean grandes, numerosas y complejas, pero la oración será suficiente para liberarnos de todas ellas, porque el Señor actuará y se mostrará poderosamente a nuestro favor.

πρόσωπον δὲ κυρίου ἐπὶ ποιοῦντας κακά. Concluye la referencia de la Escritura presentando el *rostro* de Dios. Él no permanece indiferente a los hechos perversos de los hombres. Su rostro se enfrenta a ellos, como suele decirse en lenguaje figurado, *planta cara a los malos*. Él a determinado atender el ruego del justo, pero de la misma manera, estableció que los impíos no prosperen, poniendo la grandeza de Su poder para hacerlo realidad. Mientras el justo permanece para siempre, la memoria de los impíos será cortada de la tierra, raídos y olvidados para siempre. El destino de ellos es la más completa destrucción (Ex. 17:14; Dt. 32:26). Mientras que los justos resplandecerán como la luz del mediodía en la presencia de Dios.

El versículo requiere una reflexión personal: Hay ocasiones en que estaríamos dispuestos a bendecir al enemigo que persigue, pero en muchas más actuamos *maldiciendo* o *hablando mal* de nuestros hermanos. No es necesario que la maledicencia vaya acompañada de la mentira, es suficiente con que la conversación sobre otro discurra por el cauce del desprestigio y del menosprecio. Miles de creyentes a lo largo de la historia de la Iglesia sufrieron la maledicencia de otros y, en ocasiones, llevó aparejado el desprestigio personal, el cuestionamiento y la duda contra ellos. Generalmente la *maledicencia* es la forma de actuar del cobarde y ordinariamente del hipócrita. Es también el arma del envidioso. En los últimos años, muchos de los grandes maestros de las iglesias evangélicas llamadas *conservadoras*, sufrieron los ataques maledicentes de quienes no se sostienen por ellos mismo en los lugares

---

[5] Agustín de Hipona. *Enarraciones*, Vol. I, pág. 506 s.

en que se han situado. Hablar de otro es malo, pero más grave es cuando además se escribe malintencionadamente, o se transmite por las redes sociales en internet. El chismorreo está prohibido directamente por Dios: *"No andarás chismeando entre tu pueblo"* (Lv. 19:16), porque el chisme o la maledicencia atenta contra la vida de la persona, afectando su reputación. Por regla general los maledicentes son personas que alcanzan con facilidad a otros porque sus palabras hipócritas van rodeadas de un hálito de piedad, de modo que *"las palabras del chismoso son como bocados suaves, y penetran hasta las entrañas"* (Pr. 18:8). Son como un veneno que se asimila con gusto, y saben además que siempre hay alguien dispuesto a oír el chisme, porque *"el malo está atento al labio inicuo; y el mentiroso escucha la lengua detractora"* (Pr. 17:4). Quién está en malas condiciones personales gusta de oír siempre a un hipócrita. Sin embargo, *"el hipócrita con la boca daña a su prójimo; mas los justos son librados con la sabiduría"* (Pr. 11:9). La maledicencia se dice siempre con un supuesto falso, el mejor deseo en la defensa de la verdadera piedad. Por esa razón Dios protege al justo de oír chismes. La maledicencia es como una droga para un enfermo espiritual: le insensibiliza. El que escucha el chisme está actuando como el malo y el inicuo. El maledicente es un perverso gravemente nocivo, ya que la *"lengua falsa atormenta al que ha lastimado"* (Pr. 26:28). Quienes practican el pecado de *hablar mal* de otro, pretenden hipócritamente buscar la paz, pero producen contiendas, por tanto, donde no hay de éstos concluyen los conflictos, como enseña la Palabra: *"Sin leña se apaga el fuego, y donde no hay chismoso, cesa la contienda"* (Pr. 26:20). Los cristianos debemos alejarnos de la compañía de los maledicentes: *"El que anda en chismes descubre el secreto; no te entremetas, pues, con el suelto de lengua"* (Pr. 20:19). ¡Cuantas miserias y conflictos se han producido por la perversa costumbre de hablar mal de otro! Dios nos mantenga apartados de los tales.

IV. La gracia en el sufrimiento (3:13-4:19).

Causas del sufrimiento (3:13-4:19).

Sufrimiento por causa de la justicia (3:13-14).

13. ¿Y quién es aquel que os podrá hacer daño, si vosotros seguís el bien?

Καὶ	τίς	ὁ κακώσων	ὑμᾶς	ἐὰν	τοῦ	ἀγαθοῦ	ζηλωταὶ	γένησθε
¿Y	quien	el que hará daño	os	si	del	bien	celosos	os hacéis?

Análisis y notas del texto griego.

Análisis: Καὶ, conjunción copulativa *y*; τίς, caso nominativo masculino singular del pronombre interrogativo *quién*; ὁ, caso nominativo masculino singular del artículo determinado *el*; κακώσων, caso nominativo masculino singular del participio futuro en voz activa del verbo κακόω, *dañar, hacer daño*, aquí *que hará daño*; ὑμᾶς, caso acusativo de la segunda persona plural del pronombre personal declinado *a vosotros, os*; ἐὰν, conjunción *si*; τοῦ, caso genitivo masculino singular del artículo determinado declinado *del*; ἀγαθοῦ, caso genitivo masculino singular del adjetivo *bien*; ζηλωταὶ, caso nominativo masculino plural del nombre común *defensor celoso, celosos, ardientes*; γένησθε, segunda persona plural del aoristo segundo de subjuntivo en voz media del verbo γίνομαι, *llegar a ser, hacerse, ser hecho*, aquí *os hacéis*.

Καὶ τίς ὁ κακώσων ὑμᾶς ἐὰν τοῦ ἀγαθοῦ ζηλωταὶ γένησθε Con el versículo se indicia –conforme al *bosquejo analítico*– la cuarta división de la epístola que se extiende hasta 4:19 y cuyo tema principal es *la gracia en el sufrimiento*. Este aspecto va a ser tratado en esta sección con mayor precisión y extensión. La vida en la gracia comporta momentos de sufrimiento que producirán una reacción por parte del que sufre, en este caso de creyentes a los que se dirige el escrito.

Para abordar el tema, el apóstol formula una pregunta retórica que sirve para alentar a los que experimentarán el sufrimiento. Pedro pregunta quién podrá hacer daño al que vive practicando el bien. Se trata de un daño profundo e íntimo, que supera a cualquier maltrato físico. La respuesta exige una contundente negación, *nadie* podrá acusar justamente a quien sigue el bien. No se trata de que al creyente nadie en el mundo pueda dañarlo, perseguirlo, encarcelarlo y darle muerte. El *daño* está relacionado con algo personal, que carga la conciencia e incluso impide la comunión con Dios a causa del pecado. Este daño es imposible para quienes están empeñados en hacer el bien, aunque puedan producirle sufrimientos externos y ser maltratado por los hombres (Is. 50:9; Mt. 10:28; Lc. 21:16-18; Ro. 8:28-29).

El pensamiento del apóstol Pablo es plenamente coincidente con el de Pedro, cuando escribe que *"las aflicciones del tiempo presente no son comparables con la gloria venidera que en nosotros ha de manifestarse"* (Ro. 8:18). Esto no es algo que pudiera ser, sino que es de conocimiento pleno del creyente. No es esperanza teórica sino certeza profunda. El creyente sabe por experiencia lo que Dios hace por los Suyos. a) Lo conocemos por lo que ha hecho a lo largo de la historia con otros creyentes, a modo de ejemplo, con Jacob, bendiciéndolo en su vida, prosperándolo conforme a Sus promesas, dándole bendiciones en la tierra de Egipto y acompañándolo continuamente hasta el momento de su muerte (Gn. 48:3-4). De la misma manera estuvo al lado de José, como él mismo testificó delante de sus hermanos (Gn. 50:20). Es también el testimonio que dio Josué delante del pueblo como Dios los había conducido hasta darles la tierra que había prometido a sus antepasados (Jos. 24:1-13). De forma semejante ocurrió con David (2 S. 23:5; 1 R. 8:23-24). El apóstol Pablo testifica de cómo en las dificultades y situaciones críticas Dios estuvo con él ayudándole cuando su vida estaba en peligro a causa de sus adversarios (Hch. 26:21-22), o en momentos críticos en el mar (Hch. 27:21-25). b) Conocemos también lo que Dios hace por los Suyos por las promesas de la Escritura (cf. Sal. 16:4; 23); en el día del mal Él promete ocultarnos en lo reservado de Su morada (Sal. 27:5); en situaciones límites, cuando los enemigos rodeen, será Él mismo protección y refugio personal (Sal. 34:7-10); siempre estará atento a las oraciones que los Suyos eleven a Él en la angustia (Sal. 91:15); es Dios quien promete romper el yugo de opresión y desatar las cuerdas de esclavitud (Nah. 1:13). Podríamos seguir añadiendo promesas que por venir de Dios mismo descansan en Su fidelidad y serán realidad en el momento oportuno. Esa es la razón por la que Pablo dice: *"Y sabemos"*(Ro.8:28). Con esta cláusula introductoria inicia un sorites[6] hasta el v. 30.

La acción divina tiene unos destinatarios: *"los que siguen el bien"*. Son los que por la regeneración han recibido la provisión de amor para ser capaces de amar, especialmente a Dios, con un amor inalterable (Ef. 6:24). Lo que distingue a los cristianos es su amor hacia aquel que los amó a ellos primeramente (1 Jn. 4:19). El creyente conoce que también él es amado porque Dios se lo manifestó (1 Jn. 4:16). En cada uno de los que son Sus hijos, a quienes Dios ama, se produjo un cambio absoluto, de una posición de enemigos de Dios a hijos Suyos adoptados en Cristo. La provisión de amor para amar inalterablemente, tanto a Dios como a los hermanos y a los hombres en general es de procedencia divina, en una dotación hecha sin límite por el Espíritu que mora en cada uno (Ro. 5:5). Conformados a la imagen del Hijo, por la obra del Espíritu, siguen Sus pisadas y están involucrados en hacer el bien. Todos estos son los que se saben objetos de la gracia y por tanto, dejando de sentirse simplemente objetos de frustraciones y fracasos se sienten abrazados, aún en ellos, por el infinito amor mostrado por Dios en el hecho redentor, de modo que pueden decir: *"siendo aún pecadores Cristo murió por nosotros"* (Ro.

---

[6] Sorites. Raciocinio compuesto de muchas proposiciones encadenadas, de modo que el predicado de la antecedente pasa a ser sujeto de la siguiente, hasta que en la conclusión se une el sujeto de la primera con el predicado de la última.

5:8). Estos que eran enemigos de Dios por sus obras, se sienten abrazados y recogidos en la familia de Dios, sin razón lógica para el hombre, como un acto de la *sinrazón* de Dios, cuya razón es locura para los que se pierden, porque es amor divino el contenido de la Cruz y, por tanto, absoluta locura para el amor humano (1 Co. 1:18). Es desde la Cruz y desde el Crucificado que Dios expresa sin palabras Su gran mensaje de amor y la expresión suprema de lo que es *hacer el bien*. Para los que transitan burlescos delante del que muere por los hombres, sus oídos, sordos por el pecado, no distinguen el grito del amor, pero, para aquellos que son atraídos por la gracia y levantan una mirada de fe que depositan en el Redentor, se sienten, incomprensiblemente, objetos de ese amor. Son los que dicen: *"el Señor me amó y se entregó a sí mismo por mi"* (Gá. 2:20). Estos, transformados por la acción del Espíritu, abrazados por el Padre y posicionados en el Hijo, aman a Dios, no por mandato sino por necesidad, puesto que el amor de Dios llena sus corazones y, de la misma manera que Dios ama porque es amor, así ellos aman también porque están llenos del amor divino. El amor se expresa en entrega a los demás que el apóstol Pedro expresa aquí como *haciendo el bien*.

Dios ordena todas las dificultades, pruebas, aflicciones y aún la muerte de los que *siguen el bien*, orientándolo a su bendición, como el apóstol Pablo dice *"Todas las cosas les ayudan a bien"* (Ro. 8:28), de modo que para los que aman a Dios y viven conforme a Su voluntad, *todo coopera para bien*. Las pruebas y el sufrimiento son para bien de los Suyos (Ro. 8:18; Stg. 1:3-5). Aquello que aparentemente es angustia y aflicción, es conducido por Él para bien de aquellos que le aman, orientándolo al fortalecimiento de su fe y a la potenciación de su paciencia (1:7). Las aflicciones vienen sólo cuando son necesarias y persisten sólo por *un poco de tiempo* (1:6). Las cosas más adversas son conducidas para bien al generar una más intensa esperanza de gloria (2 Co. 4:17). Dios conduce todas las cosas en una operación de Su providencia, para el bien de los Suyos. Las intenciones de los malos son revertidas en ese sentido, como decía José: *"Vosotros pensasteis mal contra mí, mas Dios lo encaminó a bien, para hacer lo que vemos hoy, para mantener en vida a mucho pueblo"* (Gn. 50:20). Aquellos que aman a Dios, tienen a su servicio los ángeles de Dios, en un ministerio de gracia que Dios establece para ellos (He. 1:14). Incluso las intenciones satánicas están bajo el control de Dios, nada podrá hacer a los hijos de Dios sin el consentimiento divino que establece los límites a la prueba (Job. 1:12; 2:6). No hay nada que no sea conducido por Dios para el bien de Sus hijos. El Padre da a los Suyos sólo buenas dádivas (Stg. 1:17). Cuando estemos pasando por circunstancias adversas, cuando haya en nuestra vida preguntas sin respuesta, cuando nuestra fe desfallezca por las angustias de la vida, cuando las lágrimas llenen los estanques, cuando el valle de sombra de muerte nos envuelva y el temor estremezca nuestra alma, esta verdad vendrá a nosotros afirmando nuestra fe: *"¿Y quien os podrá hacer daño, si vosotros seguís el bien?"*.

14. Mas también si alguna cosa padecéis por causa de la justicia, bienaventurados sois. Por tanto, no os amedrentéis por temor de ellos, ni os conturbéis.

ἀλλ' εἰ καὶ πάσχοιτε διὰ δικαιοσύνην, μακάριοι. τὸν δὲ
Pero si también padecéis por justicia, bienaventurados. Y el
φόβον αὐτῶν μὴ φοβηθῆτε μηδὲ ταραχθῆτε,
miedo de ellos no temáis ni os turbéis.

Análisis y notas del texto griego.

Análisis: ἀλλ', conjunción adversativa *sino, mas, pero*; εἰ, conjunción *si*; καὶ, adverbio de modo *también*; πάσχοιτε, segunda persona plural del presente optativo en voz active del verbo πάσχω, *sufrir, padecer*, aquí *padecéis*; διὰ, preposición propia de acusativo *por*; δικαιοσύνην, caso acusativo femenino singular del nombre común *justicia*; μακάριοι, caso nominativo masculino plural del nombre común *bienaventurados, dichosos, felices*; τὸν, caso acusativo masculino plural del artículo determinado *el*; δὲ, partícula conjuntiva que hace las veces de conjunción coordinante, con sentido de *pero, más bien, y, y por cierto, antes bien, entonces*; φόβον, caso acusativo masculino singular del nombre común *miedo, temor*; αὐτῶν, caso genitivo masculino de la tercera persona plural del pronombre personal *de ellos*; μὴ, partícula que hace funciones de adverbio de negación *no*; φοβηθῆτε, segunda persona plural del aoristo primero de subjuntivo en voz pasiva del verbo φοβέομαι, μηδὲ, partícula negativa, crasis[7] formada por la partícula μή, y δὲ, que significa *ni*; ταραχθῆτε, segunda persona plural del aoristo primero de subjuntivo en voz activa del verbo ταράσσω, *turbarse*, aquí *os turbéis*.

ἀλλ εἰ καὶ πάσχοιτε διὰ δικαιοσύνην, μακάριοι. Como se ha considerado, el hecho de hacer el bien y vivir procurándolo, no es garantía de que no habrá dificultades. El ejemplo de Jesús es evidente, el que no hizo maldad ni hubo engaño en su boca (2:22), no solo fue perseguido, sino que le mataron (Mt. 27:22-23; Hch. 2:23). El Señor advirtió a los Suyos que no podrían evitar lo que a Él le había sucedido (Mt. 10:24-25; Lc. 6:22; Jn. 15:20; Hch. 14:22; Fil. 1:29-30). Todo aquel que quiera vivir piadosamente en Cristo padecerá persecución (2 Ti.

[7] *Crasis*, palabra griega que equivale a *unión de fuerzas*, en general *unión de elementos*.

3:12). El que padece alguna persecución por la justicia no debe sentirse como un ofensor, sino como un bienaventurado.

El apóstol debía tener en mente lo que escuchó a Jesús en el Sermón de la Montaña (Mt. 5:11-12): *"Bienaventurados sois cuando por mi causa os vituperen y os persigan, y digan toda clase de mal contra vosotros, mintiendo"*. La felicidad en la persecución consiste en que no es justa sino injusta. Ya se consideró algo de esto antes. El cristiano sufre molestias padeciendo injustamente por causa de su conciencia delante de Dios (2:19). La persecución no es por causa de sus maldades, sino de su justicia. La conciencia del creyente no le permite hacer lo que Dios reprueba. Ese modo de vida le acarreará consecuencias difíciles en muchas ocasiones. Sin embargo, las sufre a causa de la limpieza de su corazón. El sufrimiento por el pecado no es ninguna gloria, sino todo lo contrario, mientras que el sufrimiento por causa de Cristo es una bendición. La prueba puede ser muy intensa y el sufrimiento grande. Pedro lo compara con un *fuego de prueba* que sobreviene (4:12). Jesús habla de tres acciones contra el justo. Primeramente, está el vituperio, insultos u oprobios que se dicen de él. Vituperar es decir mal de una persona con ánimo de desprestigiarla, considerándola como viciosa o indigna. La segunda acción no es simplemente una denuncia mentirosa hecha de palabras, estas dan paso a la persecución. El santo comprometido con Cristo molesta en donde esté un ambiente contrario a Cristo, por tanto, es perseguido, acosado, para hacerlo desaparecer y evitar la molestia que produce su conducta. La tercera acción es la calumnia maliciosa. Acusando al cristiano de perversidades que nunca ha cometido y de mala conducta que no es la suya. La malicia es procurar el daño contra el que se considera molesto. Es la actitud propia de Satanás. Todo el proceso de oposición tiene una base de mentira, pero aun así acarrea sufrimiento. A la larga toda mentira viene a la luz y deja de ser considerada como verdad, pero mientras esto ocurre, el creyente honesto sufre por causa de Cristo. Casi siempre se considera este sufrimiento y estas acciones producto de impíos que se oponen al evangelio, pero en alguna ocasión nacen de algunos creyentes. Cuando en conciencia delante de Dios un cristiano no continúa asintiendo a cosas que no proceden del Señor. Cuando por causa de la conciencia se opone al sistema religioso con sus falsedades, suele producirse en su experiencia la dinámica de persecución que el Señor cita en la bienaventuranza. En muchas ocasiones hermanos consecuentes con la fe han sido excomulgados de la iglesia donde se congregaban por el único delito de oponerse a una enseñanza que no descansaba en la Escritura. Cuantas veces grandes cristianos, con dones y capacidades han sido reducidos al ostracismo como consecuencia de haber denunciado a líderes que enseñaban como

Palabra de Dios mandamientos de hombres. Cuando se produce una situación en que los que se sostienen en la mentira ven tambalearse el firme sobre el que están establecidos, suele abrirse una contraofensiva contra el cristiano honesto que incluye el desprestigio, la calumnia y la difamación. Lamentablemente esto se produce por quienes afirman ser celosos guardianes de la fe. Esta clase de fariseos de los tiempos modernos traen más calamidades sobre el pueblo de Dios que la actividad de los demonios contra ella. Son los correveidiles que esparcen calumnias y nunca presentan pruebas de las acusaciones que propalan. Sin embargo, son capaces de sentarse en actitud santurrona en las reuniones eclesiales proclamando con su boca que aman a Cristo, mientras desprecian internamente a sus hermanos.

El sufrimiento en la experiencia cristiana identifica al creyente con los sufrimientos de Cristo (Fil. 3:10). El que ha resucitado con Cristo experimenta el sufrir por Cristo (Ef. 2:6). Se refiere a llevar el oprobio de Cristo llenando lo que falta a Sus padecimientos por su cuerpo, esto es, por los creyentes (Col. 1:24). Esos sufrimientos no se refieren a los vicarios o salvíficos, que son irrepetibles (He. 10:14), sino a los que experimente el creyente a lo largo de su vida, que siendo miembro en el cuerpo de Cristo, produce una experiencia corporativa de sufrimiento que comprende también a la cabeza de ese cuerpo que es el Señor. En ese sentido el sufrimiento producido a un creyente es hecho a Cristo mismo (Hch. 9:4-5). El cristiano en Cristo tiene la capacidad de comunicar con los sufrimientos de Cristo (2 Ti. 2:12; 1 P. 4:13). El sufrimiento por Cristo y su causa continúa permanentemente y forma parte de la experiencia de vida cristiana (Ro. 8:17; 2 Co. 11:24-28; 12:10). Los sufrimientos por causa del Señor pueden adquirir muy diversas formas, baste, a modo de ejemplo, los padecimientos que el apóstol Pablo detalla de su propia experiencia (2 Co. 11:23-28). El cristiano soporta el sufrimiento por Cristo en su condición de testigo de Cristo (Hch. 9:15-16; 22:15). Todo esto supone una gran bienaventuranza, ya que demuestra la realidad de la identificación con Cristo. El que está identificado para sufrir lo está también para el disfrute de todas las bendiciones que Dios otorga en Cristo a quien es de Él. Una larga cadena de bendiciones se concreta en la identificación con Cristo: Sufrir con Él (Ro. 8:17); estar crucificados con Él (Ro. 6:6); muertos con Él (Ro. 6:8; 2 Ti. 2:11); sepultados con Él (Ro. 6:4; Col. 2:12); vivificados con Él (Col. 2:12; 3:1); coherederos con él (Ro. 8:17); glorificados con Él (Ro. 8:18); sentados con Él en Su trono (Col. 3:1; Ap. 20:4); reinando con Él (2 Ti. 2:12; Ap. 20:4). Toda experiencia de dificultad y sufrimiento queda sin valor ante la gloriosa dimensión de las bendiciones que se obtienen en Cristo Jesús.

τὸν δὲ φόβον αὐτῶν μὴ φοβηθῆτε μηδὲ ταραχθῆτε, Ante las dificultades y persecuciones el apóstol recomienda a los cristianos que ni se inquieten ni se amedrenten. Esta es una referencia a la profecía de Isaías que tiene en su mente (Is.8:12b-13). La frase es muy interesante: *no os amedrentéis por el temor de ellos*, es decir, son ellos los que tratan de engendrar miedo en los creyentes, pero estos no se deben dejar atemorizar. Ante la persecución, firmeza. Pedro podría estar recordando las palabras de Cristo en el aposento alto: *"La paz os dejo, mi paz os doy; yo no os la doy como el mundo la da. No se turbe vuestro corazón ni tenga miedo"* (Jn. 14:27). A la vista de los dones que les deja, les exhorta a que dejen de estar *inquietos* y *atemorizados*, tal vez mejor *amedrentados*. Cuando la paz satura el corazón, la inquietud y el temor desaparecen. Jesús les había dado bases suficientes para que reinase en ellos la paz y despareciese el miedo.

La posición del creyente frente a la persecución debiera ser muy distinta: *"Pues tengo por cierto que las aflicciones del tiempo presente no son comparables con la gloria venidera que en nosotros ha de manifestarse"* (Ro. 8:18). El creyente *"tiene por cierto"*, literalmente *da por hecho*. Esta certeza es expresión visible de la fe. La fe entiende que los sufrimientos del presente no pueden compararse con la gloria que viene. Estos son aquellas tribulaciones en las que el creyente puede gloriarse (Ro. 5:3), porque son el preludio que anuncia la salvación escatológica, el tercer nivel de la salvación.

Puesta la vista en la glorificación transita por el *"tiempo presente"* que es de sufrimientos y dificultades. Es la forma propia de la vida cristiana en el mundo, en donde los sufrimientos se producen, ya que el tiempo presente es también el *presente siglo malo* (Gá. 1:4) cuyos días son también malos (Ef. 5:16) y conflictivos contra las huestes de maldad (Ef. 6:12). En este *presente* tiempo, los sufrimientos y las tribulaciones están en el devenir para el cristiano. Las aflicciones son lo que el creyente puede padecer. Es la expresión diversa de las aflicciones del justo en un mundo pecador. Esa palabra se aplica a los sufrimientos de Cristo (1:11; 5:1; He. 2:9), y también a los de los creyentes (2 Co. 1:5; Fil. 3:10). El apóstol se está refiriendo a los sufrimientos propios de la vida cristiana (Mt. 5:10-11; Jn. 16:33; Fil. 1:29; Col. 1:24). Los sufrimientos son consecuencia del pecado que hay en el mundo. Pero, también pueden comprender los *sufrimientos*, todo tipo de padecimiento propio del ser humano, es decir, los sufrimientos en general.

La convicción de la fe entiende que todos los sufrimientos del tiempo presente no son comparables a la gloria que va a manifestarse. Es la visión de eternidad frente a la temporalidad. El tiempo presente por extenso que parezca no puede compararse con la *atemporalidad* que es la eternidad y la perpetuidad de la gloria que esperamos. La gloria no es simplemente el contenido de la esperanza sino también la manifestación de la realidad gloriosa de los hijos de Dios, como expresa el apóstol en otro escrito: *"Cuando Cristo, vuestra vida, se manifieste, entonces vosotros también seréis manifestados con Él en gloria"* (Col. 3:4). La gloria es la forma natural escatológica de la vida eterna. Los creyentes no sólo disfrutarán de la gloria, sino que participarán en ella y en ella, ellos mismos, serán glorificados con Cristo, conformados ya a Su imagen (1:3-5). El creyente queda incorporado, incluido, y es expresión también de la gloria venidera. La gloria es descrita, en varios aspectos, por medio de la Escritura. Luego será vivida por el creyente en la más espléndida realidad. La gloria será manifestada como un velo que se descorre y deja ver lo que estaba oculto, que ha de *manifestarse*. Esa gloria será revelada *en* nosotros y no sólo *a* nosotros. Nosotros seremos parte de esa gloria, que redundará en alabanza para nuestro Dios. Los sufrimientos del presente se conocen y experimentan, la gloria venidera supera en todo a lo que pudiéramos imaginar, *"cosas que ojo no vio, ni oído oyó, ni han subido en corazón de hombre, son las que Dios ha preparado para los que le aman"* (1 Co. 2:9). En el tiempo en que seamos manifestados en gloria, Cristo será glorificado en sus santos (2 Ts. 1:10). El eterno peso de gloria hace leve las cargas de las aflicciones.

Defensa en el sufrimiento (3:15-17).

15. Sino santificad a Dios el Señor en vuestros corazones, y estad siempre preparados para presentar defensa con mansedumbre y reverencia ante todo el que os demande razón de la esperanza que hay en vosotros.

Κύριον δὲ τὸν Χριστὸν ἁγιάσατε ἐν ταῖς καρδίαις ὑμῶν,
Sino a Señor - a Cristo, santificad en los corazones de vosotros
ἕτοιμοι ἀεὶ πρὸς ἀπολογίαν παντὶ τῷ αἰτοῦντι ὑμᾶς λόγον
Prestos siempre para defense a todo el que pide de vosotros razón
περὶ τῆς ἐν ὑμῖν ἐλπίδος,
acerca de la en vosotros esperanza.

Análisis y notas del texto griego.

Análisis: Κύριον, caso acusativo masculino singular del nombre divino *Señor*; δὲ, partícula conjuntiva que hace las veces de conjunción coordinante, con sentido de *pero, más bien, y, y por cierto, antes bien, entonces*; τὸν, caso acusativo masculino singular del artículo determinado *el*; Χριστὸν, caso acusativo masculino singular del nombre propio *Cristo*; ἁγιάσατε, segunda persona plural del aoristo primero de imperativo en voz active del verbo ἁγιάζω, *santificar*, aquí *santificad*; ἐν, preposición propia de dativo *en*; ταῖς, caso dativo femenino singular del artículo determinado *los*; καρδίαις, caso dativo femenino singular del nombre común *corazón*; ὑμῶν, caso genitivo de la segunda persona plural del pronombre personal declinado *de vosotros*; ἕτοιμοι, caso nominativo masculino plural del adjetivo *preparados, dispuestos, prestos*; ἀεὶ, adverbio *siempre*; πρὸς, preposición propia de acusativo *para*; ἀπολογίαν, caso acusativo femenino singular del nombre común *defensa, apología*; παντὶ, caso dativo masculino singular del adjetivo declinado *a todo*; τῷ, caso dativo masculino plural del artículo determinado *el*; αἰτοῦντι, caso dativo masculino plural del participio presente en voz active del verbo αἰτέω, *pedir*, aquí *que piden*; ὑμᾶς, caso acusativo de la segunda persona plural del pronombre personal declinado *a vosotros*; λόγον, caso acusativo masculino singular del nombre común *palabra, razón*; περὶ, preposición propia de genitivo *acerca de*; τῆς, caso genitivo femenino singular del artículo determinado *la*; ἐν, preposición propia de dativo *en*; ὑμῖν, caso dativo de la segunda persona plural del pronombre personal *vosotros*; ἐλπίδος, caso genitivo femenino singular del nombre común *esperanza*.

Κύριον δὲ τὸν Χριστὸν ἁγιάσατε ἐν ταῖς καρδίαις ὑμῶν, En lugar de amedrentarse el apóstol demanda que se santifique al Señor en los corazones de los creyentes. Está tomando la frase de la profecía (Is. 8:12b-13; 29:23). La referencia profética es a Jehová. Pedro la aplica a Cristo, dando a entender que él mismo comprendía que Jehová y Jesús son la misma Persona. Quien reconoce al Señor no tiene miedo. Es asumir el señorío de Cristo y, por tanto, no tiene miedo. Cuando se habla de *reconocer* se está refiriendo a *temer* al Señor. El que vive en *respeto reverente* a Dios no tiene miedo al hombre (Sal. 56:4). Cuando el creyente sabe que Dios está por él, todo temor hacia otras experiencias, por inquietantes que puedan resultar, desaparece (Ro. 8:31). Este *santificar al Señor en el corazón*, implica entregar el corazón plenamente a Él, de modo que la plenitud de Dios llene absolutamente el centro de la vida. Como dice el Dr. MacArthur:

"Cuando los creyentes santifican al Señor en sus corazones afirman su sujeción al control, a la instrucción y a la guía de Dios. Al hacerlo también declaran la majestad soberana de Dios, se someten a ella (cp. Dt. 4:34; 32:4; 1 R. 8:27; Sal. 90:2; 92:15; 99:9; 145:3, 5; Is. 43:10; Ro. 8:28; 11:33) y demuestran que solamente lo temen a él (Jos. 24:22-24; Sal. 22:23; 27:1; 34:9; 111:10; 119:46, 63; Pr. 14:26; Mt. 4:10)[8]".

Este *santificar* a Cristo no es una experiencia externa, sino interna, que tiene lugar en el corazón, que se ha rendido a Él y lo reconoce como

[8] J. MacArthur. o. c., pág. 196.

Señor. Nadie que no sea regenerado puede reconocer o llamar *Señor* a Jesús, porque eso sólo es posible por la acción del Espíritu Santo, como enseña el apóstol Pablo: *"Por tanto, os hago saber que nadie que hable por el Espíritu de Dios llama anatema a Jesús; y nadie puede llamar a Jesús Señor, sino por el Espíritu Santo"* (1 Co. 12:3).

ἕτοιμοι ἀεὶ πρὸς ἀπολογίαν παντὶ τῷ αἰτοῦντι ὑμᾶς λόγον περὶ τῆς ἐν ὑμῖν ἐλπίδος, Quien reconoce el señorío de Cristo y lo santifica así en su corazón, ha de estar dispuesto a presentar con mansedumbre el testimonio de la fe, especialmente referida a la esperanza que hay en quien ha creído.

Esta disposición no es ocasional sino continua *siempre*. Esto exige una preparación necesaria, los creyentes deben estar *preparados*, literalmente *prestos* o *dispuestos*. De otro modo, exige conocer bien la fe para poder responder. La acción que se demanda es concreta πρὸς ἀπολογίαν, *"para presentar defensa"*. No se trata de discutir sobre la fe, sino de expresar la verdad saliendo en defensa de la fe que es menospreciada por los incrédulos.

Lo que se debe explicar y defender es *"la esperanza que hay en vosotros"*. La idea es explicar, *dar un discurso*, sobre la esperanza cristiana. El mundo sin esperanza demanda una explicación de la esperanza del cristiano (Ef. 2:12; 1 Ts. 4:13). Quien tiene a Cristo tiene esperanza porque Él es la esperanza del cristiano (Col. 1:27). Sin duda hay motivos, en el contexto del escrito para hablar de la *esperanza* en lugar de *la fe*. Como se hace notar antes Pedro caracteriza la fe como una esperanza gloriosa en la *Epístola* (1:3, 21; 3:5, 15), de ahí que hable de dar defensa de la *esperanza*, que es una forma de hablar de la fe. El cristiano tiene una verdadera esperanza, que se manifestará definitivamente en la *"gracia que se nos traerá cuando Jesucristo sea manifestado"* (1:13). Mientras que la fe puede ser explicada desde el aspecto teológico o religioso, la esperanza es una vivencia personal. En medio de las pruebas más duras el creyente tiene esperanza de gloria que le mantiene firme e impacta a los demás, incluidos sus perseguidores.

La respuesta sobre la esperanza no es para algunos sino *para todos* los que pidan *razón*. Esta forma *pedir razón*, se usa, en ocasiones, como exigencia de un juez (Mt. 12:36; Ro. 14:12). Aquí el uso es genérico. Debe notarse que el creyente testifica de su fe con detalle ante quien lo pida. Nada tiene que ver con la proclamación del evangelio que es un compromiso de cumplimiento constante e ineludible para todos (Mr.

16:15-16). Pedro tiene en mente a los que desean conocer detalles concretos sobre la esperanza cristiana.

16. Teniendo buena conciencia, para que en lo que murmuran de vosotros como de malhechores, sean avergonzados los que calumnian vuestra buena conducta en Cristo.

ἀλλὰ μετὰ πραΰτητος καὶ φόβου, συνείδησιν ἔχοντες ἀγαθήν,
Pero con mansedumbre y temor, conciencia teniendo buena
ἵνα ἐν ᾧ καταλαλεῖσθε[1] καταισχυνθῶσιν οἱ ἐπηρεάζοντες
para que en lo que sois calumniados sean avergonzados los que ofenden
ὑμῶν τὴν ἀγαθὴν ἐν Χριστῷ ἀναστροφήν.
de vosotros la buena en Cristo conducta.

Análisis y notas del texto griego.

Análisis: ἀλλὰ, conjunción adversativa *pero*; μετὰ, preposición propia de genitivo *con*; πραΰτητος, caso genitivo femenino singular del nombre común *mansedumbre*; καὶ, conjunción copulativa *y*; φόβου, caso genitivo masculino singular del nombre común *miedo, temor, respeto reverente*; συνείδησιν, caso acusativo femenino singular del nombre común *conciencia*; ἔχοντες, caso nominativo masculino plural del participio de presente en voz activa del verbo ἔχω, *tener, poseer*, aquí *teniendo*; ἀγαθήν, caso acusativo femenino singular del adjetivo *buena*; ἵνα, conjunción causal *para que*; ἐν, preposición propia de dativo *en*; ᾧ, caso dativo neutro singular del pronombre relativo *lo que*; καταλαλεῖσθε, segunda persona plural del presente de indicativo en voz pasiva del verbo καταλαλέω, *hablar mal, decir mal, maldecir, calumniar*, aquí *sois calumniados*; καταισχυνθῶσιν, tercera persona plural del aoristo primero de subjuntivo en voz pasiva del verbo καταισχύνω, *confundir, defraudar, decepcionar, avergonzar*, aquí *sean avergonzados*; οἱ, caso nominativo masculino plural del artículo determinado *los*; ἐπηρεάζοντες, caso nominativo masculino plural del participio presente en voz activa del verbo ἐπηρεάζω, *insultar, ofender*, aquí *que ofenden*; ὑμῶν, caso genitivo de la segunda persona plural del pronombre personal declinado *de vosotros*; τὴν, caso acusativo femenino singular del artículo determinado *la*; ἀγαθὴν, caso acusativo femenino singular del adjetivo *buena*; ἐν, preposición propia de dativo *en*; Χριστῷ, caso dativo masculino singular del nombre propio *Cristo*; ἀναστροφήν, caso acusativo femenino singular del nombre común *conducta.*

Notas. Crítica Textual. Lecturas alternativas.

[1] ὡς κακοποιῶν, *como de malhechores*, se añade en א, A, C, P, 5, 33, 81, 307, 436, 442, 642,1243, 1735, 2344, 1448[c], Byz[pt], Beda.

ἀλλὰ μετὰ πραΰτητος καὶ φόβου, La frase se coloca, en algunas versiones, en el versículo anterior, con lo que se produce un condicionante para llevar a cabo la defensa de la esperanza, pero puede muy bien abrir el texto que se considera. No importa como sea, tanto la defensa de la esperanza como la vida que la manifiesta ha de ser realizada con *"mansedumbre y reverencia"*. Supone una vida y una defensa con palabras a quienes lo demandan, con amabilidad, aun ante perseguidores y acusadores violentos. Pero también con *reverencia*, aunque la palabra es la misma que se traduce por *temor, miedo*, en general por *respeto reverente*. Es la forma de comportamiento ante Dios. La defensa de la esperanza en ocasiones se hace con *acritud y altanería*. Acaso por un espíritu que sitúa al que da testimonio de ella en la consideración personal de conocedor de la verdad ante ignorantes y extraviados que no la conocen. Pero, si la vida cristiana es *vivir a Cristo* (Fil. 1:21), no cabe duda que cuando actúa con *mansedumbre y reverencia* está manifestando la realidad de la vida de Cristo en él (Mt. 11:29). La razón principal para este comportamiento está en la necesidad de recibir del Espíritu las palabras para la defensa de la esperanza (Lc. 12:11-12). Lo contrario produce la resistencia divina (Stg. 4:6).

συνείδησιν ἔχοντες ἀγαθήν, El testimonio ha de ir acompañado de una *buena conciencia*, por esa razón el apóstol dice: *"teniendo buena conciencia"*. Equivale a vida cristiana consecuente con la fe y el testimonio ante el mundo. De otro modo, que íntimamente no exista acusación de mala conducta, de modo que la conciencia no remuerda. Ese es el ejemplo del apóstol Pablo, cuando decía: *"Y por esto procuro tener siempre una conciencia sin ofensa ante Dios y ante los hombres"* (Hch. 24:16). Los hombres podrán acusar al creyente, pero lo importante es que esa acusación no proceda de la propia conciencia personal, que le redarguye de una conducta incorrecta.

Antes llamó la atención a los creyentes a presentar defensa de la esperanza que, como se ha considerado, es equivalente a fe. Esta defensa se hace ante quienes lo demanden, pero, todo el contexto establece una conducta ejemplar ante el mundo, si realmente se quiere presentar una correcta defensa de la conducta y de la esperanza. Lo uno y lo otro han de ir unidos: *"Manteniendo la fe y buena conciencia, desechando la cual naufragaron en cuanto a la fe algunos"* (1 Ti. 1:19). Sin buena conciencia no sólo no se puede dar una explicación de la esperanza, sino que está en peligro el testimonio de la misma fe. El combate espiritual en que se encuentra envuelto el creyente, requiere en primer lugar el mantenimiento de la esperanza o de la fe, a la que ha de aferrarse. Mantener la fe significa sostenerse firmemente en la verdad revelada, y conservar ante todos esa verdad. Pero, como la fe no es una teoría intelectual sino una experiencia de vida, no se puede sostener la verdad ante los oponentes sin que vaya acompañada de una conducta consecuente con la doctrina. Esto es, no se trata de presentar –como se dijo antes– las verdades bíblico-teológicas, y permanecer en ellas, debe con ello guardarse la fe (1 Ti. 6:20). Esto trae como consecuencia la pureza y sencillez del mensaje de la fe. Por esa razón está, en el pasaje, una vinculación firme entre la defensa de la esperanza o de la fe, con una *buena conciencia*, o una conciencia que no acusa. La conciencia es el elemento de la parte espiritual del hombre que juzga las acciones, de modo que esta puede acusar o defender (Ro. 2:14-15). Cuando la ética, en este caso la forma de vida de cada creyente, corresponde al propósito divino, la conciencia genera una profunda calma personal. El apóstol Pablo deseaba tener la experiencia de una buena conciencia (2 Co. 1:12). Esa es la bendición que Pedro desea para los lectores de la *Epístola*. No puede separarse defensa de la esperanza de comportamiento, el segundo obedece a la acción de la primera. Cuando esto no se produce, el creyente *naufraga* en la fe y, por tanto, en la esperanza como testimonio ante el mundo (1 Ti. 1:19). Quienes desechan esto, dice el apóstol Pablo, *naufragan en la fe*, por tanto, no pueden dar razón de la esperanza.

ἵνα ἐν ᾧ καταλαλεῖσθε Las acusaciones falsas no pueden ser sostenidas: *"En lo que sois calumniados"*. No se trata de verdades sino de habladurías, con la intención de desprestigiar al cristiano, por lo que esas acusaciones son meras calumnias. La frase *"como de malhechores"* no está en los mss. más aceptados y, probablemente se tomó de (2:12). Los enemigos están procurando desprestigiar a los cristianos sin fundamento. Estos eran acusados como *malhechores*, por seguir a uno que había sido muerto con la acusación de *sedicioso*.

καταισχυνθῶσιν οἱ ἐπηρεάζοντες ὑμῶν τὴν ἀγαθὴν ἐν Χριστῷ ἀναστροφήν. Sin embargo, estos acusadores no son derrotados por la *defensa de la esperanza*, sino que tienen que retirarse avergonzados por la conducta de aquellos a los que acusan. Es una situación que se produce dejando *impotentes* a los que han perdido la base de la acusación.

La conducta del cristiano se califica aquí como de *buena*, y esta bondad está relacionada con una conducta *en Cristo*. Esa es la base de la conducta eficaz, la que se produce en la esfera de la correcta comunión con Cristo. La vida y, por tanto, la ética cristiana, no es del creyente, sino de Cristo en el creyente, porque ya no vive él, sino que es el Señor quien por Su Espíritu vive en él (Gá. 2:20). Los cristianos tienen purificados sus corazones de *mala conciencia*, es decir de cuanta culpa y vergüenza se producía en la vida por la esclavitud del pecado. Pero ahora *"la sangre de Cristo, el cual mediante el Espíritu eterno se ofreció a sí mismo sin mancha a Dios, limpiará vuestras conciencias de obras muertas para que sirváis al Dios vivo"* (He. 9:14), por esa razón los creyentes tienen *"purificados los corazones de mala conciencia"* (He. 10:22). Pero, las conciencias purificadas deben ser mantenidas limpias en el desarrollo de la vida cristiana, viviendo en santidad. La buena conciencia no solo debe ser posesión continuada, sino también mantenida. Con eso podrán afrontar cualquier hostilidad proveniente del mundo y enfrentar cuantas calumnias se produzcan contra ellos. Estos calumniadores contra quienes viven en Cristo serán *avergonzados*, esto es, *frustrados* en cuanto a sus propósitos contra los creyentes, aunque puedan producirles agravios, tristezas, sufrimientos e incluso muerte, pero, nunca podrán quitar de ellos la paz de una *buena conciencia* en Cristo. Una conducta ejemplar es la mejor refutación a todas las calumnias que levanten contra el cristiano.

17. Porque mejor es que padezcáis haciendo el bien, si la voluntad de Dios así lo quiere, que haciendo el mal.

κρεῖττον γὰρ ἀγαθοποιοῦντας, εἰ θέλοι τὸ θέλημα τοῦ Θεοῦ,
Porque mejor haciendo bien si quiere la voluntad - de Dios
πάσχειν ἢ κακοποιοῦντας.
padecer que haciendo el mal.

Análisis y notas del texto griego.

Análisis: κρεῖττον, caso genitivo neutro singular del adjetivo comparativo *mejor*; γὰρ, conjunción causal *porque*; ἀγαθοποιοῦντας, caso acusativo masculino plural del participio de presente en voz activa del verbo ἀγαθοποιέω, *hacer bien*, aquí *haciendo bien*; εἰ, conjunción *si*; θέλοι, tercera persona singular del presente de optativo en voz activa del verbo θέλω, *querer, desear*, aquí *quiere*; τὸ, caso nominativo neutro singular del artículo determinado *el*; θέλημα, caso nominativo neutro singular del nombre común *voluntad*; τοῦ, caso genitivo masculino singular del artículo determinado *el*; Θεοῦ, caso genitivo masculino singular del nombre divino declinado *de Dios*; πάσχειν, presente de infinitivo en voz activa del verbo πάσχω, *padecer, sufrir*; ἢ, partícula *o, que*; κακοποιοῦντας, caso acusativo masculino plural del participio presente en voz activa del verbo κακοποιέω, *hacer el mal*, aquí *haciendo el mal.*

κρεῖττον γὰρ ἀγαθοποιοῦντας, εἰ θέλοι τὸ θέλημα τοῦ θεοῦ, πάσχειν ἢ κακοποιοῦντας. La vida cristiana discurre bajo la soberanía de Dios, de modo que los momentos de calma o los de inquietud se producen por permisión Suya. No es que Él quiera que el cristiano sufra, pero lo permite cuando es preciso y cuando le es necesario. Sin embargo, las pruebas –sobre todo en el contexto inmediato– ocurren cuando el creyente está llevando una vida ejemplar: *"haciendo el bien"*.

Es una nueva expresión del pensamiento general (2:20; 4:15). Ya se ha considerado esto antes, de modo que padecer, sufrir, por hacer mal es simplemente recoger el fruto de la semilla sembrada. Todo esto, necesariamente es de bendición, puesto que se trata de una condición de la gracia: *"Porque a vosotros os es concedido a causa de Cristo, no sólo que creáis en él, sino también que padezcáis por él"* (Fil. 1:29). Estas aflicciones permitidas por Dios son instrumento eficaz para lograr la madurez espiritual (Stg. 1:2-4). El sufrir injustamente por el testimonio de la verdad, es participar en los padecimientos de Cristo, en lo que resta de Sus padecimientos. No se trata de padecimientos de salvación, ni de completar la obra redentora, sino de los sufrimientos que la Cabeza experimente por medio del cuerpo de creyentes. Este versículo abre la puerta del párrafo que sigue en el que se pone el ejemplo de Jesús, quien sufrió por hacer el bien, con total sinrazón. Eso debiera servir de aliento y ayuda a los creyentes que sufren injustamente.

El ejemplo supremo (3:18-22).

18. Porque también Cristo padeció una sola vez por los pecados, el justo por los injustos, para llevarnos a Dios, siendo a la verdad muerto en la carne, pero vivificado en espíritu.

ὅτι καὶ Χριστὸς ἅπαξ περὶ ἁμαρτιῶν ἔπαθεν, δίκαιος ὑπὲρ
Porque también Cristo una vez por pecados padeció, justo por
ἀδίκων, ἵνα ὑμᾶς προσαγάγῃ τῷ Θεῷ θανατωθεὶς μὲν
injustos para os llevar - a Dios, habiendo sido muerto a la verdad
σαρκὶ ζῳοποιηθεὶς δὲ πνεύματι·
en carne pero vivificado en espíritu.

Análisis y notas del texto griego.

Análisis: ὅτι, conjunción causal *porque*; καὶ, adverbio de modo *también*; Χριστὸς, caso nominativo masculino singular del nombre propio *Cristo*; ἅπαξ, adverbio *una vez*; περὶ, preposición propia de genitivo *por*; ἁμαρτιῶν, caso genitivo femenino plural del nombre común *pecados*; ἔπαθεν, tercera persona singular del aoristo segundo de indicativo en voz activa del verbo πάσχω, *padecer, sufrir*, aquí *padeció*; δίκαιος, caso nominativo masculino singular del adjetivo *justo*; ὑπὲρ, preposición propia de genitivo *por, a favor de, en lugar de*; ἀδίκων, caso genitivo masculino plural del adjetivo *injusto*; ἵνα, conjunción *para*; ὑμᾶς, caso acusativo de la segunda persona plural del pronombre personal declinado *a vosotros, os*; προσαγάγῃ, tercera persona singular del aoristo segundo de indicativo en voz activa del verbo προσάγω, *traer, llevar*, aquí *llevar*; τῷ, caso dativo masculino singular del artículo determinado *el*; Θεῷ, caso dativo masculino singular del nombre divino declinado *a Dios*; θανατωθεὶς, caso nominativo masculino singular del participio aoristo primero en voz pasiva del verbo θανατόω, *matar, dar muerte, condenar a muerte*, aquí *habiendo sido muerto*; μὲν, partícula afirmativa que se coloca siempre inmediatamente después de la palabra expresiva de una idea que se ha de reforzar o poner en relación con otra idea y que, en sentido absoluto tiene oficio de adverbio de afirmación, como *ciertamente, a la verdad*; σαρκὶ, caso dativo femenino singular del nombre común *carne*; ζῳοποιηθεὶς, caso nominativo masculino singular del participio aoristo primero en voz pasiva del verbo ζῳιοποέω, *vivificar, dar vida*, aquí *vivificado*; δὲ, partícula conjuntiva que hace las veces de conjunción coordinante, con sentido de *pero, más bien, y, y por cierto, antes bien, entonces*; πνεύματι, caso dativo neutro singular del nombre común *espíritu*.

ὅτι καὶ Χριστὸς ἅπαξ περὶ ἁμαρτιῶν ἔπαθεν, El apóstol inicia la descripción del padecimiento de Cristo, poniéndolo como ejemplo del sufrimiento del cristiano. La doctrina es muy amplia en el texto, de manera que habrá que sintetizarla para evitar una excesiva extensión. La primera afirmación es que *también*, sustentando la ejemplaridad de lo que escribe, es decir, del mismo modo que el cristiano padece injustamente, así también Cristo, ejemplo de vida, padeció injustamente. Pedro dice que Jesús *padeció*. Algunos mss.[9] contienen *murió* en lugar de *padeció*, pero el contexto favorece el uso de *padecer* en lugar de *morir*. Ambas cosas no se contradicen, puesto que el padecimiento de Jesús fue *"hasta la muerte, y muerte de cruz"* (Fil. 2:8), el padecimiento de Cruz equivale a muerte. De esta forma sigue el hilo del tema del sufrimiento que le ocupa y que está presente en el pasaje.

El padecimiento por los pecados, solo se produjo ἅπαξ, *una sola vez*. Primeramente, como hecho histórico Cristo murió una sola vez (Lc. 23:46; Ro. 5:6). Pero, como hecho en la economía de la redención, es irrepetible. De ahí la insistencia que de esta verdad se aprecia en la *Epístola a los Hebreos* (cf. He. 9:12, 26, 28; 10:10, 12). Pero la causa que posibilita la salvación es el sacrificio de Cristo que se hizo *una sola vez*. Debe apreciarse aquí la intensidad de referencia a la muerte sacrificial de Cristo en la expresión que sigue en el texto: *"siendo a la verdad muerto en la carne"*, que establece el elemento material del sacrificio. En el antiguo pacto se sacrificaban animales continuamente. En el Nuevo Pacto, es el Cordero de Dios quien se ofrece como sacrificio expiatorio por el pecado, rescatando y separando a un pueblo para Dios, mediante la entrega en sacrificio sustitutorio por cada uno de los que son salvos (1:18-

---

[9] Entre ellos $\mathfrak{P}^{72}$, S, A, vg, syr.

20). Este padecimiento hecho una sola vez, tiene relación con *los pecados*, sustituyéndonos en la responsabilidad penal de los mismos al tomarlos sobre Sí. Al entregar el cuerpo, se estaba entregando Él mismo y al derramar Su sangre, estaba haciendo realidad las figuras de los sacrificios del orden levítico. La idea de *derramar la sangre* es equivalente a entregar una vida, como se enseña en la Ley: *"Porque la vida de la carne en la sangre está, y yo os la he dado para hacer expiación sobre el altar por vuestras almas; y la misma sangre hará expiación de la persona"* (Lv. 17:11). En Cristo, esto es, en Él mismo, en Su cuerpo, en Su sangre, que equivalen a Su vida, el creyente es salvado, y Dios hace a Jesús no sólo la base de la justificación, sino también de la santificación (1 Co. 1:30). Los sacrificios de la antigua dispensación no tenían capacidad para santificar definitivamente a quienes los ofrecían. En cambio, el sacrificio perfecto de Jesucristo es único e irrepetible. Este sacrificio se hizo ἅπαξ, *una sola vez*. La presentación de la vida del Señor es un sacrificio tan perfecto que no puede repetirse jamás. Tal sacrificio lo fue de *olor fragante*, por lo cual fue aceptado plenamente por Dios (Ef. 5:2). La presentación de la vida de nuestro Señor es un sacrificio tan perfecto que no puede repetirse jamás. En este sacrificio concurren, por tanto, dos elementos: una eficacia absoluta en cuanto a valor redentor, y una extensión infinita en cuanto a tiempo. El sacrificio perfecto permite la purificación interior del pecado y la capacitación para estar en la presencia de Dios. Ese sacrificio es perfecto y la santificación también, esto es, irrepetible y se produce *una sola vez*. Este es uno de los pilares sobre los que descansa la seguridad de salvación.

δίκαιος ὑπὲρ ἀδίκων, Ese padecimiento lo sufrió *el justo* y lo hizo *por* los injustos. El calificativo sólo puede darse a Jesús (2:22). Ninguno podría alcanzar por sí mismo ese calificativo, ya que en el mundo de los hombres *"no hay justo ni aun uno"* (Ro. 3:10). En ese sentido se asocian en Cristo santidad y perfección absolutas. Él es *"santo, inocente, sin mancha, apartado de los pecadores, y hecho más sublime que los cielos"* (He. 7:26). Todos estos calificativos determinan lo que significa el término *justo*. No se puede ser *justo* en modo absoluto sin ser *santo*. Jesús no llegó a esa condición, sino que le es eternamente propia, en grado infinito, porque es Dios. En Su condición de hombre (Jn. 14:1), se presenta como consagrado plenamente a Dios y apartado para llevar a cabo el ministerio sacerdotal en relación con el pecado, a fin de santificar en Él a quienes Dios llama a salvación. En la anunciación se dijo a María que el que iba a nacer de ella sería *lo santo*, no un *ser santo*, como traduce RV, sino lo sublime e infinitamente santo (Lc. 1:35), condición aplicable únicamente a Dios. Debe notarse que en el texto griego se lee: *"lo santo que nacerá"*, lo que está enfatizando el sentido de santidad absoluta, que sólo corresponde a Dios. La santidad inherente al niño que nacería descansa en la presencia de la segunda Persona divina que santifica la naturaleza humana que subsiste en Su Persona. Jesús no vino a ser Hijo de Dios por haber sido concebido por el Espíritu Santo, sino que lo es eternamente. El Espíritu Santo que concibe puede santificar el embrión concebido, pero la santidad absoluta sin contaminación de pecado la aporta la Persona Divina que se encarna (Jn. 1:14). La naturaleza humana de Jesús es semejante a la de los hombres, pero distinta de ella (Fil. 2:7). Es igual al hombre porque es hombre, pero distinto en cuanto a vinculación con la Deidad, ya que es el único hombre en la historia de los hombres unido a la Persona Divina del Verbo en hipóstasis de naturaleza. Distinto también a los hombres en cuanto a incontaminación con el pecado. En María toma naturaleza humana y se inserta en el mundo, con todo cuanto los humanos llegamos a ser, salvo en cuanto al pecado (Ro. 1:3). La humanidad que surge por la acción del Espíritu está tocada por la presencia y comunicación absoluta de Dios y por ello es absolutamente divina y Suya, a la vez que esa naturaleza humana es la expresión suprema de la criatura, con lo que está plenamente vinculado a Dios por la deidad y a los hombres por la humanidad. Dios presente desde el mismo instante de la concepción fue llevado, en vinculación con la naturaleza humana, durante la gestación en María hasta el alumbramiento. La historia de Jesús es la historia de Dios manifestado en carne. Para llegar a una comprensión del término que se considera, en relación con el adjetivo *santo* que califica a la persona del Sumo sacerdote, es necesario enfatizar un poco más en Su condición personal, aun a costa de extenderse, en cierta medida, en términos cristológicos. Jesús no sólo es Dios, y no sólo es hombre, pero tampoco es Dios y hombre, como si fuesen dos personas y dos personalidades diferentes, sino que es Dios-hombre[10]. La admirable y sublime novedad en la revelación actual de Dios en Cristo es que, en Jesucristo, Dios y el hombre, Logos y carne, se han unido para siempre. La vinculación que esto tiene en relación con el sacerdocio es palpable ya que el Logos, que estaba junto al Padre, el eterno e impasible, ha nacido, padecido y muerto como hombre, permitiéndole llevar a cabo el sacrificio que hace perfectos a quienes por medio de Él se acercan a Dios. La consecuencia de esta unión es *unus*, un sujeto personal único con dos naturalezas subsistentes en su única Persona. Este sujeto único, que es el Sumo Sacerdote del nuevo orden, en cuanto a humanidad, ha sido engendrado en María, y ella ha tenido respecto de Él la misma colaboración biológica que toda madre tiene respecto de su hijo. Por tanto, a este Sumo Sacerdote que nos conviene, le es tan esencial y propio lo que recibe de María en cuanto a

---

[10] Griego θεανθρωπος.

humanidad, como lo que recibe de Dios en cuanto a deidad. En un misterio de gracia, Jesús es consustancial con María que lo vincula a los hombres, por generación humana en concepción divina y es consustancial con el Padre que lo vincula a la Deidad, por generación eterna. Este Sumo Sacerdote es único e irrepetible y con consecuencias también únicas, ya que, siendo el Verbo encarnado, es Dios-hombre y Sus operaciones se denominan Teándricas o Teantrópicas, esto es, divino-humanas. Se trata de una unión hipostática que, como se dijo antes, no sólo es personal, sino que se realiza en el núcleo mismo de la persona. Esto define también la *personalidad* del Sumo Sacerdote en el plano de Su humanidad, teniendo en cuenta que personalidad no es un elemento más de la naturaleza, sino el sujeto de atribución y responsabilidad del ser personal. La unión de las dos naturalezas es una unión sustancial, que a su vez es hipostática, porque ambas naturalezas se unen en la Persona, la cual ya preexistía. El ser *justo* es un concepto que va asociado a la rectitud. Expresa esencialmente la condición propia del carácter santo que se manifiesta al exterior como una verdadera piedad. Cristo es santo en la obra de salvación, con la santidad ontológica que corresponde a Su condición Divino-humana. El salmista le llama *el santo de Dios* (Sal. 16:10). Es el *Logos* encarnado, impecable, porque es Dios.

Pero, quien es *justo* ha de ser también *inocente*. Porque siendo Dios procede también con simplicidad y, por tanto, con absoluta rectitud (Sal. 25:21). El sustantivo *inocente tiene* el sentido de lo que es sin malicia. El término aparece sólo dos veces en todo el Nuevo Testamento[11] y en los dos casos contiene ese sentido, que alcanza incluso la condición del que es confiado porque no piensa en la maldad de otros. La santidad absoluta de la Persona Divina del Señor comunica tal condición a Su naturaleza humana, haciendo que Jesús sea irreprochable en todo. Nade podía redargüirle de pecado, porque era impecable (Jn. 8:46). En ese sentido el que es *justo* es también *incontaminado*, que equivale a *sin mancha*. El Señor anduvo entre los hombres recorriendo el camino que nos es propio por nuestra condición humana, pero ninguna de nuestras contaminaciones afectó a Su pureza. La dimensión incontaminada de Su Persona había sido antes profetizada: *"Nunca hizo maldad, ni hubo engaño en su boca"* (Is. 53:9). Quienes vivieron a Su lado en el tiempo de su ministerio dan el mismo testimonio como la realidad de Su vida (2:22). Nunca se alejó de los pecadores en el sentido de la relación con ellos, caminando nuestros caminos, compartiendo nuestras limitaciones, experimentando nuestros dolores, llorando nuestras lágrimas y muriendo nuestra muerte. Pero, la absoluta santidad Suya, en Su condición de Emmanuel, Dios con los

[11] Ro. 16:18; He. 7:26.

hombres, mantuvo incontaminada la humanidad que no era ajena a Su Persona Divina, sino subsistente en ella. Por tanto, el Señor, como enseña Hebreos, es *"apartado de los pecadores"*. El término indica no un distanciamiento o alejamiento de la relación con ellos, sino en el sentido de *exceptuado*, es decir, de una clase diferente a la de los hombres pecadores. Nunca se dice en la Escritura que el Señor Jesús es *igual* a los hombres, sino semejante a ellos. Vino a nuestro encuentro en *"semejanza de carne de pecado"* (Ro. 8:3), nuestras limitaciones fueron las Suyas al hacerse carne (Jn. 1:14), pero la impecabilidad de Su condición le distancia absolutamente de los hombres haciéndole el único hombre exceptuado de pecado, así que, puede afirmarse en ese sentido que era *apartado de los pecadores*. La frontera de la impecabilidad de Jesús le mantiene distanciado de la condición pecadora propia y natural de todos los hombres. Sólo Su humanidad está exenta del pecado, tanto de origen como de comisión, porque nuestro Señor no sólo no tuvo pecado, sino que tampoco lo pudo tener. La absoluta separación con el pecado es infranqueable en Su ser, a causa de que Jesús es la Persona Divina de Dios el Verbo. Nuestro Sumo Sacerdote está alejado de los pecadores en el sentido moral, pero no en el físico ya que vino a buscarlos (Lc. 19:10). En contraste con los religiosos de Su tiempo que se separaban físicamente de quienes ellos llamaban *pecadores*, pero que mostraban en sí mismos una corrupción moral mayor que la de ellos (Mt. 21:31, 32).

De otro modo, padeció siendo completa e infinitamente Justo, puesto que es Dios manifestado en carne, sin pecado e impecable. Así que el Justo sobrellevó el sufrimiento a causa de los pecados ajenos y padeció *a favor* de quienes eran pecadores, por tanto, *injustos* y enemigos de Dios (Ro. 5:6-10). Aunque no está presente la preposición ἀντί, la idea sustitutoria de la obra de la Cruz es evidente.

ἵνα ὑμᾶς προσαγάγῃ τῷ Θεῷ. El objetivo del sacrificio es *"para llevarnos a Dios"*, literalmente *conducirnos*. La idea incluye la reconciliación con Dios, de modo que el obstáculo de la proximidad a causa del pecado quedó removido para los creyentes (Ro. 5:1, 2; Ro. 8:1; 2 Co. 5:19-21). Es interesante apreciar nuevamente que la *reconciliación* que permite *llevarnos a Dios*, no es asunto del hombre, sino una operación absolutamente divina, es decir, Dios nos lleva por Cristo y en Él, reconciliándonos Él y no nosotros. De ese modo se abre acceso al trono de gracia a todo aquel que crea (He. 4:14-16). Eso equivale a *reconciliarse con Dios* (2 Co. 5:20).

θανατωθεὶς μὲν σαρκὶ. La muerte del Salvador se produjo *en la carne*. Con toda claridad escribe Pedro: *"Siendo a la verdad muerto en la carne"*. Este término es equivalente a la naturaleza humana (Jn. 1:14). En el texto griego es un *dativo de causa*. Muerto *en cuanto* a la carne. En Su condición de hombre moral se dio a la muerte (He. 2:9). No es posible entenderlo de otro modo, puesto que en Su sola condición divina no puede morir. La muerte es en la naturaleza humana, si bien debiera extenderse esta consideración al sentido pleno de muerte que comprende necesariamente la *muerte espiritual*. La vida que da paso a la muerte física en la consumación de la Cruz, es de infinito valor sustitutorio puesto que no es una vida humana independiente, por muy santa que pudiera ser, sino la naturaleza humana de la Persona Divina del Hijo de Dios, el Verbo eterno encarnado. En Su condición de hombre se dio a la muerte (He. 2:9).

ζῳοποιηθεὶς δὲ πνεύματι· La muerte es necesaria para la salvación, pero no menos necesaria es la resurrección, presente también la doctrina expresada en el texto: *"Pero vivificado en espíritu"*. El término debe aplicarse en este versículo al espíritu personal del Señor. Algunos opinan que se refiere a la resurrección hecha por el Espíritu Santo (Ro. 8:11), pero, en este caso exigiría el artículo. En ese acto, Cristo recibe el cuerpo de resurrección, siendo revestido de inmortalidad. Este es llamado por Pablo *"cuerpo espiritual"* (1 Co. 15:44). En la carne murió, en espíritu es vivificado. El Resucitado es hecho *"espíritu vivificante"* (1 Co. 15:45). El Señor resucitado tiene un cuerpo con un modo distinto de existencia.

19. En el cual también fue y predicó a los espíritus encarcelados.

ἐν ᾧ	καὶ	τοῖς	ἐν	φυλακῇ	πνεύμασιν	πορευθεὶς	ἐκήρυξεν,
En el cual	también	a los	en	prisión	espíritus	yendo	predicó

Análisis y notas del texto griego.

Análisis: ἐν, preposición propia de dativo *en*; ᾧ, caso dativo neutro singular del pronombre relativo *el cual*; καὶ, adverbio de modo *también*; τοῖς, caso dativo neutro plural del artículo definido declinado *a los*; ἐν, preposición propia de dativo *en*; φυλακῇ, caso dativo femenino singular del nombre común *prisión*; πνεύμασιν, caso dativo neutro plural del nombre común *espíritus*; πορευθεὶς, caso nominativo masculino plural del participio aoristo primero en voz pasiva del verbo πορεύομαι, *ir*; ἐκήρυξεν, tercera persona singular del aoristo primero de indicativo en voz activa del verbo κηρύσσω, *predicar, proclamar*, aquí *predicó*.

ἐν ᾧ καὶ. La frase resulta un tanto dificultosa a primera vista. Pedro presenta a Cristo *en espíritu*, yendo a predicar. No tanto en el cuerpo limitado de Su humidad sino en el del *espíritu vivificado* de la resurrección, con que termina el texto anterior. Para los antiguos, entre ellos los *padres de la iglesia*, entienden esto en dativo.

τοῖς ἐν φυλακῇ πνεύμασιν. La proclamación del evangelio se hizo a los *espíritus encarcelados.* Este es el principal problema interpretativo, ya que surge indudablemente dos preguntas: ¿Quiénes son estos espíritus? ¿Dónde tuvo lugar la proclamación?

Tratando de entender quiénes son estos *espíritus*, algunos interpretan que se trata de los ángeles caídos, cuyos pecados violentos fueron cometidos con las hijas de los hombres en el tiempo anterior al diluvio y del que se considerará en la *Segunda Epístola*, si bien los *padres de la iglesia* siempre entendieron que se trataba de espíritus humanos, sobre cuyo argumento escribe el Dr. Ricardo Franco:

"Con F. Spitta se inicia una nueva interpretación, según la cual serían los ángeles caídos, que en el libro de Henoc identifica con los hijos de Dios de que habla en Génesis (6:2 s). Esta interpretación, con distintos matices, ha sido seguida después por K. Gschwind, R. Knopf, F, Hauck, E. G. Selwyn, Bo Reiche, J. Jeremias. Otros, considerando la fuerza de los argumentos de ambas partes, admiten que se trata de ambas cosas. Así, H. Windisch, V. Bieder, E. C. Selwyn y Bo Reichke admiten también es posibilidad. Las razones fundamentales a favor del cambio de exégesis son que la palabra πνεύματα, utilizada sin calificativo, no designa en el NT y en la literatura relacionada con él las almas separadas, sino los ángeles, sean buenos o malos; que la tradición que identifica el pecado de los ángeles con el de los hijos de Dios de Gén 6,2s estaba muy extendida en el pensamiento judío (Hehoc 6, 12-16; Bar, 56); que se relacionaba este pecado con el período inmediatamente anterior al diluvio, y que estos ángeles fueron castigados con la prisión, de lo cual hay vestigios en el NT (2 Pe. 2,4; Jds 6). Estas razones, a las que no se puede negar peso, no son, sin embargo, totalmente convincentes. El mismo libro de Henoc utiliza paralelamente ψυχαί–πνεύματα, para designar las almas separadas, y en 1 Pe 2,19, 'espíritus' no está simplemente sin calificativo, sino que en el v.20 se dice que son los que 'desobedecieron la predicación (ἀπειθήσασιν) durante la fabricación del arca', dos precisiones que no se pueden aplicar a los 'ángeles malos, a los que no se predicó, y cuya caída es anterior a la fabricación del arca[12]".

[12] Ricardo Franco. o.c., pág. 283).

Esta opinión es compartida también por algunos evangélicos, como escribe el Dr. MacArthur:

"El verbo traducido predicó (kerusso) significa que Cristo 'enseñó' o 'anunció su triunfo como un heraldo'. En el mundo antiguo los heraldos llegaban a una ciudad como representantes de los reyes para hacer anuncios públicos o preceder a generales y monarcas en las procesiones que celebraban triunfos militares, anunciando las victorias ganadas en batalla. Este verbo no sugiere que Jesús fuera a predicar el evangelio, o si no Pedro probablemente habría usado una forma del verbo euangelizö (evangelizar). Cristo fue a proclamar su victoria al enemigo anunciando su triunfo sobre el pecado (cp. Ro. 5:18-19; 6:5-6), la muerte (cp. Ro. 6:9-10, 1 Co. 15:54-55), el infierno, los demonios, y Satanás (cp. Col. 2:15; He. 2:14; 1 Jn. 3:8).

Cristo dirigió su anuncio a los espíritus, no a seres humanos, o si no Pedro habría usado psuchai (almas) en lugar de pneumasin una palabra que el Nuevo Testamento nunca usa para referirse a personas excepto cuando un genitivo las califica (p. Ej., He. 12:23; los espíritus de los justos).

Más adelante, luego de una reflexión sobre la acción diabólica contra Dios, añade:

"Los demonios quizás habían estado celebrando su aparente victoria tras la muerte y sepultura de Cristo, pero solo para de inmediato quedar profunda y permanentemente desilusionados cuando el mismo Cristo vivo se les apareció. Los espírituos angelicadles a los que Cristo se dirigió estaban encarcelados (phulakë; en un verdadero lugar de prisión, no simplemente en una condición) ...

El libro de Apocalipsis llama a esta prisión 'el pozo del abismo', literalmente 'el pozo sin fondo'. Algunos análisis de Apocalipsis 9:1-2 proveen mayor entendimiento de la prisión y de sus sujetos cautivos.

Luego escribe:

"Los espíritus encarcelados en el abismo son los que en otro tiempo desobedecieron... en los días de Noé. Son demonios que cohabitaron con mujeres en el fallido intento de Satanás de corromper el género humano y hacer imposible su redención (Gn. 6:1-4) [13]".

---

[13] John MacArthur. o. c., pág. 207 ss.

Esta posición tiene alguna dificultad, ya que habría que hacer una distinción entre los ángeles caídos, para determinar a cuáles de ellos predicó el mensaje del que Pedro hace mención. Lo más seguro para quienes se asientan en esta interpretación, sería que son aquellos espíritus en extremo perversos e incluso homicidas, que están sujetos por Dios en el llamado *"pozo del abismo"* (Ap. 9:1), reservados en prisiones de oscuridad para el juicio del gran día (Jud. 6-7). Este lugar será abierto para que los demonios allí retenidos sean liberados para atormentar a los moradores de la tierra, que no creyeron y fueron rebeldes a Dios (Ap. 9:4). Sin embargo, el problema se agudiza más cuando se observa que esos *espíritus* son aquellos que *"en otro tiempo desobedecieron, cuando una vez esperaba la paciencia de Dios en los días de Noé"* (v. 20). ¿Cuál de los demonios fue obediente a Dios en alguna ocasión? Esto exigiría entender que se trata de aquellos espíritus que, abandonando su dignidad, tuvieron relaciones con algunas de los *hijos de los hombres*, y les engendraron hijos, en un intento satánico por traer a la existencia una nueva humanidad (Gn. 6:1-4). Este lugar de encarcelamiento, *el abismo*, es algo que todos los demonios temen y no desean ser enviados a él (Lc. 8:31). Pero, ¿cuál era el propósito de un mensaje a esos ángeles caídos y por tanto eternamente excluidos de cualquier aspecto redentor? ¿en qué momento el Señor descendió al abismo? Las dudas teológicas que comporta la posición hacen necesaria la búsqueda de otra interpretación.

Otros consideran que estos *espíritus encarcelados*, deben ser los que corresponden a los creyentes del antiguo orden, que estaban en un lugar esperando la obra redentora de Jesucristo. Para la liberación de estos y el traslado de un lugar en el interior de la tierra a la presencia del Señor, Jesús bajó a ese lugar, proclamando la victoria de la Cruz y llevando *"cautiva la cautividad"* (Ef. 4:8). Apoyándose también en otro texto del apóstol Pablo en la misma *Epístola* en el que se lee: *"Y eso de que subió, ¿qué es, sino que también había descendido primero a las partes más bajas de la tierra? El que descendió, es el mismo que también subió por encima de todos los cielos para llenarlo todo"* (Ef. 4:9-10). En ese sentido el Señor descendió al lugar donde estaban las almas de los salvos muertos antes de la venida de Cristo, para llevarles la nueva de Su redención y librarlos de la cárcel en que estaban encerrados.

A esta posición se responde planteando serias dudas sobre tal interpretación en relación con los que han muerto en fe, esto es, creyendo en Dios y creyendo a Dios. Antes de la Cruz, el Señor habló en el pasaje ilustrativo sobre *el rico y Lázaro*, diciendo que, en el momento de la muerte, el rico despertó en los tormentos y el mendigo en el *seno de Abraham*, forma figurativa para referirse al lugar de descanso en la presencia de Dios. La idea de un lugar en donde estaban los que mueren justificados, no tiene base bíblica firme. Descansando en esta interpretación la dogmática de la Iglesia Católico-romana, estableció lo que se llama *"el limbo de los justos"*.

De esta manera escribe el Dr. José Salguero:

"Los espíritus que estaban en la prisión son las almas de los justos, muertos antes de la venida de Cristo al mundo. Hay bastantes autores, sobre todo de tendencia racionalista que ven en esos espíritus ángeles caídos, que el Libro de Henoc identifica con los hijos de Dios de que nos habla el libro del Génesis. Sin embargo, parece mucho más probable que aquí se trata de las almas separadas de los difuntos y no de los ángeles caídos, pues en el v. 20 se dice que esos espíritus son los incrédulos cuando se fabricaba el arca en tiempo de Noé, pues su caída es anterior a la fabricación del arca".

Estas posiciones deben ser consideradas a la hora de responder a la primera pregunta antes formulada: *¿Quiénes son estos espíritus?* La respuesta depende en gran medida del complemento que sigue en el próximo versículo, por lo que será respondida luego de considerar la primera parte del próximo texto.

Sin embargo, puede responderse a la segunda de las presentadas en el primer párrafo del comentario al texto: *¿Dónde tuvo lugar la proclamación de Cristo?*

El texto menciona que se produjo *"en el cual..."*, esto es, referido al *espíritu vivificante* del Resucitado. Por tanto, tuvo que haber ocurrido luego de la resurrección. Algunos piensan que se produjo en el triduo de la muerte, otros luego de la resurrección. Al no decir nada en ese sentido, la opción de que tuvo lugar durante el tiempo de la muerte física, toma lugar importante. Sobre todo, cuando a este versículo se le añaden las palabras antes citadas del apóstol Pablo, en las que se afirma que Jesús descendió a las *partes más bajas de la tierra* (Ef. 4:9). A esto se añade la expresión del *Credo Apostólico* en el que se lee *descendit ad inferos*, incorrectamente traducido por *descendió a los infiernos*.

Si se unen los textos de Pablo antes citados, que afirman que Cristo descendió a las partes más bajas de la tierra, con lo que se lee en el *Credo Apostólico*, más este versículo de la *Epístola*, retirando todo ello del contexto, como se verá más adelante, se podría llegar a la conclusión de que Jesús descendió a los infiernos o a las partes más bajas de la tierra para proclamar un mensaje de victoria a quienes estaban en ese lugar.

πορευθεὶς ἐκήρυξεν, El apóstol enseña que *yendo predicó*. Es decir, hizo una proclamación que, por regla general se aplica al mensaje del evangelio, sin tener en cuenta la forma del mensaje en sí. En ese sentido el Señor estuvo presente en la proclamación de un mensaje de *buenas nuevas*.

La posición que defiende la interpretación del versículo como la del descenso de Cristo a los infiernos, es resumida en dos párrafos del Dr. José Salguero:

"El hecho del descenso de Cristo a los infiernos es un dogma de fe que se encuentra en los símbolos y es enseñado por la Iglesia católica, como se puede ver en el concilio Lateranense IV.

La tradición eclesiástica ha visto siempre en el texto de la 1 Pe. 3:19-20 la enseñanza de este dogma. Cristo habría descendido al infierno en el triduo posterior a su muerte y antes de resucitar. Los intérpretes cristianos más antiguos entienden por infierno (φυλακή = cárcel) aquella parte del seol en donde se encontraban las almas de los justos del Antiguo Testamento, llamada en él Nuevo Testamento seno de Abraham y, posteriormente, limbo de los santos padres. San Agustín, sin embargo, dio una explicación más bien espiritual del descenso de Cristo a los infiernos. Según este Padre, Cristo preexistente in spiritu habría intervenido por intermedio de Noé para predicar a los contemporáneos del diluvio la verdad que los había de librar de la prisión, o sea de las tinieblas de la ignorancia y del pecado. Esta opinión de San Agustín influyó de manera decisiva sobre los escritores de la Iglesia latina hasta el siglo XIV. La iglesia oriental, por el contrario, continuó viendo en el texto de la 1 Pe. la enseñanza del descenso de Cristo al infierno. El cardenal Cayetano fue el primero en oponerse a la opinión de San Agustín, enseñando que Cristo, con su alma separada del cuerpo, descendió a los infiernos, en el triduo anterior a su resurrección, para anunciar a las almas de los contemporáneos de Noé, arrepentidos antes de morir, el mensaje de su liberación. Esta explicación fue adoptada y divulgada por San Roberto Belarmino, convirtiéndose en la sentencia común entre los teólogos católicos modernos. Por eso, dice G. Philips: 'De todas las disertaciones de la teología católica, se deduce claramente que el alma de Cristo, separada de su cuerpo, pero siempre unida a su persona divina, descendió a los infiernos como verdadero triunfador, no para predicar una salud tardía y suprema, sino para abrir a los justos reunidos en el seno de Abraham el acceso a la felicidad del cielo. De este modo, el descenso al reino de los muertos constituye un complemento real de la redención. Es la aplicación de los méritos del sacrificio expiatorio a todos aquellos que ya se encontraban preparados para gozar de ellos inmediatamente, es decir, todos los elegidos del Antiguo Testamento'

Toda la tradición cristiana pone de relieve, de un modo muy especial, el carácter salvífico y misericordioso del descenso de Cristo a los infiernos. No descendió para intimar a los malvados la condenación eterna, sino más bien para anunciar a los justos del Antiguo Testamento la buena nueva de la liberación. No fue a llevarles, como piensan algunos (Petavio, Tobac), los dones del Espíritu Santo, que dan acceso al cielo y que no poseían los justos del Antiguo Testamento. Porque, según la opinión más común entre los teólogos, los justos del Antiguo Testamento eran ya hijos adoptivos de Dios y poseían la gracia santificante, aunque en modo menos abundante que en el Nuevo Testamento[14]*".*

Esta enseñanza no deja de ser una especulación con serias dificultades bíblicas. Primeramente, la idea de un lugar donde estaban los muertos tanto justos como perdidos. En segundo lugar, el imaginario descenso de Cristo a ese lugar entre el tiempo de la muerte y la resurrección, afirmando quienes sustentan esa postura que bajó a tal lugar *su alma* sin el cuerpo. Esto genera un serio problema teológico e interpretativo: Jesús entregó *Su espíritu* al Padre antes de permitir Su muerte física en la Cruz (Lc. 23:46). Por tanto, Su parte espiritual, estaba en manos del Padre. Su cuerpo estuvo inmóvil en el sepulcro, de modo que la humanidad de Jesús, que es la naturaleza humana del Verbo, no estaba plenamente definida ya que la muerte, no es una situación de término sino un estado de separación. ¿Qué bajó de Cristo al seol? En tercer lugar, ¿sobre que se sustenta, bíblicamente hablando, el traslado de los espíritus de los justos a la gloria en ese determinado momento? Quienes opinan de este modo, suelen tomar el texto del apóstol Pablo: *"Subiendo a lo alto, llevó cautiva la cautividad, y dio dones a los hombres. Y eso de que subió, ¿qué es, sino que también había descendido primero a las partes más bajas de a tierra?"* (Ef. 4:8-9). En ese texto el apóstol afirma que el descenso de Jesús fue absoluto, haciéndose obediente hasta la muerte, y descendiendo al lugar de mayor bajeza en la *tierra*, para hacer salvable al más bajo y perdido de los hombres[15]. No hay base bíblica firme para enseñar el supuesto descenso de Cristo a los infiernos.

---

[14] José Salguero, o.p., *Biblia Comentada*. Madrid 1965.

[15] Ver comentario en *Efesios*, 4:8-9, de esta misma serie.

Así escribía Juan Calvino:

"Otros lo exponen de otra manera, y afirman que Cristo descendió al lugar donde estaban las almas de los patriarcas muertos antes de la venida de Cristo, para llevarles la nueva de su redención y librarlos de la cárcel en que estaban encerrados.

Para ilustrar esta fantasía retuercen algunos pasajes de la Escritura, haciéndoles decir lo que ellos quieren; como lo del Salmo: 'quebrantó las puertas de bronce, y desmenuzó los cerrojos de hierro' (Sal. 107, 16). Y de Zacarías: 'Yo he sacado tus presos de la cisterna en que no hay agua' (Za. 9,11). Mas el salmo relata el modo cómo fueron libertados los que estaban aherrojados en tierras extrañas y lejanas; y Zacarías compara el destierro que el pueblo de Israel padecía en Babilonia a un pozo profundo y seco, o a un abismo, enseñando a la vez con ello que la salvación y libertad de toda la Iglesia era como una salida de las profundidades del infierno. No comprendo, pues, como posteriormente se llegó a pensar en la existencia de un cierto lugar subterráneo, al cual llamaron Limbo. Sin embargo, esta fábula, por más que haya contado con el apoyo de grandes autores, y aun hoy en día muchos la tengan por verdad, no pasa de ser una fábula. Pues es cosa pueril querer encerrar en una cárcel las almas de los difuntos. Además, ¿fue necesario que el alma de Jesucristo descendiese allí para darles la libertad? Admito de buen grado que Jesucristo las iluminó con la virtud de su Espíritu, para que comprendiesen que la gracia, que ellos solamente habían gustado, se había manifestado al mundo. Y no se andaría descaminado aplicando a este propósito la autoridad de san Pedro, cuando dice que Cristo fue y predicó a los espíritus que estaban en atalaya, –que comúnmente se traduce por cárcel– (1 Pe. 3,19). Pues el hilo mismo del contexto nos lleva a admitir que los fieles fallecidos antes de aquel tiempo gozaban de la misma gracia que nosotros. Porque el apóstol amplifica la virtud de la muerte de Jesucristo, diciendo que penetró hasta los difuntos, cuando las almas de los fieles gozaron como de vista de la visita que con tanto anhelo habían esperado; por el contrario, se hizo saber a los réprobos que eran excluidos de toda esperanza de conseguir la salvación. Y en cuanto a que san Pedro no habla clara y distintivamente de los piadosos y los impíos, no hay que tomarlo como si los mezclara sin hacer diferencia alguna entre ellos; únicamente quiso mostrar que tanto los unos como los otros, sintieron perfectamente el efecto de la muerte de Jesucristo[16]".

---

[16] Juan Calvino. *Instituciones*. Libro II, cap. XVI, pág. 381.

Todavía más, Cristo hubiera tenido que descender al lugar de los muertos, después de Su resurrección: *"vivificado en espíritu"*. Una pregunta es necesaria: ¿Cuál era el propósito de esa proclamación, si ya creían? ¿para qué predicarles el evangelio? Sobre todo, cuando algunos plantean que el testimonio de Cristo fue a pecadores impenitentes para que pudieran ser salvos de sus pecados. Esto plantea una cuestión todavía más difícil, ya que no hay una *segunda oportunidad* para quien ha muerto sin salvación, entonces ¿para qué predicarles el evangelio?

La Biblia enseña que después de la muerte el estado de incredulidad queda inalterable (Lc. 16:9-31; Jn 8:21, 24; 2 P. 2:4, 9; Jud. 7-13). El resultado final y definitivo de cada persona no se determina por lo que haya ocurrido en el estado intermedio, sino por las cosas hechas en la vida (Mt. 7:22, 23; 10:32, 33; 25:34-46; Lc. 12:47-48; 2 Co. 5:9, 10; Gá. 6:7, 8; 2 Ts. 1:8; He. 9:27).

20. Los que en otro tiempo desobedecieron, cuando una vez esperaba la paciencia de Dios en los días de Noé, mientras se preparaba el arca, en la cual pocas personas, es decir, ocho, fueron salvadas por agua.

ἀπειθήσασιν ποτε ὅτε ἀπεξεδέχετο ἡ τοῦ Θεοῦ μακροθυμία
Que desobedecieron entonces cuando aguardaba la - de Dios paciencia
ἐν ἡμέραις Νῶε κατασκευαζομένης κιβωτοῦ εἰς ἣν ὀλίγοι,
en días de Noé era construida arca en la cual pocos,
τοῦτ᾽ ἔστιν ὀκτὼ ψυχαί, διεσώθησαν δι᾽ ὕδατος.
esto es ocho personas fueron salvadas por agua.

Análisis y notas del texto griego.

Análisis: ἀπειθήσασιν, caso dativo masculino plural del participio aoristo primero en voz activa del verbo ἀπειθέω, *desobedecer*, aquí *que desobedecieron*; ποτε, adverbio demostrativo *entonces*; ὅτε, conjunción *cuando*; ἀπεξεδέχετο, tercera persona singular del imperfecto de indicativo en voz media del verbo ἀπεκδέχομαι, *esperar, aguardar*, aquí *aguardaba*; ἡ, caso nominativo femenino singular del artículo determinado *la*; τοῦ, caso genitivo masculino singular del artículo determinado *el*; Θεοῦ, caso genitivo masculino singular del nombre divino declinado *de Dios*; μακροθυμία, caso nominativo femenino singular del nombre común *paciencia*; ἐν, preposición propia de dativo *en*; ἡμέραις, caso dativo femenino plural del nombre común *días*; Νῶε, caso genitivo masculino singular del nombre propio declinado *de Noé*; κατασκευαζομένης, caso genitivo femenino singular del participio presente en voz activa del verbo κατασκευάζω, *preparar, disponer, construir*, aquí *estaba construyendo*, como presente histórico *se construía*; κιβωτοῦ, caso genitivo femenino singular del nombre común *arca*; εἰς, preposición propia de acusativo *en*; ἣν, caso acusativo femenino singular del pronombre relativo *la cual, la que*; ὀλίγοι, caso nominativo masculino plural del adjetivo *poco*; τοῦτ᾽, caso nominativo neutro singular del pronombre demostrativo *esto,* con el grafismo propio ante vocal; ἔστιν, tercera persona singular del presente de indicativo en voz activa del verbo εἰμί, *ser, estar*, aquí *es*; ὀκτώ, caso nominativo femenino plural del adjetivo numeral cardinal *ocho*; ψυχαί, caso nominativo femenino plural del nombre común *almas, personas*; διεσώθησαν, tercera persona plural del aoristo primero de indicativo en voz pasiva del verbo διασώζω, *curar, sanar, salvar la vida*, aquí *fueron salvadas* δι', forma contracta de la preposición de genitivo διά, *por, por medio de, a causa de, a través de*; ὕδατος, caso genitivo neutro singular del nombre común *agua*.

ἀπειθήσασιν ποτε. Pedro aclara en el versículo aspectos que permiten la interpretación de la enseñanza formulada en el pasaje. Enseña que los espíritus encarcelados a quienes se les proclamó el mensaje de Cristo, eran *"los que desobedecieron entonces"*, refiriéndose a un tiempo pasado en la historia de ellos y de la humanidad. Sin duda tiene que ver con la desobediencia de los antediluvianos al mensaje que Noé les proclamó y que realmente era el *evangelio* para aquel tiempo, instándoles a refugiarse en el arca que construía como único medio de salvación del diluvio que Dios había determinado enviar sobre el mundo entero. Por esa razón se habla de *desobedientes*, esto es, *desobedecieron*, que en la *Epístola* tiene connotación de rechazo a la predicación, y es, por tanto, falta de fe, sin la que nadie puede ser justificado (2:8; 3:1; 4:17).

ὅτε ἀπεξεδέχετο ἡ τοῦ Θεοῦ μακροθυμία ἐν ἡμέραις Νῶε. El tiempo a que se refiere era el período de *paciencia* divina ocurrido en los días de Noé. Dios había llamado a Noé para un servicio de proclamación de un mensaje de salvación. Noé era *justo* (Gn. 6:9), calificativo que corresponde a los creyentes a quienes Dios justifica por medio de la fe, de modo que era *"heredero de justicia según la fe"* (He. 11:7). Dios comunicó a Noé lo que iba a suceder (Gn. 6:13), indicándole la única forma de salvación para el juicio que descendería sobre el mundo (Gn. 6:14, 19). Noé dedicó tiempo a la predicación del *evangelio*, un mensaje de buena nueva en el que se anunciaba a los perdidos, el medio de salvación que consistía en creer a Dios. Frente al juicio que se aproximaba, la buena noticia estaba en la gracia de Dios, que proveía de salvación por arrepentimiento y retorno a Él. El ministerio evangelizador de Noé se enseña en el Nuevo Testamento, a quien el mismo apóstol Pedro llama *"pregonero de justicia"* (2 P. 2:5). Por medio de él, Dios llamó a los hombres al arrepentimiento. Era un mensaje sobre el pecado y sus consecuencias, cuyo tema era la justicia de Dios. Es evidente que Noé no podía hablar de Cristo y la Cruz, como se puede hacer hoy, pero señaló a los pecadores con claridad que sólo podrían ser salvos volviéndose a Dios en arrepentimiento y fe, creyendo el mensaje que les anunciaba en Su nombre. La fe es el único medio de ser justificado en cualquier tiempo (Ro. 5:1). A los hombres de aquel tiempo se les pedía solamente que creyeran al mensaje de Dios y actuaran en consecuencia.

Dios dio a los hombres del tiempo de Noé muchos años para que rectificasen y se volviesen a Él. Con precisión hizo saber el tiempo de Su *paciencia*, durante cuyo espacio había posibilidad de salvación antes de que llegara el juicio anunciado. El Señor dijo que *"no contenderá mi Espíritu con el hombre para siempre, porque ciertamente él es carne; mas serán sus días ciento veinte años"* (Gn. 6:3). Algo más de un siglo contuvo pacientemente Su ira con los pecadores que se habían hecho deudores por su pecado. Durante todo ese tiempo, un verdadero período de gracia, Noé anunció juicio, pero también ofreció un camino de salvación a quienes creyesen en Su palabra. Dios no castigó inmediatamente a la corrupta sociedad de entonces, sino que esperó *con paciencia* (μαχροθυμία), *magnanimidad*, a pesar de que la perversión de aquellos era notoria.

κατασκευαζομένης κιβωτοῦ. Durante el tiempo de paciencia divina, Noé construyó el arca. Sin duda debió haber causado un profundo impacto en la sociedad. La construcción de un arca de tales dimensiones que, conforme al mensaje que proclamaba serviría como medio para preservación de vida, fabricada en un lugar distante del mar o de un río que pudiera ser navegable para ella, produciría, cuando menos, risa en los incrédulos al mensaje de Noé. Dios le había ordenado construir el arca y él, obediente como fiel creyente, hizo lo que le había sido mandado.

εἰς ἣν ὀλίγοι, τοῦτ ἔστιν ὀκτὼ ψυχαί, διεσώθησαν δι' ὕδατος. El resultado final del tiempo de proclamación del mensaje de buenas noticias para la sociedad de aquel tiempo no pudo ser –a ojos de los hombres– menos exitoso. De toda aquella sociedad, solo *pocos*, concretamente *ocho personas* fueron salvas del diluvio. Todos los restantes se perdieron porque fueron *desobedientes*. Murieron desobedientes, incrédulos y perversos pecadores. Solo Noé, su esposa, sus tres hijos y sus respectivas mujeres fueron salvadas.

La preposición διά, en genitivo, que Pedro usa aquí, tiene el sentido de *por*, *por medio de, a través de*, agua. El elemento que Dios usó para juicio y muerte de los perversos, fue el mismo instrumento que soportando sobre ella el arca, permitió a unos pocos que habían creído, preservar la vida.

A la luz de estos datos se puede llegar a una interpretación que considero bíblicamente correcta de los dos textos comentados, sintetizándola en ocho breves puntos: a) Noé predicó un mensaje de salvación que pone de manifiesto la paciencia divina, durante ciento cincuenta años (Gn. 5:32; 7:6). b) Dios dio después del plazo establecido, siete días más de gracia antes de enviar el diluvio (Gn. 7:4a). c) Cristo preexistente, en Su espíritu vivificante, que puede dar vida, puesto que la vida está en Él (Jn. 1:4), anunció por medio de Noé, Su pregonero de justicia, un mensaje de salvación a todos aquellos que estaban, por su pecado expuestos al juicio de Dios. De otro modo, Cristo como Salvador, en la figura del arca, fue anunciado a todos los que murieron en el diluvio. d) Los antediluvianos fueron rebeldes, *desobedientes*, al mensaje de Noé (v. 20). e) Eran abusadores de la *paciencia* de Dios. f) Nadie escuchó el mensaje para aceptarlo por fe, salvo la familia de Noé (v. 20). g) Estos fueron salvos por medio del agua, sobre la que flotó el arca salvadora. Realmente su salvación fue *a través* del agua, el diluvio fue su salvación, refugiados en el arca, mientras fue muerte para otros. h) Los pecadores rebeldes murieron sin salvación y está ahora *encarcelados* hasta el día del juicio final para confirmación de eterna condenación.

21. El bautismo que corresponde a esto ahora nos salva (no quitando las inmundicias de la carne, sino como la aspiración de una buena conciencia hacia Dios) por la resurrección de Jesucristo.

ὃ	καὶ	ὑμᾶς	ἀντίτυπον	νῦν	σῴζει	βάπτισμα,	οὐ	σαρκὸς
El que	también	nos	que es imagen	ahora	salva	bautismo,	no	de carne

ἀπόθεσις	ῥύπου	ἀλλὰ	συνειδήσεως	ἀγαθῆς	ἐπερώτημα	εἰς
quitar	suciedad	sino	de conciencia	buena,	promesa solemne	ante

Θεόν,	δι'	ἀναστάσεως	'Ιησοῦ Χριστοῦ,
Dios	por medio de	resurrección	de Jesucristo.

Análisis y notas del texto griego.

Análisis: ὃ, caso nominativo masculino singular del pronombre relativo *el que*; καὶ, adverbio de modo *también*; ὑμᾶς, caso acusativo de la primera persona plural del pronombre personal declinado *a nosotros, nos*; ἀντίτυπον, caso nominativo neutro singular del adjetivo *antitipo, que reproduce un tipo o modelo, que es imagen, representación exacta*; νῦν, adverbio demostrativo *ahora*; σῴζει, tercera persona singular del presente de indicativo en voz activa del verbo σῴζω, *salvar*, aquí *salva*; βάπτισμα, caso nominativo neutro singular del nombre común *bautismo*; οὐ, adverbio de negación *no*; σαρκὸς, caso genitivo femenino singular del nombre común *carne*; ἀπόθεσις, caso nominativo femenino singular del nombre común que denota *acción de quitar*; ῥύπου, caso genitivo femenino singular del nombre común *suciedad*; ἀλλὰ, conjunción causal *sino*; συνειδήσεως, caso genitivo femenino singular del nombre común declinado *de conciencia*; ἀγαθῆς, caso genitivo femenino singular del adjetivo *buena*; ἐπερώτημα, caso nominativo neutro singular del nombre común *promesa solemne, voto*; εἰς, preposición propia de acusativo *ante*; Θεόν, caso acusativo masculino singular del nombre divino *Dios*; δι', forma contracta de la preposición de genitivo διά, *por, por medio de, a causa de*; ἀναστάσεως, caso genitivo femenino singular del nombre común *resurrección*; Ἰησοῦ, caso genitivo masculino singular del nombre propio *Jesús*; Χριστοῦ, caso genitivo masculino singular del nombre propio *Cristo*.

ὃ καὶ ὑμᾶς ἀντίτυπον νῦν σῴζει βάπτισμα, El versículo tiene una notable dificultad para su traducción y, por tanto, para su interpretación. La primera parte ofrece tantas dificultades que algunos consideran que aquí hay un error en el texto. La primera de ellas es el uso del pronombre relativo ὃ, que está en nominativo neutro en el texto, aparece también en otros mss. como dativo, sin dejar de apreciar que en algunos aparece como adverbio *como*, e incluso en otros se ha suprimido.

Esta primera frase está relacionando la salvación de Noé y los suyos por agua que, como se ha considerado, transportó el arca en que estaban ellos, durante todo el tiempo del diluvio, produciendo la salvación de aquellos pocos. Aquí el problema consiste en el uso del adjetivo ἀντίτυπον, técnicamente *antitipo*, que equivale a lo *que reproduce un tipo o modelo, que es imagen, representación exacta*. De modo que Pedro habla de *algo* que *corresponde a esto*. No tiene que ver sólo con el agua en sí misma, sino con el elemento de salvación que se representa en el arca construida por Noé. Estas personas son un verdadero símbolo de lo que representa la salvación por Jesucristo. Estando en Él pasamos sin problema el juicio de Dios porque somos salvos en Él.

οὐ σαρκὸς ἀπόθεσις ῥύπου. No cabe duda que el bautismo de agua, al que podría recurrirse también aquí, es tipo de un bautismo que salva, que en modo alguno es el de agua, sino el del Espíritu que nos *sumerge* en Cristo (1 Co. 12:13). En relación con el bautismo de agua, *no nos salva*, puesto que no puede quitar las inmundicias de la carne. Esto ocurre por aplicación de la obra redentora, expresada en la sangre de Jesucristo que nos limpia de todo pecado (1 Jn. 1:7).

ἀλλὰ συνειδήσεως ἀγαθῆς ἐπερώτημα εἰς Θεόν, Otra dificultad está en el sustantivo ἐπερώτημα, con varias acepciones entre las que está *pregunta, petición, demanda, consulta*, pero todas ellas son difícilmente aplicables aquí, concordando mejor el sentido que se le da también de *promesa solemne* o *voto*, como se traduce en el interlineal. Quiere decir que no se trata de la limpieza del pecado por vía de acciones humanas, porque, como se ha dicho antes, sólo la obra redentora de Jesucristo permite el perdón de pecados y la vida eterna. Sin embargo, el simbolismo del bautismo de agua o, tal vez mejor, el bautismo del

Espíritu en Cristo que salva al pecador perdido, genera un compromiso, una promesa, una determinación de vivir santamente como manifestación visible de una conciencia buena hacia Dios. El creyente puesto en Cristo y Cristo en el creyente por la regeneración, produce una conciencia no acusadora de pecado (He. 9:14; 10:22). El texto puede entenderse tanto desde la realidad de la santificación posicional como desde el compromiso de tener una limpia conciencia delante de Dios, mediante una vida que, en el poder del Espíritu, vive a Cristo, está separada del mundo y se mantiene como testimonio visible de salvación por la conducta personal del creyente (1:3). Una conciencia limpia de pecado experimenta la paz con Dios (Ro. 5:1). La buena conciencia es propia del creyente (1 Ti. 1:5; He. 13:18; 1 P. 3:6). En cualquier caso, el bautismo, tanto el de agua como el del Espíritu en Cristo establece un compromiso en santidad, que mantiene *buena conciencia.*

δι' ἀναστάσεως 'Ιησοῦ Χριστοῦ, La frase final: *"por la resurrección de Jesucristo* o *por medio de la resurrección de Jesucristo"*, es un ejemplo de *hipérbaton*[17], esta oración debe conectarse con *"también a vosotros salva ahora"* o como traduce RV, *"ahora nos salva"*, siguiendo la razón de esa salvación que es la resurrección de Jesucristo. Es interesante notar que RV60 coloca un paréntesis en la cláusula central del versículo para proporcionar una lectura consecuente.

Si se interpreta que Pedro se está refiriendo al bautismo de agua, como manifestación visible del bautismo que salva, se llega a la conclusión que apunta el Dr. Lacueva:

"Lo que Pedro quiere decir, pues, en dicho v. 21 es que el agua por medio de la cual se salvó de la catástrofe Noé con su familia era tipo del bautismo, por eso, dice que el bautismo es el antitipo *del agua aquella. Para quitar la impresión de que el agua del bautismo pueda tener alguna eficacia para limpiar por sí misma, añade que tiene una significación (¡es un símbolo!) más profunda: expresa la apelación de una buena conciencia a Dios, y corresponde al propósito divino de conducirnos a Dios (V. El v, 18)*[18]*".*

Por tanto, la resurrección ha de ligarse a la salvación, lo que vendría a decir que *"nos salvó por la resurrección de Jesucristo"*. Sin ella no hay salvación, porque sería imposible la justificación y la

---

[17]Retórica: Alteración del orden que las palabras tienen habitualmente en el discurso, colocando fuera de orden el elemento que se desea destacar.

[18] F. Lacueva. o.c., pág. 106.

recreación o nuevo nacimiento (Ro. 4:25). La expresión simbólica del bautismo se encuentra en varios pasajes en el Nuevo Testamento (cf. Ro. 6:2-5; Gá. 3:27).

22. Quien habiendo subido al cielo está a la diestra de Dios; y a él están sujetos ángeles, autoridades y potestades.

ὅς ἐστιν ἐν δεξιᾷ [τοῦ][1] Θεοῦ πορευθεὶς εἰς οὐρανόν
Quien está a derecha - de Dios; habiéndose ido a cielo
ὑποταγέντων αὐτῷ ἀγγέλων καὶ ἐξουσιῶν καὶ δυνάμεων.
estando sometidos a Él, ángeles y autoridades y potestades.

Análisis y notas del texto griego.

Análisis: ὅς, caso nominativo masculino singular del pronombre relativo *que, el que, el cual, quien*; ἐστιν, tercera persona singular del presente de indicativo en voz activa del verbo εἰμί, *ser, estar*, aquí *está*; ἐν, preposición propia de dativo *en, a*; δεξιᾷ, caso dativo femenino singular del adjetivo *diestra, derecha*; τοῦ, caso genitivo masculino singular del artículo determinado *el*; Θεοῦ, caso genitivo masculino singular del nombre divino *de Dios*; πορευθεὶς, caso nominativo masculino singular del participio aoristo primero en voz pasiva del verbo πορεύομαι, *irse*, aquí *habiéndose ido*; εἰς, preposición propia de acusativo *a*; οὐρανόν, caso acusativo masculino singular del nombre común *cielo*; ὑποταγέντων, caso genitivo masculino plural del participio aoristo segundo en voz pasiva del verbo ὑποτάσσω, *someter*, aquí *estando sometidos*; αὐτῷ, caso dativo masculino de la tercera persona singular del pronombre personal declinado *a Él*; ἀγγέλων, caso genitivo masculino singular del nombre común *ángeles*; καὶ, conjunción copulativa *y*; ἐξουσιῶν, caso genitivo femenino plural del nombre común *autoridades*; καὶ, conjunción copulativa *y*; δυνάμεων, caso genitivo femenino plural del nombre común *poderes, potestades*.

Notas. Crítica Textual. Lecturas alternativas.

[1] τοῦ, *el*, no figura el artículo en א, B, Ψ.

ὅς ἐστιν ἐν δεξιᾷ τοῦ Θεοῦ πορευθεὶς εἰς οὐρανόν. El proceso de exaltación de Jesucristo que comienza con la resurrección, mencionada en el versículo anterior, concluye con la entronización Suya a la diestra de Dios, *"tras irse al cielo"*. Esta verdad de la sesión a la diestra del Padre, es una verdad proclamada por los apóstoles desde el comienzo de la predicación del evangelio (Hch. 2:24). Esta glorificación y exaltación está recogida proféticamente en el Antiguo Testamento (cf. Sal. 110:1), siendo doctrina fundamental en el Nuevo Testamento

ὑποταγέντων αὐτῷ ἀγγέλων καὶ ἐξουσιῶν καὶ δυνάμεων. Juntamente con esa entronización en la majestad de las alturas, tiene lugar la sumisión o sujeción de todos los espíritus, esto es, de los ángeles tanto de los buenos como de los malos (Ef. 1:21; Fil. 2:9-11; Col. 1:16; 2:10; 1 Co. 15:24). Es la consecuencia de haber recibido *el nombre que es sobre todo nombre*, de manera que, en el nombre de Jesús, se somete doblándose en acatamiento bien sea voluntario o imperativo, todos los seres creados, en este caso los ángeles. Aquel que fue despreciado y desechado por muchos, considerándolo como dice el profeta, sin atractivo, esto es un hombre sin importancia ni estimable (Is. 53:2) y amenazándole de muerte cuando declaró Su deidad (Jn. 10:33). Ese nombre, motivo de burla y desprecio en la crucifixión (Mt. 27:37, 39), es Dios bendito eternamente (Jn. 1:1; Ro. 9:5). La autoridad suprema bajo ese nombre queda reconocida en el texto, donde los distintos órdenes de ángeles le quedan sujetos, reconociendo en cualquier caso el señorío de Jesús. Ese es también el cumplimiento de lo anunciado proféticamente: *"Por mí mismo hice juramento, de mi boca salió palabra en justicia, y no será revocada: Que a mí se doblará toda rodilla, y jurará toda lengua"* (Is. 45:23). Jesús no es un hombre elevado o un dios rebajado, sino el infinito y eterno Dios hecho hombre (Jn. 1:14). La autoridad de ese nombre, que es identificativo de la Persona, quedó evidenciada en los milagros que se hicieron bajo la autoridad de ese nombre (Hch. 3:6; 9:34; 16:18). Nadie puede resistir la soberanía de Dios y en Su presencia caerán arrodillados todos los seres, entre los que están los ángeles, por la autoridad que reviste en Sí mismo. Los mismos demonios tendrán que reconocer Su soberanía, estándole ya sujetos. Los poderes infernales y su dominio han sido quebrantados por Cristo en Su muerte. Esta es la demostración cósmica de que Jesucristo es Dios.

Seleccionar del capítulo alguna aplicación destacable, es asunto difícil. En todo el texto se aprecia la demanda de un compromiso personal al testimonio de vida cristiana que el mundo necesita ver como expresión clara de la proclamación del evangelio como mensaje de salvación. Esa esfera de testimonio personal comienza, necesariamente, en el hogar donde conviven los cristianos, e incluso donde hay una mezcla de creyentes e incrédulos. La ejemplaridad de los miembros de la familia que han sido regenerados, son el mensaje silencioso de un evangelio que lleva al incrédulo a Cristo cautivado por la conducta del creyente. La vida cristiana no consiste en hablar de la fe, sino en vivirla dinámicamente de modo que produzca obras consecuentes con ella. Una conducta contraria interrumpe la comunión con Dios trayendo el efecto de oraciones no respondidas. Tal vez debiéramos revisar nuestro compromiso en el sentido del testimonio. La iglesia ora, pero no obtiene respuesta a las peticiones; los creyentes oran individualmente con resultados semejantes. Acaso debiéramos incidir ante Dios rogándole como el salmista que nos muestre si en nuestros corazones hay perversidad y nos guíe en el camino eterno del compromiso, la santidad y el testimonio.

Otro aspecto a considerar es el de la relación entre hermanos en la fe. La demanda del texto es clara, reclamando de los cristianos *"un mismo sentir"*. Es la consecuencia de quienes *viven* a Cristo (Fil. 2:5). Cuando el sentir de Jesús se hace sentimiento del cristiano, el amor fraternal, la compasión, la misericordia y la amistad se hacen reales en la relación entre hermanos en Cristo. La iglesia no se hace visible por lo que cree, sino por la relación de amor mutuo entre los hermanos. El mundo necesita menos discursos sobre el amor y una mayor realidad del mismo.

Las demandas de santidad son continuas en el texto de la *Epístola*. En un mundo cada vez más corrompido es necesaria la luz clara de quienes, por ser luz del mundo, brillan testimonialmente en las tinieblas con una vida de santidad. No existen pecados mayores y menores, cualquier conducta contraria a la voluntad de Dios es pecado, de ahí que la santidad no sea una opción de vida que deba tomarse, sino la única manera de vivir la vida cristiana. El santificar a Dios en el corazón lleva como consecuencia la santidad de vida de quien reconoce la presencia de Dios en él.

Finalmente, las pruebas, el sufrimiento, las dificultades son propias de la vida cristiana. Dios que ha concedido la salvación, también nos concede las pruebas, instrumentos en Su mano para fortalecer nuestra fe. Así lo enseña también el apóstol Pablo: *"Porque a vosotros os es concedido a causa de Cristo, no sólo que creáis en Él, sino también que padezcáis por Él"* (Fil. 1:29).

Dios nos llama a vivir en santidad, compromiso de testimonio y ejemplo a todos, mientras servimos en Su obra y esperamos Su venida.

CAPÍTULO IV

ADVERSIDADES, SERVICIO Y GOZO.

Introducción.

El pasaje retoma nuevamente el tema del sufrimiento y de los conflictos en la vida cristiana. De nuevo sitúa ante el lector el ejemplo supremo en este tópico que es la Persona de Jesucristo, modelo en el sufrimiento, la humillación y la contradicción, pero igualmente, supremo ejemplo en el compromiso de servicio, dependencia de Dios y amor personal a todos los hombres, sin tener en cuenta los padecimientos (v.1).

Introduce la enseñanza recordando que, puesto que el Señor padeció y experimentó sufrimientos siendo santo y perfecto en todo, así también el creyente que vive en identidad de vida con Él, debe entender que el conflicto que sufrió Jesús, será también de todo el que vive Su vida y sigue Sus pisadas. Esta aceptación debe estar siempre presente en la experiencia del creyente, que además debe tener en cuenta que los conflictos son también expresión de haber sido liberados de la situación opresora del pecado (v. 1).

Por la nueva posición en Cristo, el que ha sido libre del camino perverso del pecado, ha de vivir en novedad de vida, que cambia radicalmente de la concupiscencia del hombre a la santidad conforme a la voluntad de Dios (v. 2). Dos etapas bien diferenciadas forman la vida del creyente. La primera, en la que se desarrollan y practican lo que es agradable a la vida del no regenerado, agradable a las gentes del mundo, en la que se mencionan, a modo ilustrativo algunos de los pecados propios de esa condición, a ella el apóstol pone un *"baste ya"*, indicando que eso ha terminado para el salvo (v. 3). La segunda etapa es la propia del cristiano, contraria totalmente a la práctica de tales vicios, por lo que el mensaje silencioso de una conducta santa, produce el rechazo del mundo, generando el ultraje para los santos (v. 4). Pudiera parecer que los impíos ganan en esta batalla y que el justo, menospreciado y atribulado, no tiene socorro en el conflicto, pero, el apóstol abre la puerta de la esperanza, puesto que los que procuran dañar al creyente, darán cuenta de cada acción ante el Juez supremo, dispuesto para juzgar tanto a los vivos como a los muertos (v. 5).

Sigue luego otro texto que tiene una cierta dificultad de interpretación, en el que repentinamente Pedro escribe sobre la predicación del evangelio *a los muertos*, haciendo en la enseñanza un contraste entre un juicio por los hombres y una vida en el espíritu según Dios (v. 6).

Entra luego en una exhortación sobre formas de ética cristiana, en la que se demanda nuevamente la sobriedad de vida y la perseverancia en la oración (v. 7). Recordando nuevamente la necesidad de la práctica del amor fraternal, que trae como resultado el no divulgar los pecados de otros hermanos (v. 8). En los tiempos del escrito era necesaria, mucho más que ahora, la atención a los visitantes y a hermanos que tenían dificultades o estaban perseguidos, por lo que se exhorta a que, en la práctica del *ferviente amor*, se practique la hospitalidad, que ha de hacerse sin resentimiento que produce murmuración (v. 9). En la iglesia cada cristiano debe utilizar el don recibido, otorgado soberanamente por el Espíritu, para servir a los hermanos, como una provisión en ejercicio para la edificación del cuerpo (v. 10). Dentro del ministerio está la enseñanza que debe ajustarse en todo a la Palabra de Dios, del mismo modo que el servicio de los dones, los distintos *ministerios* han de ejercerse sustentados en el poder de Dios, buscando en todo Su gloria. Concluyendo este párrafo con una breve doxología (v. 11).

Retomando de nuevo el tema de las pruebas, recuerda que cuando se produzcan, no deben ser consideradas como algo extraño o sorprendente (v. 12), sino como motivo de gozo personal al ser hechos participantes de los sufrimientos de Cristo, asunto que debe ser considerado detenidamente para darle la interpretación concordante con la doctrina bíblica sobre los sufrimientos del Salvador (v. 13). El vituperio por Cristo no es motivo de deshonra, sino de máximo honor (v. 14), mientras que el padecimiento por malas acciones no debe ser tenido como digno sino todo lo contrario, por el contrario, es honorable el oprobio por causa de un testimonio que manifiesta a Cristo (vv. 15-16).

Concluye el pasaje que se estudia, con una advertencia sobre la acción divina sobre la vida de los salvos, para perfeccionarla, uniendo a ello palabras de aliento que serán de bendición en medio de las tribulaciones (vv. 17-18). Cerrando el párrafo con la exhortación de entregar en las manos de Dios el cuidado personal en las pruebas, mientras se sigue haciendo el bien.

Para el análisis del texto bíblico se sigue el *bosquejo* que figura en la introducción, como sigue:

2. Valorando el sufrimiento (4:1-6).
   2.1. Vida conforme a la voluntad de Dios (4:1-2).

2.2. El tiempo pasado (4:3).
2.3. Contradicción del mundo (4:4-6).
3. Reaccionando en el sufrimiento (4:7-19).
3.1. Comportamiento hermanable (4:7-11).
3.2. La gloria del sufrimiento (4:12-14).
3.3. El testimonio en el sufrimiento (4:15-16).
3.4. El juicio divino (4:17-18).
3.5. La pauta en el sufrimiento (4:19).

Valorando el sufrimiento (4:1-6).

Vida conforme a la voluntad de Dios (4:1-2).

1. Puesto que Cristo ha padecido por nosotros en la carne, vosotros también armaos del mismo pensamiento; pues quien ha padecido en la carne, terminó con el pecado.

Χριστοῦ οὖν παθόντος[1] σαρκὶ καὶ ὑμεῖς τὴν αὐτὴν ἔννοιαν
Puesto que Cristo ha padecido en carne, también vosotros del mismo pensamiento
ὁπλίσασθε, ὅτι ὁ παθὼν σαρκὶ πέπαυται ἁμαρτίας
armaos, pues el que padeció en carne ha cesado de pecado.

Análisis y notas del texto griego.

Análisis: Χριστοῦ, caso genitivo masculino singular del nombre propio *Cristo*; οὖν, conjunción causal *pues, por consiguiente, entonces*; παθόντος, caso genitivo masculino singular del participio aoristo segundo en voz activa del verbo πάσχω, *padecer, sufrir*, aquí *ha padecido*; σαρκὶ, caso dativo femenino singular del nombre común declinado *en carne*; καὶ, adverbio de modo *también*; ὑμεῖς, caso nominativo de la segunda persona plural del pronombre personal *vosotros*; τὴν, caso acusativo femenino singular del artículo determinado declinado *en el, del*; αὐτὴν, caso acusativo femenino singular del pronombre intensivo *el mismo*; ἔννοιαν, caso acusativo femenino singular del nombre común *pensamiento, actitud, atención, propósito*; ὁπλίσασθε, segunda persona plural del aoristo primero de imperativo en voz media del verbo οπλίζομαι, *equiparse, prepararse, aparejarse, armarse*, aquí *armaos*; ὅτι, conjunción *pues*; ὁ, caso nominativo masculino singular del artículo determinado *el*; παθὼν, caso nominativo masculino singular del participio del segundo aoristo en voz activa del verbo πάσχω, *sufrir, padecer*, aquí *que padeció*; σαρκὶ, caso dativo femenino singular del nombre común *en carne*; πέπαυται, tercera persona singular del participio perfecto de indicativo en voz media del verbo παύω, *cesar*, aquí *ha cesado*; ἁμαρτίας, caso genitivo femenino singular del nombre común declinado *de pecado*.

Notas. Crítica Textual. Lecturas alternativas.

[1] παθόντος, *ha padecido*, según $\mathfrak{P}^{72}$, B, C, Ψ, 143, 1739, $it^{ar, z}$, geo, Isidoro, Nestorio, Ambrosio, $Jerónimo^{2/3}$, $Agustín^{3/4}$, Virgilio.

παθόντος ὑπὲρ ἡμῶν σαρκί, *ha padecido en de nosotros carne*, lectura en $\aleph^2$, A, P, 5, 33, 81, 307, 436, 442, 642, 1448, 1611, 1735, 2344, 2492, Byz, sy^h; eth, atanasio, Marcelo, Dídimo, Epifanio, Cirilo, Teodoreto, Agustín.

Χριστοῦ οὖν παθόντος σαρκὶ. Enlazando nuevamente con lo que antecede, el apóstol vuelve a referirse a Cristo en Su sufrimiento. La conjunción consecutiva οὖν, *puesto que, por consiguiente, entonces*, da a entender que lo que sigue es la consecuencia de lo que ya dijo antes. El sufrimiento de Jesús tuvo lugar *en el cuerpo*, aquí expresado con el sustantivo σαρκὶ, *carne*, para referirse a la parte material de Su naturaleza humana. Los sufrimientos del Salvador fueron de una enorme intensidad. El Señor se manifestó como *Siervo de Dios*, presentado de ese modo en la profecía (Is. 52:13). Esa verdad es confirmada en el Nuevo Testamento (Fil. 2:6-8). La obra de salvación está marcada por *"la aflicción de su alma"* (Is. 53:11; comp. He. 12:2). Esa obra necesariamente tuvo que haber sido hecha desde la condición de *siervo*, a quien Dios envía para que ejecutara la salvación muriendo en la Cruz. Sin embargo, durante toda Su vida, los sufrimientos fueron nota destacable continuamente. Pasó por la experiencia de la tentación, para que pueda socorrer ahora a todos los que son tentados. Hecho semejante en todo a los hombres salvo en el pecado, comprende también el sufrimiento y la tentación (He. 4:15). Los sufrimientos fueron experimentados en Su naturaleza humana, por tanto, a causa de la santidad de Su carácter, tomaron una dimensión insuperable para el hombre hasta el punto de ser tratado como *sacrificio expiatorio* por el pecado, dando Su vida, el apóstol Pablo enseña que *"fue hecho pecado"*, tratado como debiera serlo el pecador (2 Co. 5:21). La realidad del pecado, sus manifestaciones y consecuencias, tuvieron que haber producido un intenso sufrimiento a causa de Su santidad absoluta. A esto se añaden los sufrimientos a causa de Su compasión. Cristo es la suprema expresión del Padre (Jn. 1:18), por consiguiente, la compasión forma parte del amor y de la gracia de Dios (Sal. 103:13). Los milagros de sanidad y restauración eran expresión de Su compasión (Mt. 8:16-17). A esos sufrimientos hace referencia la profecía (Is. 53:4a). El Señor sentía profunda compasión por la situación de los hombres (Mr. 6:34). Sufrió también a causa de Su presciencia. La Cruz era de anticipado conocimiento del Señor. Continuamente predijo aspectos generales y particulares de Su muerte (Mt. 16:21; 17:12, 23; Mr. 9:30, 32; Lc. 9:31, 44).

Los sufrimientos de la pasión son inconmensurables para nosotros. La agonía de Getsemaní, en oración rodeada de gran clamor y lágrimas, expresa una intensidad de sufrimiento que no puede ser comprendida porque su dimensión excede al pensamiento del humano. Esa agonía se produjo en *la carne*, esto es, por medio de Su humanidad, que es la naturaleza asumida desde la concepción (Jn. 1:14). Su alma humana fue conmovida y una tristeza mortal le invadió (Mt. 26:36-37). Su naturaleza humana, a causa de la limitación asumida, estaba revestida de debilidad.

En la comparecencia ante los perversos en casa del sumo sacerdote, Cristo fue objeto de burlas y golpeado con saña (Mr. 14:65; Lc. 22:63-65). Fue insultado cuando sólo merecía palabras de gratitud por el bien que había hecho. No es preciso un análisis en profundidad para introducirse en la intensidad de los sufrimientos de la flagelación (Jn. 19:1-5). Uno de los tormentos más crueles en el entorno de la crucifixión. ¿Qué decir de la corona de espinas? (Jn. 19:2). El resultado de ese sufrimiento permitió a Pilato presentarlo a las turbas con aquellas palabras: *"He aquí el hombre"* (Jn. 19:5). La Cruz le hizo experimentar el horroroso tiempo en uno de los más tremendos tormentos imaginado por el hombre. Una agonía que se extendía a lo largo de muchas horas. La sed, en la descripción del Salmo, hizo que Su lengua se pegase al paladar. Ciertamente Pedro no podía encontrar una referencia mejor para establecer la dimensión del pensamiento que los creyentes deben tener ante la tribulación o el sufrimiento, por intenso que sea.

καὶ ὑμεῖς τὴν αὐτὴν ἔννοιαν ὁπλίσασθε, El apóstol demanda de los creyentes que se *armen* con ese pensamiento. El verbo está en *aoristo de imperativo* en forma ingresiva, para asentar la demanda en la metáfora de equiparse, armar la mente con una determinada estructura a modo de armadura para defenderse de un pensamiento equivocado. La misma forma de pensamiento de Jesús, Su mismo sentir, debe condicionar el del creyente ante la experiencia del sufrimiento. Pero, no solo al hecho en sí sensible de sufrir, sino a la disposición que el Señor tuvo de llegar hasta la muerte y muerte de Cruz (Fil. 2:8). Quien vino en *"semejanza de carne de pecado y a causa del pecado"* (Ro. 8:3) sufrió para hacer posible la salvación del pecador (2 Co. 5:21). Los padecimientos del Señor fueron a causa del pecado, el creyente debe asumir también la idea de sufrir por el testimonio del evangelio y el compromiso con Cristo, padeciendo por ello la oposición y confrontación del mundo en pecado. De otro modo debe asumir la idea de padecer siendo inocente (3:17).

ὅτι ὁ παθὼν σαρκὶ πέπαυται ἁμαρτίας, La base de ese modo de pensar está en las palabras que cierran el versículo: *"pues quien ha padecido en la carne, terminó con el pecado"*. El sufrimiento de Jesús alcanzó, en la entrega de Su vida, la victoria contra el pecado y la muerte. Aquella operación de gracia *acabó* con la tiranía que el pecado establecía sobre todos los hombres, de los que quienes han creído quedaron libres. Por tanto, el sufrimiento por causa del pecado evidencia la *rotura* del creyente con el pecado. Cristo fue rechazado por Su santidad al manifestarse en una vida contraria al mundo (Jn. 3:19). La consecuencia natural de la identificación con Cristo, traerá para cada creyente la misma experiencia, porque la vida de cada salvo es la vida de Cristo en él (Gá. 2:20). Lo ocurrido con el Señor ocurrirá también con los que son Suyos (Jn. 15:20). Las consecuencias de la identificación en la muerte de Cristo son concretas: 1) El pecado ha dejado de ejercer poder opresor y esclavizador sobre el salvo. 2) Se produce una triple acción en esa identificación quedando liberado del *yo* (Gá. 2:20); del mundo (Gá. 6:14); y de la carne (Gá. 5:24). La práctica del pecado es ya impensable para un creyente (1 Jn. 3:9).

Para entender el sentido del texto, Pedro está diciendo a los lectores algo así como *"haceos la idea de que habéis muerto con Cristo"* y eso tiene unas consecuencias naturales en la vida, como es la santidad práctica. El que ha muerto con Cristo debe corresponder a esa situación, espiritualmente hablando, con una vida de renuncia al pecado.

2. Para no vivir el tiempo que resta en la carne, conforme a las concupiscencias de los hombres, sino conforme a la voluntad de Dios.

εἰς	τὸ	μηκέτι	ἀνθρώπων	ἐπιθυμίαις	ἀλλὰ	θελήματι	Θεοῦ	τὸν
Para	-	no	de hombres	deseos,	sino	en voluntad	de Dios	el

ἐπίλοιπον	ἐν	σαρκὶ	βιῶσαι	χρόνον.
restante	en	carne	vivir	tiempo.

Análisis y notas del texto griego.

Análisis: εἰς, preposición propia de acusativo *para*; τὸ, caso acusativo neutro singular del artículo determinado *lo*; μηκέτι, adverbio de negación *no*; ἀνθρώπων, caso genitivo masculino plural del nombre común declinado *de hombres*; ἐπιθυμίαις, caso dativo femenino plural del nombre común *deseos, concupiscencias*; ἀλλὰ, conjunción adversativa *sino*; θελήματι, caso dativo neutro singular del nombre común declinado *en voluntad*; Θεοῦ, caso genitivo masculino singular del nombre divino declinado *de Dios*; τὸν, caso acusativo masculino singular del artículo definido *el*; ἐπίλοιπον, caso acusativo masculino singular del adjetivo *restante, que resta*; ἐν, preposición propia de dativo *en*; σαρκὶ, caso dativo femenino singular del nombre común *carne*; βιῶσαι, aoristo primero de infinitivo en voz activa del verbo βιόω, *vivir*; χρόνον, caso acusativo masculino singular del nombre común *tiempo*.

εἰς τὸ μηκέτι ἀνθρώπων ἐπιθυμίαις. El pensamiento mencionado en el texto anterior que debe *armar* el modo de pensar y por tanto, el sentido de vida cristiana, se manifiesta aquí como consecuencia lógica, en un cambio de orientación. El creyente ya no gasta su vida en el pecado, sino que vive conforme a Dios. La regeneración conduce a la santidad, por tanto, todas las formas mundanas de vida propia de los hombres han de serle contrarias y, en ese sentido, serán rechazadas. Pedro relaciona la vida de los hombres con la ἐπιθυμία, literalmente *deseos, pasiones*, siempre pecaminosas en el ámbito del mundo y del pecado. El Espíritu le capacita para vivir en santidad: *"digo, pues: Andad en el Espíritu, y no satisfagáis los deseos de la carne"* (Gá. 5:16). No se trata de dos cosas una, andar en el Espíritu y otra *no satisfacer* los deseos de la carne, sino que la segunda es consecuencia de la primera, dicho de otro modo: *si andáis en el Espíritu no satisfaréis los deseos de la carne.* La manifestación de la conducta de los impíos se detalla claramente: *"Y manifiestas son las obras de la carne, que son: adulterio, fornicación, inmundicia, lascivia, idolatría, hechicerías, enemistades, pleitos, celos, iras, contiendas, disensiones, herejías, envidias, homicidios, borracheras, orgías, y cosas semejantes a estas; acerca de las cuales os amonesto, como ya os lo he dicho antes, que los que practican tales cosas no heredarán el reino de Dios"* (Gá. 5:19-21). El cristiano no practica, ni tan siquiera desea, las formas de vida de los hombres, porque ha dejado a un lado los *esquemas* del mundo (Ro. 12:2).

ἀλλὰ θελήματι Θεοῦ τὸν ἐπίλοιπον ἐν σαρκὶ βιῶσαι χρόνον. Dejada a un lado la corrupción del mundo, vive *"conforme a la voluntad de Dios"*. Algunos se preguntan en ocasiones cual es la voluntad de Dios para su vida, la respuesta es sencilla: *"Pues la voluntad de Dios es vuestra santificación"* (1 Ts. 4:3). Dios nos llamó a santidad y no a inmoralidad. De otro modo, la vida santa es la voluntad de Dios. El creyente ha sido comprado al precio de la sangre de Cristo y es siervo de Dios, para obrar conforme a Su voluntad (Ro. 5:17, 18).

Una vida en la corrupción moral del vicio y degradación era la de algunos cristianos antes de su conversión a Cristo, como recuerda el apóstol Pablo: *"¿No sabéis que los injustos no heredarán el reino de Dios? No erréis; ni los fornicarios, ni los idólatras, ni los adúlteros, ni los afeminados, ni los que se echan con varones, ni los ladrones, ni los avaros, ni los borrachos, ni los maldicientes, ni los estafadores, heredaran el reino de Dios. Y esto erais algunos; más ya habéis sido lavados, ya habéis sido santificados, y habéis sido justificados en el nombre del Señor Jesús, y por el Espíritu de nuestro Dios"* (1 Co. 6:9-11). Lavados de la corrupción del pecado, puestos aparte por el llamamiento celestial, justificados por Cristo, son regenerados por el Espíritu Santo, de modo que se produce un cambio absoluto en la forma de vivir. Antes desobedientes por condición natural, sujetos y practicando voluntariamente las obras corruptas del pecado, ahora viven en la voluntad de Dios, que es la santificación. La Escritura da una enorme importancia a todo cuanto tiene que ver con la práctica del pecado, ni importa cuál sea la dimensión o la forma en que ocurra, todo acto de pecado es desobediencia a Dios y quebrantamiento de Su voluntad. No hay pecado de poca importancia, y mucho menos, pecados socialmente aceptables, cualquier pecado, por pequeño que sea ha costado la sangre del Hijo de Dios. Cualquier acto pecaminoso sin confesar interrumpe la comunión con Dios, y tiene consecuencias graves en la vida cristiana, como enseña el escritor a los hebreos: *"Seguid la paz con todos, y la santidad, sin la cual nadie verá al Señor"* (He. 12:14). No puede dejar de entenderse que la santidad vincula al creyente en la experiencia de la relación con Dios. La vida del cristiano debe discurrir por sendas santas, esto es, vidas separadas de cuanto es pecaminoso, porque esa es la *voluntad de Dios*. Para ellos hay una bienaventuranza: *"Bienaventurados los de limpio corazón, porque ellos verán a Dios"* (Mt. 5:8).

Este compromiso con la *voluntad de Dios*, no es puntual o temporal, sino definitivo, como se lee en el texto griego: *el tiempo restante de vida*. La demanda del apóstol adquiere un alto sentido para el día de hoy, donde la sociedad permisiva y humanista coloca la ética o la moral como algo relativo, cambiante con el tiempo. Es preciso entender que el tiempo actual ya no es el postmodernismo, sino del relativismo y que se está entrando en el campo de la *post-verdad*, que expresa el pensamiento filosófico de hoy, de manera que cualquier cosa, incluyendo los principios éticos, son cuestiones relativas que varían con el tiempo y nadie tiene la verdad sobre ellas. De ahí que el Señor diga a los cristianos de hoy lo mismo que decía a los del tiempo de los apóstoles: *"la voluntad de Dios es vuestra santificación"*. La vida en la fe discurre siempre por caminos de santidad, que separan al creyente del pecado, de modo que se *abstiene* de las prácticas pecaminosas de la sociedad. El cristiano ha de persistir en la santificación haciendo de ello un objetivo prioritario (Fil. 2:12). Es más, todo el que practica el pecado gustosamente y vive en la vida propia del sistema corrompido del mundo, está manifestando no haber conocido a Dios (1 Jn. 1:6; 3:5-9). Esta es la enseñanza de Pedro: *"no conforme a los hombres... sino según la voluntad de Dios"*.

El tiempo pasado (4:3).

3. Baste ya el tiempo pasado para haber hecho lo que agrada a los gentiles, andando en lascivias, concupiscencias, embriagueces, orgías, disipación y abominables idolatrías.

ἀρκετὸς γὰρ ὁ παρεληλυθὼς χρόνος τὸ βούλημα τῶν ἐθνῶν
Porque bastante el pasado tiempo la voluntad de los gentiles,
κατειργάσθαι πεπορευμένους ἐν ἀσελγείαις, ἐπιθυμίαις,
para hacer habiendo llevado una vida en lascivias, concupiscencias,
οἰνοφλυγίαις, κώμοις, πότοις καὶ ἀθεμίτοις εἰδωλολατρίαις.
embriagueces, orgías, bebida, y abominables idolatrías.

Análisis y notas del texto griego.

Análisis: ἀρκετὸς, caso nominativo masculino singular del adjetivo *suficiente, bastante*; γὰρ, conjunción causal *porque*; ὁ, caso nominativo masculino singular del artículo determinado *el*; παρεληλυθὼς, caso nominativo masculino singular del participio perfecto en voz activa del verbo παρέρχομαι, *pasar*, aquí *habiendo pasado, pasado*; χρόνος, caso nominativo masculino singular del nombre común *tiempo*; τὸ, caso acusativo neutro singular del artículo determinado *el*; βούλημα, caso acusativo neutro singular del nombre común *voluntad*; τῶν, caso genitivo neutro plural de artículo determinado declinado *de los*; ἐθνῶν, caso genitivo neutro plural del nombre común *gentiles*; κατειργάσθαι, perfecto de infinitivo en voz media del verbo κατεργάζομαι, *realizar, hacer, practicar, obrar*, aquí *para haber hecho*; πεπορευμένους, caso acusativo masculino plural del participio perfecto en voz media del verbo πορεύομαι, *irse, marcharse, seguir camino, llevar una vida*, aquí *habiendo llevado una vida*; ἐν, preposición propia de dativo *en*; ἀσελγείαις, caso dativo femenino plural del nombre común *lascivias*; ἐπιθυμίαις, caso dativo femenino plural del nombre común *concupiscencias*; οἰνοφλυγίαις, caso dativo femenino plural del nombre común *embriagueces*; κώμοις, caso dativo masculino plural del nombre común *orgías*; πότοις, caso dativo masculino plural del nombre común *bebidas*; καὶ, conjunción copulativa *y*; ἀθεμίτοις, caso dativo femenino plural del adjetivo *abominables*; εἰδωλολατρίαις, caso dativo femenino plural del nombre común *idolatrías.*

ἀρκετὸς γὰρ ὁ παρεληλυθὼς χρόνος τὸ βούλημα τῶν ἐθνῶν κατειργάσθαι. La experiencia anterior a la conversión se considera como un tiempo empleado en aquello que gusta a los gentiles, porque le es propio de su condición no regenerada. El verbo παρέρχομαι, que expresa la idea de algo que ha ocurrido, aparece en participio perfecto, como una acción concluida definitivamente. El apóstol señala la forma de vida que debe cesar definitivamente en el creyente, mediante una relación de vicios pecaminosos que eran propios de quien vivía en la esclavitud del pecado, y que describen el carácter y las consecuencias que comportan.

πεπορευμένους ἐν. Pedro apunta también a un tiempo pasado en el que se ha llevado un estilo de vida. El verbo aparece también en participio perfecto en voz media, que expresa la idea de un estilo de vida que ha cesado, esa es una de las acepciones, como si dijese: *"ya ha sido suficiente el modo de vida del pasado"*. Esa forma de vida es propia de la condición perdida del pasado en la experiencia del creyente antes de su conversión a Cristo. Para eso va a dar una relación de pecados, propios de los hombres incrédulos, sin que ello suponga la exclusión de otros muchos. La lista de Pedro es semejante a otras de Pablo (cf. Ro. 1:18-32; 1 Co. 6:9-10; Gá. 5:19-21; Ef. 5:3-7; Col. 3:5-10; 2 Ti. 3:1-7). Como quiera que en la salvación las almas de los creyentes han sido purificadas (1:22), todas esas formas de pecado deben quedar como historia del pasado, en la esclavitud de que fueron liberados (Ro. 7:5; 1 Co. 6:9-11; Ef. 2:1-3). Eso ha sido compartido por los gentiles que se agradan de las prácticas del pecado, pero ha sido terminado para quienes están en Cristo y son santificados en Él (1 Co. 1:30). De ahí, como ejemplo, una serie de vicios que caracterizan la vida del hombre.

ἀσελγείαις, Traducido habitualmente por *lascivias*, que hace referencia al desorden pecaminoso manifestado por el desenfreno, la indecencia y, en general, por las prácticas inmorales en alto grado. Se trata de la manifestación de insensibilidad espiritual, propia de un corazón y una conciencia cauterizados por el pecado, de otro modo, es hacerse insensible y que una vez producida la insensibilidad se arraiga permanentemente en el corazón. Cuando al endurecimiento del corazón se añade la ceguera espiritual, la condición personal se hace sumamente grave y pecaminosa, ya que la insensibilidad va acompañada de la imposibilidad de distinguir –por falta de visión– la realidad de una vida ajena a la verdadera vida de Dios. La *lascivia* es más que el libertinaje sexual, en la entrega a una vida voluptuosa en la que una de las expresiones es la perversión sexual. Los corazones insensibles a la voluntad de Dios son sensibles a las pasiones pecaminosas, a causa de las conciencias cauterizadas (1 Ti. 4:2). En este estado nada les redarguye en cuanto a pecado.

ἐπιθυμίαις, Hace referencia también a las *concupiscencias*. A esto se refirió antes (2:11), donde habló de los *deseos carnales*. Son los deseos propios de la vieja naturaleza. Sin embargo, quienes son de Cristo han crucificado la carne con sus pasiones y deseos (Gá. 5:24). El recordatorio de los deseos propios de la condición caída, debiera hacer reflexionar a los lectores sobre la vida recibida de Dios en Cristo, que nada tiene que ver, o mejor, es absolutamente incompatible con la vieja vida en el pecado y en la carne, manifestada por las *pasiones* y *deseos* pecaminosos, a que es conducido el hombre no regenerado.

οἰνοφλυγίαις, También menciona la embriaguez, haciéndolo en plural por las distintas formas en que puede darse. Se trata del exceso de bebida que conduce a las borracheras. Si la glotonería consiste en el deseo y práctica desordenada de comer en exceso, la embriaguez es idéntico vicio en relación con la ingestión de bebidas alcohólicas. Esto denota un estado de embriaguez, como practica de borracheras habituales (Ro. 13:13). Esto no supone para el cristiano tomar vino con moderación, Pablo mismo lo recomendaba como elemento curativo a Timoteo (1 Ti. 5:23); también allí pone como condición para los ancianos en la iglesia que *"no sean dados al vino"* (1 Ti. 3:3) y que los diáconos no sean *dados a mucho vino* (1 Ti. 3:8). Los enemigos de Jesús le acusaban de *comilón y bebedor* (Mt. 11:19; Lc. 7:34). Pedro no denuncia como pecado una práctica moderada en el beber, sino el exceso pecaminoso que convierte al ebrio en una persona fuera de sí, y llega a esclavizarlo como alcohólico, dependiente de la bebida.

κώμοις. Añade las *orgías*. Este pecado describe la condición de celebraciones donde el desenfreno y la inmoralidad tenían notorias manifestaciones. Denota la condición de quienes se entregan a la práctica del pecado en el más alto grado, con excesos en la bebida y en otras muchas perversiones degradantes, cosa que ocurría en festividades paganas, como por ejemplo los festivales en honor del dios Baco.

πότοις. Alude también a la condición de *bebedores*. Dependientes de las bebidas, derivado de πίνω, *beber*. Esta palabra es un *hápax legomena*, único lugar donde se encuentra en todo el Nuevo Testamento, por tanto, representa una dificultad ya que anteriormente se mencionan las *borracheras* o *embriagueces*. RV traduce por *disipación*, equivalente en castellano a *relajamiento moral*. En general tiene que ver con exceso de bebidas. La lista de pecados que se considera, difiere de otras en el Nuevo Testamento y hace referencia a problemas morales propios de la sociedad en la que habían vivido los cristianos y a los que la conversión había liberado de ellos.

καὶ ἀθεμίτοις εἰδωλολατρίαις. Cierra la lista refiriéndose a *abominables idolatrías*, literalmente *ilegales idolatrías*, es el mismo vocablo que aparece en Hch. 10:28, y de la misma raíz que *libertinos*. Es de quienes escribirá en la *Segunda Epístola* (2 P. 2:7; 3:17). Todas las formas pecaminosas mencionadas son propias de los perdidos en delitos y pecados. En algunas prácticas idolátricas de griegos y romanos, se había introducido la prostitución y la embriaguez, como parte del culto, tal como ocurría con el dedicado a Afrodita. Por consiguiente, los creyentes, que practicaron también esos u otros pecados, deben vivir unas vidas de santidad en donde todos esos vicios estén desterrados. Fue suficiente la práctica del pecado antes de la conversión. Esta produce un cambio radical de vida. El que mira atrás no agrada a Dios (He. 10:38).

Contradicción del mundo (4:4-6).

4. A éstos les parece cosa extraña que vosotros no corráis con ellos en el mismo desenfreno de disolución, y os ultrajan.

ἐν	ᾧ	ξενίζονται	μὴ συντρεχόντων	ὑμῶν	εἰς	τὴν	αὐτὴν	τῆς
En	lo cual	están extrañados	que no corráis	vosotros	en	el	mismo	-

ἀσωτίας	ἀνάχυσιν	βλασφημοῦντες,
de disolución	desenfreno	hablando mal.

Análisis y notas del texto griego.

Análisis: ἐν, preposición propia de dativo *en*; ᾧ, caso dativo neutro singular del pronombre relativo *lo cual*; ξενίζονται, tercera persona plural del presente de indicativo en voz pasiva del verbo ξενίζω, *extrañarse*, aquí *están extrañados*; μὴ, partícula que hace funciones de adverbio de negación *no*; συντρεχόντων, caso genitivo masculino plural del participio presente en voz activa del verbo συντρέχω, *acudir corriendo*, aquí *corriendo*, idiomáticamente mejor *corráis*; ὑμῶν, caso genitivo de la segunda persona plural del pronombre personal *vosotros*; εἰς, preposición propia de acusativo *a, en*; τὴν, caso acusativo femenino singular del artículo determinado *la*; αὐτὴν, caso genitivo femenino singular del adjetivo intensivo *misma*; τῆς, caso genitivo femenino singular del artículo determinado *la*; ἀσωτίας, caso genitivo femenino singular del nombre común declinado *de disolución*; ἀνάχυσιν, caso acusativo femenino singular del nombre común *desenfreno, exceso*; βλασφημοῦντες, caso nominativo masculino plural del participio presente en voz activa del verbo βλασφημέω, *hablar mal, denostar, blasfemar*, aquí *hablando mal*.

ἐν ᾧ ξενίζονται μὴ συντρεχόντων ὑμῶν εἰς τὴν αὐτὴν τῆς ἀσωτίας ἀνάχυσιν. La conducta de santidad propia del cristiano sorprende en un mundo corrupto. A ellos *"les parece cosa extraña"*, es decir, la sociedad se asombra del cambio sufrido en la vida del cristiano. Acaso los mismos íntimos amigos de antaño, se dan cuenta del cambio producido y se asombran. La idea es de correr con la masa de pecadores en las prácticas habituales para ellos. El creyente ha sido separado del mundo y ya no practica lo que es natural en él (Jn. 17:15-17). Es interesante la firmeza del apóstol al hablar de un correr en *desenfreno de disolución*, literalmente correr *hacia el mismo desenfreno*. No se trata de una práctica relativa del pecado, sino de un desbordarse buscándolo, amándolo y practicándolo. Ninguno de los que se asombran pueden entender lo que sucede a los creyentes, puesto que el desenfreno de *disolución*, es un estado en la mente del perdido que se ha vuelto absolutamente corrupta, pensando sólo en como satisfacer las pasiones corrompidas, buscando sólo la satisfacción sensual. El creyente era llevado antes por la corriente de pecado: *"Sabéis que cuando erais gentiles, se os extraviaba llevándoos, como se os llevaba, a los ídolos mudos"* (1 Co. 12:2). Tras estos ídolos mudos, se esconden los demonios, arrastrando a los seguidores a la ruina moral. El correr expresa la idea de una corriente de disolución. Si antes practicaban este estilo de vida, ahora el cristiano se opone a ella, porque ha salido del contexto del mundo, como es exhortado: *"No os unáis en yugo desigual con los incrédulos... Así que, amados, puesto que tenemos tales promesas, limpiémonos de toda contaminación de carne y de espíritu, perfeccionando la santidad en el temor de Dios"* (2 Co. 6:14; 7:1).

βλασφημοῦντες, La reacción que produce se expresa mediante una sola palabra *blasfemando*, o *hablando mal*, cuyo sujeto es *vosotros*, los creyentes que no corren con ellos, es decir, *hablan mal de vosotros*. Esto equivale a calumniar o denigrar (Tit. 3:2; Ro. 3:8; 1 Co. 4:13). De ese modo fue tratado Jesús cuando Sus enemigos llegaron a acusarlo de aliado de Beelzebú, el príncipe de los demonios por cuyo pacto podía hacer milagros y expulsar demonios. De manera que la hostilidad del mundo rodea al verdadero creyente. Pedro viene refiriéndose desde el principio de la *Epístola* al sufrimiento que produce el compromiso de santidad en la vida cristiana, aquí añade una razón más para entenderlo, los malos no pueden soportar la luz de la vida del creyente y lo denigran. Unos versículos tomados del libro apócrifo de Sabiduría, resume bien esta idea: *"Se ha convertido en piedra de toque de nuestro estilo de vida; sólo el mirarle nos es pesado, ya que su vida es diferente de las demás, y distintos sus caminos. Nos consideró moneda falsa y se aparta de nuestros caminos como de inmundicia; proclama feliz el final de los justos y se pavonea de que Dios es su padre"* (Sab. 2:14-16 BCI).

5. Pero ellos darán cuenta al que está preparado para juzgar a los vivos y a los muertos.

οἳ	ἀποδώσουσιν	λόγον	τῷ	ἑτοίμως	ἔχοντι	κρῖναι
Los cuales	darán	cuenta	al	prontamente	econtrándose	para juzgar

ζῶντας	καὶ	νεκρούς.
a vivos	y	muertos.

Análisis y notas del texto griego.

Análisis: οἳ, caso nominativo masculino plural del pronombre relativo *los cuales*; ἀποδώσουσιν, tercera persona plural del futuro de indicativo en voz activa del verbo ἀποδίδωμι, *dar, entregar*, aquí *darán*; λόγον, caso acusativo masculino singular del nombre común *cuenta*; τῷ, caso dativo masculino singular del artículo determinado declinado *al*; ἑτοίμως, adverbio *con prontitud, con prisa, con preparación, evidentemente*; ἔχοντι, caso dativo masculino singular del participio de presente en voz activa del verbo ἔχω, *tener, poseer, encontrarse*, aquí *encontrándose*; κρῖναι, aoristo primero de infinitivo en voz activa del verbo κρίνω, *juzgar, dictar sentencia*, aquí *para juzgar*; ζῶντας, caso acusativo masculino plural del participio de presente en voz activa del verbo ζάω, *vivir*, aquí *a vivientes, a vivos*; καὶ, conjunción copulativa *y*; νεκρούς, caso acusativo masculino plural del adjetivo *a muertos*.

οἳ ἀποδώσουσιν λόγον. Los impíos maltratan a los creyentes y los denuestan, según lo que parece son vencedores y los justos quienes pierden ante ellos. Pero, la hostilidad recibirá la recompensa, porque quienes ofenden y calumnian, darán cuenta de sus actos. Es una expresión propia del ámbito judicial referida a quien es llevado ante un juez. Sus acciones malignas serán traídas a juicio.

τῷ ἑτοίμως ἔχοντι κρῖναι. Pedro enseña que comparecerán ante *quien está preparado* para juzgar. Esta expresión del lenguaje figurado, indica que comparecerán ante el trono de Dios. El juicio es inminente como determina el adverbio ἑτοίμως, *prontamente*, lo que indica no solo que será rápido el juicio, sino que está también cercano. No solo darán cuenta de sus actos, sino también de sus palabras, aquellas con las que se burlaron y calumniaron a los creyentes no quedan en el olvido, sino que serán traídas a juicio ante Dios, como dijo Jesús: *"Mas yo os digo que de toda palabra ociosa que hablen los hombres, de ella darán cuenta en el día del juicio"* (Mt. 12:36). Son palabras que no edifican, sino todo lo contrario, producen graves consecuencias. Estas palabras que salen al exterior, son pronunciadas por estos hombres que se oponen a los cristianos, y generan una responsabilidad penal para quien las pronuncia porque expresan la condición íntima de la persona. Entran de lleno dentro del grupo de *corrompidas*, que no edifican (Ef. 4:29). Lo que no edifica destruye, de modo que de todo acto destructivo el hombre dará cuenta.

ζῶντας καὶ νεκρούς. Este juicio alcanza a todos, tanto a los vivos como a los muertos. El Juez designado es Cristo mismo, ya que *"el Padre a nadie juzga, sino que todo el juicio dio al Hijo"* (Jn. 5:22). El juicio divino corresponde como prerrogativa común a las Tres Personas Divinas. Es evidente que a lo largo de la Palabra se aprecia como el juicio de Dios se vincula bien al Padre, o al Hijo, y también al Espíritu. El hecho de que se atribuya al Hijo es la consecuencia natural de ser Éste la Palabra personal del Padre, como Verbo de Dios (Jn. 1:1). Como corresponde a esto, conoce y juzga todas las cosas, por cuanto es, no el instrumento judicial de Dios, sino *Juez y juicio* vivo. Siendo el Hijo el dador de la vida eterna y quien reconcilia a la humanidad con Dios (2 Co. 5:19), es también en el Hijo en quien juzga y condena a los incrédulos (Jn. 8:24). Estos cuyas acciones son mencionadas en el pasaje se verán expuestos a la ira del Cordero (Ap. 6:16-17). Jesús no vino al mundo con misión judicial de condenar, sino con la de salvar (Jn. 3:17), pero la justicia divina no puede pasar por alto las acciones pecaminosas de los hombres por lo que, siendo juzgados como incrédulos, serán condenados, puesto que la ira de Dios está sobre los tales (Jn. 3:36). El que Jesucristo sea el juez, no es un asunto de concesión, sino de donación, a causa de que es engendrado del Padre, recibiendo todo de Él en entrega plena.

Tal juicio alcanza a *vivos y muertos*, en una forma de expresar a todas las generaciones, tanto los que vivan al final de los tiempos, como los que hayan muerto antes. Dios está preparado para la ejecución de un juicio imparcial (1:17), juzgando de ese modo a los que se oponen y causan tribulación a los creyentes que, siendo adoptados en el Hijo, son también hijos del Padre (Jn. 1:12).

6. Porque por esto también ha sido predicado el evangelio a los muertos, para que sean juzgados en carne según los hombres, pero vivan en espíritu según Dios.

εἰς τοῦτο γὰρ καὶ νεκροῖς εὐηγγελίσθη, ἵνα κριθῶσι
Porque para esto también a muertos fue predicado el evangelio para que sean juzgados
μὲν κατὰ ἀνθρώπους σαρκὶ ζῶσι δὲ κατὰ Θεὸν πνεύματι.
- según hombres en carne pero vivan según Dios en espíritu.

Análisis y notas del texto griego.

Análisis: εἰς, preposición propia de acusativo *para*; τοῦτο, caso acusativo neutro singular del pronombre demostrativo *esto*; γὰρ, conjunción causal *porque*; καὶ, adverbio de modo *también*; νεκροῖς, caso dativo masculino plural del adjetivo declinado *a muertos*; εὐηγγελίσθη, tercera persona plural del aoristo primero de indicativo en voz pasiva del verbo εὐαγγελίζο, *evangelizar, predicar el evangelio*, aquí *fue predicado el evangelio*; ἵνα, conjunción causal *para que*; κριθῶσι, tercera persona plural del aoristo primero de subjuntivo en voz pasiva del verbo κρίνω, *juzgar*, aquí *fuesen juzgados, sean juzgados*; μὲν, partícula afirmativa que se coloca siempre inmediatamente después de la palabra expresiva de una idea que se ha de reforzar o poner en relación con otra idea y que, en sentido absoluto tiene oficio de adverbio de afirmación, como *ciertamente, a la verdad*; κατὰ, preposición propia de acusativo *según*; ἀνθρώπους, caso acusativo masculino plural del nombre común *hombres*; σαρκὶ, caso dativo femenino singular del nombre común declinado *en carne*; ζῶσι, tercera persona plural del presente de subjuntivo en voz activa del verbo ζάω, *vivir*, aquí *vivan*; δὲ, partícula conjuntiva que hace las veces de conjunción coordinante, con sentido de *pero, más bien, y, y por cierto, antes bien, entonces*; κατὰ, preposición propia de acusativo *según*; Θεὸν, caso acusativo masculino singular del nombre divino *Dios*; πνεύματι, caso dativo neutro singular del nombre común *espíritu*.

εἰς τοῦτο γὰρ καὶ νεκροῖς εὐηγγελίσθη, El versículo reviste, sin duda alguna, dificultades interpretativas por el contenido del mismo, un tanto ambiguo para nosotros, según la lectura del texto griego. La traducción literal está en el interlineal más arriba, en donde se lee: *Porque para esto también a muertos fue predicado el evangelio, para que sean juzgados según hombres en carne, pero vivan según Dios en espíritu.* El texto tratado en su conjunto da lugar a varias interpretaciones, a las que se condicionan especialmente por el sustantivo en caso dativo νεκροῖς, *a muertos*.

Algunos entienden que el término se usa espiritualmente, para referirse a los *muertos por el pecado* (Ef. 2:5; Col. 2:13). Pudiera aceptarse esto, pero el problema surge en la segunda parte del versículo y, además, entra en confrontación con el anterior, los que son, sin discusión, muertos *físicamente*.

Otros consideran que el término *muertos*, se refiere a los que murieron físicamente mencionados en el versículo anterior, que prácticamente es semejante a la interpretación anterior.

En otra interpretación, se vincula este versículo a 3:19, señalando que la predicación del evangelio a los muertos se refiere a la que Jesús, supuestamente pronunció en Su descenso al *seol*, predicando a los *"espíritus encarcelados"* y según se entienda esto, abre la puerta para hablar de una *segunda oportunidad* a los muertos antediluvianos. Sobre esto se ha considerado suficientemente en el comentario al texto citado al principio de este párrafo. Además, puede añadirse otra dificultad a esta interpretación y es que los espíritus de 3:19 sean almas de hombres difuntos; y que la proclamación del evangelio mencionado en ese texto tenga algo que ver con el contexto en que está el que se comenta, observando la expresión introductoria del versículo: *"Porque para esto"*.

ἵνα κριθῶσι μὲν κατὰ ἀνθρώπους σαρκὶ ζῶσι δὲ κατὰ Θεὸν πνεύματι. Si añadimos lo que resta al texto debe entenderse como interpretación más concordante que *los muertos* aquí se refiere a creyentes que han muerto a causa del testimonio del evangelio, a lo largo del tiempo de la historia de la iglesia, antes del traslado de esta a la presencia del Señor. Estos fueron juzgados y condenados, en opinión de los hombres, a causa de su fe, de ahí que Pedro escriba: *"Juzgados en carne según los hombres.* Acusados ante tribunales humanos, fueron condenados a muerte y ejecutada la sentencia. Pero, el espíritu de ellos, refiriéndose a la parte espiritual completa de cada uno, vive conforme a Dios en Su presencia, como ocurre cuando un creyente muere, según la enseñanza del Nuevo Testamento: *"Pero confiamos, y más quisiéramos estar ausentes del cuerpo, y presentes al Señor"* (2 Co. 5:8). La predicación del evangelio a estos creyentes que han sido muertos a manos de los hombres, produjo un resultado admirable, de modo que, condenados a muerte por los hombres durante su vida mortal, *en la carne*, viven a los ojos de Dios en la vida inmortal del espíritu.

La muerte de los creyentes entre la ascensión de Cristo y la segunda venida, producía dificultades en la comprensión de algunos cristianos de las iglesias del tiempo apostólico, lo que hizo necesaria una *Epístola Primera a los Tesalonicenses*, aclaratoria de esto, alentando a quienes pensaban que los que muriesen estarían alejados de los acontecimientos futuros en relación con la iglesia, ya que solo serían resucitados al final de los tiempos. Estos creyentes muertos antes del regreso de Jesús a buscar a Su iglesia, vendrán con Él (1 Ts. 4:14).

El creyente debe ver las pruebas y los conflictos por causa de Cristo como una bendición, ya que son una concesión divina (3:17). Además, los perseguidores que causan aflicción e incluso muerte, perecerán pronto, pasarán y no habrá recuerdo de ellos (Sal. 37:1-2, 9-10). Esta es la expresión de la esperanza cristiana: *"Y el mundo pasa, y sus deseos; pero el que hace la voluntad de Dios permanece para siempre"* (1 Jn. 2:17).

Reaccionando en el sufrimiento (4:7-19).

Comportamiento hermanable (4:7-11).

7. Mas el fin de todas las cosas se acerca; sed, pues, sobrios, y velad en oración.

Πάντων δὲ τὸ τέλος ἤγγικεν. σωφρονήσατε οὖν καὶ
Pero de todas las cosas el término se ha acercado; sed sensatos, pues, y
νήψατε εἰς προσευχάς·
sed sobrios para oraciones.

Análisis y notas del texto griego.

Análisis: Πάντων, caso genitivo neutro plural del adjetivo *todos*, en sentido de *todas las cosas*; δὲ, partícula conjuntiva que hace las veces de conjunción coordinante, con sentido de *pero, más bien, y, y por cierto, antes bien, entonces*; τὸ, caso nominativo neutro singular del artículo determinado *el*; τέλος, caso nominativo neutro singular del nombre común *fin, término*; ἤγγικεν, tercera persona singular del perfecto de indicativo en voz activa del verbo ἐγγίζω, *aproximarse, acercarse*, aquí *se ha acercado*; σωφρονήσατε, segunda persona plural del aoristo primero de imperativo en voz activa del verbo σωφρονέω, *estar en su sano juicio, ser sensato*, aquí *sed sensatos*; οὖν, conjunción continuativa *pues*; καὶ, conjunción copulativa *y*; νήψατε, segunda persona plural del aoristo primero de imperativo en voz activa del verbo νήφω, *ser sobrio*, aquí *sed sobrios*; εἰς, preposición propia de acusativo *a, hacia, para*; προσευχάς, caso acusativo femenino plural del nombre común *oraciones*.

Πάντων δὲ τὸ τέλος ἤγγικεν. Los problemas y dificultades, los sufrimientos y las acusaciones injustas, tienen un límite temporal. La historia humana corre hacia su final. El Juez está preparado para actuar (v. 5). También la salvación en su etapa final que es la glorificación, está próxima. Este final de *todas las cosas*, no significa necesariamente la terminación de todo, sino el cierre de una etapa en la historia y la apertura de otro. El tiempo de la opresión contra los creyentes está a punto de terminar, pero la referencia al *fin de todas las cosas* debe entenderse como el tiempo del regreso del Señor (Hch. 3:21; Col. 3:4; 2 Ts.1:10; 2 Ti. 4:1, 8; He. 9:28; Ap. 20:11-13). Pedro usa aquí el verbo ἐγγίζω, en perfecto de indicativo que expresa la idea de algo definitivamente cumplido, esto es, el final de todas las cosas está cercano o, si se prefiere, es inminente. El escritor a los hebreos les exhorta a reunirse y animarse unos a otros porque el regreso de Cristo se acerca (He. 10:25). Para los cristianos bajo la enseñanza de los apóstoles, el regreso de Cristo debía ser esperado entonces (cf. 1 Ts. 4:17). El apóstol Juan cierra el Apocalipsis afirmando el inminente regreso de Jesús (Ap. 22:20). La vida cristiana cambia de estilo cuando se vive a la luz del retorno de Cristo. Es cierto que han pasado dos mil años desde la promesa del Señor (Jn. 14:1-4), y no se ha cumplido aún, pero no cabe duda que como promesa de Dios tiene seguro cumplimiento, por tanto, si en tiempos de los apóstoles esperaban ese regreso, mucho más inminente es para nosotros. Ese regreso traerá consigo el juicio contra los impíos (v. 5; 2 Ts. 1:6-9). La santidad de vida se perfecciona cuando el creyente espera en cualquier momento el encuentro con Jesús (1 Co. 1:7; 16:22; 2 P. 3:11-13; 1 Jn. 2:28). Esa venida traerá también la consecuencia de la comparecencia de los salvos ante el tribunal de Cristo para dar cuenta de sus vidas: *"Porque es necesario que todos nosotros comparezcamos ante el tribunal de*

Cristo, para que cada uno reciba según lo que haya hecho mientras estaba en el cuerpo, sea bueno o sea malo" (2 Co. 5:10). Ninguna condenación hay para quien está en Cristo (Ro. 8:1), sin embargo, se establecen recompensas para los santos, coronas que serán puestas ante el trono de Dios para glorificarle.

σωφρονήσατε οὖν καὶ νήψατε εἰς προσευχάς· Por tanto, exige una determinada conducta para el cristiano. Pedro demanda *sensatez*, que denota ser *sano de mente*. En un mundo con una mente enferma por el pecado, el creyente está llamado a un pensamiento conforme a la voluntad de Dios. Pedro llama a *no perder la cabeza*, en lenguaje coloquial, manteniendo una mente sana, libre de cualquier problema espiritual. Es tener control de la forma de pensar, conforme a la voluntad de Dios y no bajo el inestable y muchas veces errado pensamiento personal (Pr. 23:7; Ro. 12:3).

Además, se demanda *sobriedad*, establecida a modo de mandamiento: *Sed sobrios*. Como se ha considerado ya el término aparece varias veces en la *Epístola*. Aquí se vincula la sobriedad a la oración, de otro modo, podría traducirse como *sed sobrios para la oración*. Consiste en despejarse de cuanto sea obstáculo para la aceptación de la oración y también para orar. Ser sobrio se traduce en ocasiones como *velad*, esto es, estar despiertos y despejados para dedicarse a la oración. Esto equivale a tener activada una mente despejada, con claridad de ideas, sin sueño espiritual. Ya se ha considerado antes que existen impedimentos para que las oraciones sean contestadas, concretamente cuando hay problemas de relación en el matrimonio (3:7), pero, en general, es necesaria una vida en la que no haya pecado oculto sin confesar. Dios manda aquí un despejarse de todo peso y de pecado para orar. La actividad de la oración es una necesidad perentoria. No solo debemos conocer y estudiar la Palabra, cosa harto infrecuente en nuestros días para muchos creyentes y lamentablemente para muchos líderes de iglesias, sino que al estudio ha de acompañar la oración. Solo hay avance en la iglesia que descansa en dos grandes pilares, el estudio de la Escritura y la oración. Una mente liberada de cargas que permite la experiencia de la sensatez espiritual, ha de ser asistida también por la *sobriedad* que la despeja de toda influencia que proceda del mundo.

En tiempos difíciles y ante el inminente encuentro con Jesús, se establece aquí un llamamiento a la oración, de capital importancia para el mundo evangélico en nuestros días. El tiempo de la oración se acorta en la iglesia, en las reuniones de liderazgo y en la vida personal con las funestas consecuencias que ello acarrea. Un creyente espiritualmente adormecido, no vigilante, cae fácilmente y se desvía del correcto camino del compromiso con Dios. Pedro sabía por experiencia, las consecuencias de no *velar* en oración, por lo que ocurrió en Getsemaní, en donde la tentación le encontró sin los recursos del arma de la oración, a pesar de la advertencia de Jesús (Mr. 14:37-40, 66-72).

8. Y ante todo, tened entre vosotros ferviente amor; porque el amor cubrirá multitud de pecados.

πρὸ πάντων τὴν εἰς ἑαυτοὺς ἀγάπην ἐκτενῆ ἔχοντες, ὅτι
Ante todo entre vosotros mismos amor ferviente teniendo; porque
ἀγάπη καλύπτει πλῆθος ἁμαρτιῶν.
amor cubre multitud de pecados.

Análisis y notas del texto griego.

Análisis: πρὸ, preposición propia de genitivo *ante*; πάντων, caso genitivo neutro plural del adjetivo indefinido *todo*; τὴν, caso acusativo femenino singular del artículo determinado *la*; εἰς, preposición propia de acusativo *entre*; ἑαυτοὺς, caso acusativo masculino plural del pronombre reflexivo *vosotros mismos*; ἀγάπην, caso acusativo femenino singular del nombre común *amor*; ἐκτενῆ, caso acusativo femenino singular del adjetivo calificativo *intenso, constante, ferviente*; ἔχοντες, caso nominativo masculino plural del participio presente en voz activa del verbo ἔχω, *tener, poseer*, aquí *teniendo*; ὅτι, conjunción *puesto que, en tanto que, porque*; ἀγάπη, caso nominativo femenino singular del nombre común *amor*; καλύπτει, tercera persona singular del presente de indicativo en voz activa del verbo καλύπτω, *cubrir*, aquí *cubre*; πλῆθος, caso acusativo neutro singular del nombre común *muchedumbre, multitud*; ἁμαρτιῶν, caso genitivo femenino plural del nombre común declinado *de pecados*.

πρὸ πάντων τὴν εἰς ἑαυτοὺς ἀγάπην ἐκτενῆ ἔχοντες, En medio de todos los conflictos, pruebas, acusaciones de los hombres, las murmuraciones y todos los problemas que puede generar el mundo, el amor entre hermanos ha de mantenerse. El amor con que el creyente ama es el de Dios derramado en su corazón por el Espíritu Santo (Ro. 5:5). Ese es un amor no fingido (1:22; 3:8). Sobre el amor como base de vida cristiana se ha comentado antes en los versículos que se acaban de citarse. Esto cumple el mandamiento de Cristo (Jn. 13:34). El amor es el distintivo del cristiano (1 Jn. 3:14-18; 4:7-8). Es la consecuencia de la identificación con Cristo. Pedro demanda esa expresión de amor que debe manifestarse, como se aprecia en el contenido de la *Epístola*, en todos los órdenes de la vida cristiana, en la familia (3:1-4); en la relación laboral, generando respeto con los dueños (2:18); también en la iglesia, en cuyo caso el amor hacia los hermanos debe ser destacado entre todo, como expresa el adjetivo ἐκτενής, *constante, intenso*, de ahí *ferviente*, como consecuencia de la acción del Espíritu.

ὅτι ἀγάπη καλύπτει πλῆθος ἁμαρτιῶν. El resultado de la experiencia del amor es que *"cubre multitud de pecados"*, como también dice Santiago (Stg. 5:20). Esta expresión es interpretada de distintos modos. Algunos entienden que se refiere al amor divino que cubre pecados en la obra de salvación. Otros afirman que es una exhortación a los cristianos para que pasen por alto el pecado de los hermanos. Sin embargo, el amor bien entendido denuncia el pecado buscando la limpieza del hermano, comenzando por una actuación personal a solas con el que ha pecado, buscando la restauración (Mt. 18:15). El verbo καλύπτω, utilizado aquí tiene el sentido de *cubrir, tapar, ocultar bajo algo*, de otro modo, dejar de hacer visible algo. Pedro dice que el que ama *cubrirá multitud de pecados*. El camino del error que lleva el extraviado puede manifestarse en muchos tipos de pecado, de modo que cuando alguien lo hace apartarse de la senda equivocada está haciendo desaparecer los pecados que antes practicaba y que eran visibles, evitando también los que pudieran producirse más adelante, de seguir el camino equivocado que llevaba. Pero, también puede tratarse de que el retorno a Dios del extraviado trae aparejada la confesión ante Él de los errores en los que caminaba. En este sentido los pecados son *cubiertos* por Dios que promete perdonar todos los pecados de Sus hijos y no se acuerda más de ellos (Is. 43:25). Esto estaría en la enseñanza de la *confesión* de pecado del creyente, que restaura la comunión con Dios (1 Jn. 1:9). Con todo, cuando un pecador cree en Cristo, ya le son perdonados todos los pecados en sentido de responsabilidad penal delante de Dios, por lo que solo se demanda la confesión para restauración de la comunión. Dios ha hecho alejar las rebeliones del creyente, borrándolas y alejándolas de nosotros para siempre (Mi. 7:19). Todavía un sentido más en la acción de *"cubrir multitud de pecados"*. Aquel que conoce la senda de extravío que llevaba su hermano, por consiguiente, conoce también los pecados en que estaba incurriendo, trabaja en la restauración, hace volver al extraviado de su camino y es instrumento para restaurar la vida incorrecta que llevaba. Una vez efectuado el trabajo y ayudado al cambio de vida del hermano, los pecados conocidos por él no son divulgados. Esa es la expresión natural del amor fraterno, ya que *"el odio despierta rencillas; pero el amor cubrirá todas las faltas"* (Pr. 10:12). Esa es también aquí la exhortación del apóstol Pedro. No se trata de un falso amor que esconde el pecado, sino de la acción espiritual que restaura al pecador y guarda silencio de las faltas cometidas. Mientras que el creyente carnal murmura de los hermanos (Stg. 4:11); mientras que el impaciente se queja de ellos (Stg. 5:9); el restaurador ora por los hermanos y no divulga sus faltas. El verdadero creyente no está interesado en divulgar la falta de su hermano. El legalista está siempre recordando el pecado, el espiritual restaura al pecador (Gá. 6:1).

Esto entra de lleno también en la aplicación de la disciplina a un hermano en la iglesia. Si la exhortación hecha en privado surte efecto y se aparta de su pecado, ya ha sido efectiva y no hay que ir más allá, sino recibirlo con espíritu de mansedumbre gozándose por la restauración del que estaba en extravío. Aún queda todavía una opción más si el exhortado no reacciona positivamente a la enseñanza de la Palabra, y es la reprensión entre varios. Sólo si continua en el pecado, ha de ser comunicado a la iglesia, sin mantener relaciones de comunión con él, hasta que se restaure. La disciplina no es *impuesta* por la iglesia y mucho menos aquella que se determina por un tiempo. Si se mantiene a un hermano en disciplina más allá de su confesión y reconocimiento, se está estableciendo *un castigo* por ese pecado, castigo que fue llevado para él por Cristo. Restaurado un hermano, sobre todo, si la disciplina no ha pasado al conocimiento congregacional (Mt. 18:15 ss), la falta cometida por él se ha extinguido, la comunión con Dios se ha restaurado, por tanto, el amor *"cubrirá multitud de pecados"*. Los demás hermanos no tienen por qué conocer la falta cometida por uno que ya ha resuelto el problema de relación con Dios, ya que eso no es edificante.

9. Hospedaos los unos a los otros sin murmuraciones.

φιλόξενοι εἰς ἀλλήλους ἄνευ γογγυσμοῦ,
Hospedadores unos a otros sin murmuración.

Análisis y notas del texto griego.

Análisis: φιλόξενοι, caso nominativo masculino plural del adjetivo *hospedadores*; εἰς, preposición propia de acusativo *a*; ἀλλήλους, caso acusativo masculino plural del pronombre recíproco *unos a otros*; ἄνευ, preposición propia de genitivo *sin*; γογγυσμοῦ, caso genitivo masculino singular del nombre común *murmuración*.

φιλόξενοι εἰς ἀλλήλους ἄνευ γογγυσμοῦ, El mandamiento tiene que ver con la hospitalidad. No cabe duda que quien abre el corazón a Cristo, abre la puerta a los hermanos. El término φιλόξενος, es un adjetivo que literalmente significa *amigo del extranjero*. El amor fraterno se manifiesta en obras como es la hospitalidad. Esta manifestación de amor es más fácil llevarla a cabo en buenos tiempos que en los días de persecución, pero es en esta situación cuando se hace más evidente como prueba de amor.

Los creyentes tenemos la obligación moral de ser hospedadores, y de forma muy especial aquellos que están ejerciendo el liderazgo en las congregaciones locales, colocando la hospitalidad entre los requisitos exigidos para reconocerlos como tales: *"Pero es necesario que el obispo sea... hospedador"* (1 Ti. 3:2; Tit. 1:8). Nuestro Señor menciona la hospitalidad como expresión de la realidad de la fe: *"Porque ... fui forastero y me recogisteis"* (Mt. 25:35). Las obras de amor ponen de manifiesto la condición del salvo. El adjetivo que usa Pedro, se usa para referirse a un extraño, un inadaptado e incluso un raro. Esas son las características que el mundo ve en un verdadero creyente. Sorprende que las acciones que acreditan obras de misericordia en las palabras de Jesús, las asuma como hechas a Él mismo.

No hay duda que en alguna ocasión el hospedador puede ser engañado por quien no necesita esa manifestación de amor. Como escribe F. F. Bruce:

"La oportunidad de recibir alojamiento y comida gratuita podía tentar a algunos personajes inescrupulosos a disfrazarse como cristianos. Viene a la mente Proteo Peregrino, en la sátira de Luciano; y la necesidad de alguna regla práctica para detectar a los impostores está implícita en la Didaché: 'Que cada apóstol que venga a ustedes sea recibido como el Señor, pero no debe quedarse más que un día o dos si es absolutamente necesario; si se queda tres días, es un profeta falso. Y cuando un apóstol los deja, que no lleve nada sino un pedazo de pan, hasta que llegue al próximo alojamiento nocturno; si pide dinero es un profeta falso'. Algunos cristianos que habían sido decepcionados por tales impostores podían mostrar reticencia en ofrecer hospitalidad demasiado rápido la próxima vez que se la pidieran, pero aquí se les alienta con la nota de que algunos que habían dado hospitalidad a extranjeros itinerantes encontraron que, sin saberlo, hospedaron ángeles. Aquellos dados a la hospitalidad encuentran que tales experiencias felices sobrepasan en mucho a las desagradables[1]".

Los creyentes practicaron la hospitalidad en todos los tiempos, como fue el caso de Abraham. La historia secular presta atención a la práctica de la hospitalidad entre los cristianos, atribuyéndose a ella, en parte, la extensión del cristianismo, como afirmaba Julián el apóstata.

La hospitalidad es también evidencia del nuevo nacimiento, donde el *amor* satura la sensibilidad cristiana, que impulsa al creyente a

---

[1] F. F. Bruce. *Hebreos*. Pág. 394.

compartir su hogar con el visitante. Pero, la hospitalidad debe practicarse *sin murmuraciones.* El término γογγυσμός, denota *refunfuñar*, lo que significaría *"hospedadores unos a otros sin refunfuños"*, que es emitir voces confusas o palabras mal articuladas o entre dientes, en señal de enojo o desagrado. Sobre todo, cuando la Providencia permite alguna cosa que no resulte plenamente de nuestro agrado por falta de comprensión de las razones de esa circunstancia, el creyente se somete al mandato sin murmurar ni vacilar, lo que significa sin exteriorizar el desagrado, sobre todo si puede llegar a ser conocido por otros. La murmuración tiene que ver con quejarse. Esa era, a modo de ejemplo, la actitud de los creyentes judíos de procedencia griega contra los hebreos a causa del reparto de la ayuda a las viudas (Hch. 6:1). Es una situación semejante a la de Israel en el desierto, cuando se quejaba de cómo les trataba y proveía Dios (Ex. 17:3; Nm. 20:2-5). Dios reaccionó severamente ante aquellas quejas y ni uno de los quejosos entró en la tierra prometida salvo mínimas excepciones. La murmuración es un pecado que apaga el Espíritu de Dios. La hospitalidad no es asunto externo sino una actitud del corazón. El creyente que pierde la realidad experimental de la gracia, adquiere la tendencia a la queja, que es manifestación de estar fuera de contacto con el poder de Dios.

10. Cada uno según el don que ha recibido, minístrelo a los otros, como buenos administradores de la multiforme gracia de Dios.

ἕκαστος καθὼς ἔλαβεν χάρισμα εἰς ἑαυτοὺς αὐτὸ
Cada uno según recibió don a vosotros mismos él
διακονοῦντες ὡς καλοὶ οἰκονόμοι ποικίλης χάριτος Θεοῦ.
ministrando como buenos administradores de multiforme gracia de Dios.

Análisis y notas del texto griego.

Análisis: ἕκαστος, caso nominativo masculino singular del adjetivo indefinido *cada uno*; καθὼς, conjunción *conforme a, según*; ἔλάεν, tercera persona singular del aoristo segundo de indicativo en voz activa del verbo λαμβάνω, *recibir*, aquí *recibió*; χάρισμα, caso acusativo neutro singular del nombre común *carisma, don*; εἰς, preposición propia de acusativo *a*; ἑαυτοὺς, caso acusativo masculino plural del pronombre reflexivo *vosotros mismos*; αὐτὸ, caso acusativo neutro singular del pronombre personal *él*; διακονοῦντες, caso nominativo masculino plural del participio presente en voz activa del verbo διακονέω, *servir, ministrar*, aquí *ministrando*; ὡς, adverbio de modo, *como*, que hace las veces de conjunción comparativa *como*; καλοὶ, caso nominativo masculino plural del adjetivo *buenos*; οἰκονόμοι, caso nominativo masculino plural del nombre común *administradores*; ποικίλης, caso genitivo femenino singular del adjetivo *variado, diverso*; χάριτος, caso genitivo femenino singular del nombre común *gracia*; Θεοῦ, caso genitivo masculino singular del nombre divino declinado *de Dios*.

ἕκαστος καθὼς ἔλαβεν χάρισμα. Los creyentes son dotados de dones de la gracia (Ro. 12:6; 15:15; 1 Co. 12:11). El Señor da personas *dotadas* a la iglesia, a lo largo del tiempo, para la edificación del cuerpo (Ef. 4:7, 12, 13, 14). No hay ningún creyente que no tenga alguno o algunos dones. Todos estos son χάρισμα, regalo *de la gracia*. La χάρισ, *gracia*, que salva (Ef. 2:8-9), es la que dota a los miembros del cuerpo con χάρισματα, *dones*. El don supremo que Dios da a Sus hijos, miembros en el *Cuerpo de Cristo*, que es la iglesia, es el mismo Espíritu Santo, llamado don, o dádiva de Dios (Jn. 4:10; 7:37, 39; Hch. 2:33; 8:20; 10:45; 11:16, 17). Éste, que es don, da también los dones. La enseñanza bíblica es precisa en este sentido (1 Co. 12:4). Los dones son dados por determinación soberana del Espíritu Santo, repartiéndolos a cada creyente como Él quiere (1 Co. 12:11). El *don* es, por tanto, un regalo de la gracia. Los dones son dados para *capacitar* al creyente para determinados *servicios* o *ministerio*s, de modo que los ministerios son la utilización del don, de ahí que el servicio con el don recibido sea un *ministerio* (Ro. 12:6-8; 1 Co. 12:1 ss.; Ef. 4:11). Los dones no actúan afectando, en alguna medida, la personalidad natural del cristiano. En el Nuevo Testamento se usa el término *don* en tres acepciones distintas: a) *don* referido a la salvación (Ro. 6:23); *don* en el sentido providencial de Dios que manifiesta Su cuidado (2 Co. 1:11); c) *don* para expresar cualidades y habilidades especiales dadas por Dios a cada creyente para capacitarlo en el servicio para edificación de la iglesia. Este es el sentido que debe darse aquí al término.

εἰς ἑαυτοὺς αὐτὸ διακονοῦντες. Los dones han de ser puestos al servicio del resto de la congregación: *"minístrelo a otros"*. En la iglesia hay tantos ministerios como dones se encuentren en cada uno de los creyentes que la integran. Es importante que se entienda bien que no hay dones condicionados por la persona, puesto que el Espíritu los da soberanamente al que quiere (1 Co. 12:11). Por consiguiente, nadie recibirá el don que quiera por más que lo desee e incluso que ore para esa concesión, puesto que no es en respuesta a la petición del creyente, sino acción soberana de Dios. En ese sentido debe entenderse también que no hay dones conforme a condiciones sociales, bien sean para siervos o para libres, para judíos o para gentiles. Igualmente, no hay dones masculinos y dones femeninos. El Espíritu es el único responsable del don otorgado y el creyente que lo recibe el único responsable de ministrarlos, de servir con él a los demás.

ὡς καλοὶ οἰκονόμοι ποικίλης χάριτος Θεοῦ. El ministerio en el ejercicio de los dones obedece a la condición de *administrador*, del creyente, de los recursos recibidos (1 Co. 4:1-2; Tit. 1:7). El creyente ha sido comprado por precio (1 Co. 6:19-20), pasando de ser esclavo del pecado a serlo de la justicia (Ro. 6:18), de modo que Dios entrega en la mano del esclavo una porción de Su gracia expresada en dones, para que la administre sirviendo con ella a los demás. Nada hay que pueda distinguir a un creyente de otro, puesto que todos somos siervos de Dios, de ahí que el apóstol Pablo formule una interesante pregunta retórica: *"Porque ¿quién te distingue? ¿o qué tienes que no hayas recibido? Y si lo recibiste, ¿por qué te glorías como si no lo hubieras recibido?"* (1 Co. 4:7-8). El mismo Pablo deseaba que los hombres lo considerasen como *esclavo* de Jesucristo, administrador de los misterios de Dios (1 Co. 4:1, 2). El administrador es el que se ocupa de los negocios que le han sido encomendados por el dueño de aquello que le entrega para administrar en su nombre. La iglesia es la *casa de Dios*, los creyentes, conforme a los dones recibidos, administran los asuntos Suyos en lo que es Su casa. Cada creyente debe entender que no es propietario de los dones, sino un simple esclavo administrador. La negligencia en este servicio será demandada a su debido tiempo (1 Co. 4:4b).

Los dones son diversos. Pedro habla de *la multiforme gracia de Dios*. Literalmente *variopinta*, esto es *de muchos colores*, puesto que Dios da la gracia de los dones que son diversos a los creyentes. Ahora bien, no debe olvidarse que estos regalos de la gracia confieren mediante el ministerio una bendición y beneficio a los demás.

11. Si alguno habla, hable conforme a las palabras de Dios; si alguno ministra, ministre conforme al poder que Dios da, para que en todo sea Dios glorificado por Jesucristo, a quien pertenecen la gloria y el imperio por los siglos de los siglos. Amén.

εἴ τις λαλεῖ, ὡς λόγια Θεοῦ· εἴ τις διακονεῖ, ὡς ἐξ ἰσχύος ἧς
Si alguno habla, como oráculo de Dios. Si alguno sirve como de fuerza que
χορηγεῖ ὁ Θεός, ἵνα ἐν πᾶσιν δοξάζηται ὁ Θεὸς διὰ
proporciona - Dios, para que en todas las cosas sea glorificado - Dios por
Ἰησοῦ Χριστοῦ, ᾧ ἐστιν ἡ δόξα καὶ τὸ κράτος εἰς τοὺς
Jesucristo, del que es la gloria y el dominio por los
αἰῶνας τῶν αἰώνων, ἀμήν.
siglos de los siglos; amén

Análisis y notas del texto griego.

Análisis: εἴ, conjunción afirmativa *si*; τις, caso nominativo masculino singular del pronombre indefinido *alguno*; λαλεῖ, tercera persona singular del presente de indicativo en voz activa del verbo λαλέω, *hablar*, aquí *habla*; ὡς, adverbio de modo, *como*, que hace las veces de conjunción comparativa; λόγια, caso acusativo neutro plural del nombre común *oráculo*; Θεοῦ, caso genitivo masculino singular del nombre divino declinado *de Dios*; ει conjunción afirmativa *si*; τις, caso nominativo masculino singular del pronombre indefinido *alguno*; διακονεῖ, tercera persona singular del presente de indicativo en voz activa del verbo διακονέω, *servir, ministrar*, aquí *ministra*; ὡς, adverbio de modo, *como*, que hace las veces de conjunción comparativa; ἐξ, forma escrita de la preposición de genitivo ἐκ, delante de vocal y que significa *de*; ἰσχύος, caso genitivo femenino singular del nombre común *fuerza*; ἧς, caso genitivo femenino singular del pronombre relativo *que*; χορηγεῖ, tercera persona singular del presente de indicativo en voz activa del verbo χορηγέω, *proveer, proporcionar*, aquí *proporciona*; ὁ, caso nominativo masculino singular del artículo determinado *el*; Θεός, caso nominativo masculino singular del nombre divino *Dios*; ἵνα, conjunción causal *para que*; ἐν, preposición propia de dativo *en* ; πᾶσιν, caso dativo neutro plural del adjetivo indefinido *todos*, en sentido de *todas las cosas*; δοξάζηται, tercera persona singular del presente de subjuntivo en voz pasiva del verbo δοξάζω, *glorificar*, aquí *sea glorificado*; ὁ, caso nominativo masculino singular del artículo determinado *el*; Θεὸς, caso nominativo masculino singular del nombre divino *Dios*; διὰ, preposición propia de genitivo *por, por medio de*; Ἰησοῦ, caso genitivo masculino singular del nombre propio *Jesús*; Χριστοῦ, caso genitivo masculino singular del nombre propio *Cristo*; ᾧ, caso dativo masculino singular del pronombre relativo *del que*; ἐστιν, tercera persona singular del presente de indicativo en voz activa del verbo εἰμί, *ser, estar*, aquí *es*; ἡ, caso nominativo femenino singular del artículo determinado *la*; δόξα, caso nominativo femenino singular del nombre común *gloria*; καὶ, conjunción copulativa *y*; τὸ, caso nominativo neutro singular del artículo determinado *el*; κράτος, caso nominativo neutro singular del nombre común *dominio*; εἰς, preposición propia de acusativo *por*; τοὺς, caso acusativo masculino plural artículo de terminado *los*; αἰῶνας, caso acusativo masculino plural del nombre común *siglos*; τῶν, caso genitivo masculino plural del artículo determinado declinado *de los*; αἰώνων, caso genitivo masculino plural del nombre común *siglos*; ἀμήν, transliteración de la palabra *amen*.

εἴ τις λαλεῖ, ὡς λόγια Θεοῦ· El ministerio puede ser de palabra, que tiene que ver con la exposición de la Escritura y la enseñanza congregacional. En cualquier caso, la predicación ha de sujetarse totalmente a la Palabra de Dios, porque es una exposición de la misma. El apóstol presenta al predicador con una palabra que se usaba en el contexto griego para referirse a quién es *oráculo*, esto es, transmisor a la gente de la palabra de un dios. Esa persona se limitaba a dar lo que supuestamente había recibido de ese dios. Aquí es una absoluta realidad y, en modo alguno, una suposición para hacer creer a otros que era un mensaje divino, porque se trata de decir a los reunidos en la congregación *palabra de Dios*. No son las opiniones de quien predica lo que importa, sino lo que Dios dice realmente en Su Palabra. De esta manera el *maestro, pastor* o *evangelista*, estará ejerciendo correctamente el don comunicado por el Espíritu Santo.

El que predica ha de actuar como un heraldo. Predicar la Palabra no es exponerla simplemente o enseñarla sistemáticamente, sino darla como un mensaje que Dios encomienda a un servidor que ha seleccionado para ello. Es una proclamación hecha en nombre de Dios (2 Co. 5:20). Tiene que ver con la transmisión de un *mensaje fundamental*, en sentido de establecido o determinado por Dios que debe ser aceptado y obedecido como tal. Así lo hizo Jesús. Las gentes se agolpaban no tanto para oír a un gran predicador, sino para *oír la Palabra de Dios* (Lc. 5:1). Cuando predicaba anunciaba el *"evangelio del reino de Dios"* (Lc. 8:1). Lo que predicaba y enseñaba era la Palabra de Dios (Jn. 17:6, 14, 17). Este es el tipo eficaz de predicación, aunque importune a quienes buscan el entretenimiento de lo que se ha dado en llamar *mensajes motivadores*.

Es de insistir en que lo único que puede llamarse *predicación* o *enseñanza* tiene que ver con la Palabra. Es decir, lo único que debe ponerse delante de los creyentes es la Palabra. No es cuestión de charlas, ni de reflexiones, ni de vanas palabrerías (2 Ti. 2:14, 16), sino de proclamar la *doctrina* procedente de Dios mismo, que Él revela en Su Palabra, como llamaba el apóstol Pablo, *"el buen depósito"* (2 Ti. 1:14). La iglesia no está para ser entretenida sino para ser instruida. Algunos predicadores consideran que la congregación debe salir del lugar de reunión habiendo *disfrutado*, de modo que en el discurso se entremezclan historias, chistes, jocosidades y cosas por el estilo, que distienden a los oyentes, pero no los edifican. La enseñanza de la Palabra está siendo reducida en muchos lugares a la mínima expresión, mientras progresan en la misma medida otras cosas que, aun siendo aptas para el culto, no son, en modo alguno, sustitutivas de la exposición bíblica. Pedro advierte que el que predica, como instrumento en manos del Espíritu, ha de enseñar la Palabra de Dios.

εἴ τις διακονεῖ, ὡς ἐξ ἰσχύος ἧς χορηγεῖ ὁ Θεός, Pero, también habla de servicio. No importa cuál sea, siempre debe llevarse a cabo descansando en el *poder de Dios*. Quiere decir que el que sirve lo hace en dependencia del Espíritu y contando con el poder que Jesús puede dar para ello. Cualquier tipo de servicio que se haga fuera de la asistencia del poder de Jesús, no tendrá efectividad alguna, puesto que Él mismo dijo que *"separados de mí nada podéis hacer"* (Jn. 15:5). De ahí que quien ministra apoyado en el poder de Dios, no puede ser sino un creyente humilde. Cuando el ministerio se hace en la fuerza del hombre, además de no ser eficiente, es también una escoria de la carne que glorifica al hombre, pero no a Dios. El ejemplo del apóstol Pablo es elocuente, cuando al considerar todo su trabajo, escribe: *"Pero por la gracia de Dios soy lo que soy; y su gracia no ha sido en vano para conmigo, antes he trabajado más que todos ellos; pero no yo, sino la gracia de Dios conmigo"* (1 Co. 15:10).

ἵνα ἐν πᾶσιν δοξάζηται ὁ Θεὸς. El resultado de esta forma de ministrar en la iglesia es la glorificación de Dios. Él ha de ser glorificado en todo puesto que primeramente dio los dones, luego el poder para ejercerlos y capacitó a los creyentes para la edificación del cuerpo, que es la iglesia. El objetivo de todo ministerio ha de ser la gloria de Dios. Teniendo claro esto, todo cederá en gloria para Dios (2:12; Mt. 5:16).

διὰ ’Ιησοῦ Χριστοῦ, ᾧ ἐστιν ἡ δόξα καὶ τὸ κράτος εἰς τοὺς αἰῶνας τῶν αἰώνων, ἀμήν. Cabe preguntarse si se está refiriendo al Dios el Padre o a Jesucristo. La glorificación no cabe duda que se conduce a Dios *por* Jesucristo, porque es el único Mediador entre Dios y los hombres (1 Ti. 2:5). Lo único acepto delante de Dios es aquello hecho *por medio* de Cristo. Por tanto, la doxología puede referirse tanto a Dios Padre como a Jesucristo. Con todo, cuanto es del Padre lo es también del Hijo, esto es todas las cosas pertenecen tanto a Dios en Cristo, como a Cristo en Dios. De modo que la gloria y el imperio son de Dios, pero pertenecen también a Jesucristo, puesto que recibió el nombre que es sobre todo nombre para ejercer autoridad soberana en todo cuanto existe (Fil. 2:9-11). La gloria suprema Le corresponde *por los siglos de los siglos* (cf. Sal. 104:31; 138:5; Hab. 2:14; Mt. 17:2; Jn. 1:14; 10:30; 2 Co. 4:6; Col. 1:15; He. 1:3; 2 P. 1:16-18).

La enseñanza fundamental es que todo cuanto el creyente haga en cualquier ámbito ha de ser para glorificar a Dios, como el apóstol Pablo enseñó: *"Si, pues, coméis o bebéis, o hacéis otra cosa, hacedlo todo para la gloria de Dios"* (1 Co. 10:31). El amén final cierra la doxología y refrenda todo lo anterior.

La gloria del sufrimiento (4:12-14).

12. Amados, no os sorprendáis del fuego de prueba que os ha sobrevenido, como si alguna cosa extraña os aconteciese.

'Αγαπητοί, μὴ ξενίζεσθε τῇ ἐν ὑμῖν πυρώσει πρὸς πειρασμὸν
Amados, no sorprendáis por la entre vosotros incendio para prueba
ὑμῖν γινομένῃ ὡς ξένου ὑμῖν συμβαίνοντος,
a vosotros venida como extraña os que sucede.

Análisis y notas del texto griego.

Análisis: 'Αγαπητοί, caso vocativo masculino plural del adjetivo *amados*; μὴ, partícula que hace funciones de adverbio de negación *no*; ξενίζεσθε, segunda persona plural del presente de imperativo en voz pasiva del verbo ξενίζω, *sorprender*, aquí *sed sorprendidos, sorprendáis*; τῇ, caso dativo femenino singular del artículo determinado declinado *por la*; ἐν, preposición propia de dativo *entre*; ὑμῖν, caso dativo de la segunda persona plural del pronombre personal *vosotros*; πυρώσει, caso dativo femenino singular del nombre común *incendio, combustión, inflamación*; πρὸς, preposición propia de acusativo *para*; πειρασμὸν, caso acusativo masculino singular del nombre común *prueba*; ὑμῖν, caso dativo de la segunda persona plural del pronombre personal declinado *a vosotros*; γινομένῃ, caso dativo femenino singular del participio presente en voz media del verbo γίνομαι, *llegar, venir, empezar a existir, hacerse*, aquí *venida*; ὡς, adverbio de modo, *como*, que hace las veces de conjunción comparativa; ξένου, caso genitivo neutro singular del adjetivo *extraño*; ὑμῖν, caso dativo de la segunda persona plural del pronombre personal declinado *a vosotros*; συμβαίνοντος, caso genitivo neutro singular del participio presente en voz activa del verbo συμβαίνω, *suceder*, aquí *que sucede*.

'Αγαπητοί, μὴ ξενίζεσθε. Los conflictos y sufrimientos en la vida cristiana son inevitables, de ahí que retome, luego de la doxología el tema que es central en la *Epístola*, para alentar a quienes estaban pasando por algún tipo de prueba, que debía revestir mucha intensidad, a la vez que pudo venirles sorpresivamente. La disposición a contar con el sufrimiento debe evitar cualquier tipo de sorpresa cuando éste aparece. Usando el vocativo *amados*, se dirige a los lectores con un mandato: *"no os sorprendáis"*. El verbo está en presente de imperativo lo que equivale a decirles: *dejad de extrañaros* o de *sorprenderos*. Extrañar significa *tener por extranjero*. Las pruebas que estaban padeciendo no es algo sorpresivo, extraño, sino propio en el ámbito de los creyentes.

τῇ ἐν ὑμῖν πυρώσει πρὸς πειρασμὸν ὑμῖν γινομένῃ. La prueba viene definida como un *incendio* que ha sobrevenido. Tal vez se trata de las consecuencias de las persecuciones de Nerón contra los cristianos. El incendio de parte de la ciudad de Roma, cuyo autor intelectual fue el mismo emperador, dio pie a Nerón para acusar de ello a los cristianos iniciando una persecución contra ellos, que fue aprovechada en muchos lugares para extenderla a los que residían en esos territorios. Sin embargo, hubo otras persecuciones en los tiempos apostólicos promovidas por enemigos del cristianismo, que golpeaban sorpresivamente a muchos creyentes.

Pedro considera esas dificultades como *fuego, hoguera, incendio* de prueba. Estas pruebas sorprendían a los cristianos que, en ocasiones, incluso estaban confundidos por el sufrimiento que pasaban. Ellos, en medio del conflicto, no discernían que la prueba afirmaba su fe y la consolidaba (1:7); Pedro usó antes la palabra para referirse a la purificación de los metales, en sentido figurado la perfección de la fe. Muchos de ellos, procedentes del paganismo, no habían experimentado pruebas a causa de la fe.

ὡς ξένου ὑμῖν συμβαίνοντος, Los cristianos no deben considerar las aflicciones y dificultades que sobrevienen repentinamente por su condición y vida, como *cosa extraña*. Lo que estaban sufriendo no era algo que nada tenía que ver con la iglesia, puesto que *"para esto fuisteis llamados"* (2:21). Jesús advirtió a los discípulos que el sufrimiento formaría parte de la vida cristiana: *"Si el mundo os aborrece, sabed que a mí me ha aborrecido antes que a vosotros"* (Jn. 15:18). Por esa misma razón Pablo advierte a Timoteo que *"todos los que quieren vivir piadosamente en Cristo Jesús padecerán persecución"* (2 Ti. 3:12). La persecución no puede ser considerada como algo extraño, o impropio, de la vida cristiana, como advierte el apóstol Juan: *"Hermanos míos, no os extrañéis si el mundo os aborrece"* (1 Jn. 3:13). Los que sufrían debían asimilar estas verdades, recordando las palabras de Jesús: *"En el mundo tendréis aflicción"* (Jn. 16:33). Las aflicciones son comunes a todos los creyentes en todo el mundo.

13. Sino gozaos por cuanto sois participantes de los padecimientos de Cristo, para que también en la revelación de su gloria os gocéis con gran alegría.

ἀλλὰ καθὸ κοινωνεῖτε τοῖς τοῦ Χριστοῦ παθήμασιν χαίρετε,
Sino en tanto que participáis de las - de Cristo padecimientos, gozaos
ἵνα καὶ ἐν τῇ ἀποκαλύψει τῆς δόξης αὐτοῦ χαρῆτε
para que también en la revelación de la gloria de Él gocéis
ἀγαλλιώμενοι.
exultando de gozo.

Análisis y notas del texto griego.

Análisis: ἀλλὰ, conjunción adversativa *sino*; καθὸ, conjunción *según, como, en la medida en que, en tanto que*; κοινωνεῖτε, segunda persona plural del presente de indicativo en voz activa del verbo κοινωνέω, *comunicar, participar,* aquí *participáis*; τοῖς, caso dativo neutro plural del artículo determinado declinado *de los*; τοῦ, caso genitivo masculino singular del artículo determinado *el*; Χριστοῦ, caso genitivo masculino singular del nombre propio declinado *de Cristo*; παθήμασιν, caso dativo neutro plural del nombre común *padecimientos, pasión, sufrimientos*; χαίρετε, segunda persona plural del presente de imperativo en voz activa del verbo χαίρω, *gozarse, alegrarse, regocijarse*, aquí *gozáos*; ἵνα, conjunción causal *para que*; καὶ, adverbio de modo *también*; ἐν, preposición propia de dativo *en*; τῇ, caso dativo femenino singular del artículo determinado *la*; ἀποκαλύψει, caso dativo femenino singular del nombre común *revelación*; τῆς, caso genitivo femenino singular del artículo determinado declinado *de la*; δόξης, caso genitivo femenino singular del nombre común *gloria*; αὐτοῦ, caso genitivo masculino de la tercera persona singular del pronombre personal declinado *de Él*; χαρῆτε, segunda persona plural del aoristo segundo de subjuntivo en voz pasiva del verbo χαίρω, *gozarse, alegrarse, regocijarse*, aquí *gocéis*; ἀγαλλιώμενοι, caso nominativo masculino plural del participio presente en voz activa del verbo ἀγαλλιάω, *regocijarse, alegrarse, exultar de gozo*, aquí *exultando de gozo.*

ἀλλὰ καθὸ κοινωνεῖτε τοῖς τοῦ Χριστοῦ παθήμασιν χαίρετε, En medio de la prueba, el apóstol no exhorta a la resignación estoica, sino que llama al regocijo exultante. De manera que el sufrimiento por Cristo debe llenar de regocijo al creyente. Los sufrimientos por Cristo son evidencia de la identificación con Él (Ro. 8:17; 2 Co. 4:10). Tal cosa es una experiencia natural en los fieles, abundando en ellos las aflicciones de Cristo (2 Co. 1:5).

El creyente es *participante* de los sufrimientos de Cristo. En la experiencia del creyente el orden de los padecimientos es inverso a los cronológicos de Cristo. El Señor sufrió primero y luego fue resucitado, mientras que el creyente sufre porque ha sido resucitado con Cristo. De otro modo, el cristiano no puede experimentar el sufrir por Cristo, a no ser que primero haya resucitado con Él (Ef. 2:6). No se trata de un sufrimiento determinado o de un sufrimiento intenso, simplemente ocurre al llevar el oprobio del Señor, llenando lo que falta a Sus padecimientos por medio de Su cuerpo, esto es, por los creyentes (Col. 1:24). Por esa razón, a pesar de los conflictos y aflicciones, el gozo se manifiesta en medio de los sufrimientos, por lo que podemos *gloriarnos en las tribulaciones* (Ro. 5:3). La paz con Dios no se manifiesta en el presente como un estado ausente de dificultades. El sí de la fe se confirma, también el *no* de las circunstancias difíciles y aflictivas, porque se fundamenta en

Dios, y en Cristo recibe su contenido. De este modo en los *padecimientos* se experimenta también gozo. Se trata de la realidad de la fe en medio del conflicto y de la gracia sustentante en medio de las tribulaciones. El creyente se mantiene gozoso, no sólo *en* las tribulaciones, sino también *con* las tribulaciones, por el resultado que producen. Las aflicciones no vienen para que seamos buenos creyentes, sino porque lo somos (1 Ts. 1:6). Los sufrimientos que se hacen padecer a un creyente son hechos también a Cristo, puesto que ambos, el creyente y el Señor están vitalmente unidos en el cuerpo cuya cabeza es Él y cuyos miembros somos los cristianos. Por tanto, el sufrimiento de un creyente miembro del cuerpo, es también sufrimiento sentido por la Cabeza que es Cristo. Por la identificación con el Señor, el creyente tiene la capacidad de comunicar con los sufrimientos de Él (2 Ti. 2:12). En modo alguno puede referirse esto a sufrimientos meritorios para salvación o a padecimientos vicarios para ser salvos. El sacrificio salvador fue perfecto, completo e irrepetible (He. 10:14). El sufrimiento por Cristo y Su causa, continúa mientras la iglesia sea peregrina (Ro. 8:17; 2 Co. 11:24-28; 12:10). Estos sufrimientos se manifiestan en formas diversas. Participar en el sufrimiento, condiciona la forma de soportarlos no desde la esfera negativa del dolor en sí, sino desde la bendita posición de ser testigos de Cristo, revelando al mundo la realidad del Resucitado (Hch. 9:15-16; 22:15). Esto produce *"sumo gozo"*, un *gozo exultante*, por los resultados que produce, ya que la prueba revela, como se ha considerado, la realidad de la fe. Nótese que Pedro habla de *gozo*, no de *alegría*. El creyente puede gozarse en medio de la prueba y de las lágrimas (Hch. 16:23, 25).

ἵνα καὶ ἐν τῇ ἀποκαλύψει τῆς δόξης αὐτοῦ χαρῆτε ἀγαλλιώμενοι. El versículo apunta al futuro, a la gloria final después del sufrimiento. Orienta el pensamiento hacia *"la revelación de su gloria"*. En clara alusión al regreso del Señor para tomar a Su iglesia. La identificación con Cristo trae pruebas como a Cristo, pero también el gozo de las glorias de Cristo. En ese tiempo al gozo se unirá la alegría, como traduce RV *"Os gocéis con gran alegría"*. En la prueba hay gozo, pero no alegría, en la gloria, sin pruebas, habrá alegría. Las lágrimas forman parte de las pruebas, en la gloria venidera son perpetuamente enjugadas por Dios mismo (Ap. 21:4). El cristiano, en el sufrimiento, alcanza un mayor peso de gloria, como hace notar el apóstol Pablo: *"Porque esta leve tribulación momentánea produce en nosotros un cada vez más excelente y eterno peso de gloria; no mirando nosotros las cosas que se ven, sino las que no se ven; pues las cosas que se ven son temporales, pero las que no se ven son eternas"* (2 Co. 4:17-18).

14. Si sois vituperados por el nombre de Cristo, sois bienaventurados, porque el glorioso Espíritu de Dios reposa sobre vosotros. Ciertamente, de parte de ellos, él es blasfemado, pero por vosotros es glorificado.

εἰ ὀνειδίζεσθε ἐν ὀνόματι Χριστοῦ, μακάριοι, ὅτι τὸ τῆς
Si sois vituperados por nombre de Cristo, bienaventurados, pues lo de la
δόξης[1] καὶ τὸ τοῦ Θεοῦ Πνεῦμα ἐφ' ὑμᾶς ἀναπαύεται[2].
gloria y el - de Dios Espíritu sobre vosotros reposa.

Análisis y notas del texto griego.

Análisis: εἰ, conjunción *si*; ὀνειδίζεσθε, segunda persona plural del presente de indicativo en voz pasiva del verbo ὀνειδίζω, *vituperar*, aquí *sois vituperados*; ἐν, preposición propia de dativo *en, por*; ὀνόματι, caso dativo neutro singular del nombre común *nombre*; Χριστοῦ, caso genitivo masculino singular del nombre propio declinado *de Cristo*; μακάριοι, caso nominativo masculino plural del adjetivo *bienaventurados, dichosos, felices*; ὅτι, conjunción causal *pues*; τὸ, caso nominativo neutro singular del artículo determinado *lo*; τῆς, caso genitivo femenino singular del artículo determinado declinado *de la*; δόξης, caso genitivo femenino singular del nombre común *gloria*; καὶ, conjunción copulativa *y*; τὸ, caso nominativo neutro singular del artículo determinado *el*; τοῦ, caso genitivo masculino singular del artículo determinado *el*; Θεοῦ, caso genitivo masculino singular del nombre divino declinado *de Dios*; Πνεῦμα, caso nominativo neutro singular del nombre divino *Espíritu*; ἐφ', forma escrita de la preposición de acusativo ἐπί por elisión de la ι final y asimilación de la π ante vocal o diptongo con aspiración, y que significa *sobre, a, en, junto a, ante, con base en, referente a, durante, además de, de, para, por*; ὑμᾶς, caso acusativo de la segunda persona plural del pronombre personal *vosotros*; ἀναπαύεται, tercera persona singular del presente de indicativo en voz media del verbo ἀναπαύω, *reposar*, aquí *reposa*.

Notas. Crítica Textual. Lecturas alternativas.

[1] δόξης, *gloria*, lectura en 𝔓[72],B, Ψ, 642, 1448, 2492, K, L, *l* 147, *l* 422, *l* 590, *l* 1159, *l* 1441, it[ar, l],vg[ww, st], sy[p], geo, slav[mss], Clemente, Cirilo, Tertuliano.

δόξης καὶ τῆς δυνάμεως, *gloria y el poder*, según ℵ[2], arm, slav[ms].

δόξης καὶ δυνάμεως, *gloria y poder*, conforme a A, P. 5, 33, 81, 307, 436, 442, 1175, 1243, 1735, 1739, 2344, *Lect*, it[z], vg[mss], Atanasio, Teodoreto, Cipriano.

[2] Sin la adicción que se expresa en el siguiente párrafo, 𝔓[72],ℵ, A, B, 5, 33, 81, 436, 442, 642, 1175, 1243, 1735, 1739, 1852, 2344, 2492, *l* 596, gr[cl, st], sy[p, h], sa[ms,] bo, arm, eth, geo, Clemente, Didimo, Teodoreto, Cirilo, Tertuliano.
Se añade: κατὰ μὲν αὐτοὺς βλασφημεῖται, κατὰ δὲ ὑμᾶς δοξάζεται, *ciertamente, de parte de ellos, él es blasfemado, pero por vosotros es glorificado*, lectura en Ψ, K, L, P, *l* 1590, lat[ar, q, t, z],vg[ww], sy[h,] sa[mss], bo[ms], slav.

εἰ ὀνειδίζεσθε ἐν ὀνόματι Χριστοῦ, μακάριοι, El vituperio forma parte de la expresión de la prueba. En ese caso el creyente es *bienaventurado*, porque el sufrimiento no es por transgresiones humanas, sino por honrar a Cristo y seguir Sus pisadas. El creyente experimenta la bendición de seguirle llevando Su vituperio (He. 13:13), siguiendo la senda del compromiso con Él y caminando en Sus pisadas (2:21).

En la prueba se manifiesta el poder de Dios (2 Co. 12:10), y es la antesala de la recompensa: *"Bienaventurado el varón que soporta la tentación; porque cuando haya resistido la prueba, recibirá la corona de vida, que Dios ha prometido a los que le aman"* (Stg. 1:12). Este sufrimiento por el testimonio merece la aprobación de Dios (2:19-20). Ese fue el modo de actuar de Moisés: *"Por la fe Moisés, hecho ya grande, rehusó llamarse hijo de la hija de Faraón, escogiendo antes ser maltratado con el pueblo de Dios, que gozar de los deleites temporales del pecado, teniendo por mayores riquezas el vituperio de Cristo que los tesoros de los egipcios; porque tenía puesta la mirada en el galardón"* (He. 11:24-26).

Pedro enseña que el creyente en esta situación es *bienaventurado*, como el mismo Señor enseñó (Mt. 5:11-12). Escribió en los versículos anteriores que la prueba no debe sorprender al creyente, porque en cada una es participante de los padecimientos de Cristo, además, en las pruebas está siendo conformado a la imagen del Señor (Ro. 8:29).

ὅτι τὸ τῆς δόξης καὶ τὸ τοῦ Θεοῦ πνεῦμα ἐφ ὑμᾶς ἀναπαύεται. El Señor está presente en las pruebas del creyente, por tanto, la *gloria de Dios* se manifiesta siempre que está presente (Ex. 33:9, 10; 40:34, 35). El Espíritu de Gloria llenó el templo de Dios, que en esta dispensación son los creyentes, por tanto, el Espíritu glorioso se manifiesta en cada uno de ellos. Las pruebas y aflicciones son evidencia de que no son del mundo, por tanto, lo que Pedro está diciendo al final del texto es que el creyente debe gozarse porque es bienaventurado, al ser templo de Dios, manifestado por la presencia en cada uno del Espíritu Santo, que mora en cada santuario espiritual.

La segunda parte del versículo no está en los mss. más aceptados y debe considerarse como una interpolación al texto.

El testimonio en el sufrimiento (4:15-16).

15. Así que, ninguno de vosotros padezca como homicida, o ladrón, o malhechor, o por entremeterse en lo ajeno.

μὴ γάρ τις ὑμῶν πασχέτω ὡς φονεὺς ἢ κλέπτης ἢ
Porque ninguno de vosotros padezca como homicida o ladón o
κακοποιὸς ἢ ὡς ἀλλοτριεπίσκοπος·
malhechor o como entrementido.

Análisis y notas de texto griego.

Análisis: μὴ, partícula que hace funciones de adverbio de negación *no*; γάρ, conjunción causal *porque*; τις, caso nominativo masculino singular del pronombre indefinido *alguno*; ὑμῶν, caso genitivo de la segunda persona plural del pronombre personal declinado *de vosotros*; πασχέτω, tercera persona singular del presente de imperativo en voz activa del verbo πάσχω, *padecer*, aquí *padezca*; ὡς, adverbio de modo, *como*, que hace las veces de conjunción comparativa; φονεὺς, caso nominativo masculino singular del nombre común *homicida*; ἢ, conjunción disyuntiva *o*; κλέπτης, caso nominativo masculino singular del nombre común *ladrón*; ἢ, conjunción disyuntiva *o*; κακοποιὸς, caso nominativo masculino singular del adjetivo *malhechor*; ἢ, conjunción disyuntiva *o*; ὡς, adverbio de modo, *como*, que hace las veces de conjunción comparativa; ἀλλοτριεπίσκοπος, caso nominativo masculino singular del nombre común *entremetido*.

μὴ γάρ τις ὑμῶν πασχέτω. Mientras que el padecimiento por causa de Cristo debe llenar de gozo y sentir lo que significa ser bienaventurado, otro padecimiento, por el comportamiento contrario a la ética, no solo divina, sino también a la humana, debe ser evitado. Esta es una advertencia, es una constante reiterada en la carta (2:19, 20; 3:17). Ningún creyente debe padecer por acciones malvadas.

ὡς φονεὺς ἢ κλέπτης ἢ κακοποιὸς. Pedro cita a modo de ejemplo algunos pecados que no deben aparecer en la sociedad y mucho menos entre cristianos, por los que se sufren padecimientos a consecuencia de ellos. Los tres primeros van juntos, unidos por el adverbio ὡς, *como*, que aparece también delante del último, como si quisiera darle un aspecto especial. Primeramente, se refiere a quienes sufren por ser *homicidas*, delito que revestía una pena capital en muchas de las leyes de los pueblos de aquel tiempo. En segundo lugar, hace mención de los *ladrones*, a quienes las leyes perseguían y sentenciaban a penas largas de prisión. Luego cita a los *malhechores*, quienes practicaban graves delitos que comprendían incluso a los sediciosos, los salteadores, los que ejercían violencia con otros etc.

ἢ ὡς ἀλλοτριεπίσκοπος· El siguiente y último delito va precedido también del adverbio como, pero separado de los demás. El nombre de este delito aparece sólo esta vez en todo el Nuevo Testamento. Literalmente significa *supervisor de lo ajeno*. Mientras que los tres anteriores difícilmente se cometerían por un cristiano, este, pudiera ser que alguno lo practicase. Es posible que se refiera a quien se mete en cosas ajenas que no le corresponden. Pablo exhorta a los creyentes en Tesalónica a trabajar ocupándose exclusivamente de sus asuntos (1 Ts. 4:11), éstos eran los que *"andan desordenadamente, no trabajando en nada, sino entremetiéndose en lo ajeno"* (2 Ts. 3:11). Algunos piensan que podrían incluirse en esto a quienes fomentan el activismo político que genera tensiones, la agitación civil, las alteraciones laborales, etc. Por esta maldad los creyentes pueden ser acusados y perseguidos, pero no por causa de Cristo. Acaso incluso pudiera ser que algunos creyentes estuviesen afrentando a los idólatras con celo no sensato de imponer la fe causando problemas en la sociedad, al excederse del testimonio y proclamación del evangelio, para entrar en la confrontación con los incrédulos, por tanto, serían perseguidos, pero no por el hecho en sí del testimonio, sino por todo lo contrario. De otro modo, el cristiano tiene la obligación de *predicar* el evangelio, pero no de *imponerlo* a otros.

16. Pero si alguno padece como cristiano, no se avergüence, sino glorifique a Dios por ello.

εἰ δὲ ὡς Χριστιανός, μὴ αἰσχυνέσθω, δοξαζέτω δὲ τὸν Θεὸν
Pero si como cristiano, no se avergüence, antes bien glorifique - a Dios
ἐν τῷ ὀνόματι τούτῳ.
por el nombre este.

Análisis y notas del texto griego.

Análisis: εἰ, conjunción *si*; δὲ, partícula conjuntiva que hace las veces de conjunción coordinante, con sentido de *pero, más bien, y, y por cierto, antes bien, entonces*; ὡς, adverbio de modo, *como*, que hace las veces de conjunción comparativa; Χριστιανός, caso nominativo masculino singular del nombre propio (en griego), *cristiano*; μὴ, partícula que hace funciones de adverbio de negación *no*; αἰσχυνέσθω, tercera persona singular del presente de imperativo en voz media del verbo αισχύνομαι, *sentir vergüenza, avergonzarse*, aquí *se avergüence*; δοξαζέτω, tercera persona singular del presente de imperativo en voz activa del verbo δόξαζω, *glorificar, dar gloria*, aquí *glorifique*; δὲ, partícula conjuntiva que hace las veces de conjunción coordinante, con sentido de *pero, más bien, y, y por cierto, antes bien, entonces*; τὸν, caso acusativo masculino singular del artículo determinado *el*; Θεὸν, caso acusativo masculino singular del nombre divino declinado *a Dios*; ἐν, preposición propia de dativo *en, por*; τῷ, caso dativo neutro singular del artículo determinado *el*; ὀνόματι, caso dativo neutro singular del nombre común *nombre*; τούτῳ, caso dativo neutro singular del pronombre demostrativo *este*.

εἰ δὲ ὡς Χριστιανός, μὴ αἰσχυνέσθω, El sufrimiento por ser malhechor no glorifica, sino que avergüenza, pero cuando el problema viene por ser cristiano, es un timbre de honor que eleva a la persona. Un cristiano es aquel que cree, sigue y vive a Cristo, reflejando Su vida de santidad y amor en él (Gá. 2:20-21). Ese fue el nombre que los creyentes fueron llamados en Antioquía (Hch. 11:26). Los antioquenos eran gente libertina, idólatras, adorando un gran número de ídolos. La evangelización cambió la posición idolátrica de los creyentes, orientándolos hacia Cristo. Los nuevos cristianos estaban comprometidos con el Señor. La iglesia nacía libre de presiones religiosas procedentes del judaísmo. Las restricciones y prohibiciones con que se cargaban las vidas de los judíos, aferrados a las costumbres y prácticas legalistas, se habían extinguido para los nuevos cristianos, tanto de procedencia judía como gentil. Las prohibiciones sobre comidas, especialmente sobre carnes, ni siquiera se habían producido, enseñando a los nuevos creyentes en la libertad en Cristo. No es de extrañar que la iglesia antioquena fuera la primera en desligarse de la impronta del judaísmo. Aquella congregación no estaba reproduciendo las formas y costumbres de la iglesia en Jerusalén; realmente había nacido una nueva forma y una nueva manifestación de la iglesia. No se trataba de una iglesia localista, sino de una que había asumido la verdad bíblica de la Iglesia universal. Cristo era el centro de la vida de los cristianos. Cada culto estaba orientado hacia Él. Los nuevos cánticos de los creyentes tenían la centralidad de Cristo y el comportamiento de cada uno de ellos concordaba con la enseñanza de Jesús. Cristo era, para los creyentes, el nombre de alguien de quien los cristianos no dejaban de hablar. La pregunta surgía frente a este nuevo grupo de gentes: *¿Quiénes son estos?* La respuesta del pueblo no podía ser otra: *Son los cristianos*, esto es, los seguidores de Cristo. Este calificativo fue dado a los creyentes, *primeramente*, es decir, *por primera vez*, por los antioquenos. Eran *cristianos,* no sólo porque hablaban de Cristo, sino más bien, porque *seguían a Cristo*, es decir, *vivían a Cristo* y conforme a Él. El cristianismo no es una religión, sino la vinculación de vida con Cristo, y tener a Cristo (Col. 1:27). Los cristianos serían perseguidos y afligidos, pero no por una vida malvada, como *malhechores*, sino por una conforme a la voluntad de Dios (1 Jn. 2:6). Ser cristiano es tener una orientación de vida distinta a la del mundo (Col. 3:1-4). Esto no es causa de vergüenza porque es una persecución injusta, no por causa de delitos, sino de buen comportamiento en la sociedad.

δοξαζέτω δὲ τὸν Θεὸν ἐν τῷ ὀνόματι τούτῳ. El texto más aceptado es este: *glorifique a Dios por el nombre este*, es decir, de gloria a Dios por el nombre de *cristiano*, es decir, porque es de Cristo. El mejor comentario está en las palabras del apóstol Pablo: *"conforme a mi anhelo y esperanza de que en nada seré avergonzado; antes bien con toda confianza, como siempre, ahora también será magnificado Cristo en mi cuerpo, o por vida o por muerte. Porque para mí el vivir es Cristo, y el morir es ganancia"* (Fil. 1:20-21). El Señor dice a Su Padre: *"Yo te he glorificado en la tierra, he acabado la obra que me diste que hiciese"* (Jn. 17:4). Glorificar a Dios se consigue viviendo bajo Su dirección y obedeciéndole en todo.

El juicio divino (4:17-18).

17. Porque es tiempo de que el juicio comience por la casa de Dios; y si primero comienza por nosotros, ¿cuál será el fin de aquellos que no obedecen al evangelio de Dios?

ὅτι ὁ καιρὸς τοῦ ἄρξασθαι τὸ κρίμα ἀπὸ τοῦ οἴκου τοῦ Θεοῦ·
Pues el tiempo - de comenzar el juicio por la casa - de Dios.
εἰ δὲ πρῶτον ἀφ' ἡμῶν, τί τὸ τέλος τῶν ἀπειθούντων τῷ τοῦ
Y si primero desde nosotros, ¿cuál el fin de los que desobedecen al -
Θεοῦ εὐαγγελίῳ
de Dios evangelio?

Análisis y notas del texto griego.

Análisis: ὅτι, conjunción causal *pues*; ὁ, caso nominativo masculino singular del artículo determinado *el*; καιρὸς, caso nominativo masculino singular del nombre común *tiempo*; τοῦ, caso genitivo masculino singular del artículo determinado *el*; ἄρξασθαι, aoristo de infinitivo en voz media del verbo ἀρχω, *comenzar*; τὸ, caso acusativo neutro singular del artículo determinado *el*; κρίμα, caso acusativo neutro singular del nombre común *juicio*; ἀπὸ, preposición propia de genitivo *por*; τοῦ, caso genitivo masculino singular del artículo determinado *el*; οἴκου, caso genitivo masculino singular del nombre común *casa*; τοῦ, caso genitivo masculino singular del artículo determinado *el*; Θεοῦ, caso genitivo masculino singular del nombre divino declinado *de Dios*; εἰ, conjunción *si*; δὲ, partícula conjuntiva que hace las veces de conjunción coordinante, con sentido de *pero, más bien, y, y por cierto, antes bien, entonces*; πρῶτον, adverbio de modo *primero, primeramente*; ἀφ' forma escrita de la preposición de genitivo ἀπό, por elisión de la ι final y asimilación de la π ante vocal o diptongo con aspiración, y que significa *de, desde, lejos de, proceder de, por causa de, por medio de, con, contra*; ἡμῶν, caso genitivo de la primera persona plural del pronombre personal *nosotros*; τί, caso nominativo neutro singular del pronombre interrogativo *cuál*; τὸ, caso nominativo neutro singular del artículo determinado *el*: τέλος, caso nominativo neutro singular del nombre común *fin*; τῶν, caso genitivo masculino plural del artículo determinado declinado *de los*; ἀπειθούντων, caso genitivo masculino plural del participio presente en voz activa del verbo ἀπειτέω, *desobedecer*, aquí *desobedecen*; τῷ, caso dativo neutro singular del artículo determinado *el*; τοῦ, caso genitivo masculino singular del artículo determinado *el*; Θεοῦ, caso genitivo masculino singular del nombre divino declinado *de Dios*, εὐαγγελίῳ, caso dativo neutro singular del nombre común *evangelio*.

ὅτι ὁ καιρὸς τοῦ ἄρξασθαι τὸ κρίμα ἀπὸ τοῦ οἴκου τοῦ Θεοῦ· El sufrimiento puede ser también un acto de disciplina que el Padre celestial envía para purificación de la iglesia. Incluso las persecuciones que experimentan los creyentes, pueden ser resultado de la disciplina que el Padre quiere aplicar a los Suyos para restaurarlos al camino correcto de la dependencia de Él.

El uso de καιρὸς, *tiempo* tiene que ver con el momento oportuno para algo, en este caso, es el momento en que el juicio comience por los creyentes, que somos *casa* de Dios, tanto en el sentido de edificio, como de familia. El cristiano es disciplinado por el Padre, como hace el padre con sus hijos terrenales (He. 12:7). En el versículo de Hebreos, se establece el mandato de *soportar siempre la disciplina*, como una exhortación, dicho de otro modo, *sufrid para vuestra formación*. La intención que Dios tiene cuando permite las aflicciones de la vida del creyente es la educación formativa del mismo, la corrección y la mejoría de vida para adecuarla al propósito de Dios. No debe olvidarse que el nivel de vida que Dios ha establecido para los Suyos es la de reproducir la imagen de Su Hijo (Ro. 8:29). Es una cuestión inexorable, ya que se trata de una determinación soberana que Dios establece para todo creyente, se trata, literalmente de un acto de *predestinación* para que cada creyente sea conformado a la imagen de Jesús. Es el proceso que se desarrolla a lo largo de la santificación y que permite al mundo *ver* a Cristo en cada cristiano. Dios está llevando a cabo una transformación en cada creyente para realizar Su propósito (2 Co. 3:18). La imagen de Dios deteriorada por el pecado, es restaurada en Cristo, imagen perfecta y absoluta de Dios (2 Co. 4:4; Col. 1:15). Este perfeccionamiento tiene que ver con la imagen moral del Señor, reproducida por el Espíritu en el creyente (Gá. 5:22-23). La transformación es progresiva y requiere, en muchas ocasiones, de experiencias difíciles desde el punto de vista humano (Ro. 12:2; 2 Co. 4:8-5:2; Fil. 3:10; Col. 3:10). Este propósito se cumplirá definitivamente en la glorificación de los santos (Fil. 3:21). De modo que las pruebas que han comenzado en la casa de Dios, es el tiempo apropiado para la formación de los Suyos. Los que pasan por dificultades en el tiempo de la *Epístola* y que podían extrañarse de esa situación, debían entender que los sufrimientos de la vida cristiana son una manifestación del amor del Padre, que está *perfeccionando* a Sus hijos. En ese sentido, Dios se conduce como Padre cuando disciplina a Sus hijos, ya que la falta de disciplina no es amor (Pr. 13:24). Por tanto, en las pruebas se alcanza la seguridad de ser Sus hijos, dando a entender en ellas que Dios es verdaderamente el Padre, que se manifiesta en la corrección del hijo a quien ama.

El hijo es educado cuidadosamente porque también es el heredero (1:3-5), por esa razón *"os alegráis, aunque ahora por un poco de tiempo, si es necesario, tengáis que ser afligidos en diversas pruebas"* (1:6). El padre que verdaderamente ama al hijo, le corrige para que se perfeccione: *"Castiga a tu hijo en tanto que hay esperanza; más no se apresure tu alma para destruirlo"* (Pr. 19:18). El concepto de *castigo* no significa necesariamente azotes, es más, varias veces en el Antiguo Testamento y todas ellas salvo una, no se trata de una vara, un instrumento para azotar, sino que es figura de disciplina seria para corrección. La idea bíblica no es *pegar* al hijo, sino *corregir*, reorientándolo para educación. Un hijo consentido es la vergüenza para los padres, de ahí que *"La vara y la corrección dan sabiduría; mas el muchacho consentido avergonzará a su madre"* (Pr. 29:15). Por eso está la solemne advertencia: *"Mejor es represión manifiesta que amor oculto. Fieles son las heridas del que ama; pero inoportunos los besos del que aborrece"* (Pr. 27:5-6). La consecuencia lógica en el argumento es que si el padre terrenal, siempre imperfecto, corrige al hijo, cuanto más lo hará el Padre del cielo, infinitamente perfecto, justo, sabio y bueno.

εἰ δὲ πρῶτον ἀφ' ἡμῶν, τί τὸ τέλος τῶν ἀπειθούντων τῷ τοῦ Θεοῦ εὐαγγελίῳ. Un profundo contraste, el creyente sufre ahora y su espíritu vive en el día de Cristo, cuando venga a recoger a los Suyos. Esto ocurrirá aún en los casos más graves de disciplina, cuando un creyente muere a causa de la práctica pecaminosa en su vida (1 Co. 5:5). Pero, los incrédulos no sufren aquí, pero terminan en la muerte eterna (Sal. 73:4-6, 17, 27). Aunque el juicio divino ahora, a causa del pecado, es una disciplina dolorosa para el cristiano, el juicio futuro ante el trono blanco será la sentencia y ejecución de la perpetua condenación de ellos, alejados de Dios, sin posibilidad de rectificación (Ap. 20:11-15).

18. Y: Si el justo con dificultad se salva, ¿En dónde aparecerá el impío y el pecador?

καὶ εἰ ὁ δίκαιος μόλις σῴζεται,
Y si el justo con dificultad se salva.
ὁ ἀσεβὴς καὶ ἁμαρτωλὸς ποῦ φανεῖται
el impío y pecador ¿dónde aparecerá?

Análisis y notas del texto griego.

Análisis: καὶ, conjunción copulativa *y*; εἰ, conjunción *si*; ὁ, caso nominativo masculino singular del artículo determinado *el*; δίκαιος, caso nominativo masculino singular del adjetivo *justo*; μόλις, adverbio de modo *con dificultad, difícilmente*; σῴζεται, tercera persona singular del presente de indicativo en voz pasiva del verbo σῴζω, *salvar*, aquí *se salva*; ὁ, caso nominativo masculino singular del artículo determinado *el*; ἀσεβὴς, caso nominativo masculino singular del nombre común *impío*; καὶ, conjunción copulativa *y*; ἁμαρτωλὸς, caso nominativo masculino singular del adjetivo *pecador*; ποῦ, adverbio interrogativo *dónde*; φανεῖται, tercera persona singular del futuro de indicativo en voz media del verbo φαίνω, *aparecer, parecer, verse*, aquí *aparecerá*.

καὶ *εἰ ὁ δίκαιος μόλις σῴζεται,* A lo dicho añade la fuerza de la Escritura, citando nuevamente el libro de Proverbios, tomado directamente de la LXX. La comparación es muy concreta, el juicio comienza ahora por la casa de Dios, en donde el Señor entra en disciplina con los creyentes para reconducir sus vidas conforme a Su voluntad. Esto no supone juicio condenatorio, como se ha considerado antes. En ese sentido el texto habla de la dificultad de la salvación, literalmente: *"Si el justo con dificultad se salva"*. Pudiera llevar a la confusión de que la salvación tiene que ver con el esfuerzo del justo y que, si no es perfecto, cosa que trata de alcanzarse mediante la disciplina, puede perder la salvación. Eso contradice abiertamente a la Escritura, una vez salvo siempre salvo. Pero la salvación no evita la disciplina que Dios envía para que los creyentes vayan conformándose a la imagen de Jesús. Los creyentes son llevados a la última etapa de la salvación que es la glorificación pasando por grandes dificultades en su experiencia de vida. Ese es el sentido que Pedro da aquí a la cita bíblica. Los sufrimientos, las pruebas, las tentaciones, los conflictos e incluso la muerte –en ocasiones– ponen de manifiesto las dificultades que el cristiano debe afrontar en su vida hasta llegar al destino final de la salvación, estar para siempre con Jesús (Jn. 14:1-4) y disfrutar de la gloria que le está reservada. El apóstol Pablo, en base a su propia experiencia de dificultades en su vida como creyente y siervo de Cristo les recuerda a los creyentes: *"Es necesario que a través de muchas tribulaciones entremos en el reino de Dios"* (Hch. 14:22). Pedro, con la referencia bíblica anima a los lectores a entender que las dificultades, que incluyen las persecuciones, son elemento natural en la vida cristiana. Posiblemente muchos de aquellos creyentes habían sufrido afrentas por el testimonio del evangelio. Muchos también habían presenciado momentos de tribulación infligidos a otros de sus hermanos. Sin embargo, tal vez no estuvieran preparados del todo para enfrentarse con un panorama de persecución y dificultades que jalonaría la historia de las iglesias en aquellos tiempos. Por eso les *exhorta* para aceptar la vida cristiana que está rodeada de *muchas tribulaciones* hasta que seamos recogidos para estar con el Señor. Aunque ya estamos en el reino (Col. 1:13), en el tiempo actual es una esfera de tránsito por el mundo donde las aflicciones son naturales como Jesús mismo anunció (Jn. 16:33). Al final, el reino adquiere una dimensión de perpetuidad en el recogimiento de la iglesia para estar para siempre con el Señor, esa será la *entrada* a la dimensión del reino en donde ya no habrá aflicciones, transformados a la semejanza del Señor y trasladados a Su presencia. La glorificación va precedida de la aflicción (Ro. 8:17; 2 Ti. 2:12). Había cosas que corregir en aquellas iglesias, pero los creyentes necesitaban más aliento que reprensión, como reciben del apóstol.

ὁ ἀσεβὴς καὶ ἁμαρτωλὸς ποῦ φανεῖται. El final de los impíos será el definitivo juicio ante el Trono Blanco, donde recibirán la sentencia perpetua de la muerte segunda, para quedar destituidos sin recurso alguno de la gloria de Dios, compartiendo el infierno con el diablo y sus ángeles. Los que acaso parezcan triunfadores en el tiempo presente, serán perdedores en el futuro. Tal vez el mejor comentario a esta parte del versículo, sean las palabras del apóstol Pablo: *"Porque es justo delante de Dios pagar con tribulación a los que os atribulan, y a vosotros que sois atribulados, daros reposo con nosotros, cuando se manifieste el Señor Jesús desde el cielo con los ángeles de su poder, en llama de fuego, para dar retribución a los que no conocieron a Dios, ni obedecen al evangelio de nuestro Señor Jesucristo; los cuales sufrirán pena de eterna perdición, excluidos de la presencia del Señor y de la gloria de Su poder* (2 Ts. 1:6-9).

El creyente debe mirar al final y no al presente. La visión hacia el futuro descansa sólidamente en las promesas divinas y esta tribulación momentánea producirá en nosotros *"un más excelente y eterno peso de gloria"* (2 Co. 4:17).

La pauta en el sufrimiento (4:19).

19. De modo que los que padecen según la voluntad de Dios, encomienden sus almas al fiel Creador, y hagan el bien.

ὥστε καὶ οἱ πάσχοντες κατὰ τὸ θέλημα τοῦ Θεοῦ πιστῷ
De modo que también los que padecen según la voluntad - de Dios a fiel
Κτίστῃ παρατιθέσθωσαν τὰς ψυχὰς αὐτῶν ἐν ἀγαθοποΐᾳ.
Creador, encomienden las almas de ellos en hacer el bien.

Análisis y notas del texto griego.

Análisis: ὥστε, conjunción consecutiva *por tanto, por consiguiente, de tal manera que, con el fin de, con la intención de*; καὶ, adverbio de modo *también*; οἱ, caso nominativo masculino plural del artículo determinado *los*; πάσχοντες, caso nominativo masculino plural del participio de presente en voz activa del verbo πάσχω, *padecer, sufrir*, aquí *que padecen*; κατὰ, preposición propia de acusativo *por*; τὸ, caso acusativo neutro singular del artículo determinado *el*; θέλημα, caso acusativo neutro singular del nombre común *voluntad*; τοῦ, caso genitivo masculino singular del artículo determinado *el*; Θεοῦ, caso genitivo masculino singular del nombre propio declinado *de Dios*; πιστῷ, caso dativo masculino singular del adjetivo declinado *a fiel*; Κτίστῃ, caso dativo masculino singular del nombre divino *Creador*; παρατιθέσθωσαν, tercera persona plural del presente de imperativo en voz media del verbo παρατίθημι, *encomendar*, aquí *encomienden*; τὰς, caso acusativo femenino plural del artículo determinado *las*; ψυχὰς, caso acusativo femenino plural del nombre común *almas, vidas, personas*; αὐτῶν, caso genitivo masculino de la tercera persona plural del pronombre personal declinado *de ellos*; ἐν, preposición propia de dativo *en, dentro de*; ἀγαθοποΐᾳ, caso dativo femenino singular del nombre común *hacer bien.*

ὥστε καὶ οἱ πάσχοντες κατὰ τὸ θέλημα τοῦ Θεοῦ. Por medio de la conjunción consecutiva ὥστε, *por tanto, por consiguiente*, llega a la conclusión de cuanto estuvo considerando antes. El creyente padece, pero lo hace conforme a la voluntad de Dios. No es a causa de problemas morales (2:19-20; 4:15-17), sino a causa de la permisión divina, Pedro lo precisa al decir: *"Conforme a la voluntad de Dios"*. Esta es la frase previa a esta oración de aliento. Las pruebas vienen porque Dios lo permite, por tanto, podemos descansar confiadamente porque siempre serán buenas para el desarrollo de la vida cristiana. Él permite las pruebas en la vida del creyente, como concesión de la gracia (Fil. 1:29). Cada uno debe perseverar en la enseñanza de que también los buenos sufren. Una idea generalizada especialmente por el legalismo es que sólo los malos sufren, pero lo padecen también los justos. Esta lamentable idea estaba introducida incluso en la mente de los mismos discípulos de Jesús (Jn. 9:2).

πιστῷ κτίστῃ παρατιθέσθωσαν τὰς ψυχὰς αὐτῶν ἐν ἀγαθοποΐᾳ. En una situación de dificultad el secreto está en *encomendar* la vida en las manos del *fiel Creador*. Es la única vez en el Nuevo Testamento que aparece este título. Como Creador es omnipotente, como Dios es fiel. Por tanto, en medio de las pruebas se manda poner en las manos de Dios *las almas*, que equivale a la persona o a la vida. En medio de los padecimientos, Jesús encomendó Su alma al Creador (2:23). Por ser Creador es poderoso para librar y ayudar, como dice el Salmo: *"Encomienda a Jehová tu camino, y confía en él; y él hará"* (Sal. 37:5).

Además, porque es fiel cumplirá todas Sus promesas. Esta era la experiencia del apóstol Pablo: *"Por lo cual asimismo padezco esto; pero no me avergüenzo, porque yo sé a quién he creído, y estoy seguro que es poderoso para guardar mi depósito para aquel día"* (2 Ti. 1:12). El creyente puede haber dedicado su vida al servicio del Señor, y el resultado personal es –a ojos humanos– de un profundo padecimiento. Esto no está dentro de la lógica del hombre, pero se desarrolla en la *lógica divina*, que es locura para el mundo. Nadie puede vivir la vida cristiana con fidelidad sin sufrir el oprobio y menosprecio de los hombres. Algunos pueden sentir vergüenza por situaciones que están relacionadas con las persecuciones y penalidades, pero debe ser motivo de gloria padecer por la fidelidad al Señor. Dios es poderoso para guardar, en esto debiéramos estar persuadidos, convencidos de que esta es una admirable verdad. El Señor está exaltado hasta lo sumo y tiene *"el nombre que es sobre todo nombre, para que en el nombre de Jesús se doble toda rodilla de los que están en los cielos, y en la tierra, y debajo de la tierra; y toda lengua confiese que Jesucristo es el Señor, para gloria de Dios Padre"* (Fil. 2:9-11). Por consiguiente, descansando en Su amor y conociendo la realidad de Su fidelidad y omnipotencia, lo único que resta en entregar la vida a Su protección, conducción y custodia, y descansar plenamente en Él, sabiendo que es fiel y cumplirá Su propósito en cada uno.

Hecha la entrega incondicional de la vida al Señor, el creyente encomienda también su actividad, que es *hacer bien*. La vida cristiana no es una forma de estoicismo que acepta el sufrimiento y el dolor como algo inevitable, sino que, al entregar el problema a Dios mismo, tiene libre su mente para pensar solo en hacer el bien. Esto es, la entrega no puede ser de pasividad, sino que ha de progresar en la senda de *hacer el bien*. El futuro se encomienda al Señor y se actúa en el tiempo presente practicando el bien, recomendación que aparece con frecuencia en la *Epístola* (2:15, 20; 3:6, 11, 17). Es la determinación de los compañeros de Daniel en Babilonia: *"He aquí nuestro Dios a quien servimos puede librarnos del horno de fuego ardiendo; y de tu mano, oh rey, nos librará. Y si no, sepas, oh rey, que no serviremos a tus dioses, ni tampoco adoraremos la estatua que has levantado"* (Dn. 3:17-18).

Pocas cosas son necesarias que sean destacadas en el capítulo que se ha comentado. Tan solo una reflexión breve y personal. No hay vida en la fe que no necesite ser probada, no hay experiencia de fidelidad que no padezca confrontación. No solo procedente del mundo, sino incluso del entorno eclesial, cuando se es fiel a la Palabra a costa de no serlo para la institución. Sin embargo, la santidad forma siempre parte de la experiencia cristiana, porque la demanda divina es inalterable para cualquier tiempo (1:16). No se trata de conseguir la santidad por esfuerzo personal, sino como modo natural de vida que refleja la realidad de la vida de Cristo en nosotros (Fil. 1:21; Gá. 2:20). En un tiempo en que el relativismo hace relativa la santidad, el creyente cree en absolutos y, como Dios es santo y se hace vida en nosotros, no podemos sino ser santos en toda nuestra forma de vivir. La realidad de la vida de Cristo en cada uno, conducirá inexcusablemente a practicar el bien, porque como Pedro dijo a Cornelio acerca de Jesús *"anduvo haciendo bienes"* (Hch. 10:38). Por consiguiente, quien vive a Cristo asume también el vituperio de Él.

Permítanme unas palabras sobre esta asunción del vituperio de Cristo, que es la expresión de asumir el oprobio y la aflicción terrenal por causa de Él. Ya que Cristo fue vituperado por nosotros el creyente tiene la bendición y el privilegio de asumir el vituperio del mundo para un encuentro en comunión con Jesús. En alguna medida, la influencia religiosa, que no es la comunión con Cristo, ha introducido en el pensamiento de muchos en la Iglesia que es en el entorno tradicional del sistema religioso en donde se puede tener comunión con el Señor. Realmente Jesús no está en la religión de los hombres, sino en donde puede mantenerse comunión con Él. La institución religiosa ha generado un falso sentido de lo que es la iglesia. Este modo de pensar hace creer que la iglesia, en su sentido de estructura religiosa, es rica, poderosa, sana en la doctrina, custodia de la fe y otros muchos aparentes valores, que impiden ver la realidad de que Jesús, quien es riqueza absoluta, está marginado de la congregación. Tal es el sentido de la carta que nuestro Señor escribió a la iglesia en Laodicea, haciéndoles ver que, por no contar con Él, se habían convertido en un conjunto de pobres y miserables. La iglesia en ocasiones adora la doctrina, pero se olvida de conocer en comunión al Señor de la doctrina. La ortodoxia externa hace adorable la doctrina sobre Cristo, pero se olvida de adorar a Cristo mismo. Esa es la razón por la que Jesús llama a los creyentes desde la puerta de la iglesia invitándolos a un encuentro personal con Él, marginado de la comunión de la iglesia porque ésta tiene un concepto erróneo de ella misma: *"He aquí, yo estoy a la puerta y llamo"* (Ap. 3:20). Esta situación común en muchas iglesias. Cuando las glorias personales de su historia, de su organización, de su ortodoxia, alcanzan tales niveles que llenan el corazón de los creyentes y, especialmente, de los líderes, Jesús no tiene ya nada que hacer en ella y es preferible mantenerlo al margen, porque estorba a todo proyecto que busque gloria humana. ¿No se enfrentó en Su tiempo con los religiosos que basaban toda su justicia en lo que ellos eran y habían alcanzado? Muchas iglesias son capaces de definir y expresar de la más ortodoxa forma la doctrina sobre Jesucristo, pero desconocen absolutamente el control del Señor sobre ellas. Sin la gloria de la Cruz y sin el pleno reconocimiento de Cristo, no hay medida espiritual para demostrar el raquitismo espiritual en que se encuentran y van derivando de una vida de comunión con Cristo a una vida de religión. Es la consecuencia natural de mirarse a sí mismos y dejar de mirar a Jesús (He. 12:2). La grandeza de los cultos, la suntuosidad de los templos, la impactante dimensión de la liturgia, la elocuencia de sus predicadores, la tradición histórica de su grupo, sustituye a Cristo y Su gloria, por tanto, también al único poder que procede de Aquel que tiene el nombre que es sobre todo nombre (Fil. 2:9-11). La decadencia espiritual se justifica como consecuencia de los tiempos en que viven, pero, aun los mayores fracasos tendrán una explicación para sosegar las conciencias, sin aceptar que el Señor no está presente con Su poder y con Su gloria en medio de la congregación. Son tibios, enfermos espirituales, desertores del Señor, pero llenos de sí mismos y de sus efímeras y aparentes glorias. Cristo se ha parado delante de la puerta de la iglesia y espera llamando. ¿Cuál es Su propósito? Él mismo lo dice *"si alguno oye mi voz"* (Ap. 3.20). Podría parafrasearse el llamamiento de Jesús de esta manera: *"¡Mira, aquí me tienes! Estoy de pie delante de tu puerta, llamando. ¿No habrá nadie que escuche mi llamado y abra la puerta?"*. La iglesia es el resultado de los creyentes, por tanto, la inclusión de Cristo nuevamente al verdadero señorío en la iglesia, pasaba por la aceptación, en ese sentido, de cada uno de los miembros de ella. Si *"alguno oye mi voz"*, es una expresión tan impactante que asombra, porque en la práctica es como si dijese: *"¿No habrá nadie ahí que desee realmente tener comunión conmigo?"*. ¡Oh, a dónde puede llegar la inconsecuencia de los creyentes, sentirse bien marginando al Señor! Parado a la puerta de cada creyente insiste en llamar, para ver si alguien, en toda la congregación, está dispuesto a la obediencia y al arrepentimiento. La respuesta del individuo al llamado del Señor es, figuradamente hablando, la apertura de la puerta y la aceptación en su intimidad y comunión. Es realmente el arrepentimiento que restaura lo que no estaba en orden y que regresa al camino de Dios dejando el suyo propio.

Será bueno una oración personal que asuma el compromiso, remitiendo todas nuestras cargas a quien es poderoso y fiel, mientras esperamos seguros y confiados, el regreso del Señor.

CAPÍTULO V

SIRVIENDO Y VIVIENDO EN LA GRACIA.

Introducción.

Aparentemente el *corpus* de la Epístola concluye en el final del capítulo anterior, con la advertencia a enfrentar las tribulaciones con espíritu gozoso y encomendar la vida frente a las pruebas, en la mano del Señor. Sin embargo, sigue el capítulo final con consejos y exhortaciones generales, dirigidos a los líderes de la iglesia, a los jóvenes y en general a los creyentes destinatarios de la *Epístola*. A esto se unen saludos personales con los que cierra el escrito.

En la primera parte (vv. 1-11), se puede seguir fácilmente el tema general de la carta que, como se ha considerado y el mismo apóstol dice, es *la verdadera gracia de Dios*. En este sentido la primera división trata de la *gracia en el servicio*. La gracia que salva, que da herencia, que permite el sufrimiento, es también la que conduce al servicio fiel en el seno de la iglesia local.

Pedro formula demandas específicas, primeramente, para los líderes de la iglesia a los que llama *ancianos* y que al definirlos como los *que están entre vosotros*, determina la forma colegiada y plural del gobierno de la iglesia establecida por los apóstoles (v. 1). Estos tienen la responsabilidad de conducir el rebaño del Señor, dándoles el alimento necesario, como seguidores del Gran Pastor de las ovejas. El servicio de conducción debe hacerse con voluntad libre, a la vez que desinteresada, sin buscar beneficio personal, sino el bien de los creyentes (v. 2). El ejercicio pastoral debe ser hecho como siervos y no como señores, porque la iglesia es de Cristo, añadiendo en el ejercicio del liderazgo la ejemplaridad personal (v. 3). La labor de los ancianos, resulta muchas veces, difícil y cansadora, pero tras la etapa de servicio está la recompensa de la corona de gloria (v. 4).

Otro grupo de importancia en la iglesia eran los jóvenes. Todos en esa etapa son propensos a considerarse más capaces e importantes de lo que realmente son. A ellos les llama a la sujeción al liderazgo (v. 5). Del mismo modo está la exhortación que, aunque está en el contexto de los jóvenes, es sin duda para todos, a quienes llama a la humildad, teniendo en cuenta que la arrogancia o el engreimiento es resistido por Dios (v. 6). Ante Dios solo cabe una vida de humildad, de modo que, en el contexto de las pruebas y aflicciones, Él actuará cuando fuere tiempo, contra lo que no cabe una repulsión arrogante, sino una aceptación humilde (v. 6). La ansiedad es muy propia de los jóvenes, pero se da en todos. Tal vez con la madurez de los años pueda aprenderse a no exteriorizarla tanto, pero está presente por la condición propia del hombre, de ahí que se llame a todos a depositarla en el Señor, sabiendo que, en cualquier momento, situación y lugar, tiene cuidad de cada uno (v. 7).

No se olvida del enemigo de los creyentes, el diablo que es adversario, que compara con un león y que busca derribar al creyente en la carrera de fe, por lo que demanda nuevamente sobriedad, mantenerse en continua vigilancia (v. 8). No hay que luchar contra el diablo, porque ya está derrotado y porque sería una lucha desigual, pero sí ha de ser resistido, manteniéndose firmes en el terreno de victoria en donde el creyente ha sido colocado por el Señor (v. 9).

Una doxología con los deseos de bendición para Dios, pero también para los creyentes, cierra el contenido de la *Epístola* (vv. 10-11). Si el tema de la carta es *la verdadera gracia*, la adoración es a quien la concede, al que llama el *Dios de toda gracia*. En esa administración de la gracia está presente el sufrimiento, pero también el perfeccionamiento de los que pasan por tribulaciones (v. 10). Cierra la doxología con una expresión de alabanza y reconocimiento dirigida a Dios, confirmándola con un amén (v. 11).

Palabras de despedida y bendición completan el cierre de la *Epístola* (vv. 12-14). En ellas menciona al amanuense que escribió la carta al dictado del apóstol, al que llama Silvano, con el reconocimiento de su fidelidad. Pero, también en el mismo versículo está el recordatorio del tema del escrito que titula como *la verdadera gracia de Dios* (v. 12). Siguen los saludos de la iglesia en Babilonia y también los personales de su *hijo en la fe* Juan Marcos (v. 13). Con la exhortación a la expresión visible del amor entre los hermanos que es el *beso santo*, desea a todos la Paz y termina la *Espístola* (v.14).

Para el análisis del texto que se comenta, se sigue el *bosquejo* que se indica en la *introducción*, como sigue:

V. LA GRACIA EN EL SERVICIO (5:1-11).

1. Deberes eclesiales (5:1-9).
   1.1. Demandas a los ancianos (5:1-4).
   1.2. Demandas a los jóvenes (5:5).
   1.3. Demanda a la humildad (5:6-7).

1.4. Demanda a la sobriedad (5:8-9).
2. Doxología (5:10-11).

VI. DESPEDIDA Y BENDICIÓN (5:12-14).

1. Tema de la Epístola (5:12).
2. Saludos (5:13).
3. Exhortación y bendición (5:14).

V. La gracia en el servicio (5:1-11).

Deberes eclesiales (5:1-9).

Demandas a los ancianos (5:1-4).

1. Ruego a los ancianos que están entre vosotros, yo anciano también con ellos, y testigo de los padecimientos de Cristo, que soy también participante de la gloria que será revelada.

Πρεσβυτέρους οὖν ἐν ὑμῖν παρακαλῶ ὁ συμπρεσβύτερος καὶ
A ancianos, pues, entre vosotros ruego el con vosotros anciano y
μάρτυς τῶν τοῦ Χριστοῦ παθημάτων, ὁ καὶ τῆς μελλούσης
testigo de los - de Cristo padecimientos, el también de la que está a punto
ἀποκαλύπτεσθαι δόξης κοινωνός·
de ser revelada gloria partícipe.

Análisis y notas del texto griego.

Análisis: Πρεσβυτέρους, caso acusativo masculino plural del adjetivo comparativo declinado *a ancianos*; οὖν, conjunción continuativa *pues*; ἐν, preposición propia de dativo *en, entre*; ὑμῖν, caso dativo de la segunda persona plural del pronombre personal *vosotros*; παρακαλῶ, primera persona singular del presente de indicativo en voz activa del verbo παρακαλέω, *pedir, rogar*, aquí *ruego*; ὁ, caso nominativo masculino singular del artículo determinado *el*; συμπρεσβύτερος, caso nominativo masculino singular del nombre común *co-anciano, con vosotros anciano*; καὶ, conjunción copulativa *y*; μάρτυς, caso nominativo masculino singular del nombre común *testigo*; τῶν, caso genitivo neutro plural del artículo determinado declinado *de los*; τοῦ, caso genitivo masculino singular del artículo determinado *el*; Χριστοῦ, caso genitivo masculino singular del nombre propio *Cristo*; παθημάτων, caso genitivo neutro plural del nombre común *padecimientos*; ὁ, caso nominativo masculino singular del artículo determinado *el*; καὶ, adverbio de modo *también*; τῆς, caso genitivo femenino singular del artículo determinado declinado *de la*; μελλούσης, caso genitivo femenino del participio de presente en voz activa del verbo μέλλω, *estar a punto, ser inminente*; ἀποκαλύπτεσθαι, presente de infinitivo en voz pasiva del verbo αποκαλύπτω, *revelar, manifestar*, aquí *de ser manifestada*;

δόξης, caso genitivo femenino singular del nombre común *gloria*; κοινωνός, caso nominativo masculino singular del nombre común *partícipe, comunicante*.

Πρεσβυτέρους οὖν ἐν ὑμῖν παρακαλῶ. Pedro se dirige a los líderes de la iglesia a quienes llama *ancianos*. El sustantivo sin artículo es evidencia de que está refiriéndose a los que ejercen el oficio de presidir la congregación, como literalmente escribe del apóstol Pablo: *"Os rogamos, hermanos, que reconozcáis a los que trabajan entre vosotros, y os presiden"* (1 Ts. 5:12). A estos se dan distintos nombres en el Nuevo Testamento, como *ancianos, presbíteros, obispos, sobreveedores*, títulos sinónimos para la misma persona. Es necesario tener en cuenta dos aspectos en lo que sigue, por tanto, será bueno considerarlos brevemente. Primero el concepto de *autoridades* en la iglesia y luego el de *ministerios*.

Suele confundirse *don* con *autoridad*. De modo que muchas veces se llama a los líderes de la iglesia local *autoridades*, lo que requiere entender bien el sentido. Sobre esto escribía el Dr. Lacueva:

"Autor, según su etimología latina, significa 'el que añade'. Por eso, se llama autor a toda persona que añade algo, mediante su actividad creadora, al acervo de la cultura, del arte, de la técnica, etc. En esta acepción, la cualidad de autor se llama 'autoría', no 'autoridad'. Sin embargo, el vocablo 'autoridad', tiene el mismo origen, aunque haya adquirido distinto sesgo en la historia del lenguaje. Fue ya entre los latinos aplicado a los generales que, mediante sus conquistas militares, añadían nuevas provincias al Imperio. Esto los constituía en árbitros del botín adquirido; les daba autoridad. Y así, de todo aquel que, con su investigación especializada sobre un asunto, ha obtenido en ello una peculiar competencia, se dice que es una autoridad en la materia.

La autoridad comporta, pues, cierta primacía o dominio, ya sea por derecho de creación, ya sea por derecho de conquista. Pero hay también otra clase de autoridad delegada, que consiste en la habilitación provista por una autoridad superior para el desempeño de un cometido que se ajuste a la norma de quien ejerce el verdadero dominio. Así tenemos, tanto en griego como en latín, dos clases de autoridad: en griego el 'krátos', propio del 'kyrios' o señor, y la 'exusía' o facultad para ostentar una dignidad o desempeñar un cometido; en latín está el 'ius', propio del magistrado que ejerce justicia y sienta jurisprudencia, y la 'autoritas' de quien en virtud del 'ius' tiene facultad para hacer cumplir la ley. Por eso, en tiempos de la República Romana, al pasar el 'ius' o 'krátos' al pueblo ('democracia' es un vocablo griego que significa 'el poder en manos del pueblo'), el Senado se quedó con la 'autoritas', que implicaba una mera representatividad, como la de todo Parlamento en una verdadera democracia.

Todo lo que antecede, va dicho, no por vía de mera erudición, sino por la enorme importancia que estas distinciones tienen para comprender el concepto de autoridad en la Iglesia. De acuerdo con lo dicho, y de acuerdo con la Palabra de Dios (compárese 'exusía' de Jn.1:12 con la advertencia de Pedro a los ancianos a que no se comporten como 'teniendo señorío' -katakyrieúontes- de la grey que se les ha encomendado), tenemos que afirmar que la verdadera autoridad en la iglesia no la puede tener ningún hombre sino sólo Dios; más concretamente hay tres autoridades en la Iglesia: La Palabra de Dios, como única norma inapelable; El Hijo de Dios, Jesucristo, como único Señor y Gobernador; y el Espíritu de Dios, como único principio vital y 'Vicario de Cristo' en la tierra. Todo 'pre-fecto' o 'pre-lado' (que significa 'puesto delante') dentro de la Iglesia ha de ser, por consiguiente, no un 'jerarca' o príncipe sagrado, sino un 'ministro' o 'servidor'[1].

En el Nuevo Testamento se enseña que no puede haber ninguna autoridad humana en la Iglesia. Las únicas reconocidas bíblicamente son divinas, La Palabra, única norma de fe y conducta; Jesucristo, cabeza de la iglesia; el Espíritu Santo, vicario de Cristo en la tierra. El Espíritu Santo viene para ocupar el lugar que deja Cristo al ser ascendido al cielo (Jn. 14:16-17). Comunicador de la vida espiritual (1 Co. 12:13, de ahí 2 P. 1:4). Presente en el creyente y en la iglesia (Ef. 2:20-22).

El segundo concepto que debe tenerse en cuenta es la diferencia entre *oficios* y *ministerios*. Éste último es el resultado del ejercicio de un don (4:10), mientras que el *oficio* obedece a la necesidad de la conducción y orden en cada iglesia local. Los *dones* son irrevocables, esto es, no se pierden nunca (Ro. 11:29). Los *oficios* son revocables cuando dejan de concurrir las condiciones personales requeridas para el ejercicio del mismo. Los *dones* son universales, se ejercen en cualquier iglesia donde esté quien los ha recibido. Los *oficios* se limitan a la iglesia local. El *anciano*, *presbítero* o *sobreveedor*, no es un don, sino un oficio. No aparece en ninguna de las lisas de dones y, además, se requieren condiciones personales para su ejercicio. Por esta razón el apóstol Pablo decía: *"Si alguno anhela obispado, buena obra desea"*, llamando al trabajo de anciano *obra* y no *ministerio*. Los dones son los elementos capacitadores para que el creyente pueda ser instrumento en la mano del Espíritu, y dados incondicionalmente a cada uno conforme a la voluntad

[1] Francisco Lacueva. *"La Iglesia, Cuerpo de Cristo"*. pág. 151.

soberana de la Tercera Persona Divina, sin tener en cuenta aptitudes personales, que no se mencionan en relación con el don (1 Co. 12:11). Los creyentes dotados con los dones son dados a la iglesia universal. En relación con esto escribe el Dr. Lacueva:

"Es preciso distinguir cuidadosamente entre ministerio y oficio. El primero se ejercita en virtud del don que sólo el Espíritu concede (aunque la iglesia ha de discernirlo y reconocerlo), mientras que el oficio se desempeña en virtud de un reconocimiento o designación. El ministerio es un servicio para crecimiento y edificación del organismo o Cuerpo de Cristo; el oficio está para el buen orden de la organización eclesial. El ministerio tiende al bien universal de la iglesia, aunque sea susceptible de localización en muchos aspectos; el oficio emerge del mismo concepto de iglesia local, aunque puede trascender los límites de una localidad (salva la independencia de las iglesias locales).

Ambos (ministerio y oficio) pueden darse, según diversos aspectos, en una misma persona. Así, v. gr., Felipe era diácono por oficio de la iglesia de Jerusalén (Hch. 6:5) y evangelista por ministerio más allá de Jerusalén (Hch. 8:5, 26; 21:8). Pedro era por ministerio apóstol (Hch. 1:22; 1 P. 1:1; 2 P. 1:1), pero era también por oficio, anciano (1 P. 5:1), y así daba su informe y parecer a la iglesia de Jerusalén (Hch. 11:2 ss: 15:7) ... Juan era, asimismo, por ministerio, uno de los Doce y, por oficio, anciano de Éfeso cuando escribía sus epístolas segunda y tercera [2]".

El peligro de convertir los *oficios* en *ministerios*, lleva a mantener el oficio de por vida. No es necesario, aunque sí conveniente, que en el anciano concurran los dones de *pastor* y *maestro*, simplemente debe ser capaz de *enseñar*, esto es, poder conducir y responder a las necesidades de la congregación.

Debiéramos preguntarnos cuál es la voluntad del Señor para el gobierno de la iglesia local. El Nuevo Testamento habla en muchas partes de *ancianos* que ejercen funciones de dirección, conducción y guía en la iglesia. El término *obispo*, es una transliteración del griego, que significa *el que ve por encima*, de ahí *sobreveedor*. Una observación imparcial revela que debe haber ancianos (Hch. 14:23; 20:17; Tit. 1:5; 1 P. 5:1). Estos ejercen sus funciones por designación del Espíritu Santo (Hch. 20:28). Su designación se le comunica a cada uno por la llamada secreta y personal del Espíritu Santo (1Ti. 3:1). Los *ancianos* han de tener unas cualidades personales específicas (1Ti. 3:2-7; Tit. 1:6-9). Los creyentes

---

[2] Francisco Lacueva. *Iglesia Cuerpo de Cristo.* Terrassa, 1973. Pág. 193 s.

deben reconocer a los ancianos y someterse a ellos, en el Señor (1 Co. 16:15, 16; 1 Ts. 5:12-13; 1 Ti. 5:17; He. 13:7, 17).

En la lectura de *Hechos de los Apóstoles* se aprecian varios aspectos en relación con los ancianos. Eran hombres de responsabilidad en asuntos de gobierno, compartiendo decisiones con los mismos apóstoles (Hch. 11:30). Su responsabilidad tenía que ver también con la asistencia a la conservación de la doctrina y en la solución de problemas en las iglesias (Hch. 15:2, 4, 6). Esta posición de liderazgo se echa de ver en la firma conjunta con los apóstoles de la carta enviada a las iglesias corrigiendo asuntos de comportamiento, (Hch. 15:22, 23; 16:4; 21:18). En las iglesias que se establecían por el ministerio de la evangelización, los apóstoles constituían ancianos en cada una de las nuevas iglesias para que existiera un orden en ellas (Hch. 14:23). Pablo reconoce que la autoridad para guiar y pastorear a la congregación era de procedencia divina (Hch. 20:28). Los ancianos, en el gobierno de la iglesia, actúan colegiadamente, de ahí el concepto del *presbiterio*. El apóstol Pedro identifica un aspecto del oficio de los ancianos como de *pastoreo* de la iglesia local (vv.1-2).

Pedro trata a quienes se dirige como *sobreveedores*[3], recordándoles funciones, que su oficio comprende el *pastoreo*, en el *apacentar* la grey de Dios (v. 2). En la pastoral a Tito, el apóstol Pablo le manda establecer ancianos por las ciudades que deben ejercer como *sobreveedores* (Ti. 1:5, 7), lo mismo que Pedro hace en el texto que se comenta. Esto indica que el *anciano*, ha de ser un hombre responsable en el cuidado pastoral *supervisando* y *cuidando* de los creyentes.

A estos líderes de la iglesia se dirige el apóstol *rogándoles*. Como apóstol tenía autoridad delegada por Cristo para establecer mandamientos. Sin embargo, no impone, sino que *pide*, *ruega*, que es el sentido del verbo παρακαλέω, en este lugar. Destaca primeramente la humildad del apóstol Pedro, que se hará notar más aún en la siguiente frase.

Los *ancianos* o *líderes* no están *sobre* la congregación, sino *entre* ella. Al no ser autoridades, ejercen su *oficio* siendo también cada uno de ellos, miembros de la congregación. Tener claro esto resolvería, en ocasiones muchos problemas de *imposición*, como se considerará en el siguiente versículo.

---

[3] Ver análisis textual al comienzo del comentario al versículo.

ὁ συμπρεσβύτερος Pedro se considera *co-anciano*, con aquellos a quienes escribe. Es evidente que había aprendido la humildad de Jesús. No se dirige a los líderes de la iglesia como bien pudiera haberlo hecho, desde su condición de apóstol, sino que se iguala con ellos en el *oficio*, como el Dr. Lacueva traslada la expresión griega, *"colega de oficio"*[4]. La exhortación a los ancianos la hace desde la experiencia que él mismo tiene en la labor de pastorear la grey. Aunque sin dejar la condición de *apóstol*, habla como quien ha recibido del Señor el mandamiento de pastorear el rebaño (Jn. 21:15, 16, 17). La humildad de este pastor, se pone de manifiesto cuando siguiendo las huellas del Gran Pastor de las ovejas (He. 13:20), se presenta a sí mismo como *co-presbítero* en lugar de como *apóstol*.

καὶ μάρτυς τῶν τοῦ Χριστοῦ παθημάτων, Además, se califica también de *testigo de los padecimientos de Cristo*. Es un testigo presencial de la pasión. Había estado con Él por tres años y medio, y vio como padecía, era crucificado y muerto (Hch. 1:22; 2:32; 3:15). Pedro era *testigo* en las dos acepciones de la palabra, tanto presencial, como también *testimonial*. No solo había visto las aflicciones del Señor, sino que testificaba de ellas como parte fundamental de la proclamación del evangelio (cf. Lc. 24:45-48; Hch. 22:15). No cabe duda que la predicación de Pedro fue siempre un mensaje Cristocéntrico, de ahí que esté presente tantas veces en la *Epístola* (1:11, 19; 2:21-24; 3:18; 4:1, 13).

ὁ καὶ τῆς μελλούσης ἀποκαλύπτεσθαι δόξης κοινωνός· Disfruta también de la comunión cristiana, porque es *"participante de la gloria que será revelada"*. Se trata de una experiencia concreta y, yendo precedida de artículo determinado indica que era de conocimiento general de los creyentes a quienes escribe. La gloria no puede ser otra que el regreso de Cristo para reinar sobre la tierra y proyectar luego Su reino a cielos nuevos y tierra nueva, de lo que tratará en la *Segunda Epístola*. La gloria a que se refiere fue anticipada y vista por él en el Monte de la Transfiguración, donde se le mostró, en compañía de Juan y Jacobo, el anticipo visible del reino de Dios viniendo con poder (Mt. 16:28-17:1ss.). El mismo mencionará esto explícitamente en otro escrito (2 P. 1:17, 18). El vínculo común de todos los cristianos es la esperanza de gloria, que el mismo Señor prometió a los Suyos (Jn. 14:1-4). La experiencia es común porque también común es la presencia que encarna esa gloria que es Cristo en cada cristiano (Col. 1:27).

---

[4] F. Lacueva. o. c., pág. 117.

2. Apacentad la grey de Dios que está entre vosotros, cuidando de ella, no por fuerza, sino voluntariamente; no por ganancia deshonesta, sino con ánimo pronto.

ποιμάνατε τὸ ἐν ὑμῖν ποίμνιον τοῦ Θεοῦ ἐπισκοποῦντες
Pastoread el entre vosotros rebaño pequeño - de Dios, supervisándolo
μὴ ἀναγκαστῶς ἀλλὰ ἑκουσίως κατὰ Θεόν, μηδὲ
no forzadamente sino voluntariamente según Dios, ni
αἰσχροκερδῶς ἀλλὰ προθύμως,
por ganancia deshonesta sino con ánimo pronto.

Análisis y notas del texto griego.

Análisis: ποιμάνατε, segunda persona plural del aoristo primero de imperativo en voz activa del verbo ποιμαίνω, *pastorear*, aquí *pastoread*; τὸ, caso acusativo neutro singular del artículo determinado *el*; ἐν, preposición propia de dativo *en, entre*; ὑμῖν, caso dativo de la segunda persona plural del pronombre personal *vosotros*; ποίμνιον, caso acusativo neutro singular del nombre común *rebaño pequeño*; τοῦ, caso genitivo masculino singular del artículo determinado *el*; Θεοῦ, caso genitivo masculino singular del nombre divino declinado *de Dios*; ἐπισκοποῦντες, caso nominativo masculino plural del participio presente en voz activa del verbo επίσκοπέω, *supervisar, vigilar, ver por encima*, aquí *supervisando*; μὴ, partícula que hace funciones de adverbio de negación *no*; ἀναγκαστῶς, adverbio de modo *forzadamente*; ἀλλὰ, conjunción adversativa *sino*; ἑκουσίως, adverbio de modo *voluntariamente*; κατὰ, preposición propia de acusativo *según*; Θεόν, caso acusativo masculino singular del nombre divino *Dios*; μηδὲ, partícula negativa, crasis[5] formada por la partícula μή, y δὲ, que significa *ni*; αἰσχροκερδῶς, adverbio de modo *avariciosamente, por afán de ganancia deshonesta, por vil interés*; ἀλλὰ, conjunción adversativa *sino*; προθύμως, adverbio de modo *bien dispuesto, pronto, con ánimo pronto*.

ποιμάνατε τὸ ἐν ὑμῖν ποίμνιον τοῦ Θεοῦ. Los ancianos deben responder al oficio haciendo la obra encomendada que es *pastorear*. El verbo en aoristo de imperativo, expresa la idea de una acción que se debe asumir de una vez por todas. Para los ancianos el pastoreo de la grey es su principal tarea. A diferencia de los falsos pastores, aquí se trata de apacentar el rebaño y no utilizarlo en beneficio propio (Ez. 34:1-3).

Es necesario entender que el rebaño no es de los ancianos, sino de Dios. Pedro les hace notar que esta porción de la grey de Dios, está *entre vosotros*. Es decir, es el conjunto de ovejas que el Señor les entregó a su cuidado. El sustantivo ποίμνιον, es un diminutivo que equivale a *rebaño*

[5] *Crasis*, palabra griega que equivale a *unión de fuerzas*, en general *unión de elementos*.

pequeño, o *rebañito*. En la forma de expresión el apóstol les hace notar que los que les han sido encomendados es un pequeño rebaño que puede perderse fácilmente y ser también presa de los lobos espirituales que buscan su destrucción. Es como si les dijese: *pastoread ese rebañito*.

Pedro tal vez tenía en mente las palabras dichas por Jesús en el día del encuentro con él, luego de la resurrección: *apacienta mis ovejas, cuida de mis corderos* (Jn. 21:15-17). Jesús habló de entrega en el pastoreo mediante Su propio ejemplo, que como buen pastor estaba dispuesto a dar Su vida por las ovejas (Jn. 10:11). La imagen del rebaño está presente en varios lugares del Antiguo Testamento, para referirse al pueblo de Dios (cf. Sal. 78:52; Is. 63:11; Jer. 31:10; Zac. 13:7). Esta misma figura está en el Nuevo Testamento para referirse a la iglesia local, en cuatro ocasiones: En las palabras de aliento de Jesús a Sus discípulos, llamándolos a no tener temor (Lc. 12:32); En la exhortación de Pablo a los ancianos de la iglesia en Éfeso, cuidando de ellos mismos y del rebaño expuesto a los lobos que no lo perdonan (Hch. 20:28-29); en la referencia de Pedro a los creyentes donde usa dos veces la palabra (v. 2 y v. 3).

ἐπισκοποῦντες. El modo de ejercer el pastorado es *supervisándolo, vigilándolo*, estando atentos a sus peligros y necesidades. No se trata de una vigilancia legalista, sino de una supervisión en gracia. El manual para la práctica de esta forma de hacer la obra encomendada, está en varios lugares del Antiguo Testamento. Deben *ir delante* de ellos marcando el camino y librándolo de dificultades, como Dios hizo con Su pueblo: *"Oh Dios, cuando tú saliste delante de tu pueblo, cuando anduviste por el desierto"* (Sal. 68:7). *Supervisar* mirando por encima del rebaño para descubrir los enemigos que vienen sobre él con tiempo suficiente para defenderlo (Hch. 20:28). *Conducirlos a pastos delicados*, dándoles la provisión de alimento necesario para cada día y buscando el especial para aquellos que tienen problemas o dificultades espirituales (Sal. 23:2). Solo cuando el interés de los líderes está en la Palabra y la exponen como alimento a la congregación, crece cada creyente, dejando el infantilismo, para consolidarse en la firmeza de la fe. El pastor ha de *acompañar* a las ovejas, no puede estar con ellas un determinado día de la semana en alguna reunión masiva, sino que habrá de estar siempre cerca de ellas y a la disposición de cada una según necesite, no puede haber un pastorado dominical y un desentendimiento durante el resto del tiempo (Sal. 23:4). Además, debe *alentar* al rebaño. Las ovejas necesitan aliento mucho más que reprensión. Es cierto que cada una de ellas es diferente y, además, algunas son dadas a alejarse perdiéndose fácilmente, otras tienen incluso un carácter rebelde, pero, en cualquier caso, las ovejas son un rebaño de Dios, comprado al precio de la sangre de Cristo y son Suyas, amándolas y mostrándoles siempre Su corazón de amor. El anciano que es espiritual *busca a las extraviadas*, y lo hace con silbo suave y apacible (Zac. 10:8; Ez. 34:4). No busca las descarriadas para reprenderlas con firmeza, sino que las busca hasta encontrarlas con un afán restaurador (Gá. 6:1). Cuántos rebaños fueron diezmados y cuantas ovejas están perdidas, por la arrogancia perversa de quienes en lugar de cuidar el rebaño se presentan ante él como jueces y dueños del mismo. Las ovejas son dadas a dispersarse, por tanto, el pastor debe *juntar al rebaño* (Is. 56:8). En la práctica, proveyendo de recursos para que haya comunión entre ellas. No sólo los días de servicios especiales, sino cada día de la semana. Esta conexión entre los creyentes no tiene que ver solo con el *culto eclesial*, que siempre es bueno, sino con actividades incluso lúdicas y de expansión reuniendo al mayor número posible de hermanos. También deberán *sostener a los débiles* (Is. 40:11). Una oveja lastimada o enferma no puede marchar al mismo ritmo del resto, y debe ser sustentada, auxiliada, puesta sobre los hombros, de modo que pueda avanzar junto con las otras. Hay debilidades espirituales que causan angustia vital y que deben ser *sanadas* no con terapia de buscar las causas y exigir confesión de pecados que no existen más que en la imaginación de los pastores, sino con soporte en oración, con conversaciones alentadoras y con un abrazo de comunión. Acaso no son fuertes para afrontar la pérdida de alguien de la familia, y para ellos no sirven palabras estereotipadas de las se usan tantas veces en casos semejantes, sino la comprensión de un silencio de boca en el que se puede oír hablar al alma. Los ancianos han de *velar por sus compañeros* de ministerio, procurando que ninguno sirva de instrumento al tentador en contra del rebaño (Hch. 20:28). Que haya pureza no solo de vida, sino de doctrina. Que la regla de vida se tome no de la estructura eclesial o histórica, sino de la Palabra.

μὴ ἀναγκαστῶς ἀλλὰ ἑκουσίως κατὰ Θεόν, El servicio del anciano debe ser voluntariamente aceptada por él. No es una tarea esclavizante, sino de gozoso seguimiento en imitación del Maestro. El anciano no sirve por coerción, sino por voluntad. Esta actitud es semejante a la que el apóstol Pablo indica a los corintios sobre el modo de ofrendar, que no es *por necesidad*, porque Dios ama al dador alegre (2 Co. 9:7). El modo de hacerlo conforme a Dios es *voluntariamente* lo que conlleva a hacerlo de forma espontánea. El servicio cristiano es un privilegio que realizar y no una carga que soportar.

μηδὲ αἰσχροκερδῶς ἀλλὰ προθύμως, La exhortación del apóstol alcanza aquí un punto álgido. El servicio de los ancianos no puede ser con el propósito insano de alcanzar *ganancia deshonesta*. Pudiera relacionarse con enriquecerse a costa de la congregación. Esta es la forma propia de los que llamándose pastores son ladrones disfrazados de líderes. Los verdaderos ancianos nunca usarán el ministerio para su beneficio personal, tomando lo que es del rebaño y apropiándose de ello, o adquiriendo posesiones, no importa de que tipo, a costa de los creyentes. Estos suelen ser meros charlatanes que, con sus discursos de aparente espiritualidad, inoculan herejías mortales, con el fin de despojar al rebaño para enriquecerse ellos (Is. 56:11; Jer. 6:13; 8:10; Mi. 3:11). Pedro dirá en su *Segunda Epístola*, hablando de estos que: *"Por avaricia harán mercadería de vosotros con palabras fingidas. Sobre los tales ya de largo tiempo la condenación no se tarda, y su perdición no se duerme"* (2 P. 2:3). Pero, no siempre se trata de riquezas materiales, sino espirituales. Es por medio de un ministerio no sujeto totalmente a la Palabra, que consiguen situarse en los primeros lugares de la iglesia, llenando de temor a los creyentes para enseñorearse de ellos, como sigue luego.

El servicio como anciano requiere *ánimo pronto*, atención inmediata ya que los problemas del creyente han de ser atendidos prestamente. El oficio de conducción de la iglesia requiere que el anciano esté dispuesto a la tarea con presteza. Esto exige dejar mucho de lo personalmente lícito, para atender a la tarea en la congregación.

3. No como teniendo señorío sobre los que están a vuestro cuidado, sino siendo ejemplos de la grey.

μηδ' ὡς κατακυριεύοντες τῶν κλήρων ἀλλὰ τύποι γινόμενοι
Ni como enseñoreándose de las heredades sino modelos haciéndoos
τοῦ ποιμνίου·
del rebaño.

Análisis y notas del texto griego.

Análisis: μηδ' partícula negativa, crasis[6] formada por la partícula μή, y δὲ, que significa *ni*; ὡς, adverbio de modo, *como*, que hace las veces de conjunción comparativa; κατακυριεύοντες, caso nominativo masculino plural del participio presente en voz activa del verbo κατακυριεύω, *dominar, tratar despóticamente, tiranizar*; τῶν, caso genitivo masculino plural del artículo determinado declinado *del*; κλήρων, caso genitivo masculino plural del nombre común *objeto que se utiliza para echar suertes, sorteo, asignación por suerte, parte de herencia, porción hereditaria, patrimonio, propiedad, posesión, heredad*; ἀλλὰ, conjunción adversativa *sino*; τύποι, caso nominativo masculino plural del nombre común *ejemplos, tipos, modelos*; γινόμενοι, caso nominativo masculino plural del participio presente en voz activa del verbo

[6] *Crasis*, palabra griega que equivale a *unión de fuerzas*, en general *unión de elementos*.

γίνομαι, *hacerse, ser hecho*, aquí *haciéndoos*; τοῦ, caso genitivo masculino plural del artículo determinado declinado *del*; ποιμνίου, caso genitivo masculino plural del nombre común *rebaño, grey*.

Notas. Crítica Textual. Lecturas alternativas.

El versículo está en 𝔓[72], ℵ, A, Ψ, 5, 33, 81, 307, 436, 442, 642, 1175, 1243, 1448, 1611, 1735, 1739, 1852, 2344, 2492, K, L, P, *Lect*, it[ar, h, t, z], vg, sy[p, h], sa, bo, arm, eth, geo, slav, Dídimo, Cirilo, Jerónimo, Agustín, Spéculum.

Se omite el versículo en B.

μηδ' ὡς κατακυριεύοντες τῶν κλήρων. El anciano no debe considerarse como dueño de la congregación. La construcción gramatical es fuerte en esta parte, usando el verbo κατακυριεύω, que expresa la idea de *dominar, tratar despóticamente, tiranizar*. Esto es la antítesis de lo que debe ser un anciano. Pedro habla de un gobierno autocrático y despreciativo del rebaño. Los ancianos, como se ha dicho antes, no son *autoridades*. Ejercen autoridad en la medida que funcionan bajo el control del Espíritu, en sujeción a Cristo y aplicando la autoridad de la Palabra. El único Señor de la iglesia es Jesús (Ef. 1:22). Los ancianos son solo servidores de quien es *"el gran Pastor de las ovejas"* (He. 13:20). Los ancianos no son dueños, sino que forman parte de la grey. El apóstol usa el sustantivo κλήρων, que denota, entre otras acepciones, una parte de la herencia, o también la heredad, que en este caso puede aludir a la *porción asignada a cada uno*, lo que concuerda con el término *pequeño rebaño* (v. 2). Se refiere a la iglesia local, parcela visible de la única iglesia, a la porción de creyentes, grupo asignado al cuidado de los ancianos de un determinado lugar. En lugar de señorío, los ancianos deben ejercer el ministerio buscando el bienestar de la iglesia, como escribía el apóstol Pablo: *"No que nos enseñoreamos de vuestra fe, sino que colaboramos para vuestro gozo; porque por la fe estáis firmes"* (2 Co. 1:24), como escribe el Dr. Kistemaker:

"Los apóstoles Pedro y Pablo nunca usaron su oficio apostólico para ganancia personal. Se colocaron a la par de los miembros de la iglesia para fortalecer al débil, sanar al enfermo y vendar al herido.

Pedro nota que los ancianos deben servir al pueblo que ha sido confiado a su cuidado. En griego, Pedro dice literalmente: 'no dominando las partes'. Las partes son 'las diversas partes de la congregación que han sido asignadas como 'porciones' a los presbíteros en forma individual'. Jesús, entonces, confía diversas partes de su iglesia a los ancianos y los considera responsables ante Dios por el trabajo que cumplen (véase He. 13:17). Los ancianos sirven al pueblo de Dios no por sus capacidades naturales de liderazgo ni porque Pedro los haya ordenado como presbíteros. Sirven porque Jesús, el Jefe de los pastores, los ha llamado a esa tarea"[7].

Lamentablemente hay ancianos que se han adueñado de las congregaciones que el Señor puso bajo su cuidado. La forma impositiva sobre ellas, la exclusión de compartir ninguna forma de colaboración asumiendo sólo ellos las decisiones que imponen luego a la congregación, causan la flaqueza y desencanto de muchos. Como en el caso de Diótrefes, quienes no están conformes y se ajustan a sus pretensiones, son expulsados de la iglesia y disciplinados sin razón bíblica alguna. Dicen servir al Señor, pero están sirviéndose a sí mismos. Sus familias son honradas en la iglesia, asumiendo los lugares destacados y los privilegios mayores, mientras que el resto es mero rebaño que debe ser conducido con un autoritarismo feroz. A ese problema se añade también el de colocar en lugares de responsabilidad a los miembros de sus familias, que reciben un trato distinto al de otros hermanos. Estos son los que aman el primado en la iglesia (3 Jn.9-18). El título de honor para un creyente, no importa cuál sea el don u oficio que tenga, no es otro que el de ser *"servidor de Cristo"* (1 Co. 4:1). Esta es la norma establecida por Jesús: *"Sabéis que los gobernantes de las naciones se enseñorean de ellas, y los que son grandes ejercen sobre ellas potestad. Mas entre vosotros no será así, sino que el que quiera hacerse grande entre vosotros será vuestro servidor, y el que quiera ser el primero entre vosotros será vuestro siervo"* (Mt. 20:25-27).

Una observación más. Pedro hace notar que no deben enseñorearse de *"quienes están a vuestro cuidado"*, es decir, la porción de fieles que el Señor puso para que la pastoreen. Esto es una clara referencia a la iglesia local. *Los oficios* están limitados al ámbito de la congregación. Los *ministerios*, en el ejercicio de los dones, son para la iglesia en general y trascienden la limitación de la asamblea local (Ef. 4:10-13).

ἀλλὰ τύποι γινόμενοι τοῦ, ποιμνίου· En contraposición con la parte negativa de enseñorearse, está la positiva de servir conforme a la voluntad de Dios, que consiste en *ser ejemplos* de la grey. Esto es, los ancianos han de caminar delante de la congregación orientando y dando ejemplo, como Cristo enseñó (Jn. 10:4). La iglesia local debe ver a los ancianos como *modelos* de comportamiento cristiano. El anciano no puede exigir a la congregación aquello que él mismo no esté haciendo.

---

[7] Simón J. Kistemaker. *1 Pedro*. Grad Rapids, pág. 225.

La ejemplaridad se demanda para todos los ancianos o líderes en la iglesia (1 Ti. 1:9; 3:7; 4:12; Tit. 2:7).

4. Y cuando aparezca el Príncipe de los pastores, vosotros recibiréis la corona incorruptible de gloria.

καὶ φανερωθέντος τοῦ ἀρχιποίμενος κομιεῖσθε τὸν
Y cuando aparezca el Jefe de pastores recibiréis la
ἀμαράντινον τῆς δόξης στέφανον.
incorruptible - de gloria corona.

Análisis y notas del texto griego.

Análisis: καὶ, conjunción copulativa *y*; φανερωθέντος, caso genitivo masculino singular del aoristo primero en voz pasiva del verbo φανερόω, *aparecer, manifestarse*, aquí *cuando aparezca*; τοῦ, caso genitivo masculino singular del artículo determinado *el*; ἀρχιποίμενος, caso genitivo masculino singular del nombre común *jefe de pastores, pastor principal*; κομιεῖσθε, segunda persona plural del futuro de indicativo en voz media del verbo κομίζω, *recibir*, aquí *recibiréis*; τὸν, caso acusativo masculino singular del artículo determinado *el*; ἀμαράντινον, caso acusativo masculino singular del adjetivo *incorruptible*; τῆς, caso genitivo femenino singular del artículo determinado *la*; δόξης, caso genitivo femenino singular del nombre común declinado *de gloria*; στέφανον, caso acusativo masculino singular del nombre común *corona*.

καὶ φανερωθέντος τοῦ ἀρχιποίμενος. El oficio de anciano persistirá durante toda la historia de la iglesia hasta el regreso de Jesucristo para trasladarla a Su presencia. Pedro menciona al Señor con el título literalmente de *Jefe de pastores*, de ahí las diversas traducciones como *Príncipe de los pastores*, *Pastor supremo*, etc. Es el Pastor que reúne a un solo rebaño y lo conduce hasta introducirlo en el aprisco celestial. El trabajo de los ancianos puede ser arduo, pero siempre es breve, por poco tiempo, hasta el momento en que aparezca el Señor. Su promesa es venir una vez dispuesto el lugar para los Suyos. Su promesa es venir en breve, trayendo el galardón consigo para quienes le han servido y trabajado durante su vida en la tierra (Ap. 22:12).

κομιεῖσθε τὸν ἀμαράντινον τῆς δόξης στέφανον. Los ancianos soportan las dificultades del trabajo, que incluyen inquietudes, aflicciones y lágrimas, como escribía el apóstol Pablo: *"Y además de estas cosas, lo que sobre mí se agolpa cada día, la preocupación por todas las iglesias. ¿Quién enferma, y yo no enfermo? ¿A quién se le hace tropezar, y yo no me indigno?* (2 Co. 11:28-29). El oficio de anciano va rodeado también de mucho tiempo de trabajo personal, hecho con lágrimas (Hch. 20:31). El que sirve fielmente lo hace en el espíritu que movía el ministerio de Pablo: *"Pero de ninguna cosa hago caso, ni estimo preciosa mi vida para mí mismo, con tal que acabe mi carrera con gozo"* (Hch. 20:24). En medio de las dificultades propias de la obra pastoral, cada *anciano* es dichoso porque ante él está la *corona incorruptible de gloria*. El sustantivo στέφανον, traducido como *corona*, tiene que ver con una guirnalda. Los antiguos solían ponerse guirnaldas en la cabeza en las fiestas y banquetes para mostrar alegría. Solían ser de flores o de laurel. Con el tiempo pasaron a ser signo de victoria, con ellas se coronaba a los vencedores en los juegos olímpicos, como signo de victoria y recompensa. Guirnaldas de oro, eran también la identidad visible de los reyes, como señal de realeza. La corona aquí es señal de gloria. El que sufrió en el servicio, es glorificado luego en la presencia del Señor.

Pedro le llama la *corona incorruptible de gloria*. Es, por tanto, una corona determinada y conocida como expresa la presencia del artículo que la precede. No puede tratarse de recibir la vida eterna o alcanzar la gloria como resultado de la perseverancia correcta en la obra encomendada, ya que ésta se obtiene no por méritos ni esfuerzos, sino por gracia mediante la fe (Ef. 2:8-9). Se trata de una corona que expresa el disfrute pleno de la gloria en forma de recompensa. El disfrute de esta experiencia comienza en la tierra y se extiende perpetuamente en el cielo, como dice el Salmo: *"Me mostrarás la senda de la vida; en tu presencia hay plenitud de gozo; delicias a tu diestra para siempre"* (Sal. 16:11). Obsérvese que la corona viene después de haber terminado el servicio.

La corona es *incorruptible*, el término ἀμαράντινος, se aplica a la condición de la flor que se conoce como *amaranto*, en otra acepción *siempre viva*. La corona de gloria es incorruptible. Los ancianos podrán servir entre el desprecio de los hombres en la tierra, pero tendrán corona de gloria en los cielos. Nada puede ser de mayor estímulo para el servicio pastoral que la recompensa de gloria eterna. Este es un tema reiterado en la *Epístola* (1:4-5, 13; 4:13).

Para cerrar el comentario, se traslada un párrafo de Kistemaker:

"Es conmovedor el contraste entre la corona de espinas que Jesús llevó (Mr. 15:17; Jn. 19:2, 5) y la corona inmarcesible de gloria que Él le da a Su pueblo. Jesús cargó con la corona de la humillación para que nosotros podamos llevar la guirnalda de la gloria. En suma, la víctima

se transformó en el vencedor que comparte Su victoria con Sus seguidores"[8].

Demandas a los jóvenes (5:5).

5. Igualmente, jóvenes, estad sujetos a los ancianos; y todos, sumisos unos a otros, revestíos de humildad; porque:
Dios resiste a los soberbios,
Y da gracia a los humildes.

Ὁμοίως, νεώτεροι, ὑποτάγητε πρεσβυτέροις· πάντες δὲ ἀλλήλοις
Asimismo, más jóvenes, someteos a ancianos; y todos unos a otros
τὴν ταπεινοφροσύνην ἐγκομβώσασθε, ὅτι
a la humildad ceñidos, porque:
ὁ Θεὸς ὑπερηφάνοις ἀντιτάσσεται,
- Dios a soberbios resiste
ταπεινοῖς δὲ δίδωσιν χάριν.
pero a humildes da gracia.

Análisis y notas del texto griego.

Análisis: Ὁμοίως, adverbio *asimismo*; νεώτεροι, caso vocativo masculino plural del adjetivo comparativo *más jóvenes*; ὑποτάγητε, segunda persona plural del aoristo segundo de imperativo en voz pasiva del verbo ὑποτάσσω, *someter, subordinar, sujetar*, aquí *someteos*; πρεσβυτέροις, caso dativo masculino plural del adjetivo comparativo *más ancianos*; πάντες, caso vocativo masculino plural del adjetivo indefinido *todos*; δὲ, partícula conjuntiva que hace las veces de conjunción coordinante, con sentido de *pero, más bien, y, y por cierto, antes bien, entonces*; ἀλλήλοις, caso dativo masculino plural del pronombre recíproco *unos a otros*; τὴν, caso acusativo femenino singular del artículo determinado *la*; ταπεινοφροσύνην, caso acusativo femenino singular del nombre común *humildad*; ἐγκομβώσασθε, segunda persona plural del aoristo primero de imperativo en voz media del verbo ἐγκομβόομαι, *ceñirse*, aquí *ceñidos*; ὅτι, conjunción causal *porque*; *ὁ*, caso nominativo masculino singular del artículo determinado *el*; *Θεὸς*, caso nominativo masculino singular del nombre divino *Dios*; *ὑπερηφάνοις*, caso dativo masculino plural del adjetivo declinado *a soberbios, a arrogantes*; *ἀντιτάσσεται*, tercera persona singular del presente de indicativo en voz media del verbo αντιτάσσομαι, *resistir*, aquí *resiste*; *ταπεινοῖς*, caso dativo masculino plural del adjetivo declinado *a humildes*; *δὲ*, partícula conjuntiva que hace las veces de conjunción coordinante, con sentido de *pero, más bien, y, y por cierto, antes bien, entonces*; *δίδωσιν*, tercera persona singular del presente de imperativo en voz activa del verbo δίδωμι, *dar*, aquí *da*; *χάριν*, caso acusativo femenino singular del nombre común *gracia*.

[8] Simón J. Kistemaker. o. c., pág. 227.

῾Ομοίως, νεώτεροι, ὑποτάγητε πρεσβυτέροις· La exhortación está dirigida al grupo de los *más jóvenes* en la congregación, a los que pide sumisión a los ancianos. Está en el contexto del párrafo puesto que comienza la oración con el adverbio *asimismo*, que sirve de nexo a lo que antecede. Por el entorno textual inmediato debe estar refiriéndose a los que ejercen ese oficio y para los que fue la exhortación anterior. Pero, también es una referencia al respeto que se debe a quienes son mayores en edad, como Dios había establecido en la ley (Lv. 19:32). El respeto alcanzaba también a la familia, en la relación paterno-filial. Pero, refiriendo el mandato en relación con los ancianos como líderes en la iglesia local, los jóvenes deben mostrar subordinación voluntaria a ellos. De otra forma: *"Obedeced a vuestros pastores, y sujetaos a ellos; porque ellos velan por vuestras almas, como quienes han de dar cuenta; para que lo hagan con alegría, y no quejándose, porque esto no os es provechoso"* (He. 13:17). Aunque la exhortación cabe para todos, se dirige a los jóvenes, porque por su condición natural son los menos dispuestos a la sumisión o subordinación, generando con ello conflictos en algunas ocasiones.

πάντες δὲ ἀλλήλοις τὴν ταπεινοφροσύνην ἐγκομβώσασθε, La sumisión demandada a los jóvenes es, como se aprecia en la frase, extensiva a todos, porque es una expresión de la humildad. Pedro dice claramente que todos deben estar *revestidos*, o *ceñidos*, como un vestido, de humildad. De otro modo, se hace visible esta virtud delante de todos. Es, figuradamente hablando, el delantal propio de un esclavo, que se ponía sobre el vestido para acometer las tareas que se le demandaba. Posiblemente Pedro estuviese pensando en el ejemplo del Señor cuando se ciñó con la toalla para lavar los pies de los discípulos (Jn. 13:13-15). La humildad, como la santidad, no es una opción para el creyente, sino la única forma de vivir la nueva vida en Cristo (Jn. 13:13-15).

Pedro exhorta a ceñirse de humildad unos con otros, lo que equivale a las palabras de Pablo: *"Sometiéndoos unos a otros en el temor de Dios"* (Ef. 5:21). Esto es igual a *envolverse*, que es la acepción primaria del verbo ἐγκομβόομαι, traducido por *ceñirse*. Para rodearse de humildad y practicarla unos hacia otros, es preciso tener una correcta medida de lo que realmente somos. En alguna forma recordar la exhortación apostólica, a modo de pregunta retórica: *"¿Qué tienes que no hayas recibido?"* (1 Co. 4:7). Sólo el Espíritu puede conducir a la humildad necesaria para aceptar esta igualdad de todos delante de Dios. Por otro lado, los creyentes somos todos miembros del mismo cuerpo: *"vosotros, pues, sois el cuerpo de Cristo, y miembros cada uno en particular"* (1 Co. 12:27). Cada cristiano, siendo parte de un todo, está llamado a la atención hacia quienes forman parte de ese todo, que son cada uno de sus hermanos en Cristo. Quien alcanza la comprensión necesaria de lo que es, estará dispuesto a declinar todos sus derechos en bien de los demás. Tal fue la expresión suprema de la libertad manifestada en Cristo, que siendo Dios y teniendo derechos divinos, desciende a *someterse*, a la humillación para beneficiarnos a quienes no teníamos derecho alguno (Fil. 2:6-7). La experiencia de la relación mutua en humildad, conlleva, en ocasiones, el sufrimiento por amor a los otros.

ὅτι ὁ Θεὸς ὑπερηφάνοις ἀντιτάσσεται. Pedro apela nuevamente a la Escritura y otra vez al libro de Proverbios, para fundamentar la demanda que acaba de hacer (Pr. 3:34). No vale altanería ni arrogancia con Dios, *"porque tú salvarás al pueblo afligido, y humillarás los ojos altivos"* (Sal. 18:27). No cabe duda que el Señor atiende al humilde: *"Porque Jehová es excelso, y atiende al humilde, mas al altivo mira de lejos"* (Sal. 138:6), o como dice el profeta: *"Pero miraré a aquel que es pobre y humilde de espíritu, y que tiembla a mi palabra"* (Is. 66:2). Dios se opone en resistencia al altivo. La gracia que rodea al cristiano, no evita la advertencia solemne que le conduce a un ajuste en su vida personal. El Dios de la gracia, también resiste a los soberbios. La idea de la cita bíblica es que Él se *pone en formación de batalla* contra el arrogante. No se trata de una resistencia pasiva sino activa. El grave problema consiste en que quien opone resistencia es Dios mismo, por tanto, nadie podrá vencerle oponiéndose a Él.

Aquellos a quienes Dios resiste se les llama ὑπερηφάνοις, *soberbios*. El adjetivo utilizado para calificarlos, tiene varios significados, como *soberbios, orgullosos, arrogantes, insolentes.* Son aquellos que por orgullo personal se consideran a sí mismos como superiores y se colocan por encima de los demás. Es a éstos a quienes Dios niega Su gracia, mientras persistan en su arrogancia e insolencia personal. El profeta anuncia que Dios actuará sobre todo soberbio: *"Porque día de Jehová de los ejércitos vendrá sobre todo soberbio y altivo, sobre todo enaltecido, y será abatido"* (Is. 2:12). Incluso la acción divina sobre los orgullosos está proféticamente anunciada: *"Porque he aquí, viene el día ardiente como un horno, y todos los soberbios y todos los que hacen maldad serán estopa; aquel día que vendrá los abrasará, ha dicho Jehová de los ejércitos, y no les dejará ni raíz ni rama"* (Mal. 4:1). Los que vivían de esta manera enorgullecidos en la iglesia debían comenzar a reflexionar sobre la acción divina a la que se estaban enfrentando. Es necesario recordar que *"antes del quebrantamiento es la soberbia, y antes de la caída la altivez de espíritu"* (Pr. 16:18). La gracia, que siempre es mayor que el pecado, podía estar dándoles un tiempo de oportunidad para el arrepentimiento.

ταπεινοῖς δὲ δίδωσιν χάριν. En contraste, Aquel que resiste al orgulloso *da gracia a los humildes*. El adjetivo utilizado para referirse a los *humildes*, tiene la connotación de aquello que es bajo y no se levanta de la tierra. Esa es, metafóricamente, la condición humilde (Lc. 1:52; Ro. 12:16). Son aquellos que, sin fuerzas propias, confían sólo en las de Dios y se someten incondicionalmente a Él. Son los bienaventurados delante del Señor, aunque sean despreciados por los hombres. Son aquellos a quienes Jesús llama *"pobres en espíritu"* (Mt. 5:3). Nuestro Señor pensaba en quienes son pobres porque no tienen absolutamente nada. Saben que no pueden alcanzar ninguna cosa por sus fuerzas y dependen absolutamente de Dios para su cuidado, liberación, provisión y sustento. Por eso decía David, refiriéndose a su propia experiencia cuando estaba huido de Saúl, perseguido por él y expuesto a perder la vida: *"Este pobre clamó, y le oyó Jehová, y lo libró de todas sus angustias"* (Sal. 34:6). Esto marca un profundo contraste con aquellos que en arrogancia pretendían enseñorearse de la iglesia. El espíritu humillado, la pobreza en espíritu es lo único que Dios acepta. Con cuanta precisión lo registra el profeta en Su nombre, al decir en el texto antes citado: *"miraré a aquel que es pobre y humilde de espíritu, y que tiembla a mi palabra"* (Is. 66:2). Nada hay que Dios acepte que no sea el espíritu humillado, porque *"Los sacrificios de Dios son el espíritu quebrantado; al corazón contrito y humillado no despreciarás tú, oh Dios"* (Sal. 51:17). El humilde es el único que puede experimentar la libertad del *yo* crucificado (Gá. 2:20). La arrogancia en el humilde desaparece; su ego personal queda sustituido por el gran Tú de Dios que le hace verdaderamente libre y le otorga los favores de Su gracia. Nada tiene que ver esto con la humildad fingida que aparenta santidad cuando se es esclavo del pecado, esa actitud pecaminosa es pura hipocresía, el peor modo de mentira y la mayor expresión del pecado de orgullo. La bendición de Dios es sólo para el que se considera a sí mismo insuficiente y descansa en la gracia, reconociendo que el poder viene y está en el Señor. Este es el que puede decir, aun en medio de situaciones adversas: *"Todo lo puedo en Cristo que me fortalece"* (Fil. 4:13).

La gracia que Dios da a los humildes, en el texto de Proverbios, es tanto una provisión espiritual como material. El texto en la *Epístola* tiene un alcance mayor en consonancia con la enseñanza de Jesús: *"Porque el que se enaltece será humillado, y el que se humilla será enaltecido"* (Mt. 23:12). El Señor enseña las consecuencias que acarrea la conducta del orgulloso, el que se enaltece a sí mismo, es decir, el que busca la atención y las alabanzas humanas, como era el caso de quienes querían hacerse señores en la congregación. Por contraste con la acción de Dios contra el altivo, está la bendición Suya sobre el humilde. El humilde no se enaltece a sí mismo, ni lo procura; es Dios quien lo lleva a cabo. Así el proceso de Jesús es el ejemplo sobre el resultado de quien se humilla verdaderamente delante de Dios; luego de la humildad la exaltación que Dios lleva a cabo. Quien se abajó hasta el límite, haciéndose obediente hasta la muerte y muerte de Cruz, es exaltado hasta lo sumo recibiendo el nombre de autoridad suprema, bajo el cual se someten todos reconociéndole como Señor (Fil. 2:6-11), Por tanto, el creyente debe revestirse de humildad. Ningún creyente puede ser instrumento válido en la mano de Dios, a no ser que esté revestido de ella. La gracia, que sostiene en el servicio, que provee de los recursos para la santificación, que trae el consuelo divino en los conflictos y aflicciones se otorga al humilde. Las bendiciones divinas están reservadas para ellos, mientras que están cada vez más alejadas del orgulloso. Bien podemos pensar que la gracia que colma de bendiciones es como una luz, que huye del altivo que la persigue, y que persigue al humilde que se considera indigno de ella. A los humildes que responden a la invitación de Jesús (Mt. 11:29), y se someten a Su voluntad, confiando en Él, a estos da Dios Su gracia, como promete en Su Palabra. Por esta razón el apóstol exhorta en este versículo a que cada uno asuma la condición de humildad necesaria. Ante este versículo debiéramos doblar nuestras rodillas en oración pidiendo a Dios que nos conceda la gracia de vivir en humildad delante de Él.

Demanda a la humildad (5:6-7).

6. Humillaos, pues, bajo la poderosa mano de Dios, para que él os exalte cuando fuere tiempo.

Ταπεινώθητε οὖν ὑπὸ τὴν κραταιὰν χεῖρα τοῦ Θεοῦ, ἵνα
Humillaos, pues, bajo la poderosa mano - de Dios, para que
ὑμᾶς ὑψώσῃ ἐν καιρῷ[1],
os exalte en tiempo.

Notas y análisis del texto griego.

Análisis: Ταπεινώθητε, tercera persona plural del aoristo primero de imperativo en voz pasiva del verbo ταπεινόω, *humillar*, aquí *humillaos*, οὖν, conjunción continuativa *pues*; ὑπὸ, preposición propia de acusativo, *bajo, debajo de, bajo el poder de*; τὴν, caso acusativo femenino singular del artículo determinado *la*; κραταιὰν, caso acusativo femenino singular del adjetivo *robusta, fuerte, potente, poderosa*; χεῖρα, caso acusativo femenino singular del nombre común *mano*; τοῦ, caso genitivo masculino singular del artículo determinado *el*; Θεοῦ, caso genitivo masculino singular del nombre divino declinado *de Dios*; ἵνα, conjunción causal *para que*; ὑμᾶς, caso acusativo de la segunda persona plural del pronombre personal declinado *a vosotros, os*; ὑψώσῃ, tercera persona singular del aoristo primero de subjuntivo en voz activa del verbo ὑψόω, *exaltar*, aquí *exalte*; ἐν, preposición propia de dativo *en*; καιρῷ, caso dativo masculino singular del nombre común *tiempo*.

Notas. Crítica Textual. Lecturas alternativas.

[1] καιρῷ, *tiempo*, según lectura en P^{72}, א, B, 81, 307, 642, 1175, 1243, 1448, 1611, 1739, 1852, 2492, K, L, *Lect*, $sy^{p, h}$, cop^{sa}, arm, geo^{ms}, $slav^{mss}$, Orígenes, Didimo.

καιρῷ ἐισκοπῆς, *tiempo previsto*, conforme a A, P, 5, 33, 436, 442, 1734, 2344, *l* 422, *l* 592, *l* 884, *l* 1298, *l* 1365, *l* 1590, $it^{ar, h, t, z}$, vg, $si^{h, with*}$, bo, geo^{mss}, $slav^{ms}$, Jerónimo.

Ταπεινώθητε οὖν. La conclusión es obvia. Si Dios resiste al soberbio y da gracia al humilde, el que desee ser bendecido deberá humillarse delante de Él, viviendo de esa manera, no ocasional, sino continuamente. El apóstol establece este mandamiento, ya que el verbo está en imperativo, no sólo en lo que escribió antes, sino en la verdad bíblica del texto que ha utilizado. *Humillarse* aquí tiene que ver con *subordinación* o *sujeción*, de modo que el cristiano debe vivir *sujeto* a Dios, dependiendo íntegramente de Él. Dios es infinito, el hombre limitado; Dios es omnipotente, el hombre débil; Dios es santo, el hombre pecador; por todo ello debemos tener conciencia clara de quien es Él y quienes nosotros, para que vivamos en disposición a obedecerle en todo y glorificarle, para ello es preciso la humildad.

ὑπὸ τὴν κραταιὰν χεῖρα τοῦ Θεοῦ, La frase es muy típica del Antiguo Testamento: *"bajo la poderosa mano de Dios"* (cf. Ex. 3:19; Dt. 3:24; 9:26, 29; 26:8). Es la expresión que pone de manifiesto la soberanía divina en acción, que forma parte de la experiencia de Su pueblo (cf. Is. 48:13; Ez. 20:33-34; Sof. 1:4; 2:13; Lc. 1:49-51). Dios cumple siempre Sus propósitos, sean manifestados en victorias visibles, o en aflicciones y pruebas que Él permite, como ocurrió con Job.

ἵνα ὑμᾶς ὑψώσῃ ἐν καιρῷ, El cristiano debe esperar el tiempo de Dios. La humildad es la forma de vida propia del creyente, pero eso no priva que pase por dificultades y angustias. Pedro enseñó antes que las pruebas vienen cuando *son necesarias* y duran *un poco de tiempo* (1:6). El tiempo de Dios no es nuestro tiempo, pero es el único perfecto porque procede de Su soberanía y omnisciencia. Él conoce cuanto tiempo debe durar la prueba para acrisolar nuestra fe. Va a mantener las dificultades y problemas en que consiste la prueba hasta que hayan hecho su operación benéfica en nosotros. Pero, en cualquier caso, las pruebas nunca serán mayores que la fortaleza humana del creyente para soportarlas. La bendición es que Dios responde a la humildad con la exaltación, pero *a su tiempo*. La vida de humildad no es un mérito que elimina la prueba, sino la forma natural para el cristiano.

7. Echando toda vuestra ansiedad sobre él, porque él tiene cuidado de vosotros.

πᾶσαν τὴν μέριμναν ὑμῶν ἐπιρίψαντες ἐπ' αὐτόν, ὅτι αὐτῷ
Toda la ansiedad de vosotros echando sobre él, porque Él
μέλει περὶ ὑμῶν.
se preocupa de vosotros.

Análisis y notas del texto griego.

Análisis: πᾶσαν, caso acusativo femenino singular del adjetivo indefinido *toda*; τὴν, caso acusativo femenino singular del artículo determinado *la*; μέριμναν, caso acusativo femenino singular del nombre común *ansiedad*; ὑμῶν, caso genitivo de la segunda persona plural del pronombre personal declinado *de vosotros*; ἐπιρίψαντες, caso nominativo masculino plural del participio aoristo primero en voz activa del verbo ἐπιρίπτω, *hechar sobre, arrojar*, aquí *echando*; ἐπ', forma escrita de la preposición de acusativo ἐπί, con el grafismo por elisión de la ι final ante vocal o diptongo sin aspiración, que equivale a *por, sobre, ante*; αὐτόν, caso acusativo masculino de la primera persona singular del pronombre personal *Él*; ὅτι, conjunción causal *porque*; αὐτῷ, caso dativo masculino de la tercera persona singular del pronombre personal *Él*; μέλει, tercera persona singular del presente de indicativo en voz activa del verbo impersonal μέλει, *preocuparse*, aquí *se preocupa*; περὶ, preposición propia de genitivo *de*; ὑμῶν, caso genitivo de la segunda persona plural del pronombre personal *vosotros*.

πᾶσαν τὴν μέριμναν ὑμῶν ἐπιρίψαντες ἐπ' αὐτόν, Posiblemente Pedro tenía en mente las palabras del Señor en el *Sermón de la Montaña*, donde enseñó sobre las preocupaciones e inquietudes en la vida del creyente, que no han de agobiarle ni producirle ansiedad; esto desaparece cuando se *echan sobre*, o se *colocan delante* de Dios, encomendándoselas a Él. El Señor insiste sobre la necesidad de descansar confiadamente en quien tiene solución y provisión para las necesidades y dificultades, allí les exhorta diciéndoles, literalmente, *por tanto, no os angustiéis*. Después de haberles presentado el ejemplo de las aves que son alimentadas y de las flores que son vestidas por Dios, el creyente debiera desterrar definitivamente toda inquietud por el futuro. Dios que se ocupa en proveer para lo que es menos importante, lo hará mucho más para lo que es de importancia suprema para Él, que son Sus hijos. El creyente debe tener la vista puesta en el cielo, de donde procede todo don perfecto y toda buena dádiva, enviados generosa y abundantemente por el Padre de las luces en quien no hay mudanza ni alteración alguna. Él es siempre fiel (Stg. 1:17).

ὅτι αὐτῷ μέλει περὶ ὑμῶν. Acaso pudiera tener en mente las estrofas del Salmo: *"Encomienda a Jehová tu camino, y confía en él; y él hará"* (Sal. 37:5). El texto exhorta a extender toda la carga de la vida delante del Señor, dejando en Sus manos, no sólo la inquietud presente, sino también cuanto pueda ocurrir en el futuro. Dejar esto en la mano de Dios es entregarle en humilde sumisión la vida misma, arrojando lejos todo brote de ansiedad que pueda surgir; es renunciar al *yo* doblegando a él toda la voluntad personal para asumir la Suya. Dios actuará, haciendo aquello que tanto deseamos que se convierta en realidad. Él tiene las habilidades necesarias para allanar el camino, hacernos superar los obstáculos, abrir senda aún en el mar y, sobre todo, dar calma y paz al alma. Así también reclama otro texto de los Salmos: *"Hecha sobre Jehová tu carga, y él te sustentará; no dejará para siempre caído al justo"* (Sal. 55:22). Entregar la carga al Señor es una bendición suprema. Su sabiduría pone la carga sobre nosotros, nuestra sabiduría ha de llevarnos a entregársela a Él. La mejor forma de descargar el peso de nuestras angustias es descargarlas sobre Dios, que se hará cargo de la situación. La acción divina es sorprendente. Sabe que la carga es necesaria para nosotros, de modo que no aparta el peso de ella, pero afirma el texto del Salmo: *"y él te sustentará"*. ¡Que impresionante provisión de la gracia! Dios tomándonos en Su mano para que podamos llevar la carga. Nos sustenta a nosotros para que nosotros podamos soportar la prueba. Nunca nos hundiremos en el proceloso mar de las pruebas, porque Él nos sustenta. No importa cuán grande sea el peso que le entreguemos porque es omnipotente y puede levantarlo. A Dios no le complace ver como lloran Sus hijos, ni la angustiosa situación que soportan sus almas, prefiere, en Su gracia, liberarlos no de la carga sino de la inquietud que produce levantándolos y cargando con ellos para hacerla soportable. Añade el texto: *"no dejará para siempre caído al justo"*. Puede ser que zarandeado por la prueba haya caído, pero la mano de gracia trabará de él y lo enderezará nuevamente. Muchos son los que procuran destruir al salvo, pero Dios nunca lo ha permitido y jamás lo consentirá, porque ama a Sus ovejas.

Demanda a la sobriedad (5:8-9).

10. Sed sobrios, y velad; porque vuestro adversario el diablo, como león rugiente, anda alrededor buscando a quien devorar.

Νήψατε, γρηγορήσατε. ὁ ἀντίδικος ὑμῶν διάβολος ὡς λέων
Sed sobrios, velad; el adversario de vosotros diablo como león
ὠρυόμενος περιπατεῖ ζητῶν [τινα] καταπιεῖν[1]
que ruge ronda buscando a quién devorar.

Análisis y notas del texto griego.

Análisis: Νήψατε, segunda persona plural del aoristo primero de imperativo en voz activa del verbo νέφω, *ser sobrio, permanecer en sano juicio* aquí *sed sobrios*; γρηγορήσατε, segunda persona plural del aoristo primero de imperativo en voz activa del verbo γρηγορέω, *estar despierto, vigilar, velar*, aquí *velad*; ὁ, caso nominativo masculino singular del artículo determinado *el*; ἀντίδικος, caso nominativo masculino singular del nombre común *adversario*; ὑμῶν, caso genitivo de la segunda persona plural del pronombre personal declinado *de vosotros*; διάβολος, caso nominativo masculino singular del nombre común *diablo*; ὡς, adverbio de modo, *como*, que hace las veces de conjunción comparativa; λέων, caso nominativo masculino singular del nombre común *león*; ὠρυόμενος, caso nominativo masculino singular del participio de presente en voz media del verbo ὠρύομαι, *rugir*, aquí *que ruge*; περιπατεῖ, tercera persona singular del presente de indicativo en voz activa del verbo , *caminar, andar, ir de camino, rondar*, aquí *ronda*; ζητῶν, caso nominativo masculino singular del participio de presente en voz activa del verbo ζητέω, *buscar, intentar, querer*, aquí *buscando*; τινα, caso acusativo masculino singular del pronombre indefinido *alguien*; καταπιεῖν, aoristo segundo de infinitivo en voz activa del verbo καταπίνω, *devorar*.

Notas. Crítica Textual. Lecturas alternativas.

[1] τινα καταπιεῖν, *alguien devorar*, según ℵ, 5, 81, 307 442, 1243, 1611, 1739, 1852, K, L, P, *l* 590, *l* 592, *l* 1159, *l* 1298, *l* 1365, bo, arm, slav, Eusebio[ms], Cipriano, Jerónimo[1/9].

καταπιεῖν, *devorar*, como se lee en B, Ψ, 1175, Orígenes[gr 1/6, lat 1/10].

Νήψατε, γρηγορήσατε. Una nueva advertencia reclamando vigilancia, con el aoristo de imperativo del verbo νέφω, que expresa la idea de *ser sobrio, permanecer en sano juicio*, de ahí *estar despierto, estar vigilante*. Es una nueva reiteración de este requerimiento (1:13; 4:7). Sobriedad se refiere aquí a aquello que no tiene como meta satisfacer los deseos personales. En ocasiones el creyente desearía descansar, pero aquí se le exhorta a velar, de otro modo, estar continuamente alerta y con suma atención. Es el modo de mantenerse firmes frente a Satanás. Pedro tenía experiencia triste de no estar en vela como ocurrió en Getsemaní (Mr. 14:37 ss.).

ὁ ἀντίδικος ὑμῶν διάβολος. El peligro procede del *adversario* que es el diablo. El sustantivo ἀντίδικος, *adversario*, es una palabra usada para referirse a uno que acusa en un proceso judicial. Esa es una de las perversas ocupaciones del diablo. Por permisión divina tiene acceso a un determinado lugar celestial desde donde ejerce el diabólico ministerio de acusar a los hermanos. Esta enseñanza es tan antigua como el más antiguo de los libros de la Escritura donde manifiestamente se presenta como el acusador de los hermanos, Satanás, ejerció este oficio infame con relación a un hombre de quien el Espíritu testifica que era *"perfecto y recto, temeroso de Dios y apartado del mal"* (Job 1:1), contra quien presentó acusaciones ante Dios (Job. 1:6 ss.; 2:1 ss.). Así también se enseña en relación con otros *hermanos* en la misma esfera de la fe, a lo largo del tiempo (Zac. 3:1). Esta es la advertencia de Pedro en este versículo. Las acusaciones de Satanás tienen que ver con los pecados y fracasos ocurridos en sus vidas. No son tanto acusaciones calumniosas, o medias verdades que no sirven delante de Dios, que conoce el interior de los corazones y sabe la verdad íntima de cada uno, sino las acusaciones realmente fundadas en razón de los fracasos espirituales y las caídas en el camino del creyente. Dios declara justificado para siempre al pecador que cree en Cristo (Ro. 5:1). Pero eso no significa que Él transija o no aprecie el pecado de los Suyos. Sin embargo, la obra de la Cruz, cancela la responsabilidad penal del creyente, habiendo sido trasladados a Jesús, su sustituto vicario, los pecados tanto pasados como presentes y aún futuros, declarándolos justificados ante Él, por tanto, exentos de toda responsabilidad penal por el pecado (Ro. 8:1). Satanás acusa a los *hermanos*, haciéndolo con pleno derecho legal, ya que *"la paga del pecado es la muerte"* (Ro. 6:23), pero el creyente tiene un Abogado permanente ante las acusaciones del adversario (Ro. 8:33, 34; He. 7:25, 26; 1 Jn. 2:1, 2). Ya en el Antiguo Testamento, el Ángel de Jehová, se colocó como abogado al lado del sumo sacerdote Josué (Zac. 3:1-10).

ὡς λέων ὠρυόμενος. El adversario se presenta como *león que ruge*. El felino en la naturaleza lo hace cuando tiene hambre (Sal. 104:21). Al rugido del león se compara la acción judicial de Dios sobre los reyes malvados de Israel: *"Su rugido será como de león; rugirá a manera de leoncillo, crujirá los dientes, y arrebatará la presa; se la llevará con seguridad, y nadie se la quitará"* (Is. 5:29). Pero expresamente ruge cuando ha atrapado la presa que perseguía: *"¿Rugirá el león en la selva sin haber presa? ¿Dará el leoncillo su rugido desde su guarida, si no apresare?"* (Am. 3:4).

περιπατεῖ. La forma de actuar del *adversario* es propia de un león, *anda alrededor*, literalmente *ronda*, buscando el lugar más débil o desprotegido para hacerse con la presa. De esa manera, *rodeando*, consiguió en el cielo arrastrar consigo un gran número de ángeles (Ap. 12:4). En la tierra actúa siempre del mismo modo. Así respondió a Dios cuando le preguntó de dónde venía y contestó que de *rodear la tierra* (Job. 1:7). Ese es el método que usó con Job, le estuvo *dando vueltas*, sin encontrar el punto para atacar, por lo que incitó a Dios contra él.

ζητῶν τινα καταπιεῖν. El propósito suyo es claro: *"buscando a quien devorar"*. Esto es, derribar espiritualmente al creyente y hacerlo fracasar en su relación con Dios y en su testimonio. Busca el modo de hacerles caer de tal manera que pierdan su firmeza. *"Devorar"* equivale a hacer fracasar al cristiano. De ahí la exhortación a la sobriedad y vigilancia. La falta de velar, de estar vigilantes y sobrios fue el modo de la caída de David (2 S. 11:1-4). Comenzó por un pecado de desidia, siguió por el de pereza y acabó por llevarlo a cometer adulterio y homicidio. Satanás no tiene más que tres puertas para hacer caer al creyente en la tentación: *"los deseos de la carne, los deseos de los ojos, y la vanagloria de la vida"* (1 Jn. 2:16). Hay una forma explícita de ser librado de la boca del león: *"Pero el Señor estuvo a mi lado, y me dio fuerzas, para que por mí fuese cumplida la predicación, y que todos los gentiles oyesen. Así fui librado de la boca del león"* (2 Ti. 4:17).

9. Al cual resistid firmes en la fe, sabiendo que los mismos padecimientos se van cumpliendo en vuestros hermanos en todo el mundo.

ᾧ	ἀντίστητε	στερεοὶ	τῇ	πίστει	εἰδότες	τὰ	αὐτὰ	τῶν
Al cual	resistid	firmes	en la	fe,	sabiendo	los	mismos	-

παθημάτων	τῇ	ἐν	[τῷ]	κόσμῳ	ὑμῶν	ἀδελφότητι	ἐπιτελεῖσθαι.
sufrimientos	la	en	el	mundo,	de vosotros	hermandad	se cumplen.

Análisis y notas del texto griego.

Análisis: ᾧ, caso dativo masculino singular del pronombre relativo *al cual, al que*; ἀντίστητε, segunda persona plural del segundo aoristo de imperativo en voz activa del verbo αητίσθημι, *resistir, oponerse*, aquí *resistid*; στερεοὶ, caso nominativo masculino plural del adjetivo *sólidos, firmes, duros, robustos, vigorosos*; τῇ, caso dativo femenino singular del artículo determinado declinado *en la*; πίστει, caso dativo femenino singular del nombre común *fe*; εἰδότες, caso nominativo masculino plural del participio perfecto en voz activa del verbo οἶδα, *saber, conocer, entender*, aquí *sabiendo*; τὰ, caso acusativo neutro plural del artículo determinado *los*; αὐτὰ, caso acusativo neutro plural del pronombre personal *ellos*; unidos equivale a *los mismos*; τῶν, caso genitivo neutro plural del artículo determinado *los*; παθημάτων, caso genitivo neutro plural del nombre común *sufrimientos*; τῇ, caso dativo femenino singular del artículo determinado declinado *de la*; ἐν, preposición propia de dativo *en*; τῷ, caso dativo masculino singular del artículo determinado *en el*; κόσμῳ, caso dativo masculino singular del nombre común *mundo*; ὑμῶν, caso genitivo de la segunda persona plural del pronombre personal declinado *de vosotros*; ἀδελφότητι, caso dativo femenino singular del nombre común *hermandad*; ἐπιτελεῖσθαι, presente de infinitivo en voz pasiva del verbo ἐπιτελέω, *ejecutar, realizar, completar, concluir, llevar a cabo, soportar, cumplir*, aquí *se cumplen*.

ᾧ ἀντίστητε Pedro llama a los creyentes a *resistir* al diablo. Al cristiano no se la llama a derrotar a Satanás, que ya está derrotado por la obra de Cristo en la Cruz, al despojar a las fuerzas diabólicas venciendo sobre ellas (Col. 2:15). Cada creyente por identificación con Cristo, está colocado en el terreno de victoria que Él alcanzó en con Su obra redentora. Por tanto, lo que se requiere no es *combatir contra* sino *resistir* al maligno, como ya se ha considerado (4:7).

στερεοὶ τῇ πίστει. El modo de resistir es mediante la firmeza en la fe. Satanás rodea al creyente con tentaciones difíciles de soportar. Es un engañador y mentiroso que viene con propuestas falsas disfrazándose como un ángel de luz, para hacer creer que son verdaderas (2 Co. 11:14). Él sabe del poder de la Palabra, por lo que procurará siempre alterar la base de fe con su propia doctrina (1 Ti. 4:1). Procurará que el creyente deje de tener plena confianza en el poder de Dios para depender de sus propias fuerzas. Para resistirle hay que tomar la espada del Espíritu que es la Palabra de Dios y colocarse *toda la armadura* de Dios (Ef. 6:11 ss.). La firmeza en la fe, en este caso en relación con la Escritura que la sustenta, es vital. Para ello se precisa conocer la Biblia. Esa es la advertencia de Judas: *"Amados, por la gran solicitud que tenía de escribiros acerca de nuestra común salvación, me ha sido necesario escribiros exhortándoos que contendáis ardientemente por la fe que ha sido una vez dada a los santos"* (Jud. 3). En esa fe verdadera y única, procedente de Dios, el creyente se mantiene firme. De ese modo será muy difícil que Satanás le arrastre a otro tipo de creencia o a otra fe deformada. Para eso puso Dios en la iglesia a *evangelistas, pastores y maestros*, con el fin de fortalecer, *edificar*, a los creyentes, a fin de evitar que vientos de nuevas doctrinas afecten a la iglesia llevando a los que no están firmemente anclados en la fe, porque son infantiles en cuanto al conocimiento de ella (Ef. 4:14). Es en los grupos de cristianos que no estudian la Escritura, en donde Satanás logra victorias. La advertencia de Pedro debiera servir de acicate a pastores y maestros para retornar incondicionalmente a la Biblia y colocarla como base absoluta del ministerio de enseñanza y de vida para las congregaciones. Cuando el púlpito está vacío de Biblia, se llenará de doctrinas incorrectas y de palabras de hombres que no edifican.

εἰδότες τὰ αὐτὰ τῶν παθημάτων τῇ ἐν τῷ κόσμῳ ὑμῶν ἀδελφότητι ἐπιτελεῖσθαι. El padecimiento es la lucha común a todos los hermanos. Todos los creyentes en todo el mundo están soportando la misma prueba. Esto es un modo de quitar a los lectores el sentimiento de extrañeza como si los ataques del maligno y las aflicciones fueran algo excepcional (4:12). Es, sin embargo, un motivo de aliento, como si les dijese, *en esto no estáis solos* (cf. 1:6-7; 4:19; 5:10; Mt. 5:10-12; Jn 15:18-21; 2 Co. 1:6-7; Stg. 5:11).

Doxología (5:10-11).

10. Mas el Dios de toda gracia, que nos llamó a su gloria eterna en Jesucristo, después que hayáis padecido un poco de tiempo, él mismo os perfeccione, afirme, fortalezca y establezca.

Ὁ δὲ Θεὸς πάσης χάριτος, ὁ καλέσας ὑμᾶς[1] εἰς τὴν αἰώνιον
Pero el Dios de toda gracia, el que llamó os a la eterna
αὐτοῦ δόξαν ἐν Χριστῷ ['Ιησοῦ][2], ὀλίγον παθόντας αὐτὸς
de Él gloria en Cristo Jesús, poco después de padecer Él mismo
καταρτίσει, στηρίξει, σθενώσει, θεμελιώσει.
perfeccionará, afirmará, fortalecerá, cimentará.

Análisis y notas del texto griego.

Análisis: Ὁ, caso nominativo masculino singular del artículo determinado *el*; δὲ, partícula conjuntiva que hace las veces de conjunción coordinante, con sentido de *pero, más bien, y, y por cierto, antes bien, entonces*; Θεὸς, caso nominativo masculino singular del nombre divino *Dios*; πάσης, caso genitivo femenino singular del adjetivo indefinido declinado *de toda*; χάριτος, caso genitivo femenino singular del nombre común *gracia*; ὁ, caso nominativo masculino singular del artículo determinado *el*; καλέσας, caso nominativo masculino singular del participio aoristo primero en voz activa del verbo καλέω, *llamar*, aquí *que llamó*; ὑμᾶς, caso acusativo de la primera persona plural del pronombre personal declinado *a nosotros, nos*; εἰς, preposición propia de acusativo *a*; τὴν, caso acusativo femenino singular del artículo determinado *la*; αἰώνιον, caso acusativo femenino singular del adjetivo *eterna*; αὐτοῦ, caso genitivo masculino de la tercera persona singular del pronombre personal declinado *de Él*; δόξαν, caso acusativo femenino singular del nombre común *gloria*; ἐν, preposición propia de dativo *en*; Χριστῷ, caso dativo masculino singular del nombre propio *Cristo*; 'Ιησοῦ, caso dativo masculino singular del nombre propio *Jesús*; ὀλίγον, adverbio *poco*; παθόντας, caso acusativo masculino plural del participio del segundo aoristo en voz activa del verbo πάσχω, *padecer, sufrir*, aquí *después de padecer*; αὐτὸς, caso nominativo masculino singular del pronombre intensivo *él mismo*; καταρτίσει, tercera persona singular del futuro de indicativo en voz activa del verbo καταρίζω, *perfeccionar*, aquí *perfeccionará*; στηρίξει, tercera persona singular del futuro de indicativo en voz activa del verbo στερίζω, *afirmar*, aquí *afirmará*; σθενώσει, tercera persona singular del futuro de indicativo en voz activa del verbo σθενόω, *fortalecer*, aquí *fortalecerá*; θεμελιώσει, tercera persona singular del futuro de indicativo en voz activa del verbo θεμελιόω, *cimentar*, aquí *cimentará*.

Notas. Crítica Textual. Lecturas alternativas.

[1] ὑμᾶς, *a vosotros, os*, según lectura en 𝔓[72], ℵ, A, B, Ψ, 5, 33, 81, 307, 436, 642, 1175, 1243, 1448, 1611, 1735[c], 1739, 1852, 2344, K, L, P, *Lect*, it[h, q], vg[mss], sy[h], sa, bo, arm, eth, geo, slav.

ἡμᾶς, *a nosotros, nos*, como se lee en 442, 1735[*], 2492, *l* 422, *l* 592, *l* 809, *l* 921, *l* 938, *l* 1153, *l* 1364, *l* 1441, it[ar, t], vg, sy[p], bo[ms], Dídimo.

[2] ἐν Χριστῷ, *en Cristo*, conforme a lectura en ℵ, 1611, sy[h], cop[sa].

ἐν Χριστῷ 'Ιησου, *en Cristo Jesús*, según 𝔓[72], A, Ψ, 5, 33, 81, 307, 436, 442, 642, 1175, 1243, 1448, 1735, 1739, 1852, 2344, 2492, K, L, P, *Lect*, it[ar, h, q, t, z], vg, sy[h], cop[bo], arm, eth, geo, slav.

῾Ο δὲ θεὸς πάσης χάριτος, Pedro inicia aquí una doxología que, como tal, expresa adoración y alabanza a Dios, a la vez que su contenido sirve también de aliento y esperanza para los creyentes en medio de las pruebas que los sacuden. Esta expresión de alabanza está dirigida al *Dios de toda gracia*. El título es elocuente, ya que todo don perfecto y toda buena dádiva procede de Él (Stg. 1:17). Pero, además es quien tiene provisión para hacer superable cuanta prueba y conflicto pueda producirse en la vida del creyente. Lo hace en total dimensión.

Las dificultades que se describen antes en la *Epístola* son la consecuencia y el resultado de una vida bajo la acción contraria del mundo contra los cristianos. Sin duda Dios estaba utilizando estas circunstancias para fortalecer la fe de los creyentes. Las adversidades son realmente *pruebas* que Dios permite. Estos son incapaces en el plano personal como hombres de superarlas por sí mismos, pero, lo que el hombre de por sí es incapaz, lo consigue con el poder de la gracia. Frente a las circunstancias difíciles, viene la asistencia de la gracia. La dimensión de las pruebas nunca superará la grandeza de la gracia de Dios.

La gracia viene también en asistencia para que el creyente lleve a cabo la vida de santificación, operando en él tanto el querer como el poder para llevarla a cabo (Fil. 2:13). En esta asistencia divina los cristianos son capaces de amar desinteresadamente a sus hermanos y, en general a todo el mundo; son capaces de servir sin deseo de constituirse en posiciones superiores a las del resto de los hermanos; son capaces de aborrecer el pecado y vivir en santidad, dependiendo de Dios por la fe, y viviendo en unión vital con Cristo (Gá. 2:20; Fil. 1:21).

No cabe duda que la situación concurrente en el tiempo del escrito, generaba frustración entre los creyentes, como se está considerando. Pero, además, en la congregación los cristianos estarían sufriendo, no sólo la oposición del mundo, sino sus propios e individuales problemas. Pedro habla continuamente de pruebas desde el principio de la *Epístola*. Las pruebas suelen producir en el creyente preguntas que no tienen respuestas. Las incidencias de la prueba en el que es probado, generan muchas veces aflicciones, tristeza y lágrimas. En medio de las situaciones más difíciles, desde el punto de vista humano, la gracia viene en ayuda del afligido haciéndole sentir que, aún en medio de esas circunstancias sigue estando rodeado del amor de Dios, porque *"ni lo alto, ni lo profundo, ni ninguna otra cosa creada nos podrá separar del amor de Dios, que es en Cristo Jesús Señor nuestro"* (Ro. 8:39). Aún en medio del conflicto mayor, en medio del torbellino de la angustia, la presencia de Dios es una realidad que se hace sentir por medio de la gracia. La promesa es firme y el compromiso divino seguro: *"Me invocará, y yo le responderé; con él estaré yo en la angustia"* (Sal. 91:15); el cristiano nunca está solo, ni en los momentos más álgidos de la prueba. Cuando los enemigos rodean y las inquietudes aparecen, allí está la mesa de la comunión y de la provisión de Dios para el conflicto (Sal. 23:5). En las preguntas sin respuesta, también la gracia viene en asistencia para mantener al creyente firme en la fe. Dios mismo le dice: *"Porque mis pensamientos no son vuestros pensamientos, ni vuestros caminos mis caminos, dijo Jehová. Como son más altos los cielos que la tierra, así son mis caminos más altos que vuestros caminos, y mis pensamientos más que vuestros pensamientos"* (Is. 55:8-9). No hay respuestas a muchas de nuestras preguntas, porque nunca alcanzaremos la dimensión del pensamiento de Dios. Con todo, cualquier circunstancia no escapa de las manos del Dios de la gracia. Por esa razón las palabras del versículo se convierten en promesa de aliento para cada uno de nosotros en cualquier circunstancia: *El Dios de toda gracia*, da siempre los recursos necesarios.

ὁ καλέσας ὑμᾶς εἰς τὴν αἰώνιον αὐτοῦ δόξαν ἐν Χριστῷ Ἰησοῦ, Dios no llamó a los creyentes para el sufrimiento, sino para la *gloria eterna*. Dios llamó a los que ahora son salvos (Ro. 8:28). Es en la salvación donde está implicada la soberanía de Dios, por tanto, todo cuanto tiene que ver con ella se origina en Él y desde Él actúa. La salvación obedece al *propósito de Dios*, establecido antes de la creación y, por tanto, antes de la caída. La decisión salvadora es anterior y está más allá de la historia. De ahí que tenga necesariamente que estar vinculada con el *llamamiento* divino, de modo que se trata siempre de la libre y primordial decisión salvadora de Dios. De otro modo, el propósito de Dios es para salvación de aquellos a quienes llama. Dios no llama porque sabe que van a responder a Su llamamiento, y no salva a los que de antemano sabía que iban a creer en Cristo en el decurso de la historia, sino que llama *para* que responda al llamamiento (1:2). El propósito de Dios implica que esto sea algo más que una simple invitación para perdón de pecados, es un llamamiento para ser *santos*, como pueblo separado para Él (1 Co. 1:24). Los que son llamados siguen en el mundo, pero son de Él. Los llamados por Dios disciernen, en razón de la obra del Espíritu, cuál es su situación, siendo dotados de fe salvadora e impulsados a clamar al Salvador depositando en Él su fe, de manera que mientras que *"Cristo crucificado, es para los judíos ciertamente tropezadero y para los gentiles locura... para los llamados, así judíos como griegos, Cristo poder de Dios, y sabiduría de Dios"* (1 Co. 1:23-24). ¿Quién hace esa diferencia? La operación poderosa de Dios conforme a Su *propósito*. Esto siempre sin renunciar a la responsabilidad del hombre. Pero, Pedro, orienta el llamamiento a salvación hacia la última etapa de ella, que es la glorificación, de modo que somos llamados a la gloria, que fue recogido en otros lugares de la *Epístola* (1:4-7; 4:13; 5:1, 4). Por tanto, el creyente llamado a salvación, prosigue al blanco, *"la meta, el premio del supremo llamamiento de Dios en Cristo Jesús"* (Fil. 3:14). Todo cuanto tiene que ver con salvación está vinculado al Salvador, por consiguiente, la glorificación es del mismo modo. En relación con la herencia, Dios nos hizo coherederos en Cristo (Ro. 8:17). De otro modo, todo cuanto tiene que ver con el creyente ocurre y se produce en Cristo o, también si se prefiere mejor, fundado en los méritos de Cristo. Él es para el creyente *camino, y vida* (Jn. 14:6); *luz* para orientación (Jn. 8:12); la carrera cristiana se corre en Cristo que es camino, alumbrada por Él. Pero, además la gloria donde se ponen los ojos del que corre, es también Cristo (He. 12:2). Por eso la continua reiteración que el apóstol hace de una vida y una esperanza que es y está en Cristo.

ὀλίγον παθόντας, Sin embargo, la carrera en Cristo y la esperanza de gloria vinculada a Él, no evita el sufrimiento, que como ha dicho antes, es siempre por *un poco de tiempo*. El tiempo de prueba es corto, solo *un poco*. La entrada en la gloria se produce luego de un período de sufrimiento. Por un momento, la intensidad del sufrimiento parece abrumadora, pero tras ella está la eternidad gloriosa al lado de Jesucristo, disfrutando para siempre con Él. Nada comparable el sufrimiento con la eternidad (1:6; Ro. 8:12; 2 Co. 4:17).

αὐτὸς καταρτίσει. La prueba es como un canal que desemboca en bendiciones. La primera de ella se expresa como *os perfeccionará*. El verbo καταρίζω, expresa la idea de *reparar* algo que ha sido afectado o deteriorado por el uso, como ocurre con un arma después del combate. Por tanto, el Señor restaurará a los que estén maltrechos en la batalla de la fe. Es la palabra que se traduce en Gálatas, como *restaurar* (Gá. 6:1). Un ejemplo claro está en la tarea restauradora que Dios hizo con el profeta Elías, en un momento crucial de su carrera (1 R. 19). Cuando otros abandonan, Dios restaura. Los verbos todos están en futuro, concordando con el final de la prueba y la glorificación.

στηρίξει, Del mismo modo *afirmará*. El apóstol demanda *firmeza* para resistir al diablo (v. 9). En muchas ocasiones la fe flaquea, pero Dios afirmará al creyente en su lugar de victoria para que pueda triunfar sobre las huestes de maldad que luchan contra él. En ocasiones haremos promesas que luego, por debilidad espiritual no cumplimos, pero la asistencia divina nos dará la victoria en Cristo (Lc. 22:32).

σθενώσει. El verbo expresa la idea de *robustecer*. De manera que el Señor capacitará para el servicio activo, confortando los corazones. Pablo diría a los tesalonicenses: *"Y el mismo Jesucristo Señor nuestro, y Dios nuestro Padre, el cual nos amó y nos dio consolación eterna y buena esperanza por gracia, conforte vuestros corazones, y os confirme en toda buena palabra y obra"* (2 Ts. 2:16-17). Es un verbo que no tiene paralelo en todo el Nuevo Testamento.

θεμελιώσει. Este verbo expresa la idea de hacer inconmovible algo o alguien. Está relacionado con colocar un cimiento firme que hace inamovible lo que se pone en él. Dios coloca los cimientos para que pueda hacer firmes los pies y se mantenga enhiesto, frente al enemigo que procurará hacerlo caer (Mt. 7:25), dicho de otro modo, los colocará en un lugar inconmovible.

11. A él sea la gloria y el imperio por los siglos de los siglos. Amén.

αὐτῷ τὸ κράτος[1] εἰς τοὺς αἰῶνας, ἀμήν.
De Él el dominio por los siglos. Amén.

Análisis y notas del texto griego.

Análisis: αὐτῷ, caso genitivo masculino de la tercera persona singular del pronombre personal declinado *de Él*; τὸ, caso nominativo neutro singular del artículo determinado *el*; κράτος, caso nominativo neutro singular del nombre común *poder*; εἰς, preposición propia de acusativo *por*; τοὺς, caso acusativo masculino plural del artículo determinado *los*; αἰῶνας, caso acusativo masculino plural del nombre común *siglos*: ἀμήν, transliteración *amén*.

Notas. Crítica Textual. Lecturas alternativas.

[1] τὸ κράτος, *el poder*, lectura en P^{72}, A, G, Ψ, it^{ar}, $vg^{ww, st}$, geo.

ἡ δόξα, *la gloria*, según se lee en it^{t}, $cop^{sa\ mss}$.

ἡ δόξα καὶ τὸ κράτος, *la gloria y el poder*, conforme a א, 307, 442, 642, 1735, 2492, L, P, *l* 422, *l* 592, *l* 593, *l* 895, *l* 1159, l^{AD}, it^{z}, vg^{cl}.

τὸ κράτος καὶ ἡ δόξα, *el poder y la gloria*, según 5, 33, 81, 1175, 1243, 1448, 1611, 1739, 1852, 2344, 𝔐, *l* 1298, *l* 1365, sy^{h}, cop^{bo}, arm.

αὐτῷ τὸ κράτος εἰς τοὺς αἰῶνας, ἀμήν. La frase final de la doxología se produce al ver lo que Dios hace en Su provisión de gracia. Con las variantes de lectura que se indican en el recuadro sobre *Crítica Textual*, es prácticamente igual a la anterior (4:11), a donde se remite al lector. La lectura más firme es *de Él el dominio*, sin el añadido de *la gloria*, que faltan en los mejores códices y que se explica por contaminación con la lectura de la doxología anterior, añadido por algún copista que lo echaba en falta. Algunos traductores echan en falta algún verbo, de modo que se traduce por algunos mediante el optativo de deseo: *a Él sea*, otros lo hacen usando el presente *de Él es*, incluso aparece la traducción con el posesivo: *suyo es el poder*. Pero, no es necesario introducir el verbo porque está implícito.

La soberanía de Dios es evidente en la frase. Dios tiene *el dominio* por los siglos. Si es omnipotente, es también omnipresente, vive en un presente absoluto y por tanto continuado, de modo que el dominio que le corresponde por lo que es, se extiende de eternidad a eternidad, transcendiendo el tiempo. Su señorío es para siempre.

VI. Despedida y bendición (5:12-14).

Tema de la Epístola (5:12).

12. Por conducto de Silvano, a quien tengo por hermano fiel, os he escrito brevemente, amonestándoos, y testificando que ésta es la verdadera gracia de Dios, en la cual estáis.

Διὰ Σιλουανοῦ ὑμῖν τοῦ πιστοῦ ἀδελφοῦ, ὡς λογίζομαι,
Por medio de Silvano a vosotros el fiel hermano, como considero
δι' ὀλίγων ἔγραψα παρακαλῶν καὶ ἐπιμαρτυρῶν ταύτην
por medio de pocas escribí exhortando y atestiguando esta
εἶναι ἀληθῆ χάριν τοῦ Θεοῦ εἰς ἣν στῆτε[1].
es verdadera gracia - de Dios en la que estad.

Análisis y notas del texto griego.

Análisis: Διὰ, preposición propia de genitivo *por medio de*; Σιλουανοῦ, caso genitivo masculino singular del nombre propio *Silvano*; ὑμῖν, caso dativo de la segunda persona plural del pronombre personal declinado *a vosotros*; τοῦ, caso genitivo masculino singular del artículo determinado *el*; πιστοῦ, caso genitivo masculino singular del adjetivo calificativo *fiel*; ἀδελφοῦ, caso genitivo masculino singular del nombre común *hermano*; ὡς, adverbio de modo, *como*, que hace las veces de conjunción comparativa; λογίζομαι, primera persona singular del presente de indicativo en voz media del verbo λογίζομαι, *contar, tener en cuenta, considerar*, aquí *considero*; δι', forma contracta de la preposición de genitivo διά, *por, por medio de, a causa de*; ὀλίγων, caso genitivo masculino plural del adjetivo *pocos*; ἔγραψα, primera persona singular del aoristo primero de indicativo en voz activa del verbo γράφω, *escribir*, aquí *escribí*; παρακαλῶν, caso nominativo masculino singular del participio presente en voz activa del verbo παρακαλέω, *exhortar*, aquí *exhortando*; καὶ, conjunción copulativo *y*; ἐπιμαρτυρῶν, caso nominativo masculino singular del participio presente en voz activa del verbo ἐπιμαρτυρέω, *testificar, declarar, dar testimonio de, atestiguar, certificar, confirmar*, aquí *testificando*; ταύτην, caso acusativo femenino singular del pronombre posesivo *esta*; εἶναι, presente de infinitivo en voz activa del verbo εἰμί, *ser, estar*, aquí *es*; ἀληθῆ, caso acusativo femenino singular del adjetivo *verdadera*; χάριν, caso acusativo femenino singular del nombre común *gracia*: τοῦ, caso genitivo masculino singular del artículo determinado *el*; Θεοῦ, caso nominativo masculino singular del nombre divino declinado *de Dios*; εἰς, preposición propia de acusativo *en*; ἣν, caso acusativo femenino singular del pronombre relativo *la que*; στῆτε, tercera persona plural del aoristo segundo de imperativo en voz activa del verbo ἵστημι, *ser, estar*, aquí *estáis*.

Notas. Crítica Textual. Lecturas alternativas.

[1] στῆτε, *estad*, según lectura en P^{72}, A, G, Ψ, it^{ar}, $vg^{ww, st}$, geo

στεκατε, *habéis perseverado*, lectura en P, 307, 642, 1448, 1611, 2492, Byz, h, r, vg^{cl}.

Διὰ Σιλουανοῦ ὑμῖν τοῦ πιστοῦ ἀδελφοῦ, ὡς λογίζομαι, Pedro se refiere, en el epílogo de la *Epístola*, al amanuense, del que se ha considerado ya en la *introducción*[9]. El apóstol Pablo le llama también de este modo (1 Ts. 1:1; 2 Ts. 1:1). El nombre griego de este hermano es *Silas*, con el que aparece en varios lugares de *Hechos* (Hch. 15:22, 27, 32, 40; 16:19-21). El testimonio de Pedro es que se trata de un *hermano fiel*. Su fidelidad la probó abundantemente (Hch. 16:11 ss.). Para Pedro y en general para quienes le conocían era digno de confianza, esto es, se le podía encomendar una misión y la cumpliría (Mt. 25:21; Lc. 12:41-43). El apóstol Pablo usa este calificativo con frecuencia para quienes colaboran con él (1 Co. 4:17; Ef. 6:21; Col. 4:7-9). La diferencia entre *creyente* y *fiel*, es sencilla, el *creyente es el que cree*, el fiel es de quien *se puede creer*. Este ha sido el *secretario* o *amanuense* que escribió al dictado del apóstol el texto de la *Epístola*.

δι' ὀλίγων ἔγραψα παρακαλῶν καὶ ἐπιμαρτυρῶν ταύτην εἶναι ἀληθῆ χάριν τοῦ Θεοῦ εἰς ἣν στῆτε. Aunque, como se ha dicho antes, la *Epístola* tiene muchos subtemas, el tema principal y la razón que motivo al apóstol para escribirla es *la verdadera gracia de Dios*. De ella escribió *brevemente*, no tanto en relación con la extensión del escrito, sino especialmente por lo poco que dijo en relación con la abundancia del tema. De esta misma manera concluye la *Epístola a los Hebreos* (He. 13:22). Con todo, la densidad del escrito es evidente. Esta es la gracia que salva (1:10; 5:5); la que da herencia (3:7); la que ayuda en las dificultades (5:10). Todo creyente está en esa gracia.

En la *Epístola*, Pedro *testifica y amonesta*. Él podía dar fiel testimonio de la gracia porque como Juan la habían visto manifestada en Jesucristo. Personalmente podía también dar testimonio de la restauración de su caída en el quebrantamiento de fidelidad que Le había prometido (Jn. 21:15 ss.). Pero, al mismo tiempo el escrito testificante es también para *amonestación*. El verbo παρακαλέω, expresa la idea tanto de *exhortación* como de *consolación*. Ambas están bien presentes en todo el escrito. La exhortativa, animando a la perseverancia, a la ética, al amor, etc. La consolatoria presente especialmente en los pasajes en que hace referencia a la ayuda divina en los conflictos y en el sufrimiento. Sin embargo, hay una precisión que no puede pasarse por alto y es que la

[9] Ver introducción en el capítulo 1.

gracia en la que están los creyentes, destinatarios de la *Epístola*, es la *verdadera*. No se trata de una ilusión pasajera o de una esperanza posible.

El creyente *está en la gracia*, como se decía antes, pero en los códices más seguro se lee *estad* como un mandato o una exhortación a perseverar en ella, si bien el imperativo en este caso tiene que ver mejor con *colocaos* o *posicionaos* en ella. Se aprecia también el uso de la preposición εἰς, en lugar de la correcta ἐν, lo que sorprende por la corrección del griego utilizado en la *Espístola*. Algunos[10] suponen que estás líneas fueron escritas directamente por Pedro, como señal identificativa de ser el autor del escrito, cosa habitual en el Nuevo Testamento, como era también la costumbre de Pablo.

Saludos (5:13).

13. La iglesia que está en Babilonia, elegida juntamente con vosotros, y Marcos mi hijo, os saludan.

'Ασπάζεται ὑμᾶς ἡ ἐν Βαβυλῶνι[1] συνεκλεκτὴ καὶ Μᾶρκος ὁ υἱός
Saluda os la en Babilonia co-elegida y Marcos el Hijo
μου.
de mí.

Análisis y notas del texto griego.

Análisis:'Ασπάζεται, tercera persona singular del presente de indicativo en voz media del verbo ἀσπάζομαι, *saludar*, aquí *saluda*; ὑμᾶς, caso acusativo de la segunda persona plural del pronombre personal *os*; ἡ, caso nominativo femenino singular del artículo determinado *la*; ἐν, preposición propia de dativo *en*; Βαβυλῶνι, caso dativo femenino singular del nombre propio *Babilonia*; συνεκλεκτὴ, caso nominativo femenino singular del adjetivo *co-elegida*, *elegida juntamente*; καὶ, conjunción copulativa *y*; Μᾶρκος, caso nominativo masculino singular del nombre propio *Marcos*; ὁ, caso nominativo masculino singular del artículo determinado *el*; υἱός, caso nominativo masculino singular del nombre común *hijo*; μου, caso genitivo de la primera persona singular del pronombre personal declinado *de mí.*

Notas. Crítica Textual. Lecturas alternativas.

[1] Βαβυλῶνι, *Babilonia*, lectura atestiguada en $\mathfrak{P}^{72}$, A, B, Ψ, 5, 33, 81, 307, 436, 442, 642, 1175, 1243, 1448, 1611*, 1735, 1739, 1852, 1244, 2492, K, L, P, *Lect*, $it^{h, q}$, vg^{st}, sy^{h}, $cop^{sa, bo}$,geo, slav, Orígenes, Eusebio.

---

[10] M Zervich. *Graecitas Biblica.* J. H. Moulton, *A Grammar.*

Βαβυλῶνι ἐκκλησίᾳ, *iglesia en Babilonia*, ℵ, it$^{ar, z}$, vg$^{cl, ww}$,sy^{p}, arm, eth^{pp}.

ʽΡώμῃ, *Roma*, 1611^{c}.

ʼΑσπάζεται ὑμᾶς ἡ ἐν Βαβυλῶνι συνεκλεκτὴ. Sin duda se trata de una iglesia que envía saludos fraternales. El grave problema es su identificación. Esto se ha considerado ya en la *introducción*. La forma que usa Pedro es de un lenguaje críptico, que no define de que iglesia se trata y que, probablemente era la iglesia local en el lugar desde donde se escribió la *Epístola*. Que se refiere a una iglesia no es difícil de entender puesto que dice a los lectores que era *co-elegida*, o también *elegida como vosotros*, que conforme a los escritos epistolares saluda a las otras iglesias o a los creyentes. El término Babilonia, se podía referir a tres lugares: 1) la ciudad de Mesopotamia, que aún estaba habitada en el s. I d. C. pero, no hay ningún indicio de que hubiera iglesia en ese lugar; 2) otra población situada donde actualmente es El Cairo, que tenía una fortaleza romana para controlar el canal entre el Nilo y el Mar Rojo, sin que haya ninguna tradición que relacione a Pedro con Egipto; 3) Roma, la capital del Imperio en aquel tiempo. A la luz de Apocalipsis, debemos inclinarnos a considerar que Pedro se está refiriendo a Roma, lo que supondría que estaba allí en el tiempo de escribir la *Epístola*. Este nombre era usado por escritores que deseaban dejar oculta la referencia a Roma a fin de no tener problemas con las autoridades romanas. No debe olvidarse que habían comenzado oposición abierta contra los cristianos, si bien no empezaran las persecuciones de Nerón, y cualquier precaución era necesaria para no identificar a la iglesia en Roma.

καὶ Μᾶρκος ὁ υἱός μου. Junto con el saludo de la iglesia está el de Marcos al que llama *mi hijo*. No es probable que fuese otro más que Juan Marcos, el primo o sobrino de Bernabé (Col. 4:10). La casa de su madre fue el primer lugar adonde se dirigió Pedro luego de ser liberado de la prisión por un ángel (Hch. 12:12 ss). El título *mi hijo* es un calificativo de afecto, e incluso pudiera ser que Pedro fuese el medio para llevarle a Cristo, como también Pablo llama de esta manera a algunos en sus escritos (1 Co. 4:15; Gá. 4:19; 1 Ti. 1:2; 2 Ti. 1:2; 2:1). Juan Marcos acompañó a Pablo y Bernabé en su primer viaje misionero (Hch. 13:5). Luego de la confrontación entre Bernabé y Pablo por la deserción de Juan Marcos (Hch. 13:13), se separaron los dos para seguir caminos diferentes en el ministerio y predicación del evangelio. Acaso Juan Marcos pudo haber estado en contacto con Pedro, sirviendo en el Asia Menor, especialmente en Éfeso, donde se encontraba Timoteo cuando fue llamado urgentemente por Pablo a Roma, antes de su muerte. Según testimonio de Papías, Juan Marcos acompañó durante tiempo a Pedro[11].

Exhortación y bendición (5:14).

14. Saludaos unos a otros con ósculo de amor. Paz sea con todos vosotros los que estáis en Jesucristo. Amén.

ἀσπάσασθε	ἀλλήλους	ἐν	φιλήματι	ἀγάπης[1].	Εἰρήνη	ὑμῖν
Saludad	unos a otros	con	beso	de amor.	Paz	a vosotros

πᾶσιν	τοῖς	ἐν	Χριστῷ[2].
todos	los	en	Cristo.

Análisis y notas del texto griego.

Análisis: ἀσπάσασθε, tercera persona plural del aoristo primero de imperativo en voz media del verbo ἀσπάζομαι, *saludar, visitar, despedirse*, aquí *saludad*; ἀλλήλους, caso acusativo masculino plural del pronombre recíproco *unos a otros*; ἐν, preposición propia de dativo *en, con*; φιλήματι, caso dativo neutro singular del nombre común *beso*; ἀγάπης, caso genitivo femenino singular del nombre común declinado *de amor*; εἰρήνη, caso nominativo femenino singular del nombre común *paz*; ὑμῖν, caso dativo de la segunda persona plural del pronombre personal declinado *a vosotros*; πᾶσιν, caso dativo masculino plural del adjetivo indefinido *todos*; τοῖς, caso dativo masculino plural del artículo determinado *los*; ἐν, preposición propia de dativo *en*; Χριστῷ, caso dativo masculino singular del nombre propio *Cristo*.

Notas. Crítica Textual. Lecturas alternativas.

[1] ἀγάπης, *de amor*, lectura atestiguada en P^{72}, ℵ, A, B, Ψ, 33, 81, 307, 442, 1175, 1243, 1448, 1611, 1739, 1852, 2344, 2492, K, L, P, *Lect*, $it^{h, q}$, sy^{h}, cop^{bo}, eth, slav, geo, Cirilo de Jerusalén, Casiodoro.

ἁγίῳ, *santo*, conforme a 5, 436, 642, 1735, *l* 593, *l* 1298, *l* 1365, $it^{ar, z}$, vg, sy^{p}, arm.

ἁγίω καὶ ἀγάπης, *santo y de amor*, lectura en *l* 422.

[2] Χριστῷ, *Cristo*, lectura en A, B, Ψ, 2344, $it^{ar, z}$, vg^{st}, $cop^{sa\ mss,\ bo\ mss}$.

Χριστῷ. ἀμήν. según 2492, *l* 895, *l* 1365, *l* 1441, vg^{ww}, sy^{p}, eth.

Χριστῷ Ἰησοῦ, como se lee en 81, 1175, 1243, 1739*, $cop^{sa\ mss,\ bo\ mss}$.

[11] Eusebio, HE 3.39,15.

Χριστῷ Ἰησου. ἀμήν, *Cristo Jesús. Amén,* conforme a ℵ, 5, 307, 436, 442, 642, 1448, 1611, 1734, 1739^{c}, 1852, K, L, P, *Lect,* it^{h}, vg^{cl}, sy^{h}, cop$^{bo\ mss}$, arm, slav.

ἀσπάσασθε ἀλλήλους ἐν φιλήματι ἀγάπης. El apóstol cierra la epístola exhortando a los creyentes al saludo típicamente cristiano en aquel tiempo que era el beso. No se trataba simplemente de besarse en el saludo final de una reunión de cristianos, o del encuentro con alguno, debía ser un *beso de amor*, quiere decir que era un saludo genuino que salía del interior de un corazón que ama a sus hermanos como fue amado el por Cristo. El apóstol Pablo, usa la expresión *beso santo* (Ro. 16:16; 1 Co. 16:20; 2 Co. 13:12; 1 Ts. 5:26). El beso era símbolo de amor hermanable y de comunión real. La importancia del saludo cristiano es evidente al mencionarse varias veces en el Nuevo Testamento. El beso cristiano es señal de armonía y de paz. El apóstol sabe que la *Epístola* sería leída en la celebración del culto cristiano, cuando los creyentes concurrían para ser edificados y partir el pan, de modo que exhorta a todos al saludo fraterno del beso. Sin embargo, debía ser *de amor*, o como en otras alternativas de lectura, *santo y de amor*[12]. Nadie debe ser excluido del saludo sincero. Quien desprecia a un hermano no está *discerniendo* el cuerpo de Cristo (1 Co. 11:29) y no entiende nada de lo que significa el amor fraterno y la comunión hermanable. Participar de la Cena del Señor enemistado con otro es exponerse al juicio de Dios (1 Co. 11:29b). Con el tiempo pasó a la liturgia eucarística. A mediados del s. II ya se había incorporado plenamente como práctica en el culto[13].

Εἰρήνη ὑμῖν πᾶσιν τοῖς ἐν Χριστῷ. La bendición y el deseo de *paz* concluye todo el escrito. Es el saludo propio del pueblo hebreo. Es interesante que en los textos griegos más seguros aparece esta manera, aunque en otras alternativas se lee *gracia y paz*, que es la forma usada en el saludo (1:2). Es semejante a la despedida de la *Epístola a los Efesios*, donde se lee: *Paz sea a los hermanos* (Ef. 6:23). Acaso resulte aquí una despedida un tanto impersonal usando la tercera persona en la construcción de la misma, por esa razón se considera como más *litúrgica*, es decir, más propia del culto. La bendición se extiende a *todos*, de manera que nadie queda excluido, de ahí que, dada la atemporalidad de los escritos bíblicos, alcanza a todos los creyentes en todos los tiempos. A los hermanos les bendice con *paz*, como deseo personal para cada uno, anhelando que la paz de Dios descienda sobre ellos y sea su propia experiencia personal. Podemos disfrutar de la paz porque Cristo es

---

[12] Ver Crítica Textual. Alternativas de lectura en el correspondiente recuadro.
[13] Justino I. *Apologética*, 65,2.

nuestra paz (Ef. 2:14). Además, la comunión es posible sin barreras ni limitaciones, de ahí la exhortación al beso de amor en la exhortación que antecede, porque Cristo, que es nuestra paz, hizo también la paz de relación entre todos los cristianos, para llevar a cabo el propósito divino de hacer un solo hombre de todos (Ef. 2:15). La paz de relación y la paz con Dios ha sido anunciada por medio del evangelio. El cristiano, por tanto, tiene una notable bendición, disfrutar de la paz que Dios nos ha otorgado en Cristo. La condición de un cristiano está vinculada directamente con la paz, que convierte al creyente en un pacificador y, por esa condición puede ser llamado *"hijo de Dios"* (Mt. 5:9). No se trata de aspectos religiosos o de teología intelectual, sino de una experiencia vivencial y cotidiana, que se expresa en muchas formas y hace visible en ellas esa realidad. Una vida de paz es el testimonio incuestionable de ser verdaderamente cristiano y, por tanto, hijo de Dios.

Sin embargo, la experiencia de la paz y la bendición que la acompaña solo es posible para quienes *están en Cristo*. Solo en Él tenemos paz con Dios y paz entre nosotros ya que Él es *nuestra paz* (Ef. 2:14), por tanto, la paz perfecta se puede experimentar y practicar en la medida en que se vive a Cristo (Fil. 1:21; Gá. 2:20). El amén final no está en los textos griegos más seguros, aun cuando aparece en un buen número de ellos.

Acaso sea bueno, al finalizar el comentario, que nos remitamos cada uno a las múltiples lecciones y aplicaciones personales que se han obtenido en el estudio. Bien podría destacarse aquí dos sencillas demandas. La primera tiene que ver con la práctica de la humildad. Dios nos llama a vivir humildemente delante de Él, porque Su resistencia está puesta contra quienes son soberbios, arrogantes, orgullosos (v. 5). El orgulloso entiende, aunque no lo diga, que puede llevar a cabo su ministerio y recorrer el tránsito de la vida cristiana, sin apoyarse en la gracia, porque es suficiente para ello, pero, quien realmente entiende lo que es delante de Dios, vivirá en la humildad para recibir el recurso de la gracia que necesita para la santificación y el servicio. A esta ha de unirse la práctica del amor, con que concluye el escrito, expresado en el saludo fraterno como expresión de la caridad conforme a Dios. Nadie puede llamarse cristiano si no practica el amor incondicional con los hermanos. No hay doctrina conforme a Dios, ni enseñanza según Su Palabra, ni ministerio conforme a Su voluntad que no deba sustentarse en el amor. Solo se prosigue adelante con los ojos puestos en el término de la carrera cristiana, cuando puede decirse, al mirar la obra que Dios hizo a nuestro favor, lo que el apóstol Pablo decía: *"el Señor me amó a mí y se entregó a sí mismo por mi"* (Gá. 2:20).

II PEDRO

CAPÍTULO I

VIDA EN LA FE.

Introducción.

La *Segunda Epístola de Pedro*, es uno de los escritos del Nuevo Testamento que se estudia y predica menos en las iglesias. Acaso el tema y las referencias a la escatología, hacen que se considere de difícil interpretación y de relativa aplicación, por lo que se puentea en el escrito de las *Epístolas* del Nuevo Testamento.

Sin embargo, quienes creen en la *inspiración plenaria* de la Escritura, deben reconocer que se trata de un escrito apostólico, como aparece desde el primer versículo en el que el autor se identifica como Simón Pedro *apóstol* de Jesucristo (1:1). Por consiguiente, debiera tenerse al mismo valor que el resto de los libros del Nuevo Testamento, considerándolo, como es, parte de la Escritura, apto por tanto para enseñar, instruir y corregir al creyente.

Las advertencias de la *Epístola*, hacen de ella un valioso instrumento para el tiempo actual, en el que la doctrina está en continua confrontación y donde el liberalismo por un lado y el extremismo por otro, producen serias dificultades en las congregaciones, causando desazón en las vidas de muchos creyentes. Ese es el objetivo que orienta el escrito, procurando que los cristianos recuerden permanentemente las enseñanzas que los apóstoles dieron a la iglesia y que son la base de fe de cada creyente.

Los errores doctrinales son una triste realidad en el mundo cristiano-evangélico. Cuestionadores de la inspiración plenaria, seguidores del sistema *espiritualista*, con una constante búsqueda de experiencias sin sustento bíblico, el academicismo que pretende implantar la teología desprovista de práctica en las mentes de los cristianos, uniéndose también a esto un fanatizado intento por seleccionar como única verdad la que la escuela teológica sostiene, están trayendo graves consecuencias en iglesias y, lo que es más triste, en vidas de sencillos hermanos que no saben que es y cual no es verdad.

El relativismo produce también serios problemas entre los creyentes. Este sistema que ha dado paso a la *post-verdad*, procura destruir los valores absolutos dejando sólo los relativos, que aumentan o disminuyen de valoración según se requiera en el tiempo y ocasión. La santidad de vida está en retroceso en muchos cristianos, entendiendo que una separación del pecado es siempre asunto relativo, puesto que lo que se consideraba pecado ayer, ya no lo es hoy, y tampoco lo será mañana, destruyendo el valor fundamental de la práctica de la vida cristiana que es la santidad.

Por esa razón, la *Epístola* toma una importancia grande por las advertencias continuadas a prestar atención a la verdad enseñada por los apóstoles y a vivir en la expectativa del regreso de Jesucristo.

Además, y como final de las palabras de *introducción*, la *Epístola* ha sido el libro más cuestionado y debatido en cuanto a su paternidad literaria. Al tiempo transcurrido para la aceptación en el Canon, por la iglesia antigua, sigue siendo cuestionado más modernamente por el *liberalismo humanista*, luchando denodadamente para que la idea de que sea considerado como un libro *seudónimo* tome carta de naturaleza y se acepte sin reservas.

Introducción general.

Como quiera que los temas que se pudieran considerar aquí relativos a la *Epístola*, ya se han tratado con cierta extensión en la *introducción* a la primera, se remite al lector a ese apartado. Recordando aspectos generales de bibliología, como es la formación del Canon, la hermenéutica que se sigue para el estudio, la *Alta Crítica*, los aspectos generales de *inspiración* y *revelación*. También se consideró antes el sentido de *interpretación gramático-histórico-literal*, que es el modo en que se comentará esta *Epístola*[1].

Introducción especial.

Generalidades.

En el sentido más amplio del término como una *Epístola Católica* o *Universal*, se ajusta mucho más que la primera, puesto que ésta se dirige a la universalidad de gente que *alcanzó una misma fe* (1:1). Es, por tanto, una auténtica *Epístola Universal*, aunque todas las del Nuevo Testamento, en base a su condición, son para todos los creyentes en todos los tiempos.

---

[1] Ver todos estos aspectos en *Introducción* en el capítulo primero del libro.

La *Epístola* debe considerarse dentro de los escritos *cuestionados*, es decir, entre los que no fueron aceptados desde los primeros tiempos de su circulación entre las iglesias. Lamentablemente es un escrito que, en cierta manera, ha sido marginado, influyendo en esto la atención que desde la Reforma se dieron a otros, especialmente los paulinos. Sin embargo, es extraordinario, con un alto contenido doctrinal y práctico para la vida cristiana, en el entorno del cuestionamiento de la fe. Además, trata con todo detalle la forma propia de vivir la vida cristiana, que permanece a lo largo del tiempo y es asumible en cualquier circunstancia y ocasión.

La epístola en la iglesia primitiva.

Esta carta no tuvo el reconocimiento unánime que tuvo la *primera*. El primer testimonio escrito que se tiene del reconocimiento de la *Epístola* como escrita por el apóstol Pedro, es el de Orígenes en su comentario a Juan[2], donde admite la autenticidad, pero reconoce que hay otros que no la admiten y en sus obras griegas no se encuentra referencia alguna de ella. Dídimo hace un comentario a la *Epístola.* También Metodio la admite en un fragmento griego[3]. Entre los que la cuestionan está Eusebio que la califica entre las *antilegómenas*, y él personalmente no admite la autenticidad, pero, en ese tiempo ya se imponía el número de las *Epístolas Católicas* de las que se reconocían siete.

Era considerado difícil de probar, en la iglesia primitiva, este escrito como procedente de Pedro. Tal vez esa sea la razón por la que no aparece en el *Fragmento Muratoriano*, aproximadamente sobre el año 150. La iglesia siríaca no la consideró así hasta el s. VI. La tradición patrística no habla de la autenticidad petrina hasta el s. III. Tertuliano sobre el año 240, no la cita. Lo mismo ocurre con Cipriano, muerto en el 248. Orígenes, fallecido en el 255 es el primer escritor eclesiástico que la cita, considerando personalmente que el escrito es de Pedro, pero confiesa que se discutía sobre la autoría[4]. Por su parte Eusebio de Cesárea, muerto en el 340, la coloca entre los escritos cuestionados, y él no la considera como canónica[5], como escribe: *"De Pedro, una epístola aquella llamada la primera, es admitida; y los antiguos presbíteros la usaron en sus propios escritos sin cuestionarla, pero a aquella llamada la segunda epístola no la hemos recibido como canónica, aunque a muchos les ha*

---

[2] Orígenes. *In Lev hom.* 4,4.
[3] Metodio. *De Resurrectione.*
[4] Orígenes. *In Lev. Hom.* 4, 4.
[5] Eusebio de Cesárea. *Historia Eclesiástica*, 3,25.

parecido útil y ha sido estudiada junto con otras Escrituras"[6]. Dídimo de Alejandría, muerto en 398, habla de 2 Pedro como de un escrito falso, que no pertenece al Canon[7].

Jerónimo que murió en el 420, se hace eco de estas dudas, escribiendo a principios del s. IV: *"Pedro escribió dos epístolas que son llamadas católicas, la segunda de las cuales muchos niegan que sea de él a causa de la diversidad de estilo con la primera"*[8]. Pero, más adelante explica la diferencia de estilo, diciendo: *"Las dos epístolas que llevan el nombre de Pedro difieren entre ellas tanto por el estilo como por el carácter. Por donde descubrimos que, según las necesidades, se ha servido de diversos intérpretes"*[9].

En la iglesia latina no es mencionada por Ireneo, Tertulinao y Cipriano. Luego del tiempo de Jerónimo se admite en la iglesia latina, sin reservas, reconocida en el Congreso de Cartago del año 397. Hay testimonios de Ambrosio y de Agustín. La canonicidad de la *Epístola* se recoge en el *Decretum Damasi*, anterior al año 400. También está recogida como canónica en la carta de Inocencio I a Exuperio. El Tridentino la reconoce como escrito canónico en la sesión 4ª. Algunos entienden que, si bien la canonicidad está fuera de duda, no así la autoría que no se ha definido, puesto que, a diferencia de la Primera, no hay tradición unánime en la iglesia.

Sin embargo, se encuentran referencias, además de las citadas antes, de la autenticidad de autoría donde aparece como de Pedro entre otros en el *Canon* del *Codex Claromontanus*, que contiene las dos *epístolas*. Está también en el papiro *Bodmer IX*, del s. III. Firmiliano, obispo de Cesárea de Capadocia, que murió en el 269, en su *Epístola a Cipriano*, escribe: *"los santos apóstoles Pedro y Pablo, en sus epístolas, execraron a los herejes y nos amonestaron a huir de ellos Cipriano*[10]*"*, de modo que como en ningún otro escrito Pedro habla de falsos maestros o herejes, tiene que referirse a la *Segunda Epístola*. Metodio, obispo de Olimpo, en Licia, cita 2 P. 3:8 como obra apostólica. Atanasio, muerto en el 373, admite la *Epístola* sin reserva alguna, citándola varias veces[11]. Lo mismo ocurre con Gregorio Nacianceno, fallecido en el 390[12]. Basilio

---

6 Everett Harrison. *Introducción al Nuevo Testamento.* Grand Rapids. Pág. 411.
7 Dídimo de Alejandría. *Enarraciones in 2 Pe. 3,5.*
8 Jerónimo. *De vir. Ilustr.* I.
9 Jerónimo. *Epístola ad Hedib.*, 120,11.
10 Firmiliano. *Epístola ad Cripriano*, 75,6.
11 Atanasio. *Oratio c. Arianos*, 1:16.
12 Gregorio Nacianceno. *Carm. Liber* I, 12.

utiliza la *Epístola* para resolver una discusión[13]. Ambrosio, muerto en 397, reconoce y cita la *Epístola* como escritura sagrada[14].

Entre los concilios que reconocen la *Epístola* como canónica y petrina, está el *Hiponense* del 393 y el III y IV concilios de Cartago de los años 397 y 419.

Resumiendo, lo relativo a la aceptación de la *Epístola* en la iglesia antigua, es unánime a partir de la mitad del s. IV, en adelante.

Autor.

No hay duda que en la *Epístola* se identifica el autor como *"Simón Pedro"* (1:1), no habiendo otro con esos dos mismos nombres, más que el apóstol. Se presenta también como testigo presencial de la transfiguración (1:16-18). Solo tres apóstoles estuvieron en el monte: Jacobo, Pedro y Juan. A nadie, salvo a Pedro, el Señor hizo predicción sobre su muerte, que menciona también en el escrito (1:13-15; cf. Jn.21:18). Afirma también haber escrito una anterior, siendo esta la segunda (3:1). Menciona al apóstol Pablo como su compañero en el ministerio (3:15). Por consiguiente, aceptando la autoría, se remite al lector a los datos biográficos sobre el apóstol en la *introducción* que aparece en el primer capítulo de la *Primera Epístola*.

Destinatarios.

Está dirigida a los cristianos en general, pero, de forma especial, por el contexto histórico, es para los que están en las diferentes iglesias de Asia Menor, lugar donde el apóstol tuvo ministerio por tiempo. No eran cristianos de años, por lo que de ellos se aprecia en la lectura (2:19-20). Estos creyentes están en peligro de ser arrastrados de la verdadera fe, por la enseñanza y costumbres de los *falsos maestros*, que se introducían en las iglesias (2:2 s, 10, 13 ss; 3:17). Estos viciosos y arrogantes, cambian la libertad cristiana por libertinaje, con lo que dividían las comunidades de fieles (2:1-10). Estos despreciaban la doctrina bíblica que los apóstoles habían enseñado (1:16), de forma especial la cristología y la angelología (2:10-12). Estos *falsos maestros* eran ellos mismos y convertían a los adeptos que podían captar, en hombres licenciosos entregados a los instintos de la carne. Estos creyentes habían sido ya advertidos contra quienes pretenderían apartarlos de la verdadera fe (3:15).

---

[13] Basilio. *Adv. Eun.* 5.

[14] Ambrosio. *De Fide*, 1,19; 3,12. *Epístola* 43,10.

Evidencias internas de autoría.

El autor usa el nombre de Simón Pedro en el saludo (1:1). Constituye esto una diferencia con la *Primera Epístola* en la que usa sólo el de Pedro. Simón no aparece en la forma griega, sino en su adecuación semítica Συμεών, literalmente *Simeón.*

Quien escribe la *Epístola* es alguien que anuncia su muerte que ocurrirá de forma repentina (1:14), lo que parece ser un recuerdo de lo que el Señor les anunció antes de la ascensión (Jn. 21:18). Usa el término εξοδον, *éxodo* (1:15), que concuerda con la forma usada por Lucas para referirse a la muerte de Jesús (Lc. 9:31).

El autor manifiesta haber sido un testigo presencial de la transfiguración (1:16), por tanto, tiene que ser o bien Juan, o Jacobo, o Pedro y, sólo éste puede hablar de este escrito como el segundo, concordando con la primera y segunda *Epístolas.*

Quien escribe usa el término σκηνώματος, *tabernáculo*, para referirse al cuerpo, y fue Pedro el que propuso la erección de tres *tabernáculos* en el lugar de la transfiguración (Mr. 9:5).

También hace la promesa de dejar a los lectores algo que les recuerde continuamente las cosas que él estuvo enseñándoles, que sin duda comprendía aspectos generales de la vida y enseñanzas de Jesús (1:15). Es posible que estuviese pensando en *el evangelio*, que Marcos escribiría como portavoz o intérprete de Pedro.

Sobre esto escribe el Dr. B. B. Warfiel:

Ciertamente esto parecería prometer un Evangelio. Y tenemos entonces esta serie: 1 Pedro testifica de la intimidad que Marcos tenía con Pedro; 2 Pedro promete un Evangelio de corte petrino; la antigüedad nos dice que Marcos no fue sino el vocero de Pedro. ¿Quién podría haber inventado ese término del medio para insertarlo tan delicadamente en 2 Pedro? Es así que 2 Pedro parece ser un eslabón en una cadena natural que queda completada con ella, e incompleta sin ella. Estas tres fuentes de las cuales se toman los eslabones son por lo tanto genuinas[15]".

[15] B. B. Wartfiel, citado por Everett Harrison, pág. 421.

Ciertos aspectos del idioma de la *Epístola* aparecen también en los discursos de Pedro en Hechos: a) como λαχοῦσιν, *alcanzados* (1:1), también en Hch. 1:17), teniendo la importancia de que este término aparece solo otras dos veces en el Nuevo Testamento. b) El uso de εὐσέβεια, *piedad* que aparece en varios lugares de la *Epístola* (1:3, 6, 7), está también en Hechos (Hch. 3:12), pero fuera de estas referencias la palabra sólo está en las *pastorales*. c) La palabra ἄνομος, *impío*, aparece también en el segundo escrito de Lucas (Hch. 2:23). d) La expresión ἀδικούμενοι μισθὸν ἀδικίας, *recibiendo el pago de su injusticia*, está únicamente en Hechos (Hch. 1:18). e) El título ἡμέρα κυρίου, *día del Señor* (3:10), está también en Hch. 2:20.

Hay semejanza entre las dos *Epístolas* tanto en dicción como en pensamiento: a) *Gracia y paz os sean multiplicadas*, que aparecen en el saludo de los dos escritos (1 P. 1:2; 2 P. 1:2). b) El adjetivo τίμιος, *precioso* es una palabra clave en las dos *Epístolas* (1 P. 1:7, 19; 2:6-7; 2 P. 1:1, 4). c) La palabra ἀρετή, *virtud*, está en ambas bien sea aplicada a Dios (1 P. 2:9; 2 P. 1:3) y al hombre (2 P. 1:5). El término se encuentra en un pasaje más del Nuevo Testamento (Fil. 4:8). d) Otra es ἀπόθεσις, *abandonar*, que aparece solo en las dos *Epístolas* (1 P. 3:21; 2 P. 1:14). e) Lo mismo ocurre con la expresión ἐπόπτες, literalmente *visto con propios ojos*, en la primera aparece como verbo y en la segunda como sustantivo (1 P. 2:12; 2 P. 1:16). f) La expresión φιλαδλφίαν, *afecto fraternal*, está también en las dos (1 P. 1:22; 2 P. 1:7), apareciendo solo tres veces en todo el resto del Nuevo Testamento. g) También ἀναστροφῆς, *manera de vivir* (1 P. 1:15, 18; 2:12; 3:1, 2; 2 P. 2:7; 3:11). h) La frase ἄσπιλοι καὶ ἀμώμητοι, *sin mancha e irreprensibles*, figura también en las dos (1 P. 1:19; 2 P. 3:14). No cabe duda que por más que se intente desvirtuar este hecho, se aprecia que un mismo pensamiento está en el autor de las dos *Epístolas*, de modo que, si el de la primera es Pedro, lo es también de la segunda.

La crítica de autoría.

La llamada *Alta Crítica*, buscará siempre, a pesar de cuantas evidencias se les ofrezca, negar la autoría de los escritos bíblicos, con lo que la autoridad y la inerrancia quedan afectadas. Es cierto que la *Epístola*, como se ha dicho antes estuvo entre los libros *cuestionados*, pero también lo estuvo por un tiempo la *Epístola a los Hebreos*, lo que pone de manifiesto que la incorporación de los escritos en el Canon del Nuevo Testamento se hizo con mucha reflexión. A pesar de las evidencias internas, como el nombre al principio (1:1), la alusión a su presencia en la transfiguración (1:16-18), llamar al apóstol Pablo *nuestro querido hermano* (3:15), e incluso la referencia a la profecía de su muerte (1:14), textos que no dejan lugar a duda en cuanto a autoría, los *liberales humanistas*, llamados *críticos*, se niegan a aceptarla.

Sería largo dar aquí los argumentos individuales, pero baste citar los nombres de algunos de los más acérrimos anti-Pedro, tales como Bigg, Plummer, Azh, Spitta, Wohlenberg, Grosch, etc. entre los alemanes, además de un número creciente de autores católicos, que sostienen la *seudonimia* de la carta. El problema es distinto ahora, a la renuencia que concurría en la iglesia antigua, entre los que estaban Cayetano. Entre los modernos Vogels, K. Th. Schäfer, chaine, Michl, Huby, J. Cantinat, Leconte, K. H. Schelkle, etc. Algunos llegan a situar el escrito como dependiente del apócrifo *El Apocalipsis de Pedro*[16] que, siendo datado no antes del año 150, hace que la *Epístola* no pueda ser de antes de esa fecha, cuando ya Pedro había muerto. Ahora bien, lo que no son capaces de reconocer es que, si alguna relación textual hay entre ambos, no es *el Apocalipsis de Pedro*, el que influyó en la redacción de la *Epístola*, sino al revés.

Se traslada aquí un párrafo del Dr. Harrison, en el que se lee:

"La alternativa a la autenticidad es la seudonimidad. En este último caso podemos estar en términos de una falsificación deliberada o de un esfuerzo bien intencionado por reproducir el pensamiento y el espíritu del apóstol. Muchos de los estudiosos modernos contemplan la epístola a esta luz y no consideran que la práctica sea condenable. El aspecto más serio de este asunto es la recepción de una carta tal por parte de la iglesia. Cuando recordamos que el presbítero que escribió Los Hechos de Pablo y Tecla –declaradamente por amor a Pablo– fue disciplinado, hay poco que anime a pensar que la iglesia tendría un punto de vista más amplio e indulgente en el presente caso. ¿Fue la iglesia engañada entonces? Esto es poco probable. Green cita el repudio del Evangelio de Pedro por parte de Serapión, obispo de Antioquía de fines del segundo siglo, quien prohibió la obra en su iglesia en base a que era seudoepígrafa, Tras un análisis de todo el problema, Guthrie se siente obligado a decir lo siguiente: 'No hay evidencia en la literatura cristiana a favor de la existencia de algún recurso literario convencional por el cual un autor podía publicar, como parte de una costumbre literaria y con la aprobación plena de su círculo de lectores, su propia obra bajo el nombre de otro. Siempre habla un motivo ulterior. Esto parece haber

[16] A. V. Harnack. *Die Chronologie der altchristlichen Litteratur bis Eusebius I.* Leipzig, 1897, pág. 471.

sido cierto aun en el caso de los autores de los escritos seudoepígrafos judíos, que deseaban ser oídos y trataban de aprovechar el principio de la canonicidad utilizando nombres bíblicos bien conocidos tras los cuales podían esconder su identidad, en un momento en que el canon ya estaba cerrado. Para quien esté dispuesto a recibir 2 Pedro como escrito seudónimo, lo lógico sería aceptar las consecuencias totales de su opinión y hacer lugar en la Biblia para las obras seudoepígrafas."[17]

Los falsos maestros de 2 Pedro.

Las referencias en la *Epístola* sobre quienes eran estos *falsos maestros*, son pocas. Bien pudiera ser que, en razón de rebatir sus enseñanzas, no se refiriese a ninguna de ellas de forma concreta para no difundirlas en lugar de controvertirlas, de ahí que las referencias concretas no estén. Sin embargo, se dan algunas características de ellos, entre las que merecen destacarse que eran *libertinos* moralmente hablando, defendiendo para ello una doctrina de falsa libertad (cf. cap. 2); también tenían problemas tanto doctrinales como de arrogancia en el campo de los ángeles (2:10 s.) sintiéndose superiores sobre ellos. Aparentemente se apoyaban en revelaciones privadas, que no están en la Escritura o incluso en exégesis pervertidas (1:16; 2:3), con las que procuran ganar adeptos a su sistema (2:18-19). Se niegan a creer en la venida del Señor (1:16; 3:4). Es posible que el sistema mentiroso que predicaban ofreciese libertad a los adeptos sobre la corrupción (2:19). También rechazaban la autoridad de las profecías del Antiguo Testamento (1:19-21). Al hablar el apóstol del *conocimiento de Cristo*, en relación con ellos, podría ser que perteneciesen a alguna de las ramas del gnosticismo. No es posible asentar sobre estas pocas referencias, la determinación de quienes eran. En cualquier caso, sean o no de un gnosticismo primitivo, no hay motivo alguno para datar el escrito como posterior a la vida de Pedro.

Dependencia de la Epístola de Judas.

La *crítica liberal* no deja de usar todos los argumentos posibles en la búsqueda de su propósito destructor de la autoría de los escritos bíblicos. La *Epístola* no podía ser una excepción, sembrando la duda en quienes no sostienen como base de fe la *inspiración plenaria* de este escrito del Nuevo Testamento.

---

[17] Everet Harrison. o. c., pág. 422 s.

Es notable que el escrito reproduce ciertos párrafos del de Judas, por lo que algunos establecen en esto una dependencia entre ambas, descartando una fuente común para las dos. Lo sorprendente es que, para la mayoría de los *críticos*, la dependencia es de 2 Pedro, y no de Judas.

El profesor Fernando Franco, S. I. Escribe:

"Las razones, son brevemente, las siguientes: a) Se explica más fácilmente que 2 Pe, haya incorporado a Judas que el que ´este haya omitido todo el resto de la 2 Pe. Y retenido sólo la diatriba contra los falsos doctores. b) Los ejemplos de castigos del AT están en 2 Pe en orden cronológico, mientras que en Judas carecen de orden. Esto parece indicar que la redacción de 2 Pe es secundaria, pues no es verosímil que Judas hiciera desaparecer un orden ya existente. c) El lenguaje de Judas es más vivo y más directo, como puede comprobarse con la simple lectura de la carta. d) Las omisiones en la 2 Pe (naturaleza del pecado de los ángeles, altercado de San Miguel y el diablo, la cita de Henoc) se explican por una preocupación por omitir alusiones a unos libros apócrifos. Es también, en este caso, más verosímil que la omisión se deba a una preocupación del autor de la 2 Pe, mientras que la corrección de las afirmaciones generales de la 2 Pe por estos ejemplos se explicaría menos. e) Finalmente, la comparación de algunos casos concretos, por ejemplo, las comparaciones de 2 Pe 2,12 y 17 con Judas 10 y 12, hacen ver que el retoque procede de la 2 Pe[18]".

Huelga decir que los argumentos anti-Pedro, son propios de la *Alta Crítica*, como se ha considerado antes, usando la aparente dependencia entre ellas, para negar la autoría del escrito.

Con todo, no puede negarse que hay coincidencias sorprendentes entre ambas como, a modo de ejemplo, ocurre con el saludo y la despedida. Por otro lado, las doctrinas son las mismas en ambas, Cristo preexistente, advertencias sobre el cuestionamiento doctrinal, los adversarios de la doctrina, la referencia a los ángeles. Incluso palabras y expresiones son idénticas en ambas. Se podría decir que toda la *Epístola de Judas*, está incorporada en la 2 Pedro. ¿Conocía Pedro el escrito de Judas? ¿Conocía Judas el de Pedro? No puede determinarse con seguridad, pero lo que es evidente es que el problema de los *falsos maestros*, concurría en la iglesia y que ambos lo abordan. Por otro lado, la inspiración plenaria condujo a los dos a los ejemplos coincidentes. Con

---

[18] Fernando Franco. *La Sagrada Escritura*, vol. 214. *2 Pedro*. Madrid 1967, pág. 311 s.

todo, el hecho de que Pedro utilice tiempos futuros para describir las falsas enseñanzas (2:1-3; 3:3), puede ser determinante para establecer la antecedencia sobre Judas, ya que éste, usando tiempos verbales distintos, evidencia que lo anunciado por Pedro, se había cumplido. Por consiguiente, si ésta es la primera, luego las referencias de Judas, evidencian que la 2 Pedro era conocida ya en la iglesia primitiva.

Diferencias de estilo.

Una simple lectura comparativa entre las dos *Epístolas*, permite apreciar diferencias notables en el estilo de ambas. En la *primera*, el estilo es fluido e idiomáticamente usa un griego pulido y elegante, que en ocasiones se acerca mucho al griego clásico. El de la *segunda* es más tosco, aunque no menos fluido. Aunque el vocabulario es bastante elegante, se hace, en ocasiones rebuscado. En las partes controversiales las frases se hacen difíciles, llenas de anacolutos, de transiciones menos elegantes[19], junto con reiteraciones y repeticiones inexistentes. Aunque el escrito es más bien corto, contiene cincuenta y seis *hápax legómena*, de los que treinta y tres no están en ningún otro lugar de la Biblia. Es un griego que, como alguien dijo, fue aprendido de los libros[20]. Eso demuestra que el escritor conocía el griego, aunque no con el dominio y la elegancia del amanuense de la *Primera Epístola*.

Las diferencias de estilos son notables, de modo que, aunque las palabras o expresiones sean semejantes, la forma de expresarlas es menos sencillo en la *Segunda Epístola*. Además, las mismas ideas son expresadas de muy diferente manera entre ellas.

Explicar estas diferencias resulta bastante sencillo. En tiempos apostólicos, se recurría a *amanuenses*, que escribían lo que los apóstoles les dictaban. Si el amanuense era un experto en griego y dominaba ampliamente la lengua, el estilo es más culto y refinado, lo contrario produce un escrito menos brillante. En la *Primera Epístola*, Pedro menciona al que realizó el trabajo de escribir, que fue Silas. En esta *segunda*, no cita a nadie, lo que hace pensar que muy bien pudo haber sido él mismo quien la escribió desde la prisión. Eso traería como consecuencia el estilo de redacción, sobre todo en los anacolutos, tan propio de hebreos que escribían en otro idioma diferente al arameo que usaban habitualmente. Pero, si usó de amanuense, no podía haber sido Silas, sino otro, de ahí la justificación de estilos diferentes.

---

[19] cf. 1:19; 2:1, 8, 12, 22.

[20] P. Abel. *Grammaire du Grec Biblique*. Études bibliques. París 1943.

Escribe Kistemaker:

"Los padres de la iglesia de los primeros dos siglos mencionan los nombres de personas que le ayudaron a Pedro en sus escritos. Por ejemplo, Papías, obispo de Hierápolis, en las proximidades de Colosas (125 d. C.), que había sido discípulo de Juan, dice que Marcos había llegado a ser el intérprete de Pedro[21]*. Y Clemente de Alejandría, quien vivió desde mediados del siglo dos hasta la segunda década del siglo tres, menciona uno de los escribas de Pedro, a quien llama Glaucias*[22]*. La diferencia de estilo entre las dos epístolas petrinas puede atribuirse a dos escribas. Pero dado que Pedro no habla del uso de un secretario en su segunda epístola, nunca sabremos por cierto qué sucedió en este caso*[23].

Datación y lugar de redacción.

Ambas cosas están íntimamente vinculadas con la aceptación de la autenticidad. Aceptando sin reservas la autoría, debe considerarse que fue escrito poco tiempo antes de la muerte del apóstol (1:14). Según la tradición, Pedro sufrió martirio en tiempo de Nerón. Éste murió en el año 68 d. C. por tanto, el escrito tuvo que haberse producido un poco antes, calculando que debe proceder del año 67 o principios del 68.

Pedro no menciona el lugar desde donde escribía, pero, puesto que habla de su muerte inminente y esta ocurrió en Roma, es el lugar propio para la procedencia de la *Epístola.*

Teología de la Epístola.

Esencialmente son dos las doctrinas principales que se destacan en el escrito. Primeramente, lo relacionado con la venida del Señor; en segundo lugar, la necesidad de vivir en una correcta ética cristiana como consecuencia de la anterior. Podría sintetizarse la teología de la *Epístola* como sigue:

Escatología. Afirma la inminencia de la venida de Jesús (3:10-13) y los resultados que la acompañarán para los hombres (1:11, 19; 3:4, 5). En función de esta esperanza, dependerá la forma de vida que se adopte, licenciosa para unos (2:1, 19) y de santidad para otros (3:11-13).

---

[21] Eusebio. *Historia Eclesiástica*, 3.39.15.
[22] Clemente de Alejandría. *Stromata* 7.17.
[23] Simón J. Kistemaker. o. c., pág. 254.

Teología propia. Dios es considerado como Creador (3:5), así como juez, por tanto, justo, pero también misericordioso (2:3, 7, 9, 15).

Trinidad. Se mencionan cada una de las tres Personas Divinas. El Padre (1:17); el Hijo (1:17); el Espíritu (1:21).

Cristología. El autor llama Dios a Jesucristo (1:1) y lo considera como el *Hijo de Dios* (1:17). Además, es el *Señor* (1:8,11, 14, 16; 2:20; 3:2, 15, 18), profesándole también como *Salvador* (1:1, 11; 2:20; 3:2). Jesucristo ha sido glorificado eternamente (3:18), reinando como *soberano*, sobre el eterno reino de Dios (1:19; 2:9). Confiesa que es el dador de los dones que acompañan a la fe (1:2 s.). En Su venida introducirá a los salvos al reino eterno (1:11).

Pneumatología. El Espíritu Santo es el inspirador de la Escritura, tanto del Antiguo como del Nuevo Testamento (1:19-21).

Bibliología. Los escritos del Nuevo Testamento, entre ellos los del apóstol Pablo, están al mismo nivel que los del Antiguo, formando parte de las Escrituras inspiradas (3:15-16).

Antropología. El hombre es redimido por Jesucristo (2:1). La fe salvadora consiste en el conocimiento íntimo y pleno del Padre y del Hijo (1:2, 3, 8; 2:20). La fe que crece se manifiesta en la práctica de las virtudes (1:5-8; 3:11, 14, 17, 18). Esta vida en la fe, defiende al creyente del pecado (1:10). El hombre, por la fe, viene a ser partícipe de la vida divina en su naturaleza (1:4). El hombre regenerado debe crecer en la gracia y en el conocimiento de Dios (3:18). El hombre creyente debe estar dispuesto para el encuentro con Jesucristo (3:14).

El griego de la Epístola.

Se ha tratado ampliamente este tema en la *Introducción* a las *Epístolas*, en el primer capítulo de la *Primera*, a donde remitimos al lector para no repetir aquí los mismos asuntos.

Es suficiente relacionar los textos griegos en los que aparece la *Epístola*:

$\mathfrak{P}^{72}$, $\mathfrak{P}^{74}$, א, A, B, C, P, Ψ, 048, 0209, 0296; 5, 33, 81, 307, 436, 442, 642, 1175, 1243, 1448, 1611, 1735, 1739, 1852, 2344, 2492.

Bosquejo.

Para el análisis de la *Epístola*, se propone el siguiente *Bosquejo Analítico*, como sigue:

I. INTRODUCCIÓN (1:1-2).

1. Saludo (1:1-2).

II. VIDA EN LA FE (1:3-21).

1. Promesas y virtudes (1:3-11).
    1.1. Promesas (1:3-4).
    1.2. Virtudes (1:5-7).
    1.3. Desarrollo de la vida de fe (1:8-9).
    1.4. Seguridad (1:10-11).
2. La Palabra y sus efectos (1:12-21).
    2.1. Recordando la doctrina (1:12-15).
    2.2. Testigos oculares (1:16-18).
    2.3. La autoridad de la Escritura (1:19-21).

III. PELIGROS PARA LA VIDA DE FE (2:1-22).

1. Los falsos profetas (2:1-3).
    1.1. La acción (2:1).
    1.2. Prácticas perversas (2:2-3).
2. La condenación de los falsos profetas (2:4-9).
    2.1. El ejemplo de los ángeles (2:4).
    2.2. El ejemplo del diluvio (2:5).
    2.4. El ejemplo de Sodoma y Gomorra (2:6).
    2.5. La aflicción del creyente (2:7-9).
3. Características de los falsos profetas (2:10-22).
    3.1. La condición (2:10a).
    3.2. Difamadores (2:10b-11).
    3.3. Blasfemos (2:12).
    3.4. Pecaminosos (2:13-14).
    3.5. Extraviados (2:15-16).
    3.6. La condenación (2:17-22).

IV. EL FUTURO (3:1-18).

1. El día del Señor (3:1-13).
    1.1. Recordatorio (3:1-2).

1.2. Incredulidad y desprecio (3:3-4).
1.3. Ignorancia voluntaria (3:5-7).
1.4. Paciencia divina (3:8-9).
1.5. Disolución de la creación (3:10).
1.6. Vida en la esperanza (3:11-13).

V. EXPECTACION Y CONCLUSIÓN (3:14-18).

1. Expectación (3:14-16).
   1.1. Vida en esperanza (3:14).
   1.2. Conocimiento (3:15-16).
2. Conclusión (3:17-18).
   2.1. Demandas (3:17).
   2.2. Atención y crecimiento (3:18a).
   2.3. Doxología (3:18b).

Introducción.

Muy poco es preciso para iniciar el estudio del primer capítulo de la *Epístola*, puesto que acaban de considerarse los principales aspectos relativos a ella, que preparan para el estudio textual de la misma.

Comienza con el saludo, como es habitual en la correspondencia greco-romana de entonces en la que se identifica al autor y los destinatarios (v. 1). Siguiendo inmediatamente la salutación personal a modo de bendición (v. 2).

Entra inmediatamente a considerar las promesas relacionadas con el desarrollo de la vida cristiana, otorgadas por el poder de Dios, por las que se alcanza la bendición de llegar a la participación de la divina naturaleza (vv. 3-4). Este cambio de vida, resultado de la regeneración, condiciona la nueva experiencia en Cristo, mediante el ejercicio de virtudes que se hacen visibles y son testimonio al mundo (vv. 5-7). Esta nueva vida ha de ser desarrollada en el decurso del tránsito de la carrera de la fe, de cuyo desarrollo trata (vv. 8-9). En todo ello es necesario firmeza de fe en la vocación y elección, lo que permitirá mantenerse sin caída en el mundo y entrar con gozo a la presencia del Señor, con amplia y generosa entrada en el reino eterno (vv. 10-11).

La Palabra es elemento esencial en la carrera cristiana, por tanto, se ocupa en un párrafo de cómo es la relación con ella. Advierte del esfuerzo que hace para que no falte nunca el *recordatorio* de la doctrina, base de la vida victoriosa y agradable a Dios (vv. 12-15). El autor se presenta como un testigo ocular de la transfiguración (vv. 16-18). Recuerda a los lectores la importancia de la Palabra escrita, a la que denomina como *palabra profética*, considerándola como una luz que resplandece en las tinieblas (v. 19). Cerrando el párrafo con una precisa definición sobre la *inspiración plenaria* de la Escritura (vv. 20-21).

El retorno sin reservas a la Palabra condicionará tanto la vida personal como la eclesial. Los creyentes alimentados en la Escritura tendrán vidas firmes y sólida seguridad en la fe, de manera que no serán fácilmente arrastrados por cualquier viento de doctrina. Esta es la gran lección que el apóstol transmite en el capítulo.

Para el estudio del pasaje se sigue el *Bosquejo* que se ha dado en la *introducción*, como sigue:

I. Introducción (1:1-2).

1. Saludo (1:1-2).

II. Vida en la fe (1:3-21).

1. Promesas y virtudes (1:3-11).
   1.1. Promesas (1:3-4).
   1.2. Virtudes (1:5-7).
   1.3. Desarrollo de la vida de fe (1:8-9).
   1.4. Seguridad (1:10-11).
2. La Palabra y sus efectos (1:12-21).
   2.1. Recordando la doctrina (1:12-15).
   2.2. Testigos oculares (1:16-18).
   2.3. La autoridad de la Escritura (1:19-21).

Introducción (1:1-2).

Saludo (1:1-2).

1. Simón Pedro, siervo y apóstol de Jesucristo, a los que habéis alcanzado, por la justicia de nuestro Dios y Salvador Jesucristo, una fe igualmente preciosa que la nuestra.

Συμεὼν[1] Πέτρος δοῦλος καὶ ἀπόστολος Ἰησοῦ Χριστοῦ τοῖς
Simeón Pedro siervo y apóstol de Jesucristo a los
ἰσότιμον ἡμῖν λαχοῦσιν πίστιν ἐν δικαιοσύνῃ τοῦ Θεοῦ
de igual valor de nosotros que obtuvisteis fe por justicia - de Dios

ἡμῶν καὶ σωτῆρος ᾿Ιησοῦ Χριστοῦ,
de nosotros y Salvador Jesús Cristo.

Análisis y notas del texto griego.

Análisis: Συμεὼν, caso nominativo masculino singular del nombre propio *Simeón*; Πέτρος, caso nominativo masculino singular del nombre propio *Pedro*; δοῦλος, caso nominativo masculino singular del nombre común *siervo, esclavo*; καὶ, conjunción copulativa *y*; ἀπόστολος, caso nominativo masculino singular del nombre común *apóstol;*' Ιησοῦ, caso genitivo masculino singular del nombre propio declinado *de Jesús*; Χριστοῦ, caso genitivo masculino singular del nombre propio declinado *de Cristo*; ambos nombres juntos en castellano *de Jesucristo*; τοῖς, caso dativo masculino plural del artículo determinado declinado *a los*; ἰσότιμον, caso acusativo femenino singular del adjetivo *de igual valor*; ἡμῖν, caso dativo de la primera persona plural del pronombre personal declinado *a nosotros, de nosotros*; λαχοῦσιν, caso dativo masculino plural del participio aoristo segundo en voz activa del verbo λαγχάνω, *obtener, ser elegido por sorteo, echar suertes*, aquí *que obtuvisteis*; πίστιν, caso acusativo femenino singular del nombre común *fe*; ἐν, preposición propia de dativo *en, por*; δικαιοσύνῃ, caso dativo femenino singular del nombre común *justicia*; τοῦ, caso genitivo masculino singular del artículo determinado *el*; Θεοῦ, caso genitivo masculino singular del nombre divino declinado *de Dios*; ἡμῶν, caso genitivo de la primera persona plural del pronombre personal declinado *de nosotros*; καὶ, conjunción copulativa *y*; σωτῆρος, caso genitivo masculino singular del sustantivo *Salvador*; ᾿Ιησοῦ, caso genitivo masculino singular del nombre propio *Jesús*; Χριστοῦ, caso genitivo masculino singular del nombre propio *Cristo*.

Notas. Crítica Textual. Lecturas alternativas.

[1] Συμεὼν, *Simeón*, según lectura en א, A, 33, 307, 436, 442, 642, 1175, 1448, 1735, 1739, 1852, 2344, K, L, P, *Lect*, arm, geo.

Σίμων, *Simón*, conforme a $\mathfrak{P}^{72}$, B, Ψ, 5, 81, 1243, 1611, 2492, M, Biz^{pt}, *l* 147, *l* 590, *l* 592, *l* 603, *l* 680, *l* 1364, l^{AD}, $it^{qr, z}$, vg, $cop^{sa, bo}$, ety, slav.

Συμεὼν Πέτρος. Conforme al estilo de la correspondencia de la época, comienza el escrito con la identificación del remitente. En este caso se lee *Simeón Pedro, siervo y apóstol de Jesucristo*. Llama la atención el uso del nombre propio del apóstol *Simón*, escrito en este caso en la forma hebrea de *Simeón*. De este modo aparece también en el discurso de Santiago antes del concilio en Jerusalén (Hch. 15:14). El nombre, como se ha dicho en la introducción, de la *Primera Epístola*, es común en Israel, entre otros era el de uno de los *padres* de las tribus de Israel. El nombre *Pedro*, *Cefas* en arameo, lo recibió del Señor cuando fue llamado al discipulado (cf. Jn. 1:42), usando ambos nombres en muchas ocasiones (cf. 1 Co. 1:12; 3:22; 9:5; 15:5; Gá. 1:18; 2:9, 11, 14). Usando los dos nombres los lectores no tendrían duda alguna en identificar al autor.

δοῦλος καὶ ἀπόστολος Ἰησοῦ Χριστοῦ. Al nombre añade dos calificativos que designan su ministerio, ambos relacionados con Jesucristo. Por un lado, es *siervo*. El término indica a quien está sometido al servicio de otro. Usar este calificativo en tiempos de Pedro era considerado como despreciativo, porque un *esclavo* era la posición social más baja. Sin embargo, lo que para los hombres es locura, para Dios es poder. Pedro, aunque apóstol es esencialmente un esclavo de Cristo, por tanto, está en sumisión y dependencia plena de aquel que es su Señor. El título se usa muchas veces para creyentes en distintos tiempos, como registra la Biblia. A modo de ejemplo, a Moisés se le llama siervo de Dios (Dt. 34:5; Sal. 105:26; Mal. 4:4); de igual manera se califica así a su seguidor Josué (Jos. 24:29); David es considerado de la misma manera (2 S. 3:18; Sal. 78:70); en general se les llama siervos a los profetas (cf. Jer. 44:4; Am. 3:7); a Daniel le llama de este modo Darío (Dn. 6:20); al apóstol Pablo se le llama *siervo* (Ro. 1:1; Fil. 1:1; Tit. 1:1); Santiago el hermano del Señor, del mismo modo (Stg. 1:1); también Judas (Jud. 1). Pablo quería que los hombres lo tuviesen por *siervo* o *esclavo* de Jesucristo (1 Co. 4:1). El máximo ejemplo de este término está en Cristo, a quien se profetiza como *siervo* (Is. 42:1 ss.; 42:19; 52:13; Mt. 12:18). Por esta razón el título corresponde a todo creyente que sigue y vive a Cristo (Jl. 2:29; Hch. 2:18; 1 Co. 7:22; Ef. 6:6; Col. 4:12; 2 Ti. 2:24). Ningún seguidor de Cristo puede ser más que su Señor, por tanto, si Él fue siervo, no hay honor más grande que este. En un tiempo en que la titulación académica y los honores por posiciones en la iglesia está tan en boga, los cristianos debemos volver a la humildad de ser siervos.

Juntamente con el calificativo de *siervo* está también el de *apóstol*. Aunque etimológicamente se usa para referirse a un enviado, en el concepto del Nuevo Testamento, se añade a este el de autoridad dada por Jesucristo. Pedro había sido llamado y apartado para este ministerio. La condición de apóstol no la había alcanzado él por preparación personal, y mucho menos, por méritos. De ahí que la gracia que lo salvó lo llamó para el apostolado. La elección divina para un ministerio se hacía llamando a la persona por su nombre en un determinado tiempo de su vida. De ahí que, junto al Mar de Galilea, Pedro fue llamado para seguir a Jesús y alcanzar la condición de apóstol de Cristo. Sin el llamado del Padre no hay salvación, y sin él tampoco habría ministerio. Él fue llamado para ser apóstol. El don divino para el ejercicio de este ministerio fue dado por el Espíritu Santo, de quien todos proceden (1 Co. 12:11), y el apostolado es uno de ellos (1 Co. 12:28), por tanto, reviste una acción de la santísima Trinidad. Pero, también la acción de Cristo es vital en el ministerio apostólico por cuanto los servicios o ministerios, que corresponden al ejercicio de los dones son posibles porque Cristo es la Cabeza de la iglesia (Ef. 1:22-23) y como Cabeza dependen de Él los ministerios. Todos los ministros tienen el mismo Señor, sirviéndole como Dueño, por tanto, no caben distinciones entre los siervos, porque todos, en el ministerio que ejerzan, tienen el mismo objetivo: Servir al Señor. Pero, como *"hay diversidad de operaciones"*, es decir, el poder para operar con los dones, estas operaciones de poder proceden del Padre que, como Dios, es el *"que hace todas las cosas en todos"* (1 Co. 12:6). El poder para actuar y servir con los dones procede del Padre, quien actúa soberanamente produciendo el deseo de servir y dando el poder para efectuarlo (Fil. 2:13). El don que Pedro teína era sumamente especial, él era *apóstol*. Estos fueron dados a la iglesia en su comienzo para establecer las bases doctrinales y escribir la Palabra inspirada del Nuevo Testamento (Ef. 2:20). En sentido primario, el don de apóstol, como el enviado por Cristo mismo para establecer la doctrina en el ejercicio de Su autoridad delegada, solo ha sido dado a los doce discípulos, contando también a Matías, excluyendo a Judas, y el apostolado especial de Pablo como apóstol a los gentiles. Este don en el sentido primario no está operativo.

La frase finaliza refiriéndose a quien sirve y de quien es apóstol, en el texto griego de *Cristo Jesús*. Pedro reconocía que Jesús era su Señor. Es la consecuencia natural de la salvación. No es necesario reconocer el señorío de Cristo para salvarse, pero no hay ningún salvo que no lo reconozca. El Espíritu que actúa en el hombre para salvación, que produce en la intimidad personal la fe salvadora, que regenera al creyente, conduce inexorablemente al salvo a reconocer a Jesús como Señor y llamarle de este modo (1 Co. 12:3). Pedro era un siervo de Jesús, no sólo reconociéndole e invocándole de ese modo, sino rendido a Su servicio, en tal medida que sólo hacía lo que Él le encomendaba y al que continuamente atendía para la ejecución del ministerio.

Debe prestarse atención al nombre doble dado por Pedro al Señor: *Jesús, Cristo*. En castellano se lee como una sola palabra *Jesucristo*, pero los dos nombres juntos adquieren una relevancia en relación con la Persona que es el que envía al apóstol. Primeramente, está el título humano del Verbo encarnado, *Jesús*, que equivale a *Él salva*. El segundo nombre *Cristo*, equivale a *Mesías*, anunciado proféticamente y esperado durante siglos, la esperanza de Israel y la esperanza para el mundo. Ese glorioso Mesías se había manifestado en Jesús, el hombre de Nazaret, el Hijo de María, el carpintero e hijo del carpintero (Mt. 13:55; Mr. 6:3).

Aquel que había caminado como un mero hombre por los polvorientos caminos de Palestina, el que se había sentado con publicanos y pecadores, el que había alimentado multitudes y el que había muerto en la Cruz, no era un simple hombre, sino el Cristo. Por tanto, el Señor de gloria era Jesús de Nazaret, porque en ambos títulos se expresa la dimensión de Su Persona Divino-humana. Presentar ambos nombres *Jesús y Cristo*, es una forma de proclamar que el Mesías, Hijo de Dios, es Jesús, el Hijo del Hombre. Ese Jesús que siendo hombre es también Dios, es el Señor de Pedro, a quien sirve porque es Emanuel, Dios con nosotros. Jesucristo es el Señor y Pedro es Su siervo. No se trata de una mera relación sino de un reconocimiento, para el apóstol, el hecho de ser siervo significa que Jesús es Señor. Desde el encuentro en Galilea y el llamamiento personal, Pedro ya no fue dueño de sí mismo, sino *siervo de Jesucristo*.

τοῖς ἰσότιμον ἡμῖν λαχοῦσιν πίστιν, Mediante una larga frase se refiere a los destinatarios, abundando en su condición. No se trata de gentiles o judíos, ni de otra condición humana, sino de *hermanos en la común fe*, los que alcanzaron una fe del mismo valor que la del apóstol. Esa fe *tan preciosa* ofrece dos aspectos: que tiene los mismos derechos que la de los apóstoles, y que tiene el mismo precio. Esto implica entender las palabras del apóstol *subjetiva* u *objetivamente*, en la primera acepción debe entenderse como la fe salvadora, en el segundo como la fe doctrinal. Pedro ha dicho en su *Primera Epístola*, que el rescate de los creyentes sin distinción alguna no puede compararse con el oro o la plata, sino que es infinitamente más alto puesto que se hizo por la entrega del Salvador, *la sangre de Cristo* (1 P.1:18-20). Pero, pudiera aplicarse también a la *fe* como sustento de lo que ha de aceptarse doctrinalmente, es decir, la fe dada una vez a los creyentes, que es resistida por los incrédulos, pero aceptada por los santos (1 Ti. 4:1, 6). Este depósito de verdades no se alcanzó por disposición y pensamiento humanos, sino por la gracia divina que la reveló y entregó por medio de los apóstoles. La referencia a la justicia de Dios, pudiera aplicarse también en el sentido de salvación, y en el de consolidación, de ahí que en ese sentido sea una fe de igual valor que la de los apóstoles, porque es la misma y la obra de Dios es sin acepción de personas (Ro. 2:11).

Lo más ajustado al entorno textual es que esté haciendo referencia a la fe para salvación, ya que tanto la condición natural como la obra salvadora es igual para todos los creyentes incluyendo en ellos a los mismos apóstoles. Esta admirable obra no obedece a méritos humanos, ni al esfuerzo del hombre, sino que es don gratuito de Dios. De ese modo es tan preciosa en el creyente sin distinción alguna porque produce los mismos efectos para todos, depositándola en el mismo Salvador.

ἐν δικαιοσύνῃ τοῦ Θεοῦ ἡμῶν καὶ σωτῆρος Ἰησοῦ Χριστοῦ, Pedro hace referencia, en una expresión que resulta un tanto ambigua, a la fe vinculada con la justicia de Dios. Esta se refiere a la de Dios para con el hombre, por esa razón algunos traducen: *"por la justicia de nuestro Dios y Salvador Jesucristo han obtenido una fe tan preciosa como la nuestra*[24]*"* o algo semejante con la misma idea. La *justicia* y la *fe*, están estrechamente unidas. Dios actúa en justicia con el creyente liberándolo de la responsabilidad penal del pecado, y salvándolo por gracia mediante la fe (Ro. 1:17; 5:1; 8:1; Ef. 2:8-9). En la relación aquí entre fe y justicia, se puede sintetizar diciendo que la fe es confiar plenamente en Dios, y la justicia que se origina en Dios, viene al creyente *por medio de Jesucristo el Salvador*, por cuya obra la salvación está disponible para todo el que cree, recibiendo el perdón de pecados y la vida eterna porque el Salvador les atribuye justicia perfecta (2 Co. 5:21; Fil. 3:8-9; 1 P. 2:24). La identidad de Dios relacionada con el *Salvador Jesucristo*, es evidente, de otro modo, Pedro está reconociendo que Jesucristo es Dios, puesto que el artículo determinado aparece una sola vez delante de Dios, de Salvador y de Jesucristo. Pedro llama *nuestro Dios* a Jesucristo, lo que es común en el Nuevo Testamento, como afirma Pablo: *"Porque en él habita corporalmente toda la plenitud de la deidad"* (Col. 2:9), llamándole Dios en otros lugares (cf. Ro. 9:5; Tit. 2:13; Heb. 1:8). El título *Salvador*, no aparece en la *Primera Epístola*, sin embargo, lo hace cinco veces en esta (1:1, 11; 2:20; 3:2, 18).

Resumiendo: La salvación es un don de Dios en todo cuanto tiene que ver con ella. No solo se otorga la gracia, sino también hace nacer la fe, todo proviene de Dios. En la Cruz, la ira de Dios por el pecado, como sentencia que se ejecuta, fue descargada sobre Jesús, el Salvador, que llevó sobre Sí el pecado de todos, mayormente de los que iban a creer: *"Que por esto mismo trabajamos y sufrimos oprobios, porque esperamos en el Dios viviente, que es el Salvador de todos los hombres, mayormente de los que creen* (1 Ti. 4:10), texto que afirma la doble sustitución, *potencial* que hace salvable a todo hombre, y la *virtual* que es eficaz para los que creen. En la Cruz, Dios estaba en Cristo reconciliando consigo al hombre (2 Co. 5:18-19). Al imputar a Jesús, el Salvador, el pecado de los creyentes, puede imputar a estos la justicia de Dios que es de Él, cubriendo por completo a los creyentes para los que ya no hay condenación alguna (Ro. 8:1).

---

[24] Así: Sagrada Biblia, Conf. Episc. Española; NVI; Biblia Textual; BJ, etc.

2. Gracia y paz os sean multiplicadas, en el conocimiento de Dios y de nuestro Señor Jesús.

χάρις ὑμῖν καὶ εἰρήνη πληθυνθείη ἐν ἐπιγνώσει τοῦ Θεοῦ
Gracia a vosotros y paz sea multiplicada en conocimiento - de Dios
καὶ Ἰησοῦ τοῦ Κυρίου ἡμῶν[1].
y de Jesús el Señor de nosotros.

Análisis y notas del texto griego.

Análisis: χάρις, caso nominativo femenino singular del nombre común *gracia*; ὑμῖν, caso dativo de la segunda persona plural del pronombre personal declinado *a vosotros*; καὶ, conjunción copulativa *y*; εἰρήνη, caso nominativo femenino singular del nombre común *paz*; πληθυνθείη, tercera persona singular del aoristo primero de optativo en voz pasiva del verbo πληθύμω, *aumentar, crecer, difundirse multiplicar*, aquí *sea multiplicada*; ἐν, preposición propia de dativo *en*; ἐπιγνώσει, caso dativo femenino singular del nombre común *conocimiento*; τοῦ, caso genitivo masculino singular del artículo determinado *el*; Θεοῦ, caso genitivo masculino singular del nombre divino declinado *de Dios*; καὶ, conjunción copulativa *y*; Ἰησοῦ, caso genitivo masculino singular del nombre propio declinado *de Jesús*; τοῦ, caso genitivo masculino singular del artículo determinado *el*; Κυρίου, caso genitivo masculino singular del nombre *Señor*; ἡμῶν, caso genitivo de la primera persona plural del pronombre personal declinado *de nosotros*.

Notas. Crítica Textual. Lecturas alternativas.

[1] τοῦ Θεοῦ καὶ Ἰησοῦ τοῦ Κυρίου ἡμῶν, *de Dios y de Jesús el Señor de nosotros*, según lectura en B, C, 1448, K, *l* 883, *l* 884, *l* 1159.

τοῦ Θεοῦ καὶ Χριστοῦ Ἰησοῦ τοῦ Κυρίου ἡμῶν, *de Dios y de Cristo Jesús, el Señor de nosotros*, conforme a 5, 33, 81, 436, 642, 2344, *l* 598, *l* 1365, it^{q}, vg^{cl}, Agustín.

τοῦ Θεοῦ καὶ Ἰησοῦ Χριστοῦ τοῦ Κυρίου ἡμῶν, *de Dios y de Jesucristo el Señor de nosotros*, como se lee en ℵ, A, L, 307, 1735, 1739, 2492, *Lect*, syr^{pal}, cop^{bo},arm.

τοῦ Θεοῦ καὶ σωτῆρος Ἰησοῦ Χριστοῦ τοῦ Κυρίου ἡμῶν, *de Dios y Salvador Jesucristo el Señor de nosotros*, conforme a 442, 1596.

τοῦ Θεοῦ Ἰησοῦ τοῦ Κυρίου ἡμῶν, *de Dios, de Jesús el Señor de nosotros*, según lectura en 𝔓^{72}.

τοῦ Κυρίου ἡμῶν Ἰησοῦ Χριστοῦ, *el Señor de nosotros, Jesucristo*, como se lee en 1611, it^{ar}, sy$^{ph, h}$, cop$^{sa\ ms}$, geo, Speculum.

τοῦ Θεοῦ ἡμῶν, *del Dios de nosotros*, según 1243, *l* 422.

τοῦ Κυρίου ἡμῶν, *del Señor de nosotros*, como se lee en P, Ψ, 1175, 1852, it^{z}, vg$^{ww, st}$.

χάρις ὑμῖν καὶ εἰρήνη πληθυνθείη. La salutación a los destinatarios, propia también de la forma epistolar de entonces, es hecha como un deseo personal de bendición que hace descansar en la gracia y en la paz, procedentes ambas de Dios. De esta manera el tema general de la *Epístola* se hace notar desde el momento del inicio. Las dos palabras *gracia* y *paz* están plenamente vinculadas con *el evangelio de la paz* (Ef. 6:15); también se dice que Cristo *"es nuestra paz"* (Ef. 2:14). Ambas están vinculadas; la gracia es el modo de salvación (Ef. 2:8-9), en donde Jesús mediante Su obra *"hizo la paz"* (Ef. 2:15), anunciando las *"buenas nuevas de paz"* para todos (Ef. 2:17).

Como se hizo notar en la salutación de la *Primera Epístola*, la gracia es uno de los dos elementos manifestantes del amor divino, que se expresa bien en misericordia, como al *amor en extensión*, es decir, el amor que ama permanentemente y que lo hace para otorgar favores propios del *ágape divino* al compadecerse del sufrimiento humano. Esa es la razón por la que los ciegos de nacimiento clamaban a Jesús diciendo: *"¡Ten misericordia de nosotros, Hijo de David!"* (Mt. 9:27). Ese amor expresado en misericordia se extiende para amar en todo tiempo, de ahí que, en medio de la destrucción de Jerusalén a causa del pecado del pueblo, por medio de los babilonios, el profeta diga: *"Por la misericordia de Jehová no hemos sido consumidos, porque nunca decayeron tus misericordias. Nuevas son cada mañana"* (Lam. 3:22-23). La gracia es el amor que desciende hasta la condición del miserable, de ahí, que cuando se habla de gracia haya un acompañamiento de descenso, como ocurre con la gracia de Jesucristo que se hace pobre siendo rico (2 Co. 8:9). La gracia es el amor que *obliga* a Dios a descender al encuentro del hombre en Cristo Jesús. Nada mejor usado que el verbo *obligar* para referirse a la expresión de la gracia. Dios se obligó a Sí mismo para venir al encuentro del pecador en el Plan de Salvación, producido en la voluntad de Dios antes de la creación (2 Ti. 1:9). Dios ama por razón de vida, ya que una de las perfecciones de la vida de Dios en el aspecto de la naturaleza divina es el amor (1 Jn. 4:8). Dios, por tanto, no es amor porque ama, sino que ama porque es amor. Para expresarlo en forma absoluta, a Dios le va la vida si dejase de amar. Su propia naturaleza le condiciona al amor. Sobre todo, en esta *Epístola* la gracia alcanza la importancia plena como *causa y razón* de la salvación del hombre (Ef. 2:8-9). Sólo es posible la salvación por la gracia. La fe es el medio instrumental para alcanzarla, pero de ningún modo, ni razón ni causa de ella. La gracia que salva al hombre lo hace para todo el proceso de la salvación. Es por gracia que Dios justifica al hombre (Tit. 3:7). De esa manera cuando el pecado abundó *sobreabundó* la gracia (Ro. 5:20), por cuya gracia Dios envía a Su Hijo para salvar al pecador. La salvación en la esfera de la santificación, sólo es posible por gracia. La gracia de Dios provee de lo necesario para que el cristiano pueda vivir una vida en santidad y llevar a cabo el servicio que Dios le ha establecido (1 Co. 15:10). De la misma manera la culminación plena de la salvación consistente en la glorificación del salvo, será una operación de la gracia (1 P. 1:13). La gracia es la fuente de la bendición para el cristiano, por eso Santiago dice que aún en las situaciones más difíciles como pueden ser las pruebas *"Dios da mayor gracia"* (Stg. 4:6).

Junto con el deseo de la administración de la gracia para cada creyente, está también el deseo de la paz, como bendición procedente de Dios, del Dios de paz (Fil. 4:9). La gracia es la causa y razón suprema de todo bien, de la que también mana la paz para el disfrute y experiencia de la vida cristiana. De otro modo: la gracia es la fuente y la paz el resultado de los dones y bendiciones que manan de ella.

La paz fue el admirable regalo que Jesús dejó a los Suyos y, por extensión, a todos los salvos, durante la última cena (Jn. 14:27). La paz allí adquiere dos sentidos: 1) El de *relación*, en el cual Jesús asegura que ha dejado *hecha* la paz con Dios; aquel estado de enemistad propio del pecado, quedó cancelado en la obra de reconciliación. 2) El de *experiencia*, ya que el Señor llama a vivir *Su propia paz*, la que como hombre experimentaba en medio del conflicto de la última noche. La paz de Dios inunda el corazón del salvo mediante la acción del Espíritu que la produce en él (Gá. 5:22; Fil. 4:7). De ahí que se demande solemnemente que cada cristiano se aplique a la conservación de la unidad corporativa en Cristo *"en el vínculo de la paz"* (Ef. 4:3). La salvación, por medio de la regeneración, convierte a los creyentes en *pacificadores*, que los hace bienaventurados y les permite manifestar la condición de hijos de Dios: *"Bienaventurados los pacificadores, porque ellos serán llamados hijos de Dios"* (Mt. 5:9). Sin embargo, el pacificador es aquel que *vive la paz* y, por tanto, la busca insistentemente. Es el que la procura y promueve. Paz en el concepto bíblico tiene que ver con una correcta relación con Dios. El que ha sido justificado por medio de la fe, está en plena armonía con Dios y siente la realidad de una paz perfecta que sustituye a la relación de enemistad anterior a causa del pecado (Ro. 5:1). El Señor vino al mundo con el propósito de *matar las enemistades* y anunciar las *buenas nuevas de paz* (Ef. 2:16-17). La demanda para el creyente en una vida de vinculación con Jesús, no puede ser otra que Su mismo sentir (Fil. 2:5). Por tanto, la paz es una consecuencia y una experiencia de la unión vital con Cristo. La identificación con Él convierte al creyente en algo más que un pacífico, lo hace un *pacificador*. Esto es la forma natural de quien vive la vida que procede del Dios de paz (1 Co. 14:33). El desarrollo visible de su testimonio discurre por una senda de paz, por cuanto sus pies han sido calzados con el apresto del evangelio de paz (Ef. 6:15). La santificación se desarrolla en una vida de paz, por cuanto es una operación del Dios de paz (1 Ts. 5:23). No se trata de aspectos religiosos o de teología intelectual, sino de una experiencia vivencial y cotidiana, que se expresa en muchas formas y hace visible en ellas esa realidad. El pacificador manifiesta esa condición porque anhela la paz con todos los hombres. Hace todo cuanto le sea posible por estar en paz con todos (Ro. 12:18); siente la profunda necesidad de *seguir* la paz (He. 12:14). El *pacificador* anhela predicar a todos el Evangelio de la paz (Ef. 6:15); siente que Dios le ha encomendado anunciar a toda la paz que Él hizo en la Cruz, y procura llevarlo a cabo (2 Co. 5:20). Modela su vida conforme al Príncipe de paz que busca a los perdidos (Lc. 19:10); y restaura al que ha caído, ensuciando parcialmente su vida espiritual (Jn. 13:12). Eso los hace *"bienaventurados"* porque solo ellos pueden ser *"llamados hijos de Dios"*. Un título de honor superior a cualquier otro. Dios reconoce a todo el que cree en el Hijo, como hijo Suyo (Jn. 1:12). Pero, a estos a quienes Dios reconoce como Sus hijos, el mundo debe *conocerlos*, por su conducta pacificadora que expresa la participación en la divina naturaleza, como hijos del Dios de paz (1:4). Quienes los observan deben descubrir en ellos el carácter del Dios de paz (1 Jn. 4:17b). Éstos, que experimentan en ellos la nueva vida de que fueron dotados en la regeneración, buscan y viven lo que Dios hizo en ellos, esto es, la verdadera paz. Son creyentes que tal vez hablan poco de paz, pero viven esa experiencia. No son conflictivos, buscando agradarse a ellos mismos, sino que son capaces de renunciar a sus derechos con tal de mantener la paz. No transigen con el pecado, pero buscan al que ha caído para restaurarlo a la comunión con el Príncipe de paz. La paz de Dios se ha hecho vida en ellos, gozándose en esa admirable experiencia. No hay dificultad ni problema que logre inquietarlos en su vida cristiana, por tanto, al no estar ellos inquietos, no son medio para inquietar a otros, sino todo lo contrario. El que ha experimentado la realidad de la paz de Dios en su vida es un *pacificador*. Si no procura la paz y la sigue, debe preguntarse si ha tenido alguna experiencia personal con el Dios de paz. La diferencia entre un cristiano normal y un pacificador es que el primero suele hablar de Dios y Su obra de paz, el segundo vive al Dios de paz de tal modo que no necesita palabras para hablar de ella, expresándola a todos con su estilo de vida.

El apóstol desea que esas bendiciones no estén limitadas, sino que sean *multiplicadas*. El tiempo aoristo en el verbo, junto con el optativo, expresan primero la procedencia de la bendición, Dios es el agente implícito de ella, en segundo lugar, el optativo infiere un deseo personal. Quería que tuviesen las bendiciones de la gracia, para toda experiencia de sus vidas, incluyendo como es lógico los momentos de tribulación y las persecuciones donde la manifestación de la gracia resulta necesaria. Pero al mismo tiempo deseaba que pudiesen experimentar la paz en la máxima dimensión posible.

ἐν ἐπιγνώσει τοῦ Θεοῦ καὶ Ἰησοῦ τοῦ Κυρίου ἡμῶν. Añade al deseo de bendición el alcance de la operatividad de las virtudes, *"en el conocimiento de Dios y de nuestro Señor Jesús"*. El sentido de conocimiento es algo profundo, que podría traducirse como *pleno conocimiento*. No cabe duda que la frase es un tanto difícil, de ahí que en alguna alternativa de lectura aparezca *en el conocimiento de Nuestro Señor*. El conocimiento supremo del cristiano tiene siempre como objetivo a Cristo. No se trata de un conocimiento completo sobre la doctrina, sino sobre la comunión con la Persona. El conocimiento de Cristo permite al creyente disfrutar de la gracia y experimentar la paz con Dios y la paz de Dios. Pero, el *conocimiento de Jesucristo*, junto con el del Padre, es la base de la vida eterna (Jn. 17:3). En ocasiones el sentido de *conocimiento* tiene que ver con la verdad divina (Ef. 1:17; 4:13; Fil. 1:9; Col. 1:9, 10; 2:2; 3:10; 1 Ti. 2:4; 3:7; Tit. 1:1). Sin duda la salvación no se alcanza por conocimientos intelectuales, sino por la obra eficaz que la Palabra opera en el inconverso, especialmente en relación con la fe, porque *"la fe viene por el oír, y el oír, por la palabra de Dios"* (Ro. 10:17). El apóstol exhorta continuamente en la *Epístola* al conocimiento de Jesús, de modo que se cierra el escrito con el mismo deseo, como se considerará entonces: *"Antes bien, creced en la gracia y el conocimiento de nuestro Señor y Salvador Jesucristo"* (2 P. 3:18). De otro modo, cuanto más se conoce vitalmente a Dios y a Jesucristo, mayor es la operación que la gracia produce en el creyente, base y fundamento de la salvación.

II. Vida en la fe (1:3-21).

Promesas y virtudes (1:3-11).

Promesas (1:3-4).

3. Como todas las cosas que pertenecen a la vida y a la piedad nos han sido dadas por su divino poder, mediante el conocimiento de aquel que nos llamó por su gloria y excelencia.

Ὡς πάντα ἡμῖν τῆς θείας δυνάμεως αὐτοῦ τὰ πρὸς
Como todas las cosas a nosotros del divino poder de Él - respecto a
ζωὴν καὶ εὐσέβειαν δεδωρημένης διὰ τῆς ἐπιγνώσεως τοῦ
vida y piedad que ha dado por el pleno conocimiento del
καλέσαντος ἡμᾶς ἰδίᾳ δόξῃ καὶ ἀρετῇ[1],
que llamó nos a propia gloria y virtud.

Análisis y notas del texto griego.

Análisis: Ὡς, adverbio de modo, *como*, que hace las veces de conjunción comparativa; πάντα, caso acusativo neutro plural del adjetivo indefinido *todos*, en sentido de *todas las cosas*; ἡμῖν, caso dativo de la primera persona plural del pronombre personal declinado *a nosotros*; τῆς, caso genitivo femenino singular del artículo determinado declinado *de la*; θείας, caso genitivo femenino singular del adjetivo *divina*; δυνάμεως, caso genitivo femenino singular del nombre común *poder, fuerza, acción poderosa*; αὐτοῦ, caso genitivo masculino de la tercera persona singular del pronombre personal declinado *de él*; τὰ, caso acusativo neutro plural del artículo determinado, *los* πρὸς, preposición propia de acusativo *hacia, por, con el fin de, respecto a*; ζωὴν, caso acusativo femenino singular del nombre común *vida*; καὶ, conjunción copulativa *y*; εὐσέβειαν, caso acusativo femenino singular del nombre común *piedad*; δεδωρημένης, caso genitivo femenino singular del participio perfecto en voz media del verbo δορέομαι, *dar, regalar, donar*, aquí *que ha dado*; διὰ, preposición propia de genitivo *por, por medio de*; τῆς, caso genitivo femenino singular del artículo determinado *la*; ἐπιγνώσεως, caso genitivo femenino singular del nombre común *conocimiento, pleno conocimiento*; τοῦ, caso genitivo masculino singular del artículo determinado declinado *del*; καλέσαντος, caso genitivo masculino singular del participio aoristo primero en voz activa del verbo καλέω, *llamar*, aquí *que llamó*; ἡμᾶς, caso acusativo de la primera persona plural del pronombre personal declinado *a nosotros, nos*; ἰδίᾳ, caso dativo femenino singular del adjetivo declinado *a propia*; δόξῃ, caso dativo femenino singular del nombre común *gloria*; καὶ, conjunción copulativa *y*; ἀρετῇ, caso dativo femenino singular del nombre común *virtud*.

Notas. Crítica Textual. Lecturas alternativas.

[1] ἰδίᾳ δόξῃ καὶ ἀρετῃ, *a propia gloria y virtud*, como se lee en ℵ, A, C, P, Ψ, 33, 81, 307, 436, 442, 1243, 1734, 1739, 1852, 2344, *l* 596, *l* 884, it[ar, h, q], vg, sy[ph, h, pal], cop[sa, bo], arm, eti, geo, Dídimo.

διὰ δόξης καὶ ἀρετῆς, *la gloria y virtud*, 𝔓[72], B, 5, 642, 1175, 1448, 1611, 2492, K, L.

῾Ως πάντα ἡμῖν τῆς θείας δυνάμεως αὐτοῦ. En el modo de escribir el griego, este texto, hace una transición abrupta del anterior. Así se aprecia que el versículo es como un salto después del saludo. Con todo, este y el siguiente deben tomarse como una explanación de lo que antecede, esto es, de los dones que Dios da a los creyentes. Pero, como escribe el profesor Ricardo Franco, *"también se pueden considerar como una larga prótasis*[25]*, cuya apódosis*[26] *estaría en el v. 5*[27]*"*. Si se toma de este modo, estaremos en presencia de un anacoluto, puesto que en el versículo 5 se aprecia el comienzo de una nueva cláusula. En cualquier caso, los dos versículos son un tanto imprecisos, en donde el relativo y también el demostrativo no tienen un antecedente preciso.

El adverbio ὡς, *como*, puede traducirse por *puesto que*, introductorio de algo que sigue y que se da por cierto. Esta dificultad quedaría obviada si en la salutación se incluye el versículo dos, dando comienzo a la *Epístola* con el que se considera.

La cláusula, cual fuese el sentido continuativo o no al versículo comienza presentando el *divino poder* de Dios, que otorgará *todas las cosas*, cuanto el creyente necesite. La expresión es propia de la filosofía griega y una forma idiomática del helenismo culto[28], que no se encuentra en ningún otro lugar de la Biblia. Surge la pregunta sobre a quién se refiere con *su divino poder*. Por el contexto inmediato ha de entenderse como relativo a Cristo, primero por continuidad con el versículo anterior que Le menciona y, en segundo lugar, por el tema general de la *Epístola.* El sentido es que dándonos Dios Su poder divino, nos da cuantas cosas necesitemos. Nuevamente aparece intencionadamente, con el uso de la frase, una apelación o, si se prefiere mejor, una nueva declaración de la

---

[25] *Prótasis*, primera parte del discurso, en que queda pendiente el sentido, que se completa o cierra en la apódosis.

[26] *Apódosis*, segunda parte del discurso que cierra lo que quedó abierto en la prótasis.

[27] Ricardo Franco S.I., o.c., pág. 315.

[28] Platón. *Leyes III* 691e. Aristóteles. *Política* 7,4. Josefo. *Antigüedades* IX 4,3.

deidad de Jesucristo, que se propone recordar y enseñar en la *Epístola*. Tanto el apóstol como los lectores son, por esa razón, receptores de bendiciones que resultarían impensables para el hombre.

τὰ πρὸς ζωὴν καὶ εὐσέβειαν δεδωρημένης. El poder de Cristo concede *todo lo que es útil*, para *la vida*. Primeramente, para la salvación en la donación de la *vida*, considerándola como la vida eterna que se recibe por la gracia al creer. Pero, no solo se trata de la justificación con lo que implica el perdón de pecados y vida eterna, sino con la santificación *la piedad*, que caracteriza la cotidianeidad de la experiencia cristiana. La vida en plenitud no es algo futuro o escatológico, sino actual y real. Jesús vino para que *tengamos vida en abundancia* (Jn. 10:10). La obediencia a la fe, que conlleva necesariamente la obediencia a los mandatos del Señor, cumpliendo *cuanto enseñó* (Mt. 28:20), conduce a la práctica de la verdadera piedad. Esto es un regalo divino δεδωρημένης, *que ha dado*. Son los recursos para vivir la vida de santificación en plena contradicción con el mundo, *operando Dios en nosotros el querer y el hacer, por Su buena voluntad* (Fil. 2:13).

διὰ τῆς ἐπιγνώσεως τοῦ καλέσαντος ἡμᾶς ἰδίᾳ δόξῃ καὶ ἀρετῇ, Esto se alcanza por *el conocimiento* de la propia *gloria y virtud* divinas, alcanzado por *el que nos llamó*, es decir, por el *llamamiento divino* a salvación. Surge la pregunta de si ese conocimiento tiene que ver con Dios o con Cristo. Pudiera entenderse de ambas maneras, puesto que a Dios no se va sino por medio de Cristo, y nunca iremos a Cristo a no ser que seamos llamados por el Padre. De otro modo, Dios nos ha llamado a la salvación por medio de Cristo (cf. Ro. 8:28, 30; 1 P. 1:15; 2:9; 5:10). El llamamiento divino ocurre por la propia gloria de Dios y Su virtud. Es necesario entender que Dios revela Su propio ser mediante la gloria visible y manifiesta Su bondad, Sus virtudes, en lo que hace.

Aunque el texto, como se ha dicho, contiene ciertas dificultades, puede entenderse mejor en la traducción que hace del mismo S. Kistemaker: *"Su divino poder nos ha dado todo lo que necesitamos para la vida y la piedad mediante nuestro conocimiento del que nos llamó por su propia gloria y bondad*[29]*"*.

Una sola nota más. El conocimiento de Dios nos ha sido otorgado, puesto que nadie puede llegar a esa bendición si Él mismo no se hubiera revelado. El conocimiento de Dios en la intimidad de la comunión con Él

---

[29] Simón J. Kistemaker. o.c., pág. 284.

está en el comienzo de toda bendición de la salvación y ese mismo conocimiento es también el término de toda nuestra vida espiritual.

4. por medio de las cuales nos ha dado preciosas y grandísimas promesas, para que por ellas llegaseis a ser participantes de la naturaleza divina, habiendo huido de la corrupción que hay en el mundo a causa de la concupiscencia.

δι' ὧν τὰ τίμια καὶ μέγιστα ἡμῖν ἐπαγγέλματα
Por medio de los cuales las preciosas y grandísimas a nosotros promesas
δεδώρηται, ἵνα διὰ τούτων γένησθε θείας κοινωνοὶ
ha dado para que por medio de éstas llegaseis a ser de divina participantes
φύσεως ἀποφυγόντες τῆς ἐν τῷ κόσμῳ ἐν ἐπιθυμίᾳ φθορᾶς.
naturaleza tras huir de la en el mundo por concupiscencia corrupción.

Análisis y notas del texto griego.

Análisis: δι', forma contracta de la preposición de genitivo διά, *por, por medio, a causa*; ὧν, caso genitivo neutro plural del pronombre relativo *los cuales*; τὰ, caso acusativo neutro plural del artículo determinado *los*; τίμια, caso acusativo neutro plural del adjetivo *preciosos*; καὶ, conjunción copulativa *y*; μέγιστα, caso acusativo neutro plural del adjetivo superlativo *grandísimos*; ἡμῖν, caso dativo de la primera persona plural del pronombre personal declinado *a nosotros*; ἐπαγγέλματα, caso acusativo neutro plural del nombre común *promesas*; δεδώρηται, tercera persona singular del perfecto de indicativo en voz media del verbo δωρέομαι, *regalar, donar*, aquí *ha dado*; ἵνα, conjunción causal *para que*; διὰ, preposición propia de genitivo *por medio de, a causa*; τούτων, caso genitivo neutro plural del pronombre demostrativo *estos*; γένησθε, segunda persona plural del aoristo segundo de subjuntivo en voz media del verbo γίνομαι, *llegar a ser*, aquí *llegasteis a ser*; θείας, caso genitivo femenino singular del adjetivo declinado *de divina*; κοινωνοὶ, caso nominativo masculino plural del nombre común *participantes*; φύσεως, caso genitivo femenino singular del nombre común *naturaleza*; ἀποφυγόντες, caso nominativo masculino plural del participio del segundo aoristo en voz activa del verbo ἀποφεύγω, *escapar, huir*, aquí *tras huir*; τῆς, caso genitivo femenino singular del artículo determinado declinado *de la*; ἐν, preposición propia de dativo *en*; τῷ, caso dativo masculino singular del artículo determinado *el*; κόσμῳ, caso dativo masculino singular del nombre común *mundo*; ἐν, preposición propia de dativo *en, por*; ἐπιθυμίᾳ, caso dativo femenino singular del nombre común *concupiscencia*; φθορᾶς, caso genitivo femenino singular del nombre común *corrupción*.

δι' ὧν Este es otro de los versículos difíciles de la *Epístola*, por lo que debe ser analizado con detenimiento, aunque esto sea imposible en un comentario. Pedro afirma que *por medio de los cuales*, que sin duda tiene que ver con la *gloria y virtud* que acaba de mencionar en el versículo anterior. Estas admirables grandezas de Dios se hacen manifiestas en

Cristo y por Él. Y, como se ha considerado, nos son dadas por la determinación de Dios sin merecimiento alguno por parte del hombre.

τὰ τίμια καὶ μέγιστα ἡμῖν ἐπαγγέλματα δεδώρηται, Por esa admirable manifestación de la gracia, Dios ha dado al hombre *preciosas* y *grandísimas* promesas. Estas promesas son *preciosas* o valiosas, pero también *grandísimas*, usando aquí el adjetivo en superlativo. La grandiosidad de esas promesas no tiene parangón en el conocimiento humano. Son las bendiciones prometidas para el que cree, comenzando por la vida eterna (Jn. 3:16), y siguiendo por las multiformes manifestaciones de lo que el creyente alcanza por la obra salvadora. Dios nos ha prometido hacernos Sus hijos (Jn. 1:12), llevándolo a término en Cristo mismo, quien nos adopta como tales en la familia de Dios (Gá. 4:5). Una vida transformada por la regeneración que cambia la situación de la antigua manera de vivir en el pecado, por la presencia del Espíritu en el creyente (Ro. 8:9, 13, 14). De igual manera nos ha prometido y nos ha dado el Espíritu Santo (Jn. 14:16, 17; Hch. 2:2-4; Ef. 1:13). La promesa de conducirnos en el tránsito de la vida (Jn. 16:13). Nos ha prometido Su presencia (Jn. 14:18; Mt. 28:20). Algunas de estas grandísimas promesas tendrán su cumplimiento más adelante, cuando sea recogida la iglesia para estar eternamente con Jesús (Jn. 14:1-4). Estas promesas tienen fiel cumplimiento porque todas las promesas de Dios son en Él sí y en Él amén (2 Co. 1:20). Junto con la esperanza de gloria, la de la recompensa eterna (1 Ti. 4:8; Stg. 1:12). Son sin duda *preciosas*, pero también son *grandísimas* Sus promesas.

ἵνα διὰ τούτων γένησθε θείας κοινωνοὶ φύσεως. La dimensión de la grandeza de lo que Dios ha dado, alcanza cotas tan sublimes como la de *venir a ser hechos participantes de la divina naturaleza.* Nuevamente aparece la palabra θείας, *divina*, que se ha considerado antes (v. 3), unida a φύσεως, *naturaleza.* Afirmando que hemos sido hechos *comunicantes, participantes,* o si se prefiere *tenemos comunión* con o en la divina naturaleza. Esto es capital para entender, entre otras cosas la dotación de vida eterna. La vida eterna es privativa y potestativa de Dios, puesto que sólo Él es eterno. De ahí que ningún ser creado tenga en sí mismo vida eterna. Sin embargo, Jesús promete dar vida eterna a cuantos crean en Él, lo que supone que en alguna medida o de alguna manera, el creyente venga a tener *comunión* o a *participar* de la vida de Dios. Esta operación de la gracia conduce a situaciones excepcionales para el que cree, puesto que quien cree en Cristo, *es engendrado de Dios* (Jn. 1:13) y es *renacido* de simiente incorruptible (1 P. 1:23). Este *nuevo nacimiento* supone, en cierto modo, una participación en la divina naturaleza, siendo *hijos de Dios* por la fe en

Cristo (Gá. 3:26; 4:6, 7). Con todo, esto no lleva a resolver el sentido pleno de esta participación. La vida de Dios es compartida por los creyentes por medio de Cristo y del Espíritu que vive en ellos (Ro. 8:9; Gá. 2:20). Sin duda la mutua inmanencia de Dios y del creyente podría bastar para explicar cómo es la comunión íntima con la *vida divina*, del cristiano con Dios en Cristo (cf. 1 Jn. 1:3, 6).

Dios en un Ser con dos modos de vida que inalterablemente unidas permiten conocer lo que es la *vida de Dios* y como tal *la vida eterna*. Por un lado, está lo que técnicamente se llama οὐσία, que tiene múltiples acepciones, entre las que están *esencia, substancia, ser, realidad, existencia, vida*, las dos primeras se usan para referirse a la realidad esencial de Dios. Siendo de este modo, esa *esencia* divina, no puede ser compartida por ningún ser porque es privativa y potestativa de Dios mismo. Se suele vincular con los *atributos incomunicables*, que solo Dios posee, como la *omnipotencia, la omnisciencia, omnipresencia*, que nadie más que Dios puede tener. De otro modo, *compartir* la *esencia* de Dios, sería poseer los atributos esenciales que hacen de Dios el Ser Absoluto, quien es totalmente Otro, que sería también asociarse –que es uno de los sentidos de la palabra *participar*– con perfecciones tales como *eternidad, infinitud*, que hace a Dios ser lo que únicamente es. Por otro lado, está la φύσισ, *naturaleza*, esta es eterna puesto que Dios no tiene principio y que se expresa mediante lo que se llaman *atributos comunicables*, que existen en Dios en grado infinito y son comunicados al hombre creyente en grado limitado. De modo que Dios es *amor infinito*, pero ese amor divino se ha derramado en el corazón regenerado por el Espíritu Santo (Ro. 5:5). Él es justicia infinita, pero al cristiano se le demanda ser justo. Esta experiencia en la vida divina, en la que somos exhortados a vivir: *"Sed, pues, imitadores de Dios, como hijos amados..."* (Ef. 5:1), es posible en cuanto la vida de Dios participativa en Su naturaleza, viene a ser experiencia de todo aquel que *está en Cristo*. Así que quien tiene a Cristo tiene la vida eterna porque Cristo es Dios, en unidad con el Padre y el Espíritu.

ἀποφυγόντες τῆς ἐν τῷ κόσμῳ ἐν ἐπιθυμίᾳ φθορᾶς. Quien participa en la divina naturaleza, se ha separado de la corrupción del mundo. Es imposible estar al mismo tiempo en comunión con Dios y con el mundo (1 Jn. 2:15-17). Por otro lado, no se puede *participar* de la vida temporal y caduca del mundo, y la eterna y gloriosa de Dios. El cristiano *huyó* de la corrupción del mundo, que Pedro relaciona con *la concupiscencia*, que tiene que ver con la multiforme manera de los efectos del pecado (cf. Fil. 3:20-21; 1 Jn. 3:2-3). Es preciso notar que el verbo ἀποφεύγω, está en participio aoristo que expresa una acción plenamente acabada cuyos efectos perduran en el tiempo. De modo que al salir del control del pecado y de la corrupción de la carne manifestada en sus obras (Gá. 5:19), permanece en una vida ajena a la podredumbre que hay en el mundo. Jesús dijo al Padre que los creyentes *"no son del mundo, como tampoco yo soy del mundo"* (Jn. 17:16). Esta bendición es de alcance supremo, como expresan las *grandísimas promesas* que nos han sido dadas, pero supone también una gran responsabilidad personal de vivir una vida conforme con la *participación* en la divina naturaleza. Como dice el Dr. Lacueva: *"En un texto ya clásico, dice León el Grande, obispo de Roma en los años 440-461: 'Reconoce, cristiano, tu dignidad: y hecho partícipe de la divina naturaleza, no vuelvas, con una conducta indigna, a la vileza de tu condición anterior*[30]*'"*.

Virtudes (1:5-7).

5. Vosotros también, poniendo toda diligencia por esto mismo, añadid a vuestra fe virtud; a la virtud, conocimiento.

Καὶ αὐτὸ τοῦτο δὲ σπουδὴν πᾶσαν παρεισενέγκαντες
También por esto mismo diligencia toda aportando
ἐπιχορηγήσατε ἐν τῇ πίστει ὑμῶν τὴν ἀρετήν, ἐν δὲ τῇ
añadid a lo ya provisto en la fe de vosotros la virtud, y en la
ἀρετῇ τὴν γνῶσιν,
virtud, el conocimiento.

Análisis y notas del texto griego.

Análisis: Καὶ, adverbio de modo *también*; αὐτὸ, caso acusativo neutro singular del pronombre personal *esto*; τοῦτο, caso acusativo neutro singular del pronombre demostrativo *esto mismo*; δὲ, partícula conjuntiva que hace las veces de conjunción coordinante, con sentido de *pero, más bien, y, y por cierto, antes bien, entonces*; σπουδὴν, caso acusativo femenino singular del nombre común *diligencia*; πᾶσαν, caso acusativo femenino singular del adjetivo indefinido *toda*; παρεισενέγκαντες, caso nominativo masculino plural del participio aoristo primero en voz activa del verbo παρεισφέρω, *aportar además, aplicar, añadir*, aquí *añadid*; ἐπιχορηγήσατε, segunda persona plural del aoristo primero de imperativo en voz activa del verbo ἐπιχορηγέω, *suministrar, proveer, conceder, añadir a lo ya provisto*, aquí *añadid a lo ya provisto*; ἐν, preposición propia de dativo *en*; τῇ, caso dativo femenino singular del artículo determinado *la*; πίστει, caso dativo femenino singular del nombre común *fe*; ὑμῶν, caso genitivo de la segunda persona plural del pronombre personal declinado *de vosotros*; τὴν, caso acusativo femenino singular del artículo determinado *la*; ἀρετήν, caso acusativo femenino singular del nombre común *virtud*; ἐν, preposición propia de dativo *en*; δὲ, partícula conjuntiva que hace

[30] F. Lacueva. o. c., pág. 131.

las veces de conjunción coordinante, con sentido de *pero, más bien, y, y por cierto, antes bien, entonces*; τῇ, caso dativo femenino singular del artículo determinado *la*; ἀρετῇ, caso dativo femenino singular del nombre común *virtud*; τὴν, caso acusativo femenino singular del artículo determinado *la*; γνῶσιν, caso acusativo femenino singular del nombre común *conocimiento*.

Καὶ αὐτὸ τοῦτο δὲ σπουδὴν πᾶσαν παρεισενέγκαντες. Las palabras de introducción del versículo establecidas en forma adverbial, que se traducen en el interlineal por *también por esto mismo*, vinculan con lo que antecede, haciendo notar que, porque se ha huido de la corrupción, ha de ponerse todo el empeño en la práctica de la virtud. La obra de salvación es plenamente de Dios, pero, en la santificación, aunque Él produce el querer y el hacer y da cuantos recursos de gracia son necesarios, no quita la responsabilidad personal para disponerse a vivir esa vida en la dimensión del compromiso de santidad. Es semejante a la demanda del apóstol Pablo: *"Ocupaos de vuestra salvación con temor y temblor"* (Fil. 2:12). Esto requiere prestarle la máxima atención, de ahí que Pedro escriba, literalmente: *con toda diligencia aportando*. El sustantivo utilizado, traducido por *diligencia*, expresa la idea de algo que apremia o apura. Aunque todo lo de salvación corresponde a Dios, no es menos cierto que Él demanda disposición para vivir la vida de santificación, respondiendo decididamente a *vivir a Cristo*. Los cristianos han de vivir con todo el esfuerzo que esto represente, vidas piadosas (3:14; Ro. 6:22; Gá. 6:9; Ef. 5:7-9; He. 6:10-12). Nunca la responsabilidad del hombre, en este caso del creyente, está ausente en la vida de salvación. Pero, debe notarse que esta demanda está luego de la enseñanza sobre *participar en la divina naturaleza*, ya que sin ello no es posible poner empeño en la santificación y la práctica de las virtudes que siguen, y que deben manifestarse en la vida del cristiano.

ἐπιχορηγήσατε ἐν τῇ πίστει ὑμῶν τὴν ἀρετήν, A la fe que salva se añade la virtud que expresa la verdadera vida en la fe. Aunque la fe aquí pudiera ser considerada como virtud y considerarse como *fidelidad*. En cualquier caso, la fe manifiesta un estado de dependencia plena del Señor, de otro modo, la confianza subjetiva que se tiene en Él. La ἀρετήν, *virtud* es el griego clásico lo que describe toda la perfección moral de una persona. Es equivalente a *poder moral*, la actividad que surge del vigor del alma. Podría decirse que el apóstol pide que la fe sea activa, produciendo obras buenas, delante de Dios y de los hombres, una fe vigorosa.

ἐν δὲ τῇ ἀρετῇ τὴν γνῶσιν, La tercera virtud que debe manifestarse es la del *conocimiento*. Se trata de tener una mente que puede discernir en toda ocasión y circunstancia la voluntad de Dios. Este conocimiento exige una mayor profundidad en la revelación divina por medio de la Palabra. Ambas, *virtud y conocimiento* son correlativos. Éste da las instrucciones y aquella las ejecuta. La lectura de la Biblia y la asistencia del Espíritu, producen vidas ejemplares delante del mundo y santas delante de Dios. Por esto oraba el apóstol Pablo: *"Por lo cual también nosotros, desde el día que lo oímos, no cesamos de orar por vosotros, y de pedir que seáis llenos del conocimiento de su voluntad en toda sabiduría e inteligencia espiritual, para que andéis como es digno del Señor, agradándole en todo, llevando fruto en toda buena obra, y creciendo en el conocimiento de Dios"* (Col. 1:9-10). A esta determinación viene la ayuda iluminadora del Espíritu Santo, que hace comprensible y ejecutable cuanto Dios determina en Su Palabra (2 Co. 4:6).

6. Al conocimiento, dominio propio; al dominio propio, paciencia; a la paciencia, piedad.

ἐν δὲ τῇ γνώσει τὴν ἐγκράτειαν, ἐν δὲ τῇ ἐγκρατείᾳ τὴν
Y en el conocimiento el dominio propio, y en el dominio propio la
ὑπομονήν, ἐν δὲ τῇ ὑπομονῇ τὴν εὐσέβειαν,
paciencia, y en la paciencia la piedad.

Análisis y notas del texto griego.

Análisis: ἐν, preposición propia de dativo *en*; δὲ, partícula conjuntiva que hace las veces de conjunción coordinante, con sentido de *pero, más bien, y, y por cierto, antes bien, entonces*; τῇ, caso dativo femenino singular del artículo determinado *la*; γνώσει, caso dativo femenino singular del nombre común *conocimiento*; τὴν, caso acusativo femenino singular del artículo determinado *la*; ἐγκράτειαν, caso acusativo femenino singular del nombre común *dominio propio*; ἐν, preposición propia de dativo *en*; δὲ, partícula conjuntiva que hace las veces de conjunción coordinante, con sentido de *pero, más bien, y, y por cierto, antes bien, entonces*; τῇ, caso dativo femenino singular del artículo determinado *la*; ἐγκρατείᾳ, caso acusativo femenino singular del nombre común *dominio propio*; τὴν, caso acusativo femenino singular del artículo determinado *la*; ὑπομονήν, caso acusativo femenino singular del nombre común *paciencia*; ἐν, preposición propia de dativo *en*; δὲ, partícula conjuntiva que hace las veces de conjunción coordinante, con sentido de *pero, más bien, y, y por cierto, antes bien, entonces*; τῇ, caso dativo femenino singular del artículo determinado *la*; ὑπομονῇ, caso dativo femenino singular del nombre común *paciencia*; τὴν, caso acusativo femenino singular del artículo determinado *la*; εὐσέβειαν, caso acusativo femenino singular del nombre común *piedad.*

ἐν δὲ τῇ γνώσει τὴν ἐγκράτειαν, Otras tres virtudes se añaden a la cadena iniciada en el versículo anterior. De modo que al conocimiento debe añadirse también el *dominio propio*, literalmente *controlarse a uno mismo*, que se traduce también por *templanza*. Aparece esta virtud en la última manifestación del fruto del Espíritu (Gá. 5:23). Tiene que ver con la capacidad de controlar los impulsos que conducen a la práctica de algo. Es la expresión natural e imprescindible en la vida cristiana. En algún momento de la historia de la iglesia, durante el s. II, hubo un grupo que se llamaban los *ecratitas*, que enfatizaban en un ascetismo basado en lo que entendían por *dominio propio*, estos se abstenían entre otras cosas, de carne y vino e insistían en el celibato como manifestación de *dominio propio*. Sin embargo, el auto control personal o el dominio propio, opuesto a las pasiones de la carne, no surge del esfuerzo humano sino de la obra del Espíritu. El dominio propio es testimonio de libertad y pureza que respalda el mensaje del evangelio. El control de las manifestaciones del carácter humano, como realidad del dominio propio, se exigen como condición personal para los líderes en la iglesia (Tit. 1.8).

ἐν δὲ τῇ ἐγκρατείᾳ τὴν ὑπομονήν, Una cuarta virtud aparece seguidamente, es la *paciencia*, capacidad de soportar una carga sin abandonar el esfuerzo. De ahí que signifique *ser paciente, perseverar, aguatar con entereza*. El verbo ὑπομένω, con acusativo equivale también a *esperar, aguardar*. A partir de Platón comienza a usarse el sustantivo que tenemos en el versículo, con un carácter valorativo, en el sentido de *entereza y aguante*. Para los griegos el hombre libre es aquel que sabe sobrellevar las cargas, dificultades y peligros de la existencia, sin esperar ninguna recompensa material o moral, sino por su propio honor. En la LXX el verbo aparece generalmente con el sentido de *aguardar, esperar*, especialmente en sentido de *esperar pacientemente*. El cristiano que vive en esperanza, se enfrenta con las tribulaciones y los problemas enfrentándolos con paciente aceptación, sintiéndose orgulloso de las aflicciones que provienen a causa del testimonio del evangelio. El sufrimiento de Cristo sirve de aliento y consuelo, mientras se mantiene firme en medio de aflicciones y trabajos dificultosos (Ro. 5:3-4; 12:12; 2 Co. 1:6; 2 Ts. 1:4; Stg. 1:12; 1 P. 2:20).

ἐν δὲ τῇ ὑπομονῇ τὴν εὐσέβειαν, A la paciencia se añade la *piedad*. Es la vida dispuesta en relación con Dios, basada en el respeto reverente ante quien es Él. Quien es piadoso hace de su vida entera un acto de adoración a Dios (1 Ti. 3:16; Tit. 1:1). Es, en general, la permanencia en el orden dispuesto por Dios. Esta piedad debe tener prioridad plena en la vida cristiana, puesto que se trata de valores eternos, frente a los limitados, aunque sean honestos, de la vida terrenal, como escribe el apóstol Pablo: *"La piedad para todo aprovecha, pues tiene promesas de esta vida presente, y de la venidera"* (1 Ti. 4:8).

7. A la piedad, afecto fraternal; y al afecto fraternal, amor.

ἐν δὲ τῇ εὐσεβείᾳ τὴν φιλαδελφίαν, ἐν δὲ τῇ φιλαδελφίᾳ τὴν
Y en la piedad el amor fraterno, y en el amor fraterno el
ἀγάπην.
amor.

Análisis y notas del texto griego.

Análisis: ἐν, preposición propia de dativo *en*; δὲ, partícula conjuntiva que hace las veces de conjunción coordinante, con sentido de *pero, más bien, y, y por cierto, antes bien, entonces*; τῇ, caso dativo femenino singular del artículo determinado *la*; εὐσεβείᾳ, caso dativo femenino singular del nombre común *piedad*; τὴν, caso acusativo femenino singular del artículo determinado *la*; φιλαδελφίαν, caso acusativo femenino singular del nombre común *amor fraterno*, o *amor fraternal*; ἐν, , preposición propia de dativo *en*; δὲ, partícula conjuntiva que hace las veces de conjunción coordinante, con sentido de *pero, más bien, y, y por cierto, antes bien, entonces*; τῇ, caso dativo femenino singular del artículo determinado *la*; φιλαδελφίᾳ caso dativo femenino singular del nombre común *amor fraterno*; τὴν, caso acusativo femenino singular del artículo determinado *la*; ἀγάπην, caso acusativo femenino singular del nombre común *amor*.

ἐν δὲ τῇ εὐσεβείᾳ τὴν φιλαδελφίαν, En la práctica de la piedad, se incorpora también el *amor fraternal*. No se puede amar y respetar a Dios, sino no se ama también al prójimo (Ro. 13:9-10). El amor de Dios se convierte el *amor fraternal*, buscando el bien del otro y apartándose de cuanto pudiera hacerle mal. En una forma directa, está refiriéndose a la deuda que no puede cancelarse nunca, que tenemos con nuestros hermanos en la fe. Esto fue una de las primeras recomendaciones del apóstol en la *Primera Epístola* (1 P. 1:22)[31]. Nadie que no ame a su hermano en Cristo puede afirmar que es verdaderamente salvo (1 Jn. 3:14). De ahí que la profesión de amor a Dios, ha de ir respaldada necesariamente por el amor a los hermanos (1 Jn. 4:20).

ἐν δὲ τῇ φιλαδελφίᾳ τὴν ἀγάπην. Pero todavía insistiendo en el amor añade al amor fraternal, el *amor* total. El amor hacia los hermanos se convierte en amor de entrega, como el que Dios mostró hacia nosotros. Él no quiere que limitemos nuestro amor hacia los hermanos, porque Jesús nos mandó *"amad a vuestros enemigos"* (Mt. 5:44). Como se dijo en el párrafo anterior, el amor es una deuda que todos los cristianos tenemos para con nuestro prójimo, sin excepción ni limitación alguna (Ro. 13:8). Esta virtud es la manifestación completa de nuestra relación

[31] Ver comentario al versículo en su lugar.

con Dios, de vivir la vida de Cristo en nosotros y de conducirnos en la plenitud del Espíritu. Es algo que debe estar claro en la mente cristiana: *"Y nosotros hemos conocido y creído el amor que Dios tiene para con nosotros. Dios es amor; y el que permanece en amor, permanece en Dios, y Dios en él"* (1 Jn. 4:16). Se trata del amor sacrificial de entrega sin interés alguno, simplemente se ama por necesidad de amar. Dios manifestó ese amor en que *"En esto consiste el amor: no en que nosotros hayamos amado a Dios, sino en que él nos amó a nosotros, y envió a su Hijo en propiciación por nuestros pecados"* (1 Jn. 4:10).

Desarrollo de la vida de fe (1:8-9).

8. Porque si estas cosas están en vosotros, y abundan, no os dejarán estar ociosos ni sin fruto en cuanto al conocimiento de nuestro Señor Jesucristo.

ταῦτα γὰρ ὑμῖν ὑπάρχοντα καὶ πλεονάζοντα οὐκ ἀργοὺς
Porque estas cosas en vosotros existiendo y abundando no ociosos
οὐδὲ ἀκάρπους καθίστησιν εἰς τὴν τοῦ Κυρίου ἡμῶν
ni sin fruto constituyen en el del Señor de nosotros
Ἰησοῦ Χριστοῦ ἐπίγνωσιν·
Jesucristo conocimiento pleno.

Análisis y notas del texto griego.

Análisis: ταῦτα, caso nominativo neutro plural del pronombre demostrativo *estos*, en sentido de *estas cosas*; γὰρ, conjunción causal *porque*; ὑμῖν, caso dativo de la segunda persona plural del pronombre personal declinado *en vosotros*; ὑπάρχοντα, caso nominativo neutro plural del participio presente en voz activa del verbo ὑπάρχω, *ser, existir, presentarse, pertenecer a,* aquí *existiendo*; καὶ, conjunción copulativa *y*; πλεονάζοντα, caso nominativo neutro plural del participio de presente en voz activa del verbo πλεονάζω, *superabundar, abundar en*, aquí *abundando*; οὐκ, forma escrita del adverbio de negación *no*, con el grafismo propio ante una vocal con espíritu suave o una enclítica; ἀργοὺς, caso acusativo masculino plural del adjetivo *ociosos*; οὐδὲ, conjunción *ni*; ἀκάρπους, caso acusativo masculino singular del adjetivo *infructuoso, sin fruto*; καθίστησιν, tercera persona singular del presente de indicativo en voz activa del verbo καθίστημι, *colocar, poner al frente, constituir, hacer*, aquí *constituyen*; εἰς, preposición propia de acusativo *en*; τὴν, caso acusativo femenino singular del artículo determinado *la*; τοῦ, caso genitivo masculino singular del artículo determinado declinado *del*; Κυρίου, caso genitivo masculino singular del nombre divino *Señor*; ἡμῶν, caso genitivo de la primera persona plural del pronombre personal declinado *de nosotros*; Ἰησοῦ, caso genitivo masculino singular del nombre propio *Jesús*; Χριστοῦ, caso genitivo masculino singular del nombre propio *Cristo*;

ἐπίγνωσιν, caso acusativo femenino singular del nombre común *conocimiento, conocimiento pleno.*

ταῦτα γὰρ ὑμῖν ὑπάρχοντα καὶ πλεονάζοντα οὐκ ἀργοὺς οὐδὲ ἀκάρπους. La práctica de las virtudes fructificará en el creyente. Nótese que no es alguna de las virtudes antes mencionadas, sino todas ellas. Por tanto, ya que se puso la práctica de ellas, bajo la responsabilidad del creyente, cada uno debe estar empeñado, poner diligencia (v. 5) para vivir en la práctica de la virtud. Todas estas perfecciones espirituales no están fuera del creyente, sino atesoradas en el mismo: *"existiendo en vosotros"*. Puestas en el corazón saldrán al exterior como dinámica de vida propia del cristiano. Pero su existencia no es pequeña, sino abundante. Ambas cosas están vinculadas por la conjunción καὶ, *y*, que las vincula, de modo que a la existencia debe corresponder *la abundancia*. En esa situación el creyente no estará ni ocioso, ni sin fruto.

El ἀργοὺς, *ocioso*, es equivalente también a *desocupado, vano*, palabra que se usa en otros lugares del Nuevo Testamento (cf. Mt. 12:36; 20:3, 6; 1 Ti. 5:13; Tit. 1:12). Expresa la idea de no hacer nada, estar sin obras. Quien hace alarde de fe, tiene, necesariamente, que practicar obras conforme a ella, porque *la fe sin obras es inútil.* Las palabras *ociosas*, según la enseñanza de Jesús, acarrean la responsabilidad personal para quien las dice. Son *inútiles, vacías*, pronunciadas por hombres *vanos*.

Además, son ἀκάρπους, *sin fruto*. Judas hablará de los falsos maestros llamándoles *"árboles otoñales, sin fruto, dos veces muertos y desarraigados"* (Jud. 12). Comparados también con los creyentes superficiales en la parábola del sembrador (Mt. 13:22). Dios estableció a los creyentes para que lleven *fruto, más fruto, mucho fruto* (Jn. 15:2, 4, 5). Cuando un creyente se niega a llevar fruto, estando unido vitalmente a Cristo, será cortado de su posición para que no consuma de la vid aquello que necesitan los otros sarmientos que llevan fruto. Son creyentes que por rebeldía personal tienen que recibir una disciplina que les impide seguir en la vid, no para condenación, pero para resolución del pecado voluntario que están cometiendo.

καθίστησιν εἰς τὴν τοῦ κυρίου ἡμῶν Ἰησοῦ Χριστοῦ ἐπίγνωσιν· Cierra el texto vinculando la actividad y el fruto con el pleno conocimiento de nuestro Señor Jesucristo. De otro modo, el conocimiento pleno del Señor es el término del crecimiento del creyente que, adquirido al precio de la sangre de Jesucristo, conociéndolo vivencialmente para salvación y dotación de vida eterna, es siempre *"celoso de buenas obras"* (Ti. 2:14). El sarmiento que está en la vid, está dotado de las capacidades necesarias para llevar fruto. Cuando lo hace, las virtudes presentes y actuantes en su vida, le permiten disfrutar del verdadero conocimiento. Es preciso entender que el conocimiento del Señor es dinámico y creciente, de modo que puede ser a la vez causa y objeto de la práctica de las virtudes antes mencionadas (cf. 1:3; 2:20).

9. Pero el que no tiene estas cosas tiene la vista muy corta; es ciego, habiendo olvidado la purificación de sus antiguos pecados.

ᾧ γὰρ	μὴ	πάρεστιν ταῦτα,	τυφλός	ἐστιν	μυωπάζων,
Porque en el que	no	están presentes estas cosas,	ciego	es	teniendo corta vista

λήθην	λαβὼν	τοῦ	καθαρισμοῦ	τῶν πάλαι	αὐτοῦ	ἁμαρτιῶν.
olvido	que escogió	de la	purificación	de los en otro tiempo	de él	pecados.

Análisis y notas del texto griego.

Análisis: ᾧ, caso dativo masculino singular del pronombre relativo declinado *en el que*; γὰρ, conjunción *porque*; μὴ, partícula que hace funciones de adverbio de negación *no*; πάρεστιν, tercera persona singular del presente de indicativo en voz activa del verbo πάρειμι, *estar presente, presentarse, venir*, aquí *está presente*; ταῦτα, caso nominativo neutro plural del pronombre demostrativo *estos,* en sentido de *estas cosas*; τυφλός, caso nominativo masculino singular del adjetivo *ciego*; ἐστιν, tercera persona singular del presente de indicativo en voz activa del verbo εἰμί, *ser, estar*, aquí *es*; μυωπάζων, caso nominativo masculino singular del participio de presente en voz activa del verbo μυωπάζω, *tener vista corta, ser miope*, aquí *teniendo corta vista*; λήθην, caso acusativo femenino singular del nombre común *olvido*; λαβὼν, caso nominativo masculino singular del participio del segundo aoristo en voz activa del verbo λαμβάνω, *aceptar, escoger*, aquí *que escogió*; τοῦ, caso genitivo masculino singular del artículo determinado declinado *del*; καθαρισμοῦ, caso genitivo masculino singular del nombre común *purificación*; τῶν, caso genitivo femenino plural del artículo determinado declinado *de las*; πάλαι, adverbio *en otro tiempo, antes, precedentemente*; αὐτοῦ, caso genitivo masculino de la tercera persona singular del pronombre personal declinado *de él*; ἁμαρτιῶν, caso genitivo femenino plural del nombre común *pecados*.

ᾧ γὰρ μὴ πάρεστιν ταῦτα, El versículo establece un contraste desde el principio, con el uso de la conjunción *porque*. De modo que se refiere a uno dentro de la congregación que no practica las ocho virtudes. Ha escogido mantenerse infructuoso. Tal persona no tiene *estas cosas*, a las que se ha referido en los versículos anteriores. De modo que, sin el conocimiento de Cristo, cualquier manifestación de la virtud es pura ilusión espiritual.

τυφλός ἐστιν μυωπάζων, Añade la condición espiritual de esa persona, diciendo que es *ciego*, y *corto de vista*, literalmente *miope*, que no distingue las realidades más lejanas y solo puede ver lo que tiene muy próximo a él. Puede insistir en que es un creyente que conoce a Cristo, pero la realidad es otra. Nada mejor para ilustrar esto que las palabras de Jesús a la iglesia en Laodicea: *"Porque tú dices: Yo soy rico, y me he enriquecido, y de ninguna cosa tengo necesidad; y no sabes que tú eres un desventurado, miserable, pobre, ciego y desnudo"* (Ap. 3:17). El que vive indiferente a la práctica de la virtud y afirma conocer al Señor, es un *ciego*, a quien falta visión para distinguir la situación en que se encuentra. Esa situación le incapacita para ver la realidad de su condición. El estado de rebeldía contra Dios y de autosuficiencia conduce a una reprobación del Señor, como había ocurrido con los fariseos en Su tiempo (Jn. 9:39). Cuando alguien dice que tiene visión espiritual y rechaza llevar fruto para Dios, considerándose suficiente sin Él, debe aplicársele las palabras de nuestro Señor: *"Si fuerais ciegos, no tendrías pecado; mas ahora, porque decís: Vemos, vuestro pecado permanece"* (Jn. 9:41).

λήθην λαβὼν τοῦ καθαρισμοῦ τῶν πάλαι αὐτοῦ ἁμαρτιῶν. Junto con la condición de vista limitada, está también la de *olvidadizo*. Esta persona se olvida lo que ha sido la purificación de sus pecados anteriores, los que practicaba antes de estar en Cristo. La vida en la situación descrita por el apóstol, lleva a olvidarse de lo que supuso la salvación para él y el cambio que Dios operó por Su gracia en la vida del pecador que ha creído en Cristo. Acaso la misma forma de vida le pudiera llevar a pensar que no ha sido realmente salvo. Quien vive en miseria espiritual no puede tener la seguridad plena de su conversión. Teniendo contristado en su vida al Espíritu Santo, no tienen la iluminación necesaria para poder ver claramente la bendición de quien está en Cristo y de Su conocimiento. Posiblemente se fue apartando del Señor lentamente olvidando la realidad de la purificación de sus pecados. En esta situación esa persona tiene una miopía tan intensa que es casi una ceguera.

Como escribe el Dr. Lacueva:

"No ve hacia delante, con lo que su conocimiento de Cristo es un fatal espejismo, ni ve hacia atrás, pues si recordase el momento en que le fueron perdonados sus antiguos pecados, recordaría también que la comunicación de la divina naturaleza produce espontáneamente la práctica de la virtud[32]*"*.

[32] F. Lacueva. o. c., pág. 134.

Esta es la condición del creyente carnal, pese a que algunos no creen que pueda existir, llamándole un religioso equivocado. El cristiano puede llegar a extremos de olvidar lo que Dios hizo por él, a no ver lo que demanda de él, a vivir como si viviese sin Él, pero, sin embargo, es salvo por gracia mediante la fe y heredero de las promesas de vida.

La seguridad (1:10-11).

10. Por lo cual, hermanos, tanto más procurad hacer firme vuestra vocación y elección; porque haciendo estas cosas, no caeréis jamás.

διὸ	μᾶλλον,	ἀδελφοί,	σπουδάσατε	βεβαίαν	ὑμῶν	τὴν
Por lo cual	más bien,	hermanos,	sed diligentes	en firme	de vosotros	el

κλῆσιν	καὶ	ἐκλογὴν	ποιεῖσθαι·[1]	ταῦτα γὰρ	ποιοῦντες
llamamiento	y	elección	hacer;	porque estas cosas	haciendo

οὐ μὴ	πταίσητε	ποτε.
de ningún modo	tropezaréis	alguna vez.

Análisis y notas del texto griego.

Análisis: διὸ, conjunción *por lo cual*; μᾶλλον, adverbio de modo *más bien*; ἀδελφοί, caso vocativo masculino plural del nombre común *hermanos*; σπουδάσατε, segunda persona plural del aoristo primero de imperativo en voz activa del verbo σπουδάζω, *apresurarse, poner empeño, ser diligente*, aquí *sed diligentes*; βεβαίαν, caso acusativo femenino singular del adjetivo declinado *en firme*; ὑμῶν, caso genitivo de la segunda persona plural del pronombre personal declinado *de vosotros*; τὴν, caso acusativo femenino singular del artículo determinado *la*; κλῆσιν, caso acusativo femenino singular del nombre común *llamamiento*; καὶ, conjunción copulativa *y*; ἐκλογὴν, caso acusativo femenino singular del nombre común *elección*; ποιεῖσθαι, presente de infinitivo en voz media del verbo ποιέω, *hacer*; ταῦτα, caso acusativo neutro plural del pronombre demostrativo *estos*, en sentido de *estas cosas*; γὰρ, conjunción causal *porque*; ποιοῦντες, caso nominativo masculino plural del participio presente en voz activa del verbo ποιέω, *hacer*, aquí *haciendo*; οὐ, adverbio de negación *no*; μὴ, partícula que hace funciones de adverbio de negación *no*; ambas unidas adquieren el sentido de *de ningún modo, jamás, en ninguna manera*; πταίσητε, tercera persona plural del aoristo primero de subjuntivo en voz activa del verbo πταίω, *tropezar, ofender, resbalar, chocar*, aquí *resbalaréis*; ποτε, adverbio indefinido *alguna vez, una vez, un día, en cierta ocasión.*

Notas. Crítica Textual. Lecturas alternativas.

[1] σπουδάσατε βεβαίαν... ποιεῖσθαι, *sed diligentes en firme ...hacer*, según lectura en 𝔓[72], B, C, 642, 1448, 1739, 2492, K, L, P, *Lect*, Ambrosio.

σπουδάσατε ἵνα διὰ τῶν καλῶν ἔργων βεβαίαν ... ποιῆσθε, *sed diligentes para que por medio de las mejores obras en firme... hagáis*, conforme a la lectura en ℵ, Ψ,5, 81, 307, 436, 1611, 1852, *l* 60, *l* $1365^{1/2}$, $it^{ar, z}$, $sy^{ph, pal}$, arm^{mss}, geo.

σπουδάσατε διὰ τῶν καλῶν ἔργων βεβαίαν ... ποιῆσθαι, *sed diligentes para que las buenas obras en firme... hacer*, según 442, *l* 596, arm^{mss}, $slav^{mss}$.

διὸ μᾶλλον, ἀδελφοί, La seguridad que se presentó en el v. 8 y la exhortación del v. 9, se complementan aquí con la conclusión que corresponde a lo dicho antes. Los creyentes son llamados a ser diligentes que les permitirá estar en los parámetros que hacen realidad experimental la salvación eterna. No se trata de que el llamamiento y la elección se hagan firmes por el obrar del creyente. El apóstol dejó claro que *"como todas las cosas que pertenecen a la vida y a la piedad nos han sido dadas por su divino poder, mediante el conocimiento de aquel que nos llamó por su gloria y excelencia"* (v. 3). Dios que llamó, también salvó y lo hizo definitivamente. Nadie puede hacer nada para salvarse a él mismo, la salvación es total y absolutamente de Dios y se sustenta en la gracia, recibiéndola mediante la fe (Ef. 2:8-9). Pedro se dirige a creyentes para quienes usa el vocativo *hermanos*.

σπουδάσατε βεβαίαν ὑμῶν τὴν κλῆσιν καὶ ἐκλογὴν ποιεῖσθαι· A ellos invita a mantener la diligencia que les permita afirmarse en el llamamiento y en la elección. Quien llama a los pecadores es el Padre, de modo que convoca en el tiempo llamando a los que salva. El llamamiento se hace por medio del evangelio: *"a lo cual os llamó mediante nuestro evangelio, para alcanzar la gloria de nuestro Señor Jesucristo"* (2 Ts. 2:14). Sin el llamamiento del Padre la obra de salvación no alcanzaría a los hombres con el propósito para el que fue hecha, ya que nadie puede ir a Cristo si el Padre que lo envió no lo llamase. Así dice Jesús: *"Ninguno puede venir a mí, si el Padre que me envió no le trajere"* (Jn. 6:44). El llamamiento del Padre es la manifestación de la gracia que implica también en él la obra del Espíritu (1 P. 1:2), que ilumina al pecador entenebrecido (He. 6:4), produciendo asimismo la convicción de pecado (Jn. 16:7-11). El Espíritu dota al pecador de la fe salvadora, que se convertirá en una actividad humana cuando la ejerce depositándola, en una acción de entrega, en el Salvador (Ef. 2:8-9). A este llamamiento responde el hombre por medio de la fe. Con todo, esta operación del Padre, no es una *coacción*, sino una *atracción*. Aquel que envió a Cristo para salvar a los pecadores, envía luego a los pecadores para que sean salvos por Cristo. Este llamamiento de Dios es eficaz siempre en aquellos que Dios ha escogido en Su soberanía, como el apóstol Pablo testifica: *"Pero cuando agradó a Dios, que me apartó desde el vientre de mi madre, y me llamó por su gracia"* (Gá. 1:15). No significa esto que el evangelio no tenga un llamamiento universal a todos los hombres, llamándolos a salvación. El llamamiento del Padre que *atrae* a los hombres a Cristo es algo cuestionado por muchos hombres que no alcanzan a entender claramente lo que tiene que ver con la soberanía divina y con la responsabilidad humana. Es necesario entender que todo cuanto es de salvación es de Dios, y todo lo que tiene que ver con condenación es de responsabilidad humana. Teniendo también en cuenta que Cristo murió por todos y que Dios no ha escogido a algunos de los hombres para que, sin posibilidad alguna, sean condenados al infierno. Pedro demanda de los creyentes que hagan *firme* el llamamiento celestial en sus vidas.

Pero también deben hacer firme la *elección*. Si complejo es la aceptación de que sólo el Padre llama y sólo Cristo salva a los que han sido llamados, más lo es todavía cuando se trata de la *elección*. De lo que se ha tratado con cierta extensión en el comentario a la *Primera Epístola* (1 P. 1:2) a donde se remite al lector para no duplicar aquí lo que se ha escrito entonces. El acto de soberanía por el cual Dios ha elegido a algunos de entre todos los hombres para que fuesen salvos, está relacionado con la *soberanía* divina, junto con todos los demás atributos de la Deidad. El que escogió es amor, y ama por igual a todos los pecadores (Jn. 3:16). Cristo también murió por todos y no sólo por algunos (2 Co. 5:14, 15; 1 Ti. 2:6). Por otro lado, Dios cargó sobre Cristo el pecado, en singular, de todos los hombres, para hacer *potencialmente* salvables a todos los perdidos (Is. 53:6). Dios hace una invitación general para todo pecador (Mt. 11:28; Ap. 22:17), de manera que cualquiera que crea con fe verdadera y se vuelva a Cristo, será salvo (Jn. 3:16; 5:24; Hch. 16:31; Ro. 1:16). La invitación general de la gracia puede ser rechazada y es la causa de eterna perdición para el pecador rebelde (Jn. 3:36). No cabe duda que Dios ha elegido a individuos para salvación, ser hechos hijos de Dios y herederos de la gloria eterna (Ro. 11:5; 1 Co. 1:26-29; 1 Ts. 1:4; 1 P. 1:2, 10). Sin embargo, debe insistirse en que no se enseña en la Biblia la elección para condenación. Por tanto, si Dios eligió a algunos y esos fueron salvos, no supone que aquellos a quienes directamente no eligió desde antes de la fundación del mundo, sean condenados o no puedan en modo alguno acudir a Jesús para ser salvos. Una situación semejante quitaría absolutamente la responsabilidad de los perdidos. Los que son salvos lo son para santidad (1 P. 1:16), habiendo huido de la corrupción que hay en el mundo (v. 4); para obras buenas expresadas en el contexto inmediato como el ejercicio de virtudes cristianas. La elección se hace firme en la vida de quienes desarrollan los valores procedentes de la regeneración, a cuya experiencia está exhortando el apóstol.

ταῦτα γὰρ ποιοῦντες οὐ μὴ πταίσητε ποτε. El propósito de este esfuerzo, o si se prefiere de esta *diligencia*, en los creyentes es el de permanecer firmes. Pedro afirma que mientras se hagan esas cosas, no tropezaran jamás. El texto es preciso. La construcción gramatical de la frase, concluye con el adverbio indefinido ποτε, que equivale a *alguna vez, una vez, un día, en cierta ocasión* de ahí que algunas veces se traduzca por *jamás*. Quien vive la vida asentando diligentemente la práctica de las virtudes cristianas, nunca tropezará él ni servirá de tropiezo a otros. De otro modo, mientras se esfuerce en afirmar, o asentar, su llamamiento y elección no puede producirse caída alguna en su vida. Será bueno advertir que esa afirmación del apóstol no supone que el cristiano tenga una vida de perfección absoluta libre de cualquier acción pecaminosa. Lo que enseña es que mientras lleven una vida santa, protegerán su camino de caídas, especialmente de los errores que propalan los falsos maestros y que se considerarán en el siguiente capítulo de la *Epístola*.

11. Porque de esta manera os será otorgada amplia y generosa entrada en el reino eterno de nuestro Señor y Salvador Jesucristo.

οὕτως γὰρ	πλουσίως	ἐπιχορηγηθήσεται	ὑμῖν	ἡ	εἴσοδος	εἰς
Porque así	ricamente	será concedida además	os	la	entrada	a

τὴν	αἰώνιον	βασιλείαν	τοῦ	Κυρίου	ἡμῶν	καὶ	σωτῆρος
al	eterno	reino	del	Señor	de nosotros	y	Salvador

Ἰησοῦ Χριστοῦ.
Jesucristo.

Análisis y notas del texto griego.

Análisis: οὕτως, adverbio de modo *así*; γὰρ, conjunción causal *porque*; πλουσίως, adverbio de modo *ricamente*; ἐπιχορηγηθήσεται, tercera persona singular del futuro de indicativo en voz pasiva del verbo ἐπιχορηγέω, *añadir a lo ya provisto, proveer además, conceder además*, aquí *será concedida además*; ὑμῖν, caso dativo de la segunda persona plural del pronombre personal declinado *a vosotros, os*; ἡ, caso nominativo femenino singular del artículo determinado *la*; εἴσοδος, caso nominativo femenino singular del nombre común *entrada*; εἰς, preposición propia de acusativo *a*; τὴν, caso acusativo femenino singular del artículo determinado *la*; αἰώνιον, caso acusativo femenino singular del adjetivo *eterno*; βασιλείαν, caso acusativo femenino singular del nombre común *reino*; τοῦ, caso genitivo masculino singular del artículo determinado declinado *del*; Κυρίου, caso genitivo masculino singular del nombre divino *Señor*; ἡμῶν, caso genitivo de la primera persona plural del pronombre personal declinado *de nosotros*; καὶ, conjunción copulativa *y*; σωτῆρος, caso genitivo masculino plural del nombre *salvador*; Ἰησοῦ, caso genitivo masculino singular del nombre propio *Jesús*; Χριστοῦ, caso genitivo masculino singular del nombre propio *Cristo*.

οὕτως γὰρ El versículo está formado por una sola cláusula que debe ser tratada en su totalidad. Comienza por una expresión condicional *porque así*, algunos traducen por *porque haciendo así*, para darle un mayor sentido a las palabras de Pedro, pero realmente, la conjunción y el adverbio que introducen la cláusula, son muy precisos, refiriéndose al estilo de vida que ha mencionado antes. Quiere decir, que de ese modo se producirán las bendiciones que siguen.

πλουσίως ἐπιχορηγηθήσεται ὑμῖν ἡ εἴσοδος εἰς τὴν αἰώνιον βασιλείαν τοῦ Κυρίου ἡμῶν καὶ σωτῆρος Ἰησοῦ Χριστοῦ. El texto es escatológico, al referirse al *reino eterno*. No cabe duda que el creyente ya está en el *reino de Jesucristo*. El apóstol Pablo lo afirma sin duda alguna: *"El cual nos ha librado de la potestad de las tinieblas, y trasladado al reino de su amado Hijo"* (Col. 1:13). Del estado de esclavitud en que vivía todo creyente, esclavizados por el pecado (Ro. 6:17), fue libertado por la obra de redención que el Dios planificó (Jn. 3:16; Hch. 2:23; 2 Co. 5:19, 21). Por la obra de Cristo el creyente es *rescatado, salvado* o *liberado*. Esta liberación es amplia: del mal (Mt. 6:13); de los incrédulos (Ro. 15:31); de las personas malas y perversas; de toda obra mala (2 Ti. 4:18); del cuerpo de muerte (Ro. 7:24); del poder de las tinieblas (Col. 1:13). Liberación sugiere la idea de libertad plena, donde la situación de esclavitud queda definitivamente cancelada y a la que ya no se puede regresar. La libertad trae consigo la recepción de la vida eterna, dada como don de Dios a todo aquel que cree. Quienes eran esclavos del pecado, son liberados de él para pasar a la libertad en Cristo, en la que han de mantenerse firmes (Gá. 5:1). Libres de la potestad de las tinieblas, son trasladados al *reino de su amado Hijo*, literalmente *al reino del Hijo de su amor*. Un traslado de una esfera de perdición y tinieblas a otra de vida y luz. Del poder tenebroso del pecado, nos conduce al servicio agradable en el reino de Jesucristo. De la tiranía esclavizadora en la que estábamos prisioneros bajo la acción de los agentes de las tinieblas, que controlan la humanidad sin Cristo, nos traslada a la luz admirable del *reino de Dios*, y que siendo de Él es también de Su Hijo amado. Como Pedro dice: *"nos llamó de las tinieblas a su luz admirable"* (1 P. 2:9). De ahí que el cristiano, conforme enseña aquí el apóstol Pedro, debe vivir como corresponde al llamamiento y elección, de otro modo: *"porque en otro tiempo erais tinieblas, mas ahora sois luz en el Señor; andad como hijos de luz"* (Ef. 5:8). El Reino del Hijo, como todo lo que tiene que ver con el *Reino de Dios* o *Reino de los cielos*, comprende distintas manifestaciones de una única realidad. En el tiempo presente los que creen, están en el *Reino en misterio* (Mt. 13), manifestado en la Iglesia, un pueblo que sirve y obedece a Dios, aceptando Su señorío y haciendo Su voluntad sin reservas. Esta manifestación del *reino* dará paso a otra nueva en el *milenio*, donde el Señor, Rey de reyes, gobernará en todo el mundo, llevando a cabo el programa divino para ese tiempo futuro. Finalmente, el *reino* tomará su dimensión eterna y definitiva con la disolución completa de la creación actual (3:10-12).

A reino eterno escatológico se está refiriendo el apóstol cuando dice que quien viva en la condición de heredero del reino, de salvo por gracia, de vinculación con Cristo, *ricamente le será concedida, además*, la entrada al reino en su manifestación escatológica, que aquí llama *reino eterno*, y que es la única vez que aparece ese calificativo en el Nuevo Testamento. De otro modo, quienes hayan afirmado su *llamamiento y elección*, mediante la vida comprometida de santidad y obediencia, tendrán *rica entrada*, no solo amplia, cómoda para acceder, sino *rica* porque habrá recompensas para la vida comprometida. Pero, además, quienes no vivan en el compromiso de santidad, se salvarán, sin duda alguna, pero con dificultad (1 P. 4:18)[33]. Es la misma idea expresada por el apóstol Juan cuando escribe: *"Y ahora, hijitos, permaneced en él, para que cuando se manifieste, tengamos confianza, para que en su venida no nos alejemos de él avergonzados"* (1 Jn. 2:28)[34]. El creyente ha de comparecer ante el tribunal de Cristo, para dar cuenta de sus obras (cf. Ro. 14:10; 2 Co. 5:10), en cierta manera habrá que responder a la pregunta que en alguna manera será formulada: *¿Qué tienes en tus manos para mí?*, pero el grave problema es que la pregunta está relacionada con el amor a Cristo, el que ama obedece y, además, la obra que vale delante de Dios es la que descansa en el amor (1 Co. 13:1 ss.). Para quien no viva conforme a lo que Jesús demanda, lo único que llevará en sus manos es madera, heno y hojarasca que consumirá el fuego de Dios.

La entrada rica al *reino eterno de nuestro Salvador Jesucristo*, tiene la connotación de ser eterno porque fue también preparado desde la eternidad para los que aman al Señor. Estos *reinarán por los siglos de los siglos* (Ap. 22:5). Una sola nota más y es que la expresión de *Salvador y Señor Jesucristo*, es exclusiva de la *Epístola* (2:20; 3:2, 18).

---

[33] Ver comentario.

[34] Ver comentario en *Epístolas de Juan*, de esta misma serie.

La Palabra y sus efectos (1:12-21).

Recordando la doctrina (1:12-15).

12. Por esto, yo no dejaré de recordaros siempre estas cosas, aunque vosotros las sepáis, y estéis confirmados en la verdad presente.

Διὸ μελλήσω ἀεὶ ὑμᾶς ὑπομιμνῄσκειν περὶ τούτων καίπερ
Por eso deberé siempre os recordar acerca de estas cosas aunque
εἰδότας καὶ ἐστηριγμένους ἐν τῇ παρούσῃ ἀληθείᾳ.
habéis sabido y que habéis sido afirmados en la que está presente verdad.

Análisis y notas del texto griego.

Análisis: Διὸ, conjunción *por eso*; μελλήσω, primera persona singular del futuro de indicativo en voz activa del verbo μέλλω, *deber*, aquí *deberé*; ἀεὶ, adverbio demostrativo *siempre*; ὑμᾶς, caso acusativo de la segunda persona plural del pronombre personal declinado *a vosotros, os*; ὑπομιμνῄσκειν, presente de infinitivo en voz activa del verbo ὑπομιμνῄκω, *traer a la memoria, recordar*; περὶ, preposición propia de genitivo *acerca de*; τούτων, caso genitivo neutro plural del pronombre demostrativo *estos*, en sentido de *estas cosas*; καίπερ, conjunción formada por crasis[35] de la conjunción καὶ y de la partícula adverbial πέρ, que significa *aunque, bien que, a pesar de*; εἰδότας, caso acusativo masculino plural del participio perfecto en voz activa del verbo οἶδα, *saber, conocer, entender*, aquí *que habéis sabido*; καὶ, conjunción copulativa *y*; ἐστηριγμένους, caso acusativo masculino plural del participio perfecto en voz pasiva del verbo στηρίζω, *afianzar, fortalecer, dar firmeza, afirmar*, aquí *que habéis sido afirmados*; ἐν, preposición propia de dativo *en*; τῇ, caso dativo femenino singular del artículo determinado *la*; παρούσῃ, caso dativo femenino singular del participio presente en voz activa del verbo παρείμι, *estar presente, estar cerca de; asistir, ayudar, socorrer, poder*, aquí *que está presente*; ἀληθείᾳ, caso dativo femenino singular del nombre común *verdad.*

Διὸ μελλήσω ἀεὶ ὑμᾶς ὑπομιμνῄσκειν περὶ τούτων. La grandeza de la salvación, la dimensión admirable de la vida cristiana, la esperanza gloriosa, la seguridad de la salvación (1:1-5), deben ser algo que se mantenga en la mente, en un recuerdo constante. Usando el futuro del verbo μέλλω, que expresa la idea de algo que debe hacerse, el apóstol afirma que él deberá recordar a los lectores *siempre*, es decir *continuamente*, estas cosas. Pero, no solo de las cosas escritas hasta aquí, sino también de lo que les va a recordar tocante al testimonio de la transfiguración, manteniendo la atención de los lectores en Cristo, nuestro glorioso Señor y Salvador. Todo esto comporta el fundamento de

[35] *Crasis,* palabra griega que equivale a *unión de fuerzas*, en general *unión de elementos.*

la fe que debe ser recordado continuamente. Todos los seres humanos tenemos la facilidad de olvidar, muchas veces lo que es esencia. Por esa razón, Pedro tratará de que todas las cosas relativas a la verdad de la fe, se mantengan presentes en la mente de los creyentes a quienes escribe.

καίπερ εἰδότας καὶ ἐστηριγμένους ἐν τῇ παρούσῃ ἀληθείᾳ. Uno de los objetivos es confirmarlos en *la verdad* que tienen *presente*. Como *pastor*, quien es también apóstol, trata al rebaño con un cariño especial. Es posible que no pudiera alabarlos a todos, por la práctica de una vida en las virtudes que antes les mencionó, pero destaca, no los defectos, sino la firmeza de la fe de aquellos. Esto es ya un contraste con los que va a referirse en el capítulo siguiente que, abandonando la verdad, siguen a los *falsos maestros*. Las cartas de otros apóstoles, las enseñanzas que ellos y otros grandes hombres de Dios en los tiempos apostólicos, les comunicaron, habían sido no solo entendidas, sino tomadas como elementos de firmeza en sus vidas. Ocurría esto también con otros creyentes, como eran los de Colosas, a quienes el apóstol Pablo escribía estas palabras: *"Ya habéis oído por la palabra verdadera del evangelio, que ha llegado hasta vosotros, así como a todo el mundo, y lleva fruto y crece también en vosotros, desde el día que oísteis y conocisteis la gracia de Dios en verdad"* (Col. 1:5-6). Jesús es *la verdad* (Jn. 14:6), por tanto, quien está en Cristo y en quien Cristo también está por identificación, tiene la verdad en sí mismo y está afirmado en ella. Pero, a esta obra de gracia, corresponde también el fortalecerse en la fe, mediante el estudio de la Palabra. Es de notar que el apóstol no está dirigiéndose a creyentes recién convertidos, aunque sin duda había de estos entre los lectores, sino a personas que conocían bien la fe y que necesitaban perseverar en el conocimiento de ella. Por eso les dice su propósito: *"aunque vosotros las sepáis y estéis confirmados en la verdad presente"*.

13. Pues tengo por justo, en tanto que estoy en este cuerpo, el despertaros con amonestación.

δίκαιον δὲ ἡγοῦμαι, ἐφ' ὅσον εἰμὶ ἐν τούτῳ τῷ σκηνώματι,
Pero justo considero mientras que estoy en este - tabernáculo
διεγείρειν ὑμᾶς ἐν ὑπομνήσει,
despertar os en recuerdo.

Análisis y notas del texto griego.

Análisis: δίκαιον, caso acusativo neutro singular del adjetivo *justo*; δὲ, partícula conjuntiva que hace las veces de conjunción coordinante, con sentido de *pero, más bien, y, y por cierto, antes bien, entonces*; ἡγοῦμαι, primera persona singular del presente de indicativo en voz media del verbo ἡγέομαι, *considerar, pensar, juzgar*; ἐφ' forma escrita de la preposición de acusativo ἐπί por elisión de la ι final y asimilación de la π ante vocal o diptongo con aspiración, y que significa *sobre, a, en, junto a, ante, con base en, referente a, durante, además de, de, para, por, contra, mientras*; ὅσον, caso acusativo neutro singular del pronombre relativo *lo que, que*; εἰμὶ, primera persona singular del presente de indicativo en voz activa del verbo εἰμί, *ser, estar*, aquí *estoy*; ἐν, preposición propia de dativo *en*; τούτῳ, caso dativo neutro singular del pronombre demostrativo *esto*; τῷ, caso dativo neutro singular del artículo determinado *el*; σκηνώματι, caso dativo neutro singular del nombre común *tabernáculo*; διεγείρειν, presente de infinitivo en voz activa del verbo διεγείρω, *despertar*; ὑμᾶς, caso acusativo de la segunda persona plural del pronombre personal declinado *a vosotros, os*; ἐν, preposición propia de dativo *en*; ὑπομνήσει, caso dativo femenino singular del nombre común *memoria, recuerdo*.

δίκαιον δὲ ἡγοῦμαι, El apóstol que tiene corazón de pastor, está escribiendo de ese modo. Siente la necesidad, por tanto, *tiene por justo*, o si se prefiere tiene por recto, exhortar y animar a los creyentes. No los está reprendiendo, sino ayudándoles, y eso es lo que tiene por justo hacer, ya que el Señor le había encomendado que *pastorease sus ovejas*. Aquellos a quienes escribe, por lo menos mayoritariamente, están afirmados en la verdad, pero eso no supone que no necesiten ser pastoreados continuamente, para impedir cualquier deriva que no sea provechosa para ellos.

ἐφ' ὅσον εἰμὶ ἐν τούτῳ τῷ σκηνώματι, La tarea que se propone hacer, y que considera como justo, esto es, necesario, requiere aprovechar bien el tiempo. Pedro utiliza aquí una figura del lenguaje para referirse a él mismo mientras esté vivo, literalmente *mientras estoy en este tabernáculo*. Considera el cuerpo como el tabernáculo en que habita su parte espiritual y que unidas integran la persona que escribe. La figura fue usada también por Pablo llamándole la *tienda terrenal* (2 Co. 5:1, 4). Ese tramo que le resta de vida, no es mucho, como se considerará en el versículo siguiente.

διεγείρειν ὑμᾶς ἐν ὑπομνήσει, El trabajo pastoral es el de *despertaros en recuerdo*, o *despertaros para que no os olvidéis*. No se trata tanto de una reprensión sino de una expresión de afecto para sus hermanos. El adormecimiento y el olvido de las verdades fundamentales son un campo abonado para que fructifique la siembra adulterada de semillas que el enemigo pone en el campo de la iglesia, por eso es necesario que los cristianos estén vigilantes y a eso se empeñará en su labor pastoral. Las palabras del apóstol pueden traducirse como: *"Estoy dispuesto a refrescaros siempre la memoria acerca de estas cosas"*

(NVI). Algunas cosas se mantienen siempre en el recuerdo de Pedro, como era el haberse dormido en Getsemaní, lo que permitió que el tentador ganara en su acción y él negase a Jesús. De ahí el interés de que sus hermanos estén despiertos, velando, *"porque vuestro adversario el diablo, como león rugiente, anda alrededor buscando a quien devorar"* (1 P. 5:8). La mente activada se fortalece en el recuerdo de cuanto le ha sido enseñado, especialmente en todo lo relativo a la santificación cristiana. Unido a esto está el peligro de los *falsos maestros* que acechan continuamente para pervertir la fe (2:1-3, 12-14; 3:3-5, 16-18). Todo en lo que han sido enseñados, bien por él mismo, o por otros apóstoles, de palabra o por escrito, no es de poca importancia y ha de estar siempre presente en la mente, cosas que no deben caer en el olvido.

14. Sabiendo que en breve debo abandonar el cuerpo, como nuestro Señor Jesucristo me ha declarado.

εἰδὼς	ὅτι	ταχινή	ἐστιν	ἡ	ἀπόθεσις	τοῦ	σκηνώματος	μου
Sabiendo	que	rápido	es	el	abandono	del	tabernáculo	de mí

καθὼς	καὶ	ὁ	Κύριος	ἡμῶν	Ἰησοῦς Χριστὸς	ἐδήλωσεν	μοι,
como	también	el	Señor	de nosotros	Jesucristo	declaró	me.

Análisis y notas del texto griego.

Análisis: εἰδὼς, caso nominativo masculino singular del participio perfecto en voz activa del verbo οἶδα, *saber, conocer*, aquí *sabiendo*; ὅτι, conjunción *que*; ταχινή, caso nominativo femenino singular del adjetivo *rápido*; ἐστιν, tercera persona singular del presente de indicativo en voz activa del verbo εἰμί, *ser, estar*, aquí *es*; ἡ, caso nominativo femenino singular del artículo determinado *la*; ἀπόθεσις, caso nominativo femenino singular del nombre común *abandono, acción de quitar*; τοῦ, caso genitivo masculino singular del artículo determinado declinado *del*; σκηνώματος, caso genitivo masculino singular del nombre común *tabernáculo*; μου, caso genitivo de la primera persona singular del pronombre personal declinado *de mí*; καθὼς, conjunción *como*; καὶ, adverbio de modo *también*; ὁ, caso nominativo masculino singular del artículo determinado *el*; Κύριος, caso nominativo masculino singular del nombre divino *Señor*; ἡμῶν, caso genitivo de la primera persona plural del pronombre personal declinado *de nosotros*; Ἰησοῦς, caso nominativo masculino singular del nombre propio *Jesús*; Χριστὸς, caso nominativo masculino singular del nombre propio *Cristo*; ἐδήλωσεν, tercera persona singular del aoristo primero de indicativo en voz activa del verbo δηλόω, *hacer visible, hacer ver, manifestar, explicar, revelar,* aquí *reveló*; μοι, caso dativo de la primera persona singular del pronombre personal *me*.

εἰδὼς ὅτι ταχινή ἐστιν ἡ ἀπόθεσις τοῦ σκηνώματος μου. El apóstol conoce que el tiempo de su partida, cuando debe abandonar su tabernáculo, está cerca, literalmente es *rápido*, no porque corra más veloz, sino porque es inminente. En cualquier momento debe partir para estar con Cristo. Es lo más probable que cuando escribía la *Epístola*, estuviese ya encarcelado en Roma bajo el dominio de Nerón y, seguramente sentenciado ya a muerte, esperando la ejecución. Fuese como fuese, conocía que lo que restaba de su tiempo en la tierra era poco. Por eso tenía urgencia de despertar el conocimiento de los lectores, para que recordasen las verdades de la fe, aun después de su partida.

καθὼς καὶ ὁ κύριος ἡμῶν Ἰησοῦς Χριστὸς ἐδήλωσεν μοι, El conocimiento de esa próxima salida del cuerpo, se debía a una revelación directa del Señor Jesucristo. De un modo semejante ocurrió con Pablo, cuando el Espíritu le reveló que le esperaban prisiones y tribulaciones (Hch. 20:23, 25). La tienda o el tabernáculo de Pedro iba a ser desmontando en breve, por tanto, él tendría que abandonarlo dentro de poco. No está refiriéndose a un proceso que termina en la muerte con la lentitud con que a veces ocurre con una enfermedad, sino que su vida iba a ser cortada pronto. Con todo, no son suposiciones o premoniciones personales, sino una revelación directamente dada por el Señor. Ya antes de su ascensión anunció a Pedro un desenlace de este tipo, cuando le dijo: *"Cuando eras más joven, te ceñías, e ibas a donde querías; mas cuando ya seas viejo, extenderás tus manos, y te ceñirá otro, y te llevará a donde no quieras"* (Jn. 21:18). Estas palabras eran conocidas en la iglesia primitiva como una profecía sobre la muerte del apóstol.

En una situación semejante, muchos estarían pensando solo en lo que les iba a ocurrir y el modo como ocurriría, pero Pedro, confiando en el Señor y sabiendo de Su providencia, no siente otro deseo que el de despertar a los creyentes para que no caigan en el camino de la fe. Las cosas personales dejan paso a las del Señor. Como creyente sabía que partir de la *tienda de campaña* significaba estar con Cristo, lo cual, como decía Pablo, es mucho mejor.

15. También yo procuraré con diligencia que después de mi partida vosotros podáis en todo momento tener memoria de estas cosas.

σπουδάσω δὲ	καὶ	ἑκάστοτε	ἔχειν	ὑμᾶς	μετὰ	τὴν
Y pondré diligencia	también	en toda ocasión	que tengáis	vosotros	después de	-

ἐμὴν	ἔξοδον	τὴν	τούτων	μνήμην	ποιεῖσθαι.
mí	partida	la	de estas cosas	memoria	hacer.

Análisis y notas del texto griego.

Análisis: σπουδάσω, primera persona singular del futuro de indicativo en voz activa del verbo σπουδάζω, *poner diligencia*, aquí *pondré diligencia*; δὲ, partícula conjuntiva que hace las veces de conjunción coordinante, con sentido de *pero, más bien, y, y por cierto, antes bien, entonces*; καὶ, adverbio de modo, *también*; ἑκάστοτε, adverbio *en toda ocasión*; ἔχειν, presente de infinitivo en voz activa del verbo ἔχω, *tener*, aquí *que tengáis*; ὑμᾶς, caso acusativo de la segunda persona plural del pronombre personal *vosotros*; μετὰ, preposición propia de acusativo *después de*; τὴν, caso acusativo femenino singular del artículo determinado *la*; ἐμὴν, caso acusativo femenino singular del pronombre personal posesivo *mí*; ἔξοδον, caso acusativo femenino singular del nombre común *partida, salida, éxodo*; τὴν, caso acusativo femenino singular del artículo determinado *la*; τούτων, caso genitivo neutro plural del pronombre demostrativo *estos*, en sentido de *estas cosas*; μνήμην, caso acusativo femenino singular del nombre común *memoria, recuerdo*; ποιεῖσθαι, presente de infinitivo en voz media del verbo ποιέω, *hacer*.

σπουδάσω δὲ καὶ ἑκάστοτε ἔχειν ὑμᾶς. Pedro pidió diligencia a los lectores, que pusiesen mayor empeño, para mantener el recuerdo de aquello en que habían sido enseñados (v. 10), pero, aquel interés que demanda, lo aplica aquí a él mismo, procurando con diligencia dejar a los cristianos un compendio escrito de la verdad para que la pudieran recordar en cualquier tiempo y circunstancia.

μετὰ τὴν ἐμὴν ἔξοδον. Lo hace con diligencia porque el tiempo de su *partida* está cercano. Después de ella no tendrá ocasión de exhortarles o advertirles personalmente de aquello que debe ser tenido en cuenta siempre. Es seguro que Pedro conocía, cuando estaba escribiendo, su sentencia a muerte, que aún no había sido ejecutada. Sin embargo, él sabía por revelación que su partida estaba cercana. En cualquier momento sería ejecutado y partiría para estar con Cristo.

τὴν τούτων μνήμην ποιεῖσθαι. La frase reviste una cierta dificultad puesto que el verbo con que se inicia la oración está en futuro *pondré diligencia*. ¿Quiere decir que se trata de este escrito o que Pedro tenía en mente otro más detallado que recogiera las enseñanzas de Jesús? No es posible definirlo, pero, sabemos que el *Evangelio según Marcos*, es el relato puesto en orden de acontecimientos y enseñanzas de la vida de Jesús que Pedro le comunicó. Es posible, pues, que estuviese en marcha ese escrito y que, por la *Epístola*, urgente por el problema de los falsos maestros, fuese intercalada entre ambos. De manera que estas palabras, con las que promete recordarles *estas cosas* aún después de su muerte, fuese una referencia al *Evangelio según Marcos*. Los escritores cristianos del s. II y III, dicen que Marcos escribió su *Evangelio*, con ayuda de Pedro. Papías, sobre el año 125, escribió: *"Marcos llegó a ser el intérprete de Pedro y escribió con exactitud todo lo que él recordaba, aunque no precisamente en orden, de las cosas dichas o hechas por el*

Señor. Es que él no había oído al Señor, ni lo había seguido, sino que más tarde, como dije, siguió a Pedro, que acostumbraba impartir la enseñanza según había necesidad[36]*"*. Un poco más adelante, Eusebio, escribe, hablando de Pedro y de Pablo: *"Pero después de la muerte de ellos también Marcos mismo, el discípulo e intérprete de Pedro, nos entregó por escrito las cosas que fueron predicadas por Pedro*[37]*"*.

De la misma manera puede preguntarse a qué cosas se está refiriendo, que dejaría para que luego de su muerte los creyentes recordasen las enseñanzas que precisaban tener en mente. ¿Se refiere a lo que ha escrito hasta ahora? Probablemente lo que él quería que conociesen, además de la doctrina que afirmaría y fortalecería su fe, eran las advertencias sobre los *falsos maestros* y sus características que siguen en el capítulo próximo. Ambas cosas, pueden estar presentes en la mente del apóstol cuando escribe esto. Pero, fuese una u otra, el viejo refrán latino afirma que *las palabras vuelan, lo escrito permanece*[38] .

Testigos oculares (1:16-18).

16. Porque no os hemos dado a conocer el poder y la venida de nuestro Señor Jesucristo siguiendo fábulas artificiosas, sino como habiendo visto con nuestros propios ojos su majestad.

Οὐ γὰρ σεσοφισμένοις μύθοις ἐξακολουθήσαντες
Porque no inventadas sagazmente fábulas que seguimos
ἐγνωρίσαμεν ὑμῖν τὴν τοῦ Κυρίου ἡμῶν ᾿Ιησοῦ Χριστοῦ
dimos a conocer os el del Señor de nosotros Jesucristo
δύναμιν καὶ παρουσίαν ἀλλ' ἐπόπται γενηθέντες τῆς
poder y venida sino testigos oculares llegados a ser de la
ἐκείνου μεγαλειότητος.
de Él majestad.

Análisis y notas del texto griego.

Análisis: Οὐ, adverbio de negación *no*; γὰρ, conjunción causal *porque*; σεσοφισμένοις, caso dativo masculino plural del participio perfecto en voz pasiva del verbo σοφίζω, *inventar sagazmente*, aquí *inventadas sagazmente*; μύθοις, caso dativo masculino plural del nombre común *fábulas*; ἐξακολουθήσαντες, caso nominativo masculino plural del participio aoristo primero en voz activa del verbo ἐξακολούζεω, *seguir*, aquí *que seguimos*; ἐγνωρίσαμεν, primera persona plural del aoristo primero de indicativo en voz

[36] Eusebio. *Historia eclesiástica*. 3.39,15.
[37] Eusebio. *Historia eclesiástica*. 5.8,3.
[38] *Verba volant, scripta manent.*

activa del verbo γνωρίζω, *dar a conocer, revelar, saber,* aquí *dimos a conocer*; ὑμῖν, caso dativo de la segunda persona plural del pronombre personal declinado *a vosotros, os*; τὴν, caso acusativo femenino singular del artículo determinado *la*; τοῦ, caso genitivo masculino singular del artículo determinado declinado *del*; Κυρίου, caso genitivo masculino singular del nombre divino *Señor*; ἡμῶν, caso genitivo de la primera persona plural del pronombre personal declinado *de nosotros*; ᾽Ιησοῦ, caso genitivo masculino singular del nombre propio *Jesús*; Χριστοῦ, caso genitivo masculino singular del nombre propio *Cristo*; δύναμιν, caso acusativo femenino singular del nombre común *poder, fuerza, potencia*; καὶ, conjunción copulativa *y*; παρουσίαν, caso acusativo femenino singular del nombre común *venida, llegada, presencia*; ἀλλ᾽, forma escrita ante vocal de la conjunción adversativa ἀλλά que significa *pero, sino*; ἐπόπται, caso nominativo masculino plural del nombre común *testigos oculares*; γενηθέντες, caso nominativo masculino plural del participio aoristo primero en voz pasiva del verbo γίνομαι, *llegar a ser*, aquí *llegados a ser*; τῆς, caso genitivo femenino singular del artículo determinado declinado *de la*; ἐκείνου, caso genitivo masculino singular del pronombre demostrativo declinado *de Él*; μεγαλειότητος, caso genitivo femenino singular del nombre común *grandeza, majestad.*

Οὐ γὰρ σεσοφισμένοις μύθοις ἐξακολουθήσαντες. Los apóstoles enseñaron la *segunda venida de Jesucristo*. Esta verdad está en oposición con la enseñanza de los falsos maestros, como se apreciará en el siguiente capítulo. Esta verdad que ellos comunicaron a los creyentes no descansaba en *fabulas artificiosas*, salidas de la mente del hombre, o en suposiciones de algo que ellos mismos deseaban que ocurriese. Las fábulas tienen siempre un mal sentido en el Nuevo Testamento (cf. 1 Ti. 1:4; 2 Ti. 4:4; Tit. 1:14). Estas no son otra cosa que la expresión mediante palabras de la fantasía humana, por tanto, no tienen ningún valor. Probablemente la fe cristiana estaba siendo atacada por enemigos de la verdad que propalaban que cuanto tenía que ver con el futuro y especialmente con la *segunda venida del Señor*, no eran otra cosa que fábulas salidas de mentes humanas. Pedro afirma solemnemente que eso no es así, que la enseñanza apostólica no descansa en invenciones de los hombres, sino en algo totalmente contrario.

ἐγνωρίσαμεν ὑμῖν τὴν τοῦ Κυρίου ἡμῶν ᾽Ιησοῦ Χριστοῦ δύναμιν καὶ παρουσίαν. Lo que habían dado a conocer a los creyentes eran verdades sobre el poder y la venida de quien es Señor de los apóstoles y de todos los creyentes. Nada tenía que ver la verdad enseñada con las fábulas propias de la mitología, donde se contaban, salidas de la mente humana, hechos que nunca ocurrieron de dioses que nunca lo fueron. Esas eran realmente fábulas, pero no así el *poder* de Jesús, y lo que tenía que ver con Su venida.

ἀλλ' ἐπόπται γενηθέντες τῆς ἐκείνου μεγαλειότητος. Lo que habían enseñado eran *relatos históricos* de testigos presenciales que con sus propios ojos habían visto *Su majestad*. No cabe duda que la referencia no podía ser otra que a lo ocurrido en el Monte de la Transfiguración. La admirable gloria de Jesús, no podía ser otra que la que le correspondía eternamente por ser el Unigénito del Padre. El apóstol Juan escribe en el *Evangelio* que *vieron su gloria* (Jn. 1:14). Pedro está haciendo mención al momento en que él, junto con Juan y Jacobo, vieron extasiados y temerosos la gloria admirable de Jesús, cuya forma visible adquirió una grandeza que no habían presenciado antes. La transfiguración fue algo necesario para asentar en una gran manera la verdad de la deidad de Jesucristo. Este acontecimiento[39] ocurrió después de que Jesús anunciara Su muerte en Jerusalén. La convicción de que Jesús era el Cristo, entraba en conflicto con la manifestación que hace sobre Su muerte. El problema es fácil de entender, puesto que el aspecto mesiánico está muy relacionado con el Reino y el establecimiento de él en la tierra conforme a las profecías. Si el Mesías moría ¿dónde estaba el reino? De igual modo el conflicto es en relación con el tiempo en que el reino sería establecido. Debe recordarse que esta era una de las preguntas que los discípulos tenían, sobre la restauración del reino a Israel (Hch. 1:6). Jesús lleva a tres de los Suyos, los que habían estado en los momentos claves y que habían presenciado algunos de los milagros más impactantes, a la cima de un monte donde se transfigura delante de ellos. En esa manifestación gloriosa, los tres apóstoles recibirán un anticipo de lo que será el reino de Dios viniendo con poder. Pero, al mismo tiempo, la pregunta de quién es Jesús, es respondida directamente por el Padre, que da testimonio de que es Su Hijo amado (Lc. 9:35). El Mesías va a la ciudad donde morirá, pero esa muerte, es tan solo un paso hacia el establecimiento del Reino, primero en el tiempo presente, en la Iglesia y luego en el futuro del reino milenial en la tierra.

Además, Jesús habló a los discípulos de Su *segunda venida*, prometiéndoles algo especial para los creyentes, ya que Él salía de entre ellos, con quienes había estado los tres años anteriores, para regresar a la gloria de donde había venido, pero no los dejaría solos, sino que vendría otra vez. Tan solo Su separación era temporal para preparar un lugar para ellos (Jn. 14:1-4). En el llamado *sermón profético* (Mt. 24 y 25), detalló algunas cosas que tendrán cumplimiento cuando el Señor regrese a la tierra. Los ángeles recordaron esa promesa cuando en el día de la ascensión, dijeron a los que habían visto como Jesús fue llevado arriba: *"Varones galileos, ¿por qué estáis mirando al cielo? Este mismo Jesús,*

---

[39] Ver comentario a Mt. 17:1-8; Mr. 9:1-8; Lc. 9: 27-36, de esta misma serie.

que ha sido tomado de vosotros al cielo, así vendrá como le habéis visto ir al cielo" (Hch. 1:11).

Luego, la profecía del regreso de Jesús, no son invenciones o fábulas de hombres, sino el testimonio de quienes vieron esa gloria y oyeron las palabras de Jesús. Es más, la profecía del Nuevo Testamento es totalmente diferente en cuanto a modo expresivo a la de los profetas del Antiguo Testamento. Estos recibieron revelaciones sobre el futuro que en ocasiones ni ellos mismos llegaban a entender, de modo que en sus investigaciones sobre lo que les había sido revelado, Dios les comunicó que no eran para ellos aquellas cosas. Sin embargo, lo que se anuncia en el Nuevo, es la manifestación de lo que los ojos de los apóstoles vieron tocante, no solo al regreso de Jesús, sino a los acontecimientos futuros y a la promesa de la segunda venida del Señor. Testigos de la *majestad* de Jesús. Hablar de gloria majestuosa en los escritos bíblicos es hablar de deidad, por tanto, no había que razonar sobre la deidad de Jesús, porque ellos vieron con sus propios ojos *Su majestad.*

Los falsos maestros se enfrentaban a un serio problema, al pretender convencer a los cristianos que lo que los apóstoles les habían enseñado era meras fábulas. Pero ellos no hablaban teológicamente, aunque era perfecta teología, sino que testificaban de algo que había ocurrido y que ellos habían visto y oído. La Ley establecía un testimonio válido cuando concordaba en el de dos o tres personas, la enseñanza estaba respaldada por el testimonio de tres que estuvieron con Jesús durante el tiempo de Su ministerio. Era realmente una *Cristología Histórica*, que sustentaba la fe de la iglesia primitiva y la nuestra de hoy.

17. Pues cuando él recibió de Dios Padre honra y gloria, le fue enviada desde la magnífica gloria una voz que decía: Éste es mi Hijo amado, en el cual tengo complacencia.

λαβὼν γὰρ παρὰ Θεοῦ Πατρὸς τιμὴν καὶ δόξαν φωνῆς
Porque cuando recibió de parte de Dios Padre honor y gloria voz
ἐνεχθείσης αὐτῷ τοιᾶσδε ὑπὸ τῆς μεγαλοπρεποῦς δόξης·
que fue enviada le de tal naturaleza de parte de la magnífica gloria:
ὁ υἱός μου ὁ ἀγαπητός μου οὗτος ἐστιν[1] εἰς ὃν ἐγὼ
El Hijo de mí el Amado de mí este es, en el cual Yo
εὐδόκησα,
puse mi complacencia.

Análisis y notas del texto griego.

Análisis: λαβὼν, caso nominativo masculino singular del participio aoristo segundo en voz activa del verbo λαμβάνω, *recibir*, aquí *cuando recibió*; γὰρ, conjunción causal *porque*; παρὰ, preposición propia de genitivo *de*; Θεοῦ, caso genitivo masculino singular del nombre divino *Dios*; Πατρὸς, caso genitivo masculino singular del nombre divino *Padre*; τιμὴν, caso acusativo femenino singular del nombre común *honor*; καὶ, conjunción copulativa *y*; δόξαν, caso acusativo femenino singular del nombre común *gloria*; φωνῆς, caso genitivo femenino singular del nombre común *voz*; ἐνεχθείσης, caso genitivo femenino singular del participio aoristo primero en voz pasiva del verbo φέρω, *llevar, traer,* aquí *que fue traída*, en sentido de *que fue enviada*; αὐτῷ, caso dativo masculino de la tercera persona singular del pronombre personal declinado *a él, le*; τοιᾶσδε, caso genitivo femenino singular del adjetivo *tal, de tal naturaleza*; ὑπὸ, preposición propia de genitivo *por, de parte de*; τῆς, caso genitivo femenino singular del artículo determinado *la*; μεγαλοπρεποῦς, caso genitivo femenino singular del adjetivo *magnífica*; δόξης, caso genitivo femenino singular del nombre común *gloria*; ὁ, caso nominativo masculino singular del artículo determinado *el*; Υἱός, caso nominativo masculino singular del nombre *Hijo*; μου, caso genitivo de la primera persona singular del pronombre personal declinado *de mí*; ὁ, caso nominativo masculino singular del artículo determinado *el*; ἀγαπητός, caso nominativo masculino singular del adjetivo *amado*; μου, caso genitivo de la primera persona singular del pronombre personal declinado *de mí*; οὗτος, caso nominativo masculino singular del pronombre demostrativo *éste*; ἐστιν, tercera persona singular del presente de indicativo en voz activa del verbo εἰμί, *ser, estar*, aquí *es*; εἰς, preposición propia de acusativo *en*; ὃν, caso acusativo masculino singular del pronombre relativo *el que, el cual, quien*; ἐγὼ, caso nominativo de la primera persona singular del pronombre personal *yo*; εὐδόκησα, primera persona singular del aoristo primero de indicativo en voz activa del verbo εὐδοκέω, *complacerse, tener su complacencia, poner complacencia,* aquí *puse mi complacencia.*

Notas. Crítica Textual. Lecturas alternativas.

[1] ὁ Υἱός μου ὁ ἀγαπητός μου οὗτος ἐστιν, *el Hijo de mí, el amado de mí, este es*, lectura en $\mathfrak{P}^{72}$, B.

οὗτος ἐστιν ὁ Υἱός μου ὁ ἀγαπητός, *este es el Hijo de mí, el amado*, según ℵ, A, C^{1}, Ψ, 5, 33, 81, 307, 436, 442, 642, 124, 1448, 1611, 1735, 1739, 1852, 2344, 2492, K, L, *Lect*, $it^{ar, h, z}$, vg, $sy^{ph, h}$,slav Agustín.

οὗτος ἐστιν ὁ Υἱός μου ὁ ἀγαπητός οὗτος ἐστιν, *este es el Hijo de mí, el amado, este es*, conforme a P, 1175, $cop^{sa/mss, bo}$.

λαβὼν γὰρ παρὰ Θεοῦ Πατρὸς τιμὴν καὶ δόξαν. Pedro da testimonio de lo que ocurrió en el Monte de la Transfiguración. Los discípulos, respondiendo a una pregunta de Jesús, habían dado testimonio de quien era para ellos, *el Hijo de Dios*, sin embargo, el Padre testificó de lo mismo en el tiempo de la transfiguración. Marcos es fiel al relato de Pedro, describiendo lo que había ocurrido en aquel lugar. Los Doce habían admirado Su Persona y visto Sus obras de poder. Sin embargo, la gloriosa visión de la Deidad de Jesucristo, estaba cubierta por el velo de Su humanidad. El que iba a morir por el pecado del mundo, no era un mero hombre, por grande que fuese, sino Dios manifestado en carne; el Verbo eterno hecho un hombre del tiempo y del espacio. En la transfiguración, la gloria propia de la Deidad, se hizo visible para los tres escogidos de entre los discípulos. Sin embargo, junto con la manifestación gloriosa de la majestad del Hijo de Dios, está la declaración del Padre, gozándose en amor por la obra que iba a realizar Su Hijo Unigénito, hecha delante de los hombres proclamando la gloria del Señor. Esta manifestación de gloria comprende la misma gloria esplendente de Jesús, que incluía Sus propios vestidos; junto con la presencia de los enviados de Dios, Elías y Moisés para dialogar con Él.

φωνῆς ἐνεχθείσης αὐτῷ τοιᾶσδε ὑπὸ τῆς μεγαλοπρεποῦς δόξης· ὁ Υἱός μου ὁ ἀγαπητός μου οὗτος ἐστιν εἰς ὃν ἐγὼ εὐδόκησα, Ellos no solo vieron la gloria de Jesús, sino que una nube los envolvió donde se manifestaba la gloria de Dios, como ocurrió en ocasiones en el tiempo del Antiguo Testamento. Desde ella una voz dio testimonio de quien era Jesús: *"Este es mi Hijo amado, en quien tengo complacencia"*. La nube de gloria había estado rodeando a Jesús, Moisés y Elías y, en alguna medida, dejaba fuera a los tres discípulos que eran meros espectadores sin participación alguna en lo que estaba ocurriendo. Oían que los tres hablaban, pero ellos sólo podían apreciarlo. En el momento en que Pedro estaba proponiendo a Jesús la construcción de tres enramadas, la nube los cubrió también a ellos. El colorido de las nubes varía, pero en esta ocasión la nube era luminosa. Dios manifestó muchas veces Su presencia por medio de una nube esplendente (cf. Ex. 16:10; 19:9-16; 24:15; 40:34; Lv. 16:2; Nm. 11:25; 1 R. 8:10; Neh. 9:19; Sal. 78:14; Ez. 1:4; Ap. 14:14-16). Esa nube los cubrió con su sombra; sorprendentemente la sombra de Dios es luz. Ese efecto de cubrir a los tres discípulos es evidencia para ellos de estar en la presencia de Dios. Esto completa el cuadro anticipado de lo que será, como ya se ha considerado, la venida del Reino de Dios con poder. Junto con la Persona del Rey de reyes, estarán los santos de la antigua dispensación y los de la Iglesia, representados aquí en las personas de los tres discípulos, que además son testigos de todo aquello, como lo serán luego todos los creyentes, en la misión y comisión que sobre nosotros puso el Señor (Hch. 1:8). Aunque aquellos tres pertenecían por descendencia al pueblo de Israel, no significa obstáculo alguno para su pertenencia a la Iglesia. Es más, para Dios los salvos formamos un solo pueblo, como más tarde enseñará el apóstol Pablo (Ef. 2:14-16). La separación y distinción entre Israel y la Iglesia solo es posible entenderla en cuanto a nación con promesas nacionales que deben ser cumplidas, pero en todo lo restante, especialmente en lo que tiene que ver con salvación, no hay diferencia alguna. La futura manifestación del *Reino de los Cielos*, se había hecho visible delante de los testigos seleccionados por Jesús. Ante ellos se manifestaba el Rey glorioso, los santos de la antigua dispensación y la Iglesia. Esta presencia conjunta del Señor con los Suyos tendrá lugar de una forma visible cuando Él venga para establecer el Reino de los Cielos, en modo literal, sobre la tierra, en el cumplimiento del programa determinado por Dios y anunciado por los profetas.

La escena cambia nuevamente en el relato. Pedro estaba hablando con Jesús, proponiéndole la construcción de las enramadas. Ahora todos guardan silencio porque quien hablaba desde la gloria de la nube era el Padre mismo. Lo hacía para dar testimonio sobre quien era Jesús. Era reiterar el que había dado al principio de Su ministerio en el bautismo, donde declaraba que quien se bautizaba era Su Hijo (Mr. 1:11). El Padre hablaba a los tres discípulos con voz natural audible y entendible claramente por ellos. No era la voz tronante del Sinaí, ni la aguda como de trompeta, simplemente hablaba dando testimonio celestial que respondía a la pregunta *¿quién es éste?* Dios proclama que aquel que para las gentes era un gran hombre, el Maestro que los acompañó durante el tiempo del ministerio, el que anunciaba que sería muerto, era el *Hijo*, el *Amado*. La construcción del texto griego en el que los dos títulos van precedidos de artículo determinado, exige que se consideren como dos títulos diferenciados y no tanto como uno sólo acompañado de un adjetivo calificativo, en cuyo caso sería *Hijo amado*. El título Hijo tenía también una marcada relación con el sentido mesiánico de Jesús. Al rey de la casa de David, según la promesa se le llamaba Hijo del Altísimo (Lc. 1:32), dicho antes para el rey prometido con un trono perpetuo (2 S. 7:16). Aunque en la referencia al rey prometido a David el hecho de que Dios se declare como Su padre, no implicaba necesariamente la condición divina de ese rey sucesor, sino la posición oficial que Dios le otorgaba. Pero, en el estudio sobre el Mesías, el Rey anunciado en el Antiguo Testamento, revela que, siendo descendiente de David según la carne, sería puesto en el trono por Dios mismo y Su trono, esto es, Su reino, sería "*para siempre*" (2 S. 7:29). Este significado alcanza su máxima expresión cuando el salmista dice de Él, hablando en nombre de Dios: *"Mi Hijo eres tú; yo te he engendrado hoy"* (Sal. 2:7). El testimonio del Padre desde la nube de gloria que los cubría contiene el reconocimiento divino de la mesianidad de Jesús, pero se extiende también al sentido *teológico*. Es el Hijo, el Amado, porque comparte con el Padre la misma vida en el Ser Divino, por tanto, es también Dios en unidad con la Primera y Tercera Persona de la Santísima Trinidad. Este Logos preexistente fue enviado desde el Cielo, por el Padre, en misión reveladora y en misión redentora. En el cumplimiento del tiempo Dios envió a Su Hijo, nacido de mujer, para que redimiese (Gá. 4:4). El Verbo eterno se hizo hombre (Jn. 1:14), viniendo en *semejanza de carne de pecado* (Ro. 8:3). El segundo título *El Amado*, tiene que ver también con la Deidad. Jesús es el Unigénito del Padre revestido de humanidad, por tanto, siendo el único Hijo en esa condición, todo el amor del Padre en Su relación paterno-filial, única y eterna, se orienta y deposita en el Unigénito, por consiguiente, sólo Él puede ser llamado en ese sentido *El Amado*. En el Antiguo Testamento, el término, en el plano de los hombres, se usaba para referirse al primogénito, heredero de todo lo que un padre tenía, como es el caso de Isaac y Abraham (Gn. 22:2). De ese mismo modo, Cristo es el Unigénito del Padre y, como tal, heredero de todo (He. 1:2). Jesús, a quien los tres discípulos habían visto como un hombre entre los hombres, aunque por la grandeza de Sus palabras y la omnipotencia de Sus obras, unido a la revelación del Padre, lo aceptaban como el Mesías, es también Dios, como Unigénito del Padre, de quien procede eternamente. Su condición le hace mayor que Moisés y Elías que habían estado presentes hablando con Él.

El apóstol va a tratar de los *falsos maestros* que enseñan doctrinas mentirosas y cuestionan cuanto la fe cristiana sostiene. Pero, es necesario recordar los tales, aunque muertos los de aquel tiempo, se mantienen a lo largo de la historia de la iglesia, procurando generar dudas sobre esas verdades de las que son testigos presenciales los apóstoles. La transfiguración es un portento tal que los *liberales humanistas*, sostienen que no se trata de un relato histórico, sino de una interpretación doctrinal escenificada. Según ellos es una *hipótesis visionaria*, para dar certeza, por medio de un relato mitológico, a una verdad de fe sobre la deidad de Jesús. Tal afirmación, no sólo es contradictoria con la inspiración de la Biblia, sino que la reduce a una mera experiencia como la que visionarios han tenido a lo largo de la historia, para justificar sus fantasías religiosas. Para los *liberales*, el relato de la transfiguración es una narración legendaria y simbólica. Incluso algunos proponen que se trata de un relato de la resurrección trasladado al ministerio terrenal del Señor. Ninguna de estas propuestas puede sustentarse a la luz de la revelación y del testimonio posterior que los testigos presenciales, como Pedro y Juan, hacen de ella en sus escritos.

18. Y nosotros oímos esta voz enviada del cielo, cuando estábamos con él en el monte santo.

καὶ ταύτην τὴν φωνὴν ἡμεῖς ἠκούσαμεν ἐξ οὐρανοῦ ἐνεχθεῖσαν
Y esta - voz nosotros oímos de cielo traída
σὺν αὐτῷ ὄντες ἐν τῷ ἁγίῳ ὄρει.
con Él estando en el santo monte.

Análisis y notas del texto griego.

Análisis: καὶ, conjunción copulativa *y*; ταύτην, caso acusativo femenino singular del pronombre demostrativo *esta*; τὴν, caso acusativo femenino singular del artículo determinado *la*; φωνὴν, caso acusativo femenino singular del nombre común *voz*; ἡμεῖς, caso nominativo de la primera persona plural del pronombre personal *nosotros*; ἠκούσαμεν, primera persona plural del aoristo primero de indicativo en voz activa del verbo ἀκούω, *oír, escuchar*, aquí *oímos*; ἐξ, forma escrita de la preposición de genitivo ἐκ, delante de vocal y que significa *de*; οὐρανοῦ, caso genitivo masculino singular del nombre común *cielo*; ἐνεχθεῖσαν, caso acusativo femenino singular del participio aoristo primero en voz pasiva del verbo φέρω, *llevar, traer*, aquí *traída*; σὺν, preposición propia de dativo *con*; αὐτῷ, caso dativo masculino singular del pronombre personal *Él*; ὄντες, caso nominativo masculino plural del participio de presente en voz activa del verbo εἰμί, *ser, estar*, aquí *estando*; ἐν, preposición propia de dativo *en*; τῷ, caso dativo neutro singular del artículo determinado *el*; ἁγίῳ, caso dativo neutro singular del adjetivo *santo*; ὄρει, caso dativo neutro singular del nombre común *monte*.

καὶ ταύτην τὴν φωνὴν ἡμεῖς ἠκούσαμεν ἐξ οὐρανοῦ. Pedro insiste en la realidad de cuanto enseñó, lo mismo que los apóstoles. No se trata de mitología como la de los griegos y romanos, relatos de los dioses que son un puro mito. Ellos dan testimonio de algo que presenciaron y de la voz que oyeron estando con Jesús en el *santo* monte. Fue la voz del cielo que según los sinópticos oyeron desde la nube, dando testimonio acerca de Jesús.

ἐνεχθεῖσαν σὺν αὐτῷ ὄντες ἐν τῷ ἁγίῳ ὄρει. Es interesante notar que Pedro llama *santo* al monte en donde tuvo lugar la transfiguración. Lo sorprendente es que ese monte no puede ser identificado con total seguridad. La Biblia llamaba *santo* al monte de Sion, donde estaba el trono de Dios en el santuario (Sal. 2:6; Is. 11:9). Pero aquí se le califica de este modo por la presencia divina que tuvo lugar en aquella ocasión, que santificaba el lugar donde ocurrió la transfiguración.

Nuevamente se nota la preparación para cuanto va a tratar en el siguiente capítulo sobre la enseñanza de los *falsos maestros*, ellos niegan verdades bíblicas, pero no pueden decir como los apóstoles que habían estado en el monte con Jesús, siendo simplemente testigos de los hechos que habían visto y del testimonio que habían oído.

La autoridad de la Escritura (1:19-21).

19. Tenemos también la palabra profética más segura, a la cual hacéis bien en estar atentos como a una antorcha que alumbra en lugar oscuro, hasta que el día esclarezca y el lucero de la mañana salga en vuestros corazones.

καὶ ἔχομεν βεβαιότερον τὸν προφητικὸν λόγον, ᾧ καλῶς
Y tenemos más firme la profética palabra, a la cual bien
ποιεῖτε προσέχοντες ὡς λύχνῳ φαίνοντι ἐν αὐχμηρῷ τόπῳ,
hacéis estar atentos como a lámpara que alumbra en oscuro lugar,
ἕως οὗ ἡμέρα διαυγάσῃ καὶ φωσφόρος ἀνατείλῃ ἐν ταῖς
hasta que día amanezca y lucero de la mañana se levante en los
καρδίαις ὑμῶν,
corazones de vosotros.

Análisis y notas del texto griego.

Análisis: καὶ, conjunción copulativa *y*; ἔχομεν, primera persona plural del presente de indicativo en voz activa del verbo ἔχω, *tener, poseer*, aquí *tenemos*; βεβαιότερον, caso acusativo masculino singular de adjetivo comparativo *más firme*; τὸν, caso acusativo masculino singular del artículo determinado *el*; προφητικὸν, caso acusativo masculino singular del adjetivo *profético*; λόγον, caso acusativo masculino singular del nombre común *palabra, discurso*; ᾧ, caso dativo masculino singular del pronombre relativo declinado *al que, al cual*; καλῶς, adverbio ponderativo *bien*; ποιεῖτε, segunda persona plural del presente de indicativo en voz activa del verbo ποιέω, *hacer*, aquí *hacéis*; προσέχοντες, caso nominativo masculino plural del participio presente en voz activa del verbo προσέχω, *atender, prestar atención, tener cuidado, ocuparse de*, aquí *estar atentos*; ὡς, adverbio de modo, *como*, que hace las veces de conjunción comparativa; λύχνῳ, caso dativo masculino singular del nombre común declinado *a lámpara*; φαίνοντι, caso dativo masculino singular del participio presente en voz activa del verbo φαίνω, *alumbrar*, aquí *que alumbra*; ἐν, preposición propia de dativo *en*; αὐχμηρῷ, caso dativo masculino singular del adjetivo *oscuro*; τόπῳ, caso dativo masculino singular del nombre común *lugar*; ἕως, preposición propia de genitivo *hasta*; οὗ, caso genitivo masculino singular del pronombre relativo *que*; ἡμέρα, caso nominativo femenino singular del nombre común *día*; διαυγάσῃ, tercera persona singular del aoristo primero de subjuntivo en voz activa del verbo διαυγάζω, *amanecer*, aquí *amanezca*; καὶ, conjunción copulativa *y*; φωσφόρος, caso nominativo masculino singular del adjetivo *lucero de la mañana*; ἀνατείλῃ, tercera persona singular del aoristo primero de subjuntivo en voz pasiva del verbo ἀνατέλλω, *levantarse*, aquí *se levante*; ἐν, preposición propia de dativo *en*; ταῖς, caso dativo femenino plural del artículo determinado *las*; καρδίαις, caso dativo femenino plural del nombre común *corazones*; ὑμῶν, caso genitivo de la segunda persona plural del pronombre personal declinado *de vosotros*.

καὶ ἔχομεν βεβαιότερον τὸν προφητικὸν λόγον, El testimonio apostólico es consonante con el mensaje profético de la Escritura. Pedro insiste en que la Palabra profética es firme. Quiere decir esto que los apóstoles vieron y oyeron de Jesús no es la única forma válida para la enseñanza, porque las profecías dadas a lo largo de siglos, concuerdan con lo que aquellos vieron y oyeron del Señor. Pedro prepara con esto el terreno para tratar la verdad de la inspiración plenaria de la Escritura de la que se ocupa en el versículo siguiente. Las profecías que hablan de Jesús, anuncian tanto Su primera como Su segunda venida. Los escritos proféticos son firmes y la mejor evidencia de esa firmeza es que cuanto manifestaron en relación con la venida del Mesías, tuvieron fiel cumplimiento, de modo que cuanto está por cumplir será también realizado, porque Dios hace honor a Su Palabra. Cuando los escritores del Nuevo Testamento hablaron de Jesús, estaban confirmando el cumplimiento de las profecías (cf. Mt. 4:12-16; 12:17-21; Lc. 4:16-21, Ro. 15:3; He. 5:5-6). Esto era de vital importancia para los judíos, a quienes se les anunciaba el evangelio, haciendo referencia a las profecías que anunciaban todo lo tocante con la venida del Salvador.

ᾧ καλῶς ποιεῖτε προσέχοντες ὡς λύχνῳ φαίνοντι ἐν αὐχμηρῷ τόπῳ, El apóstol apunta a las *profecías* comparándolas con una luz que brilla en un lugar oscuro. El mundo es un lugar en tinieblas porque el Señor no se ha manifestado en la dimensión en que lo hará en Su venida. El uso de la metáfora de la luz en un lugar oscuro, compara la Palabra con una luz que brilla, recordando lo que el salmista escribe: *"Lámpara es a mis pies tu palabra, y lumbrera a mi camino"* (Sal. 119:105. El apóstol compara la Palabra a una antorcha que da luz en un mundo que, por ser pecador, está en tinieblas. El cumplimiento de la primera venida ha servido para salvar a los perdidos, el anuncio de la segunda abre la perspectiva de la presencia de Aquel que está revestido de gloria e inmortalidad (Tit. 2:13; Ap. 1:7).

ἕως οὗ ἡμέρα διαυγάσῃ καὶ φωσφόρος ἀνατείλῃ ἐν ταῖς καρδίαις ὑμῶν, La antorcha de la profecía servirá en su misión iluminadora hasta que llegue el día luminoso, en que Jesucristo regrese para establecer el *Reino de Dios* en el mundo (Ap. 19:11-16). Pedro utiliza otra metáfora al señalar a Cristo como *la estrella de la mañana*. El adjetivo φωσφόρος, se usaba para referirse al planeta Venus, que se mantiene brillando en el cielo antes de la salida del sol, como si la anunciase. A Jesús se le llama en la profecía como *lucero de la mañana,* o simplemente *estrella* (cf. Nm. 24:17; Ap. 2:28; 22:16). Ahora bien, lo que Pedro escribe es que la *estrella de la mañana*, saldrá en los corazones de los creyentes. En la venida de Cristo y el posterior reino eterno de Dios, en cielos nuevos y tierra nueva, los creyentes alcanzarán el cumplimiento perfecto para lo que han sido predestinados por el Padre, ser hechos conformes a la imagen de Su Hijo (Ro. 8:29; 1 Jn. 3:1-2). Aquel que es el que revela a Dios (Jn. 1:18), dejará concluida la revelación profética para ser El mismo, la suprema y absoluta revelación de Dios.

20. Entendiendo primero esto, que ninguna profecía de la Escritura es de interpretación privada.

τοῦτο	πρῶτον	γινώσκοντες	ὅτι	πᾶσα	προφητεία	γραφῆς
Esto	primero	entendiendo,	que	toda	profecía	de Escritura

ἰδίας	ἐπιλύσεως	οὐ	γίνεται·
en particular	interpretación	no	llega a ser.

Análisis y notas del texto griego.

Análisis: τοῦτο, caso acusativo neutro singular del pronombre demostrativo *esto*; πρῶτον, adverbio *primero*; γινώσκοντες, caso nominativo masculino plural del participio presente en voz activa del verbo γινώσκω, *saber, entender, conocer*, aquí *entendiendo*; ὅτι, conjunción *que*; πᾶσα, caso nominativo femenino singular del adjetivo indefinido *toda*; προφητεία, caso nominativo femenino singular del nombre común *profecía*; γραφῆς, caso genitivo femenino singular del nombre común declinado *de escritura*; ἰδίας, caso genitivo femenino singular del adjetivo, usado como adverbio, *privadamente, en particular, separadamente, aparte*; ἐπιλύσεως, caso genitivo femenino singular del nombre común *interpretación*; οὐ, adverbio de negación *no*; γίνεται, tercera persona singular del presente de indicativo en voz media del verbo γίνομαι, *hacerse, ser hecho, llegar a ser*, aquí *llega a ser*.

τοῦτο πρῶτον γινώσκοντες Pedro plantea aquí, en dos versículos, la doctrina de la *inspiración*. En este caso contesta a una pregunta relativa a ella, que podría formularse de este modo: *¿Cómo se escribió la Biblia?* Esta es una verdad fundamental de la fe que, según el apóstol, debe ser conocida. Dios se revela en la Palabra, por tanto, todo cuanto Él quiere que se conozca, bien sea divino, antropológico o histórico queda registrado en la Biblia, que pone ante los hombres verdades acerca de Él, de Su obra y de Su programa escatológico, independientemente de la capacidad cognoscitiva del hombre. Las verdades reveladas sobre Dios sólo pudieron ser conocidas porque Él las reveló. Esta revelación divina es múltiple en cuanto a temas, abarcando lo devocional, histórico, profético y ético, sin embargo, debe tenerse en cuenta que hay cosas secretas que no han sido aún reveladas en ella (Dt. 29:29). La revelación divina es progresiva.

ὅτι πᾶσα προφητεία γραφῆς ἰδίας ἐπιλύσεως οὐ γίνεται· Si Dios se revela en la Palabra, necesariamente ha de hacerlo bajo Su control, esto entra de lleno en el concepto de *inspiración*. Supone que los autores humanos a quienes comunicó el mensaje para ser escrito, lo hicieron bajo impulso del Espíritu Santo. Todo cuanto está en la Biblia, dice el apóstol, no surgió por el discurrir del hombre, sino por la revelación de Dios. Esto es, ninguna parte de la profecía es de *interpretación privada*. El verbo γίνομαι, utilizado aquí por Pedro tiene muchas acepciones, entre ellas *hacerse, ser hecho, llegar a ser*. Esta última es la que corresponde para referirse a que la Escritura se produjo no por resultado de la mente humana. Ninguna porción de mayor o menor extensión se produjo como ocurre con las falsas profecías. Nada mejor que acudir a una porción de la profecía para entender el alcance de esto. Dios demandaba a Su pueblo que no escuchase a los falsos profetas:

"Así dice el Señor Todopoderoso: No hagáis caso de lo que dicen los profetas, pues os dan falsas esperanzas; cuentan visiones que se han imaginado y que no proceden de la boca del Señor. A los que me desprecian les aseguran que yo digo que gozarán de bienestar; a los que obedecen los dictados de su terco corazón les dicen que no les sobrevendrá ningún mal... Yo no envié a esos profetas, pero ellos corrieron; ni siquiera les hablé, pero ellos profetizaron" (Jer. 23:16-17, 21).

Ningún profeta enviado por Dios habló palabras por su cuenta, sino que se limitó a transmitir lo que se le había revelado.

21. Porque nunca la profecía fue traída por voluntad humana, sino que los santos hombres de Dios hablaron siendo inspirados por el Espíritu Santo.

οὐ γὰρ θελήματι ἀνθρώπου ἠνέχθη προφητεία ποτέ, ἀλλὰ
Porque no por voluntad de hombre fue traída profecía alguna vez, sino
ὑπὸ Πνεύματος Ἁγίου φερόμενοι ἐλάλησαν ἀπὸ Θεοῦ[1]
por Espíritu Santo llevados hablaron de Dios
ἄνθρωποι.
hombres.

Análisis y notas del texto griego.

Análisis: οὐ, adverbio de negación *no*; γὰρ, conjunción causal *porque*; θελήματι, caso dativo neutro plural del nombre común declinado *por voluntad*;

ἀνθρώπου, caso genitivo masculino singular del nombre común declinado *de hombre*; ἠνέχθη, tercera persona singular del aoristo primero en voz pasiva del verbo φέρω, *llevar, traer, producir*, aquí *fue traída*; προφητεία, caso nominativo femenino singular del nombre común *profecía*; ποτέ, adverbio *alguna vez, en algún momento, en otra ocasión*; ἀλλὰ, conjunción adversativa *sino*; ὑπὸ, preposición propia de genitivo *por*; Πνεύματος, caso genitivo neutro singular del nombre divino *Espíritu*; Ἁγίου, caso genitivo neutro singular del adjetivo *Santo*; φερόμενοι, caso nominativo masculino plural del participio presente en voz pasiva del verbo φέρω, *llevar, traer, arrastrar*, aquí *llevados*; ἐλάλησαν, tercera persona plural del aoristo primero de indicativo en voz actica del verbo λαλέω, *hablar, decir*, aquí *hablaron*; ἀπὸ, preposición propia de genitivo *de*; Θεοῦ, caso genitivo masculino singular del nombre divino *Dios*; ἄνθρωποι, caso nominativo masculino plural del nombre común *hombres*.

Notas. Crítica Textual. Lecturas alternativas.

[1] ἀπὸ Θεου, *de Dios*, según se lee en 𝔓[72], B, P, 442, 1175, 1243, 1739, 1852, 2492, *l* 596, arm, Agustín[3/4], Quodvultdeus, Varimadum.

ἀπὸ Θεου ἅγιοι, *de Dios santos*, según C, eth, Dídimo[dub].

ἅγιοι Θεου, *santos de Dios*, conforme a ℵ, Ψ, 5, 33, 307, 1611, 1735, 2344, K, L, *Lect*, it[ar, h, z], vg, sy[ph], geo, slav.

οὐ γὰρ θελήματι ἀνθρώπου ἠνέχθη προφητεία ποτέ, La profecía nunca fue traída por voluntad de hombre. Esto define la influencia controladora que Dios ha ejercido sobre las personas que escribieron la Biblia y la acción que vitaliza el escrito bíblico. El control de Dios sobre los autores humanos tiene que ver con la acción preservadora del mensaje revelado, de modo que sea transmitido con absoluta fidelidad. Esta transmisión lleva a poder afirmar que todo lo escrito en el texto original es plena, total y absolutamente la Palabra de Dios. Al haber sido dado el mensaje y transmitido con fidelidad, el hombre tiene en la Palabra la autoridad plena en materia de fe y conducta. La *inspiración* es la operación divina ejercida sobre los autores humanos, por la cual Dios les revela el mensaje a escribir, custodia su trabajo para que no se produzcan errores, pero sin alterar su propio estilo personal en la confección del original, comunicando luego al trabajo hecho, Su aliento divino para que todo el escrito sea absolutamente *Palabra de Dios*, viva y eficiente, u operante (He. 4:12). Se trata del control que Dios ejerce *sobre* el hombre, *en* el hombre, y *por medio* del hombre. Dios actuó sobre el que escribe impulsándole a hacerlo. Primeramente, actuó *en* el hombre, revelándole el mensaje que debía registrar, y preservando su intelecto para que, utilizando sus propias palabras, transmitiese con absoluta fidelidad y precisión el mensaje de Dios. Él actuó también *por medio* del hombre, haciendo de este un instrumento para la transmisión de Su Palabra. Esta relación de las acciones divinas relativas al escrito, es también aplicable a la transmisión del mensaje de Dios en forma verbal por aquellos a quienes había escogido. El hecho y la importancia de la inspiración es vital para entender la autoridad e inerrancia de la Escritura.

ἀλλὰ ὑπὸ πνεύματος ἁγίου φερόμενοι ἐλάλησαν ἀπὸ Θεοῦ ἄνθρωποι. El apóstol habla en el versículo de *inspiración*, usando para ello el verbo φέρω, que tiene las connotaciones de *llevar, traer, arrastrar*, de manera que lo que dice es que los hombres que Dios escogió fueron *impulsados* para escribir el mensaje que habían recibido. Esto exige seguir el proceso de la confección del escrito sagrado, que comienza por la elección soberana del escritor (Jer. 1:5). Luego, la comunicación sobrenatural del mensaje a transmitir (Jer. 1:2, 3, 4, 7a). Lo que ha de ser comunicado es *palabra de Dios* (Jer. 1:9), de manera que las palabras del profeta son identificadas de ese modo, cuando constantemente dice: *"Palabra de Jehová"*, en los mensajes que escribe. El tercer paso en la confección del escrito bíblico es la instrucción divina al hagiógrafo para escribir el mensaje recibido de Dios (Jer. 36:1-2; Ex. 17:14; Ap. 1:11; 14:13). Dios *impulsó* primero al profeta para pronunciar lo que había recibido de Dios y escribirlo luego (Jer. 20:7-9). Nótese que el impulso, *que arrastra*, de ahí *inspiración*, en el sentido de *empujar a la acción*, procede del Espíritu Santo. En el proceso de escribir, Dios custodia la mente del escritor humano para que sea escrito con toda precisión y extensión (Jer. 36:2). Por esta causa, el mensaje escrito es Palabra de Dios, como si el mismo Dios directamente lo hubiese hecho (Os. 8:12). Cuando el escrito bíblico ha sido hecho, el resultado final es todo sin ninguna exclusión, en el original, Palabra de Dios, revistiendo la autoridad suprema del Autor, que es el Espíritu.

El apóstol Pablo añade algo más y es el resultado final del escrito bíblico: *"Toda la Escritura es inspirada por Dios, y útil para enseñar, para redargüir, para corregir, para instruir en justicia, a fin de que el hombre de Dios sea perfecto, enteramente preparado para toda buena obra"* (2 Ti. 3:16-17). Toda la Escritura es un trabajo resultante de la inspiración divina. Pablo hace referencia, no sólo a ideas o a frases, sino a las mismas letras en que fueron escritos los originales bíblicos. La palabra γράφη, utilizada por Pablo se usa para hablar de letras. Aún más preciso es el término γράμματα, que alude a cada letra del escrito (2 Ti. 3:15). El adjetivo *inspirada*, utilizado por Pablo es único en el Nuevo Testamento y literalmente significa *soplada por Dios*. De manera que el *soplo divino* comunicó vida al mensaje de la Palabra escrita, trayendo como consecuencia la *vitalización* del escrito, el cual, por acción del

Espíritu, puede actuar por sí mismo (He. 4:12). De otro modo, el Espíritu sopla sobre el trabajo efectuado y le comunica vitalidad, de ahí que la Escritura es el único escrito que tiene garantía de actuación (Is. 55:11).

La *inspiración* de la Biblia es *verbal* y *plenaria.* Por *inspiración verbal* se quiere decir que el Espíritu Santo inspiraba tanto los temas o ideas como las mismas palabras en que eran declarados, desarrollados y escritos, sin que esto supusiera dictar el texto al escritor, sino que estos *"hablaron siendo inspirados por el Espíritu Santo".* Por *inspiración plenaria*, se quiere decir que toda la Escritura es de inspiración divina, esto es, la totalidad y no solo algunas de sus partes. *Plenaria*, del latín *plenarius* califica aquello que está completo o cumplido, abarcando la totalidad del sujeto u objeto así calificado. Se aplica, pues, con toda propiedad a la inspiración de la Biblia. Esta verdad anula las afirmaciones liberales de que la Biblia *contiene,* pero no *es* toda ella Palabra de Dios.

El apóstol escribe ésto sobre la inspiración, para hacer notar la falsedad de las enseñanzas que algunos divulgaban. No es necesario negar directamente la inspiración, es suficiente con proponer interpretaciones de manera personal y arbitraria. La profecía *"no fue traída por voluntad humana"*, pues, como se ha dicho antes, solo los falsos profetas hablan de su propia voluntad.

Llegados al final del capítulo, podrían destacarse varias aplicaciones personales, pero, sobre todo, destaca en el texto el párrafo sobre la Escritura como Palabra de Dios. En ella, la enseñanza de los apóstoles no fue asunto de reflexión personal o de creencias eclesiales, sino testimonio de lo que ellos vieron y escucharon de Jesús. Pedro afirma que *toda la Escritura* es inspirada por Dios, de modo que es autoritativa en toda materia de fe y conducta. De ahí que la enseñanza de la iglesia que conduce a perfeccionar a los santos, tiene que ser hecha mediante la exposición de la Palabra (2 Ti. 4:2). En ese sentido el pastor o maestro se convierte en un *heraldo* que *proclama* solemnemente lo que viene de Dios. Predicar la Palabra no es exponerla simplemente o enseñarla sistemáticamente, sino darla como un mensaje que Dios encomienda a un servidor que ha seleccionado para ello. Es una proclamación hecha en Su nombre (2 Co. 5:20). Tiene que ver con un *mensaje fundamental*, en sentido de establecido o determinado por Dios que debe ser aceptado y obedecido como tal. Este es el tipo eficaz de predicación, aunque importune a quienes resisten a la verdad. Lo único que puede llamarse *predicación* tiene que ver con la Palabra. De otro modo, lo único que debe predicarse en la iglesia es la Escritura. No es cuestión de charlas o mensajes *motivadores*, ni de reflexiones, ni de vanas palabrerías (2 Ti. 2:14, 16), sino de proclamar la enseñanza de la Biblia. La iglesia no está para ser entretenida sino para ser instruida. Algunos predicadores consideran que la congregación debe irse habiendo *disfrutado*, de modo que en el discurso se entremezclan historias, chistes, jocosidades y cosas por el estilo, que gratifican a los oyentes, pero no los edifican. La enseñanza de la Palabra, en muchas iglesias, está siendo reducida a la mínima expresión, mientras progresan en la misma medida otras cosas que aun siendo aptas para el culto, no son, en modo alguno, sustitutivas de la exposición bíblica. Es la Palabra y no otra cosa la que debiera estar en la centralidad del culto, porque la alabanza, con ser importante no es otra cosa que la respuesta del pueblo a la voz de Dios. La iglesia se reúne para oír lo que Dios tiene que decirle y no para decirle a Dios lo que ella desea. Una iglesia madura, que abandona el infantilismo que es arrastrado por cualquier viento de doctrina, es la que está siendo instruida en la Palabra. La gran necesidad personal o colectiva es un retorno a la Biblia sin condicionante alguno.

CAPÍTULO II

LOS FALSOS MAESTROS.

Introducción.

El desarrollo de la vida de esperanza en Cristo a la que se estuvo refiriendo el apóstol desde el primer versículo de la *Epístola*, parece como que se interrumpiese abruptamente para cambiar de tema sin aparente continuidad. El texto en la traducción castellana, se inicia con la conjunción adversativa *pero*, que contrapone lo que sigue a lo antecedente. Sin embargo, el nexo de unión está en la enseñanza sobre la inspiración de la Escritura, que algunos procuran torcer alterando el sentido y enseñando, tal vez incluso apoyados en ella, mentiras revestidas de verdad.

Pedro se ocupa a lo largo del capítulo de hablar de aquellos a quienes llama *falsos maestros* (v. 1). La existencia de tales personas es aseverada por el apóstol, pero no así, la doctrina que predicaban. Con todo pudiera ser que estuviesen negando la parusía del Señor, de lo que escribirá más adelante (3:3-4). Acaso debe preguntarse si estos *falsos maestros* están ya actuando entre los creyentes o vendrán luego, puesto que las referencias a ellos están en futuro, cuando les dice que *"habrá entre vosotros falsos maestros"*, añadiendo que ellos *"introducirán encubiertamente herejías destructoras"* (v. 1). Lo más seguro es que ese futuro se refiera a una mayor presencia de estos y las herejías sean introducidas en un nivel mayor, como se aprecia en el hecho de que en ocasiones abandona las referencias en futuro para escribir en presente como algo que está teniendo ya lugar entre los lectores.

Actuar contra la verdad bíblica, de la Palabra plenamente inspirada por Dios, es un desafío arrogante, que caracteriza a los *falsos maestros*, que procuran engañar intencionadamente a quienes están en la verdad, enseñándoles mentiras disfrazadas de verdades. La arrogancia de los tales es evidente y demuestran de quienes son realmente hijos, puesto que Satanás es *"mentiroso y padre de mentira"* (Jn. 8:44). Los falsos maestros se infiltran como verdaderos pastores en el rebaño del Señor, siendo realmente lobos disfrazados de ovejas. Jesús advirtió a los discípulos sobre los falsos maestros y su mentirosa enseñanza (Mt. 24:11; Lc. 6:26). Igualmente, los apóstoles lo hicieron (2 Co. 11:13-15). Los falsos maestros comenzaron a circular con sus enseñanzas falsarias entre las iglesias recién fundadas por los apóstoles. Ellos salieron al paso de tales personas. Las advertencias contra los tales son realmente firmes y fuertes: *"Como antes os hemos dicho, también ahora lo repito: Si alguno os predica diferente evangelio del que habéis recibido, sea anatema"* (Gá. 1:9). Con la misma firmeza se lee: *"Guardaos de los perros, guardaos de los malos obreros"* (Fil. 3:2). Desoyendo estas advertencias es bastante común que en las iglesias se dé acceso al ministerio a quienes se presentan como *maestros*, sin contrastar la verdad de cuanto enseñan. Esto produce una laxitud en cuanto al mantenimiento de la verdad, generando un relativismo que trae fatales resultados.

Creyentes poco formados en la Palabra, son engañados por estos enemigos de la verdad, propalando *"doctrinas de demonios"* (1 Ti. 4:1). Con tremenda facilidad despiertan el celo de espiritualidad haciendo descansar la vida cristiana en *formas, experiencias, milagros* y asuntos por el estilo que cautivan a los inexpertos y conducen a la ruina espiritual a muchos niños en Cristo.

El apóstol sabe las consecuencias de la doctrina enseñada por *falsos maestros*. Sin embargo, más que hablarles de sus herejías, habla de ellos mismos para que los creyentes, sin excepción, puedan identificarlos y librándose de ellos, librarse de sus falsedades. La descripción que hace de esos falsos enseñadores, analiza especialmente su modo de actuación y añade también las razones que motivan su actuación. Estos falsos maestros no han desaparecido, solo revisten otras formas que generan los mismos problemas que aquellos.

Pedro introduce el tema presentando la actuación de los engañadores, cuyo propósito es introducir *herejías destructoras*, mientras que también niegan al Señor (v.1). El primer problema que generan es el de su ejemplo disoluto, que algunos siguen, trayendo como consecuencia que el camino de la verdad sea motivo de maledicencia por los no creyentes (v. 2).

En el desarrollo del tema, introduce la condenación de estos falsos profetas (vv. 4-8). Para ello hace una referencia al ejemplo de los ángeles que pecaron, a quienes Dios entregó a prisiones de oscuridad, destinándolos al infierno (v. 4). El segundo testimonio histórico apunta al juicio de Dios sobre los impíos mediante el diluvio, donde todos los hombres perecieron salvo ocho personas, esto es, Noé y su familia (v. 5). Un tercer ejemplo se sitúa en la destrucción de las ciudades de Sodoma y Gomorra, como ejemplo de acción divina sobre quienes viven impíamente (v. 6). En medio de una situación de corrupción, el verdadero creyente sufre en un entorno semejante, como fue el caso de Lot, a quien llama *justo*, y dice que estaba abrumado por la conducta nefanda de los malvados (vv. 7-9).

Pedro apunta a las características personales de los *falsos maestros* (vv.10-22), a quienes presenta como seguidores de la carne, concupiscentes, inmundos y despreciativos del señorío o autoridad (v. 10a). Dice de ellos que son *difamadores* y *atrevidos*, atreviéndose a hablar mal de los ángeles caídos, mientras que los ángeles santos, más fuertes que ellos, no se atreven a hacerlo (vv. 10-11). Una nueva característica se define como *maledicentes,* atreviéndose a hacerlo de las cosas que no entienden (v. 12). Son también presentados como *pecaminosos* (vv. 13-14), manifestando en ellos pasiones pecaminosas y siendo, por ello, manchas entre quienes los aceptan. Son personas extraviadas (vv. 15-16), comparando su extravío con el ejemplo de Balaam, que amaba el premio a la maldad. Cerrando el párrafo hablando de las consecuencias finales (vv. 17-22). Gente destituida del Espíritu (v. 17); llenos de orgullo (v. 18); falsos amantes de la libertad espiritual (vv. 19-21). Cerrando el pasaje con un resumen de la vida de los tales mediante el uso de un texto bíblico del libro de Proverbios (v. 22).

Para el comentario se sigue el *bosquejo* que se está en la *introducción*, como sigue:

III. PELIGROS PARA LA VIDA DE FE (2:1-22).

1. Los falsos profetas (2:1-3).
   1.1. La acción (2:1).
   1.2. Prácticas perversas (2:2-3).
2. La condenación de los falsos profetas (2:4-9).
   2.1. El ejemplo de los ángeles (2:4).
   2.2. El ejemplo del diluvio (2:5).
   2.4. El ejemplo de Sodoma y Gomorra (2:6).
   2.5. La aflicción del creyente (2:7-9).
3. Características de los falsos profetas (2:10-22).
   3.1. La condición (2:10a).
   3.2. Difamadores (2:10b-11).
   3.3. Blasfemos (2:12).
   3.4. Pecaminosos (2:13-14).
   3.5. Extraviados (2:15-16).
   3.6. La condenación (2:17-22).

III. Peligros para la vida de fe (2:1-22).

Los falsos profetas (2:1-2).

La acción (2:1).

1. Pero hubo también falsos profetas entre el pueblo, como habrá entre vosotros falsos maestros, que introducirán encubiertamente herejías destructoras, y aun negarán al Señor que los rescató, atrayendo sobre sí mismos destrucción repentina.

᾿Εγένοντο δὲ καὶ ψευδοπροφῆται ἐν τῷ λαῷ, ὡς καὶ ἐν
Pero se manifestaron también falsos profetas entre el pueblo, como también entre
ὑμῖν ἔσονται ψευδοδιδάσκαλοι, οἵτινες παρεισάξουσιν
vosotros habrá falsos maestros, los cuales introducirán subrepticiamente
αἱρέσεις ἀπωλείας καὶ τὸν ἀγοράσαντα αὐτοὺς δεσπότην
herejías de destrucción y al que compró los Dueño
ἀρνούμενοι. ἐπάγοντες ἑαυτοῖς ταχινὴν ἀπώλειαν,
negando, haciendo caer sobre sí mismos rápida destrucción.

Análisis y notas del texto griego.

Análisis: ᾿Εγένοντο, tercera persona plural del aoristo segundo de indicativo en voz media del verbo γίνομαι, *manifestarse, llegar a ser, empezar a existir, ser, estar*; δὲ, partícula conjuntiva que hace las veces de conjunción coordinante, con sentido de *pero, más bien, y, y por cierto, antes bien, entonces*; καὶ, adverbio de modo *también*; ψευδοπροφῆται, caso nominativo masculino plural del nombre común *falsos profetas*; ἐν, preposición propia de dativo *en*; τῷ, caso dativo masculino singular del artículo determinado *el*; λαῷ, caso dativo masculino singular del nombre común *pueblo*; ὡς, adverbio de modo, *como*, que hace las veces de conjunción comparativa; καὶ, adverbio de modo *también*; ἐν, preposición propia de dativo *en entre*; ὑμῖν, caso dativo de la segunda persona plural del pronombre personal *vosotros*; ἔσονται, tercera persona plural del futuro de indicativo en voz media del verbo εἰμί, *ser, estar, haber*, aquí *habrá*; ψευδοδιδάσκαλοι, caso nominativo masculino plural del nombre común *falsos maestros*; οἵτινες, caso nominativo masculino plural del pronombre relativo *los cuales, los que, quienes*; παρεισάξουσιν, tercera persona plural del futuro de indicativo en voz activa del verbo παρεισάγω, *introducir subrepticiamente*, aquí *introducirán subrepticiamente*; αἱρέσεις, caso acusativo femenino plural del nombre común *herejías*; ἀπωλείας, caso genitivo femenino plural del nombre común declinado *de destrucción*; καὶ, conjunción copulativa *y*; τὸν, caso acusativo masculino singular del artículo determinado declinado *al*; ἀγοράσαντα, caso acusativo masculino singular del participio aoristo primero en voz activa del verbo αφοράζω, *comprar, rescatar*, aquí *que compró*; αὐτοὺς, caso acusativo masculino plural del pronombre personal *a ellos, los*; δεσπότην, caso acusativo masculino singular del nombre común *dueño, señor*; ἀρνούμενοι, caso nominativo masculino singular del participio presente en voz media del verbo ἀρνέομαι, *negar, repudiar*, aquí *negando*; ἐπάγοντες, caso nominativo masculino plural del participio presente en voz activa del verbo ἐπάγω, *hacer caer sobre*, aquí *haciendo caer sobre*; ἑαυτοῖς, caso dativo masculino plural del pronombre reflexivo *sí mismos*; ταχινὴν, caso acusativo masculino plural del adjetivo *rápida*; ἀπώλειαν, caso acusativo femenino singular del nombre común *destrucción*.

᾿Εγένοντο δὲ καὶ ψευδοπροφῆται ἐν τῷ λαῷ, El escritor recuerda que no solo hubo profetas verdaderos, como los mencionados en el versículo anterior, que transmitían el mensaje divino recibido por ellos, con fidelidad, sino que también se manifestaron en Israel, de ahí el término *pueblo*, profetas falsos, que comunicaban mentiras haciéndolas pasar como revelaciones divinas. Para éstos Dios manifestaba Su rechazo, dando instrucciones al pueblo para que les diesen muerte a todo profeta que predicase rebelión contra Dios (Dt. 13:5; 18:20); comparándolos con Sodoma, porque cometen adulterio y viven una mentira (Jer. 23:14; 6:13). Sobre los profetas que expresaban falsas visiones, Dios actuaba en juicio, derramando sobre ellos Su ira (Ez. 22:28). Pero, tales profetas no estaban fuera del pueblo, sino que residían entre ellos. Aún en los tiempos de Jesús estaban estos falsos profetas introducidos entre el pueblo (Mt. 7:15-20). Un rápido repaso del Antiguo Testamento es suficiente para dar idea del número y de la condición baja y perversa de esos profetas (cf. Dt. 13:1-3; Is. 28:7; Jer. 6:13-15; 14:13-15; Mi. 3:11; Zac. 13:2 ss.).

ὡς καὶ ἐν ὑμῖν ἔσονται ψευδοδιδάσκαλοι, A los falsos profetas opone Pedro los *falsos maestros*. Este nombre aparece por primera vez en la literatura griega y sólo aquí en la Biblia. Son quienes se atribuyen la condición de *maestros*, los que son nombrados en cuarto lugar en la lista de creyentes dotados para la edificación de la iglesia (Ef. 4:11), y en tercer lugar en la lista de dones del Espíritu (1 Co. 12:28). Eran creyentes a quienes se tenían en alta estima y, por esa razón, el ministerio podía constituir un peligro, si la enseñanza no fuese ajustada a la verdad de Dios. Jesús había anunciado la presencia de tales personas cuando dijo a los discípulos: *"Mirad que nadie os engañe. Porque vendrán muchos en mi nombre, diciendo: Yo soy el Cristo; y a muchos engañarán"* (Mt. 24:4-5). El apóstol Pablo advertía del peligro a Timoteo: *"Que prediques la palabra... porque vendrá tiempo cuando no sufrirán la sana doctrina, sino que teniendo comezón de oír, se amontonarán maestros conforme a sus propias concupiscencias, y apartarán de la verdad el oído y se volverán a las fábulas"* (2 Ti. 4:2-4).

Muchos de estos falsos maestros engañaban fácilmente a los creyentes porque procedían de los líderes de la iglesia: *"porque yo sé que después de mi partida entrarán en medio de vosotros lobos rapaces, que no perdonarán al rebaño. Y de vosotros mismos se levantarán hombres que hablen cosas perversas para arrastrar tras sí a los discípulos"* (Hch. 20:29-30). La advertencia del apóstol Pedro pone en guardia a los creyentes porque los falsos maestros *vendrían*, por consiguiente, debían estar vigilantes a ese peligro.

οἵτινες παρεισάξουσιν αἱρέσεις ἀπωλείας. El propósito que tenían era el de introducir entre ellos *herejías destructoras*. El verbo παρεισάγω, expresa la idea de *introducir subrepticiamente*, introducir de forma oculta, cubrir la mentira con aspecto de verdad, o si se prefiere destruir la verdad mezclándola con mentira. Esta actuación permite introducir los errores sin que apenas puedan ser detectados. Algunos de éstos luchan contra la datación y autoría de libros de la Biblia, procurando inculcar desconfianza sobre estos asuntos, de modo que sea cuestionada la autoridad de la Palabra. Quienes son enseñados de este modo y aceptan la enseñanza serán los falsos maestros en el futuro. Al tratarse de enseñanzas que conllevan una determinada ideología, se traduce aquí por *herejías*. Los *falsos maestros* se hacen pasar por pastores o maestros conocedores de la Palabra, introduciendo la mentira a la que Pedro llama *de destrucción*. El objetivo diabólico de esa enseñanza es destruir la obra de Dios y llevar a los creyentes en cuanto puedan a la ruina total. Siendo sus enseñanzas asunto de opiniones humanas, el término *herejías* tiene que ver con la formación de grupos que dividen la iglesia. De otra manera, las enseñanzas de los falsos maestros cambian la verdad bíblica por propuestas que salen de ellos mismos, sin apoyo bíblico. Esto permite que los que no tienen un firme conocimiento de la Palabra, crean esas mentiras, haciéndolas pasar como enseñanzas bíblicas.

καὶ τὸν ἀγοράσαντα αὐτοὺς δεσπότην ἀρνούμενοι. Pero, aún es mayor el pecado que cometen *negando al Señor que los rescató*. No estaban dispuestos al sometimiento que corresponde a quien es Señor. Comprados los creyentes al precio de la sangre de Jesucristo, ya no son suyos, sino de Aquel que los compró (1 Co. 6:19). Esto supondría que los que se convirtieron en *falsos maestros*, eran realmente creyentes. Asunto que puede ponerse en tela de juicio por sus hechos y su conducta. El apóstol no dice en que forma y de qué manera negaban al Señor, a quien califica de δεσπότην, que equivale a *soberano*, el que tiene suprema autoridad. Este título se le da a Jesús varias veces en el Nuevo Testamento (cf. Lc. 2:29; Hch. 4:24; 2 Ti. 2:21; Jud. 4; Ap. 6:10). En principio, sin entrar en detallar el modo en que lo hacían, negar al Señor es negar Su señorío. Aunque lo mencionen con sus bocas, renuncian a la obediencia que le corresponde como Señor, sin someterle las vidas bajo Su autoridad.

Es posible que la negación fuese en relación con la Segunda Venida, como se deduce de lo que escribe más adelante (3:3 ss.). Pero, también pudiera ser que negasen algún matiz de la obra redentora, puesto que Pedro hace referencia a quien los *compró* o *rescató*. De otro modo, ellos no querían obedecer a quien los había rescatado.

Es preciso detenerse un momento en las palabras de Pedro, quien, refiriéndose a la relación de Jesucristo con los falsos maestros, afirma que Él *los compró*. Indudablemente no puede afirmarse la verdadera y genuina conversión de estos falsos maestros, sin embargo, Pedro dice que el Señor los compró. Si esa obra redentora fuese eficaz y universal, ninguno de ellos podría perderse una vez adquiridos por Dios. Este es uno de los puntos en discordia con quienes afirman la *redención limitada* como única verdad bíblica. Otros muchos creen que *redención* es *ilimitada*, en el sentido de que Cristo murió por todos. Sin entrar en discusión teológica sobre esto, que no es materia para el comentario, baste considerar algunos textos que enseñan que Cristo murió por todos, para llegar a la conclusión sobre el sentido de la frase Pedro, relacionada con los falsos maestros.

"Porque de tal manera amó Dios al mundo, que ha dado a su Hijo unigénito, para que todo aquel que en él cree, no se pierda, mas tenga vida eterna. Porque no envió Dios a su Hijo al mundo para condenar al mundo, sino para que el mundo sea salvo por él" (Jn. 3:16-17). La palabra *mundo* tiene, necesariamente, que referirse a toda la humanidad. Dios amó al mundo y proveyó salvación para todo aquel que cree. Los *limitacionistas* tienen que forzar la interpretación con el concepto *mundo* limitándolo a los escogidos. Esto sería contrario a toda buena interpretación, si se pretende sustituir *elegidos* por los términos *mundo y todo aquel*, en los pasajes en que ocurre (cf. Jn 1:29; 2 Co. 5:14, 15, 19; Hch. 10:43; 17:30; 1 Ti. 2:4, 6; Tit. 2:11, He. 2:9; 1 Jn. 2:2). El contexto siguiente enseña que la causa de condenación para los hombres es no creer en Jesús (Jn. 8:24).

"Pero Dios, habiendo pasado por alto los tiempos de esta ignorancia, ahora manda a todos los hombres en todo lugar, que se arrepientan" (Hch. 17:30). Dios establece el arrepentimiento para todos los hombres, y no sólo para algunos. No sería posible admitir una demanda así si solo hubiera una redención *limitada*. Si Dios manda a todos que se arrepientan –en el sentido que depositen fe en Cristo y se vuelvan a Dios– es que hay gracia suficiente y operación salvadora para que todos puedan ser salvos.

"Y todo esto proviene de Dios, quien nos reconcilió consigo mismo por Cristo, y nos dio el ministerio de la reconciliación; que Dios estaba en Cristo reconciliando consigo al mundo, no tomándoles en cuenta a los hombres sus pecados, y nos encargó a nosotros la palabra de la reconciliación" (2 Co. 5:18-19). Una sustitución potencial permite reconciliar *potencialmente* el mundo. En razón de la muerte de Jesucristo, Dios coloca al mundo en posición de reconciliación con Él. En esa base se exhorta al mundo a la aceptación del mensaje que proclama la reconciliación.

"Porque esto es bueno y agradable delante de Dios nuestro Salvador, el cual quiere que todos los hombres sean salvos y vengan al conocimiento de la verdad. Porque hay un solo Dios, y un solo mediador entre Dios y los hombres, Jesucristo hombre, el cual se dio a sí mismo en rescate por todos, de lo cual se dio testimonio a su debido tiempo" (1 Ti. 2:3-6). El deseo de Dios, no Su designio, es que todos los hombres sean salvos, llegando al pleno conocimiento de la verdad. Con precisión afirma que Jesucristo se dio a Sí mismo en rescate *por todos*. Es preciso notar la universalidad del término *todos*. Quienes sostienen la *redención limitada* sugieren que ese *todos* quiere decir *sin distinción de clases*, pero no *sin excepción*. El verbo *salvar*, está en aoristo de infinitivo en voz pasiva, lo que indica que Dios hizo provisión de salvación para todos, y no que haya decidido salvar incuestionablemente a todos. Por tanto, la sustitución *potencial* ha sido a favor de todos. De este modo escribe Donald Guthrie:

"Esto, pues, expresa la seguridad de la misericordia de Dios hacia todos, sin distinción de raza, color, condición o estado. Ha podido haber alguna tendencia hacia la exclusividad por parte de algunos, quizás influenciados por el mismo impulso que arrastró a los posteriores gnósticos a encerrarse en sus círculos cerrados de iniciados, y Pablo, para proveer un antídoto, estaría aquí recalcando la compasión universal de Dios. Aun cuando sea difícil conciliar esta aserción con la constante enseñanza de Pablo sobre la soberanía de Dios, nadie se atrevería a negar que dichas palabras representan bien la magnanimidad de la benevolencia divina. Las palabras –"todos los hombres" –- deben ser conectadas con el "todos" del v. 1. La oración por todos los hombres sólo podría justificarse a base del deseo de Dios de salvar a todos. Se concibe a Cristo como "el precio transaccional" a favor de, y en lugar de todos, a base del cual precio puede ser garantizada la libertad. Con todo, no todos disfrutan de tal libertad. El precio del rescate, es cierto, tiene un valor infinito, pero los beneficios

requieren ser recibidos. El apóstol supone aquí que, puesto que el rescate es adecuado para todos, Dios debe desear la salvación de todos[1] ".

Una última cita será suficiente para el propósito de este comentario: *"Que por todo esto trabajamos y sufrimos oprobios, porque esperamos en el Dios viviente, que es el Salvador de todos los hombres, mayormente de los que creen"* (1 Ti. 4:10). El versículo enseña que Dios es el Salvador de *todos* los hombres, añadiendo una precisión *especialmente*, o también *principalmente* de los creyentes. No se afirma de ninguna exclusión para salvación, pero se precisa que sólo es eficaz para algunos, esto es, para quienes creen. La idea de un amor extensivo a todos se manifiesta también en el Antiguo Testamento (Sal. 145:6), concordante plenamente con la enseñanza del Nuevo Testamento.

No cabe duda que la redención fue para todos, pero no todos se salvan. La universalidad de salvación en base a la obra redentora no está en la enseñanza bíblica. Sin embargo, por la obra de infinito valor de la Cruz, Dios hace *salvable* a todo hombre. La condenación de los que se pierden obedece singularmente a lo que Jesús mismo dijo: *"El que cree en el Hijo tiene vida eterna; pero el que rehúsa creer en el Hijo no verá la vida, sino que la ira de Dios está sobre él"* (Jn. 3:36). Dios establece el modo de recibir la salvación, el perdón de pecados y la vida eterna, y esto es mediante la fe que se deposita en el Salvador. No ha añadido ninguna otra condición. El arrepentimiento no es posible en el hombre natural sin la regeneración del Espíritu, de modo que es cierto que nadie puede salvarse sin arrepentirse, pero nadie puede arrepentirse sin regeneración. Todo cuanto tiene que ver con salvación es de Dios (Sal. 3:8; Jon. 2:9). La gracia que salva y la fe que cree en Cristo son dones divinos (Ef. 2:8-9). La obediencia demandada por Dios para el ejercicio de la fe, es capacitada por la acción del Espíritu (1 P. 1:2). Nadie puede hacer lo que es imposible a su condición natural, por tanto, los que son desobedientes por naturaleza no pueden obedecer incondicionalmente, pero esto es superado por la acción íntima en el corazón del Espíritu de Dios. En la Cruz se operó una expiación *potencial*, por la cual Dios hace *salvables* a todos los hombres, y una expiación *virtual* que es eficaz solo para quienes creen.

Pero, ¿acaso no escogió Dios desde la eternidad algunos y todos los que ha escogido son salvos? No cabe duda alguna de esta verdad bíblica, pero para lo que no existe fundamento en la Escritura, es para enseñar una *elección para condenación* de otros. Esto hubiera sido

---

[1] Donald Guthrie. *"The Pastoral Epistles"*. London 1961. Pág. 71 s.

necesario desde antes de la creación del hombre, por tanto, algunos habrían sido creados para ser salvos y a otros se les condenaría eternamente por creación designada.

Pedro se refiere aquí a *falsos maestros*, que niegan a quien los rescató, en sentido potencial. Teniendo mayor condenación puesto que para enseñar falsas doctrinas se requiere conocer las ciertas. Conocían, sin duda, el mensaje del evangelio de la gracia, pero negaban la eficacia salvadora, porque negaban al Salvador. Sin alcanzar dogmáticamente una calificación para ellos, cabe pensar –con la suficiente base bíblica– que nunca conocieron al Salvador como suyo personal.

ἐπάγοντες ἑαυτοῖς ταχινὴν ἀπώλειαν, Estos alcanzarán para sí mismos *destrucción repentina*. En el Antiguo Testamento se anuncian los juicios divinos que estaban dispuestos para los falsos profetas (cf. Jer. 28:15-17; Ez. 13:1 ss.). Pero no menos impresionantes son los que el apóstol anuncia sobre ellos en los versículos siguientes. Estos *falsos maestros*, con sus falsedades y propósitos, estaban colmando el vaso de la paciencia divina, que actuaría *rápidamente* sobre ellos.

Prácticas perversas (2:2-3).

2. Y muchos seguirán sus disoluciones, por causa de los cuales el camino de la verdad será blasfemado.

καὶ πολλοὶ ἐξακολουθήσουσιν αὐτῶν ταῖς ἀσελγείαις δι' οὓς
Y muchos seguirán de ellos las lascivias por los que
ἡ ὁδὸς τῆς ἀληθείας βλασφημηθήσεται,
el camino de la verdad será blasfemado.

Análisis y notas del texto griego.

Análisis: καὶ, conjunción copulativa *y*; πολλοὶ, caso nominativo masculino plural del adjetivo *muchos*; ἐξακολουθήσουσιν, tercera persona plural del futuro de indicativo en voz activa del verbo ἐξακολουθέω, *seguir*, aquí *seguirán*; αὐτῶν, caso genitivo de la tercera persona plural del pronombre personal declinado *de ellos*; ταῖς, caso dativo femenino plural del artículo determinado *las*; ἀσελγείαις, caso dativo femenino plural del nombre común *lascivias*; δι', forma contracta de la preposición de acusativo διά, *por, por medio, a causa*; οὓς, caso acusativo masculino plural del pronombre relativo *los que, los cuales*; ἡ, caso nominativo femenino singular del artículo determinado *la*; ὁδὸς, caso nominativo femenino singular del nombre común *camino*; τῆς, caso genitivo femenino singular del artículo determinado declinado *de la*; ἀληθείας, caso genitivo femenino singular del nombre común *verdad*; βλασφημηθήσεται, tercera persona singular del futuro de indicativo en voz pasiva del verbo βλασφημέω, *blasfemar*, aquí *será blasfemado*.

καὶ πολλοὶ ἐξακολουθήσουσιν αὐτῶν ταῖς ἀσελγείαις. El resultado de la actuación de los *falsos maestros* se precisa aquí: *"y muchos"*, no se trata de que alcanzan a unos pocos, sino a muchos. La enseñanza de estos consiste en *"fábulas artificiosas"*, que resultan atractivas (1:16). No solo se trata de *enseñanzas*, sino que el *mal ejemplo* de ellos impacta favorablemente y atrae a muchos. A estos se les llamará más adelante *"almas inconstantes"* (2:14). El ejemplo de los *falsos maestros* se denomina aquí ἀσελγεία, que en el griego clásico tenía las acepciones de *impudencia, descaro, grosería, desvergüenza* y de forma más precisa *libertinaje*. Puesto que más adelante, cuando se refiera a los perversos habitantes de Sodoma, usa la misma palabra (v. 7), debe entenderse que estos perversos vivían en una vida licenciosa, en excesos y abusos sexuales. Los *falsos maestros* eran opuestos a toda ley moral, de ahí que sea lógico que Pedro les acuse de introducir *herejías destructoras*. Por consiguiente, la práctica debe corresponder a la enseñanza, así que, probablemente, justificaban la vida impudente, como lícita para el cristiano, arrastrando con su mal ejemplo a *muchos de ellos*.

δι' οὓς ἡ ὁδὸς τῆς ἀληθείας βλασφημηθήσεται, La consecuencia de esa diabólica enseñanza y vida, trae una consecuencia: *"el camino de la verdad será blasfemado"*, o si se prefiere, *el camino de la verdad quedará desacreditado*. No cabe duda que el *camino de la verdad* es la verdadera doctrina. Es el resultado de la observación del mundo sobre el modo de vida del cristiano. El salmista escribe que él *"ha escogido el camino de la verdad"* (Sal. 119:30). Quiere decir que la vida del creyente está regulada por la verdad de Dios, que le *conduce por sendas de justicia* (Sal. 23:3). Es con mucha frecuencia que los hombres rechazan la verdad de Dios, por la mala ética de la iglesia, dejando la Palabra para centrarse en asuntos sociales y humanos. Es más, muchos se han alejado de la doctrina y dejaron de asistir a las iglesias, porque en el comportamiento del liderazgo y en sus enseñanzas, llegan a entender que ellos mismos no creen en lo que dice la Palabra. Para que el evangelio no sea desacreditado, los creyentes debemos ser *"irreprensibles y sencillos, hijos de Dios sin mancha en medio de una generación maligna y perversa, en medio de la cual resplandecéis como luminares en el mundo"* (Fil. 2:15). La vida del creyente sirve de instrumento que glorifica a Dios o que le desprestigia ante el mundo: *"Así alumbre vuestra luz delante de los hombres, para que vean vuestras buenas obras, y glorifiquen a vuestro Padre que está en los cielos* (Mt. 5:16).

3. Y por avaricia harán mercadería de vosotros con palabras fingidas. Sobre los tales ya de largo tiempo la condenación no se tarda, y su perdición no se duerme.

καὶ ἐν πλεονεξίᾳ πλαστοῖς λόγοις ὑμᾶς ἐμπορεύσονται,
Y en avaricia con fingidas palabras de vosotros harán mercadería.
οἷς τὸ κρίμα ἔκπαλαι οὐκ ἀργεῖ καὶ ἡ ἀπώλεια
A los cuales el juicio desde largo tiempo no se demora y la condenación
αὐτῶν οὐ νυστάζει.
de ellos no duerme.

Análisis y notas del texto griego.

Análisis: καὶ, conjunción copulativa *y*; ἐν, preposición propia de dativo *en*; πλεονεξίᾳ, caso dativo femenino singular del nombre común *avaricia*; πλαστοῖς, caso dativo masculino plural del adjetivo verbal declinado *con fingidos, con modelados, con falsos, con inventados*; λόγοις, caso dativo masculino plural del nombre común *palabras, dichos*; ὑμᾶς, caso genitivo de la segunda persona plural del pronombre personal declinado *de vosotros*; ἐμπορεύσονται, tercera persona plural del futuro de indicativo en voz media del verbo εμπυρεύομαι, *hacer negocios, dedicarse al comercio*, aquí *harán mercadería*; οἷς, caso dativo masculino plural del pronombre relativo declinado *a los cuales*; τὸ, caso nominativo neutro singular del artículo determinado *el*; κρίμα, caso nominativo neutro singular del nombre común *juicio*; ἔκπαλαι, adverbio *desde largo tiempo*; οὐκ, forma escrita del adverbio de negación *no*, con el grafismo propio ante una vocal con espíritu suave o una enclítica; ἀργεῖ, tercera persona singular del presente de indicativo en voz activa del verbo ἀργέω, *estar ocioso, demorarse*, aquí *se demora*; καὶ, conjunción copulativa *y*; ἡ, caso nominativo femenino singular del artículo determinado *la*; ἀπώλεια, caso nominativo femenino singular del nombre común *destrucción, condenación*; αὐτῶν, caso genitivo de la tercera persona plural del pronombre personal declinado *de ellos*; οὐ, adverbio de negación *no*; νυστάζει, tercera persona singular del presente de indicativo en voz activa del verbo νυστάζω, *sentir sueño, dormir*, aquí *duerme*.

καὶ ἐν πλεονεξίᾳ πλαστοῖς λόγοις ὑμᾶς ἐμπορεύσονται, Otra grave condición de los *falsos maestros* es la *avaricia*. Es decir, sus motivos esenciales o su propósito con la enseñanza de la mentira y de prácticas pecaminosas, no son tanto justificar inclinaciones pervertidas, sino el interés económico que pueden obtener de quienes son engañados por ellos. El término πλεονεξία, tiene que ver con un deseo intenso por el dinero y la riqueza, que tiene relación con la *codicia*. Por eso, más adelante dirá que *"tienen el corazón habituado a la codicia"* (v. 14). Viven para obtener bienes económicos, especialmente dinero, cuanto les sea posible (cf. 1 Ti. 6:3-5, 10). De otro modo, expertos en despojar a los creyentes de sus bienes materiales. Esta acusación que aparece en distintos lugares de la Biblia, es característica para quienes son unos palabreros, motivadores de emociones, y contrarios a la doctrina (Jer. 7:13; 8:10; 1 Ti. 6:3, 5, 9-11; Tit. 1:7, 11; 1 P. 5:1-3; Jud. 11, 16).

Para conseguir sus propósitos usarán *palabras fingidas*, adaptadas para el propósito, que son *falsas* e *inventadas*, acepciones que corresponden al adjetivo verbal πλαστός. No se ciñen a la verdad, sino que la moldean con pensamientos humanos para que aparentemente parezca verdadera (cf. Col. 2:8, 20-23; 2 Ti. 2:14-15).

Con esas artimañas convierten en mercadería de compraventa a los creyentes. Objetos para generar beneficios personales. Estos logreros perversos y enemigos de la Palabra no han dejado de estar presentes a lo largo de la historia de la iglesia. Con mentiras perversas, se consiguieron fondos para edificar grandes templos, afirmando la liberación de almas en pena de familiares o amigos que habían muerto. En el tiempo actual, el llamado *evangelio de la prosperidad* está cosechando una ingente cantidad de dinero que ingenuos dan al ser enseñados por estos falsarios en que la ofrenda a Dios hace que Él esté agradecido y devuelva más de lo que ha recibido. A esto se unen los falsos dones y los falsos milagros, la espectacularidad de manifestaciones de poder atribuidas al Espíritu que no son sino producto de la perversidad humana. La acción del Espíritu de Dios exalta siempre a Cristo, mientras que estos falsarios buscan su gloria personal. Una correcta enseñanza bíblica conduce las personas a Cristo, bajo la conducción y dirección del Espíritu Santo, como Jesús enseñó: *"Mas el Consolador, el Espíritu Santo, a quien el Padre enviará en mi nombre, él os enseñará todas las cosas, y os recordará todo lo que yo os he dicho... Él me glorificará; porque tomará de lo mío, y os lo hará saber"* (Jn. 14:26; 16:14).

οἷς τὸ κρίμα ἔκπαλαι οὐκ ἀργεῖ καὶ ἡ ἀπώλεια αὐτῶν οὐ νυστάζει. El apóstol que se refirió a la perversidad y consecuencias que acarrean los *falsos maestros* sobre muchos, lo hace ahora para el castigo que está destinado a ellos. Enseña que, si bien su condenación eterna será, como es natural, luego de su muerte, está ya determinada, o preparada desde *largo tiempo.* Dios ha juzgado a los mentirosos que pervierten Su Palabra, desde el momento en que Satanás lo hizo en Edén (Gn. 3:13-15), dictando sentencia condenatoria que se cumplirá definitivamente en el momento en que está previsto. Del mismo modo actúa con sus hijos espirituales, los *falsos maestros*, de cuyo juicio condenatorio se escribe en distintos lugares de la Escritura (cf. Is. 8:19-21; 28:15; Jer. 9:6-9; 14:14-15; Sof. 3:1-8; Ap. 21:8, 27). El apóstol confirma en el versículo la seguridad de que este juicio se cumplirá cuando escribe, en la literalidad del texto griego: *"la condenación de ellos no duerme"*. De modo que la condenación y perdición se personifican como preparadas y *despiertas* para lanzarse contra ellos. Es más, el hecho mismo de la presencia de los *falsos maestros*, es seguridad de que el juicio se acerca: *"Hijitos, ya es el último tiempo; y según vosotros oísteis que el anticristo viene, así ahora han surgido muchos anticristos; por esto conocemos que es el último tiempo"* (1 Jn. 2:18).

La condenación de los falsos profetas (2:4-8).

El ejemplo de los ángeles (2:4).

4. Porque si Dios no perdonó a los ángeles que pecaron, sino que arrojándolos al infierno los entregó a prisiones de oscuridad, para ser reservados al juicio.

Εἰ γὰρ ὁ Θεὸς ἀγγέλων ἁμαρτησάντων οὐκ ἐφείσατο ἀλλὰ
Porque si - Dios de ángeles que pecaron no perdonó sino
σειραῖς[1] ζόφου ταρταρώσας παρέδωκεν εἰς κρίσιν
en prisiones de oscuridad arrojándolos al Tártaro entregó para juicio
τηρουμένους,
siendo guardados.

Análisis y notas del texto griego.

Análisis: Εἰ, conjunción *si*; γὰρ, conjunción causal *porque*; ὁ, caso nominativo masculino singular del artículo determinado *el*; Θεὸς, caso nominativo masculino singular del nombre divino *Dios*; ἀγγέλων, caso genitivo masculino plural del nombre común declinado *de ángeles*; ἁμαρτησάντων, caso genitivo masculino plural del participio aoristo primero en voz activa del verbo ἁμαρτάνω, *pecar*, aquí *que pecaron*; οὐκ, forma escrita del adverbio de negación *no*, con el grafismo propio ante una vocal con espíritu suave o una enclítica; ἐφείσατο, tercera persona singular del aoristo primero de indicativo en voz media del verbo φείδομαι, *perdonar*, aquí *perdonó*; ἀλλὰ, conjunción adversativa *sino*; σειραῖς, caso dativo femenino plural del nombre común *prisiones, calabozos*; ζόφου, caso genitivo masculino singular del nombre común declinado *de oscuridad*; ταρταρώσας, caso nominativo masculino singular del participio aoristo primero en voz activa del verbo ταρταρόω, *precipitar, arrojar al Tártaro*; παρέδωκεν, tercera persona singular del aoristo primero de indicativo en voz activa del verbo παραδίδωμι, *dar, entregar*, aquí *entregó*; εἰς, preposición propia de acusativo *a, para*; κρίσιν, caso acusativo femenino singular del nombre común *juicio*; τηρουμένους, caso acusativo masculino plural del participio de presente en voz pasiva del verbo τηρέω, *guardar, conservar, custodiar*, aquí *siendo guardados*.

Notas. Crítica Textual. Lecturas alternativas.

[1] σειραῖς, *prisiones*, atestiguada en $\mathfrak{P}^{72}$, Ψ, 5, 33, 307, 436 442, 642, 1175, 1243, 1448, 1611, 1734, 1739, 1852, 2344, 2492, K, L, P, *Lect*, it^z, vg, sy^{ph}, cop^{bo}, arm, geo, slav, Dídimo, Cirilo.

σιροιχς, *cuevas, cavernas*, conforme a א, A, B, C, 81, it^h, vg^{ms}, Agustín Quiodvultdeus, Fulgencio, Casiodoro.

Εἰ γὰρ ὁ Θεὸς ἀγγέλων ἁμαρτησάντων οὐκ ἐφείσατο Algunos podrían poner en duda que el juicio de Dios sobre los *falsos maestros*, pudiera llevarse a cabo. Para ello, el apóstol trae a los lectores ejemplos claros de acciones divinas contra desobedientes y rebeldes a la voluntad Suya. El primero de ellos tiene que ver con los ángeles que pecaron. De ellos solo se menciona en la *Epístola* su condición de pecadores, pero no se especifica que pecado cometieron, como ocurre en la *Epístola de Judas*. Podría pensarse en la sentencia condenatoria que Dios dispuso contra los ángeles que, inducidos por Lucifer, le siguieron en su rebelión contra Dios (Ap. 12:3-9). Para los ángeles caídos no hay provisión de salvación, por lo que sólo les espera la condenación eterna en el lago de fuego.

ἀλλὰ σειραῖς ζόφου ταρταρώσας παρέδωκεν εἰς κρίσιν τηρουμένους, Sin embargo, el texto no debe referirse a todos los ángeles caídos, puesto que aunque están condenados a eterna perdición, no fueron atados o puestos en *prisiones de oscuridad*, sino que destituidos del ministerio celestial, están en el mundo de los hombres, haciendo su obra malvada. Estos son identificados como los enemigos de la iglesia y, personalmente de cada creyente. De ellos dice el apóstol Pablo que *"no tenemos lucha contra sangre y carne, sino contra principados, contra potestades, contra los gobernadores de las tinieblas de este siglo, contra huestes espirituales de maldad en las regiones celestes"* (Ef. 6:12). Satanás el jefe de esas huestes de maldad, tampoco está atado, sino que *"anda alrededor buscando a quien devorar"* (1 P. 5:8).

Pedro enseña que los ángeles caídos a quienes se refiere, han sido arrojados al *Tártaro*, como se lee literalmente en el texto griego, en el verbo ταρταρόω, utilizado aquí. El *Tártaro* procede de la mitología griega y se refería a un foso subterráneo, por debajo del Hades, donde estaban los espíritus más malvados y donde los más pervertidos recibían un castigo divino más severo que los demás. Para la mitología era el lugar de suplicio reservado por Zeus para los gigantes que se sublevaron contra los dioses. Sin duda el apóstol utilizó este término porque era de comprensión general para todos los lectores. Los ángeles confinados allí, según Judas, son los que habían abandonado su *propia morada* (Jud. 6), pudiera tener relación con los *hijos de Dios*, que se llegaron a las hijas de los hombres y procrearon una descendencia al margen de Dios (Gn. 6:2, 4). Debe tenerse en cuenta que cuantas veces aparece en el Antiguo Testamento el título *hijos de Dios*, se refiere siempre a ángeles. La polémica está servida para quienes no pueden admitir la materialización de los ángeles, ahora sólo por indicación divina, pero en los tiempos antediluvianos pudiera haber sido de otra manera. No debemos olvidar que ángeles se materializaron en días de Abraham y comieron con él, en el encinar de Mamré, presentándose como *varones* (Gn. 18:1-2, 8). De manera que, si un ángel materializado puede comer, como es propio de un hombre, también pudieron haber procreado en una acción perversa y demoníaca. Se podrá argumentar que la Biblia dice que los *ángeles ni se casan ni se dan en casamiento* (Mr. 12:25), pero se está tratando de una comparación con la vida de resurrección y no con las actividades de los demonios en la tierra. Sea cual fuese, el pecado de estos ángeles motivó un encarcelamiento especial para ellos, que no les permite otra cosa que esperar el juicio determinado por Dios.

Están en *prisiones de oscuridad*, o si se prefiere en la lectura alternativa *ataduras de oscuridad*, esta metáfora aparece también en el libro apócrifo de *Sabiduría* (Sab. 17:16). El juicio a que están reservados es, sin duda, el juicio final sobre los ángeles. Este lugar de prisión es temido por los demonios como se hace notar en relatos de la vida de Jesús (cf. Mt. 8:29; Lc. 8:31). En el juicio final para los ángeles, Satanás, con ellos, será arrojado a perpetuidad al lago de fuego (Ap. 20:10). Es la seguridad que surge de las últimas palabras del apóstol. Los ángeles están *guardados*, en prisiones de las que no tienen salida, *para* el juicio, esto es, para ser juzgados y recibir la sentencia de condenación eterna que será ejecutada por Dios.

El ejemplo del diluvio (2:5).

5. y si no perdonó al mundo antiguo, sino que guardó a Noé, pregonero de justicia, con otras siete personas, trayendo el diluvio sobre el mundo de los impíos.

καὶ ἀρχαίου κόσμου οὐκ ἐφείσατο ἀλλὰ ὄγδοον Νῶε
Y de antiguo mundo no evitó sino a octavo Noé
δικαιοσύνης κήρυκα ἐφύλαξεν κατακλυσμὸν κόσμῳ ἀσεβῶν
de justicia pregonero guardó, diluvio a mundo de impíos
ἐπάξας,
trayendo.

Análisis y notas del texto griego.

Análisis: καὶ, conjunción copulativa *y*; ἀρχαίου, caso genitivo masculino singular del adjetivo declinado *de antiguo*; κόσμου, caso genitivo masculino singular del nombre común *mundo*; οὐκ, forma escrita del adverbio de negación *no*, con el grafismo propio ante una vocal con espíritu suave o una enclítica; ἐφείσατο, tercera persona singular del aoristo primero de indicativo en voz media del verbo φείδομαι, *tener miramiento por, tener consideración, evitar*, aquí *evitó*; ἀλλὰ, conjunción adversativa *sino*; ὄγδοον, caso acusativo masculino singular del adjetivo numerar ordinal declinado *a octavo*; Νῶε, caso acusativo masculino singular del nombre propio *Noé*; δικαιοσύνης, caso genitivo femenino singular del nombre común declinado *de justicia*; κήρυκα, caso acusativo masculino singular del nombre común *pregonero*; ἐφύλαξεν, tercera persona singular del aoristo primero de indicativo en voz activa del verbo φυλάσσω, *guardar, vigilar, conservar*, aquí *guardó*; κατακλυσμὸν, caso acusativo masculino singular del nombre común *inundación, diluvio*; κόσμῳ, caso dativo masculino singular del nombre común declinado *a mundo*; ἀσεβῶν, caso genitivo masculino plural del adjetivo declinado *de impíos*; ἐπάξας, caso nominativo masculino singular del participio aoristo primero en voz activa del verbo ἐπάγω, *hacer caer sobre, llevar a, aducir, añadir, conducir contra, propinar, trastornar, dirigirse a*, de ahí *trayendo*.

καὶ ἀρχαίου κόσμου οὐκ ἐφείσατο. La justicia divina se manifiesta sobre todo aquel que se rebela pecaminosamente contra Él. Desde las potestades superiores, a quienes hizo referencia en el texto anterior, a los hombres que llama *impíos* en el mundo antediluviano. El juicio del diluvio no fue, literalmente, *evitado* por Dios. Este juicio fue un verdadero *cataclismo*, de la misma raíz que *diluvio*. Este juicio fue debido a la pecaminosidad del hombre. Sin duda alguna, la lectura del entorno social del mundo de los tiempos de Noé, da idea de la condición inmoral de aquellos días. Las expresiones del pecado eran graves incrementándose día a día (Gn. 6:12). La sociedad era licenciosa, practicando todo tipo de vicio y degradación, corrompiendo la tierra (Gn. 6:11a). Esta corrupción tiene que ver con la negativa de aceptar las normas morales dadas a los hombres a través de la conciencia (Ro. 1:18-32). Además, era tiempo de violencia generalizada (Gn. 6:11). Un ejemplo de esa violencia era el modo amenazante con que Lamec advirtió a sus mujeres y la razón que les dio para que le temieran (Gn. 4:23). Era un tiempo de olvido de Dios, a pesar de la predicación de Noé, seguían con su vida habitual de desenfreno sin preocuparse de las advertencias del predicador. Se ocupaban en sus intereses y pecado, ignorando abiertamente a Dios (Mt. 24:38). Era un tiempo de maquinación de maldades (Gn. 6:5). El corazón, esto es, el centro del control de la vida del hombre, lugar de su voluntad, deseos y emociones, estaba orientado tan solo a cosas perversas. Aunque es cierto que por propia naturaleza está en toda ocasión orientado al mal, pero, en los tiempos de Noé, sus manifestaciones eran notoriamente perversas. La decisión divina, luego de años de paciencia, determinó exterminar de la tierra la vida, a causa del incremento del pecado (Gn. 6:7).

ἀλλὰ ὄγδοον Νῶε δικαιοσύνης κήρυκα ἐφύλαξεν. De todo aquel mundo sólo ocho personas, entre las cuales estaba Noé, de ahí que en el texto griego se lea literalmente *al octavo, Noé*, se salvaron del diluvio, guardados por Dios. La provisión hecha del arca salvadora, donde tuvieron refugio tanto ellos como los animales seleccionados, les permitió pasar *sobre* las aguas que judicialmente Dios envió sobre el mundo antiguo.

A Noé se le llama aquí *pregonero*, o *predicador de justicia*. La manifestación de la gracia tiene que ver con el envío de alguien que anunció durante un siglo que Dios enviaría juicio sobre el mundo. Este servicio distinguido al que fue llamado, es el resultado de la gracia, ya que el hombre, por perfecto que sea, nunca será acreedor del favor divino. Dios le otorga soberanamente el privilegio de ser *Su vocero*, pregonero Suyo ante los hombres. En la Biblia se le llama *"varón justo"*, además se dice que era *"perfecto en sus generaciones"* y se añade que *"caminó con Dios"* (Gn. 6:9). El calificativo de *justo* corresponde a los nacidos de nuevo por medio de la fe, era, por tanto, heredero de justicia (He. 11:7). Ser *perfecto* no supone *impecable*, sino de buen testimonio delante de todas las personas que le conocían. Hay un notable contraste con el mundo que le rodeaba. En medio de una sociedad corrompida en todas las facetas de la vida, había un hombre que vivía santamente, ajustándose a las demandas de Dios. Nótese que quien da este testimonio de Noé es Dios mismo, quiere decir que Noé no era un hipócrita que aparentaba una vida de piedad. Este hombre *caminaba con Dios*. Sólo se da este testimonio de su bisabuelo Enoc. Tenía que ser un creyente que vivía en santidad, ya que Dios sólo mantiene comunión con quien es piadoso y expresa un temor reverente delante de Él (Is. 66:2; Sal. 119:120).

Dios comunicó a Noé lo que iba a acontecer en el mundo (Gn. 6:13) y le indica la única forma de salvación (Gn. 6:14, 19). La obediencia de Noé al mandato de Dios, no tuvo dilación alguna (Gn. 6:22b). Pero, frente al juicio que se aproximaba, la buena nueva estaba en la gracia de Dios que proveía de salvación por fe en el anuncio divino. Dios llamó a un cambio de orientación y de vida, por medio de Noé. Era un mensaje sobre el pecado, ya que su tema era la justicia de Dios. El Espíritu Santo actuó durante la predicación de Noé, como se ha considerado ya en la *Primera Epístola* (1 P. 3:18-20). La predicación tenía que ver con la gracia, ya que según el apóstol el Salvador fue presentado, de alguna manera, en ese tiempo. Él no podía hablar de Cristo y la Cruz, como se puede hacer hoy, pero señalaría a los pecadores con claridad que sólo podrían ser salvos volviéndose a Dios en fe, único modo de recibir la salvación como en cualquier tiempo (Ro. 5:1). A aquellos se les pedía solamente que creyesen al mensaje de Dios y se volviesen a Él.

Sorprende ver el poco resultado de aquella predicación. Dice Pedro que el octavo fue Noé, esto es, sólo ocho personas de todo el mundo fueron salvas por creer el mensaje de Dios. Estos incrédulos son los *espíritus encarcelados* que esperan el día del Gran Trono Blanco (Ap. 20:11-15), de los cuales se ha tratado antes (1 P. 3:19).

κατακλυσμὸν κόσμῳ ἀσεβῶν ἐπάξας, Aunque aparentemente el juicio divino no se manifestaba, llegó el momento que había dispuesto y *el diluvio fue enviado sobre el mundo*. De manera que, si el juicio condenatorio para los ángeles se va a producir, si el juicio sobre el mundo antiguo tuvo lugar, nadie debe dudar que el que está preparado para los *falsos maestros* va a tener lugar inexorablemente, en el tiempo dispuesto por Dios.

El ejemplo de Sodoma y Gomorra (2:6).

6. Y si condenó por destrucción a las ciudades de Sodoma y de Gomorra, reduciéndolas a ceniza y poniéndolas de ejemplo a los que habían de vivir impíamente.

καὶ	πόλεις Σοδόμων	καὶ	Γομόρρας	τεφρώσας	καταστροφῇ
Y	a ciudades de Sodoma	y	Gomorra	que redujo a cenizas	con destrucción

κατέκρινεν[1]	ὑπόδειγμα	μελλόντων	ἀσεβέσιν[2]	τεθεικώς,
condenó	por ejemplo	de que han de	actuar impíamente	habiendo puesto.

Análisis y notas del texto griego.

Análisis: καὶ, conjunción copulativa *y*; πόλεις, caso acusativo femenino plural del nombre común declinado *a ciudades*; Σοδόμων, caso genitivo neutro plural del nombre propio declinado *de Sodoma*; καὶ, conjunción copulativa *y*; Γομόρρας, caso genitivo femenino singular del nombre propio *Gomorra*; τεφρώσας, caso nominativo masculino singular del participio aoristo primero en voz activa del verbo τεφρόω, *reducir a cenizas*, aquí *que redujo a cenizas*; καταστροφῇ, caso dativo femenino singular del nombre común declinado *con destrucción*; κατέκρινεν, tercera persona singular del aoristo primero de indicativo en voz activa del verbo κατακρίνω, *juzgar, dictar sentencia condenatoria, condenar*, aquí *condenó*; ὑπόδειγμα, caso acusativo neutro singular del nombre común declinado *por ejemplo*; μελλόντων, caso genitivo neutro plural del participio presente en voz activa del verbo μέλλω, *estar a punto de, deber, haber de, reflexionar, tener que, vacilar*, aquí *de que han de*; ἀσεβέσιν, presente de infinitivo en voz activa del verbo ἀσεβέω, *actuar impíamente*; τεθεικώς, caso nominativo masculino singular del participio perfecto en voz activa del verbo τίθημι, *poner, colocar, depositar, designar*, aquí *habiendo puesto*.

Notas. Crítica Textual. Lecturas alternativas.

1 καταστροφῇ κατέκρινεν, *con destrucción condenó*, lectura en א, A, C^2, Ψ, 5, 33, 81, 307, 436, 642, 1448, 1611, 1735, 1739, 1852, 2344, 2492, K, L, *lect* $it^{ar, h, z}$, vg, $sy^{ph, h}$, cop^{sa}, arm, eth, geo, slav, Dídimo, Cirilo.

κατέκρινεν, *condenó*, como se lee en $\mathfrak{P}^{72}$, B, C^* 442, 1175, 1243, 1739, *l* 596, cop^{bo}.

κατέστρεψεν, *volcó*, según P, 1852.

2 ἀσεβεῖν, *vivir impíamente*, según lectura en א, A, C, Ψ, 5, 33, 81, 307, 436, 442, 642, 1448, 1611, 1735, 1739, 2344, 2492, K, L, *Lect* $it^{ar, h, z}$, vg, cop^{sa}, slav.

ἀσεβέσιν, *impíos*, $\mathfrak{P}^{72}$, B, P, 1175, 1243, 1852, $sy^{ph, h}$, arm, eth, geo.

καὶ πόλεις Σοδόμων καὶ Γομόρρας. El apóstol toma un tercer ejemplo del juicio divino, señalando a las ciudades de Sodoma y Gomorra, dentro de lo que suele denominarse como la Pentápolis, situadas en la llanura del Jordán (Gn. 13:2; 14:8), situadas en las proximidades de Mar Muerto. No hace falta extenderse aquí en poner de manifiesto las perversidades de aquellas ciudades, sin embargo, era tan grave que clamaba al cielo (Gn. 18:20). La perversión en materia moral pasaba entre otras cosas por la práctica de la homosexualidad en una promiscuidad absoluta. Este pecado está puesto de manifiesto cuando los habitantes de la ciudad pretendían *conocer* a los varones que Lot había recibido en su casa, sin saber que eran ángeles, haciendo gran violencia para tratar de conseguirlo hasta que fueron cegados por la acción de los ángeles (Gn. 19:5 ss.). De este pecado se generó la palabra *sodomía* y sus derivados, que se refiere a vicio contra natura, en muchos países el término fue sustituido por el de homosexualidad.

τεφρώσας καταστροφῇ κατέκρινεν ὑπόδειγμα μελλόντων ἀσεβέσιν τεθεικώς, Pedro afirma que Dios *condenó* a esas ciudades *reduciéndolas a cenizas*. La Biblia describe el castigo divino sobre ellas, cuando hizo llover *"azufre y fuego de parte de Jehová desde los cielos; y destruyó las ciudades, y toda aquella llanura, con todos los moradores de aquellas ciudades, y el fruto de la tierra"* (Gn. 19:24b-25). De ahí la expresión de Pedro, que las redujo a cenizas.

Ese juicio divino está registrado como ejemplo de lo que deben esperar quienes quieran *vivir* o *actuar impíamente*. Es decir, los que proscriben a Dios de su existencia y viven contraviniendo voluntariamente Sus disposiciones. Algunos hablan de falta de gracia divina para aquellas ciudades, pero Dios estuvo dispuesto a perdonarlas si hubiera encontrado en ellas tan solo diez justos. Esta es una solemne advertencia a los atrevidos que desafían a Dios practicando la injusticia y llevando vidas opuestas a la correcta forma no solo de la moral bíblica, sino de la ética natural propia de los hombres.

La aflicción del creyente (2:7-9).

7. Y libró al justo Lot, abrumado por la nefanda conducta de los malvados.

καὶ	δίκαιον	Λὼτ	καταπονούμενον	ὑπὸ	τῆς	τῶν	ἀθέσμων	ἐν
Y	a justo	Lot	abrumado	por	la	de los	libertinos	en

ἀσελγείᾳ	ἀναστροφῆς	ἐρρύσατο·
lascivia	conducta	libró.

Análisis y notas del texto griego.

Análisis: καὶ, conjunción copulativa *y*; δίκαιον, caso acusativo masculino singular del adjetivo declinado *a justo*; Λὼτ, caso acusativo masculino singular del nombre propio *Lot*; καταπονούμενον, caso acusativo masculino singular del participio presente en voz pasiva del verbo καταπονέω, *atribulado, abrumado*; ὑπὸ, preposición propia de genitivo *por*; τῆς, caso genitivo femenino singular del artículo determinado *la*; τῶν, caso genitivo masculino plural del artículo determinado declinado *de los*; ἀθέσμων, caso genitivo masculino plural del adjetivo *contrarios a las leyes, ilegales, ilícitos, injustos, libertinos*; ἐν, preposición propia de dativo *en*; ἀσελγείᾳ, caso dativo femenino singular del adjetivo *lascivia*; ἀναστροφῆς, caso genitivo femenino singular del nombre común *conducta*; ἐρρύσατο, tercera persona singular del aoristo primero de indicativo en voz media del verbo ῥύομαι, *librar, liberar, rescatar*, aquí *libró*.

καὶ δίκαιον Λὼτ. En el ejemplo anterior del diluvio, Dios libró de la muerte a ocho personas. En este caso, sólo libró a Lot y a sus dos hijas. A él le da el título de *justo*, lo que indica que era un creyente, como lo había sido su tío Abraham. Para algunos es contrario este calificativo a lo que fue la conducta de Lot. Se suele ver en él un hombre de carácter egoísta e incluso mundano. La razón que se aduce es que escogió la llanura del Jordán, porque era una excelente pradera y él tenía muchas ovejas. Sin embargo, es dejar de ver que Abraham le dio la opción de escoger el lugar que mejor le pareciera para ir él en sentido contrario y separarse uno del otro, por tanto, no hubo tal egoísmo, simplemente eligió como mejor le pareció (Gn. 13:5-13). También, alegorizando el texto bíblico se le califica de *mundano*, porque extendiendo sus tiendas, esto es, moviéndose con el rebaño, llegó a Sodoma y se asentó allí (Gn. 13:12). Mientras que Dios llamó a Abraham para que saliera de Hur y fuese a donde Él le indicara, no ocurrió lo mismo con Lot, que simplemente acompañó a su tío hasta aquel lugar donde tuvieron que separarse. Aplicando el criterio humano y juzgando las actitudes de Lot, se le acusa de connivencia con la pecaminosidad de los de Sodoma, puesto que, para librar a los visitantes de las intenciones de los hombres del lugar, ofreció a sus hijas para satisfacer la perversidad de aquellos (Gn. 19:8), sin duda era una debilidad de Lot, pero no es menos cierto que bajo su responsabilidad estaban aquellos a quienes había acogido en su casa. El entorno social de entonces hacía que el hospedador tuviera que mantener en seguridad a los que había hospedado. Del mismo modo se le acusa de falta de fe, porque demoraba su salida de Sodoma, cuando los ángeles le instaban a hacerlo (Gn. 19:15-22). Pero, ¿quién no ha tenido falta de fe para ejecutar lo que era incomprensible humanamente hablando? Jesús llamó a los discípulos *hombres de poca fe*, y estaban continuamente a Su lado. Es fácil acusar cuando se aprecian las cosas desde el exterior y no desde el lugar del problema. La máxima acusación es la aparente inmoralidad o, si se prefiere, perversión al tener relaciones íntimas con sus dos hijas (Gn. 19:33-38), pero, no se aprecia que cuando eso ocurrió, Lot había sido emborrachado por sus hijas, hasta el extremo de ser inconsciente de lo que hacía, de modo que *"no sintió cuando se acostó ella, ni cuando se levantó"* ¿Acaso es permisible la embriaguez? Por supuesto que no, pero trajo la consecuencia del incesto cometido.

καταπονούμενον ὑπὸ τῆς τῶν ἀθέσμων ἐν ἀσελγείᾳ ἀναστροφῆς ἐρρύσατο· Con todo, la condición justa de Lot consistía en sentirse *abrumado* por la conducta lascivia de aquellos perversos de Sodoma. No es que no practicase los vicios que ellos ejercían, sino que el alma suya se abrumaba, sentía un peso aplastante por la perversión moral de los ciudadanos de aquella ciudad. El odio al pecado es prueba de ser creyente (cf. Sal. 97:10; 119:7, 67-69, 77, 101, 106, 121, 123, Pr. 8:13; Ro. 12:9). El apóstol Juan afirma que quien practica el pecado no ha conocido a Dios ni lo ha visto (1 Jn. 3:6). El siguiente versículo da una evidencia clara de que Lot había creído a Dios y era justificado por Él. Pedro cierra la cláusula indicando que Dios libró a Lot de la nefasta conducta de aquellos, lo preservó de pecar en forma violenta y degradante, pero, además, lo libró de morir abrasado como ocurrió con todos los que vivían en la ciudad.

8. (Porque este justo, que moraba entre ellos, afligía cada día su alma justa, viendo y oyendo los hechos inicuos de ellos).

βλέμματι γὰρ καὶ ἀκοῇ ὁ δίκαιος ἐγκατοικῶν ἐν αὐτοῖς
Porque con lo que ve y oye, el justo que vivía entre ellos
ἡμέραν ἐξ ἡμέρας ψυχὴν δικαίαν ἀνόμοις ἔργοις ἐβασάνιζεν·
día por día alma justa impías obras atormentaba.

Análisis y notas del texto griego.

Análisis: βλέμματι, caso dativo neutro singular del nombre común declinado *lo que ve*; γὰρ, conjunción causal *porque*; καὶ, conjunción copulativa *y*, ἀκοῇ, caso dativo femenino singular del nombre común *lo que oye*; ὁ, caso nominativo masculino singular del artículo determinado *el*; δίκαιος, caso nominativo masculino singular del adjetivo *justo*; ἐγκατοικῶν, caso nominativo masculino singular del participio presente en voz activa del verbo ἐγκατοικέω, *vivir, residir, morar*, aquí *que vive*; ἐν, preposición propia de dativo *en, entre*; αὐτοῖς, caso dativo masculino de la tercera persona plural del pronombre personal *ellos*; ἡμέραν, caso acusativo femenino singular del nombre común día; ἐξ, forma escrita de la preposición de genitivo ἐκ, delante de vocal y que significa *de, por*; ἡμέρας, caso genitivo femenino singular del nombre común *día*; ψυχὴν, caso acusativo femenino singular del nombre común *alma*; δικαίαν, caso acusativo femenino singular del adjetivo *justa*; ἀνόμοις, caso dativo neutro plural del adjetivo *impías, inicuas*; ἔργοις, caso dativo neutro plural del nombre común *obras*; ἐβασάνιζεν, tercera persona singular del imperfecto de indicativo en voz activa del verbo βασανίζω, *torturar, atormentar*, aquí *atormentaba*.

βλέμματι γὰρ καὶ ἀκοῇ ὁ δίκαιος ἐγκατοικῶν ἐν αὐτοῖς ἡμέραν ἐξ ἡμέρας. A modo de paréntesis aclaratorio, da las razones por las que Lot debía considerarse como *justo*. Vivía día a día, oyendo y viendo como los de Sodoma cometían toda clase de pecados, algunos de ellos con ánimo de ofender a Dios, en la práctica de vicios graves en forma voluntaria. Debe apreciarse que este *justo* simplemente vivía entre ellos, pero no pertenecía a su mundo perverso.

ψυχὴν δικαίαν ἀνόμοις ἔργοις ἐβασάνιζεν· Él no se identificaba con aquella perversidad, sino que sentía repugnancia por cuanto hacían. Por ello su alma se sentía atormentada. De otro modo, vivía en un continuo tormento a causa del pecado que veía y lo que oía. Estaba expuesto a la maldad, pero la maldad no estaba en él, sino que era instrumento de aflicción para quien creía en Dios, a pesar de cuantas imperfecciones pudieran atribuírsele. La gente de Sodoma siguió día a día atormentando el alma justa de Lot, hasta que el Señor lo libró de aquella situación. Si acaso hubo algún deseo egoísta por escoger la llanura del Jordán para su ganado, si tal vez, dejó de confiar solamente en Dios, si pudo ser que amaba sus posesiones y por eso buscó el mejor acomodo para ello, Dios lo liberó también de todos sus bienes, porque de Sodoma sólo salió el, su mujer y sus dos hijas. Las posesiones se perdieron en el incendio de la ciudad.

Esta sería la situación de los creyentes a quienes Pedro escribía. Estaban rodeados de corrupción y de vidas licenciosas propias del sistema corrupto de aquella sociedad. Estaban como Lot, viendo la pecaminosidad de los *falsos maestros*, y oyendo la perversidad de sus doctrinas, por tanto, debían experimentar la conmoción propia de sus almas que sufrían por esa situación.

9. Sabe el Señor librar de tentación a los piadosos, y reservar a los injustos para ser castigados en el día del juicio.

οἶδεν	Κύριος	εὐσεβεῖς	ἐκ	πειρασμοῦ	ῥύεσθαι,	ἀδίκους δὲ	εἰς
Ha sabido	Señor	a piadosos	de	tentación	librar,	y a injustos	para
ἡμέραν	κρίσεως	κολαζομένους	τηρεῖν,				
día	de juicio	que sean castigados	reservar.				

Análisis y notas del texto griego.

Análisis: οἶδεν, tercera persona singular del perfecto de indicativo en voz activa del verbo οἶδα, *saber, conocer, entender*, aquí *ha sabido*; Κύριος, caso nominativo masculino singular del nombre divino *Señor*; εὐσεβεῖς, caso acusativo masculino plural del adjetivo declinado *a piadosos*; ἐκ, preposición propia de genitivo *de*; πειρασμοῦ, caso genitivo masculino singular del nombre común *tentación, prueba*; ῥύεσθαι, presente de infinitivo en voz media del verbo ῥύομαι, *librar, rescatar*; ἀδίκους, caso acusativo masculino plural del adjetivo declinado *a injustos*; δὲ, partícula conjuntiva que hace las veces de conjunción coordinante, con sentido de *pero, más bien, y, y por cierto, antes bien, entonces*; εἰς, preposición propia de acusativo *a, para*; ἡμέραν, caso acusativo femenino singular del nombre común *día*; κρίσεως, caso genitivo femenino singular del nombre común declinado *de juicio*; κολαζομένους, caso acusativo masculino plural del participio presente en voz pasiva del verbo κολάζω, *castigar*, aquí *que sean castigados*; τηρεῖν, presente de infinitivo en voz activa del verbo τηρέω, *guardar, reservar*.

οἶδεν Κύριος εὐσεβεῖς ἐκ πειρασμοῦ ῥύεσθαι, La situación de conflicto, propia de la vida cristiana, es aliviada por la seguridad de que Dios *"sabe librar de tentación a los piadosos"*. Los ejemplos anteriores sobre la acción divina en relación con los ángeles, con el mundo rebelde y contra ciudades pecaminosas, ofrece la perspectiva de la omnipotencia divina, que tiene todas las cosas bajo control y ninguna de ellas escapa de su conocimiento. Aún en medio de las pruebas, Dios abre camino para que el creyente pueda salir victorioso de ellas. El término πειρασμος, puede aplicarse tanto a prueba como a tentación, en cualquier caso, Dios ha sabido siempre librar al justo de esas situaciones. En ese sentido no hay razón para temer nada (Sal. 27:1; Pr. 1:33; Jn. 14:27; 2 Ti. 1:7). Tanto las pruebas, como las tentaciones, tienen poder destructor a no ser que sean controladas por Dios, como ocurre con los creyentes, que podemos descansar tanto en la omnipotencia divina, como en el amor protector hacia los Suyos (Ro. 8:28, 38, 39).

ἀδίκους δὲ εἰς ἡμέραν κρίσεως κολαζομένους τηρεῖν, Pero, del mismo modo que Dios sabe proteger a los Suyos, así también reserva a los impíos para el castigo, literalmente *que son castigados*, en participio presente, que indica una acción que se produce y continúa. Llama la atención por la vinculación del castigo con el juicio, que sin duda tiene aquí el sentido escatológico que le es propio. Por tanto, el apóstol debiera haber usado aquí un futuro, pero, el presente profético permite entenderlo como futuro. Los impíos serán juzgados y Dios impide que ninguno de ellos se libre de esa acción judicial. El resultado del juicio no puede ser otro que el castigo, como corresponde a la justicia perfecta de Dios. El apóstol advirtió de la condición de *espíritus encarcelados* (1 P. 3:19). Así también los injustos que pervierten la fe y generan conflictos entre los justos, son reservados para el juicio en que se dicte sentencia de condenación eterna (Ap. 20:11-15).

Características de los falsos profetas (2:10-22).

La condición (2:10a).

10. Y mayormente a aquellos que, siguiendo la carne, andan en concupiscencia e inmundicia, y desprecian el señorío. Atrevidos y contumaces, no temen decir mal de las potestades superiores.

μάλιστα δὲ τοὺς ὀπίσω σαρκὸς ἐν ἐπιθυμίᾳ μιασμοῦ
Y especialmente a los detrás de carne en concupiscencia de contaminación
πορευομένους καὶ κυριότητος καταφρονοῦντας. τολμηταὶ
andando y señorío despreciando. Atrevidos
αὐθάδεις, δόξας οὐ τρέμουσιν βλασφημοῦντες,
arrogantes, de potestades superiores no tienen temor hablando mal.

Análisis y notas del texto griego.

Análisis: μάλιστα, adverbio de modo *especialmente*; δὲ, partícula conjuntiva que hace las veces de conjunción coordinante, con sentido de *pero, más bien, y, y por cierto, antes bien, entonces*; τοὺς, caso acusativo masculino plural del artículo determinado declinado *a los*; ὀπίσω, preposición de genitivo *detrás de*; σαρκὸς, caso genitivo femenino singular del nombre común *carne*; ἐν, preposición propia de dativo *en*; ἐπιθυμίᾳ, caso dativo femenino singular del nombre común *concupiscencia*; μιασμοῦ, caso genitivo masculino singular del nombre común declinado *de contaminación*; πορευομένους, caso acusativo masculino plural del participio presente en voz media del verbo πορεύομαι, *andar, caminar, seguir camino, viajar*, aquí *andando*; καὶ, conjunción copulativa *y*; κυριότητος, caso genitivo femenino singular del nombre común *señorío*; καταφρονοῦντας, caso acusativo masculino plural del participio presente en voz activa del verbo καταφρονέω, *despreciar*, aquí *despreciando*; τολμηταὶ, caso nominativo masculino plural del nombre común *hombres atrevidos*; αὐθάδεις, caso nominativo masculino plural del adjetivo *audaces, arrogantes, presuntuosos, suficientes*; δόξας, caso acusativo femenino plural del nombre común declinado *de glorias*, en sentido *de potestades superiores*; οὐ, adverbio de negación *no*; τρέμουσιν, tercera persona plural del presente de indicativo en voz activa del verbo τρέμω, *tener miedo, tener temor, temer*, aquí *tienen temor*; βλασφημοῦντες, caso nominativo masculino plural del participio presente en voz activa del verbo βλασφημέω, *blasfemar, hablar mal*, aquí *hablando mal*.

μάλιστα δὲ τοὺς ὀπίσω σαρκὸς ἐν ἐπιθυμίᾳ μιασμοῦ πορευομένους καὶ κυριότητος καταφρονοῦντας. El comienzo del versículo podría estar situado al final del anterior, puesto que sigue el mismo hilo y trata el mismo tema. El apóstol afirmó que Dios, que libra a los justos, reserva a los impíos para juicio de condenación, *y especialmente*, a los *falsos maestros* de quienes está tratando. Aunque pudiera parecer que la condenación de ellos se retarda (v. 3), no escaparán del castigo que corresponde a su pecado.

Pedro tratará de dejar una identificación clara de tales personas para que los creyentes y las iglesias puedan evitar la presencia y acción de los mismos. Comienza hablando de su condición moral, al situarlos entre los que siguen *la concupiscencia de contaminación*. Es ir tras los instintos carnales en abierta lujuria. Anteriormente hizo referencia a esta forma impía de vida acusándolos de *seguir sus disoluciones*, esto es, se trata de personas disolutas (v. 2). Ir detrás de alguien, es la condición propia de un discípulo que sigue al maestro. En cuanto al seguimiento de los creyentes, Cristo, el Maestro, se hace camino y vida para ellos (Jn. 14:6). En el caso de los *falsos maestros,* lejos de seguir la pureza de vida y la santidad de Jesús, siguen los bajos apetitos de la carne, marchando tras ella como si se tratase de un maestro. El participio de presente usado aquí por Pedro pone de manifiesto que estos perversos *van caminando* continuamente tras la carne en *concupiscencia de contaminación*. El sustantivo μιασμοῦ, genera en castellano el término *miasma*, que indica el efluvio maligno que despiden las materias corruptas o las aguas en descomposición. Estos pervertidos respirando contaminación y viviendo en ella despiden olor a podredumbre. Estos son aquellos de los que Pablo dice, que dan lugar al adversario: *"Porque ya algunos se han apartado en pos de Satanás"* (1 Ti. 5:15).

Además, desprecian el *señorío*. Es todo un proceso que comienza por *negar al Señor* (v. 1) y termina por despreciar Su autoridad. Al tiempo que todo cuanto se relacione con la soberanía divina, que incluye a la organización angélica, como aparece en el siguiente versículo. La soberanía del Señor es una verdad bíblica fundamental, ya que tiene el nombre que es sobre todo nombre, bajo el cual ejerce toda autoridad en cielos y tierra (Fil. 2:9-11). Las doctrinas que enseñan comprenden el rechazo deliberado de la única autoridad de Cristo. Estos *falsos maestros* odian a Jesucristo y no pueden soportarlo como Señor.

Difamadores (2:10b-11).

τολμηταὶ αὐθάδεις. Son personas *atrevidas*, *osadas* y *arrogantes*. El primer término es un sustantivo, el segundo un adjetivo calificativo, de modo que deben considerarse unidas ambos. El descaro es uno de los factores identificativos de estos. No respetan al Señor, procurando adueñarse de Su rebaño, presentándose osada y arrogantemente como *maestros*, cuando realmente son falsarios que buscan destruir la obra de Dios en provecho personal. Generalmente estos son los que se consideran superiores al resto de los maestros bíblicos y no admiten reproche alguno de nadie, endiosándose a ellos mismos y acarreando la condenación consecuente con sus hechos. En el tiempo actual son los buscadores del espectáculo con apariencia de culto. Aquellos que ofrecen riquezas a cambio de ofrendas; sanidades por su intervención; espectáculo de no poder pasar un determinado lugar, porque está revestidos de poder; los que hacen caer sin razón alguna para manifestar su condición espiritual. Los que luchan contra la enseñanza bíblica y destierran del púlpito la Escritura. Los que van por las iglesias arrastrando a inconstantes. Seguidores de Satanás, pero no de Cristo. Atrevidos, osados, llenos de concupiscencia y lascivia. Los que viven en opulencia mientras muchos creyentes no tienen lo mínimo para sus vidas. Enemigos de la verdad.

δόξας οὐ τρέμουσιν βλασφημοῦντες, En su osadía, no tienen temor alguno de *hablar mal*, literalmente *blasfemar* de las autoridades superiores. En el texto griego se lee literalmente *de glorias*. Por el entorno textual próximo, está refiriéndose a los ángeles. ¿Qué clase de ángeles? Tienen cierta propensión en insultar a los demonios. Estos hablan despectivamente de asuntos sagrados. Pablo habla de estos seres espirituales: *"Porque no tenemos lucha contra sangre y carne, sino contra principados, contra potestades, contra los gobernadores de las tinieblas de este siglo, contra huestes espirituales de maldad en las regiones celestes"* (Ef. 6:12). No sabemos, por el texto bíblico, en qué consistía el hablar mal de las *potestades superiores*, pero eso es lo de menos, el hecho importante es que lo hacían. Todos los demonios han sido derrotados por Cristo en la Cruz, por tanto, son un ejército vencido y lo único que se pide al creyente es que resista sus ataques desde la posición de victoria en que ha sido colocado. En el contexto actual, muchos de estos *arrogantes* se atreven a desafiar a los demonios, generando en el auditorio manifestaciones ofensivas, como el ruido de pies *pisándolos*, *maldiciéndolos* en el nombre de Jesús, *atándolos*, cuando ya están atados por Cristo. Son irrespetuosos porque son arrogantes.

11. Mientras que los ángeles, que son mayores en fuerza y en potencia, no pronuncian juicio de maldición contra ellas delante del Señor.

ὅπου	ἄγγελοι	ἰσχῦϊ	καὶ	δυνάμει	μείζονες	ὄντες	οὐ
Mientras que	ángeles	en fuerza	y	poder	mayores	siendo,	no

φέρουσιν	κατ'	αὐτῶν	παρὰ	Κυρίου[1]	βλάσφημον	κρίσιν.
pronuncian	contra	ellos	ante	Señor	de maldición	juicio.

Análisis y notas del texto griego.

Análisis: ὅπου, adverbio relativo indefinido de lugar, *mientras que*; ἄγγελοι, caso nominativo masculino plural del nombre común *ángeles*; ἰσχῦϊ, caso dativo femenino singular del nombre común declinado *en fuerza*; καὶ, conjunción copulativa *y*; δυνάμει, caso dativo femenino singular del nombre común *poder*; μείζονες, caso nominativo masculino singular del adjetivo comparativo *mayores*; ὄντες, caso nominativo masculino plural del participio presente en voz activa del verbo εἰμί, *ser, estar*, aquí *siendo*; οὐ, adverbio de negación *no*; φέρουσιν, tercera persona plural del presente de indicativo en voz activa del verbo φέρω, *llevar, arrastrar, traer, conducir*, aquí *traen*, en sentido de *pronuncia*; κατ', forma escrita de la preposición de genitivo κατά, *contra*, por elisión ante vocal con espíritu suave; αὐτῶν, caso genitivo masculino de la tercera persona plural del pronombre personal *ellos*; παρὰ, preposición propia de genitivo *ante*; Κυρίου, caso genitivo masculino singular del nombre divino *Señor*; βλάσφημον, caso genitivo femenino singular del nombre común declinado *de blasfemia, de maldición*; κρίσιν, caso acusativo femenino singular del nombre común *juicio*.

Notas. Crítica Textual. Lecturas alternativas.

[1] παρὰ Κυρίου, *ante Señor*, según se lee en $\mathfrak{P}^{72}$, 5, 307, *l* 593, vg^{mss}, $sy^{pb/mss, h}$.

παρὰ Κυρίῳ, *ante Señor*, lectura en dativo, conforme a ℵ, B, C, 1175, 1243, 1448^{c}, 1611, 1739, 1852, 2492, K, L, P.

Se omiten en A, Ψ, 33, 81, 436, 442, 642, 1448^{*}, 1611, 1735, 2344, *l* 596, $it^{ar, z}$, vg, $sy^{ph/mss}$, $cop^{sa, bo}$, eth.

ὅπου ἄγγελοι ἰσχῢι καὶ δυνάμει μείζονες ὄντες. Comienza el versículo con el adverbio relativo ὅπου, que equivale a *donde, adonde* y que se usa en forma *propia* o *figurada*, como es este caso, para indicar circunstancia o condición, de ahí la interpretación que se da aquí al traducirlo por *mientras que*, estableciendo un contraste entre los *falsos maestros* que no se limitan para hablar mal de las *potestades superiores* y los ángeles cuyo ejemplo sigue. De ellos se indica que son *mayores* en fuerza y poder que los hombres.

οὐ φέρουσιν κατ' αὐτῶν παρὰ κυρίου βλάσφημον κρίσιν. A diferencia de ellos, los ángeles no se atreven a proferir palabras de juicio de maldición, esto es, acusándolos y condenándolos. La principal razón de esta conducta angelical, es que el único Juez, el que conociendo la intimidad personal de cada ser creado puede emitir justo juicio de sus actos, tanto conocidos como secretos. De ahí que los ángeles más poderosos, remiten el juicio sobre los demonios a Dios mismo, como dijo el arcángel Miguel dirigiéndose a Satanás: *"El Señor te reprenda"* (Jud. 9). Como se ha dicho antes, los creyentes no estamos llamados a combatir en cualquiera que sea la forma, a los demonios, sino remitir la defensa y el juicio al Señor, que tiene toda autoridad en cielos, tierra, sobre santos y perdidos, hombres y ángeles. La arrogancia trae malas consecuencias, especialmente cuando el orgullo introduce a la persona en lo que la Biblia llama *las profundidades de Satanás* (Ap. 2:24).

Los *falsos maestros*, llenos de arrogante orgullo, piensan que son más fuertes que los demonios, olvidándose de que, a pesar de su caída, conservan las características personales con las que fueron creados. La osadía de ellos llega al insulto de las potestades superiores y a pretender dominarlos simplemente por un supuesto revestimiento de poder que les confiere el Espíritu Santo. Estos no son conscientes del poder las huestes de maldad en el tiempo presente. Quienes atraviesan la fina línea que establece el límite en este sentido son, muchas veces, presas de aquellos a quienes pretenden dominar y ofender.

Blasfemos (2:12).

12. Pero éstos, hablando mal de cosas que no entienden, como animales irracionales, nacidos para presa y destrucción, perecerán en su propia perdición.

Οὗτοι δὲ ὡς ἄλογα ζῷα γεγεννημένα φυσικὰ εἰς ἅλωσιν
Pero estos como iraccionales animales habiendo nacido por naturaleza para caza
καὶ φθορὰν ἐν οἷς ἀγνοοῦσιν βλασφημοῦντες, ἐν τῇ
y destrucción en las cosas que ignoran hablando mal, en la
φθορᾷ αὐτῶν καὶ φθαρήσονται
destrucción de ellos también serán destruidos.

Análisis y notas del texto griego.

Análisis: Οὗτοι, caso nominativo masculino plural del pronombre demostrativo *estos*; δὲ, partícula conjuntiva que hace las veces de conjunción coordinante, con sentido de *pero, más bien, y, y por cierto, antes bien, entonces*; ὡς, adverbio de modo, *como*, que hace las veces de conjunción comparativa; ἄλογα, caso nominativo neutro plural del adjetivo *irracionales*; ζῷα, caso nominativo neutro plural del nombre común *animales*; γεγεννημένα, caso nominativo neutro plural del participio perfecto en voz pasiva del verbo γεννάω, *nacer*, aquí *habiendo nacido*; φυσικὰ, caso nominativo neutro plural del adjetivo *naturales, por naturaleza*; εἰς, preposición propia de acusativo *para*; ἅλωσιν, caso acusativo femenino singular del nombre común *caza, captura*; καὶ, conjunción copulativa *y*; φθορὰν, caso acusativo femenino singular del nombre común *perdición, destrucción*; ἐν, preposición propia de dativo *en*; οἷς, caso dativo neutro plural del pronombre relativo *los que, los cuales*; ἀγνοοῦσιν, tercera persona plural del presente de indicativo en voz activa del verbo αγνοέω, *ignorar*, aquí *ignoran*; βλασφημοῦντες, caso nominativo masculino plural del participio presente en voz activa del verbo βλασφημέω, aquí *blasfemando, hablando mal*; ἐν, preposición propia de dativo *en*; τῇ, caso dativo femenino singular del artículo determinado *la*; φθορᾷ, caso dativo femenino singular del nombre común *perdición, destrucción*; αὐτῶν, caso genitivo de la tercera persona plural del pronombre personal declinado *de ellos*; καὶ, adverbio de modo *también*; φθαρήσονται, tercera persona plural del futuro de indicativo en voz activa del verbo φθείρω, *destruir*, aquí *serán destruidos*.

Οὗτοι δὲ ὡς ἄλογα ζῷα γεγεννημένα φυσικὰ εἰς ἅλωσιν καὶ φθορὰν. El apóstol afirma que estos *falsos maestros* son *blasfemos*, es decir, *habladores de maldad*, o simplemente *detractores* o *difamadores*. A causa de ese comportamiento los compara con animales irracionales, que tienen como propósito, por su propia condición natural *cazar* y *destruir*, o si se prefiere para *ser presas y perecer*. Esto ocurre en la cadena natural del mundo animal, que se apresan unos a otros y perecen, para servir de alimento. Pedro los llama *animales de instinto*, por lo que no añaden nada nuevo persistiendo en la forma propia que los define por sus acciones.

ἐν οἷς ἀγνοοῦσιν βλασφημοῦντες, Estos son indoctos, aunque se hacen pasar por maestros. Ignoran las cosas de las que hablan, por eso se permiten la licencia de hablar mal de ellas. Ponen de manifiesto la ignorancia que es propia de los animales irracionales. Nada más perjudicial que un necio que se considera sabio, de ahí que *"la boca del necio es calamidad cercana"* (Pr. 10:14). Porque desconocen aquello de que hablan, se cumple en ellos las palabras del sabio: *"la boca de los necios hablará sandeces"* (Pr. 15:2). No hay peor tragedia que la erudición de quien ignora aquello de que habla. Estos han rechazado la verdad de la Escritura, se apartaron de ella para enseñar *"herejías destructivas"* (v. 1).

ἐν τῇ φθορᾷ αὐτῶν καὶ φθαρήσονται. Lo único que pueden esperar es ser destruidos como ellos destruyeron las vidas de otros. De manera que ellos *perecerán en su propia perdición*, esto es, lo que causaron a otros les será revertido a ellos. En todo se cumple el equilibrio de la justicia de Dios, ya que todo lo que el hombre sembrare, segará (Gá. 6:7). No debe inquietarnos que estos perversos de antaño, traten de introducirse en la iglesia de hoy, siguiendo los mismos métodos, pero usando otras formas. La visión del creyente debe tener proyección eterna y no temporal. Pudiera ser que la acción de los *falsos maestros* traiga algún daño a creyentes inconstantes, pero la realidad es que sus victorias se convertirán en derrotas y sus éxitos aparentes en destrucción.

Pecaminosos (2:13-14).

13. Recibiendo el galardón de su injusticia, ya que tienen por delicia el gozar de deleites cada día. Éstos son inmundicias y manchas, quienes aun mientras comen con vosotros, se recrean en sus errores.

ἀδικούμενοι[1] μισθὸν ἀδικίας, ἡδονὴν ἡγούμενοι τὴν ἐν ἡμέρᾳ
Haciendo injusticia paga de injusticia, por placer considerando la en día
τρυφήν, σπίλοι καὶ μῶμοι ἐντρυφῶντες ἐν ταῖς ἀπάταις[2] αὐτῶν
crápula, inmundicia y manchas recreándose en los errores de ellos
συνευωχούμενοι ὑμῖν,
estando banqueteando con vosotros.

Análisis y notas del texto griego.

Análisis: ἀδικούμενοι, caso nominativo masculino plural del participio presente en voz pasiva del verbo αδικέω, *hacer injusticia, causar daño, causar perjuicio*, aquí *haciendo injusticia*; μισθὸν, caso acusativo masculino singular del nombre común *salario, paga*; ἀδικίας, caso genitivo femenino singular del nombre común declinado *de injusticia*; ἡδονὴν, caso acusativo femenino singular del nombre común declinado *por placer*; ἡγούμενοι, caso nominativo masculino plural del participio presente en voz media del verbo ἡγέομαι, *considerar, pensar, juzgar*, aquí *considerando*; τὴν, caso acusativo femenino singular del artículo determinado *la*; ἐν, preposición propia de dativo *en*; ἡμέρᾳ, caso dativo femenino singular del nombre común *día*; τρυφήν, caso acusativo femenino singular del nombre común *crápula, lujuria, libertinaje*; σπίλοι, caso nominativo masculino plural del nombre común *inmundicia*; καὶ, conjunción copulativa *y*; μῶμοι, caso nominativo masculino plural del nombre común, *censuras, manchas, manchas de suciedad*; ἐντρυφῶντες, caso nominativo masculino plural del participio presente en voz activa del verbo ἐντρυφάω, *entregándose al placer, darse a la molicie, burlarse de, deleitarse, gozarse, recrearse*, aquí *recreándose*; ἐν, preposición propia de dativo *en*; ταῖς, caso dativo femenino plural del artículo determinado *las*; ἀπάταις, caso dativo femenino plural del nombre común *errores*; αὐτῶν, caso genitivo masculino de la tercera persona plural del pronombre personal declinado *de ellos*; συνευωχούμενοι, caso nominativo masculino plural del participio presente en voz pasiva del verbo συνευοχέομαι, *participar de una comida, banquetear*, aquí *estando banqueteando, mientras banquetean*; ὑμῖν, caso dativo de la segunda persona plural del pronombre personal declinado *con vosotros*.

Notas. Crítica Textual. Lecturas alternativas.

[1] ἀδικούμενοι, *haciendo injusticia*, lectura conforme a $\mathfrak{P}^{72}$, $\aleph^*$, B, P, Ψ, 1175, 1243, 1852 sy^{ph}.

κομιούμενοι, *recibiendo*, como se lee en $\aleph^2$, A C 5, 33, 81, 307, 436, 442, 642, 1448, 1611, 1735, 1739, 2344, 2492, Byz, lat^t, vg, sy^h, co, eth, geo, slav, Jerónimo, Speculum.

[2] ἀπάταις, *errores*, según lectura en $\mathfrak{P}^{72}$, ℵ, C, 33, 81, 307, 436, 442, 642, 1175, 1448, 1735, 1852, 2344, 2492, Byz, $sy^{h/txt}$, $cop^{sa/ms}$, arm, slv.

ἀγάπαις, *ágapes*, conforme a A, B, Ψ, 5, 1243, 1611, $it^{ar, z}$, vg, $sy^{ph, h/mg}$, $cop^{sa/mss}$ eth, geo, Ps-Cipriano, Speculum.

ἀγνοίαις, *ignorancia*, lectura en 1739.

ἀδικούμενοι μισθὸν ἀδικίας, Estos sufrirán el pago por el daño que han hecho, lo que refuerza la enseñanza del versículo anterior. Dios no ignora lo que esos han hecho con sus malas artes. A pesar de las variantes de lectura, la idea es que los *falsos maestros*, recibirán *daño* como salario de su iniquidad, reafirmando el enunciado que comenzó en el versículo anterior, propio de la siega y la siembra (cf. Pr. 22:8; Os. 10:12-13; 2 Co. 9:6).

ἡδονὴν ἡγούμενοι τὴν ἐν ἡμέρᾳ τρυφήν, El concepto de placer que éstos tienen comienza por entregarse a las pasiones sensuales a pleno día. El pecado es cometido habitualmente bajo la protección de la oscuridad, pero éstos desafían el pecado iniciando sus prácticas perversas a pleno día (1 Ts. 5:7). El término τρυφήν, equivale a *crápula*, que expresa la idea de *disipación, libertinaje, vida libertina*. Estos son sin escrúpulo alguno, por tanto, esclavos de Satanás.

σπίλοι καὶ μῶμοι. A consecuencia de su condición no son otra cosa que *inmundicias y manchas*. La contaminación del pecado se hace visible en cada uno de ellos, siendo una contradicción abierta contra lo que debe ser la vida santa del cristiano (1 P. 1:15-16). Ajenos totalmente a la vinculación con Cristo, a quien Pedro describe como un *"cordero sin mancha y contaminación"* (1 P. 1:19). Los calificativos que da a los *falsos maestros*, ponen de manifiesto esa falsedad, puesto que en modo alguno se identifican con Cristo. ¿Podrían ser de alguna manifestación gnóstica? o incluso de alguna rama del epicureísmo. Incluso pudieran estar aplicando la doctrina platónica de que el cuerpo es malo, mientras el espíritu bueno, por tanto, cuanto se haga con el cuerpo no tiene importancia, permitiéndole licencias libertinas. Todo esto es mera especulación sin fundamento bíblico.

ἐντρυφῶντες ἐν ταῖς ἀπάταις αὐτῶν συνευωχούμενοι ὑμῖν, Finalmente recuerda a los lectores que esos *falsos maestros*, no están lejos de los creyentes, puesto que comparten mesa con ellos en los banquetes. Acaso aprovechaban los actos sociales, para recrearse y hablar de los pecados que practicaban delante de los cristianos, constituyendo esas conversaciones en atractivo para que los *inconstantes* sintieran deseo de vivir esas prácticas licenciosas. Estos banquetes, pudieran ser lo que se llamaban *ágapes*, cuya frase está en algunas alternativas de lectura. El ágape era la expresión de comunión y hermandad cristiana, mientras el partimiento del pan era la manifestación de la unidad que los creyentes tienen en Cristo. El ágape fue, en los primeros tiempos, el principio de la reunión en la que se participaba en la ordenanza. Estos ágapes causaban serios problemas en algunas comunidades, como en Corinto, por lo que fueron prohibidos por el apóstol Pablo (1 Co. 11:20-22, 34). En una mala práctica del *amor* con todos, acaso permitieran la presencia de cualquiera en una comida fraternal, por lo que los perversos se regocijaban en el pecado exhibiéndolo como algo propio y natural de los tiempos que corrían, contaminado con ello el banquete en que estaban participando.

14. Tienen los ojos llenos de adulterio, no se sacian de pecar, seducen a las almas inconstantes, tienen el corazón habituado a la codicia, y son hijos de maldición.

ὀφθαλμοὺς ἔχοντες μεστοὺς μοιχαλίδος[1] καὶ ἀκαταπαύστους
Ojos teniendo llenos de adulterio y no cesando
ἁμαρτίας, δελεάζοντες ψυχὰς ἀστηρίκτους, καρδίαν
en pecado, seduciendo almas inconstantes, corazón
γεγυμνασμένην πλεονεξίας ἔχοντες, κατάρας τέκνα·
habiendo sido ejercitado codicia teniendo, de maldición hijos.

Análisis y notas del texto griego.

Análisis: ὀφθαλμοὺς, caso acusativo masculino plural del nombre común *ojos*; ἔχοντες, caso nominativo masculino plural del participio de presente en voz activa del verbo ἔχω, *tener, poseer*, aquí *teniendo*; μεστοὺς, caso acusativo masculino plural del adjetivo *llenos*; μοιχαλίδος, caso genitivo femenino singular del nombre común declinado *de adulterio*; καὶ, conjunción copulativa *y*; ἀκαταπαύστους, caso acusativo masculino plural del adjetivo *incesante, no cesando*; ἁμαρτίας, caso genitivo femenino singular del nombre común declinado *de pecado, en pecado*; δελεάζοντες, caso nominativo masculino plural del participio presente en voz activa del verbo δελεάζω, *seducir*, aquí *seduciendo*; ψυχὰς, caso acusativo femenino plural del nombre común *almas*; ἀστηρίκτους, caso acusativo femenino plural de adjetivo *inconstantes*; καρδίαν, caso acusativo femenino singular del nombre común *corazón*; γεγυμνασμένην, caso acusativo femenino singular del participio perfecto en voz pasiva del verbo γυμνάζω, *ejercitar*, aquí *habiendo sido ejercitado*; πλεονεξίας, caso genitivo femenino singular del nombre común *codicia*; ἔχοντες, caso nominativo masculino plural del participio de presente en voz activa del verbo ἔχω, *tener, poseer*, aquí *teniendo*; κατάρας, caso genitivo femenino singular del nombre común declinado *de maldición*; τέκνα, caso nominativo neutro plural del nombre común *hijos*.

Notas. Crítica Textual. Lecturas alternativas.

[1] μοιχαλίδος, *de adulterio*, lectura en 𝔓[72], B, C, 5, 81, 407, 642, 1175, 1243, 1448, 1611, 1735, 1739, 3852, 2492, *Biz*.

μοιχαλείας, *de mujer adúltera*, según א, A, 33, 436, 442, 1796.

μοιχεία, *adulterio*, como se lee en Ψ, 2344, eth, geo, slav.

ὀφθαλμοὺς ἔχοντες μεστοὺς μοιχαλίδος. Añade otro grupo de perversidades propias de los *falsos maestros*. Los ojos de ellos están llenos de adulterio. Las alternativas de lectura son varias[2], entre las que están como más firmes *mujer adúltera*. El sentido es muy fuerte, en toda mujer ven la posibilidad de que sirva para practicar el adulterio. Cada mujer que se ponía delante de sus ojos, era considerada por ellos como objeto potencial de su adulterio. Una moral llena de deseos perversos y grandemente pecaminosos.

καὶ ἀκαταπαύστους ἁμαρτίας, El pecado formaba parte de sus vidas y era algo continuado. Una cosa lamentable, por cierto, es una caída ocasional en el pecado, otra muy diferente es la práctica habitual, constante y gozosa del mismo. El apóstol Juan dice que *el que peca*, en sentido del que practica el pecado, no conoce a Dios, que es lo mismo que afirmar que no ha sido salvo (1 Jn. 3:6). No cabe duda que éstos de quienes se está ocupando el apóstol, no presentan ninguna evidencia de la realidad de su salvación, comportándose con la perversidad que es propia de el hombre no regenerado.

δελεάζοντες ψυχὰς ἀστηρίκτους, Se les califica también de *seductores de almas inconstantes*. Su corazón está predispuesto para atacar a los más débiles. Es un ejemplo del cazador que coloca un cebo para atrapar la presa. Volverá nuevamente a mencionar esta condición (v. 18). Buscan creyentes que están desprevenidos, o como dice Kistemaker: *"miembros de la iglesia que no se han puesto la armadura de Dios*[3]*"*. Les enseñan errores de doctrina y los atraen para que dejando la vida de compromiso en santidad, vivan un estado de libertinaje moral.

καρδίαν γεγυμνασμένην πλεονεξίας ἔχοντες, Añade que son *expertos en la avaricia*. De otro modo, junto con la pecaminosidad que les era propia, sus corazones viven en un espíritu de codicia. El verbo γυμνάζω, expresa la idea de ejercitarse en algo, junto con el modo verbal en *participio perfecto en voz pasiva*, indica que este ejercicio lo llevan practicando desde hace tiempo, de ahí la traducción que corresponde mejor con el texto griego *habiendo sido ejercitados*. Algo que se llevó a cabo en un determinado momento y perdura en la práctica cotidiana. La avaricia no solo es un pecado delatado por el décimo mandamiento, sino que en sí misma es *idolatría* (Col. 3:5). La avaricia es el deseo de tener más. Es una palabra compuesta de πλείων, *más* y ἔχω, *tener*. En otro lugar la avaricia está ligada a la *inmundicia* (Ef. 5:3). El pecado tiene el

---

[2] Ver cuadro de Crítica Textual.

[3] Simón J. Kistemaker. o. c., pág. 348.

sentido de *codicia*, que comprende un amplio campo, pero, en sentido general es todo afán personal por obtener satisfacción de cualquier cosa que beneficie al *yo* y que incluye, como en este caso, la disposición manifiesta a obtener placeres sexuales, sin importar el modo. La avaricia expresa todo lo contrario al amor desinteresado, convirtiéndolo en el amor egoísta en grado máximo. Es el signo distintivo de una vida que ignora a Dios (Ro. 1:29; 1 Co. 6:10) y, por tanto, una vida sin fe y sin obediencia (1 Co. 5:10 s.). Los cristianos somos llamados a no tener comunión con quienes practican la avaricia (1 Co. 5:11).

κατάρας τέκνα· Finalmente, se les llama *hijos de maldición*. Es una expresión semita que identifica en una relación de intimidad al pecador con el pecado. El sentido aquí es la consecuencia de cuanto ha dicho antes sobre el castigo de los perversos. De la misma manera que un hijo se asemeja a su padre, así también éstos, practican lo que el pecado espiritual les ha comunicado. También como el hijo hereda los bienes del padre, éstos no pudiendo heredar la bendición de Dios, heredan la maldición del pecado. En otros lugares se habla del pecado como *"hijos de ira"* (Ef. 2:3), es decir, objetos de la ira divina; también se llama *"hijos de desobediencia* (Ef. 2:2; 5:6), cuya evidencia es palpable en quienes desobedecen a Dios haciendo cuanto es contrario a Su voluntad.

Extraviados (2:15-16).

15. Han dejado el camino recto, y se han extraviado siguiendo el camino de Balaam hijo de Beor, el cual amó el premio de la maldad.

καταλείποντες εὐθεῖαν ὁδὸν ἐπλανήθησαν, ἐξακολουθήσαντες
Abandonando recto camino se extraviaron, siguiendo
τῇ ὁδῷ τοῦ Βαλαὰμ τοῦ Βοσόρ[1], ὃς μισθὸν ἀδικίας ἠγάπησεν
el camino - de Balaam el de Bosor quien pago de iniquidad amó.

Análisis y notas del texto griego.

Análisis: καταλείποντες, caso nominativo masculino plural del participio presente en voz activa del verbo καταλείπω, *dejar, descuidad, abandonar*, aquí *abandonando*; εὐθεῖαν, caso acusativo femenino singular del adjetivo *recto*; ὁδὸν, caso acusativo femenino singular del nombre común *camino*; ἐπλανήθησαν, tercera persona plural del aoristo primero de indicativo en voz pasiva del verbo πλανάω, *extraviarse, desviarse, perderse*, aquí *se extraviaron*; ἐξακολουθήσαντες, caso nominativo masculino plural del participio aoristo primero en voz activa del verbo εξακολυιθέω, *seguir*, aquí *siguiendo*; τῇ, caso dativo femenino singular del artículo determinado *la*; ὁδῷ, caso dativo femenino singular del nombre común *senda, camino*; τοῦ, caso genitivo masculino singular del artículo determinado *del*; Βαλαὰμ, caso genitivo masculino singular del nombre común *Balaam*; τοῦ, caso genitivo masculino singular del artículo determinado *el*; Βοσόρ, caso genitivo masculino singular del nombre propio declinado *de Bosor*; ὃς, caso nominativo masculino singular del pronombre relativo *el que, el cual, quien*; μισθὸν, caso acusativo masculino singular del nombre común *pago*; ἀδικίας, caso genitivo femenino singular del nombre común declinado *de iniquidad*; ἠγάπησεν, tercera persona singular del aoristo primero de indicativo en voz activa del verbo αγαπάω, *amar*, aquí *amó*.

Notas. Crítica Textual. Lecturas alternativas.

[1] Βοσόρ, *de Bosor*, lectura atestiguada en $\mathfrak{P}^{72}$, $\aleph^{2}$, A^{c}, C, Ψ, 048, 5, 81, 307, 436, 442, 642, 1175, 1243, 1448, 1611, 1735, 1739, 1852, 2344, 2492, *Biz*, $it^{ar, z}$, vg, sy^{h}, geo, slav.

Βεώρ, *Beor*, según B, vg^{mss}, sy^{ph}, cop^{sa}, arm, Agustín.

καταλείποντες εὐθεῖαν ὁδὸν ἐπλανήθησαν, Los *falsos maestros* dejaron el *camino recto*. Nuevamente una alusión al Antiguo Testamento, en donde esta expresión califica metafóricamente la obediencia a la Palabra de Dios (Gn. 18:19; 1 S. 12:23; Job 8:19; Sal. 18:30; 25:9; 119:14, 33; Pr. 8:20, 22). No se extraviaron de modo que se apartaron del camino recto, sino que *lo dejaron*, lo que implica una acción deliberada de aquellos. El verbo usado expresa la idea de abandonar algo. Del mismo modo que ocurrió con el mago *Elimas*, que trastornaba los caminos rectos del Señor (Hch. 13:10), así también éstos se alejan de la senda correcta. Su condición y sus acciones lo ponen de manifiesto. Dios conduce a los Suyos *"por sendas de justicia"* (Sal. 23:3), estos caminan por caminos pecaminosos abandonando los de Dios. Añade Pedro que cuando dejaron el camino recto de Dios, *se extraviaron*. Perdieron el rumbo y caminan en sendas de desorientación. Juan afirma que quienes hacen esto, no fueron nunca creyentes, por esa causa: *"Salieron de nosotros, pero no eran de nosotros; porque si hubiesen sido de nosotros, habrían permanecido con nosotros; pero salieron, para que se manifieste que no todos son de nosotros"* (1 Jn. 2:19).

ἐξακολουθήσαντες τῇ ὁδῷ τοῦ Βαλαὰμ τοῦ Βοσόρ, ὃς μισθὸν ἀδικίας ἠγάπησεν. Como ilustración de lo que quiere decir, acude al ejemplo bíblico de Balaam, el hijo de Beor. Este hombre tenía una motivación y era el amor al dinero. La historia del profeta es conocida (Nm. 22). Aparentemente en una lectura superficial pareciera ser un profeta fiel. Dice a los que le buscaban para maldecir a Israel que él se ajustaría a lo que Dios le revelara y no diría nada más que las palabras de Él. Sin embargo, se aprecia que está dispuesto a atender los deseos de Balac, aceptando las ofertas de mayor cantidad de bienes que el rey le ofrecía para conseguir la maldición del pueblo de Dios, todo ello porque *"amó el premio de la maldad"*. Aunque el profeta prometió decir solo las palabras de Jehová, estaba dispuesto a maldecir a Israel, si fuese posible a cambio de dinero. Su corazón le impelía a obrar no por amor a Dios, sino por amor al dinero. Tiempo después sería muerto por el ejército de Israel en la batalla contra los madianitas (Nm. 31:8).

Corazones llenos de avaricia, lo mismo que Balaam estaban dispuestos a conseguir riquezas, abandonando el camino justo de Dios, para seguir el perverso de los hombres. De igual manera que ocurrió con Balaam que sufrió en sí mismo las consecuencias de su codicia, así también para éstos está, como se dijo antes, reservado el juicio que Dios ha dispuesto para los impíos.

16. Y fue reprendido por su iniquidad; pues una muda bestia de carga, hablando con voz de hombre, refrenó la locura del profeta.

ἔλεγξιν δὲ ἔσχεν ἰδίας παρανομίας· ὑποζύγιον ἄφωνον ἐν
Y reprensión tuvo de propia transgresión; bestia de carga muda con
ἀνθρώπου φωνῇ φθεγξάμενον ἐκώλυσεν τὴν τοῦ προφήτου
de hombre voz, tras hablar impidió la del profeta
παραφρονίαν.
locura.

Análisis y notas del texto griego.

Análisis: ἔλεγξιν, caso acusativo femenino singular del nombre común *reprensión*; δὲ, partícula conjuntiva que hace las veces de conjunción coordinante, con sentido de *pero, más bien, y, y por cierto, antes bien, entonces*; ἔσχεν, tercera persona singular del aoristo segundo de indicativo en voz activa del verbo ἔχω, *tener, poseer*, aquí *tuvo*; ἰδίας, caso genitivo femenino singular del adjetivo declinado *de propia*; παρανομίας, caso genitivo femenino singular del nombre común *transgresión*; ὑποζύγιον, caso nominativo neutro singular del nombre común *bestia de carga, jumento*; ἄφωνον, caso nominativo neutro singular del adjetivo *mudo, sin voz*; ἐν, preposició propia de dativo *en, con*; ἀνθρώπου, caso genitivo masculino singular del nombre común declinado *de hombre*; φωνῇ, caso dativo femenino singular del nombre común *voz*; φθεγξάμενον, caso nominativo neutro singular de participio aoristo primero en voz media del verbo φθέγομαι, *hablar*, aquí *tras hablar*; ἐκώλυσεν, tercera persona singular del aoristo primero de indicativo en voz activa del verbo κολύω, *impedir, prohibir*, aquí *impidió*; τὴν, caso acusativo femenino singular del artículo determinado *la*; τοῦ, caso genitivo masculino singular del artículo determinado declinado *del*; προφήτου, caso genitivo masculino singular del nombre común *profeta*; παραφρονίαν, caso acusativo femenino singular del nombre común *locura*.

ἔλεγξιν δὲ ἔσχεν ἰδίας παρανομίας· Balaam fue reprendido por su maldad, de modo que mientras cabalgaba sobre un animal que no habla con voz humana, fue reprendido por la bestia de carga sobre la que iba. Dios no deja sin reprensión el pecado del hombre.

ὑποζύγιον ἄφωνον ἐν ἀνθρώπου φωνῇ φθεγξάμενον ἐκώλυσεν τὴν τοῦ προφήτου παραφρονίαν. Una bestia que no habla reprendió al profeta en lenguaje humano. Es interesante apreciar una interpretación que Pedro da al pasaje bíblico del relato sobre Balaam (Nm. 22:28-33). Según Números, el asno se limitó a preguntarle por qué causa le azotaba, mientras fue un ángel que reprendió al profeta. Sin embargo, lo que interesa al apóstol es dejar claro que no hay delito que no sea reprendido o castigado por Dios, lo que demuestra aquí con el ejemplo de Balaam, sin interesarle tanto los detalles del relato bíblico, sino la lección de fondo que se encuentra en él. Nada más elocuente al propósito de Pedro, que este ejemplo bíblico. Los falsos maestros no solo se habían desviado de la enseñanza conforme a la Escritura, sino que lo habían hecho moralmente, enfrascándose en pecados, a los que procuraban arrastrar también a los cristianos. Moisés habló al pueblo de Israel para recordarles que las influencias corruptoras con mujeres moabitas, había sido promovida por Balaam, por lo que se produjo una gran mortandad en el pueblo de Dios (Nm. 25:1-3). Así ocurría con los *falsos maestros*, para quienes la reprensión divina estaba aparejada.

La condenación (2:17-22).

17. Éstos son fuentes sin agua, y nubes empujadas por la tormenta; para los cuales la más densa oscuridad está reservada para siempre.

οὗτοι εἰσιν πηγαὶ ἄνυδροι καὶ ὁμίχλαι ὑπὸ λαίλαπος
Estos son fuentes sin agua y brumas por tormenta
ἐλαυνόμεναι, οἷς ὁ ζόφος τοῦ σκότους τετήρηται.
siendo empujadas, para los que la oscuridad de la tiniebla ha sido reservada.

Análisis y notas del texto griego.

Análisis: οὗτοι, caso nominativo masculino plural del pronombre personal *estos*; εἰσιν, tercera persona plural del presente de indicativo en voz activa del verbo εἰμί, *ser, estar*, aquí *son*; πηγαὶ, caso nominativo femenino plural del nombre común *fuentes*; ἄνυδροι, caso nominativo femenino plural del adjetivo *sin agua*; καὶ, conjunción copulativa *y*; ὁμίχλαι, caso nominativo femenino plural del nombre común *brumas*; ὑπὸ, preposición propia de genitivo *de, por*; λαίλαπος, caso genitivo femenino singular del nombre común *tormenta*; ἐλαυνόμεναι, caso nominativo femenino plural del participio de presente en voz pasiva del verbo ἐλαύω, *empujar*, aquí *siendo empujadas*; οἷς, caso dativo masculino plural del pronombre relativo declinado *para los que*; ὁ, caso nominativo masculino singular del artículo determinado *el*; ζόφος, caso nominativo masculino singular del nombre común *oscuridad*; τοῦ, caso genitivo masculino singular del artículo determinado declinado *del*; σκότους, caso genitivo neutro singular del nombre común *tiniebla*; τετήρηται, tercera persona singular del perfecto de indicativo en voz pasiva del verbo τηρέω, *guardar, conservar,* aquí *han sido guardado*.

οὗτοι εἰσιν πηγαὶ ἄνυδροι. Es una vívida imagen propia de un desierto en el que se busca ansiosamente un manantial y cuando, por fin se encuentra, se descubre que no mana agua de él. El agua es vital en todo el mundo, pero especialmente apreciada en lugares donde no abunda. Esta metáfora aplicada a los *falsos maestros*, los presenta como incapaces de ofrecer nada vital, sólo falsas esperanzas. En contraste con Jesús, que ofreció agua espiritual a quienes teniendo sed acudieran a Él (Jn. 7:37-38), para convertirlos a ellos mismos en canales que llevan agua a otros, estos *maestros engañadores*, no proveen de nada válido para la vida espiritual, son meras fuentes de agua que están secas.

καὶ ὁμίχλαι ὑπὸ λαίλαπος ἐλαυνόμεναι, La segunda comparación la hace con las nubes bajas que el viento de la tormenta arrastra. Pueden aparentar que serían válidas para hacer llover sobre el terreno seco, pero simplemente pasan de largo, sin dejar nada de agua. Pedro utiliza aquí un sustantivo que denota *bruma* más que nubes, algo de poco peso, que ilustra también la condición de los *falsos maestros*, sin peso alguno en cuanto a la doctrina que enseñan (Ef. 4:14). Doctrinas que son fácilmente arrastradas por el viento que sopla. Todo cuando no proceda de Dios, serán cisternas que no contienen agua, como escribía el profeta: *"Porque dos males ha hecho mi pueblo: me dejaron a mí, fuente de agua viva, y cavaron para sí cisternas, cisternas rotas que no retienen agua"* (Jer. 2:13).

οἷς ὁ ζόφος τοῦ σκότους τετήρηται. Aplicando también aquí lo que espera a los *falsos maestros* dice que solo les espera *"la más densa oscuridad reservada para siempre"*. No cabe duda que esta es una referencia al infierno, comparado en muchos lugares como las *tinieblas de afuera*. Antes mencionó la lobreguez de las tinieblas que espera a los rebeldes contra Dios (v. 4). Estos tormentos eternos no son sino la realidad escatológica del infierno preparado para el diablo y sus seguidores, donde *"serán echados a las tinieblas de afuera, allí será el lloro y el crujir de dientes"* (Mt. 8:12). Estos serán cortados de la nueva creación de Dios y *expulsados a la oscuridad de afuera*. Jesús dijo que Él era *la luz del mundo*, por tanto, sólo quienes están unidos a Jesús pueden estar y disfrutar de Su luz, donde no hay tinieblas, sino lumbrera de vida (Jn. 8:12). Jesús, la luz de Dios, resplandeció en la oscuridad de la noche del mundo (Jn. 1:4-5), por tanto, quienes no están en Cristo, están en tinieblas. La situación definitiva para éstos es que les están reservadas esas tinieblas perpetuamente. Pudiera suponerse que, como en la ilustración de la parábola, el lloro de los tales será entonces el remordimiento por los pecados cometidos y la imposibilidad de arrepentimiento, pero, sería contrario a la propia condición de quienes estarán en esa situación por deseo personal, ya que se apartaron del camino de Dios y amaron más las tinieblas que la luz. La idea de que en el infierno las gentes estarán deseando regresar a Dios y no pueden, es contraria a toda la enseñanza bíblica. El llanto es la esfera propia de vida en las tinieblas, en contraste con la de los salvos, cuyas lágrimas serán enjugadas por Dios mismo para entrar al disfrute del gozo eterno (Is. 65:19; Ap. 7:17; 21:4). La vida de angustia de la segunda muerte –aunque parezca un contraste imposible, vida en muerte– no se extinguirá jamás. El tormento será eterno (Mt. 18:8). Es lo que está reservado para los engañadores a quienes se está refiriendo Pedro.

18. Pues hablando palabras infladas y vanas, seducen con concupiscencias de la carne y disoluciones a los que verdaderamente habían huido de los que viven en error.

ὑπέρογκα γὰρ ματαιότητος φθεγγόμενοι δελεάζουσιν ἐν
Porque arrogantes de necedad pronunciando seducen con
ἐπιθυμίαις σαρκὸς ἀσελγείαις τοὺς ὀλίγως ἀποφεύγοντας τοὺς
concupiscencias de carne lascivias a los apenas huyendo de los
ἐν πλάνῃ ἀναστρεφομένους,
en error que están viviendo.

Análisis y notas del texto griego.

Análisis: ὑπέρογκα, caso acusativo neutro plural del adjetivo *arrogantes*; γὰρ, conjunción causal *porque*; ματαιότητος, caso genitivo femenino singular del nombre común declinado *de necedad*; φθεγγόμενοι, caso nominativo masculino singular del participio presente en voz media del verbo πθέγγομαι, *hablar, pronunciar*, aquí *pronunciando*; δελεάζουσιν, tercera persona plural del presente de indicativo en voz activa del verbo δελεάζω, *seducir*, aquí *seducen*; ἐν, preposición propia de dativo *en, con*; ἐπιθυμίαις, caso dativo femenino plural del nombre común *concupiscencias*; σαρκὸς, caso genitivo femenino singular del nombre común declinado *de carne*; ἀσελγείαις, caso dativo femenino plural del nombre común *lascivias*; τοὺς, caso acusativo masculino plural del artículo determinado declinado *a los*; ὀλίγως, adverbio *poco, apenas*; ἀποφεύγοντας, caso acusativo masculino plural del participio presente en voz activa del verbo ἀποφεύγω, *huir de*, aquí *huyendo de*; τοὺς, caso acusativo masculino plural del artículo determinado declinado *a los*; ἐν, preposición propia de dativo *en*; πλάνῃ, caso dativo femenino singular del nombre común *error*; ἀναστρεφομένους, caso acusativo masculino plural del participio de presente en voz pasiva del verbo ἀναστρέφω, *caminar, conducirse, portarse, vivir, forma de vida*, aquí *que están viviendo*.

ὑπέρογκα γὰρ ματαιότητος φθεγγόμενοι El apóstol trata directamente, sin ejemplos, ni comparaciones, lo que los seudomaestros son y hacen. Afirma que son palabreros, que usando de arrogancia envuelven los conceptos de su falsa enseñanza en palabras ampulosas, que realmente son hueras, sin valor, inútiles, que no edifican ni conducen a nada provechoso. Mediante un discurso lleno de palabras ininteligibles para muchos, les hacen creer que esa es la verdad, como si se tratase de una nueva visión o revelación divina que les ha sido encomendada. Pablo, escribiendo a Timoteo, se refiere a palabras vanas (cf. 1 Ti. 1:5-6; 6:3-5; 2 Ti. 2:14-18; Tit. 3:3).

δελεάζουσιν ἐν ἐπιθυμίαις σαρκὸς ἀσελγείαις. La enseñanza de estos está impregnada de *concupiscencia de la carne y disoluciones*. En estas referencias, no solo hay pecados sexuales y concupiscencia moral, aunque a la luz del escrito forman una parte importante, pero también comprende todo cuanto tiene que ver con las obras de la carne. Estos *falsos maestros* apelan a los deseos propios de la naturaleza pecaminosa del hombre, por tanto, tienen garantizado el éxito de la seducción. La orientación de la enseñanza seductora conduce a la realización personal de los oyentes, sin tener a Dios en cuenta. Es la típica forma actual del humanismo sugerente que centra el poder en el hombre mientras elimina la realidad del poder divino.

τοὺς ὀλίγως ἀποφεύγοντας τοὺς ἐν πλάνῃ ἀναστρεφομένους, Los que son seducidos, los identifica aquí el apóstol como los que *apenas acaban de escapar de entre los que viven en el error*. Esto es, se aprovechan de la debilidad espiritual y del infantilismo de los recién convertidos. El apóstol dice de ellos que son los *indoctos e inconstantes* (3:16b). Aquellos que no tuvieron tiempo para desarrollar el fundamento estable de la fe cristiana, se ven sometidos a tentaciones salidas del mensaje de los seudomaestros. Estos se habían separado *de los que viven en el error*, referencia a los idólatras paganos con todos sus errores (cf. Ro. 1:27) de éstos los neófitos se habían separado poco tiempo antes. Este es otro de los pecados de los que los engañadores tendrán que dar cuenta, puesto que son instrumentos de caída para los *niños* en Cristo, de los que el Señor dijo que *"cualquiera que haga tropezar a uno de estos pequeñitos que creen en mí, mejor le fuera si se le atase una piedra de molino al cuello, y se le arrojase en el mar"* (Mr. 9:42). Se trata del pecado de *escandalizar, ser tropiezo* en la vida de uno de los *pequeños* que creen en el Señor. El énfasis no está en el hecho de *hacer tropezar* a otro, sino de ser en sí mismos una piedra de tropiezo, lo que denota una destrucción vial para el recién nacido a la fe. Los que acaban de escapar del entorno mundano, son los miembros más humildes o, tal vez mejor, más débiles en la iglesia. El hecho de un pecado semejante, el de ser piedra de tropiezo que haga caer a un recién convertido, sería excelente si se le pusiera una piedra de molino de asno, de tamaño y peso imposible de ser manejada por el hombre, atada al cuello y se le anegase en el profundo del mar, para que no pueda regresar de allí. Recordando las palabras del Señor, aplicables directamente aquí, se llega a la conclusión de que *es preferible morir que llegar a ser tropiezo a un recién convertido.*

19. Les prometen libertad, y son ellos mismos esclavos de corrupción. Porque el que es vencido por alguno es hecho esclavo del que lo venció.

ἐλευθερίαν αὐτοῖς ἐπαγγελλόμενοι, αὐτοὶ δοῦλοι ὑπάρχοντες
Libertad a ellos prometiendo, ellos mismos esclavos siendo
τῆς φθορᾶς· ᾧ γάρ τις ἥττηται, τούτῳ
de la corrupción. Porque por quien alguien ha sido dominado de éste
δεδούλωται
ha sido hecho esclavo.

Análisis y notas del texto griego.

Análisis: ἐλευθερίαν, caso acusativo femenino singular del nombre común *libertad*; αὐτοῖς, caso dativo masculino de la tercera persona plural del pronombre personal declinado *a ellos*; ἐπαγγελλόμενοι, caso nominativo masculino plural del participio presente en voz media del verbo επαγγέλομαι, *prometer*, aquí *prometiendo*; αὐτοὶ, caso nominativo masculino de la tercera persona plural del pronombre intensivo *ellos mismos*; δοῦλοι, caso nominativo masculino plural del nombre común *esclavos*; ὑπάρχοντες, caso nominativo masculino plural del participio presente en voz activa del verbo ὑπάρχω, *estar a disposición, ser, estar, existir*, aquí *siendo*; τῆς, caso genitivo femenino singular del artículo determinado declinado *de la*; φθορᾶς, caso genitivo femenino singular del nombre común *corrupción*; ᾧ, caso dativo masculino singular del pronombre relativo *el que, el cual, quien*; γάρ, conjunción causal *porque*; τις, caso nominativo masculino singular del pronombre indefinido *alguien*; ἥττηται, tercera persona singular del participio pasivo en voz activa del verbo ἡττάομαι, *ser dominado*, aquí *ha sido dominado*; τούτῳ, caso dativo masculino singular del pronombre demostrativo declinado *por éste, de éste*; δεδούλωται, tercera persona singular del perfecto de indicativo en voz pasiva del verbo δουλόω, *esclavizar, someter a esclavitud, ser esclavizado*, aquí *ha sido hecho esclavo.*

ἐλευθερίαν αὐτοῖς ἐπαγγελλόμενοι, αὐτοὶ δοῦλοι ὑπάρχοντες τῆς φθορᾶς· Una enorme paradoja: *esclavos que prometen libertad a libres*. Un método generalmente eficaz es prometer a incautos e inmaduros libertad. Los creyentes somos libres del poder del pecado, para que vivamos vidas conforme a la demanda de Dios (1 P. 1:16). A estos libres en Cristo, Satanás los hace sentirse esclavos haciéndoles ver la falsa imagen de libertinaje como expresión de libertad. Ocurrió así desde el principio, cuando tentó a nuestros primeros padres, ofreció a Eva libertad de la esclavitud a la que Dios la había sometido (Gn. 3:5), haciéndole ver que el Creador no quería que el hombre supiese lo que Él sabía sobre el bien y el mal. Por tanto, tomó del fruto prohibido, para caer en la esfera de la muerte espiritual. Así ocurre con estos recién convertidos, que se habían librado de la corrupción en que habían vivido y a quienes estos falsarios les hablan de una nueva experiencia de libertad, cautivándolos con promesas mentirosas.

αὐτοὶ δοῦλοι ὑπάρχοντες τῆς φθορᾶς· Quienes prometen libertad, son aquellos que están esclavizados por la depravación moral. Es, por tanto, una mera forma, acaso renovada, de experiencia religiosa lo que les están ofreciendo. Es la típica forma de la acción diabólica que ofrece paz y seguridad, cuando lo que debe esperarse a esta oferta es, *destrucción repentina* (1 Ts. 5:3). Los que ofrecen libertad, son esclavos de corrupción. Acaso los falsos maestros se apoyaban en una interpretación incorrecta de las enseñanzas de libertad de la doctrina cristiana (Gá. 5:1), mostrándoles también que las obras de la ley han sido abolidas para justificación, por tanto, han perdido la capacidad de ser acusación para el cristiano que es libre (Ro. 3:28). La verdadera libertad es la que provee para el bien, el libertinaje es el que provee para el pecado y esclaviza al hombre.

ᾧ γάρ τις ἥττηται, τούτῳ δεδούλωται. Pedro pone ante el lector la ignorancia de aquellos que incautos ceden a las enseñanzas mentirosas de los *falsos maestros*. Para eso pone delante una máxima que circulaba en esferas cristianas en aquellos días y que literalmente dice: *"Porque por quien alguien ha sido dominado, de éste ha sido hecho esclavo"*. En el mismo sentido escribía el apóstol Pablo: *"¿No sabéis que si os sometéis a alguien como esclavos para obedecerle, sois esclavos de aquel a quien obedecéis, sea del pecado para muerte, o sea de la obediencia para justicia"* (Ro. 6:16). El que se entrega en la condición de esclavo a un dueño está obligado a servirle desde esa condición, por tanto, no puede sino obedecer al que ha elegido, así que, la obediencia a otro queda excluida. Servir voluntariamente al pecado, excluye el servicio a Dios. El esclavo es propiedad del dueño al que obedece. En caso concreto de los que Pedro menciona, es al mundo, tras el cual está el diablo. Cristo mismo dijo que el que practica el pecado es esclavo: *"De cierto, de cierto os digo, que todo aquel que hace pecado, esclavo es del pecado"* (Jn. 8:34). La obediencia a Dios es la suprema manifestación de la justicia, porque expresa la sujeción a la voluntad divina sobre cualquier otra cosa, como dijo Samuel a Saúl: *"¿Se complace Jehová tanto en los holocaustos y víctimas, como en que se obedezca a las palabras de Jehová? Ciertamente el obedecer es mejor que los sacrificios, y el prestar atención que la grosura de los carneros"* (1 S. 15:22). A estos libres en Cristo, aunque niños espirituales, les ofrecían una libertad que es esclavitud, con lo que abandonaban la verdadera libertad por ataduras de pecado que sujetan al creyente.

20. Ciertamente, si habiéndose ellos escapado de las contaminaciones del mundo, por el conocimiento del Señor y Salvador Jesucristo, enredándose otra vez en ellas son vencidos, su postrer estado viene a ser peor que el primero.

εἰ γὰρ ἀποφυγόντες τὰ μιάσματα τοῦ κόσμου ἐν ἐπιγνώσει
Porque si tras escapar de las contaminaciones del mundo por conocimiento
τοῦ Κυρίου [ἡμῶν] καὶ σωτῆρος Ἰησοῦ Χριστοῦ[1], τούτοις δὲ
del Señor de nosotros y Salvador Jesucristo, y por estas cosas
πάλιν ἐμπλακέντες ἡττῶνται, γέγονεν αὐτοῖς τὰ ἔσχατα
de nuevo siendo enredados son vencidos, llega a ser a ellos las cosas últimas
χείρονα τῶν πρώτων.
peores que las primeras.

Análisis y notas del texto griego.

Análisis: εἰ, conjunción *si*; γὰρ, conjunción causal *porque*; ἀποφυγόντες, caso nominativo masculino plural del participio aoristo segundo en voz activa del verbo ἀποφεύγω, *huir de, escapar de*, aquí *tras escapar de*; τὰ, caso acusativo neutro plural del artículo determinado *los*; μιάσματα, caso acusativo neutro plural del nombre común *contaminaciones*; τοῦ, caso genitivo masculino singular del artículo determinado declinado *del*; κόσμου, caso genitivo masculino singular del nombre común *mundo*; ἐν, preposición propia de dativo *por*; ἐπιγνώσει, caso dativo femenino singular del nombre común *conocimiento*; τοῦ, caso genitivo masculino singular del artículo determinado declinado *del*; Κυρίου, caso genitivo masculino singular del nombre divino *Señor*; ἡμῶν, caso genitivo de la primera persona plural del pronombre personal declinado *de nosotros*; καὶ, conjunción copulativa *y*; σωτῆρος, caso genitivo masculino singular del nombre *Salvador*; Ἰησοῦ, caso genitivo masculino singular del nombre propio *Jesús*; Χριστοῦ, caso genitivo masculino singular del nombre propio *Cristo*; τούτοις, caso dativo neutro plural del pronombre demostrativo *estos*; δὲ, partícula conjuntiva que hace las veces de conjunción coordinante, con sentido de *pero, más bien, y, y por cierto, antes bien, entonces*; πάλιν, adverbio de modo *de nuevo, nuevamente*; ἐμπλακέντες, caso nominativo masculino plural del participio del segundo aoristo en voz pasiva del verbo ἐμπλεκω, *enredar*, aquí *siendo enredados*; ἡττῶνται, tercera persona plural del presente de indicativo en voz pasiva del verbo ἡττάομαι, *vencer*, aquí *son vencidos*; γέγονεν, tercera persona singular del perfecto de indicativo en voz activa del verbo γίνομαι, *llegar a ser, empezar a existir, ser*, aquí *llega a ser*; αὐτοῖς, caso dativo masculino de la tercera persona plural del pronombre personal declinado *a ellos*; τὰ, caso nominativo neutro plural del artículo determinado *los*; ἔσχατα, caso nominativo neutro plural del adjetivo *últimos*, en sentido de *últimas cosas*; χείρονα, caso nominativo neutro plural del adjetivo comparativo *peores que*; τῶν, caso genitivo neutro plural del artículo determinado *los*; πρώτων, caso genitivo neutro plural del adjetivo numeral ordinal *primeros*, en sentido de *primeras cosas*.

Notas. Crítica Textual. Lecturas alternativas.

[1] Κυρίου ἡμῶν καὶ σωτῆρος Ἰησοῦ Χριστοῦ, *Señor de nosotros y Savador Jesucristo*, lectura en $\mathfrak{P}^{72}$, ℵ, A, C, P, Ψ, 048^{vid}, 5, 33, 81, 436, 442, 642, 11175, 1243, 1448, 1611, 1735, 1739, 1852, 2344, *l* 596$^{c/vid}$, it^{ar}, vg, sy^{h}, arm, geo, slav, Pelagio, Agustín.

Κυρίου καὶ σωτῆρος Ἰησοῦ Χριστοῦ, *Señor y Salvador Jesucristo*, según B, 307, 2492, K, *Lect*, it^{z}, vg^{mss}.

Κυρίου καὶ σωτῆρος ἡμῶν Ἰησοῦ Χριστοῦ, *Señor y Salvador de nosotros Jesucristo*, según *l* 1441.

Κυρίου ἡμῶν Ἰησοῦ Χριστοῦ, *Señor de nosotros Jesucristo*, como se lee en L, cop^{bo}.

Κυρίου ἡμῶν Ἰησοῦ Χριστοῦ, καὶ σωτῆρος ἡμῶν, *Señor de nosotros Jesucristo, y Salvador de nosotros*, como se lee en 1596*, vg^{mss}, cop^{sa}.

εἰ γὰρ ἀποφυγόντες τὰ μιάσματα τοῦ κόσμου ἐν ἐπιγνώσει τοῦ Κυρίου ἡμῶν καὶ σωτῆρος Ἰησοῦ Χριστοῦ, Uno de los problemas en el texto está en determinar de quienes habla. Es difícil determinar si se refiere a los *falsos maestros*, o a los creyentes que han sido captados por ellos. Referirlo a los maestros que enseñan error, difícilmente concuerda con lo que dice de ellos en el pasaje (v. 10 ss; 3:3 ss.). Podría aplicarse a ambos, esto es, los *falsos maestros* y *sus víctimas*, porque en ambos casos pueden aplicarse las palabras. Si se tiene en cuenta que el versículo comienza por la conjunción, *pues* o *porque*, serviría de nexo vinculante con el versículo antecedente, cuyo sujeto es sin duda *los falsos maestros*. Sin embargo, también el verbo *escapar*, se usa antes para referirse a los nuevos creyentes (vv.18, 20).

Tomar una decisión aplicativa y determinar el sujeto de versículo resulta problemático, sin embargo, como hay que decantarse por uno, pienso que se trata, por el entorno textual del versículo, de los *falsos maestros*, con las dificultes exegéticas que aparentemente tiene.

Estos *escaparon* de las *contaminaciones* del mundo, por el conocimiento de Jesucristo. En algún momento del tiempo pasado, se habían separado de la corrupción contaminante del mundo, separándose de sus prácticas malignas y de vicios degradantes. Es notable observar que los *falsos maestros*, estuvieron vinculados con los creyentes, de ahí que puedan entrar fácilmente en su entorno. Por consiguiente, en el pasado probablemente fueron miembros de la iglesia y conocían bien las doctrinas de la fe cristiana.

Dice el apóstol que ellos *conocieron* al Señor y Salvador nuestro Jesucristo. Pareciera que esto resulta imposible, puesto que el verbo *conocer* en relación con Jesucristo marca generalmente un conocimiento vivencial, como también ocurre en la carta. Pero, pudiera muy bien tratarse de un *conocimiento intelectual*. Un ejemplo claro de este conocimiento está en la enseñanza de Jesús en el Sermón de la Montaña, donde dirigiéndose a un grupo que decía conocerle, les indica que Él nunca les conoció a ellos, por lo que no habían dejado de ser nunca *obreros de iniquidad* (Mt. 7:21-23). De este modo *"no todo el que me dice Señor, Señor, entrará en el reino de los cielos"*. Es el resultado de vidas de piedad aparente que descansan en conceptos, pero no en fe. Es el peligroso campo de la religión que utiliza el nombre, pero no reconoce el Señorío de Jesús entregándole la vida. No es suficiente con una doctrina correcta, saber que Jesús es el Salvador y el Señor para entrar en el reino de los cielos. El Señor puede estar en la boca de tales personas, pero lejos de su corazón (Is. 29:13). El verdadero creyente no es el que confiesa con su boca, sino el que cree en su corazón (Ro. 10:9). No es suficiente con un mero fervor externo y un celo superficial. Esto se abandona cuando resulta necesario, para volver a la corrupción propia del mundo de donde no han salido.

Siempre el pecador incrédulo procurará buscar una disculpa a su pecado que le permita escapar del juicio de Dios, como el que está preparado para los *falsos maestros*. Para los que conociendo al Señor se apartan voluntariamente de Él no creyendo, el juicio caerá por causa de la justicia de Dios al pecador que no ha creído.

Probablemente los *falsos maestros*, practicaban el culto hipócritamente, sin buscar honrar a Dios y glorificar al Hijo. En el ejemplo puesto antes del Sermón de la Montaña, el Señor dice que muchos de aquellos dirán que *en tu nombre echamos fuera demonios*.

Acaso fuera para ellos la mayor evidencia de relación con Dios, sin embargo, estas manifestaciones de autoridad sobre Satanás y sus demonios, *blasfemando* de ellos, o denostándolos, surten efecto no por quien lo hace, sino por el nombre divino que usan para ello. Pero, eso no evidencia la salvación. Judas, durante el tiempo de ministerio en que fue enviado por Jesús junto con los otros once a predicar el evangelio, practicó con éxito esa actividad. El Señor les había dado autoridad para sanar enfermos y echar fuera demonios (Lc. 9:1-2). Más adelante hizo lo mismo con otros setenta, que regresaron gozosos porque *"los demonios se nos sujetan en tu nombre"* (Lc. 10:17). Sin embargo, Judas nunca fue salvo, ya que era el hijo de perdición (Jn. 17:12). Por eso Jesús les dijo: *"No os regocijéis de que los espíritus se os sujetan, sino regocijados de que vuestros nombres están escritos en los cielos"* (Lc. 10:20).

Así escribe el Dr. Lacueva:

"Los dones de lenguas y de sanidades recomiendan a una persona ante el mundo, pero es la genuina santidad la que es aceptada por Dios. La gracia y el amor son un camino más excelente que el trasladar montañas o hablar en leguas humanas y angélicas (1 Co. 13:1-2). La gracia puede conducir al Cielo a una persona sin que obre milagros, pero el hacer milagros nunca llevará al cielo a una persona sin gracia. No tenían muchas buenas obras a las que apelar; no habían hecho obras de piedad ni amor, pues una sola de ellas les habría servido mejor que los muchos milagros. El don de hacer milagros, como otros dones, han cesado ahora casi del todo, y ya no apelan a ellos hoy los hombres, pero, ¿no se empeñan todavía los corazones carnales en buscar otros pretextos igualmente débiles, con los que nutrir sus infundadas esperanzas? Guardémonos de descansar en privilegios y realizaciones exteriores, no sea que nos engañemos a nosotros mismos[4]*"*.

τούτοις δὲ πάλιν ἐμπλακέντες ἡττῶνται, Enredados con las cosas que antes habían dejado, son vencidos. Estos *falsos maestros*, fueron apresados con los lazos sutiles del pecado, que antes no practicaban de ese modo, pero que no habían salido de él. De modo que, aunque habían dejado momentáneamente el mundo, regresaron a la suciedad de él y se contaminaron nuevamente. De modo que ya no son libres, sino esclavos del pecado, esclavos de corrupción (v. 19).

γέγονεν αὐτοῖς τὰ ἔσχατα χείρονα τῶν πρώτων. Tales personas vienen a un estado peor que el que tenían antes. Es suficiente

---

[4] F. Lacueva. o. c., pár. 128.

con recordar el ejemplo del que procura liberarse de la posesión diabólica por sí mismo, limpiando esmeradamente su casa espiritual. El demonio regresó a ella acompañado de otros siete y *"el postrer estado de aquel hombre viene a ser peor que el primero. Así también acontecerá a esta mala generación"* (Mt. 12:45b).

Esta debiera ser una solemne advertencia para los creyentes que están dispuestos a *aceptar novedades*, porque *es lo que está funcionando*, aunque no tengan base bíblica. Los perversos *falsos maestros*, no han desparecido. Novedosas formas para excitar la mente y hacer entrar a los creyentes en una especie de trance hipnótico, disponiéndolos para el degradante espectáculo de un culto aparente, repetir frases aparentemente espirituales, reiterar el canto una y otra vez de alguna parte de una canción religiosa hasta perder el control, son *novedades* a la que los inconstantes que buscan una novedad cada día, se someten, ignorando que muchos de los enseñadores de este sistema son corruptos de alma y engañadores de profesión, buscando apartar a los creyentes de la verdad bíblica, para llevarlos a extraviarse en caminos que no proceden de Dios.

21. Porque mejor les hubiera sido no haber conocido el camino de la justicia, que después de haberlo conocido, volverse atrás del santo mandamiento que les fue dado.

κρεῖττον γὰρ ἦν αὐτοῖς μὴ ἐπεγνωκέναι τὴν ὁδὸν τῆς
Porque mejor era les no haber conocido el camino de la
δικαιοσύνης ἢ ἐπιγνοῦσιν ὑποστρέψαι ἐκ τῆς παραδοθείσης
justicia, o que conocido volverse atrás del que fue entregado
αὐτοῖς ἁγίας ἐντολῆς.
les santo mandamiento.

Análisis y notas del texto griego.

Análisis: κρεῖττον, caso nominativo neutro singular del adjetivo comparativo *mejor*; γὰρ, conjunción causal *porque*; ἦν, tercera persona singular del imperfecto de indicativo en voz activa del verbo εἰμί, *ser, estar*, aquí *era*; αὐτοῖς, caso dativo masculino de la tercera persona plural del pronombre personal *les*; μὴ, partícula negativa que hace las funciones de adverbio de negación condicional, *no*; ἐπεγνωκέναι, perfecto de infinitivo en voz activa del verbo ἐπιγινώσκω, *conocer*, aquí *haber conocido*; τὴν, caso acusativo femenino singular del artículo determinado *la*; ὁδὸν, caso acusativo femenino singular del nombre común *senda, camino*; τῆς, caso genitivo femenino singular del artículo determinado declinado *de la*; δικαιοσύνης, caso genitivo femenino singular del nombre común *justicia*; ἢ, conjunción disyuntiva *o*; ἐπιγνοῦσιν, caso dativo masculino plural del participio del segundo aoristo en voz activa del verbo ἐπιγινώσκω, *conocer*, aquí *que conocido, conociendo*; ὑποστρέψαι, aoristo primero de infinitivo en voz activa del verbo ὑποστρέφω, *retroceder, volver atrás*; ἐκ, preposición propia de genitivo *de*; τῆς, caso genitivo femenino singular del artículo determinado *la*; παραδοθείσης, caso genitivo femenino singular del participio aoristo primero en voz pasiva del verbo παραδίδωμι, *dar, entregar*, aquí *que fue entregado*; αὐτοῖς, caso dativo masculino de la tercera persona plural del pronombre personal *les*; ἁγίας, caso genitivo femenino singular del adjetivo *santa*; ἐντολῆς, caso genitivo femenino singular del nombre común *mandamiento*.

κρεῖττον γὰρ ἦν αὐτοῖς μὴ ἐπεγνωκέναι τὴν ὁδὸν τῆς δικαιοσύνης ἢ ἐπιγνοῦσιν ὑποστρέψαι Una frase larga que fragmentada para el análisis requeriría una detenida aproximación, debe ser considerada como un todo. A los que antes presentó como quienes son meros profesantes y cuya actividad de poner tropiezos a los recién convertidos les sitúan en una posición sumamente grave, ahora les enfrenta directamente con una triste afirmación. Ellos conocieron al Señor Jesucristo, nuestro Salvador, aunque sólo intelectualmente, pero, aun así, el Señor y de Su obra les era conocido. Pedro usa aquí la expresión *el camino de la justicia*, que es una forma de referencia a la vida consecuente con la verdadera fe. Este camino está establecido en la santidad con todo cuanto implica, una santidad como consecuencia del conocimiento íntimo de Dios, que viviendo en el que ha creído le conduce en santidad todo el tiempo de la peregrinación (1 P. 1:17). Los *falsos maestros* conocían a Jesucristo, pero no vivían la vida de seguimiento fiel. Estos se *volvieron atrás*, dejando el verdadero camino de vida que es Cristo mismo (Jn. 14:6). Ya antes se dijo que le negaron como Soberano (v. 1).

La condenación será grande, porque no pueden alegar ignorancia para hacer lo que estaban haciendo, de ahí que *más le hubiera valido no haber conocido el camino de justicia*. Se apartaron voluntaria y deliberadamente de Dios. No se trata de un pecado de omisión o de comisión involuntaria, sino el pecado hecho contra Dios con mano alzada, en arrogante desprecio.

ἐκ τῆς παραδοθείσης αὐτοῖς ἁγίας ἐντολῆς. Pero, todavía más. No solo abandonaron el camino, sino que desecharon el *santo mandamiento*. Esta expresión se usa para referirse a la fe cristiana expresada en el evangelio de Jesucristo. Es la fe entregada una vez a los santos (Jud. 3). Es el abandono de la doctrina de la fe. Cuando Jesús estableció la llamada *gran comisión*, instó a los discípulos a ir a todas las naciones para hacer discípulos, *"enseñándoles que guarden todas las cosas que os he mandado"* (Mt. 28:20). La misión de enseñar la doctrina se convierte en un mandamiento de guardar la enseñanza y transmitirla íntegramente a otros. Nuestro Señor no dejó la enseñanza al arbitrio de la iglesia, sino que la define como prioridad esencial y la establece como mandamiento. Los que son enseñados en la Palabra y la *conocen*, deben vivir una vida concordante con ella. No se trata de enseñar a los creyentes emociones o tradiciones, sino la verdad contenida en la Palabra para que tengan base suficiente para el ejercicio cada día de la fe. La formación bíblica del creyente no concluye nunca. Los verdaderos maestros en la iglesia se dedican a enseñar la Biblia a los nuevos convertidos. Esta formación de creyentes en la verdadera fe consiste en *"predicar la Palabra"*. Lamentable es que no se enseñe para formar a todos y afirmarlos en la fe, pero mayor pecado es distorsionar la verdad, conduciendo a los creyentes a los errores propios de los *falsos maestros*. El discípulo maduro se identifica cada vez más con Cristo, procurando *"andar como Él anduvo"* (1 Jn. 2:6). Los inmaduros, carnales, o niños en Cristo, siguen fácilmente a los hombres en lugar de seguir al Señor (1 Co. 3:1-4). Quien no camina hacia la madurez, persiste en el infantilismo espiritual, semejante a *"niños fluctuantes"* (Ef. 4:14). Los niños inmaduros espiritualmente hablando, son incapaces de distinguir plenamente entre el valor de las cosas, siendo crédulos en cuanto a lo que les enseñan aquellos que se presentan como *maestros*. Los creyentes inmaduros están entusiasmados con *voces nuevas*, que les enseñan en muchas ocasiones doctrinas equivocadas, cuando no falsa. Estos son engañados por los que tienen una *estratagema*, es decir, poner trampas en la enseñanza para hacerlos caer. Los *falsos maestros* se valen de la inmadurez sirviéndose de artimañas en su plan premeditado para sembrar confusión. Para evitar este peligro, se ha de progresar en el conocimiento de la Palabra. El cristiano asido de la verdad es un discípulo estable.

22. Pero les ha acontecido lo del verdadero proverbio: El perro vuelve a su vómito, y la puerca lavada a revolcarse en el cieno.

συμβέβηκεν αὐτοῖς τὸ τῆς ἀληθοῦς παροιμίας·
Ha sucedido les lo del verídico proverbio:
κύων ἐπιστρέψας ἐπὶ τὸ ἴδιον ἐξέραμα, καί·
Perro vuelto sobre el propio vómito, y:
ὗς λουσαμένη εἰς κυλισμὸν βορβόρου.
Puerca lavada a revolcarse en cieno.

Análisis y notas del texto griego.

Análisis: συμβέβηκεν, tercera persona singular del perfecto de indicativo en voz activa del verbo συμβαίνω, *suceder*, aquí *ha sucedido*; αὐτοῖς, caso dativo masculino de la tercera persona plural del pronombre personal *les*; τὸ, caso nominativo neutro singular del artículo determinado *lo*; τῆς, caso genitivo femenino singular del artículo determinado declinado *de la*; ἀληθοῦς, caso genitivo femenino singular del adjetivo *verdadero, genuino*; παροιμίας, caso genitivo femenino singular del nombre común *proverbio*; *κύων*, caso nominativo masculino singular del nombre común *perro*; *ἐπιστρέψας*, caso nominativo masculino singular del aoristo primero de indicativo en voz activa del verbo ἐπιστρέφω, *volver*, aquí *que volvió, vuelto*; *ἐπὶ*, preposición propia de acusativo *sobre*; *τὸ*, caso nominativo neutro singular del artículo determinado *lo*; *ἴδιον*, caso acusativo neutro singular del adjetivo *propio*; *ἐξέραμα*, caso acusativo neutro singular del nombre común *vómito*; καί, conjunción copulativa *y*; ὗς, caso nominativo femenino singular del nombre común *puerca, cerda*; λουσαμένη, caso nominativo femenino singular del aoristo primero en voz media del verbo λούω, *lavar*, aquí *lavada*; εἰς, preposición propia de acusativo *a*; κυλισμὸν, caso acusativo masculino singular del nombre común *acción de revolcarse*; βορβόρου, caso genitivo masculino singular del nombre común declinado *en cieno*.

συμβέβηκεν αὐτοῖς τὸ τῆς ἀληθοῦς παροιμίας· *κύων ἐπιστρέψας ἐπὶ τὸ ἴδιον ἐξέραμα,* Concluye el párrafo sobre los *falsos maestros* y su forma de actuar citando dos proverbios. El primero tomado literalmente del texto bíblico en el que se lee: *"Cómo el perro que vuelve a su vómito, así es el necio que repite su necedad"* (Pr. 26:11). Los perros en tiempos de Pedro y, sobre todo en Israel, eran animales inmundos, asilvestrados, que no se tenían en las casas sino de deambulaban por los caminos, comían lo que podían conseguir, carroña, animales, por lo que solían tener enfermedades e incluso eran peligrosos. Esto les hacía vomitar en ocasiones, pero lo más asqueroso es que comían su propio vómito. Una condición tan repugnante es aplicada a los *falsos maestros,* para advertir de su retorno a la podredumbre de sus falsedades y a la práctica repugnante de sus vicios morales.

καί· ὗς λουσαμένη εἰς κυλισμὸν βορβόρου. El segundo proverbio está tomado posiblemente de un dicho popular, y refuerza la enseñanza del primero. De igual manera, se podrá lavar y adecentar un cerdo, pero volverá indefectiblemente al lodo donde se revolcará como es habitual en él. De ese modo, como el cerdo encuentra satisfacción en el lodo, así también los *falsos maestros* en la práctica de las disoluciones que aman. El Señor mencionó a los perros y a los cerdos en una misma enseñanza, cuando dijo: *"No deis lo santo a los perros, ni echéis vuestras perlas delante de los cerdos, no sea que las pisoteen, y se vuelvan y os despedacen"* (Mt. 7:6). El Señor enseña a ocuparse en aquellos que desean escuchar el mensaje procedente de Dios, mientras que debe mantenerse lejos de quienes desprecian y pisotean lo sagrado. Los *falsos maestros* se asemejan en condición a los perros y a los cerdos, en sentido de gozarse en la inmundicia y en la corrupción.

Dos cosas pueden destacarse del capítulo que se ha comentado. Primeramente, el problema que existe en el cristianismo actual en relación con personas que se constituyen en maestros para enseñar falsamente la Biblia. Estos se presentan inicialmente como dechados de espiritualidad, aparentando gozarse solo en la piedad, aunque para ellos resulta *aparente*. Los que se presentan de este modo, tienen un propósito, captar a los creyentes, hablarles de altos niveles de espiritualidad, hacerlos entrar en el mundo de las experiencias seudoespirituales, engañándolos al decirles que proceden de Dios. Hecho esto, los conducen a la mentira de una falsa enseñanza, llevándolos a alejarse cada vez más de la Palabra y centrándolos en la subjetividad. Los obnubilan con milagros mentirosos y prodigios que son pura falsedad, para conducirlos luego a la pecaminosidad que le es propia. Falsifican la verdad y la apariencia piadosa se cambia por la realidad del pecado que los esclaviza. Frente a las muchas *novedades* que estos falsarios proponen, la iglesia debe estar preparada para resistir esas perversidades, siguiendo el camino de la santidad y la senda de justicia que son de Dios.

En segundo lugar, la advertencia subyacente tiene que ver con la firmeza en la determinación de predicar la Palabra, mantenerse en ella y vivir conforme a lo que Dios revela en ella. La Biblia está siendo apartada, en gran medida, del púlpito de muchas iglesias. El estudio sistemático de la Escritura, la enseñanza de las doctrinas fundamentales, resulta de hastío para muchos, por tanto, se está revirtiendo la enseñanza por un sistema de *reflexiones* personales. Los creyentes quieren oír cada vez menos la voz de Dios en Su Palabra, amontonándose maestros conforme a lo que los oídos carnales desean escuchar. La vida de santidad da paso a la de tolerancia, entendiendo que *los tiempos* cambian y que lo que antes se consideraba pecado, ya no lo es ahora. El humanismo penetra en la intimidad de la congregación. Los mensajes de auto estima que anuncian que el poder para la resolución de cualquier problema está en el hombre y que no necesita acudir en fe ante Dios para solventar la mayoría de ellos, llenan los auditorios de personas que les satisface el poder del hombre y abandonan el de Dios.

Los líderes de las iglesias están llamados, ante el mensaje del apóstol, considerado en el capítulo, a un regreso sin condiciones a la verdad de la Escritura. El desprecio del mundo es un precio que debe ser pagado para hacer la voluntad de Dios. No se trata de conseguir una santidad de formas, sino la auténtica y genuina resultante de la vida de Cristo conformando la de los creyentes, por el poder del Espíritu. La gracia ha de mantenerse en las relaciones con los creyentes. No se trata de regresar a una forma legalista que acusa, pero no restaura, pero, del mismo modo no se puede estar en una gracia que no siendo la de Dios, permite al creyente el libertinaje del pecado en base a una supuesta manifestación de amor que cubre todos los pecados.

CAPÍTULO III

EL FUTURO.

Introducción.

Llegamos al último capítulo –según la división tradicional del Nuevo Testamento– en donde termina el *segundo escrito* del apóstol Pedro. La vida suya está a punto de terminar. Con toda probabilidad, la sentencia estaba dictada y el apóstol está en la cárcel esperando el momento de la ejecución. No cabe duda que en el alma de Pedro habría sentimientos encontrados. Partir saliendo de los sufrimientos que le acarrearía su encarcelamiento, para estar con Cristo, era mucho mejor, como también dijo en una situación semejante el apóstol Pablo (Fil. 1:23); pero, también su vida aquí le permitiría seguir, sino predicando, por lo menos escribiendo para orientar a las iglesias en el camino correcto. Acaso no tenía ya mucho tiempo e incluso materiales, para seguir escribiendo. La exhortación y advertencias hechas en la *Epístola* serían suficientes por el momento.

Los *falsos maestros* a quienes abiertamente denunció en el capítulo anterior, siguen presentes en este último. A los pecados de pervertir la verdad y la corrupción moral que ha tratado, se añaden ahora la negación sobre la verdad de la segunda venida del Señor, burlándose de la esperanza de los creyentes. Usando el futuro trata de que los lectores entiendan que no es tiempo para descuidar la vigilancia sobre los males que se avecinaban, de ahí que el propósito de la *Epístola* sea mantener despierta su atención y animarles a una vida de santidad (v. 1). Además, la intención del apóstol es que tengan memoria de lo que los profetas y los apóstoles establecieron como mandamientos del Señor (v. 2). Todo ello necesario ante la presencia de los que se burlarían de la enseñanza que los creyentes habían recibido (v. 3).

Después de esta introducción vinculante con lo que antecede, escribe un párrafo para tratar sobre la segunda venida de Jesucristo (vv. 4-9). Lo introduce advirtiendo del peligro de los que cuestionan la verdad de esta esperanza, formulando la advertencia mediante la apelación a la enseñanza de los *falsos maestros* que pretenden desacreditar la verdad escatológica mediante observaciones temporales, haciendo ver que el tiempo no varía y que la promesa del regreso de Jesús es un mito que no va a cumplirse (v. 4). Pedro les hace notar que esta posición no es más que *ignorancia voluntaria* de los enemigos de la fe, quienes tercamente dejan de ver como Dios cumplió las promesas dadas, como ocurrió con el juicio en tiempos del diluvio que, a pesar de la incredulidad de la gente, vino como Él había establecido (v. 5-6). Añade el anticipo de lo que va a ser tratado en el segundo párrafo del capítulo, advirtiendo que la tierra actual está reservada para un juicio de fuego, el que también alcanzará a los incrédulos, entre los que se encuentran los burladores (v. 7). Les advierte que el tiempo del hombre no es el de Dios, que lo que para nosotros parece lento, es presente ya para Él (v. 8). La promesa de la segunda venida de Jesucristo, no se retarda, sino que Dios está dando al mundo un tiempo de gracia, esperando que los hombres procedan al arrepentimiento. Todo cuanto Dios hace es operado por gracia, que busca a los perdidos, no para castigarlos, sino para extenderles Su misericordia en salvación (v. 9).

En el segundo párrafo (vv. 10-16) se extiende al futuro en el que Dios disolverá la creación para hacer cielos nuevos y tierra nueva. Comienza por referirse al *día del Señor* y sorpresiva manifestación; en cuyo tiempo se producirá la limpieza por fuego de toda la creación presentado la acción divina sobre todo lo creado, que incluirán en ello las obras de los hombres (v. 10). Esto le permite iniciar una exhortación solemne dirigida a los creyentes que tienen esperanza en la venida del Señor y en la remoción de una creación contaminada por el pecado. Si realmente esto es esperanza para los creyentes, anhelando la limpieza de todo lo creado, deberán mostrar esa fe en la práctica de unas vidas que se manifiesten en una *santa y piadosa manera de vivir* (vv. 11-12). Las palabras que siguen refuerzan la verdad que los creyentes abrazaron, de cielos nuevos y tierra nueva en donde mora la justicia (v. 13). Quien espera esto, se limpia de la contaminación de vida, que los *falsos maestros* practicaban y enseñaban (v. 14). Por el contrario, las enseñanzas de los apóstoles, entre las que están las de Pablo, sustentaban la fe de los creyentes en los acontecimientos futuros (vv. 15-16).

Finalmente está el párrafo de conclusión (vv. 17-18). En él se exhorta nuevamente a mantenerse en la firmeza de la fe, evitando con ello el ser arrastrados por el error de quienes llama *inicuos* (v. 17). Una demanda al crecimiento se recoge en la primera parte del último versículo, en el que también está la doxología con que el apóstol cierra la *Epístola* (v. 18).

Para el comentario se sigue el *bosquejo* que se está en la *introducción*, como sigue:

IV. EL FUTURO (3:1-18).

1. El día del Señor (3:1-13).
   1.1. Recordatorio (3:1-2).
   1.2. Incredulidad y desprecio (3:3-4).
   1.3. Ignorancia voluntaria (3:5-7).
   1.4. Paciencia divina (3:8-9).
   1.5. Disolución de la creación (3:10).
   1.6. Vida en la esperanza (3:11-13).

V. EXPECTACION Y CONCLUSIÓN (3:14-18).

1. Expectación (3:14-16).
   1.1. Vida en esperanza (3:14).
   1.2. Conocimiento (3:15-16).
2. Conclusión (3:17-18).
   2.1. Demandas (3:17).
   2.2. Atención y crecimiento (3:18a).
   2.3. Doxología (3:18b).

El futuro (3:1-18).

El día del Señor (3:1-13).

Recordatorio (3:1-2).

1. Amados, ésta es la segunda carta que os escribo, y en ambas despierto con exhortación vuestro limpio entendimiento.

Ταύτην ἤδη, ἀγαπητοί, δευτέραν ὑμῖν γράφω ἐπιστολήν, ἐν
Esta ya, amados, segunda os escribo carta, en
αἷς διεγείρω ὑμῶν ἐν ὑπομνήσει τὴν εἰλικρινῆ διάνοιαν
las que despierto de vosotros con recordatorio el sincero entendimiento.

Análisis y notas del texto griego.

Análisis: Ταύτην, caso acusativo femenino singular del pronombre demostrativo *esta*; ἤδη, adverbio *ya*; ἀγαπητοί, caso vocativo masculino plural del adjetivo *amados*; δευτέραν, caso acusativo femenino singular del adjetivo numeral ordinal *segunda*; ὑμῖν, caso dativo de la segunda persona plural del pronombre personal *os*; γράφω, primera persona singular del presente de indicativo en voz activa del verbo γράφω, *escribir*, aquí *escribo*; ἐπιστολήν, caso acusativo femenino singular del nombre común *epístola, carta*; ἐν, preposición propia de dativo *en*; αἷς, caso dativo femenino plural del pronombre relativo *las que, la cuales*; διεγείρω, primera persona singular del presente de indicativo en voz activa del verbo διεγείρω, *despertar, refrescar la memoria*, aquí *despierto*; ὑμῶν, caso genitivo de la segunda persona plural del pronombre personal declinado *de vosotros*; ἐν, preposición propia de dativo *en, con*; ὑπομνήσει, caso dativo femenino singular del nombre común *recordatorio, acción de recordar*; τὴν, caso acusativo femenino singular del artículo determinado *la*; εἰλικρινῆ, caso acusativo femenino singular del adjetivo *honesto, sincero*; διάνοιαν, caso acusativo femenino singular del nombre común *entendimiento*.

Ταύτην ἤδη, ἀγαπητοί, δευτέραν ὑμῖν γράφω ἐπιστολήν, El apóstol alude a la *Primera Epístola*, indicando a los lectores que esta es la segunda que les escribe. Este detalle resulta aparentemente fútil. No tanto para identificar ambos escritos como personales de él, sino, con mayor probabilidad para recordarles que lo que sigue, el tema sobre la segunda venida de Cristo, ya lo trató en la *Epístola* anterior, como se aprecia sencillamente (cf. 1:7-11; 4:5 ss., 11, 13; 5:4-10), pero también lo trató antes en esta segunda (cf. 1:12-15; 2:3-9). Por tanto, el tema tiene una gran importancia para el apóstol al incidir continuamente en él. A los receptores les trata afectuosamente llamándoles *amados*.

ἐν αἷς διεγείρω ὑμῶν ἐν ὑπομνήσει τὴν εἰλικρινῆ διάνοιαν. Con ese afecto entrañable, escribe con el propósito de *despertarles*, en sentido de *traerles a la memoria*, la enseñanza que de esta doctrina habían recibido ya anteriormente. El texto griego dice que lo hace para *estimularles a pensar con sano criterio*. Es natural que busque en ellos un *sano criterio*, porque en el entorno están los *falsos maestros* que procuran desviar el pensamiento ajustado por la doctrina, hacia otro contrario a ella.

La doctrina de la *segunda venida de Jesucristo* es de capital importancia puesto que la vida de expectativa trae como consecuencia la expresión santa de la misma. La seguridad de los creyentes de la iglesia primitiva en esta verdad, les llevaba a utilizar un saludo que Pablo registra en una de sus *Epístolas*, con la forma *Maranata* (1 Co. 16:22). Siendo tan importante esta doctrina, especialmente por las consecuencias que produce en el compromiso de vida cristiana (Ro. 13:11; 1 Ti. 6:14; 2 Ti. 4:5), el diablo tratará por todos los medios desplazarla del pensamiento y de la fe de los creyentes, introduciendo a los *falsos maestros*, que mostrarán su escepticismo sobre ella. La doctrina es importante, puesto que en todos los libros del Nuevo Testamento hay alguna referencia a esa verdad. Revistiendo especial importancia al ser una promesa personal de Jesús, que como tal deberá cumplirse en el momento que está determinado por Dios (Jn. 14:1-4).

2. Para que tengáis memoria de las palabras que antes han sido dichas por los santos profetas, y del mandamiento del Señor y Salvador dado por vuestros apóstoles.

μνησθῆναι τῶν προειρημένων ῥημάτων ὑπὸ τῶν ἁγίων
Que recordéis las que han sido dichas antes palabras por los santos
προφητῶν καὶ τῆς τῶν ἀποστόλων ὑμῶν ἐντολῆς τοῦ
profetas y del de los apóstoles de vosotros mandamiento del
Κυρίου καὶ Σωτῆρος,
Señor y Salvador.

Análisis y notas del texto griego.

Análisis: μνησθῆναι, aoristo primero de infinitivo en voz pasiva del verbo μιμνήσκω, *recordar, traer a la memoria,* aquí *que recordéis*; τῶν, caso genitivo neutro plural del artículo determinado *los*; προειρημένων, caso genitivo neutro plural del participio perfecto en voz pasiva del verbo προλέγω, *hablar antes, hablar anticipadamente,* aquí *que han sido dichas*; ῥημάτων, caso genitivo neutro plural del nombre común *palabras*; ὑπὸ, preposición propia de genitivo *por*; τῶν, caso genitivo masculino plural del artículo determinado *los*; ἁγίων, caso genitivo masculino plural del adjetivo *santos*; προφητῶν, caso genitivo masculino plural del nombre común *profetas*; καὶ, conjunción copulativa *y*; τῆς, caso genitivo femenino singular del artículo determinado declinado *del*; τῶν, caso genitivo masculino plural del artículo determinado declinado *de los*; ἀποστόλων, caso genitivo masculino plural del nombre común *apóstoles*; ὑμῶν, caso genitivo de la segunda persona plural del pronombre personal declinado *de vosotros*; ἐντολῆς, caso genitivo femenino singular del nombre común *mandamiento*; τοῦ, caso genitivo masculino singular del artículo determinado declinado *del*; Κυρίου, caso genitivo masculino singular del nombre divino *Señor*; καὶ, conjunción copulativa *y*; σωτῆρος, caso genitivo masculino singular del nombre *Salvador*.

μνησθῆναι τῶν προειρημένων ῥημάτων ὑπὸ τῶν ἁγίων προφητῶν. Los creyentes deben tener en mente continuamente el fundamento de la fe cristiana que descansa en Cristo, los profetas y los apóstoles (Ef. 2:20). El sentido de *profetas* aquí debe aplicarse más bien a los del Antiguo Testamento. Es de importancia capital las revelaciones que ellos hicieron en el nombre del Señor, tocando ya la verdad de la *segunda venida* de Cristo en muchas de las profecías del Antiguo Testamento, en cuyos mensajes Pedro ha centrado la atención de los creyentes en los dos escritos (1 P. 1:10-12; 2 P. 1:19). Es interesante notar el pasado del verbo *decir*, literalmente en tiempo perfecto pasado, que implica una acción consumada plenamente equivalente a *han sido dichas*, que usa aquí para referirse a las profecías escritas por ellos. El calificativo *santos* dado a estos profetas, contrasta con los *mundanos* y *falsos* que engañan a los creyentes. Por tanto, aunque las profecías a las que se está refiriendo fueron dichas en el pasado, tienen plena vigencia en el presente y futuro, puesto que estos hombres hablaron siendo inspirados por el Espíritu Santo (1:21). Dios habló por ellos desde los tiempos antiguos (Lc. 1:70). Pedro habló del *día de la restauración de todas las cosas*, sobre lo que Dios había hablado antes (Hch. 3:21).

καὶ τῆς τῶν ἀποστόλων ὑμῶν ἐντολῆς τοῦ Κυρίου καὶ σωτῆρος, En segundo lugar, debe estar presente también el recuerdo de las enseñanzas de los apóstoles, que expresaron el *mandamiento* de nuestro Señor y Salvador. Nada hay en los escritos apostólicos que no sea el desarrollo del pensamiento de Jesús, quien, antes de Su ascensión, mandó a los discípulos que enseñasen a los creyentes todas las cosas que había mandado (Mt. 28:20). De otro modo, la doctrina no tiene origen en los apóstoles, sino en el Señor. Por esa razón Pablo, escribiendo a los corintios les recuerda que cuanto escribe son *mandamientos del Señor* (1 Co. 14:37). Las palabras de Jesús, en cuanto a enseñanza, están al mismo nivel que las profecías del Antiguo Testamento, y éstas son recogidas como mandamientos para la iglesia por los apóstoles.

El título *Señor y Salvador* aparecen cuatro veces en la *Epístola*, añadiendo en tres de ellas el nombre Jesucristo (1:11; 2:20; 3:18). En todos los escritos de Pedro, la centralidad de Cristo es evidente.

Incredulidad y desprecio (3:3-4).

3. Sabiendo primero esto, que en los postreros días vendrán burladores, andando según sus propias concupiscencias.

τοῦτο πρῶτον γινώσκοντες ὅτι ἐλεύσονται ἐπ' ἐσχάτων τῶν
Esto primero sabiendo que vendrán en últimos -
ἡμερῶν ἐν ἐμπαιγμονῇ ἐμπαῖκται κατὰ τὰς ἰδίας ἐπιθυμίας
días en mofa burladores según las propias concupiscencias
αὐτῶν πορευόμενοι
de ellos andando.

Análisis y notas del texto griego.

Análisis: τοῦτο, caso acusativo neutro singular del pronombre demostrativo *esto*; πρῶτον, adverbio demostrativo *primero*; γινώσκοντες, caso nominativo masculino plural del participio presente en voz activa del verbo γίνωσκω, *saber, conocer*, aquí *sabiendo*; ὅτι, conjunción *que*; ἐλεύσονται, tercera persona plural del futuro de indicativo en voz media del verbo ἔρχομαι, *venir*, aquí *vendrán*; ἐπ', forma escrita de la preposición de genitivo ἐπί, con el grafismo por elisión de la ι final ante vocal o diptongo sin aspiración, que equivale a *por, sobre, junto, en*; ἐσχάτων, caso genitivo femenino plural del adjetivo *últimas*;

τῶν, caso genitivo femenino plural del artículo determinado *las*; ἡμερῶν, caso genitivo femenino plural del nombre común *días*; ἐν, preposición propia de dativo *en*; ἐμπαιγμονῇ, caso dativo femenino singular del nombre común *mofa, actitud burlesca*; ἐμπαῖκται, caso nominativo masculino plural del nombre común *burladores*; κατὰ, preposición propia de acusativo *según*; τὰς, caso acusativo femenino plural del artículo determinado *las*; ἰδίας, caso acusativo femenino plural del adjetivo *propias*; ἐπιθυμίας, caso acusativo femenino plural del nombre común *concupiscencias*; αὐτῶν, caso genitivo masculino de la tercera persona plural del pronombre personal declinado *de ellos*; πορευόμενοι, caso nominativo masculino plural del participio presente en voz media del verbo πορεύομαι, *andar, caminar*, aquí *andando*.

τοῦτο πρῶτον γινώσκοντες. Los creyentes debían saber primeramente o, ante todo, esto, que es el primer problema entre varios. Estos son los problemas a los que debían estar vigilantes y que son propios de los *falsos maestros*, a quienes aquí llama *burladores*. Si era algo conocido para ellos, no les podría tomar por sorpresa.

ὅτι ἐλεύσονται ἐπ' ἐσχάτων τῶν ἡμερῶν. Estos vendrán en *los últimos días*, expresión frecuente en el Nuevo Testamento y que hace referencia al tiempo presente. El tiempo antiguo corresponde al Antiguo Testamento, mientras que este último periodo en la historia humana comienza con la primera venida de Cristo (He. 1:2).

ἐν ἐμπαιγμονῇ ἐμπαῖκται. Quienes anuncia el apóstol son *burladores* que viven una vida de burla contra la revelación de la verdad de la segunda venida del Señor. Son conocedores de la Palabra, pero se burlan de ella. La burla no es una forma de criticar algo, sino un pecado deliberado contra la revelación de Dios. Sin duda, como se ha considerado antes, estaban presentes en el tiempo de la *Epístola*, pero en el futuro *vendrán*, lo que implica una constancia a través del tiempo. Los burladores tratan despectivamente una de las verdades de la fe cristiana y manifiestan ese desprecio hacia quien la reveló que es Dios mismo, confirmada también por el Señor Jesús.

κατὰ τὰς ἰδίας ἐπιθυμίας αὐτῶν πορευόμενοι. Estos burladores son pecaminosos, porque viven en sus propias concupiscencias. Estos rebeldes, al despreciar la verdad revelada, viven siguiendo los deseos naturales del hombre no regenerado, buscando cualquier tipo de placer que satisfaga sus pasiones. La presencia de estos es una evidencia bíblica sobre los últimos tiempos (Mt. 24:3-5, 11, 23-26). Aprovechaban el hecho de que la promesa del regreso de Jesús no se había efectuado, para burlarse de Dios y de Su Palabra.

4. Y diciendo: ¿Dónde está la promesa de su advenimiento? Porque desde el día en que los padres durmieron, todas las cosas permanecen así como desde el principio de la creación.

καὶ λέγοντες· ποῦ ἐστιν ἡ ἐπαγγελία τῆς παρουσίας αὐτοῦ
Y diciendo: ¿Dónde está la promesa de la venida de Él?
ἀφ' ἧς γὰρ οἱ πατέρες ἐκοιμήθησαν, πάντα οὕτως διαμένει
Porque desde el que los padres durmieron, todo así permanece
ἀπ' ἀρχῆς κτίσεως.
desde principio de creación.

Análisis y notas del texto griego.

Análisis: καὶ, conjunción copulativa *y*; λέγοντες, caso nominativo masculino plural del participio presente en voz activa del verbo λέγω, *hablar, decir*, aquí *diciendo*: ποῦ, adverbio interrogativo *dónde*; ἐστιν, tercera persona singular del presente de indicativo en voz activa del verbo εἰμί, *ser, estar*, aquí *está*; ἡ, caso nominativo femenino singular del artículo determinado *la*; ἐπαγγελία, caso nominativo femenino singular del nombre común *promesa*; τῆς, caso genitivo femenino singular del artículo determinado declinado *de la*; παρουσίας, caso genitivo femenino singular del nombre común *parusía, venida*; αὐτοῦ, caso genitivo masculino de la tercera persona singular del pronombre personal declinado *de Él*; ἀφ', forma escrita de la preposición de ἀπό, por elisión de la ι final y asimilación de la π ante vocal o diptongo con aspiración, y que significa *de, desde, lejos de, proceder de, por causa de, por medio de, con, contra*; ἧς, caso genitivo femenino singular del pronombre relativo *la que, la cual*; γὰρ, conjunción causal *porque*; οἱ, caso nominativo masculino plural del artículo determinado *los*; πατέρες, caso nominativo masculino plural del nombre común *padres*; ἐκοιμήθησαν, tercera persona plural del aoristo primero de indicativo en voz activa del verbo κοιμάω, *dormir*, aquí *durmieron*; πάντα, caso nominativo neutro plural del adjetivo indefinido *todos*, en sentido de *todas las cosas, todo*; οὕτως, adverbio demostrativo *así*; διαμένει, tercera persona singular del presente de indicativo en voz activa del verbo διαμένω, *permanecer, quedar, seguir igual*, aquí *permanece*; ἀπ', preposición propia de genitivo ἀπό, con el grafismo que adopta por elisión de la ο final ante vocal o diptongo sin aspiración, que equivale a *de, desde, procedente de, por medio de, con, por*; ἀρχῆς, caso genitivo femenino singular del nombre común *principio*; κτίσεως, caso genitivo femenino singular del nombre común declinado *de creación*.

καὶ λέγοντες· Pedro plantea aquí la forma de mofa de los *falsos maestros*. Con el participio presente del verbo λέγω, *diciendo*, los presenta yendo de un lado a otro para hacer una afirmación falsa a quienes los oyen. No se trata de algo ocasional o puntual, sino que la tarea asumida es *andar diciendo* de forma continua la misma mentira. Dicha en forma de mofa, reviste dos graves aspectos: Primero, se burlan de lo que Dios ha dicho que sucederá; en segundo lugar, su forma de mofarse, induce a otros al menosprecio de las profecías.

ποῦ ἐστιν ἡ ἐπαγγελία τῆς παρουσίας αὐτοῦ. Las dudas se generan mediante una pregunta maliciosa: *"¿Dónde está la promesa de Su venida?"*. Esto precisa lo que pretendían negar, que era la segunda venida de Cristo. Los cristianos anunciaban en el mensaje que predicaban esta verdad, pero aparentemente no se estaba cumpliendo. La expresión *Su venida*, es amplia en cuanto a contenido. Para los cristianos, el Señor vendrá a buscar a Su iglesia para trasladarla al lugar que prepara para ella. Técnicamente no es la *segunda venida*, puesto que Cristo no desciende a la tierra, sino que el encuentro tendrá lugar en el aire, con el Señor que desciende del cielo y los creyentes que ascienden, resucitados los que durmieron en el Señor y transformados los que estén vivos entonces. Esta promesa en relación con la iglesia tiene garantía de cumplimiento. En el Nuevo Testamento, el tema está presente en todos los escritos de Pablo, salvo en la *Carta a Filemón* (Ro. 8:17-23; 1 Co. 11:26; 2 Co. 4:14; Gá. 6:9; Ef. 1:13-14; Fil. 3:20-21, Col. 3:4; 1 Ts. 1:9-10; 4:13-18; 2 Ts. 2:1-2; 1 Ti. 6:13-14; 2 Ti. 2:11; Tit. 2:13). La *Epístola a los Hebreos*, también la menciona (He. 9:28). Santiago lo hace en su *Epístola* (Stg. 5:7). Pedro está refiriéndose a esto. Juan en varias citas y de forma especial en Apocalipsis. También Judas (Jud. 21). La Biblia se cierra con la promesa del retorno del Señor (Ap. 22:20). Cristo prometió venir a buscar a los suyos (Jn. 14:1-4). Los ángeles vinieron al encuentro de los que vieron la ascensión recordándoles que el Señor volvería del mismo modo que lo habían visto ir al cielo (Hch. 1:8-11).

La segunda venida de Cristo, tendrá lugar cuando el Señor, descendiendo del cielo ponga Sus pies en la tierra, concretamente en el Monte de los Olivos (Zac. 14:4), regresando para dar cumplimiento a las profecías (cf. Sal. 2:8), estableciendo el *Reino de los Cielos* en la tierra, cumpliendo el programa de Dios para el mundo.

Esta es una verdad bíblica que está tanto en el Antiguo como en el Nuevo Testamento y cuyo cumplimiento corresponde al *tiempo de Dios*. Nadie sabe eso porque es uno de los asuntos que pertenecen a Él solo y que nadie, ni ángeles ni hombres pueden conocer.

ἀφ' ἧς γὰρ οἱ πατέρες ἐκοιμήθησαν, πάντα οὕτως διαμένει ἀπ ἀρχῆς κτίσεως. Los detractores de la verdad, junto con sus burlas añaden el argumento de la duda, remitiendo a los oyentes a una observación sobre el largo tiempo que ha transcurrido desde que los profetas y los apóstoles anunciaran la venida del Señor.

ἀφ' ἧς γὰρ οἱ πατέρες ἐκοιμήθησαν, πάντα οὕτως διαμένει ἀπ ἀρχῆς κτίσεως. Ellos se remontan a *los padres*, usando el término como correspondía al sentido de los judíos, refiriéndose a los patriarcas de quienes salió como descendencia el pueblo de Israel. Abraham ya esperaba una ciudad construida por Dios, por lo que su esperanza estaba en el cielo y no en la tierra (He. 11:10). Pero avanzando en el tiempo, Dios había prometido a David que de su descendencia uno se sentaría en el trono para siempre. El tiempo había pasado y la promesa no se cumplía. De modo que los que generaban la duda apelan a los siglos de esperanza sin cumplimiento de la promesa divina.

Ignorancia voluntaria (3:5-7).

5. Éstos ignoran voluntariamente, que en el tiempo antiguo fueron hechos por la palabra de Dios los cielos, y también la tierra, que proviene del agua y por el agua subsiste.

Λανθάνει γὰρ	αὐτοὺς	τοῦτο	θέλοντας	ὅτι	οὐρανοὶ	ἦσαν
Porque olvidan	ellos	esto	afirmando	que	cielos	eran
ἔκπαλαι	καὶ γῆ	ἐξ ὕδατος	καὶ δι'	ὕδατος	συνεστῶσα	
de antiguo	y tierra	de agua	y por medio de	agua	subsiste	
τῷ	τοῦ	Θεοῦ λόγῳ,				
por la	-	de Dios palabra.				

Análisis y notas del texto griego.

Análisis: Λανθάνει, tercera persona singular del presente de indicativo en voz activa del verbo λανθάνω, *olvidar, ignorar voluntariamente*, aquí *olvidan*; γὰρ, conjunción causal *porque*; αὐτοὺς, caso acusativo masculino de la tercera persona plural del pronombre personal *ellos*; τοῦτο, caso nominativo neutro singular del pronombre demostrativo *esto*; θέλοντας, caso acusativo masculino plural del participio presente en voz activa del verbo θέλω, *querer, desear, encontrar gusto en, afirmar*, aquí *afirmando*; ὅτι, conjunción *que*; οὐρανοὶ, caso nominativo masculino singular del nombre común *cielos*; ἦσαν, tercera persona plural del imperfecto de indicativo en voz activa del verbo εἰμί, *ser, estar*, aquí *eran*; ἔκπαλαι, adverbio *de antiguo*; καὶ, conjunción copulativa *y*; γῆ, caso nominativo femenino singular del nombre común *tierra*; ἐξ, forma escrita de la preposición de genitivo ἐκ, delante de vocal y que significa *de*; ὕδατος, caso genitivo neutro singular del nombre común *agua*; καὶ, conjunción copulativa *y*; δι', forma contracta de la preposición de genitivo διά, *por, por medio de, a causa de*; ὕδατος, caso genitivo neutro singular del nombre común *agua*; συνεστῶσα, caso nominativo femenino singular del participio perfecto en voz activa del verbo συνίσθημι, *colocar junto, asociar, agrupar, unir, constituir, establecer, crear, subsistir*, aquí *que ha subsistido*; τῷ, caso dativo masculino singular del artículo determinado declinado *por el*; τοῦ, caso genitivo masculino singular del artículo determinado *el*; Θεοῦ, caso genitivo masculino singular del nombre divino declinado *de Dios*; λόγῳ, caso dativo masculino singular del nombre común *palabra, dicho.*

Λανθάνει γὰρ αὐτοὺς τοῦτο θέλοντας. Los apóstatas en su afán de desacreditar la Palabra, ponen voluntariamente en olvido algo que debían recordar, al afirmar que todo permanece igual desde que fue creado, y es el juicio divino sobre el mundo por medio del agua del diluvio. Con esa afirmación pretenden negar la intervención de Dios y el cumplimiento de la promesa de la segunda venida del Señor.

ὅτι οὐρανοὶ ἦσαν ἔκπαλαι καὶ γῆ ἐξ ὕδατος καὶ δι ὕδατος συνεστῶσα. Desde el origen los cielos y la tierra existen por la acción omnipotente del Creador que los trajo a la existencia. Pedro llama la atención tanto a los *falsos maestros* como a los lectores al recuerdo del relato de la creación, como está en el Génesis. Es notable apreciar que la palabra *cielos* está en plural, lo que indica claramente el pensamiento hebreo que dividía el cielo en tres niveles o *tres cielos*, el primero el atmosférico, el segundo el estelar, el tercero en empíreo donde se hace manifiesta la presencia de Dios y donde está Su trono de gloria.

En cuanto a la tierra, Pedro afirma que *surgió del agua* y subsiste *en ella*. El relato de la creación lo pone de manifiesto. Dios ordenó la tierra haciendo surgir del agua la parte seca: *"Dijo también Dios: Júntense las aguas que están debajo de los cielos en un lugar, y descúbrase lo seco. Y fue así. Y llamó Dios a lo seco Tierra, y a la reunión de las aguas llamó Mares. Y vio Dios que era bueno"* (Gn. 1:9-11). De manera que, como afirma el apóstol, la tierra vino del agua y se mantiene así por medio del agua. No sería posible la existencia de la vida terráquea a no ser por la existencia del agua que lo hace posible. Dios creó la tierra y ordenó el espacio para el mar, como se lee: *"Cuando ponía al mar su estatuto, para que las aguas no traspasen su mandamiento; cuando establecía los fundamentos de la tierra"* (Pr. 8:29).

τῷ τοῦ θεοῦ λόγῳ, Sin embargo, no puede olvidarse en todo esto la acción del Creador, puesto que la existencia de cielos y tierra obedece a Su Palabra. Está presente en el omnipotente *sea* de Dios, que actúa y produce lo que Él tenía en mente cuando creaba. Los *falsos maestros*, están procurando encontrar un argumento que descalifique a Dios por el aparente incumplimiento de Sus promesas, pero ignoran voluntariamente que Dios es el Soberano, y que cuanto quiere hace, sin que nadie le detenga ni pregunte la razón de Sus acciones. Así cree el cristiano: *"Por la fe entendemos haber sido constituido el universo por la palabra de Dios, de modo que lo que se ve fue hecho de lo que no se veía"* (He. 11:3).

La fe expresa lo que el intelecto humano percibe, la existencia del Creador. El universo fue constituido y ordenado para ser un *cosmos* en lugar de un *caos*. Todo el orden en cielos y tierra obedece a la autoridad de Dios, surgiendo por Su palabra. En ese sentido, el *sea* creacional expresa la plenitud absoluta de la idea concebida en la mente divina que es ejecutado con absoluta precisión. La creación fue un acto soberano que hizo posible cuanto existe. Todo surgió de Dios mismo, trayendo a la existencia aquello que antes no existía. La creación incluye tanto la aparición de las cosas, como el orden que las gobierna. La tierra ha sido ordenada definitivamente por Dios. Por esa razón forma parte de la fe que los apóstoles predicaron y que los creyentes aceptaron como verdad. Estas son negadas y cuestionadas por los *falsos maestros*, de los que el apóstol advierte.

6. Por lo cual el mundo de entonces pereció anegado en agua.

δι’ ὧν	ὁ	τότε	κόσμος	ὕδατι	κατακλυσθεὶς	ἀπώλετο·
Por lo cual	el	entonces	mundo	por agua	que fue inundado	pereció.

Análisis y notas del texto griego.

Análisis: δι’, forma contracta de la preposición propia de genitivo διά, *por, por medio de, a causa de*; ὧν, caso genitivo neutro plural del pronombre relativo *los que, los cuales*, aquí en sentido general *lo cual*; ὁ, caso nominativo masculino singular del artículo determinado *el*; τότε, adverbio demostrativo *entonces*; κόσμος, caso nominativo masculino singular del nombre común *mundo*; ὕδατι, caso dativo neutro singular del nombre común declinado *por agua*; κατακλυσθεὶς, caso nominativo masculino singular del participio aoristo primero en voz pasiva del verbo κατακλύζω, *inundar*, aquí *que fue inundado, siendo inundado*; ἀπώλετο, tercera persona singular del aoristo segundo de indicativo en voz media del verbo ἀπώλλυμι, *perecer*, aquí *pereció*.

δι’ ὧν ὁ τότε κόσμος ὕδατι κατακλυσθεὶς ἀπώλετο· El problema del pecado tomó naturaleza luego de la caída. La sociedad de entonces, antes del diluvio, fue en extremo pecaminosa, por lo que Dios determinó la erradicación de todos ellos, menos ocho (Gn. 6:5-7, 11-13). El mundo de entonces *pereció*, pero, aunque sin duda el diluvio trajo profundos cambios sobre la tierra, esta no *pereció*, sino los habitantes de entonces que vivían de acuerdo con el sistema del mundo, como debe tomarse aquí ese nombre, el orden mundial y pecaminoso instaurado por el pecado del hombre (1 Jn. 2:15-17).

Ese mundo antiguo fue *inundado por agua*. Los *falsos maestros*, ignoraban voluntariamente este suceso. Para el juicio por agua, Dios dejó de actuar en contención con ellas de manera que, procediendo la tierra del agua y subsistiendo en ella, el mundo se anegó. Es necesario recordar que además de las aguas del mar, ríos, lagos y fuentes, una gran masa de agua estaba en el interior de la tierra, a la que el relato bíblico llama *"las fuentes del gran abismo"*, al tiempo que se *abrían las cataratas de los cielos* (Gn. 7:11). La tierra de entonces estaba entre el agua que la sustentaba y la que la cubría, que estaban en *la expansión*, sobre ella (Gn. 1:7), a cuyo lugar llamó *cielos* (Gn. 1:8). Toda aquella antigua creación fue inundada, de ese modo, cubierta por el agua, retornó al estado caótico que se menciona en el origen de la creación (Gn. 1:2). Fue el viento que sopló sobre las aguas el que las hizo desaparecer de sobre la tierra, resolviendo este segundo *caos*, en cuyo sentido se puede tomar como figura de una nueva creación.

7. Pero los cielos y la tierra que existen ahora, están reservados por la misma palabra, guardados para el fuego en el día del juicio y de la perdición de los hombres impíos.

οἱ δὲ νῦν οὐρανοὶ καὶ ἡ γῆ τῷ αὐτῷ λόγῳ τεθησαυρισμένοι
Pero los ahora cielos y la tierra por la misma palabra habiendo sido guardados
εἰσὶν πυρί τηρούμενοι εἰς ἡμέραν κρίσεως καὶ ἀπωλείας τῶν
están para fuego reservados para día de juicio y perdición de los
ἀσεβῶν ἀνθρώπων.
impíos hombres.

Análisis y notas del texto griego.

Análisis: οἱ, caso nominativo masculino plural del artículo determinado *los*; δὲ, partícula conjuntiva que hace las veces de conjunción coordinante, con sentido de *pero, más bien, y, y por cierto, antes bien, entonces*; νῦν, adverbio demostrativo *ahora*; οὐρανοὶ, caso nominativo masculino plural del nombre común *cielos*; καὶ, conjunción copulativa *y*; ἡ, caso nominativo femenino singular del artículo determinado *la*; γῆ, caso nominativo femenino singular del nombre común *tierra*; τῷ, caso dativo masculino singular del artículo determinado declinado *por el*; αὐτῷ, caso dativo masculino singular del adjetivo intensivo *mismo*; λόγῳ, caso dativo masculino singular del nombre común *palabra, dicho*; τεθησαυρισμένοι, caso nominativo masculino plural del participio perfecto en voz pasiva del verbo θησαυρίζω, *guardar*, aquí *habiendo sido guardados*; εἰσὶν, tercera persona plural del presente de indicativo en voz activa del verbo εἰμί, *ser, estar*, aquí *están*; πυρί, caso dativo neutro singular del nombre común declinado *para fuego*; τηρούμενοι, caso nominativo masculino plural del participio presente en voz pasiva del verbo τηρέω, *reservar*, aquí *reservados*; εἰς, preposición propia de acusativo *para*; ἡμέραν, caso acusativo femenino singular del nombre común *día*; κρίσεως, caso genitivo femenino singular del nombre común declinado *de juicio*; καὶ, conjunción copulativa *y*; ἀπωλείας, genitivo femenino singular del nombre común *perdición*; τῶν, caso genitivo masculino plural del artículo determinado declinado *de los*; ἀσεβῶν, caso genitivo masculino plural del adjetivo *impíos*; ἀνθρώπων, caso genitivo masculino plural del nombre común *hombres*.

οἱ δὲ νῦν οὐρανοὶ καὶ ἡ γῆ τῷ αὐτῷ λόγῳ τεθησαυρισμένοι εἰσὶν πυρί τηρούμενοι. La promesa de Dios de no inundar nuevamente la tierra, se ha cumplido rigurosamente. Pero, la misma palabra de autoridad divina que abrió las fuentes de las aguas entonces, tiene reservada ahora la tierra y el cielo para ser sentenciados al fuego. Dios ha determinado un día de ira sobre el mundo perverso que se cumplirá al final de los tiempos.

La profecía del Nuevo Testamento presenta, luego del reino de Cristo en la tierra, tres acontecimientos sucesivos: a) La liberación de Satanás, atado durante el tiempo del reino en la tierra; b) La purificación de la tierra por el fuego; c) El juicio de los pecadores ante el Gran Trono Blanco. La liberación de Satanás tendrá lugar al final del tiempo del *reino milenial*. Lo que hará en su liberación en engañar a las naciones (Ap. 20:7-8). El hecho de que quienes entren al Reino, como dijo Jesús a Nicodemo, han de ser sólo los salvos, quienes nacen de ellos no lo son por el hecho de que sus padres los sean, de modo que quienes no hayan sido salvos durante ese tiempo, serán engañados por Satanás en su liberación. Estos serán inducidos para planificar una nueva batalla contra Dios (Ap. 20:8-9). En una nueva formación de gentes no regeneradas. El resultado no puede ser otro que la derrota de todas las gentes guiadas por Satanás (Ap. 20:9-10). Será la total y definitiva limpieza de los impíos, para iniciar ya el *eterno reino de Dios*.

εἰς ἡμέραν κρίσεως καὶ ἀπωλείας τῶν ἀσεβῶν ἀνθρώπων. La purificación de toda la creación será considerada en los vv. 10-13. El apóstol enseña que los cielos y la tierra de hoy están reservados por Dios para el juicio de fuego. El sistema de pecado correspondiente al mundo traerá como consecuencia el juicio de Dios sobre los hombres y la restauración de aquello que ha sido contaminado por él. De manera que como en la antigua dispensación fueron judicialmente tratados mediante el agua, así también este sistema está reservado para ser consumido por el fuego. El trono de Dios está dispuesto para el juicio (Sal. 9:7). Él juzgará al mundo con justicia (Sal. 96:13). Esa conmoción, de la se considerará en los versículos que siguen, vendrá por el poder y autoridad de la palabra de Dios, como ocurrió con los juicios anteriores, entre los que está el diluvio. El fuego está asociado en la Escritura con el juicio final, como profetiza Isaías: *"Porque he aquí que Jehová vendrá con fuego, y sus carros como torbellino, para descargar su ira con furor, y su reprensión como llama de fuego. Porque Jehová juzgará con fuego y con su espada a todo hombre; y los muertos de Jehová serán multiplicados"* (Is. 66:15-16). De ese modo también lo anuncia el apóstol Pablo en el Nuevo Testamento: *"Porque es justo delante de Dios pagar con tribulación a los que os atribulan, y a vosotros que sois atribulados, daros reposo con nosotros, cuando se manifieste el Señor Jesús desde el cielo con los ángeles de su poder, en llama de fuego, para dar retribución a los que no conocieron a Dios, ni obedecen al evangelio de nuestro Señor Jesucristo; los cuales sufrirán pena de eterna perdición, excluidos de la presencia del Señor y de la gloria de su poder"* (2 Ts. 1:6-9).

Los *falsos maestros*, se burlaban de la promesa de la acción divina y de la segunda venida del Señor, pero, así como en los días de Noé llegó el juicio sobre todos los incrédulos, así también vendrá el juicio final que condenará a todos los hombres.

El *día* del juicio y de la perdición de los hombres impíos, se describe también en Apocalipsis (Ap. 20:12). En ese juicio llamado *del trono blanco*, comparecerán los muertos, todos los que a lo largo del tiempo despreciaron el mandato divino que los llamó a salvación. Entre ellos estarán también todos los hombres que, inducidos por Satanás, participaron en la última acción contra Dios. Los juzgados entrarán en lo que se denomina *la muerte segunda* (Ap. 20:14). El destino de los perdidos, será *el lago de fuego* (Ap. 19:20; 20:10, 14-15; 21:8). Es el fuego eterno (Mt. 18:8; 25:41; Mr. 9:43, 44, 46, 48). El lago de fuego es un lugar que contiene un estado de perdición eterna.

Paciencia divina (3:8-9).

8. Mas, oh amados, no ignoréis esto: que para con el Señor un día es como mil años, y mil años como un día.

῞Εν δὲ τοῦτο μὴ λανθανέτω ὑμᾶς, ἀγαπητοί, ὅτι μία ἡμέρα παρὰ
Pero uno esto no olvidéis vosotros, amados, que un día para
Κυρίῳ ὡς χίλια ἔτη καὶ χίλια ἔτη ὡς ἡμέρα μία.
Señor, como mil años y mil años como día un.

Análisis y notas del texto griego.

Análisis: ῞Εν, caso nominativo neutro singular del adjetivo numeral cardinal *uno*; δὲ, partícula conjuntiva que hace las veces de conjunción coordinante, con sentido de *pero, más bien, y, y por cierto, antes bien, entonces*; τοῦτο, caso nominativo neutro singular del pronombre demostrativo *esto*; μὴ, particula que hace funciones de adverbio de negación *no*; λανθανέτω, tercera persona singular del presente de imperativo en voz activa del verbo λανθάνω, *no darse cuenta, olvidar*, aquí *olvidéis*; ὑμᾶς, caso acusativo de la segunda persona plural del pronombre personal *vosotros*; ἀγαπητοί, caso vocativo masculino plural del adjetivo *amados*; ὅτι, conjunción *que*; μία, caso nominativo femenino singular del adjetivo numeral cardinal *una*; ἡμέρα, caso nominativo femenino singular del nombre común *día*; παρὰ, preposición propia de dativo *para*; Κυρίῳ, caso dativo masculino singular del nombre divino *Señor*; ὡς, adverbio de modo, *como*, que hace las veces de conjunción comparativa; χίλια, caso nominativo neutro plural del adjetivo numeral cardinal *mil*; ἔτη, caso nominativo neutro plural del nombre común *año*; καὶ, conjunción copulativa *y*; χίλια caso nominativo neutro plural del adjetivo numeral cardinal *mil*; ἔτη, caso nominativo neutro plural del nombre común *año*; ὡς, adverbio de modo, *como*, que hace las veces de conjunción comparativa; ἡμέρα, caso nominativo femenino singular del nombre común *día*; μία, caso nominativo femenino singular del adjetivo numeral cardinal *una*.

Ἓν δὲ τοῦτο μὴ λανθανέτω ὑμᾶς, Las burlas de los impíos, pudieran hacer dudar a alguno de los creyentes que, observando el paso del tiempo, pensara en la extrema tardanza del cumplimiento de la promesa de Dios. Por eso reclama atención, indicándoles que hay algo que no deben olvidar cuando la impaciencia se produzca.

ἀγαπητοί, Otra vez les llama *amados* a los creyentes a quienes escribe. Con este vocativo expresa el afecto que como *pastor* tiene para con las ovejas del rebaño de Cristo, algunas de las cuales están sufriendo el conflicto generado por los que no son otra cosa que lobos disfrazados de ovejas.

ὅτι μία ἡμέρα παρὰ κυρίῳ ὡς χίλια ἔτη καὶ χίλια ἔτη ὡς ἡμέρα μία. Ellos debían recordar continuamente que Dios es eterno. La eternidad no es la sucesión infinita de tiempo, sino todo lo contario, la total ausencia del mismo. Dios, porque es eterno, vive en un continuo presente, de modo que el tiempo de los hombres no cuenta para Él.
Aquellos deberían liberar totalmente la esperanza de la segunda venida de Jesucristo, vinculándola al tiempo cronológico del hombre. Pedro usa aquí una frase que es totalmente contraria a la matemática del hombre. Les hace notar que para el Señor un día es como mil años y mil años como un día. Lo absurdo, humanamente hablando, es el cálculo del tiempo que, en la lógica de la matemática humana, si un día es como mil años, los mil años serían un millón de días. Eso hace imposible entender con mentalidad equiparable de hombre el *no tiempo* de Dios.

Es posible que en el pensamiento del apóstol estuviese alguna cita del Antiguo Testamento, como la que dice: *"Porque mil años delante de tus ojos son como el día de ayer, que pasó, y como una de las vigilias de la noche"* (Sal. 90:4). La expresión bíblica y las palabras de Pedro, dan una idea de la relatividad de nuestras medidas temporales y humanas, propias de la creación material en donde nos movemos y que nosotros mismos somos, en contraste con las medidas de Dios, que están por encima de todas las del tiempo.

Los *falsos maestros*, procuraban hacerles ver que los miles de años transcurridos resultaban un tiempo excesivo para el cumplimiento de una promesa, pero debe tenerse en cuenta que toda la dimensión temporal grande para el hombre es algo mínimo para Dios. Quiere decir que, aunque pareciera que se retardaba en el cumplimiento de la promesa, no es así. Dios descargará Su juicio sobre los impíos y disolverá toda esta creación en *Su tiempo*.

9. El Señor no retarda su promesa, según algunos la tienen por tardanza, sino que es paciente para con nosotros, no queriendo que ninguno perezca, sino que todos procedan al arrepentimiento.

οὐ βραδύνει Κύριος τῆς ἐπαγγελίας, ὥς τινες βραδύτητα
No retarda Señor la promesa, como algunos por tardanza
ἡγοῦνται, ἀλλὰ μακροθυμεῖ εἰς ὑμᾶς[1], μὴ βουλόμενος τινας
consideran, sino tiene paciencia para vosotros, no queriendo algunos
ἀπολέσθαι ἀλλὰ πάντας εἰς μετάνοιαν χωρῆσαι.
perezcan sino todos a arrepentimiento lleguen.

Notas y análisis del texto griego.

Análisis: οὐ, adverbio de negación *no*; βραδύνει, tercera persona singular del presente de indicativo en voz activa del verbo βραδύνω, *demorarse, dilatar, tardar, retardar*, aquí *retarda*; Κύριος, caso nominativo masculino singular del nombre divino *Señor*; τῆς, caso genitivo femenino singular del artículo determinado *la*; ἐπαγγελίας, caso genitivo femenino singular del nombre común *promesa*; ὥς, adverbio de modo, *como*, que hace las veces de conjunción comparativa; τινες, caso nominativo masculino plural del pronombre indefinido *algunos*; βραδύτητα, caso acusativo femenino singular del nombre común declinado *por tardanza*; ἡγοῦνται, tercera persona plural del presente de indicativo en voz media del verbo ἡγέομαι, *considerar, pensar, juzgar*, aquí *consideran*; ἀλλὰ, conjunción adversativa *sino*; μακροθυμεῖ, tercera persona singular del presente de indicativo en voz activa del verbo μακροθυμέω, *tener paciencia*, aquí *tiene paciencia*; εἰς, preposición propia de acusativo, *para, hacia*; ὑμᾶς, caso acusativo de la segunda persona plural del pronombre personal *vosotros*; μὴ, partícula que hace funciones de adverbio de negación *no*; βουλόμενος, caso nominativo masculino singular del participio presente en voz activa del verbo βούλομαι, *querer, desear*, aquí *queriendo*; τινας, caso acusativo masculino plural del pronombre indefinido *algunos*; ἀπολέσθαι, aoristo segundo de infinitivo en voz media del verbo ἀπόλλυμι, *perecer*; ἀλλὰ, conjunción adversativa *sino*; πάντας, caso acusativo masculino plural del adjetivo indefinido *todos*; εἰς, preposición propia de acusativo *a*; μετάνοιαν, caso acusativo femenino singular del nombre común *arrepentimiento*; χωρῆσαι, aoristo primero de infinitivo en voz activa del verbo χωρέω, *ir, llegar, ser capaz de recibir*, aquí *lleguen*.

Notas. Crítica Textual. Lecturas alternativas.

[1] εἰς ὑμᾶς, *para vosotros*, según lectura en 𝔓[72], B, C, P, 048[vid], 81, 1175, 1243, 1448, 1735, 1739, 2344, *l* 592, *l* 921, *l* 1154, *l* 1443, arm, geo.

εἰς ἡμᾶς, *para nosotros*, de acuerdo con 307, 442, 642, 2492, K, L, slav.

δι' ἡμᾶς, *por causa de vosotros*, como se lee en א, A, Ψ, 5. 33. 436, 1611, 1852, it[ar, t, z], vg, sy[ph, h], cop[sa, bo], Pelagio, Agustín, Speculum.

οὐ βραδύνει Κύριος τῆς ἐπαγγελίας, ὥς τινες βραδύτητα ἡγοῦνται, Lo que algunos afirman que el Señor retarda la promesa, teniéndola por tardanza, tal vez sugiriendo la imposibilidad divina para cumplirla, resultaría en una negación de lo que dijo, lo que haría poco fiables Sus promesas.

La razón es muy otra. Dios está dando un tiempo de gracia, en Su paciencia, manteniendo abierta la puerta de salvación para los hombres. Sin duda, el texto tiene dos formas de entenderlo, según sea la posición teológica del intérprete.

Los que sostienen la redención limitada, tienen que aplicarlo a los escogidos para salvación desde la eternidad. Así escribe el Dr. MacArthur:

"...debido a que Dios es compasivo y paciente demora su venida a fin de que los pecadores elegidos puedan llegar al arrepentimiento (1 P. 3:20; cp. Mt. 4:17; 9:13; Mr. 6:12; Lc. 15:10; Ro. 2:4; 2 Ti. 2:25; Ap. 2:5). Sigue luego: *"La Biblia establece con claridad que Dios aborrece absolutamente el pecado (Dt, 25:16; 1 R. 14:22; Sal. 5:4-6; 45:7; Pr. 6:16-19; 15:9; Hab. 1:13) y de ahí las consecuencias potenciales para cada individuo, que incluyen castigo eterno en el infierno. Sin embargo, a fin de mostrar su propia gloria en medio de la ira, Dios eligió salvar a algunos y no salvar a otros.* Un poco más adelante: *"El contexto indica que ninguno y todos están limitados a los elegidos, es decir, a todos los que el Señor ha elegido y llamará para sí. En otras palabras, Cristo no regresará hasta que cada persona a quien Dios ha elegido sea salva. Al usar el término nosotros (una referencia a los lectores creyentes de*

Pedro), el apóstol limita a ninguno y a todos a la esfera de los seres humanos elegidos. Pr supuesto, una vez que todos los elegidos están incluidos, la paciencia de Dios se agotará[1] ".

Del mismo modo también el Dr. Martin Lloyd-Jones, citado por el Dr. Lacueva: *"Una afirmación teológicamente difícil,* –lo cual no es de extrañar en alguien que (con todas sus excelentes cualidades y sus muchos dones fielmente ejercitados) ya tenía su opinión prejuzgada a favor de la redención limitada– *lo que Pedro dice,* –añade Lloyd-Jones– *es que Dios no desea que nadie perezca, sino que todos lleguen al arrepentimiento. Dios no se deleita en la muerte de los impíos; por eso, dice Pedro, demora Su acción*[2] ".

ἀλλὰ μακροθυμεῖ εἰς ὑμᾶς, μὴ βουλόμενος τινας ἀπολέσθαι ἀλλὰ πάντας εἰς μετάνοιαν χωρῆσαι. La causa del retraso en el cumplimiento de la promesa es consecuencia de la gracia divina, que está dando tiempo de oportunidad, como hizo con los antediluvianos, para que todos procedan al arrepentimiento. Ninguna acción divina está al margen de la gracia y es la gracia la que determina la salvación del hombre, dando un margen de tiempo para la salvación de cuantos crean. La acción judicial tendrá lugar cuando la paciencia de Dios deje de manifestarse, como ocurrió también en el tiempo de Noé, cuando el tiempo de gracia haya terminado y cuando el último salvo complete el número que Él conoce, aceptando a Cristo como Salvador personal. El Dios de la gracia está concediendo un intervalo de tiempo para el arrepentimiento del pecador.

No cabe duda que *algunos* consideran ese tiempo como *tardanza.* Estos no pueden ser otros que los creyentes que han sido influenciados por los *falsos maestros* (v. 3). Algunos fieles se dejaron impresionar por los argumentos de los que no enseñan la verdad. Los engañadores no se limitaban a que los creyentes considerasen demorada la segunda venida del Señor, sino que la negaban. A la luz de la Biblia no puede dejar de entenderse que el deseo divino no es que algunos se condenen, sino que todos se salven: *"Porque Dios sujetó a todos en desobediencia, para tener misericordia de todos"* (Ro. 11:32). *"El cual quiere que todos los hombres sean salvos y vengan al conocimiento de la verdad"* (1 Ti. 2:4)." *"Y él es la propiciación por nuestros pecados; y no solamente por los nuestros, sino también por los de todo el mundo"* (1 Jn. 2:2).

---

[1] John MacArthur. o.c., pág. 393 s.

[2] F. Lacueva. o. c., pag. 158.

Dios *no quiere que algunos perezcan*. Esto no implica un universalismo, ya que antes habló de los *falsos maestros* y de los *burladores* que están condenados y destinados a destrucción (2:3; 3:7). La cuestión es si Dios quiere o no que los *falsos maestros* y en general los pecadores se salven o no se salven. La respuesta debe ser afirmativa, quiere que todos se salven, pero los rebeldes desprecian Su paciencia, empleando sus conocimientos contra Dios y rechazan deliberadamente la oferta de salvación, quedando plenamente responsables de su condenación, ya que *"El que cree en el Hijo tiene vida eterna; pero el que rehúsa creer en el Hijo no verá la vida, sino que la ira de Dios está sobre él"* (Jn. 3:36).

Concluyendo, los profetas anunciaron la misericordia de Dios para con los perdidos: *"¿Quiero yo la muerte del impío? dice Jehová el Señor, ¿No vivirá, si se apartare de sus caminos?"* (Ez. 18:23). No solo Dios no se deleita en la muerte del impío, sino todo lo contrario, se deleita en que se arrepienta y viva. Algunos insisten en que se trata de un deseo no de soberanía, voluntad absoluta, sino de benevolencia, pero, todo deseo divino para los pecadores que no se manifieste vinculado a la gracia convierte la oferta de salvación en un sarcasmo. ¿Acaso no escogió a algunos para salvación? Sin duda alguna, es una verdad bíblica que no puede ignorarse, pero de igual manera no encuentro un solo texto que haga esa afirmación para condenación. De otro modo, el que cree se salva, el que no cree se condena.

Disolución de la creación (3:10).

10. Pero el día del Señor vendrá como ladrón en la noche; en el cual los cielos pasarán con grande estruendo, y los elementos ardiendo serán deshechos, y la tierra y las obras que en ella hay serán quemadas.

Ἥξει δὲ ἡμέρα κυρίου ὡς κλέπτης, ἐν ᾗ οἱ οὐρανοὶ
Pero vendrá día de Señor, como ladrón en el cual los cielos
ῥοιζηδὸν παρελεύσονται στοιχεῖα δὲ καυσούμενα λυθήσεται
con estruendo desaparecerán y elementos quemándose serán disueltos
καὶ γῆ καὶ τὰ ἐν αὐτῇ ἔργα εὑρεθήσεται[1].
y tierra y las en ella obras aparecerán.

Análisis y notas del texto griego.

Análisis: Ἥξει, tercera persona singular del futuro de indicativo en voz activa del verbo ἥκω, *haber venido, haber llegado, estar, venir, sobrevenir*, aquí *vendrá*; δὲ, partícula conjuntiva que hace las veces de conjunción coordinante, con sentido de *pero, más bien, y, y por cierto, antes bien, entonces*; ἡμέρα, caso nominativo femenino singular del nombre común *día*; Κυρίου, caso genitivo masculino singular del nombre divino declinado *de Señor*; ὡς, adverbio de modo, *como*, que hace las veces de conjunción comparativa; κλέπτης, caso nominativo masculino singular del nombre común *ladrón*; ἐν, preposición propia de dativo *en*; ᾗ, caso dativo femenino singular del pronombre relativo *la que, la cual*; οἱ, caso nominativo masculino plural del artículo determinado *los*; οὐρανοὶ, caso nominativo masculino plural del nombre común *cielos*; ῥοιζηδὸν, adverbio de modo *estruendosamente, con estruendo*; παρελεύσονται, tercera persona plural del futuro de indicativo en voz media del verbo παρέρχομαι, *desaparecer*, aquí *desaparecerán*; στοιχεῖα, caso nominativo neutro plural del nombre común *elementos*; δὲ, partícula conjuntiva que hace las veces de conjunción coordinante, con sentido de *pero, más bien, y, y por cierto, antes bien, entonces*; καυσούμενα, caso nominativo neutro plural del participio presente en voz activa del verbo καυσόομαι, *quemar, consumir por fuego*, aquí *quemándose*; λυθήσεται, tercera persona singular del futuro de indicativo en voz pasiva del verbo λύω, *disolver, fundir*, aquí *serán fundidos*; καὶ, conjunción copulativa *y*; γῆ, caso nominativo femenino singular del nombre común *tierra*; καὶ, conjunción copulativa *y*; τὰ, caso nominativo neutro plural del artículo determinado *los*; ἐν, preposición propia de dativo *en*; αὐτῇ, caso dativo femenino de la tercera persona singular del pronombre personal *ella*; ἔργα, caso nominativo neutro plural del nombre común *obras*; εὑρεθήσεται, tercera persona singular del futuro de indicativo en voz pasiva del verbo εὑρίσκω, *aparecer*, aquí *aparecerán*.

Notas. Crítica Textual. Lecturas alternativas.

[1] εὑρεθήσεται, *aparecerán*, según lectura en א, B, K, P, 1175, 1448, 1739^{txt},1852, sr$^{ph/mxx/txt}$.

οὐχ εὑρεθήσεται, *no aparecerán*, conforme a sy$^{ph/mss}$, cop$^{sa, v/vid}$.

εὑρεθήσεται λυόμενα, *aparecerán siendo desechas*, como se lee en 𝔓^{72}.

Ἥξει δὲ ἡμέρα Κυρίου ὡς κλέπτης, Pedro menciona ahora el *día del Señor*, equivalente a *día de Jehová*, mencionado en el Antiguo Testamento. En el Nuevo Testamento se trata de un período de tiempo que comienza con la tribulación y que incluye los acontecimientos de la segunda venida de Cristo y el reino milenial, alcanzando la disolución de esta creación y la aparición de cielos nuevos y tierra nueva. Sobre el acontecimiento advierte que vendrá *como ladrón*, sin que nadie lo esté esperando. Esa misma figura la usa el apóstol Pablo (1 Ts. 5:2). Los *falsos maestros* enseñaban que la Segunda venida y los eventos futuros no iban a ocurrir, el apóstol advierte que esta ignorancia voluntaria y la arrogancia de negar lo que Dios ha anunciado, traerá como resultado el cumplimiento del propósito divino cuando ninguno esté esperándolo. Los profetas vincularon el *día del Señor* al juicio definitivo de Dios sobre el mundo rebelde, destruyendo por completo a Sus enemigos, revelando Su gloria y estableciendo eternamente Su reino (Is. 2:10-21; 13:6-22; Jl. 1 y 2; Am. 5; Abd 15: Sof. 1:7-18; Zac. 14; Mal. 4). Las referencias que ocurren en el Nuevo Testamento están vinculadas con una manifestación asombrosa y judicial de Dios (2 Ts. 2:2). Jesús habló de él con palabras semejantes (Mt. 24:29). Este *día del Señor*, comprende dos etapas futuras: La tribulación (Ap. 6:17), el milenio (Ap. 20:7-10); luego la disolución de la tierra y los cielos actuales, y la creación de cielos y tierra nuevos (Ap. 21:1).

ἐν ᾗ οἱ οὐρανοὶ ῥοιζηδὸν παρελεύσονται στοιχεῖα δὲ καυσούμενα λυθήσεται. Pedro anuncia que los cielos pasarán con *grande estruendo*. La metáfora se complementa con otras, como la del vestido que se muda: *"... y los cielos son obra de tus manos. Ellos perecerán, mas tú permanecerás; Y todos ellos como una vestidura se envejecerán; Como un vestido los mudarás, y serán mudados"* (Sal. 102:25-26); también como la de un rollo que se envuelve: *"...y se enrollarán los cielos como un libro"* (Is. 34:4). La descripción, aunque breve, no puede ser más elocuente. Cabe preguntarse ¿qué cielos son éstos a los que se refiere el apóstol? Pudiera tratarse del cielo atmosférico y que la acción divina se vincule al mundo actual. Otros suponen que podría alcanzar a todo nuestro sistema solar. Hay quienes se extienden a la galaxia entera. Podría incluso alcanzar a todo el universo. Pero, cuanto se trate de establecer en este sentido, no dejan de ser más que especulaciones humanas sin ninguna base bíblica. La destrucción de los cielos se producirá por efecto del fuego (v. 12). Mientras desaparecen como tales, se oirá un estruendo como el que produce la crepitación de un violento incendio.

Habla luego de los *elementos*, palabra un tanto misteriosa en el texto, por lo menos difícil de precisar en cuanto a su significado. Algunos piensan en los *elementos* que establecían filosóficamente como aquellos de que constaban todas las cosas. Sin embargo, puesto que se sitúan en el texto inmediatamente de la destrucción de los cielos, podrían muy bien tratarse de los astros. La creencia de los judíos era que en el último día las estrellas serían destruidas. En otros lugares de la profecía se predice que los astros serán afectados en el día del Señor (Jl. 2:10; Mt. 24:29; Mr. 13:24; Ap. 6:12-13). Como el sol la luna y las estrellas están presentes en el relato de la creación, así en el de la consumación, ellos desaparecen.

καὶ γῆ καὶ τὰ ἐν αὐτῇ ἔργα εὑρεθήσεται. Junto con el pasar de los cielos, Pedro hace una referencia a la tierra. Antes dijo que la actual está reservada por Dios para juicio de fuego. El texto es complejo, pero en síntesis se aprecia que la tierra y todas las obras que hay en ella, serán quemadas. El último verbo en el texto griego, εὑρεθήσεται, tiene una difícil traducción de ahí varias alternativas e interpretaciones. Una de ellas sería *la tierra será encontrada*, a lo que hay que añadir el sujeto que la encuentra que, en el contexto de juicio de todo el pasaje, no podría ser otro que Dios, el Juez Supremo. En ese sentido las obras que están en ella tendrían que aplicarse a la civilización humana rodeada de corrupción y pecado. Pero el texto griego también puede traducirse como *serán descubiertas*, lo que podría aludir a los cimientos del mundo, aquello que en el libro del Génesis se dice que estaba *"desordenada y vacía"* (Gn. 1:2). Esto concordaría con la nueva acción creadora que Dios realizará para una tierra nueva. La traducción que se sigue en el interlineal más arriba, es la que considero como más adecuada. En base a ello, nada oculto de las obras quedará sin ser descubierto y exhibido públicamente, es decir, todas las obras del hombre quedarán expuestas ante el tribunal de Dios, que juzga y sentencia el pecado del hombre.

No se dice en el texto bíblico que el cielo y la tierra *desaparecerán*, esto es serán reducidos a la nada o a la inexistencia, sino que la destrucción es la consecuencia de la aplicación del fuego a la creación. Este fuego procede de Dios mismo (Ap. 20:9). Se trata de una transformación total de lo que existe hoy. Pedro dice que *será disuelta*, lo que ocurre con los metales al aplicarles altas temperaturas, para poder hacer con lo que ya ha sido purificado una nueva recreación. De ahí la traducción del último verbo, *aparecerá*, que puede ser también *quedará al descubierto* que, como se dice antes, podría referirse a volver al casi de donde salió la primera creación de Dios (Gn. 1:2).

Vida en la esperanza (3:11-13).

11. Puesto que todas estas cosas han de ser deshechas, ¡cómo no debéis vosotros andar en santa y piadosa manera de vivir!

Τούτων οὕτως πάντων λυομένων ποταποὺς δεῖ ὑπάρχειν
Estas cosas así todas siendo disueltas ¡Que clase debéis ser
ὑμᾶς ἐν ἁγίαις ἀναστροφαῖς καὶ εὐσεβείαις,
vosotros en santa conducta y piedad!

Análisis y notas del texto griego.

Análisis: Τούτων, caso genitivo neutro plural del pronombre demostrativo *estos*, en sentido de *estas cosas*; οὕτως, adverbio demostrativo *así*; πάντων, caso genitivo neutro plural del adjetivo indefinido *todos*; λυομένων, caso genitivo neutro plural del participio presente en voz pasiva del verbo λύω, *disolver*, aquí *siendo disueltos*; ποταποὺς, caso acusativo masculino plural del adjetivo interrogativo *¿De que clase? ¿qué?*; δεῖ, tercera persona singular del presente de indicativo en voz activa del verbo δεῖ, *deber, ser necesario*, aquí *debéis*; ὑπάρχειν, presente de infinitivo en voz activa del verbo ὑπάρχω, *estar a disposición, ser, estar*; ὑμᾶς, caso acusativo de la segunda persona plural del pronombre personal *vosotros*; ἐν, preposición propia de dativo *en*; ἁγίαις, caso dativo femenino plural del adjetivo *santas*; ἀναστροφαῖς, caso dativo femenino plural del nombre común *conductas*; καὶ, conjunción copulativa *y*; εὐσεβείαις, caso dativo femenino plural nombre común *piadosas*.

Τούτων οὕτως πάντων λυομένων. En los versículos anteriores (vv. 7-10), se anunció la destrucción total de este universo. Esto debiera conducirnos a mirar nuevamente a lo duradero y eterno, apartando la atención de las cosas temporales que van a ser desechas.

ποταποὺς δεῖ ὑπάρχειν ὑμᾶς ἐν ἁγίαις ἀναστροφαῖς καὶ εὐσεβείαις, Pedro demanda cordura de los creyentes mediante la formulación de una pregunta retórica, que también podría colocarse entre admiraciones. El razonamiento es sencillo, si todo esto va a ser destruido ¿que clase de conducta debe llevar el cristiano ante el juicio que Dios ha destinado para el mundo? No quiere decir esto que el creyente eludirá el juicio de condenación que vendrá sobre los impíos mediante una forma concreta de vida. Ningún creyente podrá ser condenado, porque la responsabilidad penal de su pecado fue llevada por Cristo y no existe ya condenación alguna para él (Ro. 8:1). Pero, la exhortación tiene que ver con un aspecto comparativo, en el que los hombres, a causa de su rebeldía contra Dios van a perecer junto con la tierra y el cielo, por tanto, los que no están vinculados a ese juicio deben vivir un estilo de vida expresado en un obrar santo y piadoso. Esto no es tanto un asunto opcional, puesto que el verbo δεῖ, expresa una condición ineludible *debéis, es necesario*. Pedro estableció antes el modo de vida cristiana: *"Sed santos porque yo soy santo"*, y también la extensión de la vida de santidad: *"en toda vuestra manera de vivir"* (1 P. 1:15-16). Sólo mediante una vida santa se puede mantener la comunión con Dios. Los creyentes debemos mantener la santidad y la vida auténticamente piadosa, a causa de la esperanza que tenemos y de la presencia de Dios en nosotros. Pedro formula una pregunta que exige la reflexión de cada uno: *"¿Qué clase de personas debéis ser?"*.

12. ¡Esperando y apresurándoos para la venida del día de Dios, en el cual los cielos, encendiéndose, serán deshechos, y los elementos, siendo quemados, se fundirán!

προσδοκῶντας καὶ σπεύδοντας τὴν παρουσίαν τῆς τοῦ Θεοῦ
Esperando y apresurando para la venida del - de Dios
ἡμέρας δι' ἣν οὐρανοὶ πυρούμενοι λυθήσονται καὶ στοιχεῖα
día por el que cielos siendo encendidos serán disueltos y elementos
καυσούμενα τήκεται.
siendo quemados se funden.

Análisis y notas del texto griego.

Análisis: προσδοκῶντας, caso acusativo masculino plural del participio presente en voz activa del verbo προσδοκάω, *esperar*, aquí *esperando*; καὶ, conjunción copulativa *y*; σπεύδοντας, caso acusativo masculino plural del participio presente en voz activa del verbo σπεύδω, *apresurarse, tener prisa, darse prisa*, aquí *apresurándoos*; τὴν, caso acusativo femenino singular del artículo determinado declinado *para la*; παρουσίαν, caso acusativo femenino singular del nombre común *parusía, venida*; τῆς, caso genitivo femenino singular del artículo determinado *de la*; τοῦ, caso genitivo masculino singular del artículo determinado *el*; Θεοῦ, caso genitivo masculino singular del nombre divino declinado *de Dios*; ἡμέρας, caso genitivo femenino singular del nombre común *día*; δι', forma contracta de la preposición propia de genitivo διά, *por, por medio de, a causa de*; ἣν, caso acusativo femenino singular del pronombre relativo *la que, la cual*; οὐρανοὶ, caso nominativo masculino plural del nombre común *cielos*; πυρούμενοι, caso nominativo masculino plural del participio presente en voz pasiva del verbo πυρέομαι, *encender, inflamar*, aquí *siendo encendidos*; λυθήσονται, tercera persona plural del futuro de indicativo en voz activa del verbo λύω, *destruir, desintegrar, disolver*, aquí *serán disueltos*; καὶ, conjunción copulativa *y*; στοιχεῖα, caso nominativo neutro plural del nombre común *elementos*; καυσούμενα, caso nominativo neutro plural del participio presente en voz pasiva del verbo καύσομαι, *quemar*, aquí *siendo quemados*; τήκεται, tercera persona singular del presente de indicativo en voz pasiva del verbo τήκομαι, *derretirse*, aquí *se derriten.*

προσδοκῶντας καὶ σπεύδοντας τὴν παρουσίαν τῆς τοῦ θεοῦ ἡμέρας, Los cristianos deben estar mirando al futuro, en donde se producirán los hechos considerados antes. Esto convertirá a cada uno en una *persona especial*, atendiendo a la vida propia bajo la perspectiva del tiempo final. Pedro exhorta a ese estilo de conducta, que se convierte en expectación, de manera que el cristiano está anhelando que el regreso de Jesucristo se produzca. Los cristianos de los tiempos apostólicos esperaban ya en su día el retorno de Jesús para buscar a la iglesia (1 Ts. 4:15). No se produjo entonces, pero puede ocurrir en cualquier momento. Ese evento nos pondrá delante de Cristo, que examinará nuestras vidas para recibir de Él la corona que hubiésemos alcanzado en justicia. Pero, Pedro añade algo que resulta un tanto sorprendente, cuando dice que no solo debemos estar *esperando*, sino *apresurando* la venida del *día de Dios*. El término día de Dios, aunque algunos lo consideran equivalente al *día del Señor*, son asuntos distintos. El *día de Dios*, es el tiempo que determina el final de este sistema y de este mundo, para proyectar el *reino* a un estado eterno, comenzando por la disolución de todo lo creado y el sometimiento de todos los enemigos, para que Dios sea todo en todos (Sal. 110:1; Hch. 2:33-35; 1 Co. 15:28; Fil. 2:10-11; 3:21; He. 10:13). ¿Quiere decir que los hombres podemos *acelerar* o *adelantar* la consumación de ese tiempo? Ninguna acción del hombre puede alterar el plan establecido por Dios, si bien las oraciones de los santos, son añadidas al perfume de adoración en la presencia de Dios incorporándolas a Sus planes eternos. Si las vidas de los impíos están *retardando* el tiempo de los eventos futuros dando tiempo al arrepentimiento de los perdidos (v. 9), así también la vida santa hace innecesaria tal demora. Sin embargo, la oración puede traducirse como *"mientras esperáis ansiosamente que llegue el día de Dios"*, lo que resultaría en una acción *reflexiva* y no *activa*. Me inclino a creer mejor esto último. Sin embargo, no se puede descartar lo primero, puesto que también el apóstol en la predicación del evangelio ante la *Puerta Hermosa*, como resultado de la sanidad del paralítico dice a los oyentes: *"Así que, arrepentíos y convertíos, para que sean borrados vuestros pecados; para que vengan de la presencia del Señor tiempos de refrigerio, y él envíe a Jesucristo que os fue antes anunciado"* (Hch. 3:19-20).

δι ἣν οὐρανοὶ πυρούμενοι λυθήσονται καὶ στοιχεῖα καυσούμενα τήκεται. Reiterando lo que ya dijo antes (v.10), vuelve a mencionar lo que ocurrirá con la intervención final de Dios en la disolución de la creación por medio del fuego. Añadiendo aquí que los elementos por la acción del fuego *serán fundidos*. Esto confirma la posición de que no se trata de la desaparición absoluta de todo lo creado, haciéndolo desaparecer, sino de la acción sobre ella que conduzca a lo que sigue en el siguiente versículo. Cuando Dios vio lo que había creado afirmó Su satisfacción cuando dice que *"Y vio Dios todo lo que había hecho, y he aquí que era bueno en gran manera"* (Gn. 1:31). No es necesario eliminar lo que es bueno, sino limpiarlo para que dé paso a algo, si es posible mejor.

13. Pero nosotros esperamos, según sus promesas, cielos nuevos y tierra nueva, en los cuales mora la justicia.

καινοὺς δὲ οὐρανοὺς καὶ γῆν καινὴν κατὰ τὸ ἐπάγγελμα
Pero nuevos cielos y tierra nueva según la promesa
αὐτοῦ προσδοκῶμεν, ἐν οἷς δικαιοσύνη κατοικεῖ.
de Él esperamos, en los que justicia habita.

Análisis y notas del texto griego.

Análisis: καινοὺς, caso acusativo masculino plural del adjetivo *nuevos*; δὲ, partícula conjuntiva que hace las veces de conjunción coordinante, con sentido de *pero, más bien, y, y por cierto, antes bien, entonces*; οὐρανοὺς, caso acusativo masculino plural del nombre común *cielos*; καὶ, conjunción copulativa *y*; γῆν, caso acusativo femenino singular del nombre común *tierra*; καινὴν, caso acusativo femenino singular del adjetivo *nueva*; κατὰ, preposición propia de acusativo *según*; τὸ, caso acusativo neutro singular del artículo determinado *el*; ἐπάγγελμα, caso acusativo neutro singular del nombre común *promesa*; αὐτοῦ, caso genitivo masculino de la tercera persona singular del pronombre personal declinado *de Él*; προσδοκῶμεν, primera persona plural del presente de indicativo en voz activa del verbo προσδοκάω, *esperar*, aquí *esperamos*; ἐν, preposición propia de dativo *en*; οἷς, caso dativo masculino plural del pronombre relativo *los que, los cuales*; δικαιοσύνη, caso nominativo femenino singular del nombre común *justicia*; κατοικεῖ, tercera persona singular del presente de indicativo en voz activa del verbo κατοικέω, *morar, residir, habitar*, aquí *mora*.

καινοὺς δὲ οὐρανοὺς καὶ γῆν καινὴν κατὰ τὸ ἐπάγγελμα αὐτοῦ προσδοκῶμεν, Frente a la destrucción de las cosas, el juicio de los pecadores, la eterna perdición de los impíos, el creyente vive en la esperanza, basada en la promesa del Señor, de cielos nuevos y tierra nueva. El Señor prometió preparar un lugar para los Suyos (Jn. 14:1-4), pero, la esperanza del texto tiene que ver con la dimensión eterna del reino en un nuevo estadio de la creación.

Con el gran trono blanco y el juicio de los pecadores perdidos, concluye la acción de Dios sobre un mundo arruinado por el pecado. A la destrucción de Babilonia y el sistema establecido por Satanás en oposición a Dios, siguió la experiencia admirable de un reinado de paz bajo el gobierno personal del Mesías, Jesucristo, el Hijo de Dios. La rebelión de las gentes, luego de la liberación de Satanás, puso de manifiesto la condición natural del hombre no regenerado de abierta oposición a Dios y de rebeldía a Su voluntad, provocando inexorablemente la acción judicial y definitiva de Dios sobre la situación producida por el pecado, mediante la derrota de los opositores y la cancelación de la presencia del pecado, situando a los perdidos en el lugar de eterna condenación y a los salvos en una nueva creación cuya principal característica será la ausencia del pecado y de las huestes de maldad. Los perdidos serán definitivamente apartados para una eternidad sin esperanza, junto con el principal instigador de todo pecado que es Satanás. En contraste con la disolución de lo creado aparece la dimensión nueva de la nueva creación que Dios hará, en la cual, el pecado no la afectará nunca jamás. Es el esplendor y señorío eterno del reino de Dios. Todo es nuevo, nuevos cielos, nueva tierra, y sin duda una nueva relación de Dios con los hombres. Sin embargo, el lenguaje del hombre es insuficiente e incapaz para expresar la gloria de la nueva dimensión que Dios prepara para el eterno y glorioso futuro en Su nueva creación. La presencia de Dios, la ausencia de dolor y muerte, la tranquila paz de sus habitantes, son muestras de lo que el Señor prepara para los Suyos. La promesa del Señor de preparar este lugar, alcanzará en la realidad dimensiones sobrecogedoras.

Pedro se refiere en el versículo a una creación nueva. El adjetivo que utiliza para referirse a *nuevo* denota lo que es nuevo en calidad, no lo que es novedoso en el tiempo, en contraste con lo que es viejo. Los cielos nuevos y la tierra nueva parecen ser la *recreación* de la anterior. Es algo tan diferente a la creación actual que debe calificase como *nueva*. En los versículos anteriores se pudo apreciar la *desaparición* de todo cuanto existe ahora, por la intervención de Dios que, por medio del fuego, disuelve toda la creación actual para dar paso a una nueva. El cielo *anterior* y la tierra *anterior* pasaron, es decir, no existirán ya más como tales. Esta creación nueva es algo anunciado ya por los profetas del Antiguo Testamento: *"Porque he aquí que yo crearé nuevos cielos y nueva tierra; y de lo primero no habrá memoria, ni más vendrá al pensamiento"* (Is. 65:17). De esa nueva creación, en figura anticipativa, se produjo un cambio extraordinario durante el milenio, sin embargo, aquí no es una transformación, sino una nueva creación. En los apócrifos de la literatura judía, se encuentran referencias a que de un caos surgirá un mundo nuevo[3], totalmente distinto[4]. Aunque la literatura apócrifa no es inspirada y, por tanto, no puede considerarse como base sustentante de doctrina, es interesante apreciar que la idea de una nueva creación estaba en la mente de los escritores religiosos hebreos. La pregunta teológica que suscitan diversas posturas sobre ésto es determinar si los cielos nuevos y la tierra nueva salen enteramente viniendo a la existencia cuando antes no existían, como ocurrió al principio de la creación, o más

---

[3] Esd. 7, 29s. 75.
[4] Henoc 72:1; 91:16.

bien se trata de una profunda transformación que el fuego operará sobre el universo actual, reduciéndolo a cenizas, es decir, a un *caos* producido por él, para dar paso, por el poder omnipotente de Dios a un nuevo *cosmos*. Las explicaciones más comunes son tres: 1) Que se trata de un paso de lo *corruptible* a lo *incorruptible*, es decir, una nueva dimensión celestial que brota del estado actual como en una nueva creación. 2) Que el universo actual pasará a otro esencialmente idéntico. 3) La tercera postura entiende que el mundo actual será preservado definitivamente de todo modo movimiento subversivo en relación con Dios, lo que es ya una nueva creación. Esta última posición descansa específicamente en el alegorismo bíblico.

En ese sentido escribe el profesor Bartina:

"En realidad no se trata de una nueva creación, sino de una nueva forma del mundo actual, que simboliza el estado absolutamente perfecto del venidero. En la mentalidad judía, cuando Dios interviene de una manera extraordinaria en la historia de la salud, toca la misma creación insensible. Para el primer hombre, Dios creó cielo, mar y tierra, según está escrito en el Génesis. Después del diluvio hay como una nueva creación, y Noé ve una tierra nueva. Al final de los tiempos, cuando las cosas cambien definitivamente en la historia de la salud, el cielo y la tierra tendrán que ser nuevos (2 P. 3:10-13; Mt. 19:28). Además, hay una gradación sutil en el mismo Apocalipsis. Los terremotos son indicio de una peculiar intervención divina en el mundo (Ap. 8:5; 11:19). Cuando ya la razón de intervenir es mayor, se mueven de sus sitios los montes y las islas (Ap. 6:14)"[5].

El modo interpretativo debe ser, en todo lo posible, el gramático-histórico-literal, salvando las figuras de dicción propias del lenguaje figurado. No hay ninguna razón aquí para interpretar esto de otro modo que no sea lo que el apóstol Pedro está diciendo. Del mismo modo las palabras del apóstol Juan: *"vi un cielo nuevo y una tierra nueva; porque el primer cielo y la primera tierra pasaron"*. Ambos expresan una realidad absoluta cuando afirman que los cielos y la tierra *huyeron*, quiere decir esto, que todo cuanto hay actualmente desparecerá tal como es, para dar paso a una nueva creación que la sustituirá absolutamente. Debemos recordar que el apóstol Pablo enseña que *"la creación misma será libertada de la esclavitud de corrupción, a la libertad gloriosa de los hijos de Dios"* (Ro. 8:21). El reino milenial fue simplemente un anticipo ejemplar de lo que ocurrirá en la nueva creación de Dios, quien creará

---

[5] Sebastián Bartina. o.c., pág. 826.

mediante Su omnipotencia y el poder de Su palabra, un cielo nuevo y una nueva tierra en donde se manifestará la comunión absoluta de Él con Sus redimidos, tanto los que vivan una vida en la tierra nueva, como quienes en cuerpo glorificado estarán en la ciudad celestial sin impedimento para gozar de toda esa nueva creación.

El apóstol Pedro describe el modo como Dios disolverá esta creación actual: *"...esperándonos y apresurándonos para la venida del día de Dios, en el cual los cielos, encendiéndose, serán deshechos, y los elementos, siendo quemados se fundirán"*. La creación actual se deshará y sus elementos se funden por el fuego. Pedro enseña que los cielos *encendiéndose* serán deshechos. Los cielos actuales, que comprenden tal vez todo el universo estelar serán deshechos. Los elementos, todo cuanto forma la actual creación ordenada, se *fundirán*. Es interesante notar que el apóstol utiliza palabras que indican un cambio, pero no una desaparición absoluta, que conduzca la creación actual al estado de no-existencia, para hacer surgir a la existencia una nueva creación como la primera. La purificación de la creación por medio del fuego, permitirá a Dios utilizar los recursos ya creados para producir una nueva creación. Los cielos nuevos y la tierra nueva fueron profetizados por Isaías (Is. 65:17; 66:22). La nueva creación será liberada de la esclavitud de la corrupción a causa del pecado (Ro. 8:21).

La seguridad de cuanto se va a producir y en especial de la esperanza de nuevos cielos y nueva tierra, no *avergüenza*, porque está fundada en la promesa de Dios. Frente a los *burladores* que procuran extinguir la *esperanza* cristiana, está la firme certeza de la seguridad de cuanto está anunciado porque es promesa de Dios.

ἐν οἷς δικαιοσύνη κατοικεῖ. Termina diciendo que en esa creación nueva morará la justicia, disponiendo el pensamiento como el lugar de residencia definitiva de ésta. Dios limpia del pecado y de sus acciones a toda la creación. El pecado es la expresión suprema de la *injusticia*, pero en la nueva creación con la presencia de Dios y de los que han sido justificados por fe, para quienes el pecado ha desaparecido y nunca más podrá afectarlos, queda sólo *la justicia* que se establece en ella.

Expectación y conclusión (3:14-18).

Expectación (3:14-16).

Vida en esperanza (3:14).

14. Por lo cual, oh amados, estando en espera de estas cosas, procurad con diligencia ser hallados por él sin mancha e irreprensibles, en paz.

Διό, ἀγαπητοί, ταῦτα προσδοκῶντες σπουδάσατε ἄσπιλοι
Por lo cual, amados, estas cosas esperando sed diligentes sin mancha
καὶ ἀμώμητοι αὐτῷ εὑρεθῆναι ἐν εἰρήνῃ
e irreprensibles por Él ser hallados en paz.

Análisis y notas de texto griego.

Análisis: Διό, conjunción *por lo cual*; ἀγαπητοί, caso vocativo masculino plural del adjetivo *amados*; ταῦτα, caso acusativo neutro plural del pronombre demostrativo *estos*, en sentido de *estas cosas*; προσδοκῶντες, caso nominativo masculino plural del participio presente en voz activa del verbo προσδοκάω, *esperar, aguardar*, aquí *esperando*; σπουδάσατε, tercera persona plural del aoristo primero de imperativo en voz activa del verbo σπουδάζω, *poner empeño, ser diligente*, aquí *sed diligentes*; ἄσπιλοι, caso nominativo masculino plural del adjetivo *sin mancha*; καὶ, conjunción copulativa *y*; ἀμώμητοι, caso nominativo masculino plural del adjetivo *irreprensibles*; αὐτῷ, caso dativo masculino de la tercera persona singular del pronombre personal declinado *por él*; εὑρεθῆναι, aoristo primero de infinitivo en voz pasiva del verbo εὑρίσκω, *hallar, encontrar*, aquí *ser hallado*; ἐν, preposición propia de dativo *en*; εἰρήνῃ, caso dativo femenino singular del nombre común *paz*.

Διό, ἀγαπητοί, ταῦτα προσδοκῶντες σπουδάσατε ἄσπιλοι καὶ ἀμώμητοι. La esperanza cristiana condiciona, como ya se ha dicho, el estilo de vida. Quien siente deseos y está expectante por la obra divina que hará cielos y tierra nuevos, donde mora la justicia, no puede sino vivir practicándola. Esa actitud requiere *diligencia*, atención esmerada. Por eso el apóstol exhorta a los creyentes a prestar diligente atención al regreso de Cristo. Nuevamente el vocativo *amados* está presente en las palabras del apóstol. Busca lo mejor para quienes ama como hermanos, y estima como ovejas del Buen Pastor. Está diciéndoles que, *ya que esperamos esto*, procurad con diligencia llevar una vida santa. El objetivo es ser hallado de Dios en aquel día *sin mancha y sin reproche*, que sólo es posible alcanzarlo siguiendo al que fue *sin mancha y contaminación* (1 P. 1:19). Los *falsos maestros* de los que se ha ocupado ampliamente, son calificados como *inmundicias y manchas*, lo contrario a los impíos no puede ser más que *sin manchas y contaminación*. No es posible la santidad de vida por esfuerzo humano, pero lo es por el divino. La verdadera santidad consiste en *vivir a Cristo* (Fil. 1:21; Gá. 2:20).

αὐτῷ εὑρεθῆναι ἐν εἰρήνῃ. Unida a la santidad está la *paz*. En este caso la paz tiene que ver con el encuentro con Jesús. En el momento de creer en Cristo, la justificación por la fe se produce y el creyente *tiene paz para con Dios* (Ro. 5:1). El elemento para alcanzar la justificación es la fe. Si bien la razón de la salvación es la gracia, pero la fe es el elemento instrumental para alcanzar la promesa de salvación, que es para todo aquel que cree (Ro. 1:16-17). Mediante la justificación pasamos a disfrutar de una posición inalcanzable para el hombre por cualquier otra vía que no sea la fe. Dios, que justifica, toma también partido por nosotros (Ro. 8:31), poniéndose a nuestro lado, o tal vez mejor, poniéndonos a nosotros a Su lado, declarándose favorable, haciendo que seamos Suyos en la seguridad de la esperanza y en la certeza de la promesa.

La primera bendición de la justificación es la de una nueva relación con Dios, teniendo paz con Él. La idea básica de la palabra *paz,* tiene que ver con algo completo, sólido y pleno. En relación con el concepto de paz, el profeta la relaciona con el efecto de la justicia y la complementa con la idea de *reposo y seguridad* (Is. 32:17), esto trae como consecuencia un ambiente de paz en el que se manifiestan las bendiciones de Dios (Is. 32:18). La paz está siempre reservada al justo, mientras que está ausente de la vida de los impíos (Is. 48:22; 57:21). Es la expresión de tranquilidad íntima en el corazón de quienes tienen fe en Dios (Is. 26:3), consecuencia de una relación correcta de amistad con Él (Job. 22:21). La paz es un regalo admirable de Dios y la perspectiva gloriosa del reino de Dios, con ausencia plena de guerra (Is. 2:4). En el Nuevo Testamento la paz es el don de Cristo (Jn. 14:27; 16:33). Ese es el concepto básico del versículo que se considera. La esencia del evangelio puede expresarse diciendo que es *"paz por medio de Jesucristo"* (Hch. 10:36), de ahí que se le defina como *"el evangelio de la paz"* (Ef. 6:15). Sin embargo, es también el resultado de la reconciliación con Dios (2 Co. 5:18-19). Removido el obstáculo del pecado que producía un estado de enemistad, se alcanza una nueva relación de armonía con Dios, en paz. El alcance es mucho mayor que la simple eliminación de la enemistad, es establecer una nueva relación de comunión y amistad con Dios (Gá. 5:22; Fil. 4:7). Los enemigos de Dios en malas obras vienen a una relación de amistad en Cristo Jesús (Jn. 15:13-15), Aquellos que eran *hijos de ira* a causa del pecado (Ef. 2:3), pasan a ser *hijos de Dios y hermanos del Hijo* (Jn. 1:12; Ro. 8:29). Sin embargo, la verdad *objetiva* de la paz, no excluye la experiencia *subjetiva* de ella que ha sido otorgada por medio de la fe. De modo que al creyente que *tiene paz para con Dios*, se le manda ahora que *tenga* paz consigo mismo. El pecado interrumpe la relación, por tanto, si alguno ha pecado debe confesar, siendo purificado de toda iniquidad, que es lo que el apóstol enseña en el versículo.

Conocimiento (3:15-16).

15. Y tened entendido que la paciencia de nuestro Señor es para salvación; como también nuestro amado hermano Pablo, según la sabiduría que le ha sido dada, os ha escrito.

καὶ τὴν τοῦ Κυρίου ἡμῶν μακροθυμίαν σωτηρίαν ἡγεῖσθε,
Y la del Señor de nosotros paciencia salvación considerad;
καθὼς καὶ ὁ ἀγαπητὸς ἡμῶν ἀδελφὸς Παῦλος κατὰ τὴν
como también el amado de nosotros hermano Pablo según la
δοθεῖσαν αὐτῷ σοφίαν ἔγραψεν ὑμῖν,
que fue dada le sabiduría escribió os.

Análisis y notas del texto griego.

Análisis: καὶ, conjunción copulativa *y*; τὴν, caso acusativo femenino singular del artículo determinado *la*; τοῦ, caso genitivo masculino singular del artículo determinado declinado *del*; Κυρίου, caso genitivo masculino singular del nombre divino *Señor*; ἡμῶν, caso genitivo de la primera persona plural del pronombre personal declinado *de nosotros*; μακροθυμίαν, caso acusativo femenino singular del nombre común *paciencia*; σωτηρίαν, caso acusativo femenino singular del nombre común *salvación*; ἡγεῖσθε, segunda persona plural del presente de imperativo en voz media del verbo ἡγέομαι, *considerar, pensar, juzgar*, aquí *considerad*; καθὼς, conjunción *como*; καὶ, conjunción copulativa *y*; ὁ, caso nominativo masculino singular del artículo determinado *el*; ἀγαπητὸς, caso nominativo masculino singular del adjetivo *amado*; ἡμῶν, caso genitivo de la primera persona plural del pronombre personal declinado *de nosotros*; ἀδελφὸς, caso nominativo masculino singular del nombre común *hermano*; Παῦλος, caso nominativo masculino singular del nombre propio *Pablo*; κατὰ, preposición propia de acusativo *según*; τὴν, caso acusativo femenino singular del artículo determinado *la*; δοθεῖσαν, caso acusativo femenino singular del participio aoristo primero en voz pasiva del verbo δίδωμι, *dar, entregar*, aquí *que fue dada*; αὐτῷ, caso dativo masculino de la tercera persona singular del pronombre personal declinado *a él, le*; σοφίαν, caso acusativo femenino singular del nombre común *sabiduría*; ἔγραψεν, tercera persona singular del aoristo primero de indicativo en voz activa del verbo γράφω, *escribir*, aquí *escribió*; ὑμῖν, caso dativo de la segunda persona plural del pronombre personal *os*.

καὶ τὴν τοῦ κυρίου ἡμῶν μακροθυμίαν σωτηρίαν ἡγεῖσθε, Una nueva recomendación apostólica inicia el versículo. Se demanda que los lectores tengan presente siempre la *paciencia* del Señor, como elemento de salvación. Los *falsos maestros*, procuraban generar dudas en los corazones de los cristianos a los que podían alcanzar. De forma especial estas dudas surgían en los *inconstantes*, pero igualmente se producirían en los recién convertidos, que veían el tiempo del cumplimiento de la promesa de la *Segunda Venida*, como algo que Dios ya no iba a cumplir. Pero, como se ha considerado ya, la paciencia del Señor es una manifestación de la gracia para salvación, no deseando que el pecador perezca en su pecado, sino que proceda al arrepentimiento regresando sin condiciones a Dios. Esto conduce a un pensamiento correcto, que el tiempo transcurrido en relación con la promesa no es dilación sino manifestación de la magnanimidad de Dios (v. 9), por tanto, los creyentes no deben considerarla como una expectativa desilusionante, sino como una disposición divina para salvación. Esta certeza trastoca la argumentación de los *falsos maestros*, que buscaban inquietar y cambiar la verdad enseñada por los apóstoles en el nombre del Señor, por la mentira urgida por los emisarios de Satanás. Con todo, aunque la acción divina guía al arrepentimiento (Ro. 2:4), el tiempo de la paciencia de Dios llegará a su fin y la puerta de salvación será definitivamente cerrada.

καθὼς καὶ ὁ ἀγαπητὸς ἡμῶν ἀδελφὸς Παῦλος κατὰ τὴν δοθεῖσαν αὐτῷ σοφίαν ἔγραψεν ὑμῖν, La referencia al apóstol Pablo, a quien llama *querido hermano nuestro*, es interesante aquí. Lo que enseña Pedro en el pasaje (vv. 14-15) tiene un notable paralelismo con textos de los escritos de Pablo (cf. Ro. 2:4-10; 1 Co. 1:8; Fil. 1:10-11; 2:15; 1 Ts. 3:13). No se refiere a una carta de Pablo, en particular, sino a los escritos del apóstol en general. No solo debe ser entendida la referencia a las porciones inmediatamente anteriores, sino en general a los temas que aparecen en las cartas del apóstol Pablo. Al decir *como también* se estaba refiriendo a exhortaciones y enseñanzas semejantes a las de la *Epístola*.

Es notable apreciar el afecto entrañable que Pedro siente por Pablo. Ambos son apóstoles, a los dos llamó Jesús y los comisionó para la evangelización. Pedro era *apóstol a los judíos*, mientras que Pablo lo era *a los gentiles*, sin embargo, tanto uno como el otro se ocuparon de la evangelización de judíos y gentiles, considerando la verdad de la unidad de la iglesia de Cristo, donde, por la obra del Salvador, quedaron abolidas las diferencias sociales, personales y nacionales. La forma de referirse al apóstol Pablo, evidencia una relación cordial entre ambos. Esta frase ha sido criticada y utilizada por los *liberales*, para negar, como siempre hacen, la autoría del escrito, afirmando que no podía tratarse del apóstol Pedro al usar tales elogios. Sin embargo, basta con repasar la historia bíblica inspirada, especialmente la de *Hechos de los Apóstoles*, para apreciar la relación entre ambos. Pablo había subido especialmente a Jerusalén, luego de su conversión para *"ver a Pedro"* donde estuvo con él *quince días* (Gá. 1:18). En el *concilio de Jerusalén*, Pedro estuvo presente, apoyando la argumentación de Pablo frente a los judíos estrictos (Hch. 15:7-11). Tiempo antes, Pablo confrontó enérgicamente a Pedro, por su comportamiento equivocado en cuanto a la relación con los gentiles (Gá. 2:11-21). Es posible que Pablo hubiese tomado en esa ocasión un camino distinto al que debiera, porque no se registra que primeramente procediese a hablar con Pedro a solas, como mandó Cristo, pero lo que es importante es que aquel incidente no generó resentimiento alguno en Pedro. Éste no tuvo inconveniente alguno para que Silas, colaborador directo de Pablo, fuese también el amanuense suyo para la *Primera Epístola* (1 P. 5:12).

Las *cartas de Pablo*, estaban circulando desde tiempo antes por las iglesias cristianas y, muchas de ellas, eran bien conocidas de los lectores de esta *Epístola*. Si los destinatarios de ésta son los mismos que los de la primera, está refiriéndose a Pablo que escribió algunas de sus *epístolas* a las iglesias donde Pedro había estado trabajando (1 P. 1:1; 2 P. 3:1). El reconocimiento de la autoridad de los escritos se indica en el hecho de que Pablo escribió con *la sabiduría que le fue dada*. Reconoce el don que el apóstol había recibido de Dios, de ahí las enseñanzas que aparecen en sus cartas a los que ahora apela Pedro. No son ideas de un hombre sin la instrucción divina en el mensaje escrito y la inspiración plenaria de cada uno de ellos. De manera que cuanto aparece en el contexto de esta *Epístola* son temas que están presentes en la enseñanza de Pablo. No hay discrepancia alguna en cuanto a doctrina, porque todos los apóstoles enseñaron lo mismo en los distintos aspectos que trataron.

16. Casi en todas sus epístolas, hablando en ellas de estas cosas; entre las cuales hay algunas difíciles de entender, las cuales los indoctos e inconstantes tuercen, como también las otras Escrituras, para su propia perdición.

ὡς καὶ ἐν πάσαις ἐπιστολαῖς λαλῶν ἐν αὐταῖς περὶ
Como también en todas epístolas, hablando en ellas acerca de
τούτων, ἐν αἷς ἐστιν δυσνόητα τινα, ἃ οἱ ἀμαθεῖς
estas cosas, en las cuales hay difíciles de entender algunas cosas que los indoctos
καὶ ἀστήρικτοι στρεβλοῦσιν ὡς καὶ τὰς λοιπὰς γραφὰς πρὸς
e inconstantes tuercen como también las demás Escrituras para
τὴν ἰδίαν αὐτῶν ἀπώλειαν.
la propia de ellos perdición.

Análisis y notas del texto griego.

Análisis: ὡς, adverbio de modo, *como*, que hace las veces de conjunción comparativa; καὶ, adverbio de modo *también*; ἐν, preposición propia de dativo *en*; πάσαις, caso dativo femenino plural del adjetivo indefinido *todas*; ἐπιστολαῖς, caso dativo femenino plural del nombre común *epístolas*; λαλῶν, caso nominativo masculino singular del participio presente en voz activa del verbo λαλέω, *hablar*, aquí *hablando*; ἐν, preposición propia de dativo *en*; αὐταῖς, caso dativo femenino plural del pronombre personal *ellas*; περὶ, preposición propia de genitivo *acerca de*; τούτων, caso genitivo neutro plural del pronombre demostrativo *estos*, en sentido de *estas cosas*; ἐν, preposición propia de dativo *en*; αἷς, caso dativo femenino plural del pronombre relativo *las cuales*; ἐστιν, tercera persona singular del presente de indicativo en voz activa del verbo εἰμί, *ser, estar, haber*, aquí *hay*; δυσνόητα, caso nominativo neutro plural del adjetivo *difíciles de entender*; τινα, caso nominativo neutro plural del adjetivo indefinido *algunos*, en sentido de *algunas cosas*; ἃ, caso acusativo neutro plural del pronombre relativo *que*; οἱ, caso nominativo masculino plural del artículo determinado *los*; ἀμαθεῖς, caso nominativo masculino plural del adjetivo *indoctos*; καὶ, conjunción copulativa *y*; ἀστήρικτοι, caso nominativo masculino plural del adjetivo *inconstantes, inestables*; στρεβλοῦσιν, tercera persona plural del presente de indicativo en voz activa del verbo στρεβλόω, *torcer*, aquí *tuercen*; ὡς, adverbio de modo, *como*, que hace las veces de conjunción comparativa; καὶ, adverbio de modo *también*; τὰς, caso acusativo femenino plural del artículo determinado *las*; λοιπὰς, caso acusativo femenino plural del adjetivo *demás*; γραφὰς, caso acusativo femenino plural del nombre común *Escrituras*; πρὸς, preposición propia de acusativo *para*; τὴν, caso acusativo femenino singular del artículo determinado *la*; ἰδίαν, caso acusativo femenino singular del adjetivo *propia*; αὐτῶν, caso genitivo masculino plural del pronombre personal declinado *de ellos*; ἀπώλειαν, caso acusativo femenino plural del nombre común perdición.

ὡς καὶ ἐν πάσαις ἐπιστολαῖς. La primera frase del versículo *"en todas las epístolas"* ha dado pie a los *liberales* para negar la datación de la *Epístola*, puesto que se refiere a la *totalidad* de los escritos de Pablo. Sin embargo, no es necesariamente así, puesto que puede estar aludiendo a los escritos paulinos que los lectores conocían. La traducción del adjetivo indefinido πάσαις, por *casi todas*, no hace honor al sentido del texto griego, que afirmativamente dice *todas*.

λαλῶν ἐν αὐταῖς περὶ τούτων, En los escritos de Pablo aparecen *las cosas* de las que Pedro trató en este suyo. La realidad es que, de los temas considerados en la *Epístola*, especialmente en lo relativo a las advertencias sobre los *falsos maestros* y también en lo referente al *día del Señor*, no hay discrepancia entre lo que escribió Pedro y lo que escribió Pablo. Entre las *cosas* relativas la *Segunda Venida*, en los primeros escritos paulinos, aparecen, tanto lo relativo al traslado de la iglesia, el tiempo del fin y los acontecimientos de ese entorno como son la *Primera y Segunda a Tesalonicenses*.

ἐν αἷς ἐστιν δυσνόητα τινα, En los escritos de Pablo, hay *algunas cosas difíciles de entender*. Asuntos que no quedan totalmente definidos, sino que son una panorámica de los acontecimientos anunciados, como pudiera ser el poder que detiene la aparición del hombre de pecado y el establecimiento de su sistema en el mundo (2 Ts. 2:1-12); el programa de resurrecciones, (1 Co. 15:20 ss.); el modo de la resurrección y la transformación de los cuerpos (1 Co. 15:35 ss.) etc. Pablo mismo entiende las dificultades de algunos temas, y recuerda que hay quienes consideran sus escritos *duros* o *difíciles* (2 Co. 10:10). Sin embargo, Pedro se está refiriendo a los temas tratados en esta *Epístola*, que tienen que ver especialmente con el *día del Señor*.

ἃ οἱ ἀμαθεῖς καὶ ἀστήρικτοι στρεβλοῦσιν. Algunos *tuercen* en base a estas dificultades, la enseñanza del apóstol Pablo. Sin limitarse al tema concreto del *día del Señor*, hay asuntos que resultaron difíciles de aceptar, no solo de entender, como pudieran ser los que tienen relación con la libertad en Cristo del sistema legal mosaico. Cuestiones que la enseñanza tradicional hebrea hacía difíciles de admitir.

ἃ οἱ ἀμαθεῖς καὶ ἀστήρικτοι στρεβλοῦσιν Tales verdades eran tergiversadas por quienes se llaman aquí *indoctos e inconstantes*. Los promotores de falsas doctrinas, se aprovechan y tuercen también el sentido de las verdades difíciles de entender, dándoles una interpretación que no corresponde. Los *indoctos* son aquellos que no han profundizado y no conocen bien las verdades de la fe. Inducidos por los que enseñan errores, son llevados a una posición que sostiene lo que es contrario a la verdad. Pero, además, quienes se encuentran en la situación de *indoctos*, también lo están en la de *inconstantes*. Al no estar bien cimentados en la fe, son fácilmente movibles de un lado para otro, por cuantos vientos de doctrina les alcanzan.

ὡς καὶ τὰς λοιπὰς γραφὰς. La frase: *"como las otras Escrituras"* está dando a los escritos apostólicos la misma condición de inspiración e inerrancia del resto de los de la Biblia. De modo que el Nuevo Testamento tiene la misma autoridad que el Antiguo, porque tanto uno como el otro proceden, no del pensamiento humano, sino de la revelación divina. No cabe duda que los escritores del Nuevo Testamento conocían que estaban transmitiendo las verdades procedentes de Dios. La doctrina que escribía Pablo, no la había recibido de hombres, sino directamente de Jesucristo (Gá. 1:11-12). No debe olvidarse las afirmaciones de los escritores del Nuevo Testamento, entre los que Pablo decía que *Dios le había revelado* aquello que él escribía (1 Co. 2:10). Por tanto, quien hablaba en Pablo era Cristo mismo (2 Co. 13:3). Por esa misma causa escribe: *"Si alguno se cree profeta, o espiritual, reconozca que lo que os escribo son mandamientos del Señor"* (1 Co. 14:37). Desobedecer las demandas bíblicas de los escritos del Nuevo Testamento no es sólo rechazar la verdad, sino desobedecer conscientemente a Dios.

πρὸς τὴν ἰδίαν αὐτῶν ἀπώλειαν. De ahí que quienes *tuercen* las *Escrituras* lo están haciendo para su propia *perdición*. El estudio de la Palabra hace sabios para salvación (2 Ti. 3:15), pero la permanencia en la ignorancia, que conduce a mal interpretar las enseñanzas bíblicas resulta en *perdición*. En relación con el tema del entorno textual, que es el de los *falsos maestros*, éstos al enseñar mentiras se conducen a la perdición propia y destinada a los impíos. En general, lo que no edifica destruye, de modo que cualquier incomprensión de la verdad, usada para enseñar a otros, traerá como consecuencia *la destrucción*, no la edificación, tanto del que enseña incorrectamente como de los que son instruidos por él.

Conclusión (3:17-18).

Demandas (3:17).

17. Así que vosotros, oh amados, sabiéndolo de antemano, guardaos, no sea que arrastrados por el error de los inicuos, caigáis de vuestra firmeza.

ὑμεῖς οὖν, ἀγαπητοί, προγινώσκοντες φυλάσσεσθε, ἵνα μὴ
Vosotros, pues, amados, conociendo de antemano guardaos para que no
τῇ τῶν ἀθέσμων πλάνῃ συναπαχθέντες ἐκπέσητε τοῦ ἰδίου
por el de los inicuos error siendo arrastrados caigáis de la propia
στηριγμοῦ,
firmeza.

Análisis y notas del texto griego.

Análisis: ὑμεῖς, caso nominativo de la segunda persona plural del pronombre personal *vosotros*; οὖν, conjunción continuativa *pues*; ἀγαπητοί, caso vocativo masculino plural del adjetivo *amados*; προγινώσκοντες, caso nominativo masculino plural del participio de presente en voz activa del verbo προγινώσκω, *conocer de antemano*, aquí *conociendo de antemano*; φυλάσσεσθε, segunda persona plural del presente de imperativo en voz media del verbo φυλάσσω, *guardar*, aquí *guardaos*; ἵνα, conjunción causal *para que*; μὴ, partícula que hace funciones de adverbio de negación *no*; τῇ, caso dativo femenino singular del artículo determinado declinado *por la*; τῶν, caso genitivo masculino plural del artículo determinado declinado *de los*; ἀθέσμων, caso genitivo masculino plural del adjetivo *inicuos*; πλάνῃ, caso dativo femenino singular del nombre común *error*; συναπαχθέντες, caso nominativo masculino plural del participio aoristo primero en voz pasiva del verbo συναπάγοφαι, *arrastrar*, aquí *siendo arrastrados*; ἐκπέσητε, segunda persona plural del aoristo segundo de subjuntivo en voz activa del verbo ἐκπίπτω, *caer*, aquí *caigáis*; τοῦ, caso genitivo masculino singular del artículo determinado declinado *del*; ἰδίου, caso genitivo masculino singular del adjetivo *propio*; στηριγμοῦ, caso genitivo masculino singular del nombre común *firmeza*.

ὑμεῖς οὖν, ἀγαπητοί, Con dos exhortaciones va a cerrar la *Epístola* antes de la doxología final, la primera de ellas está en este versículo y la segunda en la primera mitad del siguiente. Nuevamente utiliza el vocativo *amados*, como hizo varias veces a lo largo de la *Epístola*. Porque les ama quiere lo mejor para ellos y les exhorta con firmeza, pero con amor.

προγινώσκοντες φυλάσσεσθε, ἵνα μὴ τῇ τῶν ἀθέσμων πλάνῃ συναπαχθέντες El apóstol les llama a estar vigilantes sobre los peligros que surgirán en su entorno. No se trata de otra cosa más que de estar atentos a las acciones de los *falsos maestros* que procurarán por todos los medios, desviarlos de la verdadera fe, despertando en ellos las dudas y orientándolos a la aceptación de mentiras que sustituyan en ellos la verdad enseñada por los apóstoles. Les hace notar que ya son conocedores de antemano de lo que puede ocurrir con los falsarios que han iniciado una acción contra ellos para apartarlos de la fe. A los que se refiere les llama *inicuos*, que equivale a quienes son moralmente corruptos, una de las características propias de los *falsos maestros*. El camino mejor para solventar la situación y permanecer firmes es *apartarse* de los malvados. Continuar recibiéndolos, comiendo con ellos y mostrándoles cierta amistad, acarrea el peligro que tarde o temprano, puedan ser arrastrados a algún error. La acción de los perversos consiste en hacer cuanto les sea posible para arrastrar seduciendo a quienes *"habían huido de los que viven en error"* (2:18), por tanto, deben estar vigilantes para que nadie los engañe.

ἐκπέσητε τοῦ ἰδίου στηριγμοῦ, La consecuencia final de la acción de los seductores, es que los creyentes *caigan* de la firmeza de la fe, literalmente *caigáis de la propia firmeza*. Pablo exhorta a los creyentes en Corinto, escribiéndoles: *"Así que, el que piensa estar firme, mire que no caiga"* (1 Co. 10:12). No son solo los neófitos quienes pueden ser arrastrados, sino también los creyentes maduros. Pedro tenía esa experiencia personal, cuando afirmó ante todos que nada ni nadie podría hacerle abandonar a Cristo, pero, Satanás incidió en él y aquella noche negó a Jesús (Mt. 26:33). Es más, el Señor anunció a los discípulos que Satanás había pedido zarandear a todos como a trigo (Lc. 22:31), pero Él había pedido que la fe suya no faltase (Lc. 22:32). Las advertencias de Cristo son solemnes en la atención que requiere prestar a los *falsos maestros*, al decirles que vendrían algunos en Su nombre para engañar, *"si fuese posible, aun a los escogidos"* (Mt. 24:24). De ahí la validez de la exhortación de Pedro a mantenerse vigilante para no ser arrastrado y caer de la verdadera fe.

Atención y crecimiento (3:18a).

18. Antes bien, creced en la gracia y el conocimiento de nuestro Señor y Salvador Jesucristo. A él sea gloria ahora y hasta el día de la eternidad. Amén.

αὐξάνετε δὲ ἐν χάριτι καὶ γνώσει τοῦ Κυρίου ἡμῶν καὶ
Antes bien creced en gracia y conocimiento del Señor de nosotros y
σωτῆρος Ἰησοῦ Χριστοῦ. αὐτῷ ἡ δόξα καὶ νῦν καὶ εἰς ἡμέραν
Salvador Jesucristo. A Él la gloria y ahora y hasta día
αἰῶνος. ἀμήν[1].
de eternidad. Amén.

Análisis y notas del texto griego.

Análisis: αὐξάνετε, segunda persona plural del presente de imperativo en voz activa del verbo αυξάνω, *crecer, difundirse, multiplicarse*, aquí *creced*; δὲ, partícula conjuntiva que hace las veces de conjunción coordinante, con sentido de *pero, más bien, y, y por cierto, antes bien, entonces*; ἐν, preposición propia de dativo *en*; χάριτι, caso dativo femenino singular del nombre común *gracia*; καὶ, conjunción copulativa *y*; γνώσει, caso dativo femenino singular del nombre común *conocimiento*; τοῦ, caso genitivo masculino singular del artículo determinado declinado *del*; Κυρίου, caso genitivo masculino singular del nombre divino *Señor*; ἡμῶν, caso genitivo de la primera persona plural del pronombre personal declinado *de nosotros*; καὶ, conjunción copulativa *y*; σωτῆρος, caso genitivo masculino singular del nombre *Salvador*; Ἰησοῦ, caso genitivo masculino singular del nombre propio *Jesús*; Χριστοῦ, caso genitivo masculino singular del nombre propio *Jesucristo*; αὐτῷ, caso dativo masculino de la tercera persona singular del pronombre personal declinado *a Él*; ἡ, caso nominativo femenino singular del artículo determinado *la*; δόξα, caso nominativo femenino singular del nombre común *gloria*; καὶ, conjunción copulativa *y*, νῦν, adverbio demostrativo *ahora*; καὶ, conjunción copulativa *y*; εἰς, preposición propia de acusativo *por*; ἡμέραν, caso acusativo femenino singular del nombre común *día*; αἰῶνος, caso genitivo femenino singular del nombre común declinado *de siglo*, en sentido de *eterno*; ἀμήν, transliteración *Amén.*

Notas. Crítica Textual. Lecturas alternativas.

[1] αἰῶνος, *de siglo*, lectura sin amén en B, 1175, 1243, 1739*, it[z], geo, Agustín, Fulgecio, Beda.

αἰῶνος, ἀμήν, *de siglo, amén*, según lectura en 𝔓[72], ℵ, A, C, Ψ, 5, 33, 81, 307, 436, 442, 642, 1448, 1611, 1735, 1739, 1852, 2344, 2492, K, L, P, it[ar], vg, sy[ph, h, pal], cop[sa, bo], arm. eth, slav.

αὐξάνετε δὲ ἐν χάριτι καὶ γνώσει τοῦ Κυρίου ἡμῶν καὶ σωτῆρος ’Ιησοῦ Χριστοῦ. La última exhortación de la *Epístola* se expresa como un contraste. En lugar de seguir las indicaciones de los *falsos maestros*, deben prestar atención a sus falsedades y estar vigilantes con su enseñanza. Pero, sin dejar de hacer lo primero, corresponde también a *crecer en la gracia* y en *el conocimiento* de nuestro *Salvador, Jesucristo*. De manera que la *Epístola* termina de la misma manera que comenzó (1:2).

Crecer en la gracia es crecer en la experiencia de salvación. En el origen de nuestra relación con Dios en Su gracia fuimos alcanzados por Él. El llamado divino llegó a nuestros cerrados oídos espirituales por la acción del Padre que nos llamó a Cristo, el entenebrecido entendimiento por el que Dios era rechazado en nuestras vidas, quedó cancelado cuando el Espíritu brilló en nuestros corazones. Por esa gracia inicial vino, en el poder del Consolador, la fe salvadora, por la que, depositándola en el Salvador pasamos de muerte a vida, siendo justificados por Dios (Ro. 5:1). Esa gracia inicial continúa su operación salvadora en la vida de santificación, según nivel de salvación. Es por gracia que nos mantenemos firmes en la fe. Pero, en este peregrinar, podemos crecer en ella, como se nos demanda al finalizar el escrito.

Ahora bien, no podemos crecer en la gracia, sin hacerlo en el conocimiento de nuestro Señor y Salvador Jesucristo, puesto que la gracia está vinculada a Él y solo es posible en Él y por Él. En gracia vino a buscarnos cuando nosotros no lo buscábamos a Él (Lc. 19:10). Conocemos la gracia porque conocemos a Jesús, quien por gracia se hizo pobre para que nosotros, los pobres miserables, fuésemos enriquecidos (2 Co. 8:9). Es necesario crecer en la gracia y en el conocimiento de Jesús.

El versículo afirma también la deidad de Cristo. Nótense los calificativos que nuevamente le da el apóstol. Es *Señor*, *Salvador* y *Cristo*. Solo Dios es el Señor, sólo Él tiene autoridad suprema sobre cielos y tierra (Fil. 2:9-11). El título *Señor* en boca de un judío equivalía a la traducción del tetragramaton, que expresa el nombre inefable de Dios.

Pedro afirmó en el camino a Jerusalén que Él era el Hijo de Dios, no uno de ellos, sino el único de esa condición (Mt. 16:16). Juan se refirió a Su condición como el *Unigénito del Padre* (Jn. 1:14). Jesucristo es Dios, por tanto, Señor y Salvador.

Doxología (3:18b).

αὐτῷ ἡ δόξα καὶ νῦν καὶ εἰς ἡμέραν αἰῶνος. ἀμήν. La expresión de adoración está dirigida a Cristo. Al adjudicarle a Él la gloria, reconoce abiertamente su afirmación en la deidad de Jesús. Nadie que conociese la Escritura podría atribuir gloria eterna, sino a Dios, quien prohíbe abiertamente dar gloria a nadie que no sea Él (cf. Is. 42:8). Ahora bien, en el Nuevo Testamento se atribuye la gloria divina a Jesucristo. Baste leer el primer capítulo del Apocalipsis para verificarlo. El Señor, autor y dador de la salvación, es digno de honor y gloria eternamente. La *Epístola* comenzó con una referencia a la deidad de Cristo y termina de la misma manera (1:1).

Concluido el comentario al capítulo y a la *Epístola*, podrían destacarse lecciones importantes para la vida personal, pero, a la luz de los últimos versículos, queda patente la necesidad de conocer a Jesús y especialmente, conocer Su gracia. Esta se ha mostrado para nuestra salvación. Nada más preciso que la enseñanza de la Escritura en la que se afirma que la salvación es por gracia (Ef. 2:8-9). La gracia fluyó del corazón de Dios en el instante en que determinó salvar al hombre, decisión que revela por primera vez a Dios fuera de su vida *intra-trinitaria.* La gracia establecida como medio de salvación se manifiesta *antes de los tiempos de los siglos*, es decir, antes de la creación del hombre (2 Ti. 1:9). El fluir de la gracia, infinita como Dios mismo, se deposita en el único que siendo infinito puede contenerla y hacerla llegar al hombre, que es el Verbo de Dios, de modo que, cuando se encarnó, la gracia se hizo visible en Él (Jn. 1:14). Dios vino a mi encuentro con el propósito definido de salvarme. Nada puede hacerme comprender la razón por la que lo hizo, porque no existe razón humana que pueda entender esa dimensión de amor. Cuando yo no buscaba a Dios, fue Él quien vino a buscarme a mí (Lc. 19:10). En medio del tremendo problema del pecado, que abundó entre los hombres, *sobreabundó* la gracia de Dios para salvación; dando libertad y esperanza a los perdidos que alcanzan la esperanza, perdón de pecados y vida eterna en Cristo mismo, haciéndose Él esperanza en nosotros (Col. 1:13).

Pero el crecimiento en la gracia, exige que prestemos atención a lo que hizo para nosotros. Dios nos reconoce como hijos Suyos en Cristo

(Jn. 1:12). Nos da la condición de ser Sus sacerdotes para ofrecer sacrificios (1 P. 2:5). Adoradores en un culto libre de formas. Mantiene, el Dios santísimo, comunión con nosotros, dándonos una vida nueva que es capaz de amar, de servir y de ser santos (Fil. 2:13). Pero, en medio de los conflictos de la vida cristiana, persecuciones, tristezas, lágrimas, de lo que las dos *Epístolas* hablan, la gracia sustenta los momentos más difíciles rodeándonos con los brazos de amor de Dios. Él conduce todas las cosas para bendición nuestra (Ro. 8:39). Esa gracia está cercana cuando el conflicto es de tal dimensión que nace en el alma una pregunta que no tiene respuesta: *¿Por qué, Señor?*, no recibiremos contestación directa, pero sentiremos siempre que, aunque *"andemos en valle de sombra de muerte"* Él está con nosotros. La gracia orienta el pensamiento a dejar de discutir por lo que no entendemos y nos permite escuchar en el silencio del alma las palabras que aclaran la razón de nuestra falta de comprensión: *"Porque mis pensamientos no son vuestros pensamientos, ni vuestros caminos mis caminos, dijo Jehová. Como son más altos los cielos que la tierra, así son mis caminos más altos que vuestros caminos, y mis pensamientos más que vuestros pensamientos"* (Is. 55:8-9).

Pero también la gracia transporta nuestra esperanza al glorioso momento en que se manifieste definitiva en el encuentro con Jesús (1 P. 1:13). Es la reunión con Cristo y la introducción al hogar celestial (Jn. 14:1 ss.). Esperamos a Jesús y lo esperamos en cualquier momento. Levantamos los ojos al cielo y por la fe saboreamos ya la estancia en el lugar que prepara para nosotros, donde las lágrimas de los conflictos cesarán, donde la muerte no hará ya separación, y donde el clamor por la injusticia del mundo habrá dejado de manifestarse.

Todo esto es una simple reflexión para que obedeciendo la exhortación crezcamos en la gracia.

SOLI DEO GLORIA.

BIBLIOGRAFÍA

Auer, Johann. *Jesucristo Salvador del Mundo*. Editorial Herder, Barcelona, 1990*.
Auer, Johann. *El evangelio de la gracia*. Editorial Herder. Barcelona, 1990*.
Barnes, A. *Notes on the New Testament, Explanatory and Practical*. Grand Rapids, 1951.
Berkhof, L. *Teología Sistemática*. Editorial T.E.L.L. Mexico D. F. Grand Rapids, 1949.
Brown. Raymond E. *Introducción a la Cristología del Nuevo Tesamento*. Editorial Sígueme. Salamanca, 2001.
Calvino, Juan. *Institución de la Religión Cristiana*. Fundación Editorial de Literatura Reformada. Rijswijk. Países Bajos, 1968.
Carson, D. A. y Moo, Douglas J. *Una introducción al Nuevo Testamento*. Editorial CLIE. Terrassa, 2008.
Chafer, Lewis Sperry. *Teología Sistemática*. Publicaciones Españolas. Georgia, 1974.
Eusebio de Cesarea. *Historia Eclesiástica*. Editorial CLIE. Viladecavalls, 2008.
F. F. Bruce. *Hombres y movimientos en la iglesia primitiva*. Mundo Bíblico. Las Palmas de Gran Canaria, 2002.
F. F. Bruce. *El canon de la Escritura*. Editorial CLIE. Terrassa, 2002.
Farrar. F. W. *History of Interpretation*. Nueva York, 1870.
González de Cardedal, Olegario. *Dios*. Editorial Sígueme. Salamanca, 2004*.
González de Cardedal, Olegario. *Cristología*. Edit. BAC. Madrid, 2001*.
Fasold, Jaime. *Con precisión*. Edición personal. 2016.
Finney, Charles. *Teología Sistemática*. Bethany House Publishers. Grand Rapids, 2010.
Fountain, Thomas. *Claves de Interpretación Bíblica*. Casa Bautista de Publicaciones. 1961.
Franco, Ricardo. *La Sagrada Escritura. Cartas de San Pedro*. Vol. 214. Madrid, 1967.*
Grau, José. *Escatología I*. Editorial CLIE. Terrassa, 1977.
Harrison, Everet. *Introducción al Nuevo Testamento*. Subcomisión de Literatura Cristiana. Grand Rapids, 1980.
Hodge, Charles. *Teología Sistemática*. Editorial CLIE. Terrassa, 1991.
Kistemaker, Simon J. *1 y 2 Pedro y Judas*. Grand Rapids, 1994
Lacueva, Francisco. *La Persona y la Obra de Jesucristo*. Editorial CLIE. Terrassa, 1979.
Lacueva, Fancisco. *Comentario Bíblico Matthew Henry, 1 y 2 Pedro*. Editorial CLIE. Terrassa.
Lacueva, Francisco. *Escatología II*. Editorial CLIE. Terrassa, 1983.
Ladd. G. *Teología del Nuevo Testamento*. Editorial CLIE. Terrassa, 2002.
Lightfoot, J. B. *Los padres apostólicos*. Editorial CLIE. Terrassa, 1990.

MacArthur, John. *Comentario del N.T. 1 y 2 Pedro.* Edit. Portavoz. Grand Rapids, 2012.
MacDonald, William. *Comentario al Nuevo Testamento.* Editorial CLIE. Terrassa, 1995.
Martínez, José María. *Hermenéutica Bíblica.* Editorial CLIE. Terrassa, 1984.
Millard, J. Erickson. *Teología Sistemática.* Editorial CLIE. Terrassa, 2008.
Padres de la Iglesia. *La Biblia comentada por los Padres de la Iglesia.* Ciudad Nueva. Madrid, 2002.
Pentecost, D. *Eventos del Porvenir.* Maracaibo, 1977.
Pérez Millos, Samuel. *Síntesis de nuestra Fe.* Editorial CLIE. Terrassa, 1995.
Pérez Millos, Samuel. *1 Pedro.* Editorial CLIE. Terrassa, 1995.
Pérez Millos, Samuel. *Hechos.* Editorial CLIE. Terrassa, 2013.
Randall, Price. *Las Piedras Claman.* Editorial Unilit. Miami, 1997.
Robertson, Archibald Thomas. *Imágenes verbales en el Nuevo Testamento.* Editorial CLIE. Terrassa, 1985.
Roloff, J. *Neues Testament.* Neukirchen, 1977 *
Salguero, José. *Biblia Comentada. Epístolas Católicas.* Vol. 249. Madrid, 1965.
Scofield, C. I. *Biblia Anotada.* Spanish Publications, Inc. Miami, 1966.
Schenke, L. *Die Urgemeinde. Geschichtliche un theologische Entwicklung.* Stuttgart, 1990. *
Seeberg, Reinhold. *Historia de las Doctrinas.* Casa Bautista de Publicaciones. 1968.
Strong, Augustus H. *Systematic Theology.* Editorial Pickering. Londres.
Tellería, Juan María. *La Interpretación del Nuevo Testamento a lo largo de la historia.* Edit. Mundo Bíblico. Las Palmas de Gran Canaria, 2014.
Tenney, Merrill C. *Nuestro Nuevo Testamento.* Portavoz Evangélico. Grand Rapids, 1984.
Wuest, Kenneth S. *West's Word Studies.* Editorial Eerdmans. Grand Rapids, 1994.
Yamauchi, Edwin. *Las Excavaciones y las Escrituras.* Casa Bautista de Publicaciones. 1977.

DICCIONARIOS Y MANUALES TÉCNICOS

Analytical Concordance to the Holy Bible. Robert Young, LL.D. United Society for Christian Literature. London, 1977.
Concordancia Analítica Greco-Española del N. T. J.Stegenca, A. E. Tuggy. Editorial Libertador. Marcaibo, 1975.
Chantrailne Dictionnaire Etymologique Grec. Pierre Chantraine. Sorbonne, 1968
Diccionario Bíblico Arqueológico. Editorial Mundo Hispano. 1982.
Diccionario de la Biblia. Editorial Herder. Barcelona, 1981.

Diccionario Exegético del Nuevo Testamento. Horst Balz-Gerhard Schneider. Salamanca, 1998.
Diccionario Expositivo de Palabras del Nuevo Testamento. Vine, W. E. Editorial CLIE. Terrassa, 1984.
Diccionario Griego Español. Editorial Ramón Sopena, S.A. Barcelona, 1972.
Diccionario de Teología. Everett F. Harrison. Editorial T.E.L.L. Grand Rapids, 1985.
Gran Diccionario Enciclopédico de la Biblia. Alfonso Ropero. Editorial CLIE. Viladecavalls, 2013.
**Catecismo de la Iglesia Católica.* Versión oficial de la Santa Sede, 1992. Editorial Sígueme. Salamanca, 1996.
Nuevo Diccionario Bíblico. Editorial Certeza. Argentina, 1991.

TEXTOS BÍBLICOS

A Biblia. Editorial SEPT. Vigo, 1992.
Biblia Anotada. Charles Ryrie. Editorial Portavoz. Grand Rapids, 1996.
Bíblia de Jerusalén. Editorial Desclée de Brouwer. Bilbao, 1975.
Biblia de las Américas. Editorial Fundación. Anaheim.
Biblia Textual. Sociedad Bíblica Iberoamericana. 1999.
Nuevo Testamento Interlineal. Francisco Lacueva. Editorial CLIE. Terrassa, 1984.
Nuevo Testamento. Biblia Textual. Sociedad Bíblica Iberoamericana. 1999.
Sagrada Biblia. Juan Straubinger. Libros Básicos S.A. 1958.
Sagrada Biblia. Cantera-Iglesias. Editorial BAC. Madrid, 1975.

TEXTOS GRIEGOS.

The Greek New Testament. Deutsche Biblelgesellschaft. Stuttgart, 2012.
Nuevo Testamento Trilingüe. Bover-O'Callaghan. Editorial BAC. Madrid, 1977.
A Reader's Greek New Testament. Richard J. Goodrich, Albert L. Lukaszewki. Editorial Zondervan. Grand Rapids, 2003.
Septuaginta. Deustche Biblgesellschaft Stuttgart. Stuttgart, 1979.